U0000781

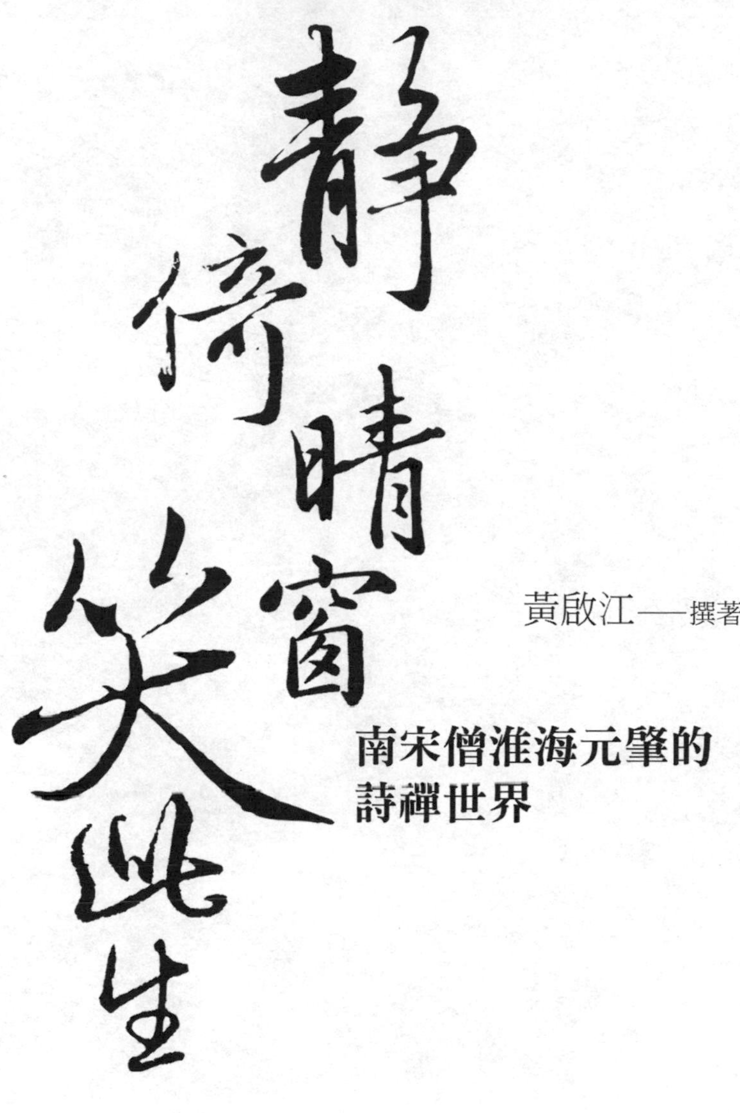

黃啟江──撰著

南宋僧淮海元肇的詩禪世界

臺灣商務印書館

自序

本書是筆者研究南宋禪文化的成果之一，書中對南宋文學僧淮海元肇（或稱原肇）的詩文作了一番詳細的析論，說明元肇的詩文有助於南宋禪文化之走向文學禪。與筆者近著《無文印的迷思與解讀》及《文學僧藏叟善珍與南宋末世的禪文化》兩書一樣，本書也是為探討南宋個別禪僧詩文集而作，此類個別詩文集之存在，足以體現文學禪之形成與發展。合觀三書，可以對南宋若干禪僧「文字不離禪」之共識獲得更具體之印象。也可以對他們「隱心不隱跡」、「朝市亦山林」的認知有更深的理解。

元肇的詩文見於他傳世的兩種著作，一是《淮海挐音》，一是《淮海外集》。這兩本書與其他文學僧的作品一樣，都不甚受學界注意。這一方面是因為兩書已不易見到，知之者甚少。尤其《淮海挐音》，台灣各大圖書館都無庋藏，北京國家圖書館雖有藏本，但也不在館內，不易獲閱。另一方面可能是學界對禪宗史已有定見，認為禪宗一貫主張不立文字，見性成佛；語錄、燈史足以見其精神面貌，不認為南宋禪宗有何特殊之處。再一方面是歷來對佛教存有之刻板印象，仍為主流，一直未變。認為僧徒只應住山出世，參禪念佛，不宜趨馳朝市、舞弄詩文；而視僧徒為社會邊際人，貶禪籍為文化末流者，亦比比皆是。筆者此書與先前之著作則是提供對禪宗史另一種思考的方向，從文化史的角度去破除既有的成見，說明禪僧多非絕世忘情之輩，而禪文化亦非一成不變，會在不同時代表現出不同之精神與面貌。

《淮海挐音》與《淮海外集》分別是詩集與文集，兩書在南宋以後即幾乎在中土失傳，故後人無緣獲閱。《淮海挐音》原於元祿時期由京都神京書林的主人茨城方道依宋刻本「直貼壽梓」而成。由於流傳有限，日本收藏家德富蘇峰（本名猪一郎，一八六三～一九五七）根據其成簣堂藏本，覆刊五百部流傳。如今多數已不知散在何處，僅有十幾部藏於日本的幾個文庫。北京的國家圖書館藏有一部，上海的古書拍賣市場亦有一部，欲得其書參閱，頗費周章。不過，上世紀末期，北京大學古文獻研究所已將它收入《全宋詩》，雖然有些錯誤，也可聊供有興趣的讀者瀏覽。《淮海外集》目前只有兩種版本，其中一種已收入《禪門逸書》，在國內外較大的圖書館都有著錄。另一種只能在日本的東洋文庫及國會圖書館借閱，屬於貴重圖書，須要事先預約。兩個版本都各有若干錯誤，必須校讀改正。

為了進行本書的撰寫，筆者曾先後去日本及台灣翻閱上述兩書的不同版本，花了不少時間將它們輸入電腦，並加以校讀。去年（二〇一一）十一月又趁赴日研究訪書之便，攜帶輸入於筆電之詩文稿到東洋文庫去作最後一次校讀，力求改正文字輸入之誤及兩書所有差錯。今將兩書合刊，作為本書之第二部分，而於第一部分析論元肇之詩禪世界，也就是他所體現的禪文化。第一部分亦含附錄，係兩篇與元肇相關之文章，均曾於《九州學林》發表過，經稍加潤飾後併入此書。

元肇有許多官宦、文士之友，雖然身分不同，有儒、釋之別，但交誼深厚、情如兄弟者不乏其人。他曾有〈寄趙東閣〉一詩，略謂：「與君生己酉，年月日時中；除却吟相似，其它事不同。夢寒春草綠，天闊暮江空。見面知何處，東華踏軟紅。」①趙東閣是《東閣吟稿》的作者趙汝回（一一八九～？）。他字幾道，永嘉人，太宗八世孫。時人說他「詩才高邁，自成一家」，是江湖派詩人及名詩評家。元肇雖說與他「除却吟相似，其它事不同」，指出兩人之間的儒釋之異，但是他的交遊、志趣、為人之重友誼、擔道義，則未必與趙汝回有異，所以趙汝回非常器重他，不但與他寫詩唱和，還為他的詩集作序。序中更說：「或曰：『島詩苦，肇詩俊，詩異名同，何故？』予曰：『作詩者非俊，何以知苦之工？惟知道不知道，故人品不能不異。而詞章之夷險，趣味之精麄，有出於文字筆墨之外者。島不解空，逃墨而簪履矣。今淮海師據方廣道場，座下聽法者日數十百人。八窗玲瓏，見道透徹。橫說豎說，無非至道；長吟短吟，無非是警語。不食煙火人，尚須琢肝雕腎耶？子知此，則無本、淮海之詩，其高下淺深，昭昭然矣！』」②「琢肝雕腎」一語，源出韓愈〈贈崔立之評事〉一詩中「勸君韜養待徵招，不用雕琢愁肝腎」之句，有勸人莫苦吟作詩之意。③後來歐陽修在〈答聖俞莫飲酒〉一詩，遂以「朝吟搖頭暮蹙眉，雕肝琢腎聞退之」之句來強調「但飲酒，莫作詩」之意。④但對趙汝回來說，「雕肝琢腎」也罷，「琢肝雕腎」也罷，賈島「苦吟」出來之詩，是不如元肇詩之渾然天成的。他認為這是「人品」上之差異所造成；也就是說元肇之人品優於賈島，因為賈島叛離佛道，屈就一卑微之官職，有不能終其晚節之憾。趙汝回的「人品」之說，可證諸元肇法友物初大觀（一二〇一～一二六八）之形容。大觀是這樣描繪元肇的：「公洞朗軒豁，事過不疑。慈恕平允，物來斯應。視身如旅泊，閱世如行川。四方應緣，迫而後動，亦多有招而不往者。行之終始，確乎不拔。時緣所在，雖窮鄉叢剎必往。往，則缺者完、枵者盈。至要津壯剎，可以安坐行道。小不當其意，悠然卷襆而去之，雖挽不留。…公簡淡真率，服食器用之類，不逾於隨眾之衲。至宗乘損益關係事，任為己責，不憚戮力。深慨法道衰替，正因善類，湮厄沈伏，庸妄敚攘，敗壞駸駸，濫據大方；力以此弊，聞諸廟堂。厥今無問遠邇，但安眾處，皆朝省選掄，公所建請也。」⑤大觀之敘述，說明元肇是個剛毅耿介、率直不屈、敬業不懈、始終如一之禪師。

雖然如此，元肇之詩文，是經歷出世與入世，遊走於山林與朝市的產品。他曾以詩自嘲曰：「靜倚晴窗笑此生，出遊歸隱兩無成」，⑥表達他自己在寺院常住與朝市優遊間所面臨的兩難及兩者不可得兼的遺憾。本書以「靜倚晴窗笑此生」為題，就是喻指他在這種兩難之心情下感受到了「出遊歸隱兩無成」的無奈。因為這種無奈，只好自嘲。不過，無奈也罷，自嘲也罷，他雖然不免「靜倚晴窗笑此生」，在某種程度上還是實踐了「出遊」與「歸隱」的理想，也差可告慰了。畢竟，他在詩歌上所表現的成就及在叢林中的領袖地位，都是他個人獨特的慧識與生涯抉擇的結果。身為南宋靈隱、淨慈、育王、徑山等五山中的四山住持，又是位名噪一時的文學僧，他對南宋禪文化之影響，應該是值得關注的。

本書之得以完成，除要感謝蔣經國學術交流基金會及亞洲學會東北亞分會分別於二〇一一年及二〇〇九年之研究獎助外，還要感謝我任教的 Hobart and William Smith 學院屢次提供研究經費讓我到台灣或日本蒐集資料。這些獎助除了促使本書之完成外，將不斷裨益筆者對南宋佛教史的研究。撰寫此書期間，獲家兄黃啟方教授及內子天雲許多協助，感激不盡。中正大學博士生陳漢傑先生及中研院文哲所的廖肇亨教授，賴思妤、黃郁晴及簡凱廷等研究助理亦幫了不少忙，一併在此致謝。校稿之餘，回顧元肇之詩禪生涯與為人，不免省思他對詩文的執著、對友誼之真誠、與及對人間情義之重視。他的「出遊歸隱兩無成」，其實也是南宋文學僧同有的感慨，這種感慨在藏叟善珍的身上，就化成「山林朝市非殊路」的吶喊了。元肇在「靜倚晴窗笑此生」的時候，難道不知他的法眷好友也在思考同樣的問題嗎？他所自嘲的「此生」，其實是他個人的詩禪世界；謹試以七律三首，勾勒如下：

通州釋子名淮海，蜚譽詩壇證苦功。
北磵禪頭稱語妙，龍泉葉適讚吟工。
文鳴四海追前列，道濟叢林續正宗。
翰墨禪心恆照映，交遊道義共儒同。

千年故土遺音絕，海外欣逢古卷中。
語著宗門憑慧識，詩傳客路見淵通。
吳中勝景尋耆宿，浙右山川覓隱蹤。
墓壟新封時啜淚，荷衣落寞立秋風。

靜倚晴窗笑此生，出遊歸隱兩無成。
情深義重青天月，筆健心雄萬化聲。
杖屨江湖花木喜，歇笻竹院鶴猿驚。
隨他訕謗何傷我，不礙禪名百世清。

在某種程度上，這也是善珍和同時代其他文學僧共有的詩禪世界。

二〇一二年八月十五日

黃啟江謹識於紐約上州日內瓦城困知樓自宅

【注釋】

① 元肇，〈寄趙東閣〉，《淮海挐音》卷上，P.13b-14a。

② 見《淮海挐音》趙汝回序文。

③ 錢仲聯，《韓昌黎詩繫年集釋》（臺北：河洛圖書出版社，一九七五）卷五，〈贈崔立之評事〉，P.251。

④ 《歐陽修全集》（臺北：河洛圖書出版社，一九七五）卷一，《居士集》一，〈答聖俞莫飲酒〉，P.44-45。

⑤ 物初大觀，〈淮海禪師行狀〉，《物初賸語》卷二四，P.20ab。

⑥ 元肇，〈春日書懷〉，《淮海挐音》卷下，P.3b-4a。

目次

第二部分：《淮海挐音》與《淮海外集》點校合刊 443

秋晚庵中／44.閒居／45.和許提幹宿平遠／46.病起／47.山村初夏／48.中秋／49.林酒仙／50.臘雪／51.大閱／52.春雪／53.送春／54.清明／55.哀通城／56.掬泉／57.時敬菴／58.夜坐／59.七夕／60.雪中訪趙守宗簿／61.送趙守寺丞除郎／62.送仲新恩／63.送凌僉判／64.送孫教授翔父／65.寄趙東閣／66.訪方蕙巖不值／67.和宋松竹／68.和方新恩／69.送致正許朝請／70.方蕙巖宅／71.題陳藏一山房／72.寄龜翁史君／73.寄項秘監／74.寄御史王少卿／75.和黃東浦早秋韻／76.寄鄭司業直院右史／77.次韻趙竹所書詩卷後／78.周伯弜詩送僧至吳／79.書薛野鶴《水竹稾》／80.送周肖白／81.題石瑤林山錄／82.足菴寄朱新父／83.湯西樓新居／84.和王郎中韻／85.梅山（王郎中自號）／86.小閣（王郎中宅）／87.吊毛惜惜／88.曉谷／89.送張明府知黃崗／90.送潘提幹／91.送王右曹知南劍／92.送山陰僧還西山／93.贈逢人／94.雲谷日者／95.送陳省元歸通川／96.歲晚過上竺禮天目／97.和天目送行／98.訪天目梁渚／99.謝煥書記畫／100.送江西益禪人／101.送深禪人歸衡岳隱山／102.送同遊歸里／103.寄遠／104.送珂書記遊金陵／105.更深亭／106.懷人／107.送僧東歸／108.送沅清溪遊江西／109.寫照王肖巖／110.寄冷泉康書狀／111.渡越／112.剡中／113.新昌石像／114.天姥／115.石橋／116.送照晦巖赴下竺／117.桐柏觀／118.酬趙菊莊／119.華頂峰／120.羅漢樹／121.宿廣閏寺庾嶺方丈／122.寄南叔凱／123.雪中／124.寒巖／125.明巖／126.天封／127.赤城／128.蓮花峰／129.台城道中／130.寄吳荊溪大監／131.碧沼（為妙不傳題）／132.酬上官右史／133.泊然／134.天台道中／135.怡雲／136.施東洲蒼雲／137.漁父／138.水竹園／139.寄張書監／140.琴川題（為崔梅山題）／141.上官右史慶幸堂／142.竹石／143.潤雲／144.宜靜（為高竹鶴題）／145.梅月（為陳碧磵題）／146.過鄭文昌庵／147.和洪提舉送《平齋集》／148.得坐／149.落花／150.秋日菴居／

（四）絕句

山發湖州化主疏／12.下天竺光明懺疏[原本誤為天下竺]／13.餘杭永壽寺造鐘樓經閣翻蓋大殿疏／14.
重修通川隆興橋為鄭宰作[原本目錄興誤為奧]／15.徑山開河疏／16.通川光孝寺大殿修造榜／17.平江
光福教院翻蓋觀音殿榜／18.西湖瑪瑙寺剏高僧閣疏／19.通川南寺造法堂疏／20.化糟疏／21.化茭筍疏
／22.利和市重修橋疏／23.下天竺教寺延壽堂疏／24.下天竺浴鍋疏／25.新創梓潼真君道院疏／26.寶幢
教寺修法堂庫堂方丈浴室兩廊僧堂疏／27.妙湛寺置柴場疏／28.資壽寺新建眾寮翻蓋兩廊寢堂疏／29.
通州天寧化案櫝火櫃疏／30.平江彭山上方塔院重新建塔疏／31.高峰修造疏（寺乃張光祿所請）／32.
化夏供疏／33.平江萬壽重起僧堂疏／34.崑山縣南千坡延福寺普賢殿榜／35.徑山雙鷺實際接待院建毘
盧閣疏／36.史衛王壽疏／37.獻祠山綵亭榜疏／38.趙寺丞壽疏／39.台州臨海縣新建華嚴菴疏／40.吳江
梅堰新建中濟橋疏／41.報恩賢首教寺建講堂疏／42.翻蓋僧堂疏／43.洞庭金峰資慶院重建佛殿疏／44.
化齋糧疏／45.史衛王府大慈寺請靈隱笑翁開山疏／46.楓橋請詮無言疏／47.大明慧炤請傳藏主山門疏
／48.狼山請賢老疏／49.狼山請祥老疏／50.介石住虎丘諸山疏／51.茶榜（祥雲叟）／52.湯榜（祥雲
叟）／53.萬壽建法堂寶閣上梁文／54.詔建淨慈三門上梁文[原目次誤作山門]／55.徽宗皇帝忌辰疏／
56.高宗皇帝忌辰疏（江心）／57.徑山聖節疏（其年獻玉璽）／58.佛生日疏／59.佛成道疏／60.佛涅槃
疏／61.大聖生日疏／62.薦親疏／63.啟楞嚴會疏／64.散楞嚴會疏／65.上淛翁禪師書／66.赴清涼途中
回金山弁山先狀／67.庸上人粵臺序／68.高峰銘（并序）／69.泉南明禪人月翁銘／70.鏡銘／71.硯銘／
72.明巖說／73.主簿承直陸公墓誌（代人）

【卷下】

74.神正崇寧閣記／75.大參樞密鄭相公生祠記／76.道場山來月軒記／77.通川城西義壇記／78.洞庭上方遷院置田記／79.重建利濟院化壇記／80.嘉興府澱山普光王禪寺免丁田記／81.新刱柴局記／82.跋陳郎中《禪會圖》／83.跋水心先生〈宿覺菴記〉／84.跋趙守寺丞所施度僧公據／85.跋鄭侍郎菴僧所藏懷素臨羲之帖，范文正、東坡、米元暉題其後／86.跋佛照、淛翁二帖／87.題劉清軒吟卷／88.跋趙信菴書「斷雲」（代人）／89.跋亮西山癡絕法語／90.跋石湖、放翁等帖／91.跋圓悟、佛照法帖／92.跋淛翁贈受篆翁偈／93.跋化城接待諸尊宿偈／94.跋東沙張居士彥刊施《法華經》／95.跋喬樞相挽陸主簿詩（代人）／96.跋如晦、橘洲諸帖／97.跋大川遺誡等帖／98.跋東坡帖／99.跋于湖墨蹟／100.跋淛翁小師源上人法語／101.跋佛心禪師法語／102.跋枯椿和尚法語／103.跋平江資壽寺提舉司免役公據／104.跋詩後與徑山偃谿和尚／105.跋敬上人無擇說／106.跋惠禪人法語二軸／107.跋推篷圖／108.跋徐令人印施《金剛經》後／109.跋宏智諸老法語／110.跋翁居士寫《金剛經》／111.日本一侍者遠持《法華經》捨入育王舍利塔，乃得笑翁法衣歸，江湖作成頌軸以餞，請題其後／112.跋宏智禪師法語／113.跋石牕法語／114.跋天目詩軸／115.跋陸坦菴刊經／116.跋宏智、石牕、自得墨蹟張漢卿跋，在宏智後／117.跋瑞山居士注解《金剛經》／118.跋密庵諸老帖／119.跋空叟與張居士法語後／120.跋西巖語錄／121.跋天童德大師粧羅漢頌軸／122.跋二十五祖圖／123.跋陳碧棲提刑書《四十二章經》［按原文棲為提手旁，不成字］／124.跋湖隱贊應真圖／125.跋公舉省劄／126.祭水心先生文／127.代祭俞樞密文／128.代祭裴十

第一部分

南宋僧淮海元肇的詩禪世界

一、緒論：隱心不隱跡

本書是南宋一位禪僧的生活史，探討的是南宋傑出文學僧淮海元肇（一一八九—一二六五）的寺院生活（monastic life）與世俗生活（secular life），記錄他出世與入世生活的詳情；也就是從入世與出世的兩種角度觀察他的生平、經歷和事跡。這種同時關注禪僧寺院與世俗生活，或者出世與入世生活之做法，似乎顯得矛盾、弔詭，其實相當在理，因為僧徒必須出世修行，入世行化；不管從政治、社會、宗教、家庭、人際關係等種種層面來觀察，他們既要寄身山林，又須驅馳朝市；既欲出家求道，又期涉世救贖，欲斬斷世緣俗情，是戛戛其難的。更有甚者，他們不獨要言性理，而且要談世道人情，超離寺院裏嚴肅而千篇一律的生活共相，而創造一己在寺院外春花秋月、詩情畫意的個性。北宋名僧覺範惠洪（一〇七一—一一二八）曾以「寓世當循緣而行，奚必山林終勝朝市」之說，勸請大慧宗杲（一〇八九—一一六三）住開封天寧寺。①惠洪是位「遍遊朝市卻山林」的禪僧，②視「山林朝市皆相似」，③而主張「循緣而行」是很自然之事。他勸宗杲來主天寧，雖然在意義上還是住在「山林」，但此「山林」畢竟是在府城，欲「忘機林鳥下」而不與奔逐市朝間的仕宦公卿、紅塵俗客、商賈信士周旋，又談何容易？④惠洪與宗杲所交往之人物，三教九流，包含社會各階層之僧俗，應該就是唐僧皎然（七二〇—八〇五）所謂「隱心不隱跡，卻欲住人寰」的一種表現吧。⑤

淮海元肇不過是南宋許多寄跡方外，遊心朝市的僧人之一，但以他為中心，來顯現他的禪僧生活史，可以與筆者介紹過的其他文學僧的生平與事跡合觀，來對南宋禪文化的發展與變遷獲得一個較全面的印象與了解。本書即是要以淮海元肇的禪僧生涯為例，考釋他在寺院內外與僧俗之間的交遊、酬酢和各種不同層面的互動。這些互動中，他與官僚、士人之互動是本書的重心之一。因為這種互動亦關係文士生活，足以顯現文士之耽於法喜、與方外交者，實遠多於吾人之想像。唐以前，名稱於蓮社者多人，固不待言；唐宋二朝，爵列三品，位居公卿，而身遊方外者更不在少數。而高才俊逸，沈伏下僚，棄官閒居，遊戲叢林者則寖寖多矣。以下稍做一簡單之回顧。

自唐以來，「觝排異端，攘斥佛老」如韓愈之儒士固不乏其人，嘲侮或貶抑僧緇黃為「六民」中之不事生產者如范仲淹之文士亦所在多有，⑥但僧徒之德行高潔、佛理精深，或善於詩文翰墨者，也往往受到文士儒者之敬重，而與之交往，甚至建立深厚之友誼。就唐代文士之尊禮僧徒而言，可以韓愈（七六八—八二四）之於潮州大顛（七三二—八二四），裴休（七八一—八四六）之於黃檗希運（？—八五〇），顏真卿（七〇九—七八五）之於皎然，劉禹錫（七七二—八四二）之於廣宣，韋丹之於靈澈（？—八一六）為例。韓愈於潮州遇大顛，喜其「能外形骸，以理自勝，不為事物侵亂」，與之來往十餘日。及去袁州，留衣而別，表現了他通達人情，禮敬僧徒之一面。⑦裴休有〈贈黃檗山僧希運詩〉曰：「自從大士傳心印，額上圓珠七尺身。挂錫十年棲蜀水，浮盃今日渡漳濱。一千龍象隨高步，萬里香華結勝因。擬欲事師為弟子，不知將法付何人？」⑧詩作於江西洪州，詩中表示他追隨黃檗希運為其弟子之願望。後於鍾陵（亦在洪州）及宛陵（安徽宣州）為官，延希運住龍興寺及開元寺，朝夕相隨問道，先後完成《黃檗山斷際禪師傳法心要》及《黃檗斷際禪師宛陵錄》，留下了黃檗禪學重要之典籍。⑨顏真卿在湖州時，於皎然駐錫之妙喜寺三葵亭召集文士修《韻海》，皎然亦參與其役。顏真卿常偕皎然出遊，屢有唱和，其交情可以想見。⑩劉禹錫在會昌間與詩名正盛的廣宣上人最善。廣宣奔走於公卿之門，韓愈厭其人，作〈廣宣上人頻見過〉一詩諷之。⑪而劉禹錫則深慕之，於答廣宣〈在蜀與韋令公唱和詩〉大讚其詩云：「碧雲佳句久傳芳，曾向都城住草堂。振錫常過長者宅，披文猶帶令公香。一時風景添詩思，八部人天入道場。若許相期同結舍，吾家本自近柴桑。」⑫竟有欲與廣宣為鄰之意。顏真卿的外孫韋丹與東林僧靈澈為忘形之契，他嘗為〈思歸絕句寄靈澈〉云：「王事紛紛無暇日，浮生冉冉只如雲。已為平子歸休計，五老峯前必共聞。」⑬詩中表達他有學東漢學者張衡（七八—一三九）歸隱田園、結卯廬山之計，可以預見他在五老峰之巖前與靈澈相見之期。靈澈雖視之為「以棄官歸隱為高，而謂軒冕榮貴為外物」，卻不能踐其言之例，⑭僅能揶揄其語，於答詩中埋怨他未踐其言而說：「年老身閑無外事，麻衣草坐亦容身。相逢盡道休官去，林下何曾見一人。」⑮

多數唐代文士之與僧徒相遊，結為至交，除了有意習佛之外，實多因其人擅長詩作之故。也因為彼此詩趣相似，常互相酬唱，引為知音。以晚唐五代為例，羅隱（八三三—九〇九）之〈和禪月大師見贈〉一詩有云：「高僧惠我七言詩，頓豁塵心展白眉。秀似谷中花媚日，清如潭底月圓時。應觀法界蓮千葉，肯折人間桂一枝。漂蕩秦吳十餘載，因循猶恨識師遲。」表示與貫休（八二三—九一二）有「相識恨晚」之憾。⑯吳融（八八九年進士）〈寄貫休上人〉云：「別來如夢亦如雲，八字微言不復聞。世上浮沈應念我，筆端浮動只降君。幾同江步吟秋霽，更憶山房語夜分。見擬沃洲尋舊約，且教丹頂許為鄰。」⑰表現了時時想念貫休而欲與他唱和之心曲，回憶他與貫休步吟江上，山房夜語之情景；甚至希望身如瘦鶴的貫休能夠答應與他為鄰居。他在為貫休所寫的

〈《西岳集》序〉中還說：「余謫官南行，因造其室，每談論未嘗不了於理性。自是而往，日入忘歸，邈然浩然，使我不知放逐之感。此外，商榷二雅，酬唱往還，越三日不相往來，恨疏矣！」⑱三日不見，即有疏離之感，這種親密之關係，真非一般交情可比。又如，荊南孫光憲（九〇〇—九六八）與貫休之法友齊己（八六三—九三三）有「周旋十年」之誼，⑲兩人唱和之作不下十首，惜其詩皆佚，無法知其究竟。孫光憲之友荊南梁震（生卒年不詳），亦與齊己友善，兩人酬唱甚密，梁震曾貽詩曰：「陳琳筆硯甘前席，甪里煙霞憶共眠。」⑳竟有同席共眠之經驗。或曰此是齊己〈寄梁先輩〉中詩句，但以該詩之末兩句「愛惜麻衣好顏色，未教朱紫汙天然」看來，㉑應是梁震致齊己詩之詩句，旨在提醒齊己能夠身著麻衣為僧，存其天真自然，不會像他被官場上之朱紫所汙。唐僖宗朝名詩人鄭谷（八九四—九一二）接見齊己後，讀其〈早梅〉詩，有「前村深雪裏，昨夜數枝開」之句，勸齊己改「數枝」為「一枝」，齊己遵之，士林遂以鄭谷為齊己「一字師」。㉒他在袁州時，亦勸來訪的齊己改其獻詩中之一字，齊己依其言，改其詩之「別下著僧床」為「別掃著僧床」，遂與鄭谷為詩交。㉓鄭谷又與詩僧文秀常相過從，時有詩唱和。其〈寄題詩僧秀公〉云：「靈一心傳清塞心，可公吟後楚公吟。近來雅道相親少，惟仰吾師所得深。好句未停無暇日，舊山歸老有東林。吟曹孤宦甘寥落，多謝攜筇數訪尋。」㉔詩中提到的靈一、清塞、可公（無可）、楚公（懷楚）都是與鄭谷交往的詩僧，而文秀不但屢有贈詩，而且屢次攜筇來訪，可見鄭谷與他交情之深。凡此皆是唐代士人與詩僧交遊之例，而這些詩僧也有詩集傳世，為後世所知。鄭谷說他「愛僧不愛紫衣僧」，又說「詩無僧字格還卑」，㉕或許是因為他與詩僧特別有緣之故，若是用宋太宗朝士人安鴻漸（生卒年不詳）之語，譏僧侶都是「鄭都官不愛之徒」，就是有意誇

大其實，而厚誣古人了。㉖

詩僧雖然代不乏人，但因唐代詩歌鼎盛，僧徒用心於詩者亦較前朝為多。至於晚唐、五代、宋及以後各朝，詩僧人數不斷增加，多酷愛韻律，苦吟不輟，與許多文人騷客一樣，視作詩為人生一件大事。唐代之詩僧皎然、賈島、貫休、齊己等人，雅善詩歌，耽於吟詠，獻身詩業，幾至詩佛交融、詩禪合一了。㉗以迄宋代，此類詩僧有增無減，他們與文士交遊唱和，蔚為風氣，而文士亦樂與結交，常引為直諒多聞之友。

唐代詩僧亦有能文者，如韓愈之僧友令縱，在韓愈眼中，是「釋氏之秀者，又善為文」，而其歌頌文武豪士之文，多「典而不諛，麗而不淫」，韓愈認為是「有中古之遺風」，對他評價甚高，至於忘其為釋氏之子。㉘大曆、貞元間詩僧靈一，被認為是齊梁以來，僧徒為文者中之少數入其流者，「能刻意精妙，與士大夫更唱遞和，不其偉歟？」㉙靈澈「一心好篇章」，自從聲名上揚，如雲得風，遂以「文章接才子」，以「禪理說高人」。㉚劉禹錫之師皎然，宋人嚴羽（生卒年不詳）以為其詩「在唐諸僧之上」㉛，理宗景定朝太學生范晞文（生卒年不詳）以為是與靈澈等二、三詩僧最可取者。㉜石林居士葉夢得（一〇七七—一一四八）認為是唐詩僧中之最傑出者。他也能為文，雖四庫館臣以為非其所長，但著有《詩式》一卷，頗受好評。㉝雖然如此，以上諸僧，除皎然有幾篇雜文流傳之外，都僅有詩集傳世，而其詩集如今尚存者，亦僅皎然、貫休、齊己等人，其他僧人之詩都星散於後人所編之詩僧合集中。

唐代詩僧雖多，能文者畢竟只有少數。宋代詩文之風大熾，宋初九僧之詩，名盛一時。秘演、惠崇、惠思、惠勤、曇穎（九八九—一〇六〇）、元淨（一〇一一—一〇九一）、常總（一〇二五—一〇九一)、佛印(一〇三二—一〇九八)、參寥、維琳、清順、祖心(一〇二五—一一〇〇)、晤新(一〇四四—一一一五)、惟清(?—一一一七)之輩，亦北宋詩僧一時之選，分別為歐陽修(一〇〇七—一〇七二)、梅堯臣(一〇〇二—一〇六〇)、蘇軾(一〇三七—一一〇一)、黃庭堅(一〇四五—一一〇五)等文士之友。許多僧徒不僅能詩，而且頗知文史，除能寫各體詩文之外，還有餘力撰寫僧傳、僧史、隨筆、書札、掌故等等，既擅古文，又兼長四六，使儒林文士，名公巨卿，亦不得不另眼相看。譬如，歐陽修雖反佛，但對與他同庚的明教契嵩(一〇〇七—一〇七二)卻相當尊禮，認為僧中居然有此善為古文之人物。契嵩除寫詩撰文之外，還著書輔教，作論非韓，力主禪門傳法正宗，留下了不少慎思明辯之文，為後世僧徒所深慕，是其友楊蟠(約一〇一七—一一〇六)所謂：「曾著文章原大道，獨推性命濟群生」之傑出禪僧，㉞也是典型的「文學僧」。契嵩之後，又有惠洪，也擅長詩文。他與契嵩一樣，詩文之外，又有僧傳、隨筆、論疏，皆可見其博通內、外之學，遊心文字與禪，往來於山林與朝市間，也是個典型的「文學僧」，為後世僧徒所仿效。苕溪漁隱胡仔(一一一〇—一一七〇)說他「其才性疑爽，見於言語文字間；若於禪門本分，則無之也。」才性疑爽之說，當為質實之語；禪門本分則無之議，恐是就其曠放形象而言。㉟

宋代文士與詩僧、文學僧交遊，於唐人有過之而無不及。蘇軾與多位僧人遊，且交情都很深厚，其中參寥與他相交二十餘年，經常形影相隨，情同莫逆，時相唱和，真是肝膽相照，無話不說。蘇軾曾有〈八聲甘州〉詞一闋寄參寥子，其詞之下片云：「記取西湖西畔，正暮山好處，空翠煙霏。算詩人相得，如我與君稀。約他年，更還海道，願謝公雅志莫相違。西州路，不應回首，為我沾衣。」[36]此詞是元祐六年（一〇九一）蘇軾於離杭州赴京為翰林學士時作，也是他少數對僧人毫無掩飾的剖心析膽之作。回顧他與道潛之相知相得，確是前無古人。他似乎在宣誓自己一定會依兩人之約定，實踐謝安（三二〇—三八五）東山之志，與參寥退隱林下，而參寥也不用如謝安的外甥羊曇（生卒年不詳）一樣，「行不由西州路」，為他難過而回首沾衣涕泣了。[37]

黃庭堅也與數位禪僧相交，屢贈詩予他們，其中與他交情最深厚者，當是死心悟新。死心悟新與他有師兄弟之誼，同出黃龍晦堂祖心之門。山谷雖無與他唱和之記錄，但在黔南道上有〈與死心道人書〉數帖，對悟新亦師亦友的啟迪與解惑深表感激。其一說：「往日常蒙苦口提撕，常如醉夢，依稀在光影裏。今日昭然，明日昧然，蓋疑情不盡，命根不斷，故望涯而退耳。謫官在黔州，道中晝臥，覺來忽然廓爾。尋思平生被天下老和尚謾了多少，惟有死心道人不肯相背，乃是第一慈悲。」[38]他的另一位法兄靈源惟清大概見了此書，曾寄之以偈曰：「昔日對面隔千里，如今萬里彌相親。寂寥滋味同齋粥，快活談諧契主賓。室內許誰參化女，眼中休自覓瞳人。東西南北難藏處，金色頭陀笑轉新。」靈源偈中之「化女」與「瞳人」都有「仙女」之意，而「金色頭陀」則原指拈花微笑的大迦葉。惟清似在揶揄黔南道上苦行的山谷，說他相隔萬里才知悟新之好處，勸他勿有求仙之意，而應在無處可藏處轉求於悟新禪師。山谷和曰：「石工來斲鼻端塵，無手人來斧始親。白牯狸奴心即佛，龍睛虎眼主中賓。自攜缶去沽村酒，卻著衫來作主人。萬里相看常對面，死心寮裏有清新。」[39]大意是說他先前入了寶山，卻空手而去，有如無手之人。因此才知道石工有砍去他鼻端塵之作用，而感到其斧頭之可親。他用大慧宗杲的「自攜缶去沽村酒，卻著衫來作主人」為轉折，[40]來說他經歷了「沽村酒」之階段後，才悟到「心即佛」與「主中賓」的體中之用的道理，如今雖然與悟新萬里相隔，但卻能深見其精神，已深深認識「死心寮」裏的悟新了。他的第二書說：「承已退翠巖，寄住祐聖，氣力安樂，良慰懷想。今夏居處，亦有水濱林下可逍遙者乎？公脊骨硬如鐵，去住自由，今天下道人中一人而已。」㊶也充分表達了對悟新的關切之情。

宋代與僧徒結交之文士甚多，元詩評家方回（一二二七—一三〇五）認為這是因為「士大夫嬰於簪紱，不有高人勝流為方外友，則其所存者亦淺矣。」㊷這是說士大夫因過著服冠簪和纓帶上朝為官的生活，若未與僧道為方外友，相與薰染，則其涵養必淺。這當然一偏之見；其實士人與僧徒相交，原因甚多，目的不一。有喜佛說而欲交僧徒者；也有習內學以補其所學世典之缺者；有喜浮屠之佛衣儒行者，更有因僧徒之詩文為「士人詩」、「官員詩」而感親切而欲相交者，㊸因人、時、地之殊而異，不易歸類。方回還說：「楊文公之於廣慧璉、梅聖俞之於達觀穎、無盡之於甘露滅、無垢之於妙喜杲，死生窮通以之；而吾紫陽晦翁，深闢異端，得一志南杏雨柳風之句，尤極口稱道，不啻己出。」㊹方回所舉之例，雖然只代表宋代士人與方外為友之少數，但若考其論交之原因，不難發現其中之異，但詩文詞章都是論交過程中之重要因素。這是因為僧徒讀儒書者不少，多非忘情絕愛之輩。其善於詩文者，亦不覺得吟風弄月，甚至「淫詞豔句」，有礙菩提之路，所以樂於以詩文相切磋，並藉以彌縫儒、釋間之差異。因此之故，不少僧人都有詩文集流傳於一時。但方回所舉的這幾位僧徒，除甘露滅（按：即惠洪）外，或不以詩文名於時，或詩文集並未傳世。惠洪與無盡（按：即張商英）之交往，不僅因詩文而已。而無盡之尊惠洪，實因惠洪提醒他真淨克文（一〇二五—一一〇二）老師之「真藥現前」，使他「頓見真淨用處」之故。㊺他與惠洪過從甚密，除贈詩酬唱外，㊻還邀閱所注佛經，及贈送禪師畫像。㊼論者甚至認為，惠洪因為遊於張商英之門，至於論詩之格律也與張商英相似。㊽楊文公（即楊億，九七四—一〇二〇）三十歲問道於廣慧元璉（九五一—一〇三六）禪師，尊之為師，㊾但不見他與元璉有任何詩文之相酬作。梅聖俞（即梅堯臣）與達觀曇穎為厚交，兩人屢有唱和，但一如下文所言，曇穎之詩並未傳世。無垢（即張九成，一〇九二—一一五九）與大慧宗杲為方外友，兩人關係甚深，命運相繫。大慧雖有詩致張九成，但並不以詩名，故兩人之相交，以禪學為主。朱熹與志南之交遊，雖以詩為因緣，但兩人並無酬唱之關係。不過朱熹嘗讀志南之詩，甚賞識志南，故跋其詩卷時，稱：「南詩清麗有餘，格力閒暇，無蔬筍氣。如云：『霑衣欲濕杏花雨，吹面不寒楊柳風。』余深愛之。」㊿志南遂因此詩句而知名。文公還與志南互通書信，討論寒山子詩集之善本與刻印，並建議在天台山的志南說：「寒山子詩，彼中有好本否？如未有，能為讎校刊刻，令字畫稍大，便於觀覽，亦佳也。」(51)同時，還贈送偶得之「安樂茶」，「分上廿餅，并雜碑刻及唐詩三冊」送給志南，以酬謝他惠寄的「黃精、筍乾、紫菜多品」。(52)他們也曾一起遊廬山，祭拜濂溪先生書堂。(53)兩人交情之佳，可見一斑。但朱熹所跋的志南詩卷，顯然也已失傳。

不論是契嵩、惠洪、志南或許多其他與士人交遊之宋僧，其交遊之軌跡，多半未見於士人之詩文集內；偶而見之，也是零星數語，難以盡窺其關係之深淺。而宋僧有詩集、文集流傳者並不多；即令曾有流傳，也多為時不久，即告陸沈。致使知者有限，許多僧人之寺院與交遊生活，難以查考。譬如浮屠秘演，歐陽修認為是與其友石曼卿（九九二—一〇四〇）相同的「奇男子」，也是「天下奇士」。他們一隱於酒，一隱於浮屠，但都「喜為歌詩以自娛，當其臨水望月，歌吟笑呼，以適天下之樂，何其壯也。」[54]因此，「一時賢士皆願從其游」，而歐陽修自己亦時時至其居室。[55]在歐陽修眼中，石曼卿「詩辭清絕」，但是他「尤稱祕演之作，以為雅健有詩人之意。」[56]尹洙（一〇〇一—一〇四七）與他相識二十餘年，說他「善詩，復辨博，好論天下事。自謂浮圖其服而儒其心。」[57]祕演有詩三、四百篇，[58]也曾裒集成書，歐陽修為之作序於先，尹洙作序於後。但此詩集並未流傳，所以如今也多不能見，只有七首見錄於陳起的《聖宋高僧詩選》中。[59]又如，石曼卿的另一至友釋惟儼（生卒年不詳），「雖學于佛而通儒術，喜為辭章。」[60]其為人耿介剛直，擇友甚嚴，非賢士不交，而有不可其意者，無論貴賤一切閉拒絕去不少顧，因而「一時賢士多從其遊」。[61]惟儼有文數百篇，曾結集成書，歐陽修亦為之作序，認為可據以考其「筆墨馳騁文章贍逸之能」。[62]但是這文集，也未流傳，如今恐一篇也不得而見矣。類似不傳的僧詩與僧文甚多，也因為詩文之不傳，而其作者也就都不為世所知了。譬如，太宗朝有某處才上人，自九華山來長洲訪王禹偁（九五四—一〇〇一），據時年三十四歲的王禹偁說，上人「叩門遺我瓊瑤編，錚錚五軸餘百篇。」[63]此五軸百篇的書，即成了兩人定交之媒介，故王禹偁說：「定交仍以書為先。」[64]而這「五軸餘百篇」應該是詩文集，而所以為衛道闢佛的王禹偁所能接受，實是因為「書中不說經，文中不言佛」，[65]全不涉及佛教；王禹偁讀後，還認為處才上人是「有心直欲興文物」之同志，可以為友。[66]

又如達觀曇穎與歐陽修及其好友梅堯臣相交往，梅堯臣雖高唱儒道，自詡「平生守仁義」又「力遵仁義塗」，但與多位禪僧交遊，常互相唱和。他還賦詩寫惟儼所居之「粹隱堂」，對惟儼相當熟悉。詩中說惟儼「十年不出戶，世事皆剗鉏。時無車馬遊，焚香坐讀書。」[67]他與達觀曇穎

（九八九—一〇六〇）有二十年以上之交情，[68]曾說他「書史無不覯，詞章尤雅麗」，頗重其人。兩人交情之厚，約略可從其唱和之作窺見大概。但為他立傳之惠洪，對兩人之交誼竟然隻字不提，而後來之僧史作者亦未察覺，致使曇穎之詩名及文名皆晦而不彰，而其詩文也就流傳無幾了。《聖宋高僧詩選》僅收錄曇穎詩一首，實在有負其詩名。[69]

契嵩與惠洪之詩文集及佛教著作流傳既廣且久，吾人得以綜觀其處世、行業及思想，從較宏觀的禪文化史脈絡去理解。臨濟中興之代表大慧宗杲，雖無詩文集流傳，但有書札傳世，也有助於吾人對他與士大夫交遊的認識。其他北宋僧人如道潛也有詩集流傳，使後人對他也不至陌生，知道他也是位擁護「儒釋殊科道無異」的詩僧。[70]可惜大多數北宋僧的詩集或文集多因故未能流傳，對北宋佛教史之研究造成了許多不便。

南宋僧人不乏如契嵩、道潛、惠洪和大慧等留下詩文集或書札者，其有詩集傳世者，號稱詩僧，如雲泉永頤、芳庭師植、亞愚紹嵩等人，筆者已在拙作《一味禪與江湖詩》中介紹。[71]其有詩文集傳世者，筆者稱之為「文學僧」，如橘洲寶曇（一一二九—一一九七）、北磵居簡（一一六四—一二四六）、淮海元肇（一一八九—一二六五）、藏叟善珍（一一九四—一二七七）、物初大觀（一二〇一—一二六八）和無文道璨（一二一三—一二七一）等皆是，筆者也在同書介紹過。不管是詩僧或文學僧，內心大概都有「詩文不礙禪」之看法，這種看法在相當程度上已為當時禪僧之共識，所以當元肇的晚輩文迥（一二一一—？）描寫元肇是「四海今淮海，中年主萬年。虛空曾悟性，文字不離禪」時，[72]他應當是視「文字不離禪」為理所當然之事的。本書即是以元肇的詩文集為基礎，對淮海元肇的生平、交遊及詩文作個更深層之研究、考釋及析論，希望探賾他的詩禪世界，就他在南宋禪文化所扮演的角色給予適當的定位。全書分兩部分，第一部分主要討論文學僧淮海元肇與南宋的禪文化，第二部分則是元肇詩集《淮海挐音》與文集《淮海外集》的點校。

第一部分除本緒論之外，含有七章，分別介紹元肇與其著作之流傳；析論元肇所作各類主題之詩；探討元肇與文士間之交遊；分析元肇之文士化生活；追蹤元肇與叢林耆舊之關係；彰顯元肇對叢林之深厚感情；總結元肇在出、入世之間所表現的人間情義。此部分並附錄兩篇發表過之相關文章。附錄一題為〈「大夫去作棟梁材」之作者與史彌遠伐松辨〉，考論元肇所作〈大夫去作棟梁材〉一詩被張冠李戴，改頭換面之原委。由於此文論及癡絕道沖出任靈隱寺住持之時間及與靈隱寺松被伐之關係，遂以〈癡絕道沖禪師與南宋的禪文化〉為附錄二，具體說明癡絕道沖的身分與其在禪文化中所扮演之角色。

第二部分的內容及點校詳情，可見於《淮海挐音》與《淮海外集》兩書的點校凡例。由於《淮海挐音》與《淮海外集》一直都為日本少數圖書館分開庋藏，不易獲閱，筆者只能憑所抄錄之兩書，做為討論元肇生活史之根據。論述既畢，爰將兩書輸入電腦，點校合刊，使元肇之詩文合為一體，以便流傳。

【注釋】

① 惠洪，〈請杲老住天寧〉，《石門文字禪》（臺北：新文豐出版公司，一九七三）卷二八，P.2a。

② 此為韓淲句，見韓淲，〈次韻伯皐至日〉，《澗泉集》（臺北：臺灣商務印書館，影印文淵閣《四庫全書》本，一九

八三—一九八六）卷十三，P.17ab。

③語出宋．郭祥正〈睡起〉一詩，見《青山續集》（臺北：臺灣商務印書館，影印文淵閣《四庫全書》本，一九八三—一九八六）卷六，P.14b。按：此詩又見於《清江三孔集》卷二十三，P.14a。《宋詩鈔》將其視為孔平仲所作。見《宋詩鈔》P.16，P.51b。

④「忘機林鳥下」一句，見司馬光，〈花庵獨坐〉一詩之下半部分。詩云：「忘機林鳥下，極目塞鴻過。為問市朝客，紅塵深幾何？」司馬光，《傳家集》（臺北：臺灣商務印書館，影印文淵閣《四庫全書》本，一九八三—一九八六）卷九，P.15b。按：此詩又題〈花庵獨坐呈堯夫先生〉，可見是贈邵雍之作。

⑤皎然，〈偶然五首〉之三，《杼山集》（臺北：臺灣商務印書館，影印文淵閣《四庫全書》本，一九八三—一九八六）卷六，P.17a。

⑥范仲淹曾謂：「蓋古者四民，秦漢之下兵及緇黃共六民矣。……緇黃蕩而不制。」見〈上執政書〉，《范文正集》（臺北：臺灣商務印書館，影印文淵閣《四庫全書》本，一九八三—一九八六）卷八，P.11b。南宋史浩有詩云：「古者四民今六民，為添釋老不耕耘。三農重困皆因此，況有張頤百萬軍。」見史浩，〈稻糧八篇〉，《鄮峰真隱漫錄》卷五十，P.12a。

⑦見韓愈，〈與孟尚書書〉，《韓昌黎文集校注》（臺北：河洛圖書公司，《韓昌黎集》本，一九七五）卷三，P.124。

⑧《全唐詩話》（臺北：臺灣商務印書館，影印文淵閣《四庫全書》本，一九八三—一九八六）卷三，P.155。

⑨見《景德傳燈錄》（臺北：新文豐出版公司，《大正藏》第五十一冊，一九八六）卷九，P.226b。按：贊寧《宋高僧傳》（北京：中華書局點校本，一九八七）亦錄此詩，用字略有小異，詩云：「曾傳達士心中印，額有圓珠七尺身。挂錫十年棲蜀水，浮盃今日渡漳濱。一千龍象隨高步，萬里香華結勝因。願欲事師為弟子，不知將法付何人？」見《宋高僧傳》卷二十，P.528。禪宗史書及札記多採燈錄版。又《黃檗山斷際禪師傳法心要》（臺北：新文豐出版公司，《大

正藏》第五十一冊，一九八六）裴休序，P.379bc。

⑩ 事見顏真卿，《顏魯公集》（臺北：臺灣商務印書館，影印文淵閣《四庫全書》本，一九八三─一九八六）卷二八，P.1ab。

⑪ 韓愈〈廣宣上人頻見過〉詩云：「三百六旬常擾擾，不衝風雨即塵埃。久慚朝士無裨補，空愧高僧數往來。學道窮年何所得，吟詩竟日未能回。天寒古寺遊人少，紅葉窗前有幾堆。」暗譏廣宣只務徵逐奔競，不棲心學道。見《韓昌黎詩繫年集釋》卷八，P.407。

⑫ 《唐詩紀事》卷七二，P.10b-11a。

⑬ 《唐詩紀事》卷四五，P.7b。

⑭ 元．祝誠，《蓮堂詩話》（上海：上海古籍出版社，《續修四庫全書》本，一九九五）卷下，P.1a。

⑮ 《唐詩紀事》卷四五，P.8b-9a。

⑯ 羅隱，〈和禪月大師見贈〉，《甲乙集》（上海：商務印書館《四部叢刊初編》本，一九三六）卷三，P.6b。

⑰ 吳融，〈寄貫休上人〉，《唐英歌詩》（臺北：臺灣商務印書館，影印文淵閣《四庫全書》本，一九八三─一九八六）卷上，P.8ab。

⑱ 吳融，〈西岳集序〉，見貫休，《禪月集》（上海：商務印書館《四部叢刊初編》本，一九三六）卷首。

⑲ 孫光憲，〈白蓮集序〉，見《白蓮集》（上海：商務印書館《四部叢刊初編》本，一九三六）卷首。

⑳ 陶岳，《五代史補》（臺北：臺灣商務印書館，影印文淵閣《四庫全書》本，一九八三─一九八六）卷四，〈梁震裨贊〉，P.10ab。

㉑ 按：此詩錄於今存齊己《白蓮集》中，題為〈寄梁先輩〉，見齊己，《白蓮集》卷九，P.1a。雖然如此，以詩之內容看，陶岳於《五代史補》之記載可能較正確。但不管是誰作，兩人於蘇州甪里的梁震住處共賞煙霞，對床而眠，應該

是實有其事。

㉒ 唐・辛文房，《唐才子傳》（臺北：臺灣商務印書館，影印文淵閣《四庫全書》本，一九八三—一九八六）卷六，P.17a。

㉓ 《唐才子傳》卷八，P.25b。

㉔ 鄭谷，〈寄題詩僧秀公〉，《雲臺編》（臺北：臺灣商務印書館，影印文淵閣《四庫全書》本，一九八三—一九八六）卷下，P.20b。

㉕ 鄭詩見鄭谷，〈寄獻狄右丞〉及〈自貽〉二詩，《雲臺編》卷下，P.7ab，10b。

㉖ 歐陽修《六一詩話》曾說某士人名安鴻漸者好嘲詠，見僧贊寧與數僧相隨，指而嘲曰：「鄭都官不愛之徒，時時作隊。」歐陽修解釋說安鴻漸之說，是根據鄭谷詩「愛僧不愛紫衣僧」之句。

㉗ 近有學者甚至認為「詩業」一詞為詩僧所創，見王秀林，《晚唐五代詩僧群體研究》（北京：中華書局，二〇〇八），P.266。其實唐僧貫休、齊己等確用「詩業」一詞入詩，視作詩為專業甚至偉業，但其詞非唐詩僧所創。唐孔穎達注疏《左傳》至「衛寧武子來聘，公與之宴，為賦湛露、彤弓」一節，曾言「工人自習詩業以及此篇」。是「詩業」一詞之始用，已見於唐初，非晚唐詩僧所創。見孔穎達，《左傳注疏》（臺北：臺灣商務印書館，影印文淵閣《四庫全書》本，一九八三—一九八六）卷十七，P.316。

㉘ 韓愈，〈送浮屠令縱西遊序〉，《韓昌黎文外集》上卷，P.393。

㉙ 唐・高仲武，《中興間氣集》（臺北：臺灣商務印書館，影印文淵閣《四庫全書》本，一九八三—一九八六）卷下，P.12b。

㉚ 劉禹錫，〈澈上人文集紀〉，《劉賓客文集》（臺北：臺灣商務印書館，影印文淵閣《四庫全書》本，一九八三—一九八六）卷十九，P.17b。

㉛見嚴羽，《滄浪詩話》（臺北：木鐸出版社，《歷代詩話》本，一九八二），P.698。按：嚴羽所說的「唐詩僧」為：法震、法照、無可、護國、靈一、清江、無本、齊己、貫休也。

㉜范晞文曾說：「唐僧詩除皎然靈徹三兩輩外，餘者率皆衰敗不可救。」見《對床夜語》（臺北：臺灣商務印書館，影印文淵閣《四庫全書》本，一九八三—一九八六）卷五，P.11b。

㉝《四庫全書總目提要》卷一四九，P.2962。

㉞楊蟠，〈宿永安方丈書呈東山禪師〉，《鐔津集》（臺北：臺灣商務印書館，影印文淵閣《四庫全書》本，一九八三—一九八六）卷二一，P.3a。

㉟《苕溪漁隱叢話後集》卷三七，P.296。

㊱蘇軾，〈八聲甘州——寄參寥子〉，見明．陳仁錫，《類選箋釋草堂詩餘》（萬曆二十四年刻本）卷四，P.5a-6a。

㊲按：謝安雖受朝寄，然東山之志始末不渝。會稽王道子專權，謝安出鎮廣陵之步丘，築壘曰新城以避之。後自江道還東，雅志未就，遂遇疾篤。還都之時，聞當輿入西州門，自以本志不遂，深自慨失。羊曇是太山人，為謝安之外甥，深受謝安所愛重。謝安死後，羊曇「輟樂彌年，行不由西州路。」據說他嘗大醉，扶路唱樂，不覺至州門。左右告知其門為西州門，羊曇悲感不已，以馬鞭扣扉，誦曹子建詩曰：「生存華屋處，零落歸山丘。」慟哭而去。見《晉書》，卷七九，〈謝安傳〉，P.2077。

㊳黃庭堅，〈與死心道人書〉，《黃庭堅全集》《宋黃文節公全集．別集》（成都：四川大學出版社，二〇〇一）卷十七，P.1850。

㊴曉瑩，《羅湖野錄》（臺北：新文豐出版公司，《卍續藏經》第一四二冊）卷上，P.963b。

㊵《大慧普覺禪師語錄》卷七，P.839。

㊶同前書，P.1851。

㊷方回，〈跋僧如川詩〉，《桐江集》（臺北：臺灣商務印書館，《宛委別藏》本，一九八一）卷四，P.277-279。

㊸「士人詩」、「官員詩」見《瀛奎律髓》卷四七，P.75b，引《朱文公語錄》。

㊹方回，〈跋僧如川詩〉，《桐江集》卷四，P.277-279。

㊺《羅湖野錄》卷四。張商英因此而「取家藏真淨肖像，展拜題讚其上，以授寂音曰：『雲菴綱宗，能用能照。冷面嚴眸，神光獨耀。孰傳其旨，覿露唯肖。前悅後洪，如融如肇。』」

㊻兩人唱和詩不少，但張商英之詩皆不傳，惠洪則於〈初到善谿慧照庵寄張無盡五首〉得其唱和之作，而撰〈無盡見和復次其韻五首〉及〈又次韻答之十首〉，見《石門文字禪》卷十五，P.4b-6b。

㊼惠洪有〈余居百丈天覺方註楞嚴以書見邀作此寄之二首〉、〈天覺以雲庵畫像見寄謝之〉兩詩可以為證明，見《石門文字禪》卷十，P.12a；卷十五，P.7b。

㊽《苕溪漁隱叢話後集》（臺北：長安出版社，《苕溪漁隱叢話前後集》，一九七八）卷三四，〈張天覺〉，P.260。

㊾《大慧普覺禪師語錄》卷二八，P.932b。

㊿朱熹，〈跋南上人詩〉，《晦庵朱文公先生文集》（上海：商務印書館，《四部叢刊初編》本，一九三六）卷八一，P.26b。

(51)朱熹，〈志南上人〉，《晦庵集．別集》（臺北：臺灣商務印書館，影印文淵閣《四庫全書》本，一九八三—一九八六）卷三，P.17ab。

(52)同前註。

(53)同前書，卷八四，〈書濂溪光風霽月亭〉，P.49a。

(54)歐陽修，〈秘演詩集序〉，《居士集》（臺北：河洛圖書公司，《歐陽修全集》本，一九七五）卷二，P.119-120。

(55)同前註。

56 同前註。

57 尹洙，〈浮圖秘演詩集序〉，《河南集》（臺北：臺灣商務印書館，影印文淵閣《四庫全書》本，一九八三—一九八六）卷五，P.4a-5a。

58 歐陽修〈秘演詩集序〉說他有詩三、四百篇，尹洙〈浮圖秘演詩集序〉說他有詩三百餘篇。

59 陳起，《聖宋高僧詩選續集》P.1a-2a。

60 歐陽修，〈釋惟演文集序〉，《居士集》（臺北：河洛圖書公司，《歐陽修全集》本，一九七五）卷二，P.120。又參看蘇舜欽，〈粹隱堂記〉，《蘇學士集》（臺北：臺灣商務印書館，影印文淵閣《四庫全書》本，一九八三—一九八六）卷十三，P.1a-2a

61 歐陽修，〈釋惟演文集序〉，《居士集》卷二，P.120。

62 同前註。

63 王禹偁，〈酬處才上人〉，《小畜集》（臺北：臺灣商務印書館，《國學基本叢書》本，一九六八）卷十二，P.183-184。王禹偁任長洲令之時間，參看黃啟方，《王禹偁研究》（臺北：學海出版社，一九七九）P.102。

64 同前註。

65 同前註。

66 同前註。

67 梅堯臣，〈儼上人粹隱堂〉，《宛陵集》卷二五，P.3a。

68 梅堯臣之〈送達觀禪師歸隱靜寺古律二首〉說：「初逢洛陽陌，再見南徐州。所歷幾何時，倏去二十秋」。考曇穎入隱靜山在金山、雪竇之前，既然從初逢洛陽至送他歸隱靜時，已有「二十秋」之長，可見兩人相交至少二十年以上。《宛陵集》卷三六，P.11b-12a。

⑲《宋高僧詩選後集》卷下，P.9a。

⑳現存道潛詩集《參寥子集》十二卷，「儒釋殊科道無異」一句，見〈贈權上人兼簡其見高致虛秀才〉，《參寥子集》（上海：商務印書館，《四部叢刊三編》本，一九三六）卷十二，P.3b-4a。

㉑見筆者《一味禪與江湖詩》第一章。

㉒文珦，〈寄天臺萬年淮海禪席〉，《潛山集》（臺北：臺灣商務印書館，影印文淵閣《四庫全書》本，一九八三—一九八六）卷八，P.7a。按：「文字不離禪」一語首見於龍井辨才〈次韻參寥寄少游〉一詩，詩中有句云：「臺閣山林本無異，故應文字不離禪。」今此詩皆誤為蘇軾所作，而收於東坡集中，見《東坡全集》（臺北：臺灣商務印書館，影印文淵閣《四庫全書》本，一九八三—一九八六）卷二九，P.10a。清・查慎行已辯非蘇軾所作，見清・查慎行，《蘇詩補註》（臺北：臺灣商務印書館，影印文淵閣《四庫全書》本，一九八三—一九八六）卷五十，P.8b-9a。查慎行並謂宋人潛說友曾於其《咸淳臨安志》之「龍井」條下附見少游參寥和詩。又說淮海集詩題云〈辨才師以詩見寄繼聞示寂追次其韻〉云云。今考《咸淳臨安志》確有道潛之〈四照閣奉陪辯才老師夜坐懷少游學士〉，但不在龍井條下，且「四照閣」誤為「照閣」。見《咸淳臨安志》（臺北：臺灣商務印書館，影印文淵閣《四庫全書》本，一九八三—一九八六）卷九七，P.5a。又考秦觀《淮海集》有〈辨才法師嘗以詩見寄繼聞示寂追次其韻〉一詩，其所用韻，與道潛詩同，都可證〈次韻參寥寄少游〉為辨才所作。道潛及秦觀詩，分別見《參寥子詩集》（臺北：臺灣商務印書館，影印文淵閣《四庫全書》本，一九八三—一九八六）卷七，P.2a；《淮海集》（臺北：臺灣商務印書館，影印文淵閣《四庫全書》本，一九八三—一九八六）卷三，P.4ab。

二、傳略與著作

淮海元肇［或作原肇］（一一八九—一二六五）①字聖徒，號淮海，通州（今江蘇南通）靜海人。通州在南宋領兩縣，分別為靜海及海門。②又有通川及崇川兩郡，故亦說他為通川人。元肇曾領五山中的育王（一二六一）、淨慈（一二六三夏）、靈隱（一二六三冬）及徑山（一二六四）等寺，在南宋叢林地位甚高，也是南宋有名的詩僧。元人方回（一二二七—一三〇五）論南宋方外詩僧時曾說他是理宗「端平、淳祐以來，方外以吟知名者。」③但他不僅以吟事知名，而且在行業與文學上都是舉足輕重的禪僧，所以筆者視他為一重要的文學僧，曾在若干已出版之書及論文對他做過簡單的介紹。④然而，元肇之詩文與行業，畢竟對形塑南宋末世之禪文化有相當程度之影響，何況他又有不少詩文傳世，可纂成詩文集，作為研究南宋禪文化發展之史料，所以筆者覺得有必要對他的「文學僧」角色作一更廣泛、詳盡及深刻的探討，以續完筆者《一味禪與江湖詩》及《文學僧藏叟善珍及南宋末世的禪文化》等書的未竟之業。

方回對元肇之評語有元肇與同時代詩人、文士之唱和詩為證，也有元肇詩集《淮海挐音》可以覆案，下文將會詳細討論。不過，僅憑《淮海挐音》來對元肇作一全面的認識是不足的。因為元肇既是文學僧，他在詩文上的成就，固然相當突出。但這些成就，除《淮海挐音》之外，還須從元肇其他傳世作品去了解，如《淮海外集》及《淮海肇和尚語錄》兩書。也須從他法眷留下的記載來稽考，如物初大觀（一二〇一—一二六八）及藏叟善珍（一一九四—一二七七）等人所撰的相關文字。而大觀及善珍所撰的相關文字，到目前為止，多半還不為人所知，⑤所以歷來有關元肇生平、作品、行業及成就之討論，非常有限，而且都嫌過分簡略。⑥

在討論元肇的文學僧角色之前，筆者覺得有必要先看宋元以來叢林所記載的元肇，並釐清元肇兩本著作《淮海挐音》及《淮海外集》之傳世過程。⑦

宋元以來的叢林對元肇之記載相當缺乏，僧史、僧傳、燈錄、方志等甚不易見到元肇之名。除了元肇門徒為他所記的語錄之外，幾無有關他的記載。元僧熙仲的《歷朝釋氏資鑑》有一段敘述如下：

> 水心先生退居田里時，淮海肇禪師遊東嘉，題江心。公聞有奇逸之句，遣使延之。師就[獻]上三律，錄其一云：「文字滔滔江漢東，早從伊洛定宗風。中興之後數人物，北斗以南惟我公。聞道治平猶草奏，向來持論不和戎。匪伊再入脩門去，只有孤忠與昔同。」公餞師遊鴈蕩云：「海闊淮深萬里通，吟情浩蕩逐春風。更尋斗絕龍湫住，裁剪煙雲字字工。」師後住江心，由育王、淨慈、靈隱、雙徑，名振一時。⑧

此段文字引述淮海元肇與葉適間之詩文酬唱，證明淮海元肇為葉適所見賞。所述的元肇的履歷雖簡，但也列明他所住持的主要禪刹如江心、育王、淨慈、靈隱及徑山等等，也說明他在叢林的地位，都可以從元肇留下來的詩文及大觀所寫的行狀得到印證。可惜住江心等寺院的經歷都未繫年，而他在通州、湖州、天台、平江等地的經歷也缺載，作為僧史，是頗不足的。

宋元的方志，對元肇的記載也是相當缺乏的。元人的《元祐四明志》只在介紹雪竇寺時引述了元肇的一首詩說：「淮甸僧元肇題〔千丈巖〕云：『上盡崎嶇腳力微，毳袍零碎染烟霏。妙高峰頂見日出，千丈巖頭看雪飛。寒木著霜山衣錦，清泉得月鏡交輝。翩然又作東南去，肯落台溫第二機。』」⑨這首詩可見於元肇詩集，但只是元肇許多詩中的一首，詩的內容涉及台州與溫州，是元肇去過的兩個地方，與他關係至深，但方志並未提供任何線索。

叢林所知的元肇，要到明代的燈錄及僧傳才能見到較詳的記錄。它們所提供的元肇傳略，竟然為宋元的僧史、僧傳或燈錄所無。譬如，明僧文琇的《增集續傳燈錄》，首次介紹了元肇的生平與經歷如下：

> 通州靜海潘氏子，母朱氏。邑之利和寺妙觀，其諸父也。謂其父母曰：「是子生而有異，却葷截，殆亦夙種，盍俾出家？」父母然之。年十九，薙染受具，參浙翁於徑山。翁問：「汝何處人？」師曰：「淮人。」翁曰：「泗州大聖為什麼在揚州出現？」師曰：「今日又在杭州撞著。」翁曰：「且得沒交涉。」師徐曰：「自遠趍風。」翁以師警敏，欲大激發，未容其參堂。纔見便云：「下一轉語來。」擬開口，即喝出。師以書上，又以頌呈，末句云：「免教回首望長安。」翁云：「這裏是什麼所在？」師曰：「謝和尚掛搭。」始容就入室之列，已而命掌記。翁既寂，師出世通之光孝，遷吳城雙塔、金陵清涼、天台萬年、蘇州萬壽、東嘉江心。而四明育王虛席，廟堂奏師補處。遷杭之淨慈、靈隱、徑山。其住徑山，歉餘逋券山積，僧殘屋老。未幾，樓閣矗霄，雲衲踵至，不減浙翁全盛氣象。俄示疾，囑其徒：「為吾祔一穴於東澗，見生死不忘奉師之意。」浴訖書偈而逝。嘗讚達磨，偈曰：「踏飜地軸與天關，合國人追不再還。去去一身輕似

葉，長江千古浪如山。」⑩

這篇記錄似有參考物初大觀所撰的〈淮海禪師行狀〉之痕跡，雖然篇幅不長，但內容都可見於行狀。雖然如此，它可以算是首篇較具體而微的元肇傳略，遠較玄極居頂的《續傳燈錄》之記載為詳。也不遜於《補續高僧傳》中之元肇傳略。《續傳燈錄》只有簡單的小傳云：「徑山淮海肇禪師，泰州人。讚達磨偈曰：『踏翻地軸與天關，合國人追不再還。去去一身輕似葉，長江千古浪如山。』」⑪這簡直是敷衍了事。而《補續高僧傳》雖較晚出，但對元肇的描述卻未必更詳。其文如下：

通州靖海潘氏子，母朱氏。邑之利和寺妙觀，其諸父也，攜之出家，事瑜伽教師。六七歲即能詩，脫口可誦，未嘗見其執卷習學。既為僧，嗜酒肉，無日不醉飽。酣呼叫嘯，嘔噦狼籍，寺眾惡之。後忽顯神異，人莫之測。嘗就江洗酒甕，翻裏作表，甕軟如麵。有時大醉過市，吟云：「麥浪青於水浪，梨花白似梅花」，詠之不已。一賣淨螄翁質師曰：「醉和尚，只好兩句，下韻來不得也。」師忽以手約其頸曰：「好送醉僧歸寺，一看江月還家。」殿中塑佛，質而未金。寺主擬募之，師曰：「無事募，我明日為佛上金，但不欲人見。」眾相顧而笑。次日天未明，宿酲方劇，忽起排闥入殿，攀座而上，踋踏佛肩，手按佛頭，引項而哇之，其物淋然而下。殿主見之，倉皇報寺主。眾集，開殿門。師歎曰：「來何早也。」遂下行。且罵曰：「賊！賊！」自是不復還寺矣。視之唾所及處，皆成真金，止於佛胸而已，眾始知師聖人也。後見徑山浙翁琰禪師，以師根器警敏，欲大激發，未容其參堂，見即喝出。且問曰：「泗州大聖，為甚麼在揚州出現。」師曰：「今日又在杭州撞著。」翁又喝。久之，大悟，彈指一下云：「吽吽」遂入室掌書記。翁既寂，師因繼席。值歉餘，逋券山積，僧殘屋老。未幾，樓閣矗霄，雲衲踵至，不減翁全盛時。師自渡江而南，無復故態。實經諸禪老磨琢，故收斂精光，行止謹密，若與前隔世者。其〈題喝石巖詩〉云：「皓首來迎宴坐師，山靈易地致俱胝。要知弘法回天力，但看精誠裂石時。」蓋託古以自見耳。將寂，囑其徒曰：「為吾祔一穴於東磵。見生死不忘奉師之意。」東磵，翁葬處也。⑫

此篇傳文在生平與經歷方面，也有參考行狀之跡象，亦可能直接抄自《增集續傳燈錄》。但其中有行狀所未及者，特別是他的嗜食酒肉與各種「神異」之表現，與其行狀之記載，全然相違。此外，作者把元肇之傳略錄於「感通篇」內，而對元肇所住過的寺院置之不理，也是令人不解之事。但所引〈題喝石巖詩〉，僅見於其詩集《淮海挐音》，似乎作者也曾參考此詩集。果真如此，他把元肇當神異僧，就更加令人困惑了。

儘管如此，這兩篇傳略是明代燈錄與僧傳中記載元肇生平事跡之最詳者，而《增集續傳燈錄》之所載，似乎也是稍後的《繼燈錄》及《續燈存稿》之元肇傳略所本。《繼燈錄》之文如下：

楊[揚]之通州潘氏子。參浙翁，翁問：「何處人？」師曰：「淮人。」曰：「泗州大聖為什麼在楊[揚]州出現？」師曰：「今日又在杭州撞著。」曰：「且得沒交涉。」師曰：「自遠趨風。」翁以師警敏，欲大激發，未容其參堂。纔見便曰：「下一轉語來。」師擬開口，翁即喝。師以頌呈，末句有曰：「空教回首望長安。」翁曰：「者裏是什麼所在？」師曰：「謝和尚挂搭。」始就入室之列。已而命掌記。翁既寂，師出世通之光孝，後歷主雙塔、清涼、萬壽、萬年、江心。以朝命遷杭之淨慈、靈隱、徑山。其住徑山，逋券山積，僧殘屋老。未幾，樓閣矗霄，雲衲踵至，不減浙翁全盛時。嘗頌達磨渡江曰：「踏翻地軸與天關，合國人追不再還。去去一身輕似葉，長江千古浪如山。」六月初十日書偈而逝。⑬

《續燈存稿》之文如下：

通州靜海潘氏子，母陳。幼從邑之利和寺紗觀出家。年十九薙染受具，參浙翁於徑山。翁問：「汝何處人？」師曰：「淮東。」翁曰：「泗洲大聖為什麼在揚州出現？」師曰：「今日又在杭州撞著。」翁曰：「且喜沒交涉。」師徐曰：「自遠趨風。」翁以師警敏，欲大激發，未許參堂。纔見便曰：「下一轉語來。」擬開口，即喝出。師以書上，又以頌呈，末句曰：「空教回首望長安。」翁曰：「者裏是什麼所在？」師曰：「謝和尚挂搭。」於是密就入室之列，命掌記室。翁既示寂，師出世里之光孝，遷吳城雙塔，金陵清涼，天台萬年，蘇之萬壽，永嘉江心。而四明育王虛席，廟堂奏師補處。復遷杭之淨慈、靈隱、徑山。其住徑山，值歉餘，逋券山積，僧殘屋老。未幾，樓閣矗霄，雲衲踵至，不減浙翁全盛氣象。俄示疾，囑其徒曰：「為吾祔一穴于東澗，見生死不忘奉師之意。」六月初十日浴訖，書偈而逝。嘗讚達磨像曰：「踏翻地軸與天關，合國人追不再還。去去一身輕似葉，長江千古浪如山。」⑭

此兩傳略大致相同，與《增集續傳燈錄》也大同小異，但都於傳末增加了元肇示寂的具體時間，似根據行狀而來，為《增集續傳燈錄》之記載所無，也不見於其他燈錄。譬如後來的《五燈會元續略》，雖大致重複其語，但並無元肇棄世之時間。其文如下：

臨安府徑山淮海原［元］肇禪師，楊［揚］之通州潘氏子。參浙翁，翁問：「何處人？」師曰：「淮人。」曰：「泗州大聖為甚麼在楊［揚］州出現？」師曰：「今日又在杭州撞著。」曰：「且得沒交涉。」師曰：「自遠趨風。」翁以師警敏，欲大激發，未容其參堂。纔見便曰：「下一轉語來。」師擬開口，翁即喝。師以頌呈，末句有曰：「空教回首望長安。」翁曰：「者裏是甚麼所在？」師曰：「謝和尚拄［挂］搭。」始就入室之列。⑮

此傳文也較前此諸記載更簡，可見《五燈會元續略》之作者，如非真是「見聞之所未逮」，⑯就是作者有意略人所詳，甚至不敘元肇出世後住持各大小禪剎之經歷。總而言之，明代僧傳與燈錄所記之元肇大致如此，因為多半取材於語錄，所以記言較多，而記事較少，使研究元肇之生平事跡增加了不少困難。

由於僧傳之記錄有限，明人所編方志裏的元肇傳略，儘管篇幅稍長於元人的方志，但內容也相當簡略。不過，元肇歷主五山中的四山，在叢林中聲價甚高，而杭州、四明之地方志竟無其傳略，僅《嘉靖通州志》及《萬曆通州志》有簡單之記載。這兩種通州志對元肇的描寫，大同小異，可分段排比如下表，以粗體字標示其不同處：

《嘉靖通州志》元肇傳	《萬曆通州志》元肇傳
僧元肇，號淮海，**淳熙人**。幼為人**牧羊**，嘗信口吟曰：「麥浪青如水浪，梨花白似梅花；不煖不寒天氣，半村半郭人家。」	僧元肇，號淮海，**宋淳熙間人**。幼為人**牧牛**，嘗信口吟曰：「麥浪青如水浪，梨花白似梅花。不煖不寒天氣，半村半郭人家。」
後為僧，歷涉江湖，聰明穎悟，**傑出**流輩。為詩清新偉麗，文亦雅健。	後為僧，歷涉江湖，聰明穎悟，**超出**流輩。為詩文清新雅健。
印應雷為淮閫，以同里嘗招致之。方回《瀛奎律髓》選其〈丘虎〉、〈徑山〉二詩，謂其為「詩僧聖徒」。後圓寂於杭州徑山。有《淮海語錄》；有詩集傳於世。⑰	方回《瀛奎律髓》選其〈丘虎〉、〈徑山〉二詩，謂其為「詩僧聖徒」。後圓寂於杭州徑山。有《淮海語錄》；有詩集傳於世。⑱

很明顯地，兩志之傳文近似，疑萬曆志是抄自嘉靖志，而有漏抄之處。嘉靖志之「印應雷為淮閫，以同里嘗招致之」是相當重要之訊息，而萬曆志作者或漏抄，或覺得無關緊要而不取，是其缺憾。不管如何，後出之方志未必能提供更詳細之資訊。這種「後不超前」，甚至「後不如前」的情況也見於明清兩代出現的山志或佛寺志。

明天啟年間宋奎光所編的《徑山志》也提供了元肇的傳略。《徑山志》列元肇為徑山第三十九代住持。其傳文雖與明代的兩通州志不同，但可以看得出來是根據《增集續傳燈錄》的元肇傳而來，茲將兩文分段排比如下：

《增集續傳燈錄》元肇傳	《徑山志》元肇傳
通州靜海潘氏子，母朱氏。邑之利和寺妙觀，其諸父也，謂其父母曰：「是子生而有異，却葷裓，殆亦夙種，盍俾出家？」父母然之。年十九，薙染受具。	通州靜海潘氏子，母朱氏。邑之利和寺妙觀，其諸父也，謂其父母曰：「是子生而有異，却葷裓，殆亦夙種，盍俾出家？」父母然之。年十九，薙染受具。
參浙翁於徑山。翁問：「汝何處人？」師曰：「淮人。」翁曰：「泗州大聖為什麼在揚州出現？」師曰：「今日又在杭州撞著。」翁曰：「且得沒交涉。」師徐曰：「自遠趁風。」翁以師警敏，欲大激發，未容其參堂。纔見便云：「下一轉語來。」擬開口，即喝出。師以書上，又以頌呈，末句云：「免教回首望長安。」翁云：「這裏是什麼所在？」師曰：「謝和尚掛搭。」始容就入室之列，已而命掌記。	參浙翁於徑山，翁問：「汝何處人？」師曰：「淮人。」翁曰：「泗州大聖為什麼在揚州出現？」師曰：「今日又在杭州撞著。」翁曰：「且得沒交涉。」師徐曰：「自遠趨風。」翁以師警敏，欲大激發，未容其參堂。纔見便云：「下一轉語來。」擬開口，卽喝。師以書上，又以頌呈，末句云：「空教回首望長安。」翁云：「這裏是什麼所在？」師曰：「謝和尚掛搭。」始密就入室之列，已而命掌記。
翁既寂，師出世通之光孝，遷吳城雙塔、金陵清涼、天台萬年、蘇州萬壽、東嘉江心。而四明育王虛席，廟堂奏師補處。遷杭之淨慈、靈隱、徑山。其住徑山，歉餘逋券山積，僧殘屋老。未幾，樓閣矗霄，雲衲踵至，不減浙翁全盛氣象。	翁既寂，師出世通之光孝，遷吳城雙塔、金陵清涼、天台萬年、蘇之萬壽、東嘉江心。而四明育王虛席，廟堂奏師補處，遷杭之淨慈、靈隱、徑山。其住徑山，歉餘逋券山積，僧殘屋老。未幾，樓閣矗霄，雲衲踵至，不減浙翁全盛氣象。
俄示疾，囑其徒：「為吾祔一穴於東澗，見生死不忘奉師之意。」浴訖書偈而逝。嘗**讚**達磨偈曰：「踏翻地軸與天關，合國人追不再還。去去一身輕似葉，長江千古浪如山。」	俄示疾，囑其徒：「為吾祔一穴于東硐，見生死不忘奉師之意。」**六月初十日**，浴訖書偈而逝。嘗**舉**達摩偈曰：「踏翻地軸與天關，合國人追不再還。去去一身輕似葉，長江千古浪如山。」[19]

此兩文除《徑山志》於末段指出其去世時間外，幾乎雷同。只有「讚達磨偈」與「舉達摩偈」

的用字之異，足見《徑山志》抄《增集續傳燈錄》之文是很明顯的。《徑山志》還錄有元肇的幾首詩，包括〈徑山天開圖畫〉、〈徑山冬日〉、〈喝石巖〉、〈菖蒲田〉、〈樹王〉和〈上淛翁和尚〉等五言、七言及古律六首，都可以在其詩集《淮海挐音》中找到，⑳使此數首詩所作之地點昭然明白。

《徑山志》至少提供了元肇傳略，而明人郭子章的《阿育王山志》就乾脆缺而不載了。清代的山志或佛寺志的編者也是抄錄前人之作，不知創新。甚至大肆刪削，只留片言隻語。譬如，清康熙二年（一六六三）原刊的《靈隱寺志》記錄元肇如下：

> 禪師通州靜海潘氏子，受具，參浙翁於徑山，命掌書記。由四明育王遷杭之淨慈、靈隱。嘗讚達摩偈曰：「踏翻地軸與天關，合國人追不再還。去去一身輕似葉，長江千古浪如山。」㉑

這是只留前人記錄的首尾，而截去心腹，根本是敷衍塞責了事。較負責者，是康熙四十六年（一七〇七）所刻的《江心志》及嘉慶十年原刊的《淨慈寺志》之編者，但他們與《徑山志》之編者一樣，也是抄錄《增集續傳燈錄》之元肇傳文，㉒不做任何增訂補缺的工作。清乾隆朝僧畹荃（？—一七五九）所編的《阿育王山寺續志》，雖然補郭子章之所缺，但不錄傳文，只列元肇的住持排序如下：

> 第四十五代淮海肇禪師。通州潘氏子，嗣浙翁琰公。㉓

總之，宋元以來叢林及方志、山志及佛寺志編者所記錄的元肇生平事跡，是相當有限的，這或許是未見元肇之著作或大觀所作行狀之故。筆者以為，即令曾經有元肇之著作和大觀所作行狀可資取材，它們之所記也不足以見元肇之全貌。欲彌補此缺憾，只有從細讀元肇之著作開始。

元肇的著作可分《淮海挐音》及《淮海外集》兩種來談；前者是詩集，後者是文集。目前所能見的《淮海挐音》，應是根據入宋求法僧攜回日本的宋刊本刊刻而成的。據現存資料看，日本最先出現的《淮海挐音》刊本，是江戶時代東山天皇元祿八年（一六九五）京都柳枝軒茨城方道所刊的所謂「宋本」的覆刊本，分上、下兩卷。此刊本在東京公文書館的「內閣文庫」、國會圖書館、駒澤大學，及「大東急文庫」都各藏一部。㉔東京「東洋文庫」藏有兩種。「內閣文庫」本之扉頁有「神雒書林柳枝軒茨城方道藏版」字樣，及「淺草文庫」及「林氏藏書」等印記。卷下底頁題有數語如下：「《淮海挐音》上、下兩冊，世罕傳之，予嘗聞藏宋刻舊本於名山書庫而欲廣行於世，數請而得之矣。刻字楷正，足為清玩。直貼壽梓，好雅君子幸賞鑑焉。元祿乙亥二月初吉，神京書林茨城方道謹誌。」㉕可見此本是京都一位名為茨城方道的書商根據宋本刻成。茨城方道所說的名山書庫，不知在何處，但他「數請而得之」，又以「直貼」宋本於板上之方式，刻印成書，以廣流傳，證明他非常重視此宋刊本。東京東洋文庫藏本中的一種及國會圖書館藏本均與此本相同，前者除了「東洋文庫藏書」印外，沒有其他收藏者之鈐印。後者於卷首序文頁有「帝國圖書館藏」印，收藏者之藏書印，及購書日期印。扉頁書名上還有類似魚龍圖案。

不過，元祿本刊印的數量可能不多，供不應求，所以在大正二年（一九一三），日本名藏書家德富蘇峰（一八六三—一九五七）根據此本，影印了五百部流傳，收入其《成簣堂叢書》，並在解題中說其淳祐宋刊本是鎌倉初期入宋的五山禪僧攜回日本的。㉖東洋文庫所藏的另一種即是此成簣堂本，在其扉頁右邊有「此書刊行五百部，第四百貳號」之朱字。扉頁中間為墨字「成簣堂叢書」，左為「蘇峰學人題」，並有紅色鈐印「蘇峰學人」，但人字留白。底頁有大正二年五月五日印刷，大正二年五月八日發行等字樣。發行者為德富豬一郎，即是德富蘇峰，而發行所為民友社。

雖然成簣堂本有五百部，但目前除日本東洋文庫外，其他圖書館收藏此本的僅知有東北大學、中央大學、關西大學、立命館大學、駒澤大學等各一部，熊本大學兩部，東京都立中央圖書館、酒田市立圖書館、及佐野市立鄉土博物館各一部。據查大陸的國家圖書館有一部，是成簣堂五百部中編號第三百八十六號者；天津圖書館和大連圖書館也各有原本一部。㉗而上海嘉泰拍賣公司亦有一部，是成簣堂本的「第四百六號」，曾於二〇〇七年十二月拍賣，但截至目前，似乎尚未成交。㉘其他的四百八十餘部不知流落到何處，大概散在日本寺院或民間書肆了。

令人納悶的是，《淮海挐音》既然有「宋本」之存在，為何在元肇的時代，甚至以後各朝，都無此書相關之記錄？連為元肇作「行狀」的物初大觀（一二〇一—一二六八）都未提到此書名。他在「行狀」裏述及元肇的著述時，僅說：「遺語十會提倡外，有雜華一編，併鋟諸梓。」㉙「雜華」一般是指《華嚴經》。大觀的意思是：元肇除了留下十會語錄之外，還有論《華嚴經》之著作一編刊行。他完全沒有提到《淮海挐音》一詩集。元肇的另一位法眷藏叟善珍（一一九四—一二七七）曾與他朝夕論詩，但提到元肇時，也只說他好吟詩，並未說他有詩集傳世。㉚南宋末孔汝霖（生卒年不詳）的《中興禪林風月集》只收錄其詩〈探梅〉一首，不但與元肇之詩名大不相稱，且在作者簡介中誤指其法名為「行肇」，又於注中云：「自號淮海，天隱法眷」，誤謬之甚。㉛

「天隱」應指天隱圓至（一二五六—一二九八），他十九歲才入寺為僧，時間在咸淳十年（一二七四），其時元肇已去世，圓至來不及為其法眷。㉜

茲據「元祿本」《淮海挐音》卷首的書信及序文看來，似乎見過《淮海挐音》的南宋作者有元肇的前輩法友北礀居簡（一一六四—一二四六）禪師和宋宗室及江湖派詩人趙汝回（一一八九—？）、理宗朝名臣滄州程公許（嘉定四年進士）、江湖派詩人周弼（一一九四—？）等文士。居簡致元肇之信上有語云：「居簡頓首上狀肇兄書記，久聞聲稱諸友間，亦復欲一會面。自青龍歸，諸友出新詩，現又得巨軸，讀之不忍置……」㉝語中所謂「巨軸」，或可視為元肇之詩集，㉞遺憾的是居簡並未說出詩集名稱。雖然如此，此「巨軸」有可能是後來由東洲人陸應龍、陸應鳳（寶祐時人）在理宗寶祐六年戊午（一二五八）鋟版梓行之詩集，而此詩集很可能就是《淮海挐音》的第一個刻本，㉟可惜陸氏兄妹也沒有明說他們所鋟版刊印的詩就是《淮海挐音》，而只說：

吾鄉淮海師之詩，自水心先生賞鑒，江湖傳誦久矣。程滄洲諸名勝爭為序引，先君教授屢欲刊行，而師方以道任重而遲之。師今索居，先君永感，遂得以鋟梓，非為質傳寫之訛，是不沒先君之志也。寶祐戊午仲夏旦日，東洲陸應龍、應鳳敬書。㊱

關於元肇與陸氏家庭之關係，容下文詳談。觀陸氏兄妹序文所說之「淮海師之詩」，㊲也未可斷定它即是《淮海挐音》。不過可以說元肇有手寫本及抄本之詩集傳世，且已經流傳一段時日。滄洲程公許曾先讀過其集，而且也曾為它寫過序，序中略謂：

歲戊戌，余自中秘丞考功郎得祠去國，維夏篴輿遊諸山，過雙徑留五宿。鄉僧安侍者為淪茗焚薌於不動軒，示余一軸詩，淮海肇禪人所作也。風簷展讀，律呂相合，組繡競巧，幾與晴嵐奪翠，谷泉遞響，獨恨未識其人。㊳

程公許所見的元肇詩集，當是寫本或抄本，但他只說「一軸詩」，是「淮海肇禪人所作」，也未稱其名為《淮海挐音》。但他讀元肇詩，讚賞備至，而有一睹其人之思。此年為理宗嘉熙二年戊戌（一二三八），而六年之後，也就是淳祐四年甲辰（一二四四），他「以賦閒得自放於湖海，偶過吳門，小憩開元精舍，大長老枯椿曇公攜一雪巔破衲比丘訪我，袖出詩藁，索為之序。亟閱十數首，皆昔日得見於雙徑山中者，不待交語，已一笑莫逆。」㊴由於程公許此次所見，是元肇親自給他的詩稿，當是元肇自己的寫本。其中十數首與程公許六年前所見者相同，可見此本是根據元肇六年前初稿本詩集之增訂本。筆者覺得元肇自初稿本完成之後，陸續增訂，至二十年之後寶祐六年戊午（一二五八）陸氏兄妹刻印其書時，當已是《淮海挐音》之定稿本了。換句話說，陸氏兄妹的刻本，當是《淮海挐音》的第一個較完整之刻本，也是後來所謂的宋刻本，但是當時並無「淮海挐音」之稱。陸氏之刊印，正是因元肇赴永嘉「索居」之時獲其首肯而為。元肇還囑咐他們「勿廣印」，以免因此遭叢林反對語言文字者之指謗。㊵翌年，也就是開慶元年己未（一二五九），印應雷出牧東嘉，知元肇在其處，遂以江心龍翔寺招元肇。陸氏兄妹之刊本，很可能就是後來流傳於日本的《淮海挐音》。但它在中土的原有名稱，很可能只是《淮海詩集》，因為宋以後的著錄，僅有此名，而無「淮海挐音」之名。

程公許寫其序的四年之後，也就是淳祐八年（一二四八），視元肇為「同庚友」的趙汝回（一一八九—？）曾序其詩，但只稱讚其詩之「俊」，高於唐之賈島（七七九—八四三），並未說他為元肇之「巨軸」或「巨編」寫序。不過此時元肇之詩已頗有流傳，趙汝回若僅讀數首而不讀其全集之初稿本，恐不能遽下淮海詩高於無本之定論。㊶值得注意的是，又四年之後，也就是淳祐十二年（一二五二），汶陽周弼也為元肇詩寫序。他的序說：

> 葉龍泉首欲挽回唐詩之脈，淮海適遊江心，遂承獎借。繼與四靈接迹繼踵，而詩成巨編，為居簡、東閣愛賞者，居其太半。較之九僧，彼此一時，曾何多遜？㊷

此語不但很清楚地表示元肇在一二五二年時，已有「巨編」的詩集，亦可能有刻本傳世，而且趙汝回所讀之本即其刻本之一。此「巨編」之詩集，有可能是程公許所見的初稿本之增訂本，為陸氏刻本之原本。不管如何，到陸氏刻本出現為止，《淮海詩集》之書名大概最先正式出現於明．王圻（一五三〇—一六一五）編的《續文獻通考．經籍考》之詩集著錄中。王圻略謂：

> 《淮海詩集》，元肇著。〔肇〕，通州人，生而癡愚，號淮海。淳熙間為人牧羊，忽吟詩曰：「麥浪清如水浪，梨花白似梅花。不暖不寒天氣，半村半郭人家。」後為僧，遍遊江湖。為詩清麗，文亦雅健。㊸

依「通考」著作慣例，王圻著錄之《淮海詩集》應為書名，而不是泛指淮海之詩集。此名稱也分別見於明代嘉靖及萬曆朝編的《通州志》裏的元肇傳，二者都說他有「詩集」傳世。[44]稍晚之後，明代通州學者彭大翼（一五五二—一六四三）於萬曆二十三年（一五九五）所編成的《山堂肆考》有「淮海語錄」條，也說：「宋淳熙間有僧元肇，號淮海，能詩文，有《淮海語錄》及《詩集》傳世。」[45]似乎，流傳到明代的淮海詩集本子，還是稱為《淮海詩集》，並無《淮海挐音》之稱。此種情況，到清康熙朝仍然不變。桐城畫家陳焯（一七三三—？）編的《宋元詩會》一百卷，收錄元肇詩兩首，並在作者下注云：「淳熙中人，號淮海，有語錄及《淮海詩集》行世。」[46]很明顯地是以《淮海詩集》之名稱呼元肇之詩集。可以說清康熙以前，中土的淮海元肇詩集，一直都稱《淮海詩集》。後來清人尹繼善（一六九五—一七七一）的《（乾隆）江南通志》有通州僧元肇著《淮海集》的記錄，雖沒說明是詩集，亦可能單指詩集。[47]到底何時開始以《淮海挐音》之名聞於世，似乎並無線索可尋。而上述日本刻印元祿八年本所根據的「宋本」淮海詩集為何稱《淮海挐音》，其名稱如何而來？而《淮海挐音》是否為《淮海詩集》之全璧，到現在還是個謎。

茲考「挐音」一詞，出《莊子》〈漁父〉篇：「〔漁父〕乃刺船而去，延緣葦間。顏淵還車，子路授綏，孔子不顧，待水波定，不聞挐音，而後敢乘。」[48]成玄英疏後數句云：「船遠波定，不聞橈響，方敢乘車。」[49]也就是孔子聞漁父划船遠去，才敢乘車，引起當時在旁之子路不快，大感夫子待漁父之禮太過而問曰：「由得為役久矣，未嘗見夫子遇人如此其威也。萬乘之主、千乘之君見夫子，未嘗不分庭伉禮，夫子猶有倨傲之容。今漁父杖挐逆立，而夫子曲要磬折再拜而應，得無太甚乎？門人皆怪夫子矣。漁父何以得此乎？」[50]東坡曾有詩句曰：「葦間聞挐音，雲表已飛展」，[51]前句即是用〈漁父〉篇的意象。「挐」亦作「拏」，即是「橈」，也就是「船槳」之意。

〈漁父〉篇亦云：「[漁父]方將杖拏而引其船。」[52]故「拏音」是以船槳划水之聲音。以此語來稱元肇的淮海詩集，頗有以漁父所主張的「處陰以休影，處靜以息跡」[53]的境界來凸顯元肇之為人及其詩，暗示他詩作所渲染的逍遙江湖，悠然閒適，及淡泊無求，與世無爭之生活情調與特質。這種情調與特質，在細讀《淮海拏音》之後應不難體會。但是除了元肇自己之外，誰會去用「拏音」來作其詩的象徵呢？

元肇的另一本書《淮海外集》之刊行及流傳情況，也無明顯的軌跡可循。宋元的燈史、僧傳、文士文集雖都無元肇《淮海外集》之有關記錄。但大觀曾作〈淮海外集序〉一文，略述其緣由云：

> 空諸已而後空人，雖一字著不得，有法門在，必有所潤色焉。淮海生通川，所稟英利，行諸外者，亦稱是。登凌霄見浙翁，盡空諸有；時緣既稔，柄厥弘持。其所以潤色者，又善用夫空也。諸子會稡十會提倡，併以外集鋟諸梓。噫！淮海已繪空矣，予為之序，重重繪空，空果受繪哉？[54]

可見「外集」是在刻《淮海語錄》之同時刻成。但是後來為何不傳，或雖傳而不普及，致後世都無所聞知，則不詳其原因。當然很可能是刻本流傳太少，或經戰亂焚毀無餘之故。不管如何，目前傳世的《淮海外集》，似乎遠不如《淮海拏音》多，僅有日本江戶時代中御門天皇寶永七年（一七一〇）古活字版本，兩卷一冊共四部，分別藏於東洋文庫、茨城大學、東京國會圖書館，及駒澤大學。[55]此外，明復法師說他影得一份《淮海外集》之「椿洲抄本」，收入其《禪門逸書續編》中；又在該書解題說：「《淮海外集》，宋紹定間徑山元肇禪師之所作也。」[56]如是則此抄本為《淮海外集》流傳於日本之另一種，而在元祿時期已出現，時間先於寶永七年刊本。57

東洋文庫藏本扉頁有詩一首，因有剪貼痕跡，又不見於國會圖書館藏本，疑是從他本剪貼附上者。詩云：「淮海海中大寶珠，光明閃爍耀昏衢。無端落在野人手，幾度攤開豁友矑。」此詩以日式行草寫成，末句之最後三字不易辨認，依其形似，或可讀成「豁友矑」；是否正確，不敢確定。但整句之意，應該是「我好幾度攤開其書，讓友人大開眼界」之意，顯然是原收藏者珍視其收藏而作之題贊。又有題詞曰：「淮海挐音刊行於世既久且多，更有外集上下卷藏在慧日山中。頃卒獲借覽，即命椿洲徒謄寫一本。因泚毫題蕪詞於其後云。歲元祿辛巳歲仲冬日，月潭叟書於峨山心養室。」此題詞及前一題詩也見於元祿抄本之卷末，疑原為元祿抄本之跋語。二者應該是上述明復法師在《淮海外集》解題中「而日本僧得之，攜歸彼邦，藏諸慧日山中。彼元祿年間，尊宿月潭偶見之，驚為大摩尼珠，命往椿洲謄錄一部」等語之所本。58也就是說，此月潭叟命其徒往椿洲謄錄而成之抄本，即是明復所說的「椿洲抄本」。因月潭叟題詞作於「元祿辛巳」，是元祿十四年，為公元一七〇一年，所以抄本完成之日，應在此年或其前不久。故本書以「元祿抄本」稱之。其原藏地慧日山，應該是指京都東福寺所在地慧日山。至於最先獲得此書的日本僧為誰，命徒往椿洲謄錄其書的月潭叟又是誰，恐已無線索可尋了。

明復法師所言此書在宋紹定間（一二二八—一二三三）所作一說，不知何所據而云然？紹定年間，元肇年四十歲至四十五歲，尚未領重要寺院，也不在徑山，而其「外集」所含之許多疏文及祭文也不像在此時作。筆者認為《淮海外集》應該遲至元肇晚年才完成。原因很簡單，因為卷下的〈祭西巖禪師文〉，是為祭瑞巖的西巖了慧禪師（一一九八—一二六二）所作。了慧於景定三年（一二六二）示寂，年六十五，而同年元肇亦已七十四歲，距咸淳二年去世之齡（七十七歲）不過三年，而咸淳二年本，正是其辭世之年所刊。所以，明復法師「紹定年間」之說，頗有問題。另外，咸淳二年刊本是否真的只流傳於日本，也未必可視為定說。因為明正德朝（一五〇六—一五二一），吳縣人王鏊（一四五〇—一五二四）所編的《姑蘇志》，在敘述洞庭上方教寺時，曾說它是唐會昌六年（八四六）僧道徹開山，本名孤園寺，「宋嘉泰間萬壽寺僧重建，始著今額，復置田疇」，而其史原為「僧淮海記」。⑲此「僧淮海記」記即是指《淮海外集》裏的〈洞庭上方遷院置田記〉。後來崇禎朝牛若麟所修、王煥如所纂的《吳縣志》就摘錄了全文，文題為〈僧淮海上方寺置田疇記〉。⑳可見最遲明代末期，《淮海外集》仍在漢土流傳，有可能是咸淳二年刊本。但後來為何遺失，殊難考詰。不管如何，《淮海外集》是元肇所寫序、跋、書、啟、疏、記、祭、銘之合集，是「禪餘」之作。若合此集與《淮海挐音》觀之，可見元肇交遊之廣及其詩文之深受重視。

總之，元肇的詩集與文集在南宋流傳的時間甚為短暫，所以宋亡之後，見之者甚少。所幸入宋求法僧攜其書歸日本而得以鐫刻流傳，以《淮海挐音》及《淮海外集》之名出現。不管此名稱是否為南宋原有之名，前者已併入北京大學所編的《全宋詩》，而後者則有一種版本收入比丘明復的《禪門逸書續編》，從「域外」回歸「域內」，可合併而名之為《淮海詩文集》。可惜它們都有若干錯誤，須加校訂以還書之原貌。以下各章係就此「詩文集」所見，論元肇身為「文學僧」的表現與及他對禪文化走向新趨勢所作的貢獻。

【注釋】

①元肇生卒年係根據物初大觀之〈淮海禪師行狀〉而得。見大觀，《物初賸語》（京都：寶永五年刊本，一七〇八）卷二四，P.19a-22a。以下有關元肇生平行履的相關描述，大多根據大觀所撰之行狀。

②宋．祝穆，《方輿勝覽》（北京：中華書局點校本，二〇〇三）卷四五，P.810。

③方回，《瀛奎律隨》（臺北：臺灣商務印書館，影印文淵閣《四庫全書》本，一九八三—一九八六）卷四七，P.61b。

④見筆者〈參訪名師——南宋求法日僧與江浙佛教叢林〉，《佛學研究中心學報》第十期（二〇〇五），P.185-234，收於筆者《泗州大聖與松雪道人：宋元社會菁英的佛教信仰與佛教文化》（臺北：學生書局，二〇〇九）第六章。又見筆者〈南宋詩僧與文士之互動——從《中興禪林風月集》談起〉，《九州學林》第六卷，第三期，P.53-120，現收於筆者《一味禪與江湖詩》（臺北：臺灣商務印書館，二〇一〇）第一章。

⑤譬如，藏書家辛德勇先生就說：「元肇在宋元人史籍中沒有留下傳記，因此生平行事大都已無從考稽。」見辛德勇，〈《淮海挐音》〉，《中國典籍與文化》，一九九八年第一期，P.93-96。

⑥比較詳細的是許紅霞的博士論文〈南宋詩僧考〉。該文提供了一些基本之資訊，但基本上是外緣的考論，未論及元肇詩文的內涵。

⑦關於《淮海外集》抄本影本之經過，見比丘明復在《禪門逸書續編》（臺北：漢聲出版社，一九八七）第一冊，《淮海外集》之解題。

⑧元．熙仲，《歷朝釋氏資鑑》（臺北：新文豐出版公司，《卍續藏經》第一三三冊，一九七五）。按：「就上三律」，當為「獻上三律」之誤刻。

⑨《元祐四明志》卷十七，P.33a。

⑩《增集續傳燈錄》（臺北：新文豐出版公司，《卍續藏經》第一四二冊，一九七五）卷二，P.775b-776a。

⑪《續傳燈錄》（臺北：新文豐出版公司，《大正藏》第五十一冊，一九八三）卷三五，P.708b。

⑫《補續高僧傳》（臺北：新文豐出版公司，《卍續藏經》第一三四冊，一九七五）卷十九，P.308b-309a。

⑬明·元賢，《繼燈錄》（臺北：新文豐出版公司，《卍續藏經》第一四七冊，一九七五）卷二，P.733b。按：宋人口語「者裏」，即是「這裏」之意。

⑭明·施沛，《續燈存稿》（臺北：新文豐出版公司，《卍續藏經》第一四五冊，一九七五）卷二，P.52b。

⑮明·淨柱，《五燈會元續略》（臺北：新文豐出版公司，《卍續藏經》第一三八冊，一九七五）卷二，P.905a。

⑯《五燈會元續略》卷首，P.834a，作者淨柱於自序中所用語。

⑰明·鍾汪修，林穎等纂《嘉靖通州志》（明嘉靖九年刻本，一五三〇）卷五，〈方外附〉，P.16b-17a。

⑱明·林雲程，《萬曆通州志》卷八，P.14b-15a。

⑲明·宋奎光《徑山志》卷二，P.201-203。

⑳《徑山志》卷九，P.820-823。

㉑清·孫治，《靈隱寺志》（臺北：明文書局，《中國佛寺志彙刊》第一輯第二八冊，一九八〇）卷三六，P.177。

㉒清·元奇，《江心志》（揚州：廣陵書社，《中國佛寺志叢刊》第九十二冊）卷十，P.542-544；明·際詳，《淨慈寺志》（臺北：明文書局，《中國佛寺志彙刊》第一輯，第十七-十九冊，一九九四）卷八，P.580-582。

㉓清·畹荃《阿育王山寺續志》（揚州：廣陵書社，《中國佛寺志叢刊》第八十九—九十冊）卷十六，P.894。

㉔大東急文庫所藏，見《大東急紀念文庫書目》（東京：勉誠社，一九七六），P.450。

㉕見《淮海挐音》（京都：「東洋文庫藏」柳枝軒茨城方道刊本，一六九五）底頁。按：「東洋文庫」藏本原為「菱華山館藏書」。此本有評點，書眉上亦偶有評語。

㉖ 見李國慶、季秋華，〈跋佚存書《淮海挐音》〉，《文史》第三十六輯，P.256。按：日本・服部宇之吉，《佚存書目》（東京：田中慶太郎發賣所文求堂書店，昭和八年[一九三三]）錄有其書之元祿刊本及成簣堂叢書本，但未說明後者是前者之覆刊本，見該書頁 44610。

㉗ 王寶平，《中國館藏和刻本漢籍書目》（杭州：杭州大學出版社，一九九五）P.9、484；中國國家圖書館網站所藏可於其網站 http://www.nlc.gov.cn/檢索到，唯此書目資料庫的編者將作者誤為日本元肇；臺灣國家圖書館中文古籍書目資料庫網站亦襲其誤，見 http://rarebook.ncl.edu.tw/rbook.cgi/frameset4.htm，accessed7/17/2010。張振軍教授代查該書成簣堂編號，容在此致謝。

㉘ 見 http://pm.findart.com.cn/385947-pm.html，accessed,5/14/2010。該本之扉頁中間有「成簣堂叢書」標題，標題之左方署「蘇峰學人題」，右方有「此書刊行五百部，第四百六號」之朱筆字。

㉙ 大觀，〈淮海禪師行狀〉，《物初賸語》（東京：駒澤大學藏，寶永五年木活字刊本，一七〇八）卷二四，P.20a。

㉚ 見善珍，〈跋淮海塔書軸後〉，《藏叟摘稾》（東京：元祿十一年戊寅仲春古川三郎兵衛鋟梓本，一六九八）；關於藏叟善珍，參看筆者《文學僧藏叟善珍與南宋末世的禪文化──《藏叟摘稾》之析論與點校》。

㉛ 見《中興禪林風月集》（京都：日本京都府立總合資料館，「新抄物資料集成」抄本，二〇〇〇）P.22ab。關於《中興禪林風月集》，詳註④。

㉜ 見《補續高僧傳》（臺北：新文豐出版公司，《卍續藏經》第一三四冊，一九七五）卷二四，P.358a。

㉝ 《淮海挐音》卷首，P.1。

㉞ 按：黃庭堅之父黃庶（一〇一九—一〇五八）曾有詩句云：「崔子我同好，韻字嗟璞渾。其詩長於適，意趣猶捭豚。巨軸逾百篇，抵我輕璵璠。得之忘睡眠，夜拭瞳膜昏。」其「巨軸」一語，顯為詩集。見黃庶，〈謝崔象之示詩稾〉，《伐檀集》（臺北：臺灣商務印書館，影印文淵閣《四庫全書》本，一九八三—一九八六）卷上，P.41b。

㉟ 此本筆者在駒澤大學的藏書目錄也查到，但無緣閱讀。

㊱ 《淮海挐音》卷首，陸序。

㊲ 上引辛德勇先生文說「陸應龍、陸應鳳兄弟」，疑誤。筆者以為陸應龍、陸應鳳是一「龍」一「鳳」，應是「兄妹」，詳見下文說明。

㊳ 《淮海挐音》卷首，程公許序，P.7a-8b。按：戊戌歲應是理宗嘉熙二年戊戌（一二三八）。按：此序不見於現存《滄洲塵缶編》十四卷。《全宋文》第三百二十冊收錄此序，係從傅增湘《宋代蜀文輯存》卷三八輯出。見《全宋文》第三百二十冊，卷七三三九，P.67。

㊴ 同前書，P.8b-9a。

㊵ 元肇，〈跋詩後與徑山偃谿和尚〉，《淮海外集》卷下，P.15b。

㊶ 《淮海挐音》卷首，趙汝回序，P.4a-6b。按：趙汝回序中的「唐無本師」即是賈島。

㊷ 《淮海挐音》卷首，周弼序，P.15ab。按：「巨編為」後之兩字因殘缺不全，難以辨識。茲暫依前字字形及後字殘筆讀之，或得原意。如上文所說，居簡曾讀過元肇詩，並寄信誇獎之。他與周弼之關係亦佳，故雖叢林多以「北磵」或「敬叟」稱之，但周弼在其《端平詩雋》中則逕呼其名。其〈將適毘陵道中遇居簡上人〉一詩首句即謂「姑蘇觀下逢居簡」。見《端平詩雋》卷一，P.4a。

㊸ 王圻，《續文獻通考》（萬曆三十一年曹時聘刻本，一六〇三）卷一八三，P.18ab。

㊹ 見《嘉靖通州志》（上海：上海書店，天一閣明代方志選刊續編第十冊，一五三〇）卷五，P.16b-17a；《萬曆通州志》（上海：上海書店，天一閣明代方志選刊續編第十冊，一五七八）卷八，P.14b-15a。

㊺ 明・彭大翼，《山堂肆考》（臺北：臺灣商務印書館，影印文淵閣《四庫全書》本，一九八三—一九八六）卷一二二，P.25b-26a。

(46)《四庫全書總目提要》（臺北：藝文印書館，一九八〇）卷一九〇，〈《宋元詩會》提要〉，P.3969a。

(47)見尹繼善，《（乾隆）江南通志》（臺北：臺灣商務印書館，影印文淵閣《四庫全書》本，一九八三—一九八六）卷一〇四，P.107a。

(48)郭象，《南華真經》（上海：商務印書館，《四部叢刊初編》本，一九三六）卷十，P.11ab。

(49)同前註。

(50)林希逸，《莊子口義》（臺北：臺灣商務印書館，影印文淵閣《四庫全書》本，一九八三—一九八六）卷十，P.8ab。

(51)蘇軾，〈九日湖上尋周李二君不見，君亦見尋於湖上，以詩見寄，明日乃次其韻〉，《蘇軾詩集合注》卷十，P.484。

(52)郭象，《南華真經》卷十，P.6b。

(53)同前書，卷十，P.9ab。

(54)大觀，〈淮海外集序〉，《物初賸語》卷十三，P.16ab。

(55)東洋文庫本，見「東洋文庫」古活字版及準古活字版書第三〇五號，書號三-A-e-9。國會圖書館本，見國會圖書館漢籍貴重書書號821-325。又參看祝尚書，《宋人別集敘錄》（北京：中華書局，一九九九）卷二六，P.1311。

(56)見前引比丘明復〈《淮海外集》解題〉。

(57)同前註。

(58)同前註。

(59)王鏊，《姑蘇志》（明正德初年刊本，一五〇六）卷二九，P.53b-54a。

(60)明．牛若麟修、王煥如纂，《吳縣志》（明崇禎朝刻本）卷二六，P.1b-2b。

三、觀物以言志

上文述及將元肇詩集刻印流傳的陸應龍兄妹曾說：「吾鄉淮海師之詩，自水心先生賞鑒，江湖傳誦久矣。」①趙汝回在其〈元肇詩序〉也說：「予之同庚友曰淮海師，其未遊永嘉時，人固知有淮肇。及見水心，詩聲大震。」②周弼所寫〈詩集序〉也說：「葉龍泉首欲挽回唐詩之脈，淮海適遊江心，遂承獎借。」③可見元肇遇葉適（一一五〇—一二二三）而蒙其獎賞，是士林的一段佳話；而叢林之知者亦頗樂道其事，故元肇法友藏叟善珍曾說：「淮海少年時嘗贄詩謁水心先生，先生和其詩，由是叢林雖不識者，亦稱肇淮海。」④善珍又說，元肇「每得句，必對余朗誦，以手觸余懷，涎沫噴予面，不顧也。」⑤足見元肇對作詩之熱衷及癡迷，實不在善珍之下。⑥而他所留下的詩作，在數量上也比善珍多，除《淮海挐音》內所含各體詩三百五十三首外，還有散見他書之作若干首。⑦而未收入詩集者，恐怕也不在少數。

筆者曾在〈南宋詩僧與文士之互動——從《中興禪林風月集》談起〉引用葉適〈贈通川詩僧肇書記〉一首，⑧表示他對元肇詩之讚賞：

> 海濶淮深萬里通，吟情浩蕩逐春風。
> 卻尋斗水龍湫住，裁剪雲煙字字工。⑨

葉適所說的「裁剪雲煙字字工」，是說元肇詩作，在描寫雲煙過眼之風物上，字字皆工，詩藝非凡。而元肇致葉適之詩則謙遜地說：

> 十年缾缽走天涯，四海聲名一永嘉。
> 不趁新霜嘗橘柚，了無歸夢到蒹葭。
> 江頭來往春強半，門外推敲日又斜。
> 換骨奪胎如得妙，願從勾漏問丹砂。⑩

詩中表達他有幸為聲名遠播四海的永嘉葉適所賞識，又自謙從來只為作詩苦，如賈島之推敲苦吟。若果真有「奪胎換骨」之妙方，他也願隨葛洪到交趾勾漏山去煉丹成仙以求之。⑪凡此皆可見葉適對這位文學僧頗刮目相看，而元肇也視葉適為知己。葉適賞識元肇之詩固為事實，而元肇也確實在詩藝上下了一番功夫。他雖自謙作詩似賈島之苦吟，但趙汝回卻認為他的詩渾然天成，勝於賈島。

當葉適稱讚元肇詩有「裁剪雲煙字字工」的優點時，元肇年事尚輕，僅僅有「十年缾缽走天涯」之經歷而已。但是到他的詩集付梓之年，大約是將近四十年之後。雖然中間為了「止謗」，或許稍減其詩作，但顯然並未中輟。所以他的詩齡可以說是相當長，而詩作的範圍既廣，類別也多，有登臨懷古、別離贈友、探奇訪勝、及抒寫自然之篇什甚多；後者還時時表達他觀察花鳥蟲魚的感受。這些詩反映他於江浙湖山間，僕僕風塵，舟楫頻頻往返之經歷。這種經歷所涉及的人物跟地區，可約略根據大觀所寫的行狀、《淮海禪師語錄》之相關記載，他自己詩文之敘述，及《淮海挐音》之序文歸納成簡表如下：⑫

時間	歲數	住遊地	角色／活動	所涉及人物
一二〇一	十三	通州利和寺	童行或沙彌	妙觀法師
一二〇六	十八	通州利和寺	具戒比丘	妙觀法師
不詳	不詳	杭州徑山	參學僧	浙翁如琰
不詳	不詳	台雁⑬	能仁寺客	能仁璉法師
不詳	不詳	杭州湖山間	遊方僧	北礀居簡、天目文禮
不詳	不詳	杭州徑山	掌記室	浙翁如琰
不詳	不詳	通州靜海	返鄉省親	
一二二五	三十七	返徑山途中	復浙翁召	浙翁如琰化寂
一二三三	四十五	安吉州苕溪伏虎巖	挂褡僧	別浦法舟
一二三五	四十七	通州光孝寺	住持	知府杜霆⑭
一二三六	四十八			
一二三八	五十	平江府雙塔寺	住持	程公許在雙徑讀元肇詩
一二四四⑮	五十六	虎丘	訪客	枯椿曇引見程公許於吳門
一二四四—一二四五	五十六—五十七	建康清涼廣慧禪寺	住持	董槐⑯、上官渙酉
一二四六	五十八	天台萬年寺	住持	大監吳子良
一二四八	六十	天台萬年寺	住持	趙汝回序其詩集
一二五一	六十三	歸吳門（平江）萬壽	住持	輦院高容，發運使余晦
一二五二	六十四	（平江）萬壽	住持	周弼序其詩集

時間	歲數	住遊地	角色／活動	所涉及人物
一二五六	六十八	（平江）萬壽	住持	偃溪廣聞入主徑山
一二五七	六十九	（平江）萬壽	住持	
一二五八	七十	過永嘉	住持	陸氏兄妹印元肇詩集
一二五九	七十一	溫州江心龍翔寺[17]後復歸吳門，途中訪偃溪廣聞於徑山[18]	住持	牧守印應雷招入江心吳郡守程沐、節齋陳昉呈趙希逸疏邀請住院不就
一二六一	七十三	四明育王[19]	住持	（皇帝詔）
一二六二	七十四			作祭西巖了慧文
一二六三	七十五	杭州淨慈、遷靈隱兼淨慈	住持	（皇帝詔）
一二六四	七十六	遷徑山[20]	住持	
一二六五	七十七	逝於杭州徑山	住持	咸淳二年本《淮海外集》刊行

以上簡表顯示元肇在四十七歲回鄉任通州光孝寺住持之前，幾乎都在拄杖遊方。這段時間，可能是他詩作最多的時候，也是他去拜訪葉適而蒙葉適獎賞的時候。後來他入平江雙塔禪寺、建康清涼廣慧禪寺、台州萬年報恩光孝禪寺、平江萬壽報恩光孝禪寺、溫州江心龍翔興慶禪寺、慶元府阿育王山廣利禪寺、和杭州淨慈、靈隱、徑山等十個寺院，並留下所謂「十會語錄」，獲得許多探幽訪勝之機會，也因此留下了不少諷詠名勝古蹟之詩篇。他的詩篇所反映的遊蹤，由東至西，由江北至江南，遍及江淮古蹟名勝、湖山寺院，描繪了許多地域與時代之脈動，歷史之變異，

與個人思古懷舊之幽情及感受。這些詩可按相關地域大致區分為通州及揚州、吳中及建康、台州與溫州、四明與杭州等地區。以下分別就這幾處所寫之詩加以析論。

（一）通州

通州是元肇的故鄉，是今日的江蘇南通。他雖然出家為僧，但自他離鄉之後，往返通州數次，對故里之山川人物似難以忘情。端平二年（一二三五），他回通州之通川報恩光孝寺任住持，前後三年，被請至平江雙塔壽寧萬歲禪寺，自謂「三年結盡衲僧冤，肯向虛空颺碌甎。堪笑老來無定力，又移瓶錫過吳天」。㉑此期間，他除了為光孝寺修造大殿之外，還為地方做了一些事。㉒這段期間及其前後，他寫了若干涉及通州的詩篇，含遊狼山詩四首，及〈海門古城〉、〈海陵道中〉、〈哀通城〉、〈見海門韓宰〉及〈徐神公墓〉㉓等詩。揚州則位於建康與通州路上，應該是元肇來往兩地之間所經之地。所以他也寫〈揚州〉、〈周伯弜明府〉等詩記揚州之行。這些詩雖然都寫景，也同時反映了他對人事變化、歷史興廢的感喟，顯示他豐沛的歷史情懷。在湖州及揚州所寫之詩，因為都涉及其僧俗之友，容在其他章節詳述，此處僅討論他在通州所寫之詩。

〈海門道中〉一詩說：「雲駛前林雨腳回，炎風赫日馬蹄埃。道傍官柳應相笑，十二年中四往來。」㉔所謂「十二年中」，應該是從他住通州光孝寺開始算，也就是一二三三到一二四四或一二四五年之間。這中間他也來往於通州東南的海門縣及靜海縣，屢登靜海縣南的名勝狼山，證明他對狼山有濃厚之興趣與感情。㉕詩中所用「雨腳回」一詞是用白居易詩句「雲截山腰斷，風驅雨腳迴」之寓意，㉖表示他在海門道上歸鄉的時候遇雨，但雨過之後，只見「炎風赫日」中馬蹄揚起的塵埃。大路旁的官柳這時候應當在笑他，十二年中往來海門已有四次。「炎風赫日」一語出《稽神錄》，描寫彭城佛寺見大冰雹於街中，雖在炎風赫日之下，但經月乃消盡之故事。㉗元肇用此語於詩中，顯示夏日的海門道上雲雨甚多，一日雨過天晴，瞬息間可見炎風赫日，馬蹄很快地就會揚起塵埃了。

由海門向西行，或溯江而上，即可到靜海。靜海縣南之狼山歷傳為「仙跡」所在之地，為傳說中的虞真人隱居處，又傳為泗州大聖僧伽後身應化之地，元肇頗受吸引，也寫了四首有關狼山的詩。據傳「虞真人」原籍會稽，五代楊吳時，隱居狼山，「嘗服日精月華之氣，精思積久，姿顏益少。」㉘一日，雲鶴翔集，一童子詣前，謂之曰：「東華帝君召子，子其行乎？遂再拜受命，升雲而去。」㉙這種道教的傳說，自然賦予狼山不少神秘色彩。又所謂僧伽之後身，據說是北宋臨沂僧知幻。他早年肄進士業，因讀《楞嚴經》有悟，歎世榮雖樂，終不若「無為」之樂長久。遂棄所愛，落髮修三摩地法。宋太宗太平興國間，有高僧率眾請他主狼山廣教禪院，造大聖塔。他自為偈一首曰：「當初不肯住長安，現相西歸泗水間。今日又還思展化，東來海上鎮狼山。」世遂以其為僧伽之後身云。㉚這是有關佛教的傳說，元肇更希望探其究竟。此類傳說，後來都成為元肇寫狼山詩的素材。譬如，五言〈狼山〉一詩云：

寺因先幻有，仙跡本虞君。
渡口幾點屋，山腰一抹雲。
長江浮地軸，孤塔煥天文。

欲問秦皇事，高崖迥不聞。㉛

顯然，「先幻」指的是僧知幻，因為有他被請至狼山，因而有廣教禪寺。「虞君」指的是「虞真人」，也是在元肇一疏文中所說的「虞真君」。由於虞真人之隱居在此，此處遂出現了「仙跡」。頸聯的「孤塔」指的是大聖塔，後稱支雲塔。而尾聯的「秦皇事」即是指秦始皇與此山的相關傳說，如秦始皇作石橋，欲渡海觀日出，有神人能驅石下海，行遲輒鞭之，石皆流血之類的故事。㉜宋人齊廓（仁宗朝進士）將此故事寫成〈狼山歌〉，而有「祖龍神兵驅不得，揮麈成鞭有陳跡」之句。㉝說明元肇對狼山有關傳說之熟悉。因為登狼山，而令他產生了思古之幽情。秦皇雖來過此地，但其所行過的石橋已變，而週迴數百丈的高崖，也都成了過眼雲煙，雖欲問人，已無可聽聞了。

又如，〈狼山池上有感〉一詩云：

池上涼多生萬松，登臨懷感與何窮。
催詩不雨雲空黑，結社無人蓮自紅。
翡翠得魚忙蘸水，蜻蜓避燕巧低風。
靈龜未解蒙莊意，筴筴時來亂葉中。㉞

此詩之「登臨懷感與何窮」一句，正是元肇一貫喜好登臨的自我表白。因為登臨讓他看到沁涼的池上生長著萬松，觸發他創作的靈感。所以在烏雲籠罩但遲遲不雨的山上，他的詩句被「催」

出來了。而在未見有白蓮社的山裏，只見紅蓮兀自在池裏綻放著。在這麼幽靜的山裏，蟲魚飛鳥都很為其生活忙碌著，連烏龜都時時出現於亂葉之中，似有所冀求。牠們一定是不解莊周「寧其生而曳尾於塗中」的道理，而欲追求「寧其死為留骨而貴」之虛名罷！㉟

在元肇住通川的年代，狼山一直都是遊人如織的地方，這可以從他的另一首七言〈狼山〉詩的首聯「仙子飛昇歲月閒，遊人猶向此躋攀」詩句看出。㊱這首詩雖然只是「白描」山上五峰寺與支雲塔的情景，㊲但也藉此山歷久不衰的傳說，來襯托山水的恆常不變。以「風帆沙鳥無今古，潮落潮生自往還」一聯做結，㊳無非是表達從山上俯瞰海邊的風帆沙鳥，感覺所見之景致本即無古今之不同，而漲潮與落潮之往還替代，也是自然發生而不變的。雖然有不斷周而復始、漚生漚滅的循環，但元肇難道寧願相信它們還停留在「生住異滅」輪迴法則的第二個階段嗎？

元肇對狼山的深厚感情也一直不變，部分原因是他總有登山尋詩的意念。所以他年長之後，回到通州，仍不忘重登狼山，而〈登狼山〉一首七言詩，就表達了當時的感受。詩中不但頗自豪地說：「平生未識蜀道難，賴此為余雙眼碧。」㊴表達他為了上狼山，享受雙眼碧澄明淨，並不在乎類似蜀道難的狼山山路。他也說：「尋詩更上最高峰，莫嘆能消幾緉屐。」㊵表示即使踩破了幾雙木鞋登上山頂，他都不會在意，為了就是能夠在最高峰上「尋思」。㊶雖然如此，他也不免感歎狼山雖然景物依舊，而自己已是兩鬢斑白如霜了，所以說：「水光山色只依然，顧我重來鬢非昔。」㊷這種無奈，在經常杖屨登臨，靜觀大化的元肇眼中，其實也是很自然之事，當然只有「笑歸丘壑橫胸臆，別倩東風吹腳力」了。㊸

（二）吳中及建康㊹

元肇在吳中的時間相當長，他曾兩度在蘇州寺院任住持，先在平江雙塔寺九年，後入建康府清涼廣慧禪寺、台州萬年報恩光孝禪寺，再回平江萬壽寺。平江萬壽寺為南宋十剎之一，元肇入住該寺，聲望日隆。入萬壽之前，他掌天台萬年寺，在天台山優遊沈潛了一段時日，忽入吳中，竟有「事事皆不會」的感覺。雖然如此，他在萬壽寺期間，重修寺中法堂名三聖堂，並增崇寶閣名妙樓閣，㊺為地方寺院之修建寫了不少榜疏，同時留下許多登臨懷古之詩篇，有〈虎丘〉、〈楓橋〉、〈齊雲樓〉、〈姑蘇臺〉、〈琴川〉、〈姑蘇臺放生〉、〈洞庭翠峰〉、〈曉過吳江〉、〈金山〉、〈石湖晚泊〉、〈和魏侍郎登虎丘〉及〈擬寒山吳下菴居〉等詩。㊻在建康期間則寫有〈石頭城〉、〈雨華臺〉、〈烏衣園〉、〈初至建鄴〉、〈行宮詞〉、〈晉元帝廟〉及〈王荊公半山祠〉等詩，顯然是住金陵清涼寺時所寫。㊼以下就他在平江及建康兩地所寫之詩觀察其禪院生活。

1.平江

平江即蘇州，是古代吳國之地，宋太平興國年間改為平江軍，政和三年（一一一三）改為平江府。領縣六，轄內東至華亭，西至太湖，南至吳江，北至江陰。㊽由於為春秋時期吳越爭霸之地，留下了許多古蹟及膾炙人口的故事與傳說。加上唐人張繼〈楓橋夜泊〉一詩所塑造的楓橋與寒山寺的意象，後人遊覽此地，多會受到其歷史幽情之感染。其地之虎丘、天平、姑蘇、松江、吳江、太湖、石湖等山水及寺院、祠廟、樓臺、館閣、庭園多處，都是騷人墨客流連往返之處。元肇兩度入平江府，自然不會錯過這些勝景。他遊觀之餘，也不忘回顧歷史與傳說，吟唱詠歎，以酬知己。

譬如，他的〈虎丘〉一詩，除了末兩句「吳人貪勝概，春盡亦來遊」證明他是暮春時節來訪此山之外，前四句「滄海何年湧，秦傳虎踞丘。池空劍光冷，墳闕鬼吟愁」，㊾都是歷史與傳說的回顧。首句問虎丘山何時因滄海湧積而成，致有「海湧山」之別名。㊿次幾句都根據歷史傳說寫成，其傳說大致如此：吳王闔廬之冢在閶門外，名虎丘。其下池廣六十步，水深丈五尺，銅槨三重，墳池六尺，玉鳧之流、扁諸之劍三千，方圓之口三千。時耗、魚腸之劍在焉。千萬人築治之，取土臨湖口。築三日而白虎居上，故號虎丘。(51)秦始皇東巡至虎丘，求吳王寶劍，其虎當墳而踞，始皇以劍擊之不及，誤中於石。其虎西走二十五里，而劍忽失而無復獲，被擊之處乃陷成池，古號劍池。(52)池旁有石，可坐千人，因號千人石或千人坐。(53)元肇以簡單的詩句描繪被歷史化的千餘年傳說，而以「池空劍光冷，墳闕鬼吟愁」兩句表達時間消逝後的「空」與「冷」所造成空間的「缺」與「愁」之感覺，其心中之惆悵，是難以掩飾的。加上「石礙樓臺側，煙深草木浮」所描述的千人石擋在樓臺之側，及草木在深煙瀰漫中長高，若浮現在空中，更令人有物是人非之感慨。雖然如此，元肇仍表現得愁而不哀，畢竟他見證了吳人貪看勝景，依舊在春色將盡之時來此地遊覽之事實。

元肇所說的「石礙樓臺側」之「樓臺」不知何所指？虎丘有望海樓、陳公樓，又有生公講臺、何胤講臺、王珣琴臺、五聖臺、翻經臺、羅漢受戒臺等。(54)大概都在千人石之側，或為其所指。(55)

否則即是指虎丘寺。虎丘寺全名虎丘雲巖寺，南宋紹興間圓悟克勤之嫡子虎丘紹隆（一〇七七—一一三六）坐鎮此寺，法席鼎盛，為東南大叢林，號稱五山十剎中之「十剎」之一。㊻經過雪庭元淨、瞎堂慧遠（一一〇三—一一七六）、松源崇岳（一一三九—一二〇九）、笑翁妙堪（一一七七—一二四八）等唱道其間，而宗風愈盛。㊼元肇訪虎丘之部分原因，當然也是想看看這些前輩臨濟禪師駐錫之地，緬懷前人在此唱道傳法之流風餘韻。

平江的許多名勝中，齊雲樓宏敞壯麗，㊽足以與虎丘相提並論。是以唐詩人白居易（七七二—八四六）有詩曰：「吳中好風景，風景無朝暮。曉色萬家煙，秋聲八月樹。舟移管絃動，橋擁旌旗駐。改號齊雲樓，重開武丘路。」㊾詩中說「改號」，是因為相傳此樓原稱月華樓，為唐太宗第十四子曹恭王李明（?—六八二）所建。㊿詩中的「武丘」即是虎丘，因避唐高祖李淵祖父廟諱「虎」而改為武丘。(61)白居易曾遊齊雲樓與虎丘山，其詩把剛改名稱的齊雲樓與重新開闢的虎丘山路相提並論，不無原因。他又有詩句云：「病拋官職易，老別友朋難。九月全無熱，西風亦未寒。齊雲樓北面，半日憑欄杆。」(62)這個在齊雲樓「憑欄杆」的姿態，可以顯示他辭友遠望的沈重心情。元肇登齊雲樓遠眺，胸中的湖海之氣為之激盪，不禁流連良久，賦詩頌曰：「高壓子城闉，簷牙半入雲。人煙極目盡，天語舉頭聞。齊魯猶堪望，江淮渺莫分。平生湖海氣，獨倚到斜曛。」(63)詩之大半都在描述齊雲樓之雄偉聳峙，它不但半入雲間，可以極目人煙盡處。而舉頭聆聽，又恍如聽見天之言語。還可以東望齊魯，遠眺渺茫無際的江淮。在此遠眺中，元肇的羈旅之情為之觸動起來，平生湖海漫遊之氣亦隨之澎湃不已，他戀戀不捨地倚著闌干，思緒遠馳，直到黃昏斜陽西照之時。比起白居易依依難捨的憑欄送別之情，元肇在齊雲樓上倚欄遠眺，回顧平生的心情，可以說是別有一番滋味啊！

當然，逝去的歲月已經是喚不回的歷史，但元肇仍不忘訪尋歷史的遺蹟，去憑弔逝去的歲月。在吳中，這些歷史遺蹟中，比齊雲樓歷史悠久而最令詩人元肇低迴流連的就是姑蘇臺了。他拜訪姑蘇臺之後，寫了兩首詩，其〈姑蘇臺〉一首說：

古今興廢事，天地不能齊。
水闊連湖外，山多在郭西。
登臨煙雨後，悵望夕陽低。
若問烏棲曲，城頭夜夜啼。⑭

這是詠歎吳越歷史及邦國興廢之詩。姑蘇臺在蘇州府西三十里姑蘇山上（或曰姑胥或曰姑餘山），連橫山之北。據傳係吳王夫差（？—西元前四七三）為西施瞭望越國所造。但較正確的說法應是由吳王闔閭（？—西元前四九六）起而奠基，而夫差續成。又據傳此臺「始以全吳之力，三年聚材，五年而後成。高可望三百里，雖楚章華未足比也。」⑮太史公嘗云：「登姑蘇望五湖」，其所登者即此臺。但原來的姑蘇臺在越伐吳而敗吳太子友時已經焚燬。至北宋時，人已莫知其處。⑯故元肇所登之姑蘇臺，應是後來重建而成者。元肇在煙雨之後再次登臨，悵惘地望著夕陽西落遠方，對夫差之敗，興起無限的慨歎，也油然想起大詩人李白的〈烏棲曲〉。⑰這是因為李白〈烏棲曲〉有譏諷吳王夫差崇侈嬉樂，敗失江山之意。⑱末句之「城頭夜夜啼」，或也跟李白詩〈烏夜啼〉之詩有關。〈烏夜啼〉原為劉宋臨川王劉義慶（四〇三—四四四）所譜，是感於宋文帝徵召他還朝而未殺之，而其妾聞烏夜啼而於次日喜奉赦書而作。李白之〈烏夜啼〉是描寫寂寞之秦川織婦，獨宿空房，因夫遠徙，悵然望遠之閨思。〈烏棲曲〉列於古樂府西歌曲錄中之〈烏夜啼〉後，而李白之〈烏夜啼〉與〈烏棲曲〉亦前後相續，故人或以為〈烏夜啼〉有兩篇。⑲元肇之意是：在姑蘇臺上，不免會想起李白的〈烏棲曲〉。要問此曲的緣由，只要聽城頭的烏夜啼就可以知了。似乎，元肇也把〈烏夜啼〉與〈烏棲曲〉視為同一歌曲之兩篇了。不管如何，它們都是對歷史洪流中之興衰成敗與繁華孤寂的追憶啊！

再看他的〈姑蘇臺放生〉詩，一樣的撫今追昔，一樣的慨歎歷史流逝，但卻能回歸現實，認清萬物之各得其性，道體之無處不在，而不再計較過往的是非。詩曰：

高臺一上一銷魂，觸目猶多古跡存。
谿水流來聞越號，舟人指點是胥門。
煙雲弄曉青山澹，城郭初晴碧瓦昏。
魚躍鸞飛歸至化，當時歌舞不須論。⑳

此詩首聯顯示他登姑蘇臺不止一次，而每次登臨，總有黯然魂銷之感覺。為何如此呢？因為觸目都是許多古蹟的遺址。而溪水流來，似讓人聽聞到歷代僭位者之稱號。㉑舟人指點的地方，正是伍子胥曾居其旁的西城門之一的胥門。㉒繚繞的煙霧，在早上的青山上已經淡薄了，而剛放晴的城郭上，青綠的琉璃瓦卻還有點昏暗。不管如何，眼前的沈魚跳躍於淵中，或鳶鴟飛至天上，㉓都會回歸到王道的至化，當年的夫差在姑蘇臺的長夜之飲，歌舞作樂，就不須再去議論了！

當然元肇登臨的歷史勝蹟也多有與佛教或禪宗相關者，他的〈洞庭翠峰〉就是其中之一。洞庭翠峰在蘇州，是北宋雲門宗禪師雪竇重顯（九八〇—一〇五二）的道場之一。雪竇重顯在此數年之後，於天聖二年（一〇二四）至五年（一〇二七）間，應明州知州曾會之請，「輟翠峰之祖席，登雪竇之道場」，赴明州雪竇山資聖寺任住持，住其處三十一年，結果「遠近輻輳座下，駙馬都尉和文李公，表錫紫方袍。侍中賈公又奏加明覺之號。」⑭由是大振雲門宗風，被視為「雲門宗中興」之祖，遂以明覺禪師之號見稱於世。⑮元肇遊翠峰，寫詩一首，描繪其峰巒上下的荒野住戶，漁村煙景，狀如世外桃源，而有「峰點浮螺翠，遙波界玉田。雲中聽雞犬，路人趁漁船。濃淡霜天曉，青黃橘戶煙」之句。⑯末後兩句「寺因明覺住，清響有人傳」，意思突轉，而是說翠峰寺因為雪竇明覺禪師在此駐錫，其寺之法音清響，就會由其後代子孫，如煙火般地永續相傳。

另一首與佛教歷史名蹟相關的詩就是〈楓橋〉，寫的自然是楓橋寺。楓橋寺多半是因唐詩人張繼「題寺西楓橋寺」所作的〈楓橋夜泊〉而著名。⑰宋人孫覿（一〇八一—一一六九）在其〈平江府楓橋普明禪院興造記〉說：「建炎盜起，官肆民廬一夕為灰燼，而楓橋寺者，距州西南六七里，枕漕河、俯官道，南北舟車所從出，而巋然獨無恙，殆有數焉。」⑱記文又說：「寺無石誌，按《吳郡圖經》實妙利普明塔院，而不著經始之歲月。唐人張繼、張祜嘗即其處作詩記遊，吟誦至今，而楓橋寺亦遂知名於天下。」⑲孫覿因遊此寺數次，對此寺相當熟悉。他還寫了〈過楓橋寺示遷老〉詩一首，略云：「白首重來一夢中，青山不改舊時容。烏啼月落橋邊寺，欹枕猶聞半夜鐘。」⑳詩中之意境，顯然是張繼楓橋寺詩的餘響。故明人朱承爵（生卒年不詳）說「亦可謂鼓動前人之意矣！」㉑元肇的〈楓橋〉既不寫月落烏啼，又不語夜半鐘聲，似與張繼之詩無關。但他詩的首聯「出郭初逢寺，長洲茂苑西」標明了楓橋寺的所在後，立即在頷聯「塔風喧梵語，石雨暗唐題」點出楓橋寺塔之梵唱及張繼題詩之處，說明他是熟知楓橋寺之詩的。他所說的塔，應該就是太平興國初節度使孫承祐（八八六—九八五）重建的七層浮圖。孫覿說此浮圖「峻峙蟠固，龍天鬼神所共瞻仰」，⑧²可見甚為壯觀。詩的頸聯說「日暮山如染，春深草欲迷」，顯然是襲自王安石的「日淨山如染，風暄草欲薰」之句。⑧³不過他的句子應該是忠實描寫春深日暮時去遊觀楓橋寺的情景。尾聯說「門前有流水，舊號越來溪」，顯示此時的他，望著寺門前的流水，才驚覺到它原來是曾經名盛一時的越來溪。越來溪源自吳縣之境，自太湖過橫山，而流至蘇州郡城之西，據傳是越王句踐經由此水至吳而得名。⑧⁴范成大亦說此溪「清澈可鑒，越兵自此溪來入吳，故以名。」⑧⁵元肇遊覽楓橋，看著寺塔與題石在春深如畫的日暮中，伴著眼前古老的越來溪，悠悠的歷史情懷又油然而生，久久蕩漾不止。

元肇在平江還寫了〈破山興福寺〉一詩，表達他對破山興福寺百聞不如一見的心情。破山興福寺在蘇州縣城外虞山北嶺下，據說是南齊始興五年，邑人郴州牧倪德光捨宅建，原名大慈。但是南齊無始興年號，只有延興和中興二年號，且都只一年，故其說有誤。⑧⁶蕭梁大同三年（五三七）改名興福寺，唐咸通九年（八六八）賜額破山興福寺。重要景點有四高僧塔、救虎閣，宗教院、通幽軒、空心亭、唐御賜鐘、瓔珞樹、白蓮池等。修廊複殿，奇花異木，最號奇勝。⑧⁷這些勝景之得名，與破山一樣，各有由來。其中，四高僧塔是紀念唐高僧常達（八〇一—八七四）、懷述、朱梁彥偁、及宋晤恩（九一二—九八六）所建。⑧⁸元肇所敬慕的前輩禪僧北磵居簡（一一六四—一二四六）亦曾訪此寺，還寫了〈破山高僧塔〉詩一首，略謂：「寺倚四僧傳，僧今已蛻禪。

塔隨蓁棘老，德與苾蒭全。……」[89]似乎是說破山寺因四僧而名傳於世，現在四僧塔已經隨荊棘之叢生而老舊了。通幽軒、空心亭很顯然是因唐詩人常建（七〇八—七六五？）的〈題破山寺後禪院〉詩句而有。常建詩云：「清晨入古寺，初日照高林。竹徑通幽處，禪房花木深。山光悅鳥性，潭影空人心。萬籟此都寂，但餘鐘磬音。」[90]其「通幽處」及「空人心」二語，即是通幽軒及空心亭之所本。[91]常建此詩，北宋歐陽修（一〇〇七—一〇七二）深愛之，欲效其「竹徑通幽處，禪房花木深」之語而作一聯，久不可得，自歎將老而文思愈衰，引為終身之恨。[92]據說北宋書法家米芾（一〇五一—一一〇七）曾書此詩，流傳至清。乾隆二十九年（一七六四），襄陽郡守常熟言如泗（？—一八〇六），[93]得米芾所書《常少府破山寺》墨蹟，回常熟後，於乾隆三十七年（一七七二）延金陵刻石家「玩松子」穆大展（一七二一—一八一二）勒石立碑於興福寺，至今猶存。[94]

「破山」之名，則來自若干傳說，都涉神話。最早的傳說應該是如此：唐太宗貞觀朝，有老宿在寺中說法，每旦必見一白髯老人先至其寺。一日，師問老人為誰，答曰山中白龍。師欲見其形，老人謂其現形時，當念《摩訶經》號以助其威。師悚怖，誤誦〈揭諦神咒〉。神以杵擊龍，龍衝山而去，遂成破山之澗。[95]此傳說後經潤飾如下：有四高僧講經山中，一老翁日來聽法。久之，問翁所從來，答曰吾非人也，龍也。因問本相可得見乎，曰可。已而，果以全體見。僧恐甚，亟誦〈揭諦呪〉語，揭諦神與龍角力，龍不能勝，破其山而去。[96]又有一說略云：貞觀中，山中嫗生白龍，與一龍鬥於此而成澗。或說白龍與黑龍鬥於虞山東北，衝山而去，山裂而成澗。[97]

這些傳說，當然給破山興福寺增加了許多神秘之色彩。元肇頗知逸聞掌故，常以之入詩。他既然久聞破山之名，當知白龍與黑龍之傳說。身為詩人，他對常建題破山詩也不會不知。所以其詩之首聯就說「此山名最重，常建昔題來。」而頷聯「大士講經處，老龍拏石開」就是有關龍門而破山之傳說。頸聯「庭前纓絡樹，池內白蓮臺」則是寫瓔珞樹及白蓮池。瓔珞樹在寺門外，相當古老，據說「左開花，右結實」。居簡曾來訪此寺，也寫了一首〈破山瓔珞栢〉，詩之末兩句還說「瑤草隨山盡，來尋千歲苓」，[98]證明其樹甚古老。又白蓮池也很特殊，據說產千葉重萼白蓮，芳色異常。重萼白蓮，似為花上又生一花的「重臺蓮」，[99]至少元肇有此看法，故有「池內白蓮臺」之句。他在描述了這幾處景點之後，似有不虛此行之感，所以尾聯說：「幾載惟聞說，何當到一回。」聞名不如見面，應該就是他此兩句的心情。[100]此詩白描破山興福寺之景，雖羼入相關逸事及傳說，只是簡單的「到此一遊」之題詩，與楓橋寺一詩大異其趣。比起唐名僧皎然（七三七—八〇六）遊破山興福寺題詩之「秋風落葉滿空山，古殿殘燈石壁間。昔日經行人去盡，寒雲夜夜自飛還」[101]，顯得平淡自然，不似皎然之蕭索落寞。大概是因皎然是在秋風肅殺季節訪興福寺，所以只見落葉、殘燈、空徑與寒雲之淒涼，而元肇卻在夏季樹葉婆娑，白蓮盛開之時訪寺，他的詩思自然是隨物應機，直抒所見的。

特別值得注意的是，元肇第二次入平江時，是在他住天台萬年寺之後。這時他已遊歷天台，吟詠天台多處名蹟勝景，留下不少追憶史蹟及緬懷唐僧寒山、拾得等人的遊山詩，下文之說明可見一斑。此次遊天台之經驗，似乎觸動他內心「隱遁」的渴求，所以一離天台入平江，他就寫了〈擬寒山吳下菴居〉一首。詩云：

一昨離天台，事事皆不會。

西風信杖藜，吹落齊關外。
主人新卜築，林塘倏蒼薈。
埤堄隱周遭，市聲隔繁碎。
出門與入門，朝昏隨向背。
浮圖一兩尖，雲際忽相對。
雁陣拽如繩，鴉喚斜陽隊。
有僧來扣門，路跨田翁耒。
人應笑我疏，我笑人多昧。
古今佳遯情，可在此菴內。⑩②

此詩首句顯示他已離天台入吳門，應該在淳祐十一年（一二五一），六十三歲之時。雖然他去吳門是赴平江萬壽寺住持之任，頗有視平江為其「大隱隱朝市」之所，此應是末兩句「佳遯」一詞的含意。⑩③入平江對元肇來說，就像事事皆不會的他，拄杖入寺，而西風也吹落在城門外迎接他的來到。⑩④他所住的小庵，雖是新近卜地而建，但林木水塘很快就鬱蒼薈蔚起來，隱藏在周圍的小牆中，喧鬧繁碎的市聲也被隔離了。早上向著庵門走出，黃昏背著庵門進入。抬頭遠望，只見有浮圖兩座聳峙而立，兀然在雲間相對。⑩⑤而雁陣如繩般地拖拽著，在斜陽中成隊叫喚著飛行。元肇似乎在說：此時，忽然有僧扣門，跨過田翁的耒耜而來找我。他們應該會笑我元肇迂疏不群，而我則笑他們黯昧無明。要寄託古今佳遯的心情，在此菴內是可以做到的啊！筆者在下文說元肇這種「大隱」的心緒，是天台之遊後被「雙隱」所牽動的，應該是可以說得通的。

2. 建康

淳祐四年（一二四四），元肇去虎丘訪枯椿之後，應建康知府董槐（？—一二六二）之召入金陵清涼廣慧禪寺任住持。董槐字庭植，號榘堂，當年四月，為沿江制置使、江東安撫使兼知建康府，次年五月離任赴行在。⑯清涼廣慧寺簡稱清涼寺，在金陵石頭城下，去城一里。是五代南唐開國主徐知誥之養父徐溫（八六二—九二七）所建，原名興教寺。徐知誥建立南唐後，恢復其原姓，改名李迴（八八八—九四三），將興教寺改為清涼大道場，並做為其避暑宮室。後主李煜（九三七—九七八）嘗留宿寺中。宋太平興國五年（九八〇）閏三月，寺名改為清涼廣惠禪寺。⑰南宋陸游（一一二五—一二一〇）入蜀前曾遊清涼廣惠寺，謂寺距城里餘，據石頭城下，臨大江。南直牛頭山，氣象甚雄。⑱由於距離石頭城甚近，元肇入清涼寺後不久，自然就近去參觀這個歷史名蹟。他的〈石頭城〉一詩，說明他登城的原因及感想如下：

> 西風動古情，更上石頭城。
> 一片斜陽外，幾番曾力爭。
> 天青雲破碎，草碧鷺分明。
> 寂寞潮回處，如今亦耦耕。⑲

此詩大致說秋風吹動了他的懷古之思，讓他也去登石頭城。在城頭上俯瞰一片斜陽之外，正是歷代幾次爭戰之處。忽然之間，天色轉晴，雲破天青，碧草上的鷗鷺也清晰可見了。過去寂寞的潮水回流之處，如今也有農人在那兒耕作了。[110]這是說明石頭城外的古戰場，曾有寂寞的潮水回流，如今已經變成了農民耕作的農地了。滄海桑田的變化，元肇不著痕跡地道來，是他描述物情變化的一貫寫法。

在建康時，他也參觀古蹟雨華臺及烏衣園，留下了〈雨華臺〉及〈烏衣園〉等詩，亦頗見其思古之幽情。其中，雨華臺有佛教傳說為背景，帶給元肇歷史的失落及懷舊的感覺，是相當深刻的。其詩曰：

高立講經臺，浮雲四面開。
地中遺石子，天上雨華來。
塔老香燈冷，夜深鬼神哀。
回看六朝事，只有冢成堆。[111]

雨華臺在金陵城南三里據岡阜最高處，俯瞰城闉，舊傳為梁武帝時雲光法師講經之處。因講經時，感天雨賜花，因而得名。[112]北宋詩人郭祥正（一〇三五—一一一三）有詩句云：「雲公說法時，諸天賜名花」，即是指此。[113]元肇熟悉雨華臺之故事，所以詩之前半有「講經臺」及「雨華來」之語。南宋建炎之後，雨華臺僅存其址，後雖於其舊基建寺，又壞於火。隆興元年（一一六三），建康留守陳之茂（?—一一六六）重築此臺，扨一堂名「總秀」，而徙均慶院於臺之下。淳祐中，知府吳淵（一一九〇—一二五七）重修。[114]寶祐初知府王埜（一二二〇年進士）又加以修飾，自書其匾。[115]咸淳元年（一二六五）五月，也就是元肇辭世之年，第三度任建康知府之馬光祖

（一二二六年進士），在重建烏衣園之後，聞雨華臺與烏衣園相頡頏，亦不可不治，乃併撤而新之，使其高度、廣度倍於其舊，且「繚以脩垣，旁建掖屋，又累石數百級以便登陟，作門通衢以嚴啟閉，江山觀覽之勝，為金陵第一。」⑯元肇住清涼寺時，時間甚早，未能目睹雨華臺重修以後的壯觀，面對一片長年廢墟，及對講經臺的思念，特別感傷，故詩之後半，寫其塔老燈冷，淒清寥落、鬼哭神號之景。又回想起六朝時繁華、變化與戰亂造成的成堆冢墓，更覺難過，其詩比唐末詩人鹿門先生唐彥謙（?—八九三）的「宮殿六朝遺古跡，衣冠千古漫荒丘」之句更令人悚然心動。⑰

（三）台州與溫州

元肇在台州及溫州時期，應該是他最多產的時候，所寫的詩最多。譬如在台州的〈宿福勝寺〉、〈天姥〉、〈新昌石像〉、〈石橋〉、〈桐柏觀〉、〈華頂峰〉、〈蓮花峰〉、〈寒巖〉、〈明巖〉⑱、〈題石瑤林山錄〉、〈剡中〉、〈赤城〉、〈巾山〉、〈天台山中十首〉、〈天台道中〉、〈天封〉⑲、〈宿廣閏寺虞嶺方丈〉及〈萬年開新塘〉等詩，及其他遊天台之作。在溫州的〈江心春日〉、〈次呂教授遊江心韻〉、〈雁山〉⑳、〈雁山夏夜〉、〈次水心先生雁山韻〉及〈題江心寺〉等詩。這些詩有寫景之作，也有借物說理之篇。譬如〈天姥〉一詩的「自登天姥嶺，飛雪滿千峰。采藥難尋徑，啼猿不見蹤」等句；㉑又如〈石橋〉一詩之「絕景隔凡塵，探幽雪未分。飛來雙磵瀑，攤作一橋雲」等句，雖然都有所指，但比較是純粹景物的素描。㉒其〈新昌石像〉的「願力堅如石，三生鑿得開。始知真實相，元不假胚胎」等句，就有點說理的意思。蓋「願力」與「真實相」都是佛語；前者強調信仰，後者解說幻空之義，所以後兩聯才會有「寶閣層層見，香雲冉冉回。盡誠皈敬者，莫待下生來」等勸人於此生歸信之句。這都是因見新昌石像而引起的感想，借它來說理，很可能石像是彌陀之故。

天台勝景甚多，元人曹文晦（生卒年不詳）曾寫有〈天台十景〉十首，每景一詩，有所謂桃源春曉、赤城棲霞、華頂歸雲、瓊臺夜月、石橋雪瀑、寒巖夕照、雙澗觀瀾、螺溪釣艇、清溪落鴈、南山秋色等。[123]元肇曾為天台萬年寺住持，此寺在天台石橋山的石梁西十五里。[124]對他來說，在附近各山尋幽探奇，成為其住萬年寺不可或缺之活動，所以他足跡所到之處，必遠過於此十景，其中不少景點，都成了他的詩題，詩中或寫其所見，或表達其多樣的感受，可以看出他寫詩的用心。

譬如，〈寒巖〉一首，由寫景至覓物，寓意甚深。這是因為寒巖是唐詩僧寒山隱遁之處，是寒山詩所謂「棲遲寒巖下，偏討最幽奇」之地。[125]其地有寒巖寺，在寒石山下。據《天台山全志》編者張聯元（嘉慶朝人）說，寒巖寺「四山聳秀，水流亂山，鏗鏘如珮環。院宇周阿並置巖下，窗扉軒戶開闔於煙雲中。」[126]元肇至此人跡罕至之處，當是心慕寒山、拾得二隱之故。他先寫初入寒巖之景，有「靈蹤出曉嵐」及「懸崖嵌似鑿，著屋巧如龕」之句，[127]正與張聯元之描述相似。詩中的「石月觀心處，霜鐘是對譚」，應該是指明巖山的重巖。因該處「磐石品列，即三隱嘯詠之地，常有光如月，號石月。」是寒山子詩〈寒巖〉一詩所謂「重巖我卜居，鳥道絕人蹟」之處。[128]元肇將「石月」入詩，當是因他既登寒巖又登五里外的明巖之故。[129]其詩末兩句說「徧尋雙隱句，風葉已鬖鬖。」[130]並非毫無緣由。蓋寒山、拾得雙隱，一住寒巖，一住國清，兩人往返甚密，常寫詩唱和。寒山曾有詩云：「慣居幽隱處，乍向國清眾。時訪豐干道，仍來看拾公。獨迴上寒巖，無人話合同。」⑬證明他常訪拾得後，獨回寒巖。據說寒山有散題竹木石壁間詩，拾得與他唱和之作或也題於石壁，故元肇才會有偏尋「雙隱句」之舉。⑬他的另一首題為〈明巖〉的詩，也隱約地表達了這個意思。其詩曰：「不與眾峰同，纔容寸步通。跨門巖響屧，縣度水行空。僧住知無厭，人來看莫窮。相傳幽洞透，寒拾往還中。」⑬詩之前半寫明巖山之難登，因為山上之明巖寺「巖谷間道，狹不容軌，入門兩石夾峙，號石門。前對幽石，橫敞飛閣，巖竇嵌空，堂宇半居巖下，大概如寒石山。」⑬這大概是元肇寫「跨門巖響屧，縣度水行空」之句的原因。明巖寺有十景，含雲棲洞、攝石、八寸巖、初來菴、瀑布、水索、幽石、重巖、洞門、響巖等，傳為寒山、拾得隱身之地。⑬元肇詩之「僧住知無厭，人來看莫窮」兩句，和其詩之後半的「寒拾」，表明他也知寒山、拾得二隱曾在此處隱居。對他們來說，隱居於此是不會厭煩的，因為時時來往於幽深的巖洞裏，互通聲氣，是享有無窮之樂的。元肇對寒山及其隱遁頗為欽羨，和不少宋代的文士一樣，他不僅研味寒山的詩，而且有興趣模擬其作。⑬所以除了在寒巖上「徧尋雙隱句」之外，還用寒山式的通俗淺近、直言不諱的語調寫成了上文所述及的〈擬寒山吳下菴居〉一首。

除了寒巖與明巖之外，元肇也登訪天姥山、石橋山、赤城山、桐柏觀、華頂峰、天封寺，都有詩記其遊。天姥山高三千五百丈，是座山脈，從括蒼山盤亘數百里而來，層峰疊障，千態萬狀。據說登此山者，可聞天姥歌謠，簫鼓之音，是道家之第十六福地。其南有蓮華峰，臥洲山與其對峙，道家稱為第十五福地。⑬石橋山也是兩山相並，連亙百里，據傳為五百應真之境，有石梁架兩崖間，龍形龜背，廣不盈咫。其上雙澗合流，洩為瀑布。下臨萬仞，飛泉回射，危滑攲側，狀如橫虹。據說往來人供茗，必有乳花效應。石橋山之石橋寺，即是五百應真之住所。有方廣寺隱其中，有上方廣寺及下方廣寺。前者在石橋上流，其下方廣寺在石梁之下，可以仰望飛瀑。據傳五代時，吳越國王錢氏頻年施供養，造五百銅羅漢。東晉名僧曇猷（生卒年不詳）亦曾居於此處，結草為菴。⑬⑧石梁西四十五里即是天台萬年報恩寺，元肇即是當寺住持。據說曇猷也曾掛榻於此。⑬⑨赤城山為天台山之南門，為往天台山必經之道。它又名燒山或消山，因為石皆霞色，望之如雉堞（按：即齒狀矮牆），所謂「萬山青翠，此獨赭面如霞」也。⑭⓪山之麓有巖，極深廣。據說，晉義熙初，僧曇猷造寺其間，號中巖，其下有下巖，上有上巖。上巖有玉京洞，傳是魏華存（二五一—三三四）夫人煉丹之所。又有釋籤巖，斗室茅椽，傳為天台湛然（七一一—七八二）釋教觀之處。巖頂有曇猷洗腸井，韮畦叢生不絕。⑭①赤城山北十里有桐柏山，是道教七十二福地之一。山路九折至一洞，入洞門望之，佳景豁然，有道觀屹處其地，中有桐柏觀，為唐茅山第十二代宗師白雲子司馬承禎（六四七—七三五）所建，為其隱居之處。⑭②自此山西北行可至瓊臺、雙闕兩山，俱翠碧萬仞，深倚相向。⑭③南宋紹興朝，詞人曹勛（一〇九八—一一七四）乞身奉祠提舉桐柏觀，在其觀記中提到司馬承禎在此「大營宮宇，設虛皇像以安羽流。玉霄峰直其東，瓊臺峙其西，靈府方瀛奠其北」⑭④又說「故《真誥》謂越之桐柏，實金庭洞天養真之福境。上真主領以會神仙，故非尋常山川，惟龍蛇所處。是以高接上漢，探隱九霄，控引天地，錯綜今古，包括形勢，不與外塵相關。苟非棲神養素之士，則不能少留煙霞間。」⑭⑤曹勛所說的《真誥》金庭洞天云云，其實是桐柏真人之所治也。桐柏真人是周靈王太子喬，即是俗稱的王子喬。《古詩十九首》第十五之〈生年不滿百〉一首末兩句有「仙人王子喬，難可與等期」就是指他。⑭⑥他字子晉，好吹笙，作鳳鳴于伊雒間。道人浮丘公接以上嵩山，三十餘年後，求之不得，偶乘白鶴，謝時人而去，以仙官授任為桐柏真人。[147]華頂峰為天台第八重最高處，傳有一萬八千丈，周回八百里。少晴多晦，夏有積雪，可觀日出。登絕頂東望滄海，瀰漫無際。下瞰眾山，如龍虎盤踞，旗鼓並列之狀。傳天台智顗（五三八—五九七）及司馬承禎在此修真。有葛玄丹井、王羲之墨池、李太白書堂等歷史遺蹟。[148]峰上有善興寺，晉天福元年僧德韶建。天封寺在天台縣北五十里，為智顗建。有智者嶺，北望一峰摩雲即華頂。[149]

由於天台山有許多佛教寺院及道教的洞天福地，有關仙道高僧的歷史、故事及傳說也相當豐富。例如晉曇猷是第一位到天台的「高僧」，有關他的傳說甚多。其中之一如下：曇猷於赤城山坐禪於石室中，有猛虎、巨蛇競出，曇猷不為所動。一日，有神來詣曇猷，表示願他徙而去。[150]此似乎是說猛虎及巨蛇都是惡神之化身，因騷擾曇猷不果，只好認降而離去。又如，東漢永平五年（六二）劉辰、阮肇共入天台採藥，路迷不得返，經十三日，糧盡，望山上桃樹有果實，乃攀緣藤葛上山，得以噉數枚而止渴。後為二資質絕妙女子引入其家，待之如同舊識，與侍婢多人飲酒作樂，又有群女獻桃賀婚，遂為婚媾。半年之後，草木成春，百鳥啼鳴，兩人懷悲思歸，兩女及群女集會奏樂，共送二人出山。歸里之後，乃知親舊零落，邑屋改易，無復相識者。問得其七世孫，驚覺已歷四百餘歲，實已晉太元八年（三八三）了。[151]這些比桃花源更戲劇化的故事與傳說，是詩人尋找靈感的最佳去處。

以元肇之閑熟於歷史掌故，他登天台所寫之詩，以此類故事及傳說入詩是順理成章之事。以他登天姥山所寫的〈天姥〉一詩為例，所謂「自登天姥嶺，飛雪滿千峰。采藥難尋徑，啼猿不見蹤。赤城應改色，白道定相逢。漸覺吾廬近，微聞日暮鐘。」[152]就有劉辰、阮肇採藥迷路之傳說在內。當然盤亘數百里，高達三千五百丈，千峰飛雪是可以想見的，但是因為在這種飛雪氤氳的情況下，採藥徑之「難尋」、啼猿蹤之「不見」，就顯得更加入理了。他由此而推測即使赭面如霞的赤城，在此情況下也應該變成白色，而「白道」就會出現在眼前了。由於飛雪滿山，他也不知走到何處，但漸漸覺得已接近萬年寺，因為已經隱約聽見暮鐘的聲響了。又如〈石橋〉一詩有謂：「絕景隔凡塵，探幽雪未分。飛來雙磵瀑，攤作一橋雲。聖跡常時現，人間到處聞。煎茶亭上立，花乳自紛紛。」[153]詩中寫石橋雖然僅僅平鋪直敘，不事雕琢，但前兩聯把石橋上雙澗合流，瀉為飛瀑如一橋雲的景致，描寫相當生動。聖跡常時現一聯，也反映了五百應真顯跡，而處處為人所聞之事。末兩句所言，即是石橋山往來人供茗必有乳花效應之實錄。「乳花」是煎茶後在茶水中出現的白色乳狀泡沫。北宋詩人梅堯臣（一〇〇二─一〇六〇）有詩句云：「始於歐陽永叔席，乃識雙井絕品茶。次逢江東許子春，又出鷹爪與露牙。鷹爪斷之中有光，碾成雪色浮乳花。晏公風流丞相族，以此五色論等差。」[154]似乎宋人以茶之能「浮乳花」者為上品。元肇「花乳自紛紛」一句，顯示他立在石橋山的亭上，也能遇上極品之茶葉，豈非人間一大享受？

〈桐柏觀〉一詩的「仙者曾居地，峰巒特異常。泉飄簫樂響，松暗洞門藏。玉井通三島，瓊臺接上蒼。有時聞鶴下，醮罷月侵廊」等句，[155]顯然是描述上文所說的金庭洞天，因桐柏真人王子喬神仙所居之處，就藏在泉水飄飄，簫聲響起的九折山路之洞中。好像天上的玉井星通向人間的十洲三島一樣，桐柏觀附近的瓊臺也可通向上蒼。在此司馬承禎（六四七─七三五）所住的道觀裏，有時還可聽聞仙鶴飛下之聲，而道士們在設壇祭神之禮結束之際，已經是月色侵入迴廊之時了。全詩顯示元肇遊桐柏觀，不但感受到其峰巒山洞風景之異，還見證了飛來道觀內的仙鶴，及道士花了相當長時間所設之醮壇祭禱儀式。

元肇還有〈天台山中十首〉，[156]表達了他在天台山萬年寺山居數年的一些感想，從慨歎世間千年的「道喪」與失真，至自況於簷前竹之特立與澹然，充分顯示他耽愛靜謐幽隱、不願受世擾的生活旨趣，透露出他的心性與為人。這十首詩描寫他所見的天台，如畫一般，可以第一人稱之方式大致簡釋如下：因為「道喪幾千載，不復還其淳」了，在這茫茫大塊之中，有誰能得其真呢？這種情形已經無法再談，真叫我有「吾將誰與鄰」的遺憾。在天台的「千山萬山中」，春風遲來，積雪晚融，若不是因采薇而食，尋找石橋，總覺得長年都不會有人來此遊觀的。偶而面對香爐峰，看著雲霧之聚散無常，隨風之吹來而飄止無定，但半掛長松樹上，也會「悠然會我心」，覺得別有一番佳趣啊！山上「四時多幽禽」，每日在林前鳴叫，好像在「呼喚煙樹重，應答山水深。」在那麼靜謐的山中，沒有別的響聲，只有鳥鳴的餘音，像載歌載吟一樣，在半晴和半陰的山中迴繞著。有時，我也聽到山澗底下有清泉，日夜涓涓地鳴響。這時，「風聲過樹頭，月色當窗前」，而我竟然「起坐不成寐」，有著「白髮悲流年」的感覺。向來自詡為「達人」的我，今夜為何兩耳都被澗水所濺洒而感傷了呢？不管如何，山中產有靈藥，向四處望望，總覺得雲霧氤氳瀰漫。因為已經許久不遇神仙了，世上誰會來山中採靈藥呢？本來，桃源之路豈會遙遠？蓬萊仙島也未必隔海才能尋到。惟有這種天地之根，自古以來恆是獨自存在，可遇而不可求的。除了稀有的靈藥之外，天台還產蘭花，深藏在樹林裏，「陸沈」於眾草之中。它們只稍微承受雨露，即可滋長——雖然總是長年受到霜雪之侵害。偶而吹拂一縷幽香，山樵或牧人卻總是尋不著它們。如今多采多姿地當著我面前出現，我怎能遠離它們而背棄了我絕俗違世之心呢？其他紅花白花，千樹萬樹，也難以估算。花開時，也不識它們的名字，而花落多少，也不知其數。時而有幽禽飛登花樹上啼叫，也有野鹿將它們啣走。但對我來說，它們是那麼高高在上，可望而不可即，四面都無路可接近啊！花樹之外，還有種類紛紛的野草，也托根在孤高之地。誰讓它們繁茂盛長起來，誰就能使它們枯槁萎縮。當它們開始搖動的時候，就是春風來到之日。在淒迷的煙雨中，它們布滿寂靜的庭院中，碧綠清新；我不禁也要問「王孫歸不歸」了，因為在深山裏是易受寒氣所侵的啊！⑮這許多花木之中，我最喜歡的可以說是竹了。為了愛見它們在我屋簷之前，我特別種了萬竿玉竹。在下雨的時候，它們送來蕭蕭的雨聲。而茂盛的竹葉，映照在窗前，真是綠意無限。雖然常常受到風雪的凌壓，它們仍是「可摧不可曲」的。長年生長在空谷，它們就像澹然幽居的隱士一樣。

這〈天台山中十首〉，大致把元肇自己勾畫成一位優遊山中，采薇而食，置身千萬花草樹木及岩石溪澗之中，觀察四時之變化，聆聽大塊音籟，愛蘭竹、伴麋鹿、友幽禽的隱士。難怪他到平江之後會有「一昨離天台，事事皆不會」的感慨，因為對他來說，天台和平江實在是夢境與現實，仙蹟與凡塵的兩個完全不同的世界啊！

（四）四明與杭州

上文說到元肇之詩集可能在寶祐六年（一二五八）已經付梓，此年他七十歲，正在溫州訪友。次年他應請入溫州江心龍祥寺，兩年後即入四明育王，接著入淨慈、靈隱和徑山。這時候所寫的詩大概都未編入集中，數目多少也已無法查證。而詩集中有關四明及杭州的詩，應該都是早年遊歷兩處所寫。有關四明之詩較少，似僅有〈雪竇〉一首。而杭州所寫，則有〈含輝亭〉、〈南塔〉、〈洞霄宮〉、〈孤山〉、〈徑山冬日〉、〈徑山天開圖畫〉、〈張宰湖山堂〉、〈和楊節使登徑山〉、〈聞邊報〉、〈喝石巖〉、〈菖蒲田〉、〈樹王〉、〈上濉翁和尚〉、〈吊無著塔〉、及〈禮嵩明教塔二首〉等多首。

元肇在四明所寫之〈雪竇〉一首，雖是寫景之作，但也自然流露了個人登高遠眺的感受：

> 上盡崎嶇腳力微，毳袍零碎染煙霏。
> 妙高峰頂見日出，千丈巖前看雪飛。
> 寒木著霜山衣錦，清池得月鏡交輝。
> 翩然又作東南去，肯落台溫第二機。⑱

詩中說「腳力微」，應該不是暗示他已年華老大，而是說山峰之路遙遠崎嶇，登臨頗費腳力。雪竇山有九峰，以乳峰為最有名，故常以乳峰代指雪竇。⑲而由於山勢甚高，所以登上盡頭時，僧袍都在瀰漫的雲煙之中。山上有妙高臺與千丈巖，都是雪竇名景，登上山頂，自然能看見日出及飛雪。不過「妙高峰頂」，嚴格地說應該是「妙高臺上」，因為「妙高臺巖石突起，寬平如巖」，正所謂「一峰何突兀，不與眾峰齊」之意也。⑳詩中的「寒木」一句，指峰上之樹仍有霜附著其上，使山上如穿著錦繡衣裳似的。「清池」一句則指峰上的錦鏡池，因為清澈如鏡，故可「得月」而讓池中月與天上之月交輝映照。㉑末兩句似是表示他快要離開四明到東南去了，但落入台州與溫州的「第二機」，則不是他的所願啊！此「第二機」是針對第一機而言，是禪師接人的第二個層次。依大慧宗杲之師圓悟克勤（一〇六三—一一三五）的說法，大凡禪師接引人有「三種機」。若是用第一機為人，只消向參禪者說「爾問與麼事作麼」，不說義理，讓問者直下承當去，更不擬議。如庭前柏樹子、麻三斤、一口吸盡西江水之類，只要教問者頭領解去。若是第二機為人，只要發起問端，如問「爾問與麼事作麼」，以發問者根本無明，令他無明現前，隨手點破。若是第三機為人，不免要「入泥入水重下箇注腳」。[162]圓悟這種說法，似有來歷。據《叢林盛事》的作者宋僧道融說，圓悟初在成都講肆時，范丞相伯才見其器質不凡，因作長文一篇，激其往南方行腳。其詞有「直饒講得千經論，也落禪家第二機。」[163]這種措辭，雖然不詳出自哪位「范丞相伯才」之口，[164]顯然指明第二機的層次不高，而元肇以「翩然又作東南去，肯落台溫第二機」為其詩做結，似有指他雖然到東南去，卻豈肯落入溫、台地區禪家「第二機」的學道之途。

元肇在杭州所寫的詩不少，寫的都是杭州的名勝古蹟。譬如〈洞霄宮〉一詩，描述歷史頗悠久的宮觀。此宮建於漢武帝朝，是所謂的七十二福地之一。唐高宗弘道元年（六八三），洞霄宮本山潘先生奉敕面南建天柱觀，錢氏降宋納土時嘗改天柱宮。宋真宗祥符五年（一〇一二），因陳堯佐（九五三—一〇四四）之奏，改為洞霄宮。宋仁宗天聖四年（一〇二六），詔道院詳定天下名山洞府凡二十處，杭州洞霄宮大滌洞排名第五。徽宗朝，曾援唐天柱觀例，經尚書禮部給洞霄宮印記。後因方臘之變，宮廢於兵火。高宗南渡後，於紹興二十五年（一一五五）發帑出金重建。理宗淳祐七年（一二四七），因靈濟通真先生孫處道之奏，賜錢供市恒產以足贍用，由是其山門規制更加崇廣。宋世嘗以前宰執之奉祠者領提舉事，稱提舉洞霄宮。[165]尤其南渡之後，凡宰執、大臣丐閒去位者，以提舉臨安府洞霄宮繫銜者更夥。如此名蹟，在度宗咸淳甲戌（一二七四）冬，由於「防虞弗慎，延燎一空。」[166]元肇訪洞霄宮時，應是在淳祐七年（一二四七）理宗賜錢供市恆產之前，也應在淳祐四年（一二四四）他見程公許之前。其時，洞霄宮早已重建，規模必甚可觀。〈洞霄宮〉一詩的前四句「夾道列蒼官，回回水屈盤。一峰天柱杪，九鏁洞雲寒」，[167]描述宮前兩排松樹夾道排列，周圍被迂迴曲折的河水盤旋環繞的情況。因為它原名「天柱」宮，又為其前環連鎖屬、曲折起伏的九鏁山所圍抱，[168]故有後兩句「一峰天柱杪，九鏁洞雲寒。」蘇軾曾說他嘗監錢唐郡，遊餘杭九鏁山，訪大滌洞天。見其洞天有巨壑，深不可測。[169]元肇之句，正可證明其說。詩之後四句「澗草受春綠，山茶落曉丹。霜髯雪眉叟，倚杖聽驚湍。」一方面寫大滌洞天之景象，顯然春天已到，山澗之草已轉綠，而紅色的山茶花也曉色中落下。另一方面寫他自己已經是個老叟，正在澗水旁倚杖聽著急流的水聲呢。其實，元肇此時年齡大概最多五十上下，雖稱不上老，但已經「霜髯雪眉」，大致有如程公許在淳祐四年所見的「雪顱破衲」了。他固然不是官場人物，但也在不同寺院間俯仰了一段時日，這時在杭州寫〈洞霄宮〉一詩，是否也有蘇軾「前生我已到杭州，到處常如到舊遊。更欲洞霄為吏隱，一庵閒地且相留」的心情呢？[170]

大概在同一個時間，元肇也遊徑山，寫了一首〈徑山冬日〉，詩曰：「東西兩徑幽，歲晚得周遊。壑雪陰猶在，溪雲凍不浮。鳥驚樵斧重，猿挂樹枝柔。怕有梅花發，因行到水頭。」[171]這是一首記實詩，為他詩集寫序的某位禪友，特別指出此詩的「鳥驚樵斧重」之句，雖四靈復生也不能語。[172]它純粹是寫冬日徑山的景致，因為是冬日，故云：「歲晚得周遊」。「壑雪」與「溪雲」之靜態與「鳥驚」、「猿挂」之動態恰成對比，顯示雖在天寒地凍之時，猿鳥、山樵仍在活動。

元肇意識到此時梅花恐怕也要綻放，所以也繼續行至溪水源頭去探梅了。下文說他喜好梅花，在此詩中也可略見端倪。

（五）江浙各地

元肇在江浙各地也分別以草木蟲魚、風花雪月、季節變化之詩為題，寫了許多描寫景物之詩，都是他探勝蹟、友天地、返回山水自然之作。這些詩在何處所寫，因為資訊不足，除其中少數，已難查考。但可顯示他在動境之中，常細心靜觀萬物，體察自然。他似乎特別留意花草，寫了許多詠花草之詩篇。所詠花草包括瓊花、芍藥、水仙、鳳仙花、茶花、牡丹、梅花、菊花、蘭花、秋蓮、海棠花和牽牛花等等。當然他寫這些名花，並不單是描寫花的顏色、姿容，而是「託物寓意」，藉描寫花草來傳達他對歷史及人事的感受。

譬如，他對「歲寒三友」的梅頗有偏愛。住杭州時，賞梅機會甚多，屢於詩中詠梅，顯示對梅花特有的感情。〈見梅花〉一詩說：「閑愛梅花住武林，換人歲月已侵尋。水邊竹外相逢瘦，一寸枝頭一寸心。」⑰這顯然是愛武林梅花，臨去仍捨不得，處處「逢梅」而於每枝梅上都有他一寸懷念之心思。〈探梅〉一首說：「冰雪催詩瘦入肩，幾回山後又山前。枝頭不見春消息，空倚闌干憶去年。」⑭此詩應是一首「尋梅」詩，表達在冬日冰雪中尋不著梅花之心情。因為冰雪寒透元肇之瘦肩，激起他的詩意，所以他在山前山後來回數次找尋梅花，未見枝頭梅花有綻放之跡象。失望之餘，只好倚著闌干，空憶去年的梅花盛放的情景。

這種在雪中尋梅的逸趣，是元肇冬日生活中的一部分。他的詠雪詩中，踏雪尋梅成了主題之一。如〈雪〉詩一首，雖然描寫雪景，但有「青綠煮茗開蓬戶，冷為尋梅過野橋」一聯，[175]表現了他因為「愛梅」而有「尋梅」的興頭。〈春雪〉一詩，雖然寫初春飄雪，花木芳草滋生的景致，但他坐在屋裏，推南窗而望，只見桃杏，竟覺得「桃杏學梅獨欠瘦」，[176]顯示他對「瘦梅」情有獨鍾。他的〈臘雪〉一詩，有「開門思煮茗，搖樹怕傷梅」一句，以「怕傷梅」來反襯其愛梅之心情，和下文所述他與友人共「折梅」的閑情，恰成對照。[177]

最值得注意的是，他還以「梅」自喻，賦詩婉辭丞相史彌遠（一一六四—一二三三）之「呼召」。詩曰：「冰雪堆中萬木摧，日邊吹暖到江梅。枯枝自歎生來北，縱得春風也不開。」[178]詩中自喻是一枝江梅，但已隨萬木為冰雪所摧，只剩一株兀立的枯枝。「日邊」指皇帝左右，也即是丞相。「吹暖」是吹來的暖風，象徵史彌遠的召書。但是即使這封召書如「春風」吹來，他這個枯枝也只能自歎身在江北，仍是不會開花的。元肇的出生及成長都在長江以北的通州，所以他自喻為「江北」之梅，是無福消受江南春風的。[179]考史彌遠去世之年，元肇不過四十五歲，史彌遠以宰相之尊召他之年，應是他還在江浙湖山之間遊方之時；其時他詩名雖盛，但尚未出主大剎，宰相之召應是無上之光榮，但元肇卻婉拒之，難道是因史彌遠之「擅權」形象而無意趨附？果真如此，他為何對另一位聲名狼籍的宰相賈似道青眼有加而寫讚他「洛陽聲賈自傳臚，三十專城總要途」，形容他英年早達，以三十餘之齡鎮兩淮；「爭誇國士無雙傑，堪對瓊花獨一株」，讚他為國士無雙，瓊花獨秀；「王事只消談笑了，好吟佳句繼歐蘇」，稱他是位治世之能臣，又是風雅之典型。[180]為何如此呢？也許是因為賈似道當時還年輕，既好燕遊，又喜附庸風雅，而且先前曾到天臺去，正逢他主萬年寺，題詩留壁，揮衣而去。如今元肇年事已高，已經六十二歲，對年輕的制使他頗有期待，應是可以理解的，故第二詩說：「天台山壓眾峰高，極勝窮幽是石橋。在昔一詩留翠壁，至今萬壑響青霄。淮南草木皆霑潤，塞北煙塵即便銷。將相功名古來有，可曾江上問漁樵？」⑱

藉花草來「託物寄興」是元肇詩作的一貫手法。他有〈海棠〉七絕一首，詩題雖是海棠，但實際上是寫唐明皇「三千寵愛在一身」的楊貴妃（七一九—七五六）。詩云：

昭陽殿裏醉含情，三十六宮顏色輕。
幾向春風憐薄命，少陵詩史不書名。⑱

用海棠來代表楊貴妃，顯然是受到「海棠春睡」故事的啟發。而傳播此故事者竟非唐人，而為宋僧惠洪（一〇七一—一一二八）。惠洪根據《太真外傳》說：「上皇登沈香亭，詔太真妃子。妃於時卯醉未醒，命力士從侍兒扶掖而至。妃子醉顏殘妝，鬢亂釵橫，不能再拜。上皇笑曰：『是豈妃子醉，真海棠睡未足耳。』」⑱宋人樂談此事，或言其事載於《楊妃外傳》。⑱不管如何，「海棠睡未足」之故事已為人所周知，故敘其事者亦多。元肇詩首句之「昭陽殿」雖為漢武帝所建，漢成帝寵妃趙飛燕姊妹所居，但唐以來都泛指皇帝寵妃侍寢之處。王昌齡有「玉顏不及寒鴉色，猶帶昭陽日影來」之句。白居易也有「昭陽殿裏恩愛絕，蓬萊宮中日月長」之句，都是用昭陽殿之意象來寫嬪妃之獲寵或失寵。⑱楊貴妃的絕色，與她的「海棠睡未足」的醉態，讓唐玄宗為之顛狂不已。但是貴為人君的玄宗也無法挽救她的性命，讓元肇也都為她「幾向春風憐薄命」了。但為何說「少陵詩史不書名」呢？原來杜甫（七一二—七七〇）雖有「昭陽殿裏第一人，同輦隨君侍君側」之句來描述楊貴妃的絕色及受寵，也不無惋惜楊貴妃之死之意，故云「明眸皓齒今何在？血污遊魂歸不得。」⑱但因杜甫之母名海棠，子美諱之，故他雖或知道「海棠春睡」的故事，但於其集中絕無海棠詩，亦不用「海棠」二字。元肇以「少陵詩史不書名」為其詩之結句，一方面顯示他閑熟於杜甫詩，一方面也似有略表遺憾之意吧。

除了花草之外，元肇對松竹、木石都富有豐富之感情，也為它們費了不少心思。〈大夫去作棟梁材〉、〈惜松〉、〈移竹〉、〈竹鄰〉及〈竹院〉等詩都可見其愛生惜物之心。由於〈大夫去作棟梁材〉一詩，有認為作者非元肇而另有他人之說法，筆者曾撰專文詳論，可參看附錄一。此處只想強調該詩當為元肇所作無疑，而元肇之寫該詩，正是因為他一貫愛惜自然之表現。

除了歲寒三友的松樹之外，元肇也對竹有偏愛，在他的〈天台山中十首〉已表露無遺。他的〈移竹〉一詩，描寫移南庭之竹至西牆邊，以待三年之後，綠竹成蔭，乘涼其間之樂趣：

> 南庭多綠竹，移種近西牆。遠待三年後，陰成一片涼。
> 月鋪金鑠碎，風度玉鏗鏘。定愛常來坐，中間頓石床。⑱

既然竹蔭已成，月光鋪照竹葉上，映在地上，只剩片光零羽，而竹子則有如佩玉鏗鏘、風度翩翩的君子一般。他常愛來坐竹蔭中的石上，很快地石中間也變成石椅了。

既然綠竹滿庭，元肇就有了竹院，所以他的〈竹院〉一詩，進一步描寫自己愛竹成癖，甚至為它而不能成眠之情景。詩云：

愛竹真成癖，相傳子又孫。蒼寒雲翳翳，碧淨玉溫溫。
月散驚龍化，風喧醒鶴魂。幾回清不寐，因雪夜開門。⑱

元肇自稱愛竹成癖，寫竹子竹孫成長甚易，繁衍至速。但它在雲色陰暗時，顯得蒼寒，但在碧綠清淨之時，則像玉一般柔暖而溫潤。雖然如此，月散之日，常有如驚龍之變化；風聲喧噪之時，它又能畫醒瞑鶴之魂魄。為了它的冰清高節，元肇有好幾回都無法成眠，還在下雪之夜，開門看竹呢。

移竹本非易事，非親身體驗不知。但元肇之詩，並未述及移竹之難。反而在〈竹鄰〉一詩中，誇讚它的虛懷與超塵，然後說移竹之苦辛，顯示他對竹子之熱愛：

虛懷似此君，所至愛為鄰。寒影過牆綠，清風無俗塵。
恐孤棲鳳侶，不作釣魚身。昔有吟人癖，移家更苦辛。⑲

此詩大致是說：像竹君子如此虛懷，它所至之處，人人都愛與它為鄰。天寒時，它的影子翻過牆頭，還呈現一片綠意。清風拂來時，它身上一點都沾不上俗塵。因為怕讓一對棲鳳因失去伴侶而孤獨，它寧願不被取去當釣魚竿用。但是偏有好吟的詩人喜愛它成癖，辛辛苦苦地把它搬移到新家了。這位好吟的詩人，當然是元肇之自指了。

松竹之外，元肇也喜歡靜觀蟲魚禽鳥之活動，寫了些觀察入微、見物體道的詩篇。譬如，他的〈金魚〉一詩說：「造物真成戲，鱗中亦有殊。黃金凡幾尾，碧沼自相濡。眾口安能鑠，懸腰但可模。多因名色誤，不得泳江湖。」[190]此詩歎造化之真能演戲，連麟介類中都能創出金魚這種特殊魚類。它讓幾尾金魚在池沼裏，兀自相濡以沫。雖然其色如「金」，是不會被「眾口」所銷融的，[191]但是卻可以被模造出朝官腰間所佩的金魚袋。[192]末聯說金魚的特殊之處卻成了牠們的缺點，因為被自己之「名色」所誤，牠們只會被豢養在池沼裏，而無法像別的魚一樣在江湖裏自由自在地悠游無慮。

又如，他有詠蝴蝶詩一首，描寫蝴蝶之動靜與「物化」。「一捻翅如霜」描述其靜止之態。「閒飛宮樣黃」，則寫其飛行的色澤，如宮庭裏娥黃的裝束。[193]「年年因物化」形容其靜態的轉化。「日日為花忙」又描述其動態的忙碌。「風雨驚相失，兒童趁欲狂」兩句說明牠們遇風雨即被兒童追逐的窘境。末兩句「尋常見圖畫，安得遇滕王」[194]則表示牠們通常只見於圖畫中，如同建造滕王閣的滕王李元嬰畫入圖中，哪裏會真正遇見滕王呢？[195]

身為文學僧，元肇偏愛泊然閒適的生活。也唯有這種生活，他才能靜觀萬物，悟道長吟。他寫了一些閒居燕處的詩，描寫他寂然無為，靜處自得的情狀。譬如他的〈泊然〉詩說：「真箇無營者，方能向此居。花間誰是蝶？池上不知魚。竹戶清陰碎，苔階翠點疏。東西幾片壁，只貼坐忘書。」[196]全詩所用的幾個重要的意象，表現於「誰是蝶」之問，「不知魚」之說，貼「坐忘」之書，全出《莊子》，把自己說成是一位無營無欲，與世無擾，而流連於花間，作「蝶夢周」或「周夢蝶」之問；或徜徉池畔，遙思不知魚之樂的惠施，而欽慕獨知心齋坐忘的莊子。他的〈閒居〉詩則表現對悠游自在生活方式的滿足。其詩云：「孤雲自舒卷，萬類各生成。邁世有貧士，長年無俗情。林塘初雨過，山鳥不時鳴。為問滄浪客，何須歌濯纓？」[197]首聯自喻是能自由卷舒的孤雲，而此即是其天生之性格。頷聯自述為超越世俗之貧士，已經長年不問世情。頸聯及尾聯描寫他漫步於雨後林木間的池塘，隨時都可聽聞山鳥鳴叫。不禁要請牠們代問在滄浪水邊之客，何須去唱濯纓之歌呢？⑱言下之意是他自己邁世守貧，不沾濁塵，徜徉林塘，與山鳥為伍，又何須像他人一樣，要以滄浪之水濯其纓冠才會覺得清淨高潔、超脫世俗呢？

這種不與世俯仰的自視清高，是元肇的自我形象的局部刻畫，更具體的自畫像，見於他的〈山居詩〉及〈山居四首〉。前者云：

山寺偏宜夏，遊塵不染苔。
煙光收迥野，江影上層臺。
竹筍侵崖出，藤花借樹開。
幽禽如解意，飛去又飛來。⑲

這首詩的關鍵語是「遊塵不染苔」，意在表示他絕少出寺遊歷，故寺內之青苔不染遊塵。他的生活很簡單，或觀煙光消散於野地，或看江影之移上層臺；或尋侵崖而出之竹筍，或見借樹而開之藤花。偶而有幽禽飛來嬉遊，也幾乎是他唯一的伴侶。此種生活樸素無染的清淨生活，實是元肇獨居生活之寫照，是促成他詩思不斷的主要原因。他在〈山居四首〉中所說的「詩債」與「詩窮」，即是苦吟不迭與人酬唱之結果。其詩曰：

其一

四壁蕭然一室風，只多詩債與詩窮。
枯梅盡日臨窗舞，時有寒禽動竹叢。

其二

欲向西山學採薇，可憐身瘦得名肥。
天邊多少能鳴雁，不到衡陽不肯歸。

其三

因笑紅塵箇箇忙，故人淪落在殊方。
地爐無火灰成字，卻傍前軒曝夕陽。

其四

覆榻一床單紙被，挂身三事舊麻衣。
吾廬只在深雲裏，笑折梅花月下歸。[200]

此四首詩意思連貫，可視為一體，其大意如下：在四壁蕭然一室風的草廬中，實在空無一物，只有許多詩債及因詩而窮的我。而陪伴我的是整日臨窗舞動的枯梅，和時時在竹叢中活動的寒禽。我雖然想向西山去學伯夷、叔齊採薇而食，但是我可憐的瘦身，卻因得了一些虛名而變肥了。望著天邊，不知多少能鳴之雁，但牠們不飛到衡陽是不肯歸去的。[201]因為取笑紅塵之友個個都在忙碌，所以我的故交老友如今都已淪落到偏遠之地，離我而去了。我獨自以地為爐所生的火已經滅了，就只好畫灰成字。然後倚在前窗之旁，曝曬於夕陽之中。蓋在我臥榻上的是一床單薄如紙的被子，而掛在我身上的物事就是三件舊麻衣。雖然我的草廬單獨藏在深山裏，但我總是含著微笑，折幾枝梅花，帶著它們，欣然在山道上踏月歸來啊！

此四詩描寫他冬日的山居生活，勾勒出他的儉樸與寂寥。不過在寂寥之中，有枯梅、寒禽為伴，又有詩債要償，看著天邊的悲雁，想起淪落的故人，在地上畫灰成字，在月下折梅而歸，雖然一身貧窮，藏於深雲裏，但是每日徜徉於山林野處，融入大自然，實是非常愉悅適意的。雖然如此，山居之寂寥與閒適不過是元肇文學僧生活的一面，他的「長年無俗情」恐怕也是晚年謝事以後的事，比起下文所述之四海交遊，在文士儒友間殷勤和頻繁之互動與周旋，又豈能同日而語啊！

【注釋】

①見上文引陸應龍序。

②見上文引趙汝回序。

③見上文引周弼序。

④見藏叟善珍，〈跋淮海塔書軸後〉，《藏叟摘稾》（京都：元祿十一年戊寅仲春古川三郎兵衛鋟梓本，一六九八）卷下，P.16b。

⑤同前註。

⑥關於善珍之熱衷於詩，見上引筆者《文學僧藏叟善珍與南宋末世的禪文化——《藏叟摘稾》之析論與點校》（臺北：新文豐出版公司，二〇一〇）。

⑦ 此數詩見本書第二部分。

⑧ 按：〈南宋詩僧與文士之互動——從《中興禪林風月集》談起〉一文，原發表於《九州學林》，後經校改並收入筆者《一味禪與江湖詩》（臺北：臺灣商務印書館，二〇一〇）第一章。

⑨ 《水心先生文集》，卷八，P.16a。

⑩ 元肇，〈上水心先生三首并序〉之一，《淮海挐音》卷下，P.1b。

⑪ 按《晉書》，葛洪聞交趾出丹砂，求為勾漏令。而根據宋．祝穆《新編方輿勝覽》「容州弜山川」條：「勾漏山，在普寧縣，其岩穴多勾曲而穿漏，故名。平川中石峰千百，皆豎立特起，周回三十里，相傳葛翁嘗修煉於此。」

⑫ 按：大觀之紀年，與元肇自述的經歷，時間往往有出入，筆者多採元肇之說。

⑬ 「台雁」或泛指台州及温州附近之雁蕩山，元肇可能這時到温州訪葉適。

⑭ 按：《淮海禪師語錄》説紹定六年（一二三三）十月，元肇在安吉州道場受請入通州報恩光孝寺，而大觀〈淮海禪師行狀〉謂「適通之光孝席虛，郡侯杜公霆徇鄉緇白請，命師瑞世。」茲考杜霆知通州之年是端平二年（一二三五）十月。以此觀之，元肇住通州光孝寺之時間應在端平二年。但杜霆因元兵來犯，棄城弗守，載其私帑，渡江以遁，於十二月被奪官職，並追毀出身以來文字，竄南雄州。見《萬曆通州志》卷二，P.30b。《宋史．理宗本紀》謂奪官職時間是淳祐二年（一二四二）十二月己未，故李之亮《宋兩淮大郡守臣易替考》P.270-271，説杜霆知通州至淳祐二年。若《宋史》之説無誤，元肇入通州時間應在端平二年（一二三五）或其後，語錄之時間疑誤。

⑮ 按：淮海〈行狀〉説他在雙塔「居之九年，虎丘枯椿曇以先浙翁所授五祖之衣歸之。榘堂董丞相，時以法從，留守金陵，以半山招，偈辭不往。」依此推算，入虎丘時間及董槐之招應在一二四四年。李之亮《宋兩江郡守臣易替考》引《建康志》，董槐於淳祐四年（一二四四）四月知府事，與〈行狀〉時間相符合，見《宋兩江郡守臣易替考》P.39。〈行狀〉雖然説元肇「偈辭不往」，但元肇確實入清涼廣慧禪寺，《淮海元肇禪師語錄》錄有其語曰：「山僧今夏喫

清涼飯，走北奔南，借鳳凰臺。」可見他應當是一二四四年夏天赴清涼廣慧寺的。見《淮海元肇禪師語錄》P.353b。

⑯〈行狀〉雖然說「渠堂董丞相」，但董槐在寶祐二年（一二五四）拜參知政事，三年拜右丞相，故大觀是以其最高之官職稱之，並不是以請元肇入金陵時的職位稱之。

⑰按：〈行狀〉說元肇入江心時間在寶祐四年（一二五六），印應雷出牧東嘉時，但印應雷在開慶元年（一二五九）才守東嘉。見《宋兩浙路郡守年表》，P.294。

⑱此係依元肇之〈跋詩後與徑山偃谿和尚〉一文推算。見《淮海外集》卷下，P.15b。

⑲按：元肇在〈徑山祭佛心禪師〉文中說景定辛酉（一二六一）四月被旨育王，較〈行狀〉之說清楚。他又在〈淨慈謝表〉中說：「三年東鄮，潔嚴仁廟之宸奎；再命南屏，當奉佑陵之香火。」可見他在育王三年，然後赴淨慈，時間應在景定四年（一二六三），亦即是〈徑山祭佛心禪師〉中說的「癸亥（一二六三）七月奉詔淨慈。」

⑳按：元肇自述入徑山時間與較〈行狀〉所說清楚。〈行狀〉只說在育王三年，「遷淨慈。未一年，遷靈隱，兼淨慈。不閱月，遷徑山。」

㉑《淮海元肇禪師語錄》P.351a。

㉒可見於元肇，〈通州光孝寺大殿修造榜〉、〈通川南寺造法堂疏〉、〈利和寺重修橋疏〉，《淮海外集》卷上，P.13b-14a，14b-15a，15b。

㉓按：徐神公，通常作徐神翁，泰州海陵人，宋元祐中甚活躍，傳能知未來事。據《海陵三仙傳》云：「徐神翁常放言嘯歌，默誦道書，絕飲食至數日。然供役未始之，事茹蔬取黃葉者自食，曰此先生菜也。」見明．陸楫編《古今說海》（臺北：臺灣商務印書館，影印文淵閣《四庫全書》本，一九八三—一九八六）卷八四，P.1b。

㉔元肇，〈海門道中〉，《淮海拏音》卷下，P.30b。

㉕按：南宋通州領海門、靜海二縣。狼山在靜海縣南，五山相連。見《方輿勝覽》卷四五，P.810-811。

㉖白居易，〈殘暑招客詩〉，《全唐詩》第十三冊，卷四四〇，P.4907。

㉗徐鉉，《稽神錄》（北京：中華書局點校本，一九九六）卷一，P.4。

㉘明・王揚德，《明刻通州狼五山志》（北京：線裝書局，《中國山水志叢刊》〈山志卷〉第十六冊，二〇〇四）卷一，P.19a。

㉙同前註。

㉚《萬曆通州志》卷五，P.31a；卷八，P.4b-5a。《明刻通州狼五山志》卷一，P.18b。

㉛元肇，〈狼山〉，《淮海挐音》卷上，P.3b-4a。

㉜有關石橋、神人驅石，及其他有關秦皇淬劍之傳説，見《萬曆通州志》卷二，P.12ab；卷八，P.1b。

㉝同前註。又《新編方輿勝覽》亦引此詩，但第二句作「揮電成鞭有遺跡」，疑「電」誤。見《方輿勝覽》卷四五，P.811。

㉞元肇，〈狼山池上有感〉，《淮海挐音》卷下，P.4b-5a。

㉟莊周語見郭象注《南華真經》卷六，〈秋水17〉，P.27b。

㊱元肇，〈狼山〉，《淮海挐音》卷下，P.14b。

㊲此為同詩頷聯：「五峰寺踞蔥龍處，孤塔雲撐杳靄間。」

㊳此為同詩尾聯。

㊴元肇，〈登狼山〉，《淮海挐音》卷下，P.39ab。

㊵此為同詩第九、十句。按：「緉」是古代計算鞋之單位，即是「雙」之意。

㊶按：南宋辛棄疾有〈滿江紅〉一首，中有「佳處徑須攜杖去，能消幾緉平生屐?」意義差似。

㊷此為同詩第十一、十二句。

㊸此為同詩第十三、十四結句。

㊹按：本書所謂「吳中」，採宋人單鍔《吳中水利書》所界定之範圍，包括蘇州、常州、湖州等地。單鍔字季隱，宜興人，登嘉祐四年進士己亥劉輝榜，但不就官。據說他獨乘一小舟，歷三州蘇、常、湖水道，經三十年，一溝一瀆，無不周覽考究，因著《吳中水利書》。蘇軾知杭州時，嘗錄其書進於朝。見《吳中水利書》P.23ab。

㊺元肇，〈平江萬壽重起僧堂疏〉及〈萬壽建法堂寶閣上梁文〉，《淮海外集》卷上，P.18b-19a。

㊻元肇，〈狼山〉、〈虎丘〉、〈楓橋〉、〈姑蘇臺〉、〈洞庭翠峰〉、〈金山〉、〈破山興福寺〉，《淮海挐音》卷上，P.3b-4a，1b，1b，2a，2ab，3b，4a。

㊼元肇，〈石頭城〉、〈雨華臺〉、〈烏衣園〉、〈海門古城〉，《淮海挐音》卷上，P.2b-3b。

㊽《新編方輿勝覽》卷二，P.30；《輿地廣記》卷二二，P.637；《姑蘇志》卷七，P.13a。按：《輿地廣記》說「領縣五」，疑誤。

㊾元肇，〈虎丘〉，《淮海挐音》卷上，P.1b。

㊿按：虎丘山又名海湧山。晉王珣曾撰山銘，序云：「虎邱山，先名海涌[湧]山」。見《新編方輿勝覽》卷二，P.32；明．王賓，《虎丘山志》卷一，P.1a-2a；王謇，《宋平江城坊考》（南京：江蘇古籍出版社，一九九九）卷五，P.252。

(51)《越絕書》（臺北：臺灣商務印書館，影印文淵閣《四庫全書》本，一九八三－一九八六）卷二，P.3b。按：《四部叢刊初編》本《越絕書》亦作「築三日而白虎居上」。但范成大《吳郡志》則云：「葬之三日，有白虎踞其上，故山名虎丘。」見《吳郡志》卷十六，P.1ab。《宋平江城坊考》雖引《越絕書》，但改「築」為「葬」。見《宋平江城坊考》卷五，P.251。

(52)關於「劍池」之傳說，見《虎丘山志》P.2b-3a。

(53)《宋平江城坊考》卷五，P.251，引《吳地記》及《吳越春秋》。《虎丘山志》引《吳地記》、《續圖經》、《吳郡志》

略曰：「虎丘泉石，其最勝者千人坐。」「平石可容千人，相傳因生公講經得名。」「因生公講經處，大石盤陀數畝，高下如刻削，他處所無。」見《虎丘山志》P.5b。

54 《虎丘山志》P.10a-12a。

55 按：祝穆《新編方輿勝覽》說是「生公講堂」，但王隨的〈虎丘雲巖寺記〉說是「生公臺」。見《新編方輿勝覽》卷二，P.39。不過，《虎丘山志》，兼錄二者，可見所指不同。惟《虎丘山志》之「生公講臺」條，並無說明，而「生公講堂」條，又稱之為「生公禪堂」。另外，其書「千人坐」條云：「生公講經處，大石盤陀數畝，高下如刻削」，此講經處，當是指生公講臺。見《虎丘山志》P.5b、10b、11b。又同書《虎丘志總集》詩文部分亦錄有生公講臺，見P.2a。筆者以為，生公講臺存在於先，而講堂建於後，分別在虎丘山之兩不同地點。

56 按：虎丘為十剎之一，與元肇所住平江萬壽寺為入選十剎之兩大蘇州禪寺。

57 黃溍，〈重興虎丘雲巖禪寺碑〉，《吳都法乘》卷十上之下，P.1311。按：黃溍只說雪庭、瞎堂、松源、笑翁等人，其全部名號如文。四僧之中，雪庭元淨名稍晦，是圓悟克勤法嗣，與虎丘紹隆為師兄弟。見《嘉泰普燈錄》卷十四，P.222b。據說他嘗謁郡守，以詩僧自通。郡守書其名刺曰：「詩僧焉敢謁王侯？」元淨續曰：「大海終須納細流。昨夜虎丘山上望，一輪明月照蘇州。」郡守遂見之，並出「坳」、「交」、「敲」三韻令題，元淨立即應曰：「久不下山坳，出門逢虎交。侯門深似海，也許老僧敲。」郡守見之大喜。見《虎丘山志》P.20a。

58 《新編方輿勝覽》卷二，P.25。

59 白居易，〈吳中好風景二首〉之一，《白氏長慶集》（上海：商務印書館，《四部叢刊初編》本，一九三六）卷五一，P.15a。

60 《姑蘇志》卷二三，P.8a。按：曹恭王或稱曹王，是唐太宗與巢剌王妃楊氏所生。楊氏原為太宗弟齊王元吉之王妃，玄武門之變後，楊氏被沒入後宮，侍奉太宗，生曹王明。高宗朝，詔命過繼給巢剌王元吉後。關於曹王李明之出身，見

《新唐書》卷八十，〈曹王李明傳〉，P.3579。《舊唐書》李明傳未說其為楊氏所生，見《舊唐書》卷七六，〈曹王李明傳〉，P.2666。二史俱對巢剌王妃楊氏被沒入掖庭事，諱莫如深。《新唐書》僅說太宗寵之，欲立為后，魏徵諫不可乃止。司馬光《資治通鑑》亦僅說：「皇子明為曹王明，母楊氏巢剌王之妃也，有寵於上。」宋人對太宗之從諫，雖表贊同，但亦有微詞。例如，說他「雖從諫而止，跡可掩乎？」所謂「跡」，就是諸書諱言的納楊氏入後宮之事。見周輝，《清波雜志》（北京：中華書局點校本，一九九四）卷七，P.304。又如說：「太宗手殺兄弟，曾不愧恥。而復納元吉之妃，惡莫大焉。苟非用魏徵之言過，而遂之立以為后，何以視天下之人乎？」見范祖禹，《唐鑑》（臺北：臺灣商務印書館，《人人文庫》本，一九七七）卷六，P.169-170。宋詩人金朋說有詠史詩多首，其中〈唐太宗〉一詩曰：「唐世閨門少謹嚴，三綱濁亂有由然。晉陽挾父私宮妾，巢剌王妃不可言。」末句就是暗指唐太宗納李元吉妃為妾之事。

(61) 按：王隨之〈虎丘雲巖寺記〉只說「以唐祖廟諱更為武丘云」，但未說「唐祖」指的是誰。《舊唐書》〈高祖本紀〉說李淵之祖諱虎，則「唐祖」應指高祖李淵之祖父。見《舊唐書》卷一，〈高祖本紀〉，P.1。王隨之〈虎丘雲巖寺記〉見上引《虎丘志總集》詩文部分。

(62) 白居易，〈齊雲樓晚望偶題十韻兼呈馮侍御周殷二協律〉，《白氏長慶集》卷五四，P.24b。

(63) 元肇，〈齊雲樓〉，《淮海挐音》卷上，P.1b-2a。

(64) 元肇，〈姑蘇臺〉，《淮海挐音》卷上，P.2a。

(65) 《太平寰宇記》（臺北：臺灣商務印書館，影印文淵閣《四庫全書》本，一九八三—一九八六）卷九一，P.13b；宋．朱長文，《吳郡圖經續記》（臺北：臺灣商務印書館，影印文淵閣《四庫全書》本，一九八三—一九八六）卷中，P.22b-23a。朱長文根據《吳越備史》說當初「越王得神木一雙，大二十圍，長五十尋。巧工施技，制以規繩，雕治刻削，錯畫文章；嬰以白璧，鏤以黃金，狀類龍蛇，文彩生光。獻於吳王，王大喜，受而起姑蘇之臺也。」所謂越王，即勾踐（497BC-465BC）也。

66 《吳郡圖經記》卷中，P.23a。

67 按：「烏棲曲」是南朝樂府歌曲舊題，以梁簡文帝及徐陵等人之作為代表。李白之〈烏棲曲〉專詠夫差事，應是元肇詩所指。

68 李白，〈烏棲曲〉，《李太白全集》（臺北：河洛圖書出版公司，一九七五）卷三，P.88。其詩云：「姑蘇臺上烏棲時，吳王宮裏醉西施。吳歌楚舞歡未畢，青山猶銜半邊日。銀箭金壺漏水多，起看秋月墜江波。東方漸高奈樂何？」據說賀知章見此詩，大歎「此詩可以泣鬼神矣」，見《唐詩紀事》（上海：商務印書館，《四部叢刊初編》本，一九三六）卷十八，P.5b-6a。

69 李白，〈烏夜啼〉，《李太白全集》卷三，P.87-88，清・王綺注。

70 元肇，〈姑蘇臺放生〉，《淮海挐音》，卷下，P.15b。

71 此句雖然是泛指歷代僭位稱號者，如吳王闔閭、夫差父子，但亦指北宋末僭位稱號的偽齊劉豫（一〇七三—一一四六）與偽楚張邦昌（一〇八一—一一二七）。

72 《吳郡圖經續記》卷上，P.10ab。按：胥門者，「伍子胥」居其傍，民以稱焉。夫差伐齊之後胥門巢將上軍蓋當時以巢所居為號也。又范成大《吳郡志》謂：「胥門，伍子胥宅在其傍。《吳地記》云：『石碑見在，今亡。此門出太湖道也，今水陸二門皆塞，而新姑蘇臺館乃據其上。』」見《吳郡志》卷三，P.4a。又，蘇州府城門有八，胥門為其中之一，在城西。北宋時已廢，南宋嘉定間知府趙汝述、沈皞相繼修治，寶祐二年（一二五四）趙汝厲增置女牆，補建葑、婁、齊三門樓。元肇此時在平江，應該見到已重建之胥門。趙汝厲守平江從寶祐二年二月開始，三年七月離任。見李之亮，《宋兩浙郡守年表》P.128-129。

73 按：「鳶飛戾天，魚躍于淵，豈弟君子，遐不作人」出《詩經》。宋・林岊，《毛詩講義》謂：「鳶飛戾天，魚躍于淵，物性之自得也。君子成己成物，其樂如此，故曰：『豈弟君子』，豈不遠于成人材乎？古之所謂樂易者，非縱弛之謂也。在己則尤悔俱無，在物則飛潛自得，此所以謂之豈弟也。」見《毛詩講義》卷七，P.19a-20b；朱熹認為此句係言「萬物在吾性分中如鑑中之影，仰天而見鳶飛，俯淵而見魚躍，上下之見，無非道體之所在也。」見朱熹，《晦菴集》（臺北：臺灣商務印書館，影印文淵閣《四庫全書》本，一九八三—一九八六）卷四五，P.28b；蘇轍亦謂此句係言「道在我，而物無不咸得其性。鳶以之飛於上，魚以之躍於下，而況於人乎？或曰天之高也，以為不可及矣，然鳶則至焉；淵之深也，以為不可入矣，然魚則躍焉。夫鳶魚之能至此也，必有道矣，豈可以我之不能不信哉？」見蘇轍，《詩集傳》（臺北：臺灣商務印書館，影印文淵閣《四庫全書》本，一九八三—一九八六）卷十五，P.14b。筆者之解釋採諸人之意，而不用鄭玄以鳶代表惡人，以魚代表善人之說。

(74) 呂夏卿，〈明州雪竇山資聖寺第六祖明覺大師塔銘〉，《明覺禪師語錄》（臺北：新文豐出版公司，《大正藏》第四十七冊，一九八三）卷六，P.712c。

(75) 同前註。又見《明覺禪師語錄》卷一，P.674b。按：曾會於天聖二年甲子（一〇二四），入明州任知府，至天聖五年丁卯（一〇二七）卸任，則雪竇重顯入雪竇資聖寺應在此數年之間。曾會守明州時間，見李之亮，《宋兩浙路郡守年表》，P.259。

(76) 元肇，〈洞庭翠峰〉，《淮海挐音》卷上，P.2ab。

(77) 葉夢得曾說：「『姑蘇城外寒山寺，夜半鐘聲到客船』，此唐張繼題城西楓橋寺詩也。」見葉夢得，《石林詩話》（臺北：木鐸出版社，影印何文煥輯《歷代詩話》本，一九八二），P.426。

(78) 孫覿，〈平江府楓橋普明禪院興造記〉，《鴻慶居士集》（臺北：臺灣商務印書館，影印文淵閣《四庫全書》本，一九八三—一九八六）卷二二，P.12b。按：此文中說的「按吳國經實妙利普明禪院」之「吳國經」，疑為「吳圖經」之誤抄，實指《吳郡圖經》。范成大的《吳郡志》說：「普明禪院即楓橋寺也，在吳縣西十里，舊楓橋妙利普明塔院也。」此實本於孫覿之文。見《吳郡志》卷三三，P.2b。

(79) 同前註。

(80) 孫覿，〈過楓橋寺示遷老〉，《鴻慶居士集》卷四，P.25ab。

(81) 明．朱承爵，《存餘堂詩話》（臺北：木鐸出版社，影印何文煥輯《歷代詩話》本，一九八二），P.792。

(82) 孫覿，〈平江府楓橋普明禪院興造記〉，《鴻慶居士集》卷二二，P.12b。

(83) 王安石，〈題齊安壁〉《臨川先生文集》（上海：商務印書館，《四部叢刊初編》本，一九三六）卷二六，P.4b。

(84) 《吳郡圖經續記》卷中，P.30b。

(85) 《吳郡志》卷八，P.11a。

(86) 《吳郡志》卷三六，P.1ab。按：「南齊始興五年」所建之說，係根據佚名唐作者之〈再修功德寺記〉，南宋鄭虎臣（一二一九—一二七六）的《吳都文粹》因之，范成大在其《吳郡志》指出其誤。

(87) 《姑蘇志》卷三十，P.11ab。

(88) 按：常達，字文舉。通《涅槃經》、莊老書，隱居於破山，雖王侯詣門，莫得而見。其塔稱文舉塔，在興福寺之東南。懷述，字體如，故其塔稱體如塔，在文舉塔之東北。

(89) 見居簡，〈破山高僧塔〉，《北磵詩集》（北京：線裝書局，《宋集珍本叢刊》第七十一冊，根據清抄本影印，二〇〇四）卷五，P.300a。明．程嘉燧，《常熟縣破山興福寺志》（臺北：明文書局《中國佛寺史志彙刊》第一輯，一九八〇）卷二，P.65-66。

(90) 常建，〈題破山寺後禪院〉，《常建詩》（臺北：臺灣商務印書館，影印文淵閣《四庫全書》本，一九八三—一九八六）卷三，P.1a。

(91) 按：「空心亭」與「空心潭」都是因常建詩得名。朱長文《吳郡圖經續記》說「有空心潭因常建詩以立名」。北宋．

劉拯有〈空心潭〉詩，注云：「空心潭在殿之東北九十步」。其詩云：「碧潭發幽石，瀟灑無纖塵。寒光湛秋月，有物難比倫。離鉤況無魚，千尺徒垂綸。到此心已空，何用濯吾纓。」元人段天祐之〈空心亭記〉說：「直破山之路有寺曰興福。澗流絕山而下，瀦為深潭。潭之上有空心亭，山以斷崖石裂得破山之名。亭以唐少府常建詩得空心之名。」見《常熟縣破山興福寺志》卷一，P.55-57。

(92) 《常熟縣破山興福寺志》卷一，P.35-36，引《唐詩紀事》。

(93) 按：言如泗，字素園，江蘇昭文人，據說孔子弟子言偃（子游）之七十五世孫，於乾隆二十九年任湖北襄陽知府。

(94) 按：穆大展原名穆近文，字大展，一字孔成，金陵人。少遊沈德潛歸愚之門，工詩古文，精鑒別，多蓄三代秦漢鐘鼎彝器。擅篆刻，而碑版尤精。設肆自給，躬任剞劂，所刻書校寫精審，名與汲古閣埒。參看李國慶，《弢翁藏書年譜》（合肥：黃山書舍，二〇〇〇），P.230、238-239。

(95) 《常熟縣破山興福寺志》卷一，P.28。按：此處的「揭諦神」。

(96) 《中吳記聞》卷三，P.21ab。

(97) 同前書，卷一，P.29。按：「山中嫗生白龍」之說，見朱長文，《吳郡圖經續記》卷中，P.20b。

(98) 居簡，〈破山瓔珞栢〉，《常熟縣破山興福寺志》卷二，P.89。又見《北礀詩集》卷五，P.300a。

(99) 朱長文「[蘇州]又[有]多重臺蓮花，花上復生一花，亦異也。」《吳郡圖經續記》卷下，P.39a。

(100) 元肇，〈破山興福寺〉，《淮海挐音》卷上，P.4a。

(101) 《吳郡志》卷三六，P.1b。

(102) 元肇，〈擬寒山吳下菴居〉，《淮海挐音》卷上，P.37b-38a。

(103) 語出東晉．王康琚，〈反招隱詩〉，《六臣注文選》卷二二，P.4a。

(104) 按：據陳郁，《藏一話腴》，宋時平江里巷傳習呼營妓之首曰：「丁魁、朱魁」；謂城之門曰：「閶闔、齊闔」。這大概是元肇用「齊關」一詞之所本。《藏一話腴》語，見其書卷下，P.16b。

105 按：平江萬壽報恩光孝寺並無佛塔之記錄，只有周廣順三年所立之兩座尊勝石幢，在寺之門外，故「浮圖一兩尖」一句，當不是指寺內之佛塔。有關萬壽報恩光孝寺之記載，見《姑蘇志》卷二九，P.8ab。宋濂，〈萬壽禪寺重構佛殿記〉，《吳中金石新編》卷六，P.9a。《宋平江城坊考》卷四，P.213-214。

106 李之亮，《宋兩江郡守易替考》，P.39。

107 《景定建康志》卷四六，P.8b-10a。

108 陸游，《渭南文集》（北京：中國出版社，《陸放翁全集》本，一九八六）卷四四，〈入蜀記〉，P.271。按：清涼廣惠寺，〈入蜀記〉作清涼廣慧寺。

109 元肇，〈石頭城〉，《淮海挐音》卷上，P.2b-3a。

110 按：「耦耕」之義，依鄭樵〈牛耕耦耕辨〉一文，應是「二人併力，以發一耜」。是古代牛耕不普及時的耕作方式，宋代牛耕已相當普及，「耦耕」已非常態，故應作一般農事解。近人對「耦耕」之義，有不同解說，尚未有定論，但應考慮到時代變遷所造成的歧義。

111 元肇，〈雨華臺〉，《淮海挐音》卷上，P.3a。

112 據傳梁武帝普通二年，詔雲光法師於內殿講法華經，天雨寶華。見《佛祖統紀》（臺北：新文豐出版公司，《大正藏》第四十九冊，一九八三）卷三七，P.305a；卷五一，P.450c。又見《釋門正統》（臺北：新文豐出版公司，《卍續藏經》第一三〇冊，一九八三）卷四，P.814a。《景定建康志》卷二二，P.37b-40b。又《景定建康志》據山謙之《丹陽記》云江南登覽之地有三，雨華臺為其一。

113 《景定建康志》卷二二，P.37b-40b。按：郭祥正之《青山集》不含此詩。

114 《景定建康志》卷二二，P.37b-40b。按：吳淵號退庵，是履齋吳潛之弟。他於淳祐九年（一二四九）二月知府事，十二年（一二五二）正月離任改知福州。見李之亮，《宋兩江郡守易替考》P.37-38。

(115) 同前書。按：王野於吳淵卸任之後，於淳祐十二年（一二五二）二月接任知府，寶祐二年（一二五四）六月回朝任禮部尚書。見《宋兩江郡守易替考》P.38。

(116) 同前書。按馬光祖三度知建康，先在寶祐三年（一二五五）八月至寶祐六年（一二五八）二月，次在開慶元年（一二五九）三月至景定二年（一二六一）十月，又在景定五年（一二六四）三月至咸淳五年（一二六九）三月。

(117) 唐彥謙，〈金陵懷古〉，《全唐詩》卷六七一，P.7675。

(118) 按：《古今圖書集成》引《三才圖會．天台山圖考》：「過寧國寺有寒、明兩巖。明巖大略如雁蕩，寒巖但差小爾。」見《古今圖書集成》第一九三冊，〈山川典〉卷一二一，〈天台山部彙考1〉，P.5-8。

(119) 按：天封是山名，也是寺名。元肇詩謂：「神指靈墟地，峰從華頂分」，可見是指台州天封山。吳江潘耒（一六四六—一七〇八）曾遊天台，嘗謂：「從天封上華頂，惟善興寺，有眾三十。」

(120) 按：雁山即是雁蕩山的總稱，在溫州樂清。

(121) 元肇，〈天姥〉，《淮海挐音》卷上，P.23b。

(122) 元肇，〈石橋〉，《淮海挐音》卷上，P.23b-24a。

(123) 《天台勝蹟錄》卷一，P.57-63。

(124) 《天台山全志》卷六，〈天台萬年報恩寺〉條，P.9a。

(125) 《寒山子詩集》，P.43a。

(126) 《天台山全志》卷六，〈寒巖寺〉條，P.12a。

(127) 元肇，〈寒巖〉，《淮海挐音》卷上，P.25b。

(128) 《天台方外志》卷一，P.111。寒山之〈寒巖〉詩，見《天台勝蹟錄》卷四，P.369。

(129) 《天台山全志》卷六，〈寒巖寺〉條，P.12a。據謂：「由明巖北五里而上」可至寒巖寺。

(130) 元肇，〈寒巖〉，《淮海挐音》卷上，P.25b。

(131) 〈寒山詩〉，見閭丘胤編《寒山子詩集》（上海：商務印書館，《四部叢刊初編》本，一九三六），P.6a。

(132) 閭丘胤，〈寒山子詩集序〉，《寒山子詩集》卷首。據閭丘胤說他「令僧道翹尋其[按：即寒山]往日行狀，唯於竹木石壁書詩，并村野人家廳壁上所書文句三百餘首，及拾得於土地堂壁上書言偈，並纂集成卷。」《天台山全志》卷七，〈寒山子〉及〈拾得〉條，P.8ab。

(133) 元肇，〈明巖〉，《淮海挐音》卷上，P.25b-26a。

(134) 《天台山全志》卷六，〈明巖寺〉條，P.11b。又，明代地理學者王士性（一五四七—一五九八）也曾說：「由桐柏入由間道龜溪，信宿翠屏，西下數十里至寒、明二巖。二巖同一山，以脊相背而倚。明巖道不容軌，兩石峙如門夾之，巖竇嵌空，飛閣重橑，半在巖間……。」見王士性，〈入天台山志〉，《天台方外志》卷二三，P.808。

(135) 《天台山全志》卷六，〈明巖寺〉條，P.12a。

(136) 按：宋人對寒山詩之感興趣，可見於王安石的〈擬寒山拾得二十首〉、蘇軾的〈擬寒山詩八首〉、黃庭堅的「前身寒山子，後身黃魯直。頗遭俗人惱，思欲入石壁。」之句及其視寒山為「此淵明之德亞也」、陸游的「擬遍寒山百首詩」之語，及朱熹向天台國清寺僧志南索其校刊刻成的寒山詩集一事。志南的刻本成於宋孝宗淳熙十六年（一一八九），正巧是元肇出生之年。

(137) 《天台山全志》卷二，〈天姥山〉、〈臥洲山〉條，P.11ab。

(138) 《赤城志》卷二一，P.18ab；《天台山全志》，卷二，〈石橋山〉條，P.5a；卷六，〈石橋寺〉條，P.8ab。

(139) 同前書，卷六，〈萬年報恩寺〉條，P.9a。

(140) 同前書，卷二，〈赤城山〉條，P.2ab。

(141) 同前註。關於曇猷，見同書卷七，〈曇猷〉條，P.1ab。

(142) 《天台山全志》卷二，〈桐柏山〉條，P.3ab；卷五，〈桐柏宮〉條，P.1ab。

(143) 同前書，卷二，〈瓊臺雙闕兩山〉條，P.4a。

(144) 曹勛，〈重修桐柏山崇道觀記〉，《松隱集》卷三一，P.13b-16b。按：此記在《天台山全志》錄為〈重修桐柏觀記〉。見《天台山全志》卷十一，P.17a。

(145) 同前註，P.17b。

(146) 《古詩十九首》，見《六臣注文選》（上海：商務印書館，《四部叢刊初編》本一九三六）卷二九，P.9a。

(147) 唐，徐靈府，《天台山記》，（臺北：新文豐出版公司，《大正藏》第五十一冊，一九八三），P.1052b。

(148) 《天台山全志》卷二，〈華頂峰〉條，P.1a。

(149) 同前書，卷六，〈天封寺〉條，P.6a。

(150) 同前書，卷七，〈曇猷〉條，P.1a。

(151) 同前書，卷八，〈劉辰阮肇〉條，P.1a-2a。按：去臥州山五里山下有採藥徑、劉阮廟，沿溪而入有阮公壇。都是與劉阮之傳說有關者。見同書卷二，P.11a。

(152) 元肇，〈天姥〉，《淮海拏音》卷上，P.23b。

(153) 元肇，〈石橋〉，《淮海拏音》卷上，P.23b-24a。

(154) 梅堯臣，〈晏成續太祝遺雙井茶五品茶具四枚近詩六十篇因以為謝〉，《宛陵先生集》卷三六，P.5a。

(155) 元肇，〈桐柏觀〉，《淮海拏音》卷上，P.24a。

(156) 元肇，〈天台山中十首〉，《淮海拏音》卷上，P.36a-37b。

(157) 元肇，〈天台山中十首〉之一，《淮海拏音》卷上，P.36a。按：第九首的「淒迷煙雨中，碧滿閑庭際。王孫歸不歸，山深易寒氣」等句，似喻指唐．王維〈山中送別〉之「明年春草綠，王孫歸不歸」而作。元肇也與若干趙姓王孫為友，可能也曾有類似的「山中送別」。譬如，他有寫給趙菊莊之詩句謂：「台山才一見，衡岳又相分」。趙菊莊之身分雖不詳，但有可能是宋王孫。見元肇，〈酬趙菊莊〉，《淮海挐音》卷上，P.24ab。

158 元肇，〈雪竇〉，《淮海挐音》卷下，P.4a。

159 見《雪竇寺志》卷二，P.71；《雪竇寺志略》P.10-11。

160 同前註。此兩句為某鑑禪師詩中的首二句，此鑑禪師或為宋僧足菴智鑑。

161 同前註。明人黃端伯有〈錦鏡池〉一詩，首兩句為「清池開一鑑，法界現重重」。見《雪竇寺志》卷九下，P.621。

162 《圓悟佛果禪師語錄》卷十三，P.773c-774a。原文涉及唐紫玉禪師與于頔之對話，直接引述，恐難達意，故酌量潤飾。

163 《叢林盛事》卷下，P.83a。

164 同前註。按：道融於《叢林盛事》所說的丞相范伯才，並無其人。故明代《緇門警訓續集》的編者如巹便將其文之作者改為「范蜀公」而標其文題曰〈范蜀公送圓悟禪師行腳〉。范蜀公是北宋名臣范鎮（一〇〇八—一〇八八），雖然是蜀人，但歷官至端明殿學士，並未拜相。且他多半時間在中央，去世之年圓悟不過二十六歲，依兩人之經歷與年歲看，范鎮不太可能會在成都認識圓悟而作此行腳文。何況范鎮對佛教一向無好感，「口不道佛老申韓之說」，應不至於為圓悟寫此篇。圓悟弟子宗達認為「最知」圓悟的文士孫覿，也未在他寫的〈圓悟禪師傳〉中提及此事。筆者懷疑道融之說若不是附會，就是道聽途說。真正作者是誰，已不可考。〈圓悟禪師傳〉，見孫覿，《鴻慶居士集》卷四二，P.18a-21b。范鎮「口不道佛老申韓之說」，見《宋史》卷三三七，P.10790。

165 見宋．鄧牧撰《洞霄圖志》提要及卷一，P.2a-4b。李心傳，《建炎以來朝野雜記甲集》（北京：中華書局點校本，二〇〇〇）卷十二，P.247。

166 同前註。

⑯⑦ 元肇，〈洞霄宮〉，《淮海挐音》卷上，P.1ab。

⑯⑧ 按：九鏁山為大滌山洞天之一部分，其勢九折，縈紆相續，曰天闕、曰藏雲、曰飛鸞、曰凌虛、曰通真、曰龍吟、曰洞微、曰雲璈、曰朝元。四時山花爛熳，清芬襲人。見《咸淳臨安志》卷二四，P.8b。又據稱「自餘杭西郭外行十有八里，逆溪水上，左右合七峰，皆拔地數百尺，其趾犬牙相錯，行路並溪屈折者九，故曰九鏁。其天闕、藏雲等等，皆為好事者所命名。見《洞霄圖志》卷二，P.2b。

⑯⑨ 蘇軾，〈書郭文語〉，《蘇軾文集》卷六六，P.2079。郭文是東晉隱者。據說洛陽陷時，他「步擔入吳興、餘杭，[於]大辟山中窮谷無人之地，倚木於樹，苫覆其上而居焉，亦無壁障。時猛獸為暴，入屋害人，而郭文獨宿十餘年，卒無患害。」見《晉書》卷九四，P.2440。按：大辟山又稱大壁山、大滌山。《四庫全書》本《晉書》作「大滌山」。《洞霄圖志》亦載其人事蹟，稱之為「靈曜郭真君」。見《洞霄圖志》卷五，P.2a。

⑰⓪ 蘇軾，〈和張子野見寄三絕句之一「過舊遊」〉。按：張子野是北宋詞人張先（九九〇—一〇七八），其寄蘇軾三絕原詩已佚。蘇軾曾說他「詩筆老妙」、「可以追配古人」，又說他「清詩絕俗，甚典而麗。」參看吳熊和等《張先編年校注》（杭州：浙江古籍出版社，一九九六），〈前言〉。

⑰① 元肇，〈徑山冬日〉，《淮海挐音》卷上，P.1a。

⑰② 《淮海挐音》詩序第五。

⑰③ 元肇，〈見梅花〉，《淮海挐音》卷下，P.28b。

⑰④ 元肇，〈探梅〉，《淮海挐音》卷下，P.28b。

⑰⑤ 元肇，〈雪〉，《淮海挐音》卷下，P.9a。

⑰⑥ 元肇，〈春雪〉，《淮海挐音》卷下，P.11ab。

⑰⑦ 元肇，〈臘雪〉，《淮海挐音》卷上，P.10b-11a。

⑱《淮海元肇禪師語錄》（臺北：新文豐出版公司，《卍續藏經》第一二一冊，一九七五），〈辭史丞相呼召〉，P.336b。

⑲ 或說元肇曾寫詩「寄諷」史彌遠的伐靈隱寺松，筆者已在本書附錄的〈「大夫去作棟梁材」之作者與史彌遠伐松辨〉一篇討論其誤。

⑳ 元肇，〈寄上制使賈端明二首〉，《淮海挐音》卷下，P.2a。

181 同前註。

182 元肇，〈海棠〉，《淮海挐音》卷下，P.29ab。

183 見惠洪，《冷齋夜話》（鄭州：大象出版社，《全宋筆記》本，第二編第九冊，二〇〇六）卷一，P.20。按：據惠洪說，此故事出自《太真外傳》，但今本《楊太真外傳》為北宋史家樂史（九三〇—一〇〇七）所寫，並無相關記錄，疑惠洪誤記或所說之《太真外傳》另有其書。

184 除惠洪之外，宋人記此事者甚多，雖說本《太真外傳》，但文字與《冷齋夜話》雷同，似多抄自《冷齋夜話》。譬如，彭乘，《墨客揮犀》卷四，P.321。蔡正孫，《詩林廣記》後集卷三，P.25ab。胡仔，《苕溪漁隱叢話》（臺北：長安出版社，一九七八）前集卷三八，P.256。潘自牧，《紀纂淵海》卷九三，P.30a。宋．葉廷珪，《海錄碎事》（北京：中華書局點校本，二〇〇二）卷十下，P.537。祝穆，《新編古今事文類聚》後集卷三一，P.18a。不過，亦有文字略異，而據說是本《楊妃外傳》者。譬如，王楙，《野客叢書》（上海：上海古籍出版社點校本，一九九一）卷二四，P.344-345。曾慥，《類說》卷四八，P.4ab；卷五五，P.25a。胡穉，《箋注簡齋詩集》（上海：商務印書館，《四部叢刊初編》本，一九三六）卷十三，P.6ab。又有本《明皇雜錄》者。如施元之，《施注蘇詩》卷十八，P.11a。另外，比惠洪更早傳此故事者，似為趙彥材（次公），因王十朋注東坡詩句「林深霧暗曉光遲，日暖風輕春睡足」，就說：「次公楊妃傳，妃方醉而起，帝曰：『乃海棠睡未足。』」王十朋，《東坡詩集注》卷二五，P.21a。

185 王昌齡，〈長信怨〉，《全唐詩》（北京：中華書局二十五冊本，第一冊，一九八五）卷二十，P.260；白居易，〈長恨歌〉，《白氏長慶集》（臺北：臺灣商務印書館，影印文淵閣《四庫全書》本，一九八三—一九八六）卷十二，P.14a。

186 杜甫，〈哀江頭〉，《杜詩詳注》（臺北：里仁書局，一九八〇）卷四，P.329。

187 元肇，〈移竹〉，《淮海挐音》卷上，P.5b-6a。

188 元肇，〈竹院〉，《淮海挐音》卷上，P.8b。

189 元肇，〈竹鄰〉，《淮海挐音》卷上，P.6ab。

190 元肇，〈金魚〉，《淮海挐音》卷上，P.5b。

191 這是用「眾口鑠金」之典來說明此金魚之「金」非彼「黃金」之金。

192 按：唐宋以來，朝官有佩紫金魚袋之例，都是仿金魚所製，繫在腰間，故說「懸腰」。

193 黃庭堅有詩句云：「聞君寺後野梅發，香蜜染成宮樣黃」，形容蠟梅之色彩。見黃庭堅，〈從張仲謀乞蠟梅〉，《山谷詩集注》（北京：中華書局點校本，二〇〇三）卷五，P.124。

194 元肇，〈蝶〉，《淮海挐音》卷上，P.6b。

195 按：據說滕王善畫，曾作《蛺蝶圖》，但歐陽修不以為然。依蔡絛《西清詩話》，歐陽修於《歸田錄》曾說：「王建《宮詞》，多言唐宮中事。群書缺記者，往往見其詩。如：『內中數日無呼喚，傳得滕王《蛺蝶圖》。』滕王元嬰，高祖子，史不著所能，獨《名畫記》言善畫，亦不云工蛺蝶，所書止此。」蔡絛對歐陽修之說，頗不以為然，認為：「殊不知《名畫記》自紀嗣滕王湛然善花鳥蜂蝶。又段成式著《酉陽雜俎》亦云：『嘗見滕王蝶圖，有名江夏班、大海眼、小海眼、菜花子。』此蓋湛然，非元嬰也。孰謂張彥遠不載耶？」見《苕溪漁隱叢話》（臺北：長安出版社，一九七八）卷二二，P.149，引《西清詩話》。茲考蔡絛《西清詩話》（臺北：廣文書局，一九七三），確有引《歸田錄》語，然蔡絛之引文，不見於今本歐陽修《歸田錄》（北京：中華書局點校本，一九七五），不知是蔡絛誤引或今本《歸田錄》非其全璧？又蔡絛亦言王建詩「皆摭實，非鑿空語也。」見同書。高似孫亦深信王建之說，而謂：「《滕王蛺蝶圖》，王建《宮詞》『內中數日無呼喚，寫得滕王蛺蝶圖。』《酉陽雜俎》曰：『滕王畫蝶圖有數名，江夏班、大海眼、小海眼、村裏來、菜花子。』唐〈藝文志〉有《滕王蛺蝶圖》二卷。滕王名元嬰，高祖子。又有嗣滕王湛然，畫蜂蟬燕雀，能巧之外，曲盡情理。」見宋．高似孫《緯略》（臺北：臺灣商務印書館，影印文淵閣《四庫全書》本，一九八三—一九八六）卷十，P.6b-7a。

196 元肇，〈泊然〉，《淮海挐音》卷上，P.27b。

197 元肇，〈閒居〉，《淮海挐音》卷上，P.9b。

198 按：「滄浪客」及「歌濯纓」二語，應是出自《孟子》〈離婁上〉第八章的一段：「有孺子歌曰：『滄浪之水清兮，可以濯我纓；滄浪之水濁兮，可以濯我足。』孔子曰：『小子聽之，清斯濯纓，濁斯濯足矣，自取之也。』」見《孟子》（臺北：世界書局，《四書集注》本，一九六〇），P.101。

199 元肇，〈山居〉，《淮海挐音》卷上，P.9ab。

200 元肇，〈山居四首〉，《淮海挐音》卷下，P.31ab。

201 按：衡陽有回雁峰，因以「雁城」名。自唐以來，衡陽與雁之關係，屢入詩文。王勃〈滕王閣序〉有「雁陣驚寒，聲斷衡陽之浦」之句。杜甫的〈歸雁二首〉有「萬里衡陽雁，今年又北歸」之句。王安石的〈送劉貢甫謫官衡陽〉有「萬里衡陽雁，尋常到此回」之句。分別見《杜詩詳注》（臺北：里仁書局，一九八〇）卷二三，P.2059；《王子安集》（臺北：臺灣商務印書館，影印文淵閣《四庫全書》本，一九八三—一九八六）卷五，P.2a；《臨川集》（臺北：臺灣商務印書館，影印文淵閣《四庫全書》本，一九八三—一九八六）卷三六，P.5ab。

四、交遊多儒冠

元肇不但走出寺院，與草木自然為伍，也邁出「方外」而與「方內」官宦文士相交。從《淮海挐音》、《淮海外集》及《淮海禪師語錄》可以看出他所交的官宦和文士相當多，約有七十餘位。其中，較為知名者和經常與他唱和者有葉適（一一五〇—一二二三）、吳子良（一一九八—一二五七）、尹煥（一二一七進士）、周弼（一一九四—？）、趙汝回（一一八九—？）、馮去非（一一九二—？）、韓淲（一一五九—一二二四）、方萬里（一二一一進士）、上官渙酉（一二〇八進士）、陳郁、杜汝能、湯仲友、陳均、施清臣、印應雷（一二三八進士）及印應飛（一二四五進士）兄弟、陸應龍及陸應鳳兄妹、洪咨夔（一一七六—一二三六）、高之問、杜庶（一二一一—一二六一）等人，元肇分別以葉水心、荊溪吳大監、尹梅津、周伯弜、趙東閣、馮深居、韓宰、方蕙巖、上官右史、陳藏一、杜北山、湯西樓、陳平甫、施東洲、印寶章、印學正、陸氏、洪提舉、高鼓院、及杜守等稱之。其他較不知名者，以王郎中與元肇交情最厚。以下分別討論他與諸人之論交情況。

（一）葉適及吳子良

上文說元肇自承其詩一經葉適品題，便享「四海聲名」。其實，他與葉適之交往甚深，不僅僅是此種因緣而已。元肇初訪葉適時，年歲尚輕，但頗受葉適之優獎，故終其一生，尊葉適為師。

他的法友藏叟善珍曾說：「淮海少年時嘗贄詩謁水心先生，先生和其詩，由是叢林雖不識者，亦稱肇淮海。」①顯然葉適待元肇，不像嚴厲反佛的永嘉功利主義的學者。而元肇熱衷於作詩，至於「每得句便對余朗誦，以首觸余懷，涎沫噴余面，不顧也，然其中恢踈無他腸。」②善珍對元肇的性格與興趣之描述，證明元肇沈迷於詩作，而毋固毋我，不失為心胸寬大之人。葉適對他賞識之餘，又和其詩作，對他自是很大的鼓勵。故元肇對葉適敬愛有加，以能賦詩執贄於其門牆為榮。他曾說：「文暢南遊，必請縉紳先生永歌其志，故韓、柳喜序其行。某來淮，才非暢比；侍郎，今韓、柳也。援為近體，贄門墻，予之潔幸也。」③在〈水心先生三首〉之序文裏，他如是說，稱葉適為今之韓、柳，而自謙稱才非浮屠文暢所能及，卻有幸能列於其門牆。序中所說的「近體」，即是以下三首七言律詩：

> 文字滔滔江漢東，早從伊洛定宗風。
> 中興之後數人物，北斗以南唯此公。
> 聞道治平猶草奏，向來持論不和戎。
> 匪伊再入脩門去，只有孤忠與昔同。
>
> 華髮蕭騷減帶圍，可勝憂國更傷時。
> 樂天名位微堪酒，靈運池塘不廢詩。
> 架上牙籤燒燭短，窗間花影轉春遲。
> 天教惜取如椽筆，要勒磨崖大字碑。

十年缾鉢走天涯，四海聲名一永嘉。
不趁新霜嘗橘柚，了無歸夢到蒹葭。
江頭來往春強半，門外推敲日又斜。
換骨奪胎如得妙，願從勾漏問丹砂。④

這三首詩對葉適的道德文章、忠貞憂國之心，描寫得相當深刻，若不是行走於葉適之門，孰能臻此？有趣的是葉適是永嘉功利主義學派的先鋒，他既反對理學家的心性之學，也力斥「浮屠之妄」，對會通儒釋之說者更不以為然。⑤但對元肇卻毫無排斥之意，反而虛心接納，一方面表現他對事不對人之態度，一方面必是真正欣賞元肇的詩才之故。元肇感激葉適之惜才，所以獻上三首近體詩，表達其崇敬之意。近體詩是水心之所長，其弟子吳子良（一一九七—一二五六）曾舉例論之，並總結說：「水心詩蚤已精嚴，晚尤高遠。古調好為七言八句，語不多，而味甚長。其間與少陵爭衡者非一，而義理尤過之。難以全篇槩舉，姑舉其近體成聯者。『花傳春色枝枝到，雨遞秋聲點點分。』此分量不同，周匝無際也。『江當闊處水新漲，春到極頭花倍添。』此地位已到，功力倍進也……」⑥可見元肇以近體七言八句三首獻給葉適，用意至深。第一首詩的首聯與頷聯稱水心之文「滔滔江漢東」，又是南宋人物中的「斗南一人」，可謂景仰之至。但說他「早從伊洛定宗風」則有些失當，因為葉適之學，非宗二程，而斷斷於朱、陸二派之間，與之鼎足，故明儒黃宗羲有「異識超曠，不假梯級」之讚。⑦頸聯描述葉適上奏摺之意，其實都不主張「和戎」。點出了葉適雖主張對金用兵，但有「備成而後動，守定而後戰，以修實政」之見識。⑧他雖因韓侂胄之死而被劾「附會侂胄起兵端」而奪職去官，奉祠十三年而卒，但其忠於國家，主張恢復之心是不變的。故元肇詩尾聯之意即是說：先生雖奉祠罷官，不再進入都城，但是他的孤臣孽子之忠心是與過去相同的。這種見地，真可謂是葉適之忘年知己。

第二首的首聯描述他見到水心的時候，水心已經白髮稀疏，且帶圍減尺，證明他為國事之蜩螗及時局之不利而憂心感傷。頷聯指出他雖然像白居易一樣官高位尊，⑨但視名位不過只堪飲一杯酒。先生喜好的是像謝靈運一樣，寤寐之間仍不廢詩，而能得「池塘生春草」之句。⑩頸聯的第一句的「架上牙籤」指的是先生所藏的書畫。唐・韓愈有詩句曰：「鄴侯家多書，插架三萬軸。一一懸牙籤，新若手未觸。」⑪應該是「架上牙籤」之所本。至於「燒燭短」一語，當出杜甫「檢書燒燭短，看劍引杯長」之句，⑫用的是杜甫夜間燒燭翻書之意。第二句的「窗間花影」似出宋詩人王齊叟（生卒年不詳）句：「……慚愧也，滿懷香擁，此際有誰知證？但樓前月，窗間花影。」⑬而「轉春遲」則本唐詩人李頻（八一八—八七六）的「落日風沙長暝早，窮冬雨雪轉春遲」一聯，⑭可謂無一語無來歷。整聯合尾聯的大意應是：在冬日之夜，先生翻閱著架上的藏書，直至蠟燭都快燒盡了。在燭光中，只看見窗間花影搖曳，才體會到春天已經遲到了。上天要先生珍惜他的如椽之筆，好讓他在磨崖上刻寫大字之碑文啊！

第三首詩與前二首描繪葉適的詩不同，是寫自己與葉適間之微妙關係。首聯先說他十年持缽走天涯的遊方學道，有幸因永嘉葉適先生之賞識而享有四海聲名。⑮頷聯將嘗橘柚與夢蒹葭併入句中，令人想起唐・李頎（六九〇—七五一）的「夢裏蒹葭渚，天邊橘柚林」之句。⑯而葉適亦有詩句云：「林黃橘柚重，渚白蒹葭輕。褰裳念數往，歲晏霜雪零。」⑰顯示他的住處種有橘柚，而鄰近有蒹葭。可見元肇之句應是說：新霜時節已到，應該趁機嘗橘柚了，否則是無法夢歸於蒹葭渚岸永嘉先生的住處了。頸聯跟尾聯大致說他在長江頭來往已過半個春天，每日作詩，如賈島之推敲苦吟，總是至日落西山而未能成句。不禁歎道若果真有「奪胎換骨」之妙方，他也願隨抱朴子葛洪到交趾的勾漏山去煉丹成仙以求之。⑱「奪胎換骨」本道教修道煉丹成仙之語。煉丹如成，可吃丹藥蛻化成仙；脫去凡骨，而得仙骨。北宋詩僧惠洪說黃庭堅（一〇四五—一一〇五）論詩有「奪胎換骨」之法，後世論詩者多好引其說，甚至誤黃庭堅論文之所謂「靈丹一粒，點鐵成金」之妙，亦為「奪胎換骨」法之效。⑲對元肇來說，這種「奪胎換骨」之妙，除非煉丹成仙，不可能得之。所以在詩句中以自己詩才之陋來襯托葉適詩境之高，對這位欣賞他「剪裁煙雲字字工」的先生長者，元肇一方面自慚鄙陋，一方面瞻之仰之，其敬慕之心是不言而可喻的。

雖然在葉適面前自慚譾陋，元肇之詩興並不因此而減，反而更激起他努力爭勝，步武前修之心。所以見葉適之詩，他也會奮筆而書，依韻成篇。〈次水心先生鴈山韻〉，即是其例：

方壺圓嶠神僊經，遠不可到虛其名。
東嘉自古山水郡，往往俗駕回山靈。
了知天地不終惜，雁蕩殿出集大成。
輞川無人王宰死，五日十日徒勞形。
有生莫厭行犖确，四十九折重盤縈。
珠璣亂撒龍闞富，樓殿巧著僧爭清。

巔崖咫尺分陰晴，幽靈噫欠生雷霆。
新詩彈壓得二妙，厖眉雪頂交懽迎。
煮茶夜坐發深省，古澗旋汲銅花青。
老子於此興不淺，落紅千點春無情。⑳

這首詩筆者認為是次韻葉適所作的〈虎長老修雙峰〉一詩。因為比較此詩與元肇之詩，用韻完全相同。葉適詩如下：

九州大麓標山經，早與天地同垂名。
雁蕩初傳晚唐世，掩抑眾嶽夸神靈。
豈非龍伯所播遷，海水枯竭久乃成。
窮搜石怪呈萬巧，宛取物似羅千形。
陰湫陽嶺何恍惚，紫光碧燄長磨縈。
夜隨王喬玉簫發，曉答矩那金磬清。
聞者未到意已傾，往往夢想驅風霆。
西僧猶嫌憩寂寞，便房曲檻頻招迎。
強扶墜閣接雲漢，卻補壞壁回丹青。
來車去馬謾孔總，亭主自住誰為情？㉑

葉適詩題所指的「虎長老」，身分不明，但既然說他「修雙峰」，則必為雙峰寺之長老或住持。此雙峰寺在雁蕩山東、西二谷的東外谷。據說是宋祥符元年（一〇〇八）僧法遠所建。後有禪僧善持誦，每誦經於峰下。有老人侍聽，忽不見，世傳以為寒坑神龍來聽法也。㉒葉適的詩，雖然是以虎長老「修雙峰」為題，但多描述傳說中雁蕩之形成及山中怪石之奇景，故元肇次韻，遂逕指其詩為「鴈山韻」。葉適在其詩的最後六句才對修寺的情況略作描述，但是他似乎對虎長老之修雙峰不以為然。因為他覺得雙峰的闃靜，就是最吸引人之處。聞王喬的玉簫聲發，就知黑夜隨之到來；諾矩那（Nakula）之金磬清音一響，破曉也應聲而至。㉓聞者未到山上，已經大為傾心，往往會夢想如暴風雨能驟驅其處。但諾矩那嫌在寺中休憩太寂寞，屢建便房曲檻；虎長老又擔心搖搖欲墜的樓閣而加以修葺，強力扶之，欲使它直上雲霄。並將丹青剝落的壁畫重新補修。新修之雙峰由是吸引太多遊客，車馬往來，倥偬事多，㉔而亭中的主人虎長老又為什麼獨自居住於此呢？葉適對新修的雙峰因遊客之喧嘩，頗覺不值。元肇次韻葉適之詩，則多描述樓殿之聳立，怪石之嶙峋。還慨歎王維死後無人能畫其景色，使得任何「十日畫一水，五日畫一石」的努力都成了徒勞。㉕而其詩末六句，都是在稱讚葉適之詩，說他的詩能狀寫物情窮形極相，與他的銀鉤鐵畫之書法，實是二妙相輝，㉖故虎長老寺中之厖眉老宿都紛紛出來歡迎。他們在煮茶夜坐時，回顧葉適詩中所說，當會覺得發人深省。

元肇既獻詩葉適，蒙其獎賞，又次韻其詩，意欲與之唱和，不僅視葉適為師，而且也自認是水心之知己。故葉適死後，元肇特撰挽詩二首云：

歸自金陵後，情疏狎隱淪。

身緣憂國瘦，家為著書貧。
江海星沈夜，池塘草不春。
門生天下是，椽筆付何人？

孤嶼秋風寺，三過夫子家；
古心堅鐵石，軟語帶煙霞。
別嶺栖雙徑，逢人問永嘉；
重看送行句，殞淚墨攲斜。㉗

第一首詩的首聯「歸自金陵後」等語，是指葉適自金陵罷官後，遂遭奪職，奉祠十三年。這期間，他宦情疏淡，遁世而居，如同隱士。元肇必然讀過葉適詩的「少年壯志思絕塵，只今作計常後人；明堂巨棟吾何有？護竹養花甘隱淪」數句，對其印象深刻，㉘故有此句。所以接著說：先生雖然隱居，但他還是為了憂國而身瘦，為了著書而家貧。現在國家失去了先生這等人，如同星沈於江海之夜，又如池塘邊草不逢春了。先生的門生遍布天下，但誰能讓先生託付他的如椽之筆呢？言下大有斯人云逝，奈蒼生何的感慨。

第二首詩起句的「孤嶼」，當指是溫州江心寺。因為該寺位於溫州北部甌江的小島江心嶼上，故稱「孤嶼」。元肇年輕時就曾遊歷台、雁，必定曾掛褡江心，故周弼在為元肇詩集所寫的序上說：「葉龍泉首欲挽回唐詩之脈，淮海適遊江心，遂承奬借。」㉙其詩之意應是：我掛褡於秋風中的溫州江心寺時，曾三度拜訪先生，並深深領會他對古道之堅持。與先生言談之時，只覺得他言語之間如同煙霞在山，春生草木，有出塵和藹之氣。後來我離開江心，移住徑山，常逢人便問先生之情況，想不到暌違不久，斯人已然作古。如今重讀先生為我送行之詩句，不禁淚沾紙墨，字都變形而歪斜不正了。此詩雖僅簡單數語，但充滿真情，感人至深。葉適在嘉定十六年癸未（一二二三）去世，當時元肇才三十五歲，應在杭州徑山浙翁如琰門下掌記事。浙翁如琰門庭若市，來參學者，四方輻輳，故元肇才會逢人便問葉適的情況。為了葉適之死，他還寫了一首詩〈寄吳荊溪大監〉給葉適的弟子荊溪吳子良。詩云：

水心銘未立，屬望在荊溪。
一字如山重，何人落筆題？
昌黎懸斗柄，皇甫接天梯。
草木無情者，垂垂露泣低。㉚

此詩很顯然是請吳子良為葉適寫墓誌銘，因為吳子良是葉適的門生，從葉適習文，得其正傳。他的好友劉克莊曾以「水心文印雖傳嫡，青出於藍自一家」之句稱他。㉛元肇詩之首二聯，正反映他對吳子良認識之深。由於此一認識，詩中將他比成韓愈門下皇甫湜（七七一—八三五）。皇甫湜頗受韓昌黎之愛重，朱熹就曾說：「韓文公似只重皇甫湜，以墓誌付之。李翺只令作行狀。」㉜所謂「以墓誌付之」，就是韓愈託付皇甫湜為他寫墓誌銘。據史載，長慶四年（八二六）八月，昌黎以疾免吏部侍郎時，曾書諭皇甫湜為他死後作墓誌銘，其書曰：「死能令我躬所以不隨世磨滅者，惟子，以為囑。」㉝而皇甫湜也不負文公所託，很認真地寫完〈韓文公墓誌銘〉，論者以為是其所作文章中之最出色者。㉞元肇將水心比做韓昌黎，吳子良比做皇甫湜，自然是強調水心墓誌銘之作，非吳子良莫屬。因為唯有他所作之文，才會使無情的草木也會低垂落淚啊！

元肇稱吳子良為荊溪大監，因為吳自號荊溪，官至太府少卿，又曾任國子學錄，故稱大監。㉟他視吳子良為撰寫水心墓誌銘的當然人選，部分也是因為他與吳子良有特殊的交情之故。他的〈吳荊溪大監〉一詩，可以見兩人之相得。詩曰：

> 遙辭下石橋，南岳阻招邀。
> 五載未相見，三除不入朝。
> 玉樓催作記，瓊闕伴吹簫。
> 嘆世無知己，文章竟寂寥。㊱

此詩是元肇懷念吳子良之作，首兩聯之背景應是他與吳子良在天台石橋辭別之後，吳子良入湖南任轉運使，邀元肇入湘，因路途遙遠，故元肇有「南岳阻招邀」之說。吳子良於景定三年（一二六三）入湘任湖南轉運使，㊲其時元肇正在四明育王，這時他們已五年未相見，可見五年前之晤面，正是元肇入溫州江心寺之時（一二五九）。大觀的元肇行狀說他之入台州萬年（一二四六），就是吳子良任兩浙轉運判官時所招，所謂「翁漕荊溪吳大監子良以天台萬年招」也。㊳所以元肇認識吳子良的時間相當早，與吳子良之交情甚深，才會有偕遊天台之舉。吳子良生平事迹記載甚缺，元肇此詩則告訴我們他有三次除朝官而不入朝之記錄，可能都發生在兩人睽違的五年之間。元肇曾至他府上催請他寫記銘之類的文字，沒想到竟陪伴他在其瓊樓上吹簫。斯情斯景，令元肇也不禁為他感歎世間之無知己，讓這位眼中文章出眾的水心弟子竟是如此寂寥而落寞。

（二）尹煥

尹煥是元肇詩集裏的尹梅津。他字惟曉，江陰人，嘉定十年（一二一七）吳潛榜進士。他是南宋名詞人，號梅津山人，有《梅津集》傳世。㊴他於嘉熙四年（一二四〇）知江陰軍，淳祐元年（一二四一）七月離任。後於淳祐六年（一二四六）繼吳子良接任兩浙轉運判官，在任兩年，除左司郎官（一說右司）。㊵而元肇在天台萬年住了六年的時間，有兩年時間是在尹煥的轄內任事，似乎兩人因此而認識。不過，揆諸元肇寫給尹煥之詩，兩人先前已有來往。其詩之一題曰〈寄尹教授〉，另一題為〈寄江陰使君尹梅津〉。前詩當作於端平三年（一二三六）尹煥中進士二十年之後，故詩云：「雁塔題名二十年，青衫手板坐無氈。時清朝野諸公薦，句好江湖萬口傳。杜宇不啼淮樹冷，宮鶯未老上林煙。麟臺鳳閣思靈徹，只在山邊與水邊。」㊶後者作於嘉熙四年（一二四〇）尹煥知江陰軍之年，故云：「清簡何曾五馬榮，時艱念慮在生靈。江如謝朓詩中靜，山似岳陽樓上青。戢戢魚頭曝冬日，翩翩鴉字出宸庭。三吳父老遙相祝，幾向天邊望福星。」㊷前詩大致是說：您尹先生中進士有二十年之久了，仍然是青衫手板的卑微小官。㊸不過時逢清明之治，朝野諸公當會推薦你的，就像你的詩多好句，會萬口流傳一樣。在我看來，宮廷裏沒有您這個杜宇之啼叫，那淮樹必然冷落；您這位未老的宮鶯才能襯托上林的煙霞啊！倘若有一天您奉詔入麟臺鳳閣而想起我這個靈徹（七四六—八一六）的話，記得我只會在山邊與水邊啊！㊹後詩應是描寫他對尹煥知江陰軍之期待，大意是說他為官清簡，不會有「皂蓋朱幡五馬榮」的排場，而且處在艱難之時，他的念慮總在百姓身上。江陰的山川靜謐、青翠，但百姓如張口密集的魚一般，萬頭鑽動，曝晒在冬日的陽光之下，等著朝廷頒布辭采華美的詔書。三吳的父老們正在遙遙的祝願，幾度向天邊望著福星之到來。

（三）周弼

周弼即是元肇詩集中的周伯弜，伯弜是他的字。周弼是汶陽人（今山東泰安市西南），與其父周文璞（字晉仙）都是江湖派詩人，也都是詩僧永頤的好友。㊺周弼「自幼博聞強記，有俊聲，嘉定間登進士，曾任江夏令，歷官吳楚江漢間垂四十年，名譽騰著，有《端平集》二十卷。㊻其同庚里友江湖派詩人李龏（一一九四—？）說他十七、八歲時即博聞強記。後四十年間，宦遊吳楚江漢，「名振江湖，人皆爭先求市[其詩文？]。」又說他「生平心不下人」。㊼另一江湖派詩人及友人朱繼芳（一二三二年進士）有挽周弼詞云：「醉語驚天地，狂歌哭鬼神」，頗見其性格之突出，而識者也都以為其氣宇不凡。㊽周弼曾編有《三體唐詩》一書，以「四實、四虛」之說論唐人家法。宋詩評家范晞文（宋理宗時人）論唐詩，頗用其說，還謂：「是編一出，不為無補後學。有識高見卓，不為時習薰染者，往往於此解悟。間有過於實而句未飛健者，得以起或者窒塞之譏。」㊾清．江邨高士奇（一六四五—一七〇四）亦說：「汶陽周伯弜取唐人律詩及七言斷句若干首，類集成編，名《唐三體詩》，以七絕、五、七律為三體，自標選例，有虛接、實接諸格。其持論未必盡合于作者之意，然別裁規制，究切聲病，辨輕重于毫釐，較清濁于呼噏，法不可謂不備矣。」㊿可見他長於鑑賞古、近體詩，在南宋末詩壇，名聲頗著。他也與南宋許多詩僧之來往，包括北磵居簡、覺新、妙通、仲寶、惟德、曇芳、文禮、鶴林智福、及元肇等人，受叢林之愛戴，可見一斑。元肇與他交情甚深，與他屢有唱和，視他為難得的知音，故也請他為其詩集寫序。《淮海挐音》中收有元肇致周弼詩三首。〈周伯弜詩送僧至吳〉一首云：

周友別多時，湖山翠染衣。
宦情如紙薄，詩句逐雲飛。
「一片孤鴻影，三高釣雪磯。」㊿
只消傳此意，知我似君稀。㊿

此詩題中「送僧」之僧，應就是元肇自己，所以是為和周弼送他至吳中而作。詩之大意是：雖然我與老友周伯弜相別多時，但是我的衣服上還沾染著先生居處的湖山翠綠之色呢。先生的仕宦之情像張薄紙一樣，但他的詩句就像飛鳥一樣逐雲而高飛啊！他詩句中說我孑然一身，像一片縹緲的孤鴻影，又像吳江釣雪灘上「三高祠」的主人一樣。㊿只消傳達這個意思，就可證明知我如周伯弜者，實在是少之又少啊！其視周弼為知己的心情，實不難體會。

元肇的〈送周伯弜帳管〉應該是記他在平江送別周弼的心情，這時周弼已經任過江夏令與江西漕幕，所以詩題下有小字注云：「君嘗為江夏令，江西漕幕。」「江西漕幕」是江南西路轉運司屬官，主管文字、帳司，幹辦公事等，或稱帳司、帳幹、運勾，㊿「帳管」應屬類似職務。江南西路轉運司治南昌，㊿有名的滕王閣就在該地。元肇詩云：

不見山楹喜見君，才名端不愧芳塵。
青雲自古遲佳士，白髮如今尚選人。
鸚鵡洲邊文寂寞，滕王閣上句清新。㊻
相逢無語又相別，紅葉殘陽野水濱。㊼

此詩大意應是：我沒見先生的山房，但是很高興能與先生相見。先生的才名真的是實至名歸，不愧大家送您的美好聲譽。但是自古以來，像先生這樣的佳士，總是遲遲才能攀登上青雲之路的，所以如今您已經滿頭白髮，還在待選升官入朝呢！當先生在江夏令任內時，寂寞地在黃鶴樓鸚鵡洲寫您的文章，後來在南昌滕王閣上，又寫出清新脫俗的詩句。我們雖幸有緣相逢，但沒說幾句話又相別了，剩下的只是野水邊上夕陽遠照的紅葉啊！

元肇既佩服周弼，又引以為知己，故對他甚是關懷。他的〈周伯弜明府〉，對周弼之早死，深致惋惜及遺憾之意。詩云：

昨過揚州日，知君病已侵。
殊非折腰具，竟作斷絃吟。
遠信逢秋笛，驚哀徹樹禽；
有才無命者，從古至于今。㊽

此詩當係聞周弼病死後所寫，大意是說：我昨日過揚州時，聽聞先生您已經為二豎所侵的消息。其實先生本非為五斗米折腰之輩，卻屈就於一小小之「明府」（按：即縣令），我正在為先生感到不值，不想竟聽到先生的「斷絃吟」了。59在秋天的笛聲中接到遠處寄來先生的訃聞，我的驚惶和哀慟也感染了樹上的禽鳥。古往今來「有才無命」之人不少，先生真是其中的典型啊！此詩哀傷之至，顯示他痛失知音周弼的心情。

周弼是幾位讀過元肇詩稿的文士，對元肇之詩自然熟悉，兩人之間有唱和應該是意料中事。在他死前，曾為元肇的詩集的初稿作序。序中還說：

> 九僧當唐律未變之時，與逍遙、仲先輩並駕而馳，及選而成集者，又楊次公也。故能為皇宋三百年詩僧之冠。葉龍泉首欲挽回唐詩之脈，淮海適遊江心，遂承獎借。既與四靈接逐繼踵，而詩成巨編，為居簡、東閣愛賞者，居其太半，較之九僧，彼此一時，曾何多遜？攷其為詩，發興高遠者，皆自天資流出，不拘束於對偶聲病。當其得意，掀衣頓足，指畫誦說，自成一家風韻；況自崇以詩名首于九僧，淮僧之中今有肇焉，尤非他人之所能及也。十年與弼三會吳門，屢云：「待子數語」。然及板行，弼自揆衰蕪，故少遲焉！60

此序寫於淳祐十二年壬子（一二五二），周弼年五十九之時。周弼一向體弱多病，他說「自揆衰蕪」，即是表示自己揣度身體太差，而無法提筆寫序。所以雖與元肇「三會吳門」，仍遲遲無法應元肇之請為他的詩稿題寫數語。但他終究還是強力為之，寫成此序。他是《三體唐詩》的作者，對唐人詩法頗有研究，評詩也能切中要害，故四庫館臣說其書之作，「蓋以救江湖末流油腔滑調之弊」。61其詩序中對元肇之讚賞，應該不是虛應故事之語。他認為元肇詩不受四聲八病之束縛，而隨性任情，自成一家風韻，與九僧各擅勝場，毫不遜色。他還提及名儒葉適及名詩人趙汝回之愛其詩，以壯己說。序文中所說的逍遙是潘閬（?——一〇〇九），仲先是魏野（九六〇——一〇一九），都是宋初效晚唐體為詩的名詩人。「崇」則指宋初工詩畫而名列九僧之首的詩僧惠崇（約九六五——一〇一七）。因據說惠崇是淮南人（或說建陽人），故周弼以元肇為繼其後者。葉龍泉即是前述龍泉葉適，因原籍處州龍泉，因以龍泉自號，並以此署名於其所作文章之後。東閣即是下文的趙東閣汝回。周弼對元肇推獎備至，至於說：「自崇以詩名首于九僧，淮僧之中今有肇焉，尤非他人之所能及也。」這種評價，應該是與元肇以詩相交而相知的結果。

（四）趙汝回

趙汝回即是《淮海挐音》裏的趙東閣。他是太宗八世孫，嘉定七年（一二一四）進士。他字幾道，居永嘉。詩才高邁，自成一家，有《東閣吟稿》傳世。元肇與趙汝回之交往，可見趙汝回為其《淮海挐音》所作之序，其中有云：「予之同庚友曰淮海師，其未遊永嘉時，人固知有淮肇，及見水心，詩聲大振。」⑥²可見趙汝回與元肇為「同庚友」，對元肇頗有認識。趙汝回又說：

> 夫山林枯槁之士，吟風弄月，本非求名，一遇名公稱賞，雖逃名，名隨之矣！或曰：島詩苦、肇詩俊，詩異名同，何故？予曰：作詩者非俊何以知苦之工？惟知道不知道！故人品不能不異，而詞章之夷險、趣味之精麄，有出於文字筆墨之外者。島不解空，逃墨而簪履矣。今淮海師據方廣道場，座下聽法者日數十百人，八窗玲瓏，見道透徹。橫說豎說，無非至道；長吟短吟，無非是

警語。不食煙火人，尚復琢肝雕腎耶？[63]

趙汝回認為元肇身為浮圖，不僅「知道」，而且「見道透徹」，不像賈島不解佛法之「空」義，去浮圖服而著衣冠入仕途。元肇之詩優於賈島，實因人品在其上之故。而不管是「橫說豎說」或「長吟短吟」，都是自然成篇，不事雕琢而能致之。趙汝回強調說「不食煙火人，尚復琢肝雕腎耶？」一面認為元肇身為出世之禪師，本不必如賈島一樣苦吟。而元肇固為「不食煙火」之人，但他的詩卻不是「琢肝雕腎」，苦吟而成。其實，元肇雖有「不食煙火」的遺世之志，但他並未一為浮圖，便一世寄身浮圖，而捨去朝市，隱遁山林；忘卻人情，遺世獨立。人間煙火，他雖欲捨，但卻是無法捨棄的。這是元肇禪師生活的內在弔詭，也是南宋文學僧生活的內在弔詭。

趙汝回不但是元肇的「同庚友」，而且是年、月、日、時四柱皆同，這使雙方關係，更深了一層，也給雙方製造了些唱和的話題。譬如，元肇寫給趙汝回的詩中，有兩首都是藉此發揮。其〈寄趙東閣〉云：

與君生己酉，年月日時中；
除卻吟相似，其它事不同。
夢寒春草綠，天闊暮江空。
見面知何處，東華踏軟紅。[64]

詩之前半是說兩人雖四柱相同，但除了都好吟唱之外，其它皆異。後半則說：我在寒天的夢裏見到了春草的綠意，但醒來之後，只見海天遼闊的暮色中，江上空無一物。下次見面，會在哪兒呢？也許就在東華門外的「軟紅香土」踏青吧。⑥⑤

另一首〈趙東閣奏院〉云：

東閣王孫貴，才名似謫仙；
可憐頒郡下，不及蓋棺前。
家乏千金計，詩應萬古傳；
生來同四柱，豈料哭君先！⑥⑥

趙汝回是太宗八世孫，貴為王孫，故元肇詩之首句有「王孫貴」之說。餘詩稱讚趙汝回有謫仙之才名，其詩也應流傳萬古。同時也惋惜他雖貴為王孫，但家境困窮，仕宦不達，方獲詔命領郡，卻已身亡蓋棺。最後歎兩人雖四柱皆同，但趙汝回卻先他作古，讓他痛哭不已。

趙汝回雖與元肇一儒一釋，「除卻吟相似，其它事不同」，但他品評元肇之詩，談其造詣，卻從他身為禪僧的修養及立場上去說，對元肇「托物言理」、「識體養性」之詩格，應是有相當認識的。他說元肇「吟風弄月，本非求名」，是深知他嗜詩如命，毋怪元肇視之為知己。

（五）趙崇滋

趙崇滋是元肇詩集中的趙竹所，是趙汝鑒（生卒年不詳）之子，趙汝回從子。字澤民，永嘉人。趙崇滋少穎悟，卓犖不群，嘉定朝登第。曾任嚴州司戶，終通判道州。他為人尚氣不屈，工詩詞，優入騷人之室。其〈哭鶴〉、〈悼步月〉諸篇，膾炙江左。又善書法，頗得王羲之、獻之遺意。⑥⑦時人論詩，以為他的詩「平淡中有理趣、有警發。」譬如「事纔有意終須失，人到無求始是高。貧悟交遊秋後葉，老看富貴霧中花。從來盡說天堪問，天到如今亦厭煩」之句足為代表。⑥⑧其他如「世間是色皆為妄，只卻去桃單種松」、「落花遇雨掃不去，敗草經春剗又生」，都富有深意。⑥⑨〈悼步月〉一詩曰：「雁過妝樓人不見，斷腸又是一黃昏。不知天上嬋娟影，能照人間寂寞魂。響屧廊深空認步，唾茸牕暖尚留痕。合將一把香酥骨，葬在巫陽雲雨林。」⑦⓪濃情馥意，哀怨動人。

因為趙崇滋頗負詩名，元肇嗜詩，對士人之詩亦很注意，所以也常聽人談起趙崇滋之詩。他有詩集傳世，元肇得以先睹為快，其〈次韻趙竹所書詩卷後〉，顯然是接趙崇滋自題所作詩卷之後的唱和之作。其詩云：

江湖三十載，每聽說君詩。
古寺過逢處，寒城欲莫時。
自看霜落後，唯倚竹相知。
吟疊慚無律，虛勞為出奇。⑦①

這首詩之首兩句，顯示元肇在江湖三十年間，常聽人說道趙崇滋之詩。或在古寺與人相逢處，或在城裏寒冬天暮之時，總是看到趙崇滋之詩。自從看了他的詩卷的「霜落」之詩後，就「倚竹」以趙竹所為相知。而由於趙崇滋之善詩，使元肇自慚苦吟不能成律，而為了出奇而費力寫成的答詩，也不過是虛勞一場罷了。詩中表達因讀人之詩而引為知己，卻又自慚不能唱和之無奈，也是元肇詩作常現的主題。

（六）馮去非、韓淲

元肇還與江湖詩派的馮去非和韓淲（一一五九—一二二四）相交，並有詩與他們唱和。馮去非（一一八八—？）字可遷，號深居，南康都昌人，淳祐元年（一二四一）進士。他深於易學，頗有儒名。又長於詩文，學徒甚多，門弟子中不乏禪僧。因為曾任過宗子學諭，又可能任過太常寺簿，故叢林常以宗諭或常簿稱之。⑫馮去非以不畏權勢，抗聲直言，知名於南宋。當丁大全（一一九一—一二六三）於理宗寶祐六年（一二五六）陞參知政事時，馮去非遂以言罷歸隱廬山，不復再仕。⑬韓淲是元肇詩集裏的海門韓宰，字仲止，號澗泉。他出身世家，是北宋仁宗朝參政韓億（九七二—一〇四四）之裔孫，吏部尚書韓元吉（一一一八—一一八七）之子。他雖自謂「不學神仙不問禪」，⑭但與不少禪僧交遊。《澗泉集》中的〈淨慈西堂簡敬叟〉、〈九日湖上寄銛師〉及〈次韻銛師壁間句四首〉即是他與北磵居簡和義銛兩禪師交往之明證。⑮可惜今本《澗泉集》不過存原本十之三、四，許多詩文已經佚失，否則或可見他與元肇的唱和詩。《淮海挐音》收有元肇致馮去非詩兩首，其〈寄馮深居〉一詩如下：

> 人世還如客路同，可堪垂老尚飄蓬。
> 舊年兩向吳中見，今日相思白下東。

烏鵲橋邊望明月，鳳凰台上詠秋風。

滿題紅葉隨流去，惆悵高才命不通。⑯

這首詩應是元肇於五十六或五十七歲入建康清涼廣慧禪寺時所作，因為詩之頷聯說「舊年兩向吳中見，今日相思白下東。」指他們兩次在吳中見面，而如今元肇只能在建康想念他。「白下」在今南京西北，唐初改金陵為白下，後又更白下為江寧。宋代治郡，屬江寧府，故人多白下代稱建康。⑰李白的〈金陵白下亭留別〉一詩有句云：「驛亭三楊樹，正當白下門」即是其例。⑱元肇在入建康之前一年，曾訪枯椿禪師於虎丘，盤桓多時，而虎丘之前數年則在平江雙塔寺任住持，都是在吳中，正是他與馮去非兩次相見的時間。故其詩之首兩聯，一方面對自己客路飄零之遭際表示無奈，一方面也對馮去非的類似遭遇表示惋惜。回想他們過去兩度在吳中相見，但他現在只能在建康的城東相思了。⑲在蘇州時，他會去烏鵲橋邊望明月思故人。如今在建康，他也只能在鳳凰台上對著秋風詠歎。有時在題滿詩句於紅葉上，讓它們隨著流水而去，只為表達他對老友高才不遇的惆悵。

元肇對馮去非之「命不通」，特別不平，所以在〈憶馮宗諭〉一首，又為他的「無辜」離去都城而深致感慨：

去歲無辜出帝鄉，石頭城下水雲長。

鳳凰台上多今古，李白題詩恐斷腸。⑳

此詩說馮去非雖「無辜」離朝廷而歸隱，但石頭城下是天闊水雲長，他求仁得仁，一定能安閒自適的。只不過金陵鳳凰台上有多少今古不遇之賢才離去，讓人見到李白〈登金陵鳳凰台〉的題詩，恐怕都要為之遺憾斷腸啊！

李白的〈登金陵鳳凰台〉是這樣的：「鳳凰台上鳳凰遊，鳳去台空江自流。吳宮花草埋幽徑，晉代衣冠成古丘。三山半落青天外，二水中分白鷺洲。總為浮雲能蔽日，長安不見使人愁。」㉛這是自比飛離鳳凰台的鳳凰，鳳凰既飛去，鳳凰台上一切皆空，只見台下的長江空自奔流。元肇提及李白的題詩，無非是把馮去非比作李白一樣的鳳凰，知之者見到李白的詩，想起馮去非的無辜，也會為他的去國而傷感的。

元肇以馮去非「無辜」之冤入詩，或許還有一層意思。因為馮去非之罷官不復出一事，據說是某僧人奉丁大全之命造成。此僧依附丁大全，在馮去非辭官遊金山、焦山時，他也隨之上謁。馮去非不知他銜丁大全之命而來，與他周旋甚款。此僧遂承間致丁大全意，說丁大全希望他勿遽然歸朝，待將來再以尺書來求，必能復官。馮去非奮然正色曰：「程丞相、蔡參政牽率老夫至此，今歸吾廬山，不復仕矣，斯言何為至我！」遂與此僧絕交，不復與言。㉜此事若屬實，元肇既與馮去非相熟，必知此僧所為，心中鄙夷此僧行為之居心叵測，乃更加為馮去非之「無辜」罷官而感不平。詩之末句「李白題詩恐斷腸」，也不無憾恨馮去非竟為僧友所陷之意。

元肇與韓淲之交往，可見於兩人互贈之詩。韓淲篤愛淵明之詩，屢於詩中致其仰慕之忱。譬如，其組詩〈秋懷〉中之一首有云：「我愛淵明詩，超出俗調度。執卷良自羞，在手不忍去。」㉝又如，〈餘干黃師求北窗詩〉有云：「陶令一北窗，今古自無對。折腰豈為米，歸來本非退。平生羲皇心，肯與時嚮背。當年五柳傳，誰云閉關輩？子能知其然，此意要常在。淵明不吾欺，是中誠可愛。」⑭再如，〈次韻張令郊行〉有云：「尋詩得酒坐閒亭，秋到騷人獨用情。猶有黃花看著眼，悠然風味憶淵明。」⑮因此，其友人戴復古（一一六七—？）說他有「三篇遺稿在，當並史書傳」，而三篇中之一篇即是詠陶淵明之作。⑯而元肇寄給韓淲的詩〈見海門韓宰〉，也以淵明為焦點。詩曰：

心遠遙知地自偏，杖藜隨處有雲泉。
朝來原上一犂雨，春到淮南二月天。
短短菰蒲初弄水，依依楊柳欲搖煙。
淵明自是無為者，能使懦夫懷凜然。⑰

此詩首句顯然出自淵明〈飲酒詩〉的「問君何能爾？心遠地自偏」之句，⑱將仰慕淵明而退隱不仕的韓淲比作陶淵明。而說淵明「能使懦夫懷凜然」，也有喻指韓淲人品之高潔，能如淵明一樣，使聞其風者，頑夫廉、懦夫有立志之意。

韓淲也有〈寄淮聖僧元肇〉一首，與他寄居簡之詩類似，亦有揶揄之意，非關係淺近之人所能為：

風霜江浙又窮冬，瓶錫飄然寺寺鐘。
爵服豈能三事衲，軒車多欠一枝筇。

君先靈運當成佛，我比樊遲願學農。
想得禪家人不到，山門惟有白雲封。⑲

此詩之意應可約略譯述如下：風霜滿目的江浙，窮冬又到了。遊方的僧人托缽從各地而來此地佛寺，寺鐘也跟著響起了。身穿儒服的我是既不會換上僧衣，也不會乘著軒車手持錫杖而來的。雖然您元肇或有成佛於謝靈運之前的能耐，我卻寧願像孔子弟子樊遲一樣學農。不過屢想請禪僧您元肇過來共敘，但您卻遲遲不來。您的山門前不過只有白雲一片，又何至於讓您裹足不來呢？此詩頷聯得自唐僧可止（八六〇—九三四）的「百年三事衲，萬里一枝筇」之句，⑳而頸聯則源自劉宋謝靈運（三八五—四三三）對太守孟顗之語。孟顗是衛將軍孟昶之弟，起家為東陽太守，歷吳郡、會稽、丹陽三郡，及侍中、僕射、太子詹事會稽太守等官。他事佛誠懇，而為靈運所輕，而曾嘲之曰：「得道應須慧業文人，生天當在靈運前，成佛必在靈運後。」㉑孟顗深恨此語，而事佛愈謹。此詩說元肇成佛在謝靈運之前，當然是一種恭維，但即令如此，自己也是無動於衷，只想學樊遲學稼、學圃，不會去削髮為僧以求誦經成佛的。這又是元肇所交文士中「除卻吟相似，其它事不同」之例；他們各自忠於個人之信仰，或許相互間坐而論道時會有爭論，但總是能求同存異，不會去設法促使對方「改宗」（proselytized）。

（七）方萬里

方萬里是元肇詩集中的方蕙巖，在眾多元肇的文士之友中，他受到元肇的贈詩最多。方萬里字子萬，號蕙巖，是位詞人及詩評家，為詞人吳文英（約一二一二—一二七二）之好友。先世為嚴州人，元符以來，世登儒科。他因幼即失父，伯兄永嘉簿賜復攜之侍母來吳，遂為吳人。嘉定四年（一二一一），他登進士第，教授江陰軍。其間，儲義廩、置小學、謹禮儀，風評甚佳。紹定五年（一二三二），他以朝奉郎知江陰軍，累至太常寺簿，贈正奉大夫。方萬里問學履行遠近敬之，趙汝逑（一一八四年進士）於嘉定十五年（一二二二）守平江時，遇之甚至。⑫汝逑卒，賓客皆散去，萬里獨護喪數程，時人義之。⑬依元肇致方萬里詩看，他與元肇頗相過從，應該是因方萬里家在吳中之故。元肇有〈方蕙巖宅〉、〈訪方蕙巖不值〉、〈方蕙巖常簿二首〉、〈次方蕙巖行春韻〉及〈送方常簿赴召〉等詩，在他致友人詩中，占了相當多的分量。元肇稱他「常簿」，是因他官至太常寺簿之故。其〈方蕙巖宅〉及〈訪方蕙巖不值〉兩詩，顯然都是元肇訪其府上之後所作。前詩云：

> 移宅住園中，高懷便不同。生涯雖最少，樂地卻無窮。
> 人記為州日，家傳處士風。閒來對巖石，坐到夕陽紅。⑭

後詩云：

> 吳城多第宅，毋過蕙巖家。不是門如海，都緣刺似麻。
> 風聲虛動竹，日影漸移花。清興渾無奈，歸來自煮茶。⑮

此兩首詩都是藉描述方萬里的府第，來襯托其家風與為人。方萬里官職卑微，江陰軍守及太常寺簿不過是正九品及從八品之官。從元肇之詩看，他辭官之後，大概便返平江定居，遷其宅第至市郊庭園。元肇的前一首詩說他「生涯雖最少」，就是指他歷官甚少，且都沈於下僚。雖然如此，一旦辭官，移住有庭園之新宅，就顯得高懷不同，而新居也變成其樂無窮之地了。他知江陰軍期間，人皆知其家傳的處士之風。⑯如今賦閒度日，時而坐對著園裏的岩石，直到夕陽西下，豈不更如處士？後一首詩是因訪方萬里不遇而作，前四句勸人勿訪其府上，倒不是因為它有如侯門深似海一般，而實是門外布滿荊棘之故。元肇悵憾未能見方萬里，卻以詼諧之趣描寫其門前之荊棘如麻，紊亂不整。他在門外稍稍駐足，只見竹枝隨著虛空中的風聲搖曳，而花也隨著日影移動。他帶著滿身清興來訪老友，而竟然不遇，只好無奈地回歸寺裏煮茶自飲了。

〈送方常簿赴召〉一首云：

> 門徑森陰帶草堂，脩篁搖翠間垂楊。
> 不知夢到三竿日，又拜除音一炷香。
> 池上游魚覓清影，天邊儀鳳集朝陽。
> 袖中大有安時策，長樂鐘聲夜未央。⑰

此詩應該是方萬里奉詔入朝任太常寺簿時所作。大概方萬里在吳中居住不久，又奉詔入朝任太常寺簿。元肇為了送行，又赴其府上，所以才有首兩句形容其宅第。「門徑森陰」，必是庭院甚寬，樹木環繞，而有草堂在焉。「修篁搖翠」間有「垂楊」，應該是春夏之交。這個日子，方萬里睡夢已到日上三竿，才知朝廷除音已至，他又要入朝履新了。就像在庭院裏池塘的游魚在尋覓清影一樣，他也應當如儀鳳般齊集朝陽殿去了。長樂宮的鐘聲在深夜響起，他的衣袖裏已備有安定時務的良策了。所謂「安時策」云云，當然是元肇對方萬里過高的期待。因為一位卑微的太常簿即使能有什麼「安時策」，朝廷的執政恐怕也會無動於衷的。⑱

元肇的〈次方蕙巖行春韻〉一首，是與方萬里的唱和詩，應該是回應方萬里對新歲來臨所表達的喜悅。

及時槃樂足幽閑，近自丘園遠到關。
見綵桃符知歲換，帶黃楊柳覺春還。
飄飄衣袂風雩轉，草草杯行笑語間。
高興磊然降不下，更須相約過西山。⑲

此詩中的「桃符」、「換歲」及「春還」都是新春來臨的象徵，元肇之意是：先生您既已辭官不仕，正好及時遊樂，悠閒自足；可從最近的南郊之丘，遠遊到邊關去。如今家家戶戶彩色的桃符，表示舊歲已改為新歲了。而黃色楊柳的出現，也讓人意識到春天返回了。先生穿著春衣，飄飄的衣袂隨著舞雩壇處春風的吹拂而打轉，在笑語間，匆匆地攜杯而行。先生的高遠之興，是光明磊落而不會遮滅的。既然如此，先生與我更應該相約結伴做西山之遊啊！元肇所用的「風雩」之意象，正是孔子弟子曾點「浴乎沂，風乎舞雩，詠而歸」一說所表達的志向。⑳曾點之志是以「莫春者，春服既成」為理想時節，而以「冠者五六人，童子六七人」為「浴乎沂水之上，風涼於舞雩之下」之伴侶。同樣是在春天，元肇欲約方萬里行春西山，所追求的也正是「即其所居之位，樂其日用之常」的理念，既是儒家胸次悠然的表現，也是佛教「活在當下」的實踐。[101]詩中所說的西山，應是洞庭西山，其山甚廣，有許多寺觀。[102]方萬里之原詩必表達他的遊山之想，元肇如響斯應，兩人可謂有志一同。

最後，〈方蕙巖常簿二首〉似作於方萬里去世後，嗟歎他的未為世用。詩云：

名教非無樂，何緣事上眉？不關因接物，先老為憂時。
兩郡垂棠蔭，東園長桂枝。用公渾未盡，一世有餘悲。

夙昔住山緣，來吳已八年。獨憐寒塔影，時到碧巖前。
埋玉亡何日，愁雲過別天。東風減回首，家學子能傳。[103]

前詩說名教之樂是有的，但是您方先生總是因何事而皺眉？由於需要與人交往，送往迎來，先生就閒不下來。而因為憂心時務，也提早衰老了。雖然如此，先生在兩郡留下了許多政績，而在您府第的東園也培養了折桂枝的人才了。[104]可惜的是，朝廷未能讓先生人盡其才，對先生來說必然是一世都有餘悲啊！這真是元肇之惋歎，可以說是身為方萬里知交之惋歎。

第二首詩的意思大致如下：先生往昔就與我元肇有緣分，如今來吳八年了，緣分更深。因為可憐我在寒塔旁孤獨的身影，先生時常到寺內的碧巖前來與我寒暄。想不到高才如先生者忽然身歿九原，連愁雲都高過神仙之「別天」了。[105]不過東風吹來，愁雲飛去，您我都可稍減回顧了，因為先生有子能傳承您的家學啊！元肇詩中的一字一句，都充分表現他與方萬里相知之深，受方萬里眷顧之厚。為了方萬里這位人才之被埋沒，他真正難過不已，而見他有子能傳其家學，他也感到欣慰。他對方萬里之情誼，可謂親如家人。

（八）上官渙酉

上官渙酉即是元肇所稱的上官右史。他字元之，福建邵武人，嘉定初第進士。累官鎮江通判、真州兼淮南運判。時值邊警，渙酉刱忠武軍五百人別為營壘，以壯守衛，節浮費，糴米萬五千石以備荒。淮陰、盱眙道梗，乃造舟通海以運軍餉。端平中知池州，池陽之金人哨直抵江岸，見渙酉繕舟楫、治戎器、簡士卒、刱營寨，又率舟師往來江之上下流，張雄聲勢以備防，金人知有備而引去。後累遷右曹郎官，曾上疏首陳邪正是非之辨，次論屯田軍政之弊。淳祐中，充國用所參謀官，首言君子小人勝負之機尚有隱然可慮者；次言屯田軍政之弊。遷將作監，輪對言兵財之權當以宰相兼統，執政則相與參決之，不必分而為二。及為大理卿，又疏論國勢、人才、運餉、流民數事。遷起居舍人，宰相將處以瑣闥而行所欲，正色拒之，遂以集英殿修撰致仕。進階朝議大夫，封歷陽縣開國男。[106]元肇在〈祭上官右史文〉中說：「惟公之先，出自昭武」，又說「嘉定戊辰，公登龍虎。」[107]「邵武」在晉以前稱「昭武」，後雖改為「邵武」，五代石晉時又復為「昭武」，五代劉漢時又改為「邵武」。自北宋始，上官一族是福建邵武之著姓，而且中進士者甚多。《嘉靖邵武府志》中載「于宋則言天下科第之盛，必曰：邵陽（按：即邵武別稱）矣夫，而邵武科第首推和平上官一族。」[108]上官渙酉是嘉定戊辰（一二〇八）進士，故說他登「龍虎」。他歷知真州、池州兼江東提舉，累遷大理卿，以忤時相史彌遠，閒居十九年。晚年遷起居舍人，因起居舍人之別名為右史，故元肇稱他上官右史。⑲祭文又說「嗟我與公，方外之侶。義重桑陰，情垂煦嫗。二十年間，或出或處，全衛百周，不間一縷。」⑩意謂：先生與我結為方外之遊，但先生對我重義，與我相投，如桑陰不徙，對我之垂愛，真如天地之煦嫗。二十年間，他對我之照顧，真是周全無比，絲毫都不間斷。這種深交，實非一般文士與僧侶之交可比。所以元肇與他唱和之作甚多，其五首贈詩中，四首為唱和詩，顯見兩人之相得。其〈酬上官右史〉一詩云：

> 住山今幾年？歸與只飄然。野水無邊際，浮雲自變遷。
> 螭坳曾侍立，漁火對愁眠。二老成來往，三生定有緣。⑪

此詩應是元肇在上官渙酉致仕後，與他酬唱之作。上官渙酉曾任起居舍人，居右史之職，朝會時立於殿下，負責記錄皇帝言行，終以集英殿修撰引年致仕。元肇之祭文說他「浩然歸去，采菊南堂。藝花東圃，邃殿瑤宮。樂天容與，引年致仕。」⑫正與他經歷相符合。據說他治第於蘇州仁美坊，名其齋曰「靜庵」，中有採菊堂。⑬此詩中說「螭坳曾侍立，漁火對愁眠」，應該是說他雖曾侍立皇帝之左右，而今致仕，只能滿懷孤寂之愁緒，對著姑蘇城的江楓漁火，進入夢鄉。「漁火對愁眠」一句，出自唐詩人張繼（約七五六—七七九）的〈楓橋夜泊〉一詩，寫詩人孤寂之愁緒。此詩家喻戶曉，元肇信手拈來，藉以表達上官之仕宦經歷，如浮雲之變遷，如今致仕，自然不免孤寂。雖然如此，他樂天知命，從容閑舒。元肇認為，他們兩老有二十年之長的來往，必定是三生有緣之結果。

類似的心情也表現於〈上官右史慶幸堂〉一詩：

先生何慶幸，年老樂安閒。得地無多畝，營堂不數間。
種花皆結子，移石便成山。只有雙雙鶴，相隨日往返。⑭

此詩詩題的「慶幸堂」應該是上官渙酉引退之後所住府第「靜庵」中之廳堂。元肇說他年老能享安閒之樂，深深值得慶幸。而所得之地雖不多，還可以蓋幾個廳堂。他在東圃所種的花都能結子，而搬移至庭園的石塊，也隨即堆積成一座假山。園中只有雙雙對對的鶴，相飛相隨，跟著他往返於庭園之間。全詩寫上官渙酉致仕以後的閒適生活，當為親眼目睹的實錄。

他還有兩首〈和上官右史韻〉詩，一為五言古詩，一為七言律詩，都是用上官渙酉贈詩的原韻而作。可惜上官渙酉原詩不存，無法知其內容。但從元肇之和詩看，可約略推知是他出任起居舍人時，心中有感，賦詩贈元肇以述志之作。元肇和詩之一說：

夫子作春秋，大義明素王。至於游夏輩，一字不敢當。
文風下秦漢，詩體更晉唐。世道有隆替，人才隨翕張。
致君與澤民，夷險公備嘗。山川尋謝屐，風月歸奚囊。
滿城風雨朝，采采籬下黃。臨風懷美人，在彼天一方。⑮

此詩前半，大致表達他對文風、詩體丕變的看法，認為孔子作春秋乃素王之業，筆則筆、削則削，游夏之輩固無法贊一詞。但到了秦漢之後，文風卑下，而晉、唐兩代，詩體也變更了。就像世道一樣，是有興衰之變的，而隨著此種變化，人才也會有減少或增多的時候。

詩之後半大致說：先生已經做了「致君堯舜上」並施恩澤於百姓的事。並且為此而備嘗了艱險。現在是登山涉水尋謝公屐，踏著風月而攜滿袋詩囊而歸的時候。⑯在這滿城風雨的早上，看著籬下茂盛的黃菊，迎風懷念您這位君子，只能感歎您在天的另一方啊！

另一首七言的〈和上官右史韻〉詩，也是步上官渙酉的原韻。雖上官渙酉原詩內容不詳，但也約略可見元肇詩中回應上官對他的讚美，頗有投桃報李之意。詩云：

> 雖然身世兩相違，不以無為礙有為。
> 偶被閑名難免俗，因將黃葉強題詩。
> 一年好是中秋節，萬事能如采菊時。
> 自古聖賢觀出處，只今誰解帝王師？⑰

此詩大意謂：您雖然身世兩相違，⑱但不會因為您的「無為」而妨礙您的「有為」。因為偶然的機緣，我很難免俗地獲享一點虛名，所以才拿片黃葉過來，勉強題首詩贈給您。在我看來，一年最好的時節是中秋，因為萬事都能如東籬採菊時那麼閒適。自古聖君賢相都會觀察文士的出處大節，但是有誰能了解您這位「帝王師」呢？

起居舍人雖然官職卑微，只是從六品，但是侍立殿陛右側，記錄皇帝言行、群臣殿上進對、朝廷各項勅令，有機會接近皇帝，乘勢建言，所以元肇以「帝王師」高之。雖然如此，元肇知道上官渙酉不為君相所知，終於只能引年告老。元肇雖為他能設庵立堂，過著舒閒無擾的致仕生活，感到欣慰，但對他不能衣紫腰黃，身居貴顯而感到遺憾。他的〈上官右史〉一詩，一方面為上官渙西之不遇而終而叫屈，一方面也為自己之回不了故鄉而感傷。詩云：

螭坳立後別明光，歲晚婆娑慶幸堂。
鶴怨只能隨髮白，菊愁竟不上腰黃。
西歸有地從先壟，北望長江是故鄉。
枌下解空情已盡，西風吹淚濕斜陽。⑲

此詩大致是說，上官渙西卸任起居舍人的「右史」之職後，就離去其官署所在之明光殿，⑳在歲晚之時，回到其府上的慶幸堂，安享閒適自得之樂。㉑只怨他只能等到髮白之時才能歸隱，㉒而東籬之菊也為他終不能衣紫腰黃，位居顯要而感憂愁。可喜的是他能回歸福建，追隨先人，在他們的墳地所載之處入土為安，但是我卻只能北望長江，才能見到我的故鄉！㉓想起我們在榆木之下解空說教那種情景已經成了往事，我不禁落下眼淚，任西風吹濕了我眼裏的斜陽。㉔這種淚濕斜陽的傷痛，也就是他在〈祭文〉中所說的「公今云亡，歸痛無所」心情之表現，㉕非一般斬斷世緣的禪僧所能及，也只有與上官渙西情摯緣深的人才能做到。

（九）陳郁

陳郁（一一八四—一二七五）即是元肇稱陳藏一的友人。元肇有〈題陳藏一山房〉一詩，並在詩中表示他「多應市朝客，無暇到君家」，可見兩人相識。陳郁是撫州崇仁人，隨龍忠翊郎、緝熙殿應制，東宮講堂說書兼兩宮撰述備咨問。㉖他善為詩詞，論者認為他以「閉門不管庭前月，分付梅花自主張」兩句為真德秀（一一七八—一二三五）及劉宰（一一六七—一二四〇）所賞擊也。[127]其實，真德秀所點出其集中警句甚多，不僅此兩句。真德秀還說他：「學充而意廣，氣大而體不偏，用力於先聖之書。」[128]劉宰也稱：「觀其文，詞贍旨遠，為思深於運思，使人嘉歎不足。」[129]慈溪黃震（一二一三—一二八一）也說他「以詩文遭際先皇帝，獲事（闕）……令東宮（闕）……。今上踐阼，一日遷藏一四官。」[130]由於黃震之原文已不完整，其缺文不詳所云何事。但此「先皇帝」是指理宗，也就是理宗非常欣賞陳郁之文。據說，理宗朝姑蘇守臣進螃蟹，應制程奎（生卒年不詳）草批答云：「新酒菊天，惟其時矣。」理宗曰：「茅店酒旗語，豈王言耶？」遂令陳郁擬聞。陳郁援筆立成，略曰：「內則黃中通理，外則戈甲森然。此卿出將入相，文在中而橫行，匈奴之象也。」理宗乃悅。[131]可見陳郁屬辭比事之能，頗受理宗欣賞。豈料度宗咸淳二年丙寅（一二六六），他以所賦詞作得罪權相賈似道（一二一三—一二七五），[132]其子陳世崇（一二四六—一三〇八）奉之歸故里，遂閉門終日，鑽研經籍，著有《藏一話腴》一書。[133]陳世崇自己著有《隨隱漫錄》，多談南宋末季史事，亦載其父事迹，四庫館臣對其所載陳郁事，有如下評語：

> 世崇載度宗嘗贊郁像，有「文窺西漢，詩到盛唐」之語，寵獎甚至。岳珂序稱其「閉戶終日窮討編籍，足不蹈毀譽之域，身不登權勢之門。」然劉壎《隱居通議》有度宗御札跋，惜其下訪陳郁父子之卑陋。又周密《武林舊事》載諸色伎藝人姓名，所列御前應制者八人，姜特立為首，而郁居第四，則郁亦特立之流。惟特立名列《宋史・佞幸傳》，而郁不與焉，似乎未可同日語耳。[134]

此段評述，顯示陳郁頗受度宗之尊重，也為若干識者所稱。他長於詩詞，不慕權勢，當無疑義；而以詞作得罪權奸亦為事實。故《庶齋老學叢談》說他作〈雪詞〉譏賈秋壑（似道），正是不畏「權奸」的一種表現。其子陳世崇承其衣缽，亦不樂於仕宦，故入元之後無意出仕，「自放山水間，與僧人談禪說佛。刻父郁詩文於家塾。」⑬⑤

元肇與陳郁有厚交，深知他好吟又嗜書，故其〈題陳藏一山房〉一詩有「浩浩人如海，吟居獨可嘉。遠山長入戶，萬卷是生涯」之句，正是這位取東坡詩句「惟有王城最堪隱，萬人如海一深藏」為號的南宋詞人之寫照。⑬⑥他「會天下詩盟於通都」，所交詩友，亦多元肇之友人，如杜北山即是其中之一。⑬⑦

（十）杜汝能

杜汝能是元肇詩題的杜北山。他字叔謙，號北山，宋太祖、太宗母杜太后諸孫。居西湖之麴院，能詩有聲。⑬⑧他與禪僧時相過從，好友徐集孫有〈杜北山同石峰僧來訪〉及〈鄭渭濱過訪而杜北山諸友繼至惜乎招石峰月溪二禪不來〉二詩，皆可見他與詩僧交遊之狀。後一詩之「不嫌添客重行酒，所欠惟僧共說詩」兩句可見一斑。⑬⑨他是陳郁的至交，是幾位教授其子陳世崇作詩的詩人之一。⑭⓪也與周弼相交，周弼有詩贈之，略云：「一曲小湖濱，幽居不厭貧。坐容禪子憩，家就麴生鄰。簷竹侵燈眾，籬花落竈頻。幾時吟得句，寄與豫章人。」⑭①約略可以看出他居西湖麴院之生活及其為人與交遊。元肇應是詩中的訪杜幽居的「禪子」之一。他的〈疇杜北山〉一首，顯然是答杜汝能之作，其詩云：「杜君世冑本蟬聯，流落南天不記年。買箇草堂湖上住，醉吟如在曲江邊。」⑭②前兩句指出他是宋皇室之後，但隨宋室南渡，流落民間已久而無法記其年月了。他既然住在西湖「麴院」，等於是住在酒坊。[143]詩之後兩句則形容他在西湖酒坊旁購草堂居住，日日醉吟其間，如同享受皇帝賜宴曲江邊一樣，陶然自得。「曲江」喻指唐代原長安城南之曲江池，池岸為唐貴族所建之亭台樓閣。自唐玄宗始，每逢中和節（二月初一）、上巳節（三月初三）和重陽節（九月初九）都在曲江亭賜新科進士、群臣及貴妃。杜甫的「三月三日氣象新，長安水邊多麗人」應就是描寫上巳節的曲江賜宴情景。元肇視杜汝能為才俊，故其詩句有暗示杜汝能有舉進士之能耐，不過無意仕途罷了。他對杜汝能之生活瞭若指掌，知他與陳郁氣味相投，也對他的流落甚為惋惜。杜汝能既惠詩抒其懷抱，豈能不酬其待己之誠，報之以相濡以沫之情？

（十一）湯仲友

湯仲友是元肇詩集裏的湯西樓。他是吳郡人，原名益，以字行，更字端夫，又字損之。[144]湯仲友淹貫經史，氣韻高逸。學詩於汶陽周弼，早登知府二吳之門。宋亡之後，浪迹湖海，自號西樓。晚復歸吳，有《壯遊集》傳世。[145]「二吳」是吳淵（一一九〇—一二五七）及吳潛（一一九五—一二六二）兄弟，兩人先後任平江知府，湯仲友得為入幕之賓，故說早登二吳之門。[146]他與另一位周弼的學生蘇州陳瀧，及高常、顧逢皆端、淳名士。[147]元人戴表元（一二四四—一三一〇）嘗讀其詩集，作〈題湯仲友詩卷〉一文，略謂：「湯君仲友，兵後猶在吳中。余屢得其詩讀之，蓋年七十餘矣。深沉醞藉，足稱遺老。此卷固是其少作耶？舊時江湖間，諸公以詩行不少，謂之詩客，公卿折節交之。自華子山、敖器之、劉潛夫前後詩禍作，士氣稍稍摧沮，雖不絕，然不得如昔矣。」[148]而元人袁桷（一二六六—一三二七）認為其詩「得玉溪生之深切精遠」，而「每欲蒐其精良者而一讀之。」⑭可見湯仲友之詩頗見重於後人，而其詩〈過葛嶺賈相宅〉一篇，譏賈似道所居，最為人所樂道。⑮

元肇與湯仲友是舊交，大概也是因湯為周弼的學生之故。他們都住在吳中，所以常有來往。元肇的〈湯西樓新居〉顯然是訪湯仲友新居而作。其詩曰：「聞君移住處，相近太平坊。舊日同吟侶，新來認草堂。」⑮表示他與湯仲友是舊日之詩友，現湯仲友移居太平坊附近，築草堂而居，身為老友，怎能不來訪友敘舊呢？由於此草堂在市區太平橋巷，要想避鬧市喧嘩，還是不行，但身居陋巷，實其初衷，故云：「避喧猶未可，在陋亦何妨」。⑮詩之末句「只有西樓月，清光不改常」，語意雙關，既說雖在草堂陋室，但所見之月，不改常有之清光，如同「湯西樓」詩中之月，永遠綻放著清光啊。

（十二）陳均

陳均是元肇詩集裏的陳平甫。他號純齋、雲岩，是福建興化軍莆田人，孝宗朝丞相陳俊卿（一一一三—一一八八）之從孫。他曾為太學生，博覽群書，長於史作，周旋於參知政事鄭性之（一一七二—一二五五）之門凡三十年，著書多資其力，成名亦階之。⑮暮年勉強一出為官。著有《皇朝編年舉要》三十卷、《皇朝編年備要》二十卷、《中興編年舉要》十四卷、《中興編年備要》十四卷。⑮今存《宋九朝編年[綱目]備要》即是其著作之遺。馬端臨於其《文獻通考》中亦錄其所著諸書，並言：「端平初，有言於朝者，下福州取其書，由是得初品官。大抵依倣朱氏通鑑綱目。舉要者綱也，備要者目也。然去取無法，詳略失中，未為善書。」⑮馬氏之論實本陳振孫之語。大致看來，陳均是位史家，並不以詩名，但他也寫詩，視元肇為師友。

元肇有〈次陳平甫提幹晚春韻〉是與陳均唱和之作。從詩題看，陳均還任過提幹。陳均原詩已佚，所以只能從元肇之和詩揣摩其意。元肇詩云：

> 暮雲豈特看江東，朋舊如今四海中。
> 花落不禁三日雨，顏衰消得幾春風。
> 簷前雛竹娟娟粉，階下櫻桃滴滴紅。
> 辛苦廣騷將底用，弋人何處篡冥鴻？[156]

此詩顯為傷春之作，也可看出元肇作此詩時，陳均已為元肇之老友。所以首聯說在暮色的雲下四顧，望著江東，也望他處，只感到故舊老友都分散於四海中。守在雨後三日，落花滿地的竹園中，自覺容顏隨著幾度春風而日漸衰老，與庭前柔美的幼竹，及階下紅紅的櫻桃，恰成對比。想起揚雄（西元前五三——一八）辛辛苦苦地作《廣騷》一篇，到底要作何用呢？或許就像揚雄自己所說的：「鴻飛冥冥，弋人何篡焉？」[157]我只能感歎見不到如先生一般的高蹈避世的隱居之士啊！

（十三）施清臣

施清臣即是元肇詩集中的施東洲，是淳祐間人，自稱赤城散吏。著有《几上語》一卷及《枕上語》一卷，皆宗二氏之旨，而以儒理附會之。詞多儷偶，明人小品，濫觴於斯。[158]施清臣生平事跡史無詳載，根據他所留下的兩篇文章，知他在淳祐二年（一二四二）在蘇州兩浙發運副使趙與籌幕，曾為楞伽治平寺主僧義超作〈吳井冽泉亭記〉。淳祐三年（一二四三）任朝散大夫新荊湖南安撫大使司主管機宜文字。[159]他留下的詩詞作品也不多，有無題詩數首，顯示佛、道信仰之色彩。譬如，「一蓑一笠一孤舟，萬里江山獨自遊。有人問我紅塵事，笑入蘆花不點頭。」[160]有道家逍遙避世之意味。而「花裏蝶，花裏休。蓼中蟲，蓼中死。人生甜苦皆是緣，法中可隨順應之。」則有佛家隨緣之理趣。[161]

元肇與施清臣的關係見於其〈施東洲蒼雲〉一詩。依詩意看，應是為祭弔施清臣而作，也可以看出他與施清臣相知之深。其詩云：「東洲一片雲，凝住石湖濱。群岫堆蒼玉，萬松生翠麟。相看碑上字，不死墓中人。曾筆中興事，傷時在泣麟。」[162]大意是指東洲的一片雲正好凝聚在石湖濱的施清臣墓上。那兒的山窪裏堆滿著蒼玉雕成的墓碑，翠麟郁郁的千萬株松點綴其間。我看著墓碑上的字，只覺得墓中的人是不死的。他曾經寫下中興的事蹟，寄託他生逢亂世的感傷。

（十四）印應雷、印應飛兄弟

印應雷、印應飛兄弟在元肇詩集中分別稱印寶章及印學正。印氏兄弟是通州人，與元肇為同鄉。父武子，招信軍判官，來寓常熟。應雷登嘉熙二年（一二三八）進士，歷知廬州、和州、溫州，任軍器監淮西總領財賦兼江東轉運判官，直徽猷閣知江州節度制蘄、黃、興國三郡，又為兩淮安撫制置使知揚州，兼淮東提舉，中奉大夫兵部侍郎兵馬都總管靜海縣開國伯，贈端明殿學士。[163]他駐淮西時，以同里招致元肇，[164]自然是對元肇有相當認識之故。印應飛是淳祐五年（一二四五）進士。初任朝奉郎權知鎮江軍，調永嘉尉為大社令，擢監察御史差判鎮江，知鄂州兼湖北運判，後除戶部侍郎淮東總領知鎮江，與兄相次徙居常熟。卒贈朝議大夫龍圖閣學士。[165]元肇詩集中有四首致印氏兄弟詩，分別為〈送印寶章知溫州〉及〈印僉判〉應是致印應雷者。〈與印學正〉及〈寄鄂渚印知府〉當是致印應飛者，因為印應飛曾知鄂州兼湖北運判。

〈送印寶章知溫州〉是賀印應雷於開慶元年（一二五九）初知溫州時所作，[166]大致形容他的新駐地是因謝靈運任永嘉太守後聞名的東嘉山水之地，[167]故有「東嘉山水郡，靈運後知名」之語。「孤嶼雲簪筆，清江玉帶城」兩句，似乎是描述他冠戴整齊，行禮如儀的履新情況。「伏波思鴈遠，春草夢詩成」言他有伏波將軍馬援的懷抱，也有夢斷春草的詩情。尾聯「五馬人生貴，二難時共榮」，是說他現在出任知府，享有雙旌五馬的貴顯，而其弟印應飛也宦途得意，與他共榮共顯。[168]

〈印僉判〉一詩，可能作於印應雷未達之時，顯示元肇與印應雷早年即已相識。[169]因「僉判」是簽書判官廳公事的簡稱，為宋代各州幕職，當是印應雷初任官時的職位。詩之首聯「才業魁多士，英聲早歲馳」，指出印應雷年輕時即中進士而名列前茅，所以早已遠近馳名。頷聯「宦途將晚達，賢路有深知」，預期宦途不易，有晚達之可能，須得有人深知其賢予以推薦。頸聯與尾聯「月借山城白，風飄鼓角悲。用公渾不盡，珠樹照清時。」似謂逢蒙元入侵之時，山城戰火瀰漫，照亮月色，而戰鼓號角之聲，在飄風之下顯得格外傷悲。朝廷不斷用他來指揮征戰，希望能透過他這顆「珠樹」，帶來清平的時代。[170]

〈與印學正〉一詩，[171]傳達了他對印應飛之建言。首聯「郢手由來善運斤，楚天空闊鶚書頻」，正是因為守鄂州（古稱郢州）的印應飛富有高超卓越之技藝，故在空闊的楚江天上，屢接到四方的薦書。⑰頷聯「蛟龍豈是池中物，蟣蝨聊為地上臣」是說他本是蛟龍，絕非池中物，只是勉強以「蟣蝨」之貌權充宋土之臣。⑰頸聯「細雨斜風潛入夜，岸花汀草已知春」，說明入夜時間，斜風細雨打入，岸邊和水州的花草已經知道春天就要來臨了。尾聯「君如不負虛前席，治體當言寢積薪」，提醒他一旦皇帝降詔陛見，虛前席請問治國之體，他定要不負君恩，像賈誼一樣告誡皇帝「厝火積薪」的潛在危機啊！⑰

〈寄鄂渚印知府〉一詩，也是元肇寄給守鄂州的印應飛所作，詩題中之「鄂渚」，即是鄂州。⑰此詩進一步證明元肇與印應飛之密切關係。其詩云：

> 黃鶴樓前鸚鵡洲，高持麾節去悠悠。
> 功名自古無雙地，人物當今第一流。
> 句裏可逢崔顥者，樽前還得禰生不？
> 思君日夜廑西望，欲買潯陽江上舟。⑰

此詩很明顯地是思友之詩，先稱讚印應飛為功名無雙，當今第一流的人物，故能持節入南宋邊防重地鄂州，鎮守唐詩人崔顥〈黃鶴樓〉詩中的「鸚鵡洲」之地。⑰然後感歎他雖然能在詩句裏見到崔顥之流的人物，但是否能捧著酒杯與才辯工談如禰衡（一七三－一九八）的印應飛對飲呢？⑰尾聯明說：我每日每夜都為思念先生而殷勤的西望，真想買乘九江上的扁舟去鄂州看您啊！樽前對飲，為文士論交之常事，不像元肇這位禪僧所當言。但他畢竟寫下了這種期望，不管是否為客套之語，都表現了文士之風格。

元肇表現的思友之情，必定是建立在長期的友誼上，毋怪他在〈祭印經略侍郎文〉中如此感慨地說：「惟我與公，生同枌榆，如塤如篪，非墨非儒，出處憂樂，寒煖不渝。」⑰這是說他與印應飛出生於同里，情同兄弟。他們既非儒家也非墨家，但是對自己出處之憂與樂，雖經寒暑之變而始終不變。文中又說：「丙辰訪別，四載之餘，江山敻阻，歲月交書。歸見羌村，青眼雪顱。身雖向老，義重如初。」⑱意謂自丙辰年（一二五六），先生來訪，別後回去駐地，我們便關山遠阻，只能以書信互通音問，歷經歲月而不止。後來先生反棹歸來，只見當年青眼之少年已經滿頭的白髮了。不過，先生雖已是漸老之身，但是情義還是如當初一樣深重啊！

（十五）陸氏兄妹及其父、祖

陸氏兄妹即是上文的陸應龍及陸應鳳，也就是元肇淮海詩集的刊印者。他們是通州海門人，也是元肇的同鄉。祖父陸璿（一一六二—一二三一），因為急公好義，樂善好施，曾於嘉定二年（一二〇九）為地方官薦為迪公郎。嘉定九年（一二一六）中吏部選，授寧國府旌德縣主簿，後改泰州海陵。⑱元肇的〈陸主簿〉一詩，是一首傷逝之作，應該就是傷陸璿之亡故而作。詩曰：

> 洽人恩惠在鄉閭，石有璵璠水有珠。
> 愛日欲烘陰枳棘，壽星悵望落姑蘇。
> 池臺舊宅流滄海，秋壠新封近太湖。

卻憶渡江同到處，寒城渺渺夜啼烏。[182]

此詩首聯是寫陸璿學識淹博，而惠在鄉里，就像石中有美玉，水裏有珍珠一樣。他任官時「為民愛日」，欲改善艱難之環境，但是百姓卻悵惘著望著這位壽星在姑蘇殞落了。如今他庭園裏的池臺隨著舊宅已流入滄海，而他的壟墓也剛剛在秋天的太湖附近封閉上了。元肇忽然回憶起他們早年同遊渡江之處，在那寒冷的城裏，還聽到夜啼烏的渺遠之聲呢！觀全詩可見元肇與陸璿應是通州舊友，曾結伴入吳，深知其生平職志，故詩中追念其友，處處見不捨之情，與他代人所撰之陸主簿墓誌銘有異曲同工之妙。

元肇另有〈陸教授致政〉一詩，據陸氏兄妹所撰元肇詩集序所說的「先君教授」，當即是為陸璿之子陸師雲而作。揆諸元肇代撰的陸璿墓誌銘，陸師雲欲於紹定五年（一二三二）十月二十日丙申葬其父於吳縣長州鄉蒸山，是則蒸山為其父葬地，可能亦為其死後之葬地。元肇去憑弔陸師雲，有感而賦詩，詩之首聯說：「去秋哭子過蒸山，豈料今年逝不還。」[183]意思是說去年我與先生去蒸山哭先生之子，不料今年先生就長逝不還了。他接著於頷聯說：「自是廣文甘獨冷，早從神武樂高閑。」用杜甫寫鄭虔（六九一—七五九）之詩句來比擬陸師雲。[184]杜甫與鄭虔為厚交，其〈醉時歌（贈廣文館博士鄭虔）〉一詩中有「諸公袞袞登臺省，廣文先生官獨冷」之句。所說的「廣文先生」就是鄭虔，而元肇之詩句即是出典於此。鄭虔學問甚廣，長於地理，山川險易、方隅物產、兵戍眾寡無不詳知。他「嘗為《天寶軍防錄》，言典事該，諸儒服其善著書，時號鄭廣文。在官貧約甚澹如也。」[185]杜甫頗尊重鄭虔，嘗贈以詩曰：「才名三十年，坐客寒無氈。」又說他「先生有道出羲皇，先生有才過屈宋。德尊一代常坎軻，名垂萬古知何用？」⑱雖然如此，鄭虔畢竟獲唐玄宗之寵召，置於左右，以不事事，為廣文館之博士。⑱元肇此聯將陸師雲比成鄭虔，甚是推崇。同聯下句之「神武皇帝」是唐玄宗尊號「開元聖文神武皇帝」之簡稱。⑱元肇用之，意指陸師雲與鄭廣文一樣多才，也像他一樣奉皇帝召命為清高閑適之官。餘詩「枌閭難忘無回日，蓮土西歸覺夢間。同隊相看成白首，先將老淚為君潸」數句，大意謂陸師雲雖然難忘他在地方的枌榆里巷，但是覺夢之間已西歸淨土，再也無回去之日。如今我們這一群朋友相對互看，大家都已是白首老翁，我不過是在他人之前先為你潸然流下老淚罷了！言之甚戚，比起杜甫哭鄭虔詩所表現之悲傷，真是有過之而無不及。⑱

元肇還有〈陸稅院〉一詩，⑲及〈跋陸坦菴刊經〉一文，疑都是為陸師雲所作，但文獻不足徵，無法證實。不過陸師雲生前屢欲刊行元肇之詩集未果，而他刊印佛經，則甚可能。所以刊印《父母恩重經》的陸坦菴很可能就是他。至於說陸應龍與陸應鳳為兄妹，是因元肇墓誌銘說陸氏有三子及三女，三子為應龍、應麒、山壽，而三女之名都不錄，應鳳應當是三女之一，也可能是長女。長男長女為「不沒先君之志」，將元肇詩集鋟梓成書，應是他們推崇元肇最真誠之表現，也是今本元肇詩集得以不被湮沒，而終以《淮海挐音》之名傳世的根本原因。

（十六）洪咨夔

洪咨夔（一一七六—一二三六）是元肇詩集中的洪提舉。他字舜俞，號平齋。浙江於潛人。嘉定二年（一二〇九）進士，授如皋主簿，尋試為饒州教授，歷官籍田令、通判成都府、秘書郎，遷金部員外郎、考功員外郎、禮部員外郎及監察御史。理宗朝，擢殿中侍御史、中書舍人，尋兼權吏部侍郎，與真德秀同知貢舉，復兼直學士院，吏部侍郎兼給事中、給事中。史嵩之入相，召赴闕下，進刑部尚書，拜翰林學士、知制誥。[191]後除端明學士，薨于位。[192]他為官耿介，屢上書指陳弊政，敢抗聲直言，聲討權貴，不畏忌陷，故不為史彌遠所喜，為其黨李知孝等所排擠。

洪咨夔以詩詞名家，與僧侶並無特殊交遊，但對「詩僧」則頗注意。他的〈題松軒〉一詩有「東傳欲煩三昧手，箇中著個覓詩僧」之句，是否意味著他樂與詩僧交遊？[193]至少，他將自己的文集贈送元肇，若非敬重元肇，即是與元肇有某種程度之過從。元肇之〈和洪提舉送《平齋集》〉，應是洪咨夔於理宗端平三年（一二三六）任提舉萬壽觀兼侍讀時或其後所作。[194]因為是和洪咨夔贈《平齋集》所附之詩，自然表達他讀《平齋集》之感想。其詩曰：

平齋大全集，千古播幽芳。
騷雅杜陵老，雄深馬子長。
天能留稷契，世可致虞唐。
樂府尤清麗，難回鐵石腸。[195]

這首詩將洪咨夔之詩文與杜甫、司馬遷相比，推崇之至。又將他比作唐虞時代的稷、契，致君堯舜的賢臣。尾聯筆鋒突轉，說他詞作尤其清麗，但是並不能因此改變他直道正言的鐵石心腸。這是對洪咨夔的為官與為人正直敢言所下的評語，非深知其人其學，實不能言。

（十七）高之問

高之問（一一五〇—一二三七後）是元肇詩集中的高鼓院。⑯他字德文，是江蘇崑山人，紹熙四年（一一九三）陳亮（一一四三—一一九四）榜進士。根據魏了翁的〈強齋記〉，朱熹（一一三〇—一二〇〇）曾以「強齋」名其所居之室。他歷官淮右，「四舉禮部，馳聲膠庠。」後「監登聞鼓院」。⑰筆者在近著《一味禪與江湖詩》中曾述及他應是北磵居簡（一一六四—一二四六）之友人強齋高秘閣。雖然有關他生平事迹之記載不多，但他嘗於嘉定十年（一二一七）以朝奉郎任嚴州通判。寶慶元年（一二二五）在姑蘇，年七十六歲。以強齋之名、年齡及行事看，居簡友人強齋高秘閣與高之問應為同一人。居簡稱他強齋高秘閣，證明高亦曾在秘閣任過職，管理皇家檔案。《南宋館閣續錄》失錄其人，不知何故？

元肇有〈高皷院桃村〉一詩，與居簡之〈強齋高使君假山〉一詩校讀，更能證明高使君、高秘閣即是高之問。⑱居簡之詩雖意在描寫假山，但同時藉機提醒強齋勿忘其仕宦之志。其詩云：「尤物移人易成趣，莫嗔強健懶彈冠。」⑲高之問對佛教興趣甚大，曾於年老之時攜其二子拜訪居簡，故居簡在〈強齋高秘閣過訪，二子侍〉一詩說：「雙玉佩聲隨步武，老人纏度動沈潛。豈惟蕭寺生晶色，白叟黃童亦快瞻。」⑳這幾句應是說高秘閣帶著兩位玉樹臨風的年輕兒子來寺裏看他，不但令他的寺院蓬壁生輝，而且「白叟黃童」的父子三人，也令人見而心生快意。事實上，高之問是位相當虔誠的佛教徒。他雖年老，而信佛益堅，抄寫佛經，不遺餘力。他所抄佛經多種，據居簡說都是繼其父之志而為。居簡為他所抄諸經寫贊語，略謂：「強齋大士，年八十餘。目如心明，作蠅頭書。於一蠅頭，分可為二。塵毛太華，弗巨弗細。佛神力故，初不作難。」[201]他八十八歲時，仍金書《心經》，在東禪明覺院比丘妙信創華閣安置補陀大士之像時，並以八十九之齡，「飛步登閣」，而見「早年夢像，若今所造。」於是「施玻璃瓶，承以白金藕花。其餘佛事一一隨喜。」他想把金書《心經》，置於觀音像的「心中」，但因身相已具，無法如願。於是早暮懇祈，竟然寶像背脊砉然而開，而虛鬲以納此經，居簡與觀者莫不驚歎。遂為此一奇蹟，寫成〈高秘閣金書心經頌并引〉一篇，贊頌此事。[202]

元肇的〈高鼓院桃村〉一詩之序，略說他是高之問的「枌下晚生」，又「屢辱引教」，足見兩人關係之密切。序中又說：「當世文章鉅公，播金石，變風雅，歸美多矣。」[203]對高之問的道德文章讚佩不已。詩中描述桃村，說「是中十畝園，爛若紅霞蒸」、「手種桃千株，草架屋數楹」，顯示桃村園林花樹之盛況及高之問手種千桃，結茅架屋之勤樸生活。其「子孫相追隨，日夕生遐征。公今雲臺仙，輕強垂百齡。支筇歌紫芝，倚松誦黃庭」等句，描寫高之問常有子孫相隨，與他遠遊，正符合居簡所說的「白叟黃童亦快瞻」。而他以近百歲之高齡，拄著青筇杖，唱著隱逸避世之「紫芝曲」，倚著松樹誦《黃庭經》，真是一幅「情高趣遠，縱其天遊，樂以忘返」的圖畫。[204]元肇用詩將高之問退隱園林的閒適生活表達得如此深刻，正是他與高之問長期結交，道義相合的結果。也就是因此，元肇還寫了〈挽高鼓院〉一詩，悼念高之問的棄世。詩云：

葉墮遙空萬景沈，致身誰不重傷心。
仕當釣石歸來蚤，閑比香山樂更深。

一片新碑難載德，百年故土絕遺音。
定從兜率天中去，莫向桃源路上尋。[205]

此詩首二聯表達他對高之問去世的傷感，[206]同時稱讚他早年致仕，歸來釣台，享受比香山居士白居易（七七二—八六四）更深的閑退之樂。後兩聯說他德高望重，新鑄立的墓碑也難以完全記載，而他的妍詞麗句也成了百年故土的絕響了。元肇希望他能往生至彌勒世界的兜率天上，[207]而不到桃源路上去尋找他的歸宿，這難道不是知己之言嗎？

（十八）杜庶

元肇詩集裏有〈送杜守〉一詩，疑此「杜守」是杜庶（一二一一—一二六一）。杜庶字康侯，邵武人，是理宗朝刑部尚書、龍圖閣學士杜杲（一一七三—一二四八）之子。杜杲以禦元兵建功，而杜庶從父歷於兵間，習邊事，未入仕便已屢建戰功。他與其父一樣，制閫兩淮，頗為地方百姓敬愛。先後以朝議大夫淮東制置大使司參議官、淮西提刑、直寶文閣知隆興府兼江西運副、湖北運判兼知鄂州、直秘閣淮西提刑兼知廬州淮西安撫副司公事，最後於開慶元年（一二五九）至二年（一二六〇）以大理少卿淮東轉運副使、兩淮制置大使兼知揚州。[208]杜庶「通宋典故，善為文」，[209]可能因任兩淮制置使而與元肇有交往。他在開慶二年（一二六〇）四月，從揚州卸任後入朝，以直寶文閣知隆興府、江西轉運副使。元肇此時在徑山任住持，大概因杜庶之履新而寫詩送別。詩中首聯「一麾長嘯靜邊陲，丹詔飛催上玉墀」，是說他隨父於江淮抗元兵，屢建軍功，使淮甸安寧，深為皇帝所知，故被詔入朝面聖。頷聯「送別莫辭行路遠，感恩深是到州時」，是表達自己願行遠路送行，實是為感恩之故。頸聯「名垂峴首山能重，誓指江流水自知」兩句，當指他任湖北運判，兼知鄂州時，已經聲名籍甚。湖北之襄樊為軍事要地，為抗元重鎮，峴首山在襄陽，為其轄區，故說他望重一時，能「名垂峴首山」。「誓指江流」一句，是指他抗元之決心，令人想起晉祖逖（二六六—三二一）「中流擊楫」之誓言。⑳詩之尾聯「他日登臨見遺愛，太平樓外柳絲絲」之句，則是期待他惠民愛物的德政，可以令大家享受太平。在杭州之太平樓上，樂見絲絲楊柳的新綠。㉑太平樓據說是紹興朝初期秦檜為粉飾太平所建之酒肆。㉒元肇將太平樓嵌入其詩，或許是企盼杜庶的綏靖邊亂及經世濟民之功，能將過去的粉飾太平轉化為真正的太平吧。

（十九）王郎中

王郎中的生平事不詳，據元肇詩看來，他是歷陽人，自號梅山，與元肇有詩唱和，元肇視之為知音，也曾去其府上盤桓。元肇詩句「舉世無知己，惟公識此心。朝來惠新作，三歎有餘音」，證明兩人既為詩友又為知音，元肇和其新作，深感其餘音之繞樑。㉓其〈梅山〉一詩，說梅山是王郎中自號，而「歷陽風土秀，清氣在梅山。自古英靈出，垂名天地間」等句，則證明王為歷陽人，與紹興朝狀元張孝祥（一一三二—一一六九）及唐元和時期的張籍（約七六七—八三〇）為同鄉，不愧「英靈出」之語。故同詩的下兩句「相傳司業句，又逐省郎還」，暗示王郎中能以張籍（七六八—八三〇）之詩才，角逐省郎還鄉。㉔〈小閣〉一詩，描寫王郎中能安於婆娑小閣，將它布置成一安樂窩。雖然人或不堪其狹隘，但他卻以能在其中吟哦而自足。他的安樂自適，表現於元肇的「愛日烘窗暖，承簷聽雨多」一聯。但「來春在鈴下，思治作民和」兩句，則顯示元肇期望王郎中來春任官之後，能夠用心於治理政事，以達吏安民和之境。㉑⑤

（二十）宋宗室多位

元肇還是多位宋宗室趙氏王孫之友，與他們屢有酬唱。這些趙氏王孫，除了上文的趙汝回、趙崇滋外，因為多以官職見於元肇詩集，而且線索有限，甚難稽考。也由於元肇的贈詩所含的資訊不足，所以有時就難以解析。故以下所論或有誤判或誤解之處，只能聊備一說。

這些贈趙氏王孫之詩中，應有贈趙崇嶓（一一九九—一二五六）者，如〈雪中訪趙守宗簿〉即是。趙崇嶓字漢宗，號白雲山人或白雲先生，居南豐。嘉定十六年（一二二三）進士，為人「清俊灑落，富有文采，超然為宗籍冠。」㉑⑥先後任撫州金溪主簿，又任贛州石城及嚴州淳安令。㉑⑦為政清明，所至有聲，為理宗所器重，升大宗正丞，故元肇詩題亦以趙宗簿稱之。寶祐三年（一二五五），他任朝散大夫，次年卒。趙崇嶓熱心詩詞，其詞多閨怨之作，詩則往往有出塵之想，與其仕宦及事功大不相類。其好友宏齋包恢（一一八二—一二六八）稱他「詩文英發，清新俊逸。書畫緒餘，神變出入。世間之事，細大畢明。世間之藝，遊戲俱精。早擢高科，仕如素宦。隨仕而事，何事不辦。腹笥詩書，文事有譽。胷中甲兵，武略有餘。出其智勇，平幾寇患。有如儒將，累功何限？」㉑⑧可以說文事武功都有過人之能，有「儒將」之表現。元人劉壎說他「忠鯁如漢更生，詞華如唐太白」，將他的為臣子之忠比作西漢之劉向（西元前七七—七），詞藻之富比作唐之李太白。又說他的奏牘切直，為朝野所推重。㉑⑨「思致不群，超出世俗。」㉒⓪他在藝術上也很出色，「平生工字學，尤善作數尺字，筆法遒勁。」[221]江、浙名匾多出其手。著有《奏議》、《白雲稿》、《酒邊集》等，皆已佚失，僅存詞集《白雲小稿》一卷。

趙崇嶓與詩僧多人為方外交。其中以天台芳庭斯植、杭僧文珦（一二一一—？）及元肇為最厚。斯植視之為知交，曾作〈挽白雲趙寺丞〉以悼其亡，末有「交餘多感慨，那忍見遺文」之句，其詞甚哀。[222]文珦亦有詩答趙崇嶓，末有「吟詩貧到骨，白雲古知音」之句，也是視趙崇嶓為其知音。[223]元肇的〈雪中訪趙守宗簿〉可能都是他在中央任職時住杭州所作。詩云：「終歲揜柴荊，雪中乘興行。水光相莽蒼，雲意自縱橫。風壓孤舟重，煙消野店明。休尋戴安道，且訪謝宣城。」[224]大致抒寫他訪趙崇嶓時風雪凝重之景象。其「雲意自縱橫」之句，語意雙關，有指趙崇嶓如閒雲般悠閒自在之意，正是他號白雲之理想。詩末之戴安道，指的是東晉雕塑家及畫家戴逵（三二六—三九六），因王徽之雪夜拜訪其居，經宿方至卻不見而返之故事而為名更顯。王徽之「乘興而行，興盡而返，何必見戴」之語，促發了後世許多詩人表達其訪友不遇而隨緣的曠達精神。元肇的「雪中乘興行」也未嘗不是受其啟發。但「休尋戴安道」一句，卻是表示他尋找的不是隱士戴安道，而是詩人謝宣城。謝宣城指的是南朝齊謝朓（四六四—四九九），號稱小謝。因為曾任宣城太守，故稱謝宣城。宣城在宋為宣州，屬寧國府。趙崇嶓並未在該地任官，元肇詩說「且訪謝宣城」，不無將趙崇嶓比作小謝之意。

元肇另有〈送趙守寺丞除郎〉詩，略云「專城不兩年，千騎促朝天。星宿明前席，江神護奏篇。梅開堠亭雪，柳綻御樓煙。悵望寒汀晚，蘆花一釣船。」[225]此詩所贈對象之身分不明。詩題有「趙守」一語，顯示此人曾任州守。而「專城不兩年」一句，又指出他任州守時間未及兩年，即奉命由地方州守入中央為郎官。但「星宿明前席，江神護奏篇」兩句似專指其奏牘之可貴，而奏牘正是趙崇嶓之所長，難道也是贈趙崇嶓之作？只是史書無趙崇嶓任過州守之記錄，不知是缺載，抑是元肇把他的官職弄錯？如係史書缺載，則此詩與〈和趙寺丞中秋韻〉之「趙寺丞」也可能都是與趙崇嶓唱和之詩。後者有云：「太守能詩趙倚樓，良宵開宴領清秋。挂簷玉鑑明如洗，劃漢銀河近欲流。雅興自來輕庾亮，頌聲翕爾變營丘。關河萬里須長嘯，莫問膏腴在橘洲。」㉖只有趙崇嶓這位寺丞才當得上詩中的「趙倚樓」。也只有趙崇嶓當得起「雅興」、「頌聲」、「關河」、「莫問」等句的描述。因為他是位儒將，正是東晉庾亮（二八九—三四〇）一類人物。他又長於詩，也當得起趙倚樓之名。趙倚樓指的是唐會昌朝詩人趙嘏（八〇六—八五三）。其人為詩贍美，多興味。杜牧（八〇三—八五二）嘗愛其「殘星幾點鴈橫塞，長笛一聲人倚樓」之句，吟歎不已，人因稱之為趙倚樓。㉗即使不是趙崇嶓，此位兼寺丞之趙太守必曾請元肇參加他的中秋晚宴，還贈其所作中秋詩請元肇唱和。元肇曾寫〈趙寺丞壽疏〉一篇，應該也是為他祝嘏之作。疏云：「住近篇臺，難老仙家日月；香凝燕寢，蹔為王室屏藩。凡千里再使風俗之淳，無一物不躋仁壽之域。適臨誕日，聊致頌聲。闡秘典於西乾，陪福星於南極。伏願緇衣改造，雖鄭伯之賢好留；袞服光華，待周公之歸已久。」㉘「鄭伯」、「周公」之喻，當然都是頌揚之詞，但不是與他有深厚交情之友，元肇也不至於如此熱心。

另一位趙氏王孫是趙汝績（生卒年不詳），也就是元肇〈寄趙山臺蓮花方丈〉一詩題裏的趙山臺。趙汝績字庶可，號山臺，浚儀（今河南開封）人，寓會稽。他是太宗八世孫，與戴復古、戴昺（一二一九進士）等人頗有唱和，也與多位詩僧交遊。他著有《山臺吟稿》，已佚，遺詩見於《江湖後集》。山臺實為趙汝績住處的庭園，又稱「蓮花方丈」，名盛一時，多位禪僧曾受邀遊觀。無文道璨（一二一三—一二七一）曾訪其居，並寫〈寄題趙山臺蓮花方丈〉一詩曰：「四壁縱橫都十尺，門對若耶溪水碧。畫闌漠漠吹香風，綠窻練練浮秋色。中有詩家白玉顏，飲露沐芳度朝夕。當軒大坐眼波橫，只許詩人來入室。」㉙此詩不但寫趙汝績山臺之所在，亦即會稽府城南二十五里若耶溪對面，㉚還寫主人翁玉顏不老、飲露沐芳似的道人生活及他對詩人之優遇。其描寫使趙汝績之狀貌，栩栩如在目前。元肇的詩，標題與道璨詩相似，內容也足與道璨詩相輝映。其詩曰：「十尺方圍地，一枰雲錦衣。禪心不著水，天女暗投機。莫道榮枯異，誰云語默非？荷間休結屋，趣入道山歸。」㉛此詩應該是描寫趙汝績在周圍十尺的「蓮花方丈」內獨坐參禪，不著世相，就像白蓮花一樣，「在水不著水」。㉜而天女暗中窺探，知他能語默靜慮，為足以機緣投契之人。詩中還勸他勿以為榮枯有什麼分別，而語默靜慮有什麼錯誤。也不要在蓮花臺上結草屋而住，因為這樣他才能真正趣入正道，歸於覺地。元肇之原意，是否如此，不敢斷言。但就他寫所用的警悟之詞來看，亦可窺見他與趙汝績交情之厚，可以相對直言了。

從元肇與以上十幾位官宦文士的交遊互動來看，元肇熱衷於詩是毫無疑問的。他的好友善珍對他沈迷於詩作的描述也是相當寫實的。葉適對他的另眼相看，更是不難理解的。他的詩表現出對儒家性情、禮義及世間友情、道義的重視。所以他的許多知音都是文士，而對他們是充滿繾綣之情的。他也是本著這種性情、態度及觀點去論詩作，而有「詩本乎情性，正乎禮義，不蘄世知而知之者也。年來江湖吟社，皆沽衒相高，有如壟斷，風雅之道熄矣。清軒轍半天下，卒老于吟，多悲歌感古之真氣，未嘗以事干謁，可謂知本者也」之說。㉝這段文字是他題詩人劉文伯（生卒年不詳）的詩卷所寫。劉文伯是福建建陽人，從朱熹之父韋齋先生朱松（一〇九七—一一四三）遊，時以鄉試條對之文呈朱松請教。[234]朱松認為其文「條鬯精密，無中年衰憊之氣。」然無所遇合，見黜於場屋。[235]故歸而於其所居之東，闢屋若干楹，「花藥在列，萩竹以為陰」，榜曰：「清軒」。並讀誦書史於其間，客至則瀹茗論文，悠然不知日之夕也。[236]元肇稱之為劉清軒，於論其詩之外，兼論其人，似對他頗有認識。故在推崇他能夠直抒「情性」，表現「悲歌感古之直氣」，又不以事干謁之同時，對當時江湖詩社「沽衒相高」之風氣表示遺憾，以其有害「風雅之道」也。雖然如此，以上官宦文士，對他來說，雖或有親疏之不同，應該都是劉文伯之流亞。元肇與他們或結為詩友，或交成莫逆，來往酬唱，也足以盡其平生了。凡此皆足以證明元肇的禪僧生涯其實是非常入世的，可以說是遊走於入世與出世之間，故有嘲弄與調侃這種自我矛盾之詩句曰：「靜倚晴窗笑此生，出遊歸隱兩無成。」[237]也就是說，他的生活並不拘拘於禪院的規制，也不受囿於文字有礙於禪的認知。他的相當文士化的生活，既是文士樂與他結交酬唱的原因，也是他塑造自己為文學僧的條件。這種文學僧的角色，更因為他的熱衷於書畫而顯得活潑與富有生趣，對南宋禪文化之蛻變，有承先啟後之功。下章就以其翰墨之趣，進一步申論此觀點。

【注釋】

①《藏叟摘稿》（東京：國會圖書館藏，寬文十二年藤田六兵衛刊，一六七二）下卷，〈跋淮海塔書軸後〉，P.16b。

②同前註。

③元肇，〈水心先生三首并序〉，《淮海挐音》卷下，P.1ab。按：元肇述文暢之語，出自韓愈所云：「浮屠師文暢喜文

章，其周遊天下，凡有行，必請於搢紳先生，以求詠歌其所志。」見馬其昶，《韓昌黎文集校注》卷四，〈送浮屠文暢師序〉，P.147。

④同前註。

⑤葉適曾說：「佛學後出，其變為禪，喜其説者以為與孔子不異，亦挽十翼以自況，故又為儒釋。本朝承平時，禪説尤熾，儒釋共駕異端，會同其間，豪傑之士有欲修明吾說以勝之者，而周張二程出焉，自謂出入於佛老甚久矣，而曰吾道固有之矣。故無極太極、動靜男女，太和參兩，形氣聚散，絪緼感通，有直內、無方外，不足以入堯舜之道，皆本於十翼，以為此吾所有之道，非彼之道也。及其啟教後學，於子思、孟子之新説奇論，皆特發明之，大抵欲抑浮屠之鋒鋭，而示吾所有之道若此。然不悟十翼非孔子作，則道之本統晦矣。不知夷狄之學，本與中國異」見葉適，《習學記言》（臺北：臺灣商務印書館，影印文淵閣《四庫全書》本，一九八三—一九八六）卷四九，P.20b-21a。關於葉適之斥「浮屠之妄」，可參看《宋元學案》（北京：中華書局點校本，一九八六）卷五四上的〈水心學案〉，P.1748。

⑥吳子良，〈水心詩〉，《荊溪林下偶談》卷四，P.4a。按：吳子良幼從水心弟子陳耆卿學，亦曾登葉適之門，故元肇深重之。

⑦《宋元學案》卷五四上，〈水心學案〉，P.1794。按：《宋元學案》之〈葉適傳〉是全謝山根據《宋史》〈葉適傳〉改訂，以《宋史》本傳未能為葉適辯白所受之誣也。「以修實政」一語，亦不見於《宋史》本傳，詳《宋史》卷四三四，P.12889。

⑧見《宋史》卷四三四，〈葉適傳〉，P.12889-12894。

⑨按：白居易官至刑部尚書，翰林學士。葉適曾官工部侍郎及吏部侍郎，名位稍低。

⑩「靈運池塘」用的是謝靈運「池塘生春草」之典故。「池塘生春草」一句，在謝靈運的〈登池上樓〉一詩，見謝靈運，《謝康樂集》卷三，P.9b。鍾嶸《詩品》引《謝氏家錄》云：「康樂每對惠連，輒得佳語。後在永嘉西堂，思詩竟日不

就。寤寐間，忽見惠連，即成『池塘生春草』。故常云：『此語有神助，非吾語也。』」見鍾嶸《詩品》（臺北：臺灣商務印書館，影印文淵閣《四庫全書》本，一九八三—一九八六）卷二，P.6a。元肇以此說明謝靈運好詩而不廢，連寤寐之間都在作詩。

⑪ 見錢仲聯，《韓昌黎詩繫年集釋》卷十二，韓愈詩〈送諸葛覺往隨州讀書〉，P.564-565。

⑫ 杜甫，〈夜宴左氏莊〉，《杜詩詳註》卷一，P.22。

⑬ 王齊叟，〈失調名〉，《全宋詞》（北京：中華書局，一九六五）第一冊，卷四九，P.358。

⑭ 李頻，〈朔中即事〉，《全唐詩》卷五八七，P.17。

⑮ 按：此句又可解作：有幸遇到享有四海聲名的永嘉葉適。但為了使「四海聲名」與「十年缾鉢」相對應，還是解成因永嘉葉適之賞識而享有四海聲名。

⑯ 李碩，〈臨別送張諲入蜀〉，《全唐詩》第四冊，卷一三二，P.1344。

⑰ 葉適，〈王簡卿侍郎以詩贈王孟同王成叟之姪也輒亦繼作〉，《水心集》卷六，P.24b-25a。

⑱ 按《晉書》，葛洪聞交趾出丹砂，求為勾漏令。而根據宋．祝穆《方輿勝覽》「容州弜山川」條：「勾漏山，在普寧縣，其岩穴多勾曲而穿漏，故名。平川中石峰千百，皆豎立特起，周回三十里，相傳葛翁嘗修煉於此。」

⑲ 關於「奪胎換骨」之說，見惠洪《冷齋夜話》，世以為黃庭堅所說，但山谷文集無此語。吳曾在其《能改齋漫錄》（臺北：臺灣商務印書館，影印文淵閣《四庫全書》本，一九八三—一九八六）辯山谷必不會說此而曰：「洪覺範《冷齋夜話》曰：『山谷云：詩意無窮而人之才有限，以有限之才追無窮之意，雖少陵、淵明不得工也。然不易其意，而造其語，謂之換骨法；規模其意形容之，謂之奪胎法。』予嘗以覺範不學，故每為妄語。且山谷作詩，所謂『一洗萬古凡馬空』，其肯教人以蹈襲為事乎？」見卷十，P.29ab。元人王若虛竟說：「魯直論詩有奪胎換骨、點鐵成金之喻，世以為名言，以予觀之，特剽竊之黠者耳。魯直好勝而恥其出于前人，故為此強辭而私立名字。」《滹南遺老集》（上

海：商務印書館，《四部叢刊初編》本，一九三六）卷四十，P.4b。「靈丹一粒，點鐵成金」之語見山谷，〈答洪駒父三首〉，《豫章黃先生文集》（上海：商務印書館，《四部叢刊初編》本，一九三六）卷十九，P.21b。

⑳ 元肇，〈次水心先生鴈山韻〉，《淮海挐音》卷下，P.38b-39a。

㉑ 葉適，〈虎長老修雙峰〉，《水心集》（臺北：臺灣商務印書館，影印文淵閣《四庫全書》本，一九八三—一九八六）卷七，P.21ab。按：「窮搜石怪」或作「窮鎪石怪」；「西僧」或作「胡僧」；「強扶」或作「強夫」。見葉適，〈虎長老修雙峰〉，《水心先生文集》（上海：商務印書館，《四部叢刊》本，一九三六）卷七，P.14b-15a。筆者以為「窮鎪」較「窮搜」為佳，「胡僧」較「西僧」為妥，「強扶」較「強夫」為有意義。

㉒ 明．朱鑑，《鴈山志》（臺北：明文書局，中國佛寺志彙刊第三輯第十冊，一九八〇）卷二，P.138。

㉓ 按：「矩那」應指「諾矩那」，又譯為「諾矩羅」是十六羅漢之第五，據説從西域來，隱居於雁蕩山。樓鑰的〈大龍湫〉一詩有句云：「北上太行東禹穴，雁蕩山中最奇絕。龍湫一流天下無，萬象贊揚同一舌。行行路入兩山間，踏碎苔痕屐將折。山窮路斷腳力盡，始見銀河落雙闕。矩羅宴坐看不厭，騷人弄詞困搜抉……」其中的「矩羅」即是指「諾矩那」。見樓鑰，〈大龍湫〉，《攻媿集》卷一，P.13ab。

㉔ 按：查原詩之「孔總」是南朝隱逸，為孔道徽兄子，據説有操行，遇飢寒，不可得衣食，縣令吳興丘仲孚薦之，除竟陵王侍郎，竟不至。見《南史》．卷七五，〈隱逸傳上〉，P.1881—1882。「謾孔總」一語，難以解釋，清光緒朝修的《樂清縣志》，引用此詩時遂將「孔總」改為「倥傯」，或較可解。見李登雲修、陳珅撰，《光緒樂清縣志》（清光緒二十七年修，民國元年補刊）卷十五，P.17b。

㉕ 按：杜甫〈戲題王宰畫山水圖歌〉起句為「十日畫一水，五日畫一石」，應是元肇「輞川無人王宰死，五日十日徒勞形」兩句靈感之來源。杜甫詩，見《杜詩詳註》卷九，P.754。

㉖ 按：「二妙」之義甚多，此處疑指詩與書法。如南宋鄭清之所謂：「坡仙至錢塘，特與辨才師為世外交。師歸老龍井，

坡為作二志亭詩，一時名勝多與之遊。瑰詞藻翰，衣被泉石，至今枯槎斷壁間，奕奕飛動。獨少游記文得元章書，二妙相輝，宜耀不朽。」見鄭清之，〈少游題龍井跋〉，《安晚堂集》〈輯補〉卷。

㉗ 元肇，〈水心先生挽章二首〉，《淮海挐音》卷上，P.32b-33a。

㉘ 葉適，〈送劉晉卿〉，《水心集》卷八，P.13b。

㉙ 見下文引周弼之序文。

㉚ 元肇，〈寄吳荊溪大監〉，《淮海挐音》卷上，P.26b-27a。

㉛ 劉克莊，〈哭吳卿明輔二首〉，《後村先生大全集》卷二四，P.8a。

㉜ 朱熹，《朱子語類》（臺北：臺灣商務印書館，影印文淵閣《四庫全書》本，一九八三—一九八六）卷一三七，P.42a。

㉝ 皇甫湜，〈韓文公墓誌銘（並序）〉，《皇甫持正集》（臺北：臺灣商務印書館，影印文淵閣《四庫全書》本，一九八三—一九八六）卷六，P.6a。

㉞ 譬如，錢基博先生曾論皇甫湜文說：「今觀所作，欲學韓愈之怪怪奇奇，而不能；識議文章，不如李翱遠甚，而矜己自足過之。」又說其文：「敍事不見端委，而拗調澀句，刺口棘舌；議論亦無本末，而矜氣夸調，連篇累章。惟〈韓文公墓銘〉，字鑄句鍊，效韓愈〈曹成王碑〉、〈貞曜先生墓誌銘〉筆意，無一率語，字字如履危崖而下；然骨重而神流，遙逸橫生；他未能稱也。」見錢基博，〈韓門弟子記第五〉，《韓愈志》（臺北：河洛圖書公司，一九七五）P.93。

㉟ 《宋史翼》卷二九，〈吳子良傳〉，P.11ab。按：吳子良之任職於國子監，史傳都無記錄。

㊱ 元肇，〈吳荊溪大監〉，《淮海挐音》卷上，P.33b-34a。

㊲ 李之亮，《宋代路分長官通考》，P.997。

㊳ 見前引大觀，〈淮海禪師行狀〉。按：吳子良於淳祐五年（一二四五）任兩浙運判，六年正月除左司郎官。見李之亮，

《宋代路分長官通考》P.860。由於元肇於淳祐六年入天台，吳子良可能在淳祐五年底招元肇。

㊴《絕妙好詞箋》卷三，P.5b。《寶慶會稽續志》（臺北：臺灣商務印書館，影印文淵閣《四庫全書》本，一九八三—一九八六）列尹煥於嘉定十年吳潛牓，見卷六，P.20b。《浙江通志》卷一二七，P.13a，P.252，15b。按：《淳熙三山志》說他是福建長溪人，寄居紹興府。見《淳熙三山志》（成都：四川大學出版社，《宋元珍稀地方志叢刊》本，二〇〇七）卷三一，P.1131。

㊵按：尹煥於淳祐六年（一二四六）任兩浙運判，七年離任，除左司。於李之亮，《宋代路分長官通考》P.860。

㊶元肇，〈寄尹教授〉，《淮海挐音》卷下，P.9b。

㊷元肇，〈寄江陰使君尹梅津〉，《淮海挐音》卷下，P.14a。按：「使君」是知某軍軍事一職的別稱，亦稱知軍。

㊸按：北宋詩人張耒仕途坎坷，多任官地方卑職，曾有詩句云：「傷心千里寄雙淚，催老此身初白頭。問舍求田未成計，青衫手板對人羞。」見《張耒集》（北京：中華書局點校本，一九九九）卷十三，〈感春六首〉之四，P.230。

㊹按：靈徹，或作靈澈，唐代詩僧。會稽湯氏子，雖受經論，尤好篇章。與皎然遊，皎然以書薦於包佶、李紓，名由是而颺。貞元中西遊京師，名振輦下。得罪徙汀州，入會稽，歸東越吳楚間，諸侯多賓禮招迓之。終於宣州開元寺。有詩二十卷，劉禹錫為序。見《會稽志》（臺北：臺灣商務印書館，影印文淵閣《四庫全書》本，一九八三—一九八六）卷十五，P.42b-43a。又劉禹錫序謂：「[靈徹]雖受經論，一心好篇章，從越客嚴維學為詩，遂籍籍有聞。維卒，乃抵吳興，與長老詩僧皎然遊，講藝益至。皎然以書薦于詞人包侍郎佶，包得之大喜，又以書致于李侍郎紓。是時以文章風韻主盟於世者曰包、李，以是上人之名由二公而颺，如雲得風，柯葉張王。以文章接才子，以禪理說高人，風儀甚雅，談笑多味。貞元中，西遊京師，名振輦下，緇流疾之，造飛語激動中貴，人因侵誣得罪，徙汀州。會赦，歸東越。時吳楚間諸侯多賓禮招延之，元和十一年終於宣州開元寺。」見劉禹錫，〈徹上人詩集紀〉，《劉賓客文集》（臺北：臺灣商務印書館，影印文淵閣《四庫全書》本，一九八三—一九八六）卷十九，P.17b-18a。按：《吳興備志》引此文，

雖誤為權德輿所作，但「柯葉張王」讀作「柯少葉張」，似較通順。見《吳興備志》卷十三，P.7b。又靈徹工詩，為詩人白居易、柳宗元、劉禹錫等人所推重。宋僧契嵩有詩讚之曰：「澈公之清如冰雪，高僧筆墨與人別。三十能詩名已出，名在詩流心在律，不殊惠遠殊惠休……」見契嵩，〈三高僧詩〉，《鐔津集》（臺北：臺灣商務印書館，影印文淵閣《四庫全書》本，一九八三—一九八六）卷二十，P.1ab。贊寧亦說他「稟氣貞良，執操無革；而吟詠性情，尤見所長。」又說：「建中貞元已來，江表諺曰：『越之澈洞冰雪。』可謂一代勝士。與杭標、霅晝，分鼎足矣。」見《宋高僧傳》（北京：中華書局點校本，一九八七）卷十五，P.369—370。元肇將靈徹之名入詩，無非是以靈徹自況罷了。

㊺ 見筆者《一味禪與江湖詩》（臺北：臺灣商務印書館，二〇一〇）第一章。

㊻ 《宋百家詩存》（臺北：臺灣商務印書館，影印文淵閣《四庫全書》本，一九八三—一九八六）卷二十，P.10a。《四庫提要》說《端平集》有十二卷。

㊼ 按：李龏，字伯和，號雪林，是《唐僧弘秀集》之編者。「人皆爭先求市」一語，應指求市其詩文。

㊽ 《宋百家詩存》卷三十，P.10a。

㊾ 范晞文，《對床夜語》（臺北：臺灣商務印書館，影印文淵閣《四庫全書》本，一九八三—一九八六）卷二，P.9b-10a。按：范晞文為馮去非之友，其《對床夜語》成於景定三年（一二六二）十月，馮去非為之作序。

㊿ 高士奇，〈《三體唐詩》原序〉，見《三體唐詩》（臺北：臺灣商務印書館，影印文淵閣《四庫全書》本，一九八三—一九八六）卷首序文部分，P.1ab。

(51) 此兩句疑是引用周弼詩的原句，可惜周弼詩已不存，無法查證。

(52) 元肇，〈周伯弜詩送僧至吳〉，《淮海挐音》卷上，P.16b。

(53) 此兩句中，「孤鴻影」一詞似出東坡〈卜算子〉詞，其詞上片曰：「缺月挂疏桐，漏斷人初靜，時見幽人獨往來，縹緲孤鴻影。」見《東坡詞》（臺北：臺灣商務印書館，影印文淵閣《四庫全書》本，一九八三—一九八六）P.38a；「三高」及「釣雪磯」應指吳江釣雪灘上的「三高祠」或「三高亭」。據宋・龔明之《中吳紀聞》說：「越上將軍范蠡、江東步兵張翰、贈右補闕陸龜蒙，各有畫像在吳江鱸鄉亭之旁。東坡先生嘗有吳江三賢畫像詩，後易其名曰『三高』，且更為塑像。臞菴主人王文孺獻其地雪灘，因遷之。今在長橋之北，與垂虹亭相望，石湖居士為之記。」見《中吳紀聞》（臺北：臺灣商務印書館，影印文淵閣《四庫全書》本，一九八三—一九八六）卷三，P.3a。宋・范成大《吳郡志》亦說：「三高祠在吳江縣垂虹橋南，即王氏臞庵之雪灘也。昔堂在垂虹南圯，極偏仄。乾道三年，縣令趙伯虛徙之雪灘。三高者，范蠡、張翰、陸龜蒙也。此祠人境俱勝，名聞天下。」注云：「乾道三年吳江縣新作三高祠成。三高者，越上將軍姓范氏，是為鴟夷子皮；晉大司馬東曹掾姓張氏，是為江東步兵；唐贈右補闕姓陸氏，是為甫里先生。三君生不並世，而鴟夷子皮又嘗一用人之國，功大名顯而去之。季鷹、魯望，蕭然臞儒，使有為於當年，其所成就固不可喻[踰]度，要皆以得道見微、脫屣天刑，清風峻節相望於松江太湖之上，故天下同高之，而吳江之人獨得奉烝嘗以夸於四方。」見《吳郡志》（臺北：臺灣商務印書館，影印文淵閣《四庫全書》本，一九八三—一九八六）卷十三，P.1a-3a。又宋・鄭虎臣《吳都文粹》亦有同樣記載。

54 龔延明，《宋代官制辭典》，P.485。

55 參看李之亮，《宋代路分長官通考》（成都：巴蜀書社，二〇〇三），P.566。

56 周弼有〈題滕王閣〉詩曰：「高閣巍峨接水濱，興亡纔問便傷神。鳴鸞東閣知何處，跨鶴西山別有人。柳映落霞江渚暮，草鋪斜日野田春。群鷗亦厭多悲感，偏與忘機客最親。」見《端平詩雋》卷三，P.2a。元肇此句，顯然是指周弼此詩。

57 元肇，〈送周伯弜帳管（君嘗為江夏令、江西漕幕）〉，《淮海拏音》卷下，P.15a。

58 元肇，〈周伯弜明府〉，《淮海拏音》卷上，P.34a。

59 此應是指周弼辭世之作，亦可視為他的絕筆詩。

⑥⓪ 《淮海拏音》卷首序之一。

⑥① 《四庫全書提要》卷一八七，〈《三體唐詩》提要〉，P.3903。

⑥② 《淮海拏音》卷首序之一。

⑥③ 同前註。

⑥④ 元肇，〈寄趙東閣〉，《淮海拏音》卷上，P.13b-14a。

⑥⑤ 按：蘇軾之〈次韻蔣穎叔錢穆父從駕景靈宮二首〉之一有句云：「半白不羞垂領髮，軟紅猶戀屬車塵。」其自注曰：「前輩戲語有『西湖風月不如東華軟紅香土。』」此似為元肇「東華軟紅」一語之所本。不過，蘇軾所說的「東華」，是北宋首都開封的東華門。而元肇所指之東華，則應為杭州大內的東華門。蘇軾詩及自注，見《蘇軾詩集合注》卷三六，P.1816。

⑥⑥ 元肇，〈趙東閣奏院〉，《淮海拏音》卷上，P.34a。

⑥⑦ 《萬姓統譜》（臺北：臺灣商務印書館，影印文淵閣《四庫全書》本，一九八三—一九八六）卷八三，P.26ab。

⑥⑧ 俞文豹，《吹劍錄外集》（臺北：臺灣商務印書館，影印文淵閣《四庫全書》本，一九八三—一九八六）P.68b。

⑥⑨ 見《全芳備祖》（明毛氏汲古閣本）前集卷八、後集卷十。

⑦⓪ 《詩家鼎臠》（臺北：臺灣商務印書館，影印文淵閣《四庫全書》本，一九八三—一九八六）卷上，P.21b。

⑦① 元肇，〈次韻趙竹所書詩卷後〉，《淮海拏音》卷上，P.16ab。「莫」，古通「暮」。

⑦② 譬如無文道璨及物初大觀都稱他馮宗諭或馮常簿，見筆者《一味禪與江湖詩》及《無文印的迷思與解讀》。

⑦③ 《宋史》卷四二五，P.12677；《宋詩記事》卷六六，P.4a。按：馮去非之生年，《宋人傳記資料索引》說是一一九二，但以文中「馮深居長余二十三歲」之語推算，應是一一八八年。其卒時，年已八十餘。關於馮去非的禪門弟子，參看筆者《一味禪與江湖詩》及《無文印的迷思與解讀》。

(74) 韓淲，〈述意〉，《澗泉集》（臺北：臺灣商務印書館，影印文淵閣《四庫全書》本，一九八三—一九八六）卷十四，P.3b。

(75) 韓淲，〈淨慈西堂簡敬叟〉、〈九日湖上寄銛師〉及〈次韻銛師壁間句四首〉，《澗泉集》卷五，P.29a；卷十七，P.45b、46b。

(76) 同前書，卷下，P.20ab。

(77) 按：《舊唐書》，「唐武德九年，揚州移治江都，改金陵為白下縣。貞觀七年，復移[白下至]今所。九年改為江寧縣。至德二年二月置江寧郡。」宋時白下郡屬江寧府。

(78) 李白，〈金陵白下亭留別〉，《李太白全集》卷十五，P.353。按：白下亭在今建康東門外。

(79) 按：清涼寺在建康城西，元肇說「白下東」或指城東的白下亭。

(80) 《淮海挐音》卷下，P.36b。馮去非之罷官，見前引《宋史》馮去非本傳。

(81) 李白，〈登金陵鳳凰台〉，《李太白全集》卷二一，P.478-479。

(82) 《宋史》卷四二五，P.12677。

(83) 韓淲，〈秋懷〉，《澗泉集》卷四，P.27ab。按：〈秋懷〉為數首詩組成，多本陶詩命意而作。

(84) 韓淲，〈餘干黃師求北窗詩〉，《澗泉集》卷二，P.9a。

(85) 韓淲，〈次韻張令郊行〉，《澗泉集》卷十七，P.15a。

(86) 見戴復古，〈哭澗泉韓仲止二首〉，《石屏詩集》卷四，P.6a。

(87) 元肇，〈見海門韓宰〉，《淮海挐音》卷下，P.8ab。按：韓淲有《澗泉集》及《澗泉日記》傳世。《宋史》無傳，生平事迹有關記載甚缺。筆者以為「海門韓宰」指韓淲，實是因為此詩喻指淵明之處甚明。

(88) 陶潛，〈飲酒十二首〉之五，《箋注陶淵明集》（上海：商務印書館，《四部叢刊》初編本）卷三，P.12a。

89 韓淲，〈寄淮聖僧元肇〉，《澗泉集》卷十二，P.19a-20b。

90 《全唐詩》（北京：中華書局，一九九九）卷八二五，〈送僧〉，P.9292。

91 見《宋書》，卷六七，〈謝靈運傳〉P.1775；《南史》，卷十九，〈謝靈運傳〉，P.540。

92 《姑蘇志》卷五一，P.39a。按：趙汝述，字明可，太宗八世孫。曾祖士說，從二帝北遷，臨河罵敵而死。汝述累官兵部侍郎，以母憂去，服闋，改刑部侍郎，遷尚書，知平江府，卒於任上。按：《吳郡志》說趙汝述於嘉定十五年以華文閣直學士、正議大夫守平江，五月二十九日到任，十二月二十日乞守本官致仕，但《宋史》卷二四七本傳說他「改刑部侍郎，遷尚書，知平江府，卒。」見李之亮，《宋兩浙路郡守年表》P.124。

93 按：《宋史》說汝述「為時相所親，躐躋通顯，人亦以此少之。」「時相」指的是史彌遠。史稱史彌遠任相二十六年，所用耳目、爪牙及趨附用事者有「三凶」、「四木」之稱，趙汝述與薛極、胡榘、聶子述等俱在「四木」之列，這可能是他卒後，賓客皆散去之故。「四木」之記載，見畢沅，《續資治通鑑》卷一六七，然「三凶」、「四木」之謠，南宋已盛傳，吳泳就曾說：「逮至三凶四木之遙，一二年以後，國論遂變矣。」見吳泳，〈論元祐、建中、嘉定及今日更化疏〉，《鶴林集》（臺北：臺灣商務印書館，影印文淵閣《四庫全書》本，一九八三—一九八六）卷十七，P.14a。

94 元肇，〈方蕙巖宅〉，《淮海挐音》卷上，P.14b-15a。

95 元肇，〈訪方蕙巖不值〉，《淮海挐音》卷上，P.14a。

96 按：方萬里於紹定五年知江陰軍，端平元年卸任，在江陰軍約三年。

97 元肇，〈送方常簿赴召〉，《淮海挐音》卷下，P.15ab。

98 按：太常寺主簿或簡稱太常寺簿、主簿，但宋人時以「常簿」稱之。是職事官，掌稽考、點檢本部簿書，並掌出納文書，與聞禮樂之事，為從八品，位甚卑。見龔延明，《宋代官制辭典》（北京：中華書局，一九九七），P.274。

(99) 元肇，〈次方蕙巖行春韻〉，《淮海挐音》卷下，P.13b-14a。

(100) 見朱熹注，《論語》，卷六，〈先進第十一〉，（臺北：世界書局，《四書集注》本，一九六〇），P.77。

(101) 同前書，朱熹注語。

(102) 按：洞庭山在太湖湖中，有東、西二山，西山最廣。見《吳郡志》卷十五，P.6a。

(103) 元肇，〈方蕙巖常簿二首〉，《淮海挐音》卷上，P.33a。

(104) 按：此聯之「棠蔭」與「桂枝」當都是抽象的用法，分指政績與人才。

(105) 按：「別天」之義不甚詳。是否為《真誥》所說的「王屋山，仙之別天」？

(106) 《弘治八閩通志》卷七十，P.6ab。

(107) 元肇，〈祭上官右史文〉，《淮海外集》卷下，P.22b-23a。

(108) 明．邢址、陳讓修，《嘉靖邵武府志》卷八，〈選舉〉，P.32b。

(109) 《福建通志》卷四八，P.13b；《萬姓統譜》卷一三四，P.3a；《宋詩紀事補遺》卷六三，P.15b。「右史」一詞見《宋代官制辭典》P.173。

(110) 元肇，〈祭上官右史文〉，《淮海外集》卷下，P.22b-23a。

(111) 元肇，〈酬上官右史〉，《淮海挐音》卷上，P.27ab。

(112) 元肇，〈祭上官右史文〉，《淮海外集》卷下，P.22b-23a。

(113) 李銘皖、譚鈞培修，《同治蘇州府志》卷四六，P.23a。

(114) 元肇，〈上官右史慶幸堂〉，《淮海挐音》卷上，P.29a。

(115) 元肇，〈和上官右史韻〉，《淮海挐音》卷上，P.41b。

(116) 按：此詩「奚囊」就是「詩囊」的意思。據說唐詩人李賀「每旦日出與諸公遊，未嘗得題然後為詩，如他人思量牽合以及程限為意。恒從小奚奴，騎距驢，背一古破錦囊，遇有所得，即書投囊中。及暮歸，太夫人使婢受囊出之，見所書多，輒曰：「是兒要當嘔出心乃已爾！』」後遂以「奚囊」為「詩囊」。見李商隱，〈李長吉小傳〉，《李義山文集箋注》（臺北：臺灣商務印書館，影印文淵閣《四庫全書》本，一九八三－一九八六）卷十，P.10a。又「距驢」或作「蹇驢」；「受囊」或作「探囊」，見李賀《昌谷集》（臺北：臺灣商務印書館，影印文淵閣《四庫全書》本，一九八三－一九八六）附〈李長吉小傳〉。李賀之後，唐、宋人屢於詩中用「奚囊」以代「詩囊」。譬如，唐・白居易有詩句云：「先唐詩道昌，萬象繞吟筆。長吉窮巉怪，奚囊鎖永日。」見白居易，〈張持荷示詩編次韻一篇為謝〉，《香山集》（臺北：臺灣商務印書館，影印文淵閣《四庫全書》本，一九八三－一九八六）卷二，P.8b。宋・樓鑰有〈山陰道中〉一詩謂：「奚囊莫怪新篇少，應接山川不暇詩。」見《攻媿集》（上海：商務印書館，《四部叢刊初編》本，一九三六）卷七，P.1b。

(117) 元肇，〈和上官右史韻〉，《淮海挐音》卷下，P.18ab。

(118) 按：「身世兩相違」一句，本唐・宋之問〈春日山家〉一詩中「丘中無俗事，身世兩相違」之句。宋之問詩見《全唐詩》卷五二，P.635。

(119) 元肇，〈上官右史〉，《淮海挐音》卷下，P.21a。

(120) 按：「明光」一語當指明光殿，歷來為中書舍人之官署。宋代設舍人院、起居院等，為中書門下省之附屬機構，起居舍人居其中。故上官渙酉既罷起居舍人之職，自當離明光殿。又按，宋・鄭樵，《通志》云：「後漢章和以後，尚書為機衡之任。尚書郎含香握蘭，直宿於建禮門。太官供膳，奏事明光殿，下筆為詔誥，出語為誥令。曹公為魏王置祕書令典尚書奏事，則祕書之職近密，尚書之職疏遠。魏文帝初，改祕書為中書，自後歷代相沿並管樞密，而後漢尚書郎非今之尚書郎，乃中書舍人也。」見《通志》卷五二，P.31b-32b。

(121) 按：「婆娑」，閒散自得貌。班彪〈北征賦〉有句云：「登障隧而遙望兮，聊須臾以婆娑。」李善注云：「婆娑，容與之貌也。」可見「娑婆」與佛家語「娑婆世界」之「娑婆」不同。「娑婆世界」意指人世間的大千世界，是「堪忍」世界或「五濁」世界，與淨土相反。又葛洪曾說：「若夫王孫公子，優遊貴樂，婆娑綺紈之間，不知稼穡之艱難。」其「婆娑」一語，也有蕭散自得之意。班彪句，見《六臣注文選》卷九，P.22b。葛洪語見葛洪，《抱朴子外編》卷四，〈崇教〉，P.1b。

(122) 按：《禽經》曰：「鶴以怨望」故云「鶴怨」。見《海錄碎事》卷二二上，P.963。

(123) 按：邵武在福建，按理說上官煥酉應該是「南歸」，元肇說「西歸」，可能是就船開行的方向而言。

(124) 按：南宋．王奕，〈茂陵封禪壇〉一詩曰：「祥符天子舊明堂，二丈豐碑宿草荒。人世已非壇更是，摩挲老淚濕斜陽。」其末句，似為元肇詩所本。王奕詩見《玉斗山人集》卷二，P.21a。

(125) 見元肇，〈祭上官右史文〉，《淮海外集》卷下，P.22b-23a。

(126) 余嘉錫《四庫提要辨證》「隨隱漫錄」條引元至大二年（一三〇九）盱江周端禮所撰〈陳公隨隱先生行狀〉云：「[陳世崇]父藏一，宋隨龍忠翊郎、緝熙殿應制，東宮講堂說書兼兩宮撰述備咨問。」其生年見《四庫全書總目》（臺北：藝文印書館，一九七九）第八冊附余嘉錫《四庫提要辨證》卷十八，P.1104。

(127) 清．王世禎，《香祖筆記》（臺北：臺灣商務印書館，影印文淵閣《四庫全書》本，一九八三—一九八六）卷九。原文云：「『閉門不管庭前月，分付梅花自主張。』南宋陳隨隱自述其先人藏一警句，為真西山、劉漫塘所賞擊者也。」

(128) 陳世崇，《隨隱漫錄》（北京：中華書局點校本，二〇一〇）卷一，P.8。

(129) 同前註。

(130) 黃震，〈陳藏一後集序〉，《黃氏日抄》（臺北：臺灣商務印書館，影印文淵閣《四庫全書》本，一九八三—一九八六）卷九十，P.10a。

(131) 以上見《隨隱漫錄》（北京：中華書局點校本，二〇一〇）卷三，P.25。

⑬² 按：度宗為賈似道所立，每朝必答拜，稱之曰「師臣」而不名，此時獨相，大權在握，無人可比。見《宋史》卷四七四，P.13782。

⑬³ 見孔凡禮在《隨隱漫錄》卷首之點校說明，及該書卷末附〈關於《隨隱漫錄》及其作者陳世崇的研究資料〉，P.64-70。按：陳世崇卒於至大元年（一三〇八），年六十四歲，以此逆推，其生年應在一二四六年。

⑬⁴ 同前註。

⑬⁵ 見《隨隱漫錄》附余嘉錫辯證，P.69。

⑬⁶ 元肇，〈題陳藏一山房〉，《淮海挐音》卷上，P.15a。《隨隱漫錄》卷一，P.18。

⑬⁷ 見《隨隱漫錄》卷三，P.26。

⑬⁸ 周密，《增補武林舊事》（臺北：臺灣商務印書館，影印文淵閣《四庫全書》本，一九八三—一九八六）卷七，P.4a。

⑬⁹ 《江湖小集》卷十六，P.23a、25a。

⑭⁰ 《隨隱漫錄》卷三，P.26。

⑭¹ 周弼，〈寄杜北山〉，《端平詩雋》卷二，P.4ab。

⑭² 元肇，〈醻杜北山〉，《淮海挐音》卷下，P.34a。

⑭³ 按：《宋史》卷一八五，〈食貨志下七〉：「在京麴院酒戶鬻酒虧額，原於麴數多則酒亦多，多則價賤，賤則人戶損其利。」可見麴院為酒坊。

⑭⁴ 明・盧熊《（洪武）蘇州府志》卷三八，P.25a。《姑蘇志》（臺北：臺灣商務印書館，影印文淵閣《四庫全書》本，一九八三—一九八六）亦說：「湯仲友先名益，字端夫。」又明・張昶，《吳中人物志》說其先名益。《吳中人物志》卷九，P.9a。《宋詩紀事》記載亦同。《宋詩紀事》（臺北：臺灣商務印書館，影印文淵閣《四庫全書》本，一九八三—一九八六）卷八一，P.2b-3a。

⑮ 同前註。按：「二吳」應指吳淵（一一九〇—一二五七）及其弟吳潛（一一九五—一二六二）。

⑯ 按：吳淵於紹定三年（一二三〇）十二月初三入平江府，四年（一二三一）離任，淳祐七年（一二四七）再知平江。其弟吳潛於嘉熙元年（一二三七）八月守平江，次年離任。

⑰ 見《永樂大典》卷三一五〇，〈陳瀧〉條，P.7b。

⑱ 戴表元，〈題湯仲友詩卷〉，《剡源文集》（臺北：臺灣商務印書館，影印文淵閣《四庫全書》本，一九八三—一九八六）卷十八，P.24ab。

⑲ 袁桷，《清容居士集》（上海：商務印書館，《四部叢刊初編》本，一九三六）卷四八，P.6a。

⑳ 南宋・周密《浩然齋雅談》（北京：中華書局點校本，二〇一〇）有云：「葛嶺故相賈似道園池，留題者甚眾，獨吳人湯益字損之一詩，膾炙人口。」見該書卷中，P.35。《（洪武）蘇州府志》說他：「浪迹湖海，晚復歸吳。嘗自號西樓，有《壯遊詩集》。其〈過葛嶺賈相宅〉一篇最為人所稱。」見《（洪武）蘇州府志》卷三八，P.25a。又見《吳中人物志》（山東：齊魯出版社，一九九七）卷九，P.9a。《同治蘇州府志》卷七八，P.26b。這些後來之大概都本周密之說。

⑮1 元肇，《淮海挐音》卷上，P.17b。

⑮2 按：太平坊在蘇州樂橋西北太平橋巷，見《紹定吳郡志》卷六，P.23b；《嘉泰吳興志》卷二，P.7a。

⑮3 趙汝騰，〈陳平甫墓誌銘〉，《庸齋集》（臺北：臺灣商務印書館，影印文淵閣《四庫全書》本，一九八三—一九八六）卷六，P.16ab。

⑮4 陳振孫，《直齋書錄解題》（上海：上海古籍出版社點校本，一九八七）卷四，P.121。按：晁公武，《郡齋讀書記》說《皇朝編年備要》有二十九卷，《中興編年備要》有十卷，見《郡齋讀書記》（上海：商務印書館，《四部叢刊三編》本，一九三四）卷五上，P.19b。

⑮ 馬端臨，《文獻通考》卷一九五，卷一七一，P.41b-42a。

⑯ 元肇，〈次陳平甫提幹晚春韻〉，《淮海挐音》卷下，P.7b-8a。

⑰ 按：《漢書》云：「（揚雄）又旁《離騷》作重一篇，名曰《廣騷》。」見《漢書》卷八七上，〈揚雄傳〉，P.3515。又元肇詩中之「何慕」，疑為誤刻，當作「何篡」，指「何取」之意。揚雄，《法言》，〈問明篇〉原文謂：「鴻飛冥冥，弋人何篡焉？」司馬光注云：「故書篡作慕。《音義》曰：『《後漢書》〈逸民傳序〉引《揚子》，作弋者何篡。宋衷註云：篡取也，鴻高飛冥冥，雖弋人執繒繳何所施巧而取焉？』今篡或為慕，誤也。光謂『逆取』曰篡。」見《揚子法言》卷五，P.6b。

⑱ 《四庫全書總目提要》（臺北：藝文印書館，一九七九）卷一二四，P.2471-72；又見《欽定續文獻通考》（臺北：臺灣商務印書館，影印文淵閣《四庫全書》本，一九八三—一九八六）卷一七六，P.2b。

⑲ 見施清臣，〈吳縣學記〉及〈建吳井冽泉亭記〉《吳都文粹續集》（臺北：臺灣商務印書館，影印文淵閣《四庫全書》本，一九八三—一九八六）卷四，P.31b；卷三一，P.36b-37a。

⑳ 施清臣，〈詩二首〉，《全宋詩》（北京：北京大學出版社，一九九九）第六十二冊，P.39026。

㉑ 同前註。

㉒ 元肇，〈施東洲蒼雲〉，《淮海挐音》卷上，P.28a。

㉓ 《萬曆通州志》卷七，14b；《姑蘇志》（臺北：臺灣商務印書館，影印文淵閣《四庫全書》本，一九八三—一九八六）卷五七，P.17a。

㉔ 《瀛奎律髓》（臺北：臺灣商務印書館，影印文淵閣《四庫全書》本，一九八三—一九八六）卷四七，P.61b。按：印應雷於開慶元年（一二五九）十一月開始任軍器監、淮西總領財賦兼領江東運判，見李之亮，《宋代路分長官通考》（成都：巴蜀書社，二〇〇三），P.133、609-610。若此時招元肇，元肇已七十一歲。

⑯⑤《萬曆通州志》卷七，15a。

⑯⑥按：印應雷於開慶元年十一月入淮西總領財賦兼領江東運判，是在知溫州之後，大約知溫州時間是同年春，實繼趙汝回之後。參看李之亮《宋兩浙路郡守年表》，P.395。

⑯⑦按：謝靈運嘗任永嘉太守，在職一年，即稱病返鄉隱居，永嘉是溫州轄地。據《宋書》說：「廬陵王義真少好文籍，與靈運情款異常。少帝即位，權在大臣，靈運構扇異同，非毀執政，司徒徐羨之等患之，出為永嘉太守。郡有名山水，靈運素所愛好，出守既不得志，遂肆意游遨，……」見沈約：《宋書》（北京：中華書局，一九七四）卷六七，〈謝靈運傳〉，P.1753。按：「寶章」應是「寶章閣學士」之簡稱，但記錄上顯示印應雷只有直徽猷閣及端明殿學士之經歷。

⑯⑧按：「二難」是兄弟皆佳，難分高下之意。唐．包何〈和苗員外寓直中書〉詩謂：「朝列稱多士，君家有二難。」見《全唐詩》（北京：中華書局，一九六〇）第六冊，卷二〇八，P.2171。此處「二難」自然是指印應雷及印應飛兄弟。見《萬曆通州志》卷七，P.14b-15a。

⑯⑨元肇，〈印僉判〉，《淮海挐音》卷上，P.34ab。

⑰⓪按：「珠樹」一詞可能是引用「三珠樹」之典故。據云：「王勃字子安，唐高宗朝對策高第，與兄勮、弟勔並著才名。林易簡稱為三珠樹。」《氏族大全》（臺北：臺灣商務印書館，影印文淵閣《四庫全書》本，一九八三—一九八六）卷八，P.34ab。

⑰①元肇，〈與印學正〉，《淮海挐音》卷下，P.12ab。

⑰②印應飛於寶祐四年（一二五六）知鄂州，任期約一年。見李之亮，《宋兩湖大郡守陳易替考》，P.69。

⑰③按：金．元好問有「蛟龍豈是池中物，蟣蝨空悲地上臣」兩句詩。見其〈壬辰十二月車駕東狩後即事詩〉之四，《遺山集》（臺北：臺灣商務印書館，影印文淵閣《四庫全書》本，一九八三—一九八六）卷八，P.17ab。元好問（一一

九〇—一二五七）時間與元肇相當，兩人有類似詩句，不知是誰仿抄誰？

⑰按：「寢積薪」一語，係用西漢賈誼之言：「夫抱火厝之積薪之下而寢其上，火未及燃，因謂之安，方今之勢，何以異此！本末舛逆，首尾衡決，國制搶攘，非甚有紀，胡可謂治？」見《漢書》（北京：中華書局點校本，一九六二）卷四八，〈賈誼傳〉，P.2230。

⑰按：「鄂渚」相傳在今湖北武昌黃鶴山上游三百步長江中。隋置鄂州，即因渚得名。世稱鄂州為鄂渚。《楚辭》〈九章．涉江〉一章有云：「乘鄂渚而反顧兮，欸秋冬之緒風。」東漢王逸注曰：「鄂渚，地名。」宋．洪興祖（一〇九〇—一一五五）補注曰：「楚子熊渠，封中子紅於鄂。鄂州，武昌縣地是也。隋以鄂渚為名。」見《楚辭補注》（臺北：臺灣商務印書館，影印文淵閣《四庫全書》本，一九八三—一九八六）卷四，P.10b。

⑰元肇，〈寄鄂渚印知府〉，《淮海挐音》卷下，P.19ab。

⑰按：崔顥〈黃鶴樓〉原詩為「昔人已乘黃鶴去，此地空餘黃鶴樓。黃鶴一去不復返，白雲千載空悠悠。晴川歷歷漢陽樹，芳草萋萋鸚鵡洲。日暮鄉關何處是？煙波江上使人愁。」元肇詩中的「黃鶴樓」及「鸚鵡洲」都是來自此詩。

⑰彌衡是三國時代的狂士之一，元肇以彌衡來比印應飛，似不太合適。不過〈孔融薦彌衡表〉說他：「目所一見，輒誦於口；耳所暫聞，不忘於心。性與道合，思若有神。弘羊潛計，安世默識，以衡准之，誠不足怪。忠果正直，志懷霜雪，見善若驚，疾惡如仇。任座抗行，史魚厲節，殆無以過也。」印應飛之學問與為人，除了狂士風格之外，可能與彌衡有幾分類似吧。

⑰元肇，〈祭印經略侍郎文〉，《淮海外集》卷下，P.23b-24b。按：印應飛曾充宣撫司參謀官，除戶部侍郎淮東總領，知鎮江，正符經略、侍郎之稱，故知此文是為祭印應飛而作。

⑱同前註。「羌村」一句，當是用杜甫〈羌村三首〉描寫歸家心情之寓意。

⑱元肇，〈主簿承直陸公墓誌（代人）〉，《淮海外集》卷下，P.21ab。

⑱² 元肇，〈陸主簿〉，《淮海挐音》卷下，P.21b。

⑱³ 元肇，〈陸教授致政〉，《淮海挐音》卷下，P.22a。又《淮海挐音》陸應龍、陸應鳳序。

⑱⁴ 鄭虔的生卒年，見陳尚君，〈鄭虔墓誌銘考釋〉，原刊於《傳統中國研究集刊》第三輯，可於 http://www.douban.com/group/topic/15995687/閱讀其文。accessed 7/21/2011。

⑱⁵ 《新唐書》卷二〇二，P.5767。《唐摭言》説杜甫寄詩鄭廣文説「繫馬堂階下，醉則騎馬歸。頻遭官長罵。垂名三十年，坐客寒無氈。賴得蘇司業，時時與酒錢。」及鄭虔即世，甫賦八哀詩，其一章誄虔也。按：杜甫〈八哀詩〉第七，〈故著作郎貶台州司戶滎陽鄭公虔〉有句曰：「滎陽冠眾儒，早聞名公賞。地崇士大夫，況乃氣清爽。天然生知姿，學立游夏上。神農或闕漏，黃石愧師長。藥纂西極名，兵流指諸掌。貫穿無遺恨，薈蕞何技癢。圭臬星經奧，蟲篆丹青廣。子雲窺未遍，方朔諧太枉。神翰顧不一，體變鍾兼兩。文傳天下口，大字猶在榜。昔獻書畫圖，新詩亦俱往。滄洲動玉陛，寡鶴誤一響。三絕自御題，四方尤所仰。嗜酒益疏放，彈琴視天壤。」見《杜詩詳注》卷十六，P.1409。

⑱⁶ 杜甫，〈醉時歌（贈廣文館博士鄭虔）〉，《杜詩詳注》卷三，P.174。

⑱⁷ 《新唐書》（北京：中華書局點校本，一九七五）卷二〇二，P.5766。又參看前引陳尚君〈鄭虔墓誌銘考釋〉一文。

⑱⁸ 《舊唐書》（北京：中華書局點校本，一九七五）卷九，P.210。

⑱⁹ 杜甫，〈哭台州鄭司戶蘇少監〉，《杜詩詳注》卷十四，P.1190。按：此詩甚長，以「故舊誰憐我，平生鄭與蘇。存亡不重見，喪亂獨前途」起始，以「情乖清酒送，望絕撫墳呼。瘧痢飡巴水，瘡痍老蜀都。飄零迷哭處，天地日榛蕪」作結，元肇詩之末句，頗有先生遽云亡，「故舊誰憐我」之歎。

⑲⁰ 元肇，〈陸稅院〉，《淮海挐音》卷上，P.34b。

⑲¹ 《宋史》卷四〇六，〈洪咨夔傳〉，P.12264-67。

⑲² 《宋季三朝政要》卷一，P.10b。

(193) 洪咨夔，〈題松軒〉，《平齋集》卷三二，P.14b。

(194) 《宋史》卷四二，〈理宗本紀二〉，P.810。

(195) 元肇，〈和洪提舉送《平齋集》〉，《淮海挐音》卷上，P.30ab。

(196) 關於高之問的生卒年，見下文說明。

(197) 魏了翁，〈強齋記〉，《鶴山集》卷四七，P.2b-4b。

(198) 居簡，〈強齋高使君假山〉，《北磵詩集》卷六，P.312a。高之問履歷見《吳郡志》卷二八，P.13b、《姑蘇志》卷五，P.29b、《萬曆續修嚴州府志》（北京：書目文獻出版社，《日本藏中國罕見地方誌叢刊》，一九九一）卷九，P.23b。《淳熙嚴州圖經》（上海：上海古籍出版社，《續修四庫全書》本，一九九四—二〇〇二）說他嘉定十年七月二十四日到任嚴州通判，十二年八月二十七日替。見《淳熙嚴州圖經》卷一，P.43b。

(199) 居簡，〈強齋高使君假山〉，《北磵詩集》卷六，P.312a。

(200) 居簡，〈強齋高秘閣過訪，二子侍〉，《北磵詩集》卷六，P.337b。

(201) 居簡，〈強齋高使君金書諸經贊〉，《北磵文集》卷六，P.385b-386a。

(202) 居簡，〈高秘閣金書心經頌并引〉，《北磵文集》卷六，P.387a-388b。按：此文中，居簡稱他「判府秘閣高公」，當是他曾在嚴州任通判之故。按：居簡寫此文時，是嘉熙元年（一二三七），依魏了翁之說，寶慶元年（一二二五）高之問在姑蘇請他寫〈強齋記〉時，年七十六歲，則居簡寫此文時他應該是八十八歲。李裕民教授的近著《宋人生卒年考》將其卒年作為一二三五後，即是根據魏了翁的〈強齋記〉。筆者之考證可以補充其說。參看李裕民，《宋人生卒年考》（北京：中華書局，二〇一〇）P.168。

(203) 元肇，〈高鼓院桃村〉，《淮海挐音》卷上，P.39b-40b。

(204) 按：「歌紫芝」即是唱「紫芝曲」。「紫芝曲」泛指隱逸避世之歌，源自秦末「商山四皓」之傳說。「商山四皓」東園公、綺里季、夏黃公、甪里先生皆八十餘歲，為避秦之亂，隱居商山，采芝充飢作〈采芝操〉曰：「皓天嗟嗟，深谷逶迤。樹木莫莫，高山崔嵬。巖居穴處，以為幄茵。曄曄紫芝，可以療飢。唐虞往矣，吾當安歸？」北魏史家崔鴻（478—525）有〈四皓歌〉曰：「漠漠商洛，深谷威夷。曄曄紫芝，可以療飢。皇農邈遠，余將安歸？駟馬高蓋，其憂甚大。富貴而畏人，不如貧賤而輕世。」見宋・郭茂倩，《樂府詩集》（上海：商務印書館，《四部叢刊初編》本，一九三六）卷五八，P.11b-12a。

205 元肇，〈挽高鼓院〉，《淮海挐音》卷下，P.20b-21a。

206 按：「致芻」是「致一束芻」之意，用南州高士徐穉悼郭林宗母之故事。徐穉，字孺子，郭林宗有母憂，穉往弔之，置生芻一束於廬前而去。眾怪不知其故，林宗曰：「此必南州高士徐孺子也。詩不云：『生芻一束，其人如玉。』吾無德以將之。」見《古今事文類聚》（臺北：臺灣商務印書館，影印文淵閣《四庫全書》本，一九八三—一九八六）卷五四，P.3b。

207 按：兜率天（Tusita）是彌勒佛所住之天，又稱知足天、喜樂天，據說是「欲界六天」最美之處。

208 見劉克莊，〈制置杜大卿墓誌銘〉，《後村先生大全集》卷一六三，P.2a-13a。又知鄂州時間，見李之亮，《宋兩湖大郡守臣易替考》；兼知揚州時間見李之亮，《宋兩淮大郡守臣易替考》P.44。

209 同前註。又見《宋史》卷四一三，〈杜庶傳〉，P.12384。

210 祖逖云：「中流擊楫而誓曰：『祖逖不能清中原而復濟者，有如大江!』」見《晉書》卷六二，〈祖逖傳〉，P.1695。

211 元肇，〈送杜守〉，《淮海挐音》卷下，P.9ab。

212 按：秦檜建太平樓一事，係元人黃縉所說。黃於〈先居士樂府後記〉云：「舊傳樓秦檜所建。」又云：「紹興五年五月，神武中軍統制楊沂中發卒輦怪石置太平樓，殿中侍御史張絢劾奏其事。沂中坐罰金。是時檜已去相位，則樓之建當在檜秉政初，曁檜再相和議成日，使士人歌誦太平中興之美。」見黃縉，〈先居士樂府後記〉，《黃文獻集》卷四，

P.24b。又莊綽，《雞肋編》云：「……加之營第宅房廊作酒肆，名太平樓。搬運花石，皆役軍兵。眾卒謠曰：『張家寨裏沒來由，使它花腿抬石頭。二聖猶自救不得，行在蓋起太平樓。』」見《雞肋編》卷下，P.92。

213 元肇，〈和王郎中韻〉，《淮海挐音》卷上，P.17b。

214 元肇，〈梅山〉，《淮海挐音》卷上，P.17b-18a。按：張籍，貞元年間登進士第，官至國子司業。

215 元肇，〈小閣〉，《淮海挐音》卷上，P.18a。

216 元．劉壎，〈趙白雲詩〉，《隱居通義》卷九，P.4a；〈趙宗丞奏稿跋〉，《水雲村稿》卷七，P.33b。

217 趙崇嶓於嘉定間為贛州石城令，見《明一統志》（臺北：臺灣商務印書館，影印文淵閣《四庫全書》本，一九八三－一九八六）卷五三，P.19b；淳祐四年時在嚴州淳安縣令任所，見《浙江通志》（臺北：臺灣商務印書館，影印文淵閣《四庫全書》本，一九八三－一九八六）卷二九，引《嚴陵志》，P.6ab；卷四九，P.10a。又引《嘉靖浙江通志》謂「嘉定間為淳安縣」，見卷一五六，P.7b。「嘉定」當為「淳祐」之誤。《景定嚴州續志》（臺北：臺灣商務印書館，影印文淵閣《四庫全書》本，一九八三－一九八六）〈知縣題名〉未記任縣令時間，見卷六，P.4a。

218 包恢，〈祭趙宗丞文〉，《敝帚稿略》（臺北：臺灣商務印書館，影印文淵閣《四庫全書》本，一九八三－一九八六）卷七，P.25b-26a。

219 劉壎，〈趙宗丞奏稿跋〉，《水雲村稿》卷七，P.33b。

220 劉壎，〈趙白雲詩〉，《隱居通義》卷九，P.4a。

221 同前註。

222 參看筆者《一味禪與江湖詩》第一章 P.84-85。

223 同前註，P.85。

224 元肇，〈雪中訪趙守宗簿〉，《淮海挐音》卷上，P.12b-13a。

225 元肇，〈送趙守寺丞除郎〉，《淮海挐音》卷上，P.13a。

226 元肇，〈和趙寺丞中秋韻〉，《淮海挐音》卷下，P.11a。

227 《唐才子傳》（臺北：臺灣商務印書館，影印文淵閣《四庫全書》本，一九八三—一九八六）卷五，P.14a-15a。

228 元肇，〈趙寺丞壽疏〉，《淮海外集》卷上，P.20ab。

229 道璨，〈寄題趙山臺蓮花方丈〉，《無文印》卷一，P.6b。「眼波橫」原作「眼橫波」，茲依《柳塘外集》改，取王觀「水是眼波橫，山是眉峰聚」之意。見《柳塘外集》卷一，P.13a。王觀句見其〈卜算子——送鮑浩然之湘東〉，收於宋・黃昇，《花菴詞選》卷五，P.10a。「湘東」或作「浙東」。

230 《明一統志》卷四五，P.10a。

231 元肇，〈寄題趙山臺蓮花方丈〉，《淮海挐音》卷上，P.32a。

232 白居易〈別宣上人〉詩有云：「上人處世界，清靜何所似。似彼白蓮花，在水不著水。」見《唐詩紀事》卷七二，P.11b。

233 元肇，〈題劉清軒吟卷〉，《淮海外集》卷下，P.10b。按：「壟斷」，原文作「龍斷」，蓋古書二字相通，茲改為今字。

234 朱松，〈清軒記〉，《韋齋集》（臺北：臺灣商務印書館，影印文淵閣《四庫全書》本，一九八三—一九八六）卷十，P.10a-11b。

235 同前註。

236 同前註。又參看清・李清馥，《閩中理學淵源考》（臺北：臺灣商務印書館，影印文淵閣《四庫全書》本，一九八三—一九八六）卷十五，P.11b。

237 元肇，〈春日書懷〉，《淮海挐音》卷下，P.3b-4a。

五、生活類文士

如同他的前輩橘洲寶曇、北磵居簡，及晚輩藏叟善珍、物初大觀及無文道璨一樣，元肇不僅以其詩文之長與文士交遊互動，而且在日常生活上，頗用心於研味、鑑賞文士及禪侶的書畫作品。他所寫的跋文充分表現他對前朝及當代文士及禪侶書畫的喜好，證明他涉獵之豐及興趣之廣，不是僅知據座說法的禪師。他所寫的記文及疏文則充分顯示他在古文及四六文寫作的豐富技巧，可以說是兼擅禪儒翰墨。

元肇所見的前朝及當代書畫作品雖不算多，但對他來說都是珍寶。宋以前的字，他曾見懷素（七二五—七八五）臨王羲之（三〇三—三六一）帖，有跋語曰：

> 晉唐臨筆，至今若有呵護。國朝名賢題，正可為世珍。後夜貫虹之氣，與錦峰照回之光相燭，豈偶然也？①

元肇題此跋語是因見「鄭侍郎庵僧」所藏之懷素臨王羲之帖，及帖後范仲淹（九八九—一〇五二）、蘇軾及米友仁（一〇七四—一一五三）之題詞，深有所感而寫。所云「庵僧」，疑是因鄭起潛（一二二三年進士）所居號「立庵」之故。鄭起潛好浮圖之說，②有家僧為他處理佛事，故云「庵僧」。或者「庵僧」是指其家功德墳寺的守墳僧。鄭起潛，字子升，平江府人，治詩賦，通易。寧宗朝登甲第，累遷崇政殿說書、侍讀侍講。又為大禮執綏官，除禮部侍郎，遷中書起居舍人轉直學士，權兵部尚書，有白衣侍者迎駕，告為史嵩之黨，遂貶贛州。於端午日坐逝，有旨歸葬其故宅陽山之西，理宗書「錦峰」二字以表其地。③跋語標題說「鄭侍郎」，是因鄭起潛曾任禮部侍郎，而「錦峰」當指鄭起潛之故居。元肇認為此帖及三賢題字都是世間珍寶，其「後夜貫虹之氣」，與錦峰上之夕照正好相映成趣，格外豪壯。

因為對李白眼中「草書天下稱獨步」的懷素極為佩服，元肇才會視其墨寶為「世珍」。他認為只有懷素才配以草書寫杜甫之詩，所以寫成〈題草書洗兵馬〉一首如下：

諸將收功日，山東平定時。妙須懷素筆，草出少陵詩。

風雨驅馳疾，龍蛇變化宜。何當崖石上，見寫次山碑？④

這首詩是他見懷素草書杜甫〈洗兵馬〉一詩而作。杜甫詩以「中興諸將收山東，捷書夜報清晝同」開場，而以「安得壯士挽天河，盡洗甲兵長不用」作結，表達了他欣見唐肅宗中興，而願為蒼生請命，盼天下從此太平，將士兵卒得以卸甲返鄉，不再使用兵馬干戈之心情。而元肇認為，懷素草書此少陵〈洗兵馬〉詩，有風雨驅馳之疾，龍蛇變化之宜，與杜詩相得益彰。他覺得以懷素草書之能，又何嘗不可像顏真卿一樣，書寫元結（七二三—七七二）之〈大唐中興頌〉碑，磨崖勒斯文以傳世呢？⑤

元肇於北宋以來的文人字畫也曾過眼，對蘇軾、張孝祥（一一三二—一一七〇）、范成大（一一二六—一一九三）及陸游（一一二五—一二一〇）的字，都相當欣賞，其〈跋東坡帖〉、〈跋于湖墨蹟〉、〈跋石湖、放翁等帖〉可見一斑。〈跋東坡帖〉云：

東坡先生嘗謂顏魯公書雖不工，亦當傳世，況妙絕天下乎？余觀此帖於先生，亦云。⑥

此跋語所述東坡對顏真卿（七〇九—七八四）書法之觀點，似不像東坡之語。蓋東坡極推重顏魯公書法，他曾說：「顏魯公書，雄秀獨出，一變古法，如杜子美詩，格力天縱，奄有漢、魏、晉、宋以來風流，後之作者，殆難復措手。」⑦又說：「詩至於杜子美，文至於韓退之，書至於顏魯公，畫至於吳道子，而古今之變，天下之能事畢矣。」⑧何曾有「顏魯公書雖不工」之語？若果真有此語，也是假設語氣，應讀為「使顏魯公書雖不工」較為合理。換句話說，元肇之意應是：東坡曾說即使顏魯公書不工，也應當傳世，何況其書確實妙絕天下呢！但是為什麼元肇會說錯呢？我以為是原本刻工漏刻，而抄本抄者漏抄「使」字之故。其實，元肇之說，應是本惠洪（一〇七一—一一二八）之語，而非直接引述東坡之語。惠洪曾說：「歐陽文忠公曰：『論書當兼論平生，借使顏魯公書不工，世必珍之。蘇東坡亦曰：字畫大率如其為人，君子雖不工，其韻自勝，小人反此也。』」⑨可見元肇之說是本惠洪根據歐陽修觀點所作的陳述，雖然蘇軾亦有同樣之意思，但「借使顏魯公書不工」之語畢竟非出自蘇軾之口。不管如何，元肇認為同樣的說法也適用於蘇軾之書法，可見他對蘇軾書法之欽佩。

基於對蘇軾之欽佩，元肇也頗推重張孝祥（一一三二—一一七〇），認為：「東坡百世師，于湖天下士。雖地生淮蜀，時有後先，文章翰墨照映千古，若合一契。今加愛梅先生之題，遂成三傑矣。」⑩「東坡百世師」自是公論，而把張孝祥與東坡相提並論，也是深知張孝祥而極端欣賞其「文章翰墨」的肺腑之言。至於跋語中題張孝祥墨蹟的「愛梅先生」則不詳何人。

〈跋石湖、放翁等帖〉說：「石湖牧益州，放翁相與翱翔其間，文采風流，一時照映西土。蜀人寶其翰墨，多規畫之。孟藏春能刮磨，金張友媲龐季、許大魁。以名節去位，國論偉之。燈滅翁侔此重，包笠趣尚，非凡衲子也。」⑪此跋語顯示范成大及陸游之書帖，是一位號「燈滅翁」的衲子所收藏，但此人身分不詳。他出示兩人之書帖與元肇同觀，而元肇知范成大帥蜀時，陸游為其參議官，兩人文采風流，常把酒論詩，互相唱和，交誼之深，情同手足，⑫且都以名節去位，故讚賞能收藏其翰墨之燈滅翁具有非尋常衲子之趣尚。⑬

元肇善於鑑賞書法，禪林固深知之，故若有珍藏，常請他品題。某法眷請他友人為趙葵（一一八六—一二六六）所題之「斷雲」二字作跋，但友人請元肇捉刀，元肇欣然為之。趙葵與元肇之暱友善珍為厚交，⑭元肇自然也熟知其為人與才學。故其跋語先說：「樞使大參相公，文武全才，克濟勳業，天下仰望如北斗泰山。發於吟詠，播之雅頌，揮洒翰墨，照映金石，人得而寶之，至於巖根林葉，時有遇者焉。」⑮把趙葵的勳業、聲望及詩詞翰墨大讚一番。然後代其僧友說：「頃在溧陽，誤際塵點，寵賜『斷雲』為野號，銀鉤鐵畫，瑣細鍾王，自是光燭行包，不容獨秘。敬用壽梓，與眾分珍。」⑯這些讚語，雖是代其法眷而發，但筆端流露他個人對趙葵為人及書法的認識與欣賞。「銀鉤鐵畫」或「鐵畫銀鉤」指書法之健美，意謂剛勁則如鐵，柔媚則若銀，有直逼三國魏鍾繇（一五一—二三〇）、晉王羲之（三〇三—三六一）之勢。可謂讚佩之至。

另有收藏文士寫經之法眷，也請元肇品題所收藏之寫經。譬如某中巖愿老，得南宋奇人陳仁玉（一二一二—？）所寫之《四十二章經》，請元肇觀賞題字，將「入梓散行」。元肇欣然為它題字，部分原因也是因為他欣賞陳仁玉的為人之故。陳仁玉號碧棲（或栖），即是元肇〈跋陳碧棲提刑書《四十二章經》〉一文的陳碧棲。他於理宗開慶元年（一二五九）賜同進士出身，歷官軍器監、秘書郎、直秘閣，又曾任福建提刑、浙東提刑；為劉克莊之至友，深為劉克莊所佩服。劉克莊曾為其居處「碧栖山房」作記。記中不僅描寫其樂山水田園及詩作之趣，並推崇其才學甚力。他說陳仁玉於其居處二十幾處景致，各作一詩記之，「其五言與輞川之倡和，其七言與武夷之欸乃，音節相頡頏也。」又說其「奏篇凜然，法家拂士也。其論著粹然，至言妙義，上聞其名非一日，諸老薦其才非一人。」⑰當時有議者說他深受聖眷，但「遭時如此，不汲汲於雲龍風虎之遇合，而拳拳於曉猿夜鶴之驚怨」，對他不太諒解。⑱但可約略見其人之懷抱。

陳仁玉著有《菌譜》及《遊志編》等書，又是《淳祐臨安志》的實際編纂者，是一位相當博通的生物學家。⑲他雖不以書法名於世，但留下之翰墨也被收藏，在《石渠寶笈》中仍然可見。元肇見其所抄之《四十二章經》，讚其「道勁婉麗，規法晉唐」，認為他若非敬信佛法之篤，必不能臻此。我們雖不知陳仁玉是否真的篤信佛法，但他既有心抄寫佛經，應該是虔誠的佛教徒。況且，抄經本應一筆不苟，慎重其事，表示虔敬之心。何況他既「規法晉唐」，所書必有鐵畫銀鈎之勢。由於是位掩鼻富貴，不求聞達的特立獨行之士，故元肇誇其書法之優，又讚其信佛之篤，當出於真實感受，信非虛語。

雖然，對許多禪僧來說，翰墨為「禪餘」之事，本不足珍，自也不須精於此道。但對元肇來說，名師尊宿之翰墨，代表其教法之延伸，與傑出文士之書畫一樣，都是彌足珍貴的。故他對前輩禪師的書帖也非常重視，常藉觀法帖之機會，強調師資相傳之意義與重要性。譬如對其師浙翁如琰及師祖佛照德光（一一二一—一二〇三）書帖所表現的溫柔敦厚之風度，尤其欽佩，故說：

尊宿垂世，未嘗以一法繫綴於人。謂紙墨為何物，而後人愛敬之，愈遠而愈重也。觀此二帖，辭溫意真，蓋當時父兄詔子弟者尚如此。視今取位尊大，拒人於千里之外者，寧無泚乎？元上人寶之，尤宜。⑳

元肇見前輩尊宿書帖所表現了的「辭溫意真」，知他們對待弟子的寬厚之道，想起他同時代某些禪師的自尊自大，目無餘子，當然要藉機諷刺之。而對收藏書帖的法眷元上人，則加以讚揚。

同樣地，他見到另一法友臨江賢禪人所藏的圓悟克勤（一〇六三—一一三五）與佛照德光法帖，也特別強調圓悟、大慧以來師資延續，法脈相傳的重要性：

圓悟入汴，禪宗始重。妙喜在擇木寮，參得黃楊木禪，而後臨濟之道中興於世。當時筆伽陀以挾分衙，如剎之一塵，海之一滴，太倉之一稊，曷足憶其點畫之後先耶？佛照、孤雲世其家者；雲臥不爭桃李之春，幽然居藪，而叢林自聞其馨，皆可珍也。㉑

元肇認為禪宗之受重視，是在圓悟入汴京之後，但是臨濟之中興，卻是大慧宗杲在圓悟處參得「黃楊木禪」之後。所謂「擇木寮」，指的是大慧在圓悟座下服勤所居之處。「黃楊木禪」，則是圓悟概括大慧在其處參禪所用之功夫。據說大慧宗杲三十七歲時，抵天寧挂搭為禮侍者普說，在普說中云：「後來在京師天寧，見老和尚[按：即圓悟]陞堂。舉僧問雲門如何是諸佛出身處，[雲]門曰東山水上行；若是天寧即不然。『如何是諸佛出身處？薰風自南來，殿閣生微涼。』向這裏忽然前後際斷，譬如一綟亂絲將刀一截截斷相似。當時通身汗出，雖然動相不生，卻坐在淨裸裸處得。一日去入室。老和尚曰：『也不易爾到這箇田地。可惜爾死了不能活。不疑言句，是為大病、不見道。懸崖撒手，自肯承當。絕後再甦，欺君不得，須信有這箇道理。』老漢自言，我只據如今得處，已是快活。更不能理會得也。老和尚卻令我在擇木寮作不釐務侍者，每日同士大夫，須得三四回入室。只舉有句無句，如藤倚樹。纔開口便道不是。如是半年間，只管參。一日同諸官員在方丈藥石次，我只把箸在手，都忘了喫食。老和尚曰：『這漢參得黃楊木禪。卻倒縮去。』……」[22]圓悟是大慧之師，而佛照是大慧之弟子，元肇觀他們之法帖，想起臨濟師資之傳承及中興，感慨至深，認為大慧與圓悟分衙傳法時，其所寫偈語（按：即跋文中「筆伽陀」之意）不過是一剎土之塵、滄海之一滴或太倉之一稊米，誰還能記得其點畫之後先次序？重要的是法脈之永續相傳，譬如佛照德光之嗣大慧，孤雲權之嗣佛照，都是其例。[23]即使佛照之同門仲溫曉瑩（一一二八—一一三〇），[24]無意跟他爭桃李之春，幽然居於山林藪澤而叢林自聞其馨，這都是元肇覺得最可珍貴的，故稱讚藏有圓悟、佛照法帖的賢禪人，說他「志亦可尚」。

從圓悟、大慧、佛照到浙翁，都是元肇直承法脈之先世，元肇表彰他們的教法，固為職責所在，義不容辭。但他對圓悟所傳的虎丘系諸前輩及法友，也以同宗之態度待之，無宗派意識之表現。譬如，他說：「密菴、佛照、佛心三大老之帖，皆以治生產、業檀施為佛事。大川示末句，以滅卻正法眼為佛事。二者不出生死二字。學者參究，莫不以生死為極則。諦觀盡之矣，非長語也。」[25]此語中的密菴即是虎丘系的密菴咸傑（一一一八—一一八六），是虎丘紹隆法嗣應菴曇華（一一〇三—一一六三）之嫡傳弟子，與元肇的師祖佛照、師父佛心屬不同系。據說密菴在應菴門下，屢遭呵叱。一日，應庵問他：「如何是正法眼？」他立即答曰：「破沙盆。」應菴頷首表示贊同。在他辭回省親之日，送以偈曰：「大徹投機句，當陽廓頂門。相從今四載，徵詰洞無痕。雖未付鉢袋，氣宇吞乾坤。卻把正法眼，喚作『破沙盆』。」㉖密菴的「破沙盆」之答語，正是以「滅卻正法眼」為佛事的做法。「滅卻正法眼」一語，來自臨濟遷化前囑其徒三聖慧然（生卒年不詳）之語。據臨濟禪師語錄謂：「師臨遷化時，據坐云：『吾滅後不得滅卻吾正法眼藏。』三聖出云：『爭敢滅卻和尚正法眼藏？』師云：『已後有人問爾，向他道什麼？』三聖便喝。師云：『誰知吾正法眼藏，向這瞎驢邊滅卻。』言訖端然示寂。」㉗義玄的末一句，使「滅卻正法眼」成了禪宗之公案。所以白雲守端（一〇二五—一〇七二）說：「劈破泰山雷未猛，照開滄海月非光。瞎驢滅卻正法眼，直得哀鳴滿大唐。」㉘而大慧宗杲則說：「蓋天蓋地那一著，無今無古絕承當。謾將分付密禪者，一任諸方亂度量。瞎驢滅卻正法眼，臨濟宗風始大張。可憐裨販如來者，盡將蓋覆錯商量。」㉙

元肇所說的大川示末一句是「以滅卻正法眼為佛事」，或許指的是臨濟的「誰知吾正法眼藏，向這瞎驢邊滅卻」一語，等於在說公案，自然是佛事；而且事關臨濟之生死，當然是生死大事了。大川是元肇的法門師兄大川普濟（一一七九—一二五三），是《五燈會元》的編者。他與元肇關係甚洽，對他相當器重。曾於元肇入台州萬年報恩光孝寺時贈〈送清涼淮海和尚住萬年〉偈頌一首曰：「潮聲忽轉石頭城，大舍峰高側耳聽。五百箇僧都不會，教他一一侍巾瓶。」㉚意謂：元肇忽然要離其住地建康府清涼廣慧禪寺，到台州天台山萬年報恩光孝寺。他的大潮聲在天台高峰上，是須要傾耳聆聽的；但是五百個僧眾都不能會其意，得讓他們個個去侍奉元肇的左右才行。所謂「大舍峰高」，是因萬年寺有「八峰回抱，雙澗合流」，而「大舍」為八峰之一，故說「大舍峰高」，㉛顯然是誇讚元肇之語。元肇對這位法兄，自然也是非常敬服。譬如他在〈跋大川遺誡等帖〉說：「吾道向衰，學者日趨于薄，負荷佛祖大事，率皆交戰於進退得失之途，罕得其正。其於生死之際，能如傳舍貰胡之去留亦難矣！大川兄平生履踐真實，節操凜然，鄰乎煨芋之風，王公之帖可徵。末後一著，不墮時倫，尤為脫洒，遺誡可見。可謂死生無憾矣！」㉜此文稱讚大川普濟之出處得其正，踐履得其實，凜然之節操，與唐代高蹈禪僧煨芋懶殘和尚相近。㉝所謂「末後一著，不墮時倫」，應指他最後的訓示，因有誡其徒之語，與一般禪師不同，故謂「不墮時倫」。㉞茲考大川臨終之前之情況，大觀有此描述：

> 隱几從容，親札別諸朝賢之弘護者。徐語眾曰：「吾行矣，其送終之禮，令與常僧等。勿厚勿侈，勿襲末流之弊，以貽識者哂。火葬後，拾遺殖投諸江。」乃書偈曰：「地水火風先佛記，冷灰堆裏無舍利。掃向長江白浪中，千古萬古第一義。」眾泣請遺偈。師笑曰：「猶嫌少在？」復書曰：「來無地頭，去無方所。虛空迸綻，山嶽起舞。」擲筆移時而化。㉟

可見大川的遺誡是簡化送終儀式，並火其遺身，將骨灰投之於江。他的臨終偈也是表示同樣的意思，並說這才是「千古萬古第一義」。這大概就是元肇所說「雖然，更須知有一句超出古今生死之外，方為克家之子」一語之意思。此語是對大川門徒孜長老所說，因孜長老極敬佩大川，故保存大川遺誡之帖，以見仰止之心。元肇既嘉讚其賢，有「步趨景行，要當跨竈」之志，也不忘提醒他要理解大川「超出古今生死之外」之句的真正意義，方足以成為能克紹家業的弟子。㊱又如〈跋枯椿和尚法語〉，也是表彰其法兄枯椿曇禪師之作。枯椿曇生平事跡不詳，只知他從浙翁如琰處參學出世後，曾住姑蘇虎丘開元寺。㊲元肇為其法弟，曾在祭枯椿文說：「我與兄之相知，自凌霄而邂逅」，表示他是在徑山如琰之門下與他成為知交的。㊳由於此層關係，他認為枯椿「平生履踐真實，驗之火不能壞，水不能沈，若語言求之，則末矣。」㊴還說他與滄州程公許（一二一一年進士）交契，可比擬北宋張商英之於臨濟黃龍派的兜率從悅禪師（一〇四四—一一〇九）。兩人關係見於程公許為他作的〈開元冰雪堂記〉與〈虎丘舍利塔銘〉等文，可惜都已不傳。㊵上文所述程公許為元肇詩集所作序中的「大長老枯椿曇公」就是他。序中程公許還說他偶過吳門，小憩開元精舍，大長老枯椿曇公「攜一雪顱破衲比丘訪我，袖出詩藁，索為之序。」證明元肇到蘇州時曾訪枯椿，而枯椿為他引見程公許。所以元肇後來為枯椿寫祭文，有「迨分席之東西，每聽言於左右。念留衣而為別，重祖翁之授受。嗟脣亡而齒寒，極痛心而疾首」等句，充分表現他對枯椿之敬重與懷念。

枯椿示寂之日正逢臘八，也是佛成道日。其師弟大川普濟接其遺書之後，於上堂說法時，說此一段云：「夜半悟明星，一時證寂滅。看看四大海，無邊香水海。須彌山、目真鄰陀山，放光現瑞，東湧西沒。枯椿枯椿，叢林妖孽。」㊶所謂「叢林妖孽」，是引用紹興朝禮部侍郎曾開在晦堂慧遠（一一〇三—一一七六）處得悟後所作〈投機頌〉中之語句。其語謂：「咄哉老驢，叢林妖孽。震地一聲，天機漏泄。」㊷曾開說他是「叢林妖孽」，大概是因晦堂之語令他猛省之故。大川以「叢林妖孽」稱其師兄枯椿，有比之於晦堂慧遠之意，顯然是讚美之詞。元肇既然與他相知甚深，見其法語而思其人，特表彰其行，認為求之於其「語言」，而不能悟於言外，則失其旨矣。他在祭文裏說枯椿在世時，他認為足以為「典型之尚存」，使「正流而奔湊」。但如此「千載之難逢」之機，又因為他的去世而變成「一朝之永謬」了。惋惜之情，溢於言表。

元肇既能鑑賞前人書法，自己似也習字，且為其友所知。故友人高竹鶴（生卒年不詳）蓋草亭，請元肇為其題「宜靜」二字，元肇題字後並贈詩曰：

日月忙推轂，乾坤著草亭。一波才底定，萬化自消停。
幽極風敲竹，微聞鶴振翎。白雲雖自在，爭似遠山青。㊸

此詩詩題為「宜靜」，但全詩無一「靜」字，卻把「宜靜」之意說得相當透徹，似「白戰體」詩。尤其頷聯及頸聯從一波之底定，至萬化之消停，顯示草亭由動至靜之變化。又繼之以「幽極風敲竹，微聞鶴振翎」因動顯靜之狀態，不正襯托了首聯由日月推轂之「忙」，轉化至乾坤「著」於草亭之勢？尾聯說白雲雖能自在浮遊，但總不似青色的遠山靜靜地兀立著啊！元肇因為習於「靜觀」萬物，自能體會萬物在靜中之優勝。

他也為友人陳碧磵（生卒年不詳）扁其堂曰「梅月」，並贈詩一首云：

堂上傳風雅，高標一段奇。韻清梅蘸水，生白月來時。
有影皆成畫，無聲總是詩。屋頭春信早，催花向南枝。㊹

此詩首聯應是說陳碧磵在其堂上吟詩，其詩就像堂中的梅花一樣高標自持，奇特脫俗。其詩韻清雅，有如梅花蘸水，在月光照射堂中一樣。對元肇來說，堂中每當月下影梅橫斜之時，就都自然成了一幅畫；而闃然無聲之際，就總是一首詩似的。現在屋頭上的春信已經提早來到，正催著南邊枝上的梅花綻放呢！元肇的題扁詩，本身即是詩中有畫，寫出「梅」與「月」之一體呈現，格外富有生趣。

元肇也頗知畫，同時士人及禪僧之畫，他經眼不少，也常加以品題，表現出濃厚之興趣。譬如，溫州名畫家馬宋英，放達能詩，父歿家資日削，至錢塘遊淨慈寺，寫古松於壁，題云：「磨盡一錠兩錠墨，掃出千年萬年樹。月明烏鵲誤飛來，踏枝不著空歸去。」詞意清新，為丞相丁大全（？—一二六二）所賞識。他善作墨梅與竹，尤擅松石。㊺元肇有〈馬宋英畫松〉一詩，或即觀其淨慈所寫古松而作。詩曰：

> 元氣淋漓濕，畫師今幾人？
> 宋英傳古色，韋偃是前身。
> 森竦髯如蝟，皴皺鐵作鱗。
> 蟠根巖壑底，多幸不遭秦。㊻

此詩中的韋偃，是唐京兆人。唐畫評家以為他「善畫山水、竹樹、人物等，思高格逸。……圖騏驎之良，畫銜勒之飾，巧妙精奇，韓幹之匹也。……畫高僧松石鞍馬人物可居妙上品，山水人物等居能品。」㊼宋畫評家認為他不止畫馬，而亦能「工山水、松石、人物，皆極精妙。」而世人僅知他善畫馬，實是因杜甫嘗有〈題壁上韋偃畫馬歌〉，說他「戲拈禿筆掃驊騮，欻見騏驎出東壁」之故。㊽元肇說馬宋英之畫元氣淋漓，超越時人，能傳古色，並稱他的前身是韋偃，可謂讚譽之至。而形容他所畫的松樹，如鬚髯之森竦，黑鐵色樹幹的皴皺，及蟠根錯節深至巖壑底的狀態，無疑是古松的寫照。末句說「多幸不遭秦」，更加深其千年古色之韻味，使此畫松活生生的呈現在讀者目前，也充分地反映了馬宋英的精巧畫工。

如同許多南宋士人一樣，元肇也欣賞臨江楊補之（一〇七九—一一六九）的畫梅。楊補之，字無咎，號逃禪老人。他是南昌人，高宗朝以不直秦檜，累徵不起。又自號清夷長者。水墨人物學龍眠居士李公麟（一〇四九—一一〇六）。梅竹、松石、水仙筆法，清淡閒野，為世一絕。㊾宋人趙希鵠（生卒年不詳）記楊補之畫梅，曾說他「嘗遊臨江城中一娼館，作折枝梅於樂工矮壁，至今往來士夫多往觀之。娼藉此以壯門戶。端平間，為偷兒竊去其壁，車馬頓希。今江西人得補之一幅梅，價不下百千金。又詩筆清新，無一點俗氣，惜其生不遇蘇、黃諸公，今人止以能作墨梅目之，竟無品題之者。」㊿其實楊補之畫梅，宋人頗多收藏，當然也不乏品題者，其中還包括文學僧北磵居簡。居簡有〈書楊補之梅〉一文，略謂：「寓素於玄，質成烏有。責芳於影，夢酣黑甜。展卷臨窗，色香俱在。柄此能事，屬諸逃禪。詠姑射真，須春風手。先驅醉穎，珠玉在側。後振采毫，覺我形穢。」51此文把補之墨梅之美，形容得顏色鮮活，宛如實物。居簡自己雖亦能揮毫畫梅，但自承在楊補之前只有自覺形穢而已。宋代詩人多用方言，南人謂睡美為「黑甜」，飲酒為「軟飽」，故東坡詩有「三盃軟飽後，一枕黑甜餘」之句，正是酒足之後，享受美夢之謂。52居簡用「責芳於影，夢酣黑甜」形容，正是形容畫梅芬芳如沈睡之美人，同時又栩栩如生，色香俱在。

元肇有〈楊補之梅〉一詩，是首簡約的七言絕句。詩云：「一幅霜綃染壑煙，茹瓊吐雪似年年。上林多少春風面，白首楊郎正草玄。」53此詩前兩句說墨梅，但全無梅字，僅用「霜綃」來襯托墨梅。「霜綃」是「素帛」之意，以素帛之白，來烘托墨梅之綻放，狀其年年「茹瓊吐雪」之姿，賦予無限生意。後兩句說天子御園裏有多少美麗的容顏，而白髮年邁的楊補之卻淡名泊利，一心作畫，像東漢的揚雄（西元前五三—西元一八），潛心作《太玄經》一樣。元肇為何要用「草玄」一詞來形容楊補之的畫梅？我以為除了將楊補之比作揚雄之外，還有用居簡「寓素於玄」之語來狀寫墨梅與霜綃相對比的意思，可謂富有深意。觀元肇之詩，可略知他欣賞名家之畫，也重畫者之人品。或者說，他對繪畫藝術的欣賞，兼重畫家之技藝與人品，有讀畫識人與因人鑑畫之意。

此種藝術欣賞的尺度，也見於他對另一位畫家楊梅山人作品的評鑑。楊梅山人生平事迹不詳，但應該是南宋末的畫家。他以畫墨竹聞名，有墨竹一幅傳世，其題款云：「半世生涯鐵硯枯，老來于此未能疏。玉堂清夢何緣到，只向山林續斷書。」[54]可見他也是位善畫且頗執著的文士兼畫家，曾舉進士，只是無緣入翰林院任翰林學士，故退隱山間，高蹈林泉。元肇有〈題楊梅山人《渭川圖》〉一詩，似是為其渭水圖而寫，但真正著意的卻是《史記》所說的「渭川千畝竹」。[55]詩之首聯說他「不識山人面，今見山人竹」，印證了楊梅山人善畫墨竹之說。頷聯說「鵝溪半幅間，渭川千畝足」，描寫他用「鵝溪絹」所作的渭川圖，在半幅之間，已經布滿「渭川千畝竹」了。「竹」與「足」古韻相通，以「足」代「竹」，語意雙關，既描寫畫《渭川圖》之主題，又暗示畫者的技巧，可以說是頗具匠心。[56]餘詩「細細穿石泉，猗猗動寒綠。望之意已涼，況當親擥觸。賢哉懷隱居，疇能繼高躅。」除了描寫竹根深入泉石，茂盛而美的竹蔭能給予人之清涼的感覺之外，還以竹來比喻楊梅山人為隱居之賢士，而問誰能繼其後，隱居高蹈，步武前修呢？

除了專業畫者之畫，元肇所經眼之畫也含居士及僧侶所作之圖。譬如，某陳郎中居士曾寄自作《禪會圖》一幅給元肇，請元肇題語其上。這類與禪佛相關之畫，元肇自樂於為之揄揚，還要稱讚畫者之根器。陳郎中留心禪宗甚久，元肇認為他是禪門善知識，肯定他是位具有上根者。故說：「此大法門，最為難信，非宿具上根者，往往磋過。」㉗然後，就圖言圖而說：「觀其君臣際會，父子團欒，啐啄之機，間不容髮。居士此圖之設，非惟洞見古人落處，抑且裂破後學疑網。」㉘此語似乎暗示陳郎中圖中所畫的「君臣際會」與「父子團欒」，都如啐啄同時一樣，機緣相投。「父子團欒」一語，出陸游「父子團欒到死時，漁家可樂更何疑」之句。㉙這種「禪會」，表達了君臣父子之相契合，為古人所重視。而以「禪會圖」之方式表現，正可以破除後學者反世情、反倫常的種種疑問。雖然如此，元肇還是警告觀者切忌「案圖索馬」，只見圖之形式，不見圖之精神。

他的〈跋湖隱贊應真圖〉雖似針對湖隱道濟所寫之〈應真圖贊〉而作，但實際是針對《應真圖》而寫。此《應真圖》之畫者不詳，但元肇之跋有「巖主寫其腳蹟，雪上加霜」一語，則此幅《應真圖》之作者似為某「巖主」，而道濟之贊應是寫於圖上，故元肇得以視圖而見贊。他描寫應真「遊江海、涉山川。應真牛遊戲三昧，至夫煙雲樹石，杖笠龍虎，莫知所詣。」表達的是行蹤飄忽，行跡不定，變化多端的「渡水羅漢」的繪畫主題。㉚而所謂「何子模其影子，帶水拖泥。」及「更言問訊，方廣諸公，敗闕不少」等語，則似乎是對畫者摹寫羅漢之狀，不甚滿意之故，顯示他對羅漢畫的要求，在重視畫者之能傳其神，而不泥其跡。

元肇自己是文學僧，故對他的前輩文學僧所留下的翰墨有相當特殊的感情。其〈跋如晦、橘洲諸帖〉所表達之意思可見一斑，也最足玩味。因為跋中不但說：「南渡以來，吾宗之盛，諸老以道鳴世，未易枚舉。」還說：「雖不以語言文字傳，不妨汗牛充棟。此六、七作之詞翰，尤瑰奇精妙，光照于時，人宜寶之。若作異觀，便落第二。」⑥這幾乎是說諸老固然多以道鳴世，不以「語言文字」聞名，但也留下「汗牛充棟」的詩文辭章。他所見的「尤瑰奇精妙」又「光照于時」的作品，是仲皎如晦及橘洲寶曇之作，這兩位禪僧都有詩文傳世，且都善於作畫。如晦的《廬山圖》尤為時人所稱道。⑫元肇除強調人們應視他們的作品為珍寶外，還提醒學者「若作異觀，便落第二。」大概是要他們勿用異樣的眼光來看這些詩文，認為語言文字有礙於禪。他認為若持這種觀點，便落入第二義了！筆者這種解釋，或為主觀之推測，但亦未嘗無據。譬如，他在〈跋佛心禪師法語〉一文說：「佛心先師頃在眾時，未嘗以一言半字示人。〈過空夢嘗菴〉、〈和楊真州四威儀〉已為叢林盛傳久矣。嘉定癸未秋，小子辭席下歸寧，筆此相餞。即謂師曰：『古人火其禪版，用是奚為？』遂不名不結，一笑而別。今二十有六七年也。宗啟知客執侍日，為抖舊包見之，苦求受用，如獲親承，敬書其後以付之。雖然，若向四威儀中見先師，則遠之遠矣。」⑬此文之意，是強調浙翁所留下的「法語」有其文字所代表之傳法意義，他不答元肇之語，當是不盡同意古人火禪版之作法。而元肇雖為宗啟能保存浙翁法語而高興，而此「法語」當即是跋文中所說的〈過空夢嘗菴〉及〈和楊真州四威儀〉，顯然都是浙翁所寫之詩。元肇為宗啟題字時，特別提醒他勿在「四威儀」的內容上理解浙翁，而應在詩的文字涵義上去理解先師，否則就遠離他「以字示人」之初衷了。⑭

又如他的〈跋宏智諸老法語〉也表達了同樣的心情：

雪巢、宏智迺紹興間大名尊宿，其法語、偈言皆是送化人，古風可以想見。南指堂常為朱晦菴所敬，如歐陽修之重圓通訥，其人可知也。遯菴之道，與吾祖伯仲，其傳朱陳。參寥為東坡詩友，暗中曹劉也。蘿月亦渡江後名緇，詞翰照叢林。志侍者兼收並蓄，潛山人。

這篇跋除標榜宏智正覺等諸尊宿之法語及偈言外，也讚美其翰墨。此諸尊宿都是一時俊彥。宏智正覺（一〇九一—一一五七）固不在話下，雪巢法一（一〇八四—一一五八）是李遵勖之玄孫，也是將大慧宗杲笠中的金釵投於江中而為大慧所尊之名禪。[65]南指堂是天台國清寺僧志南，字明老，指堂是其號。宋會稽人，善屬文，工書法，是南宋有名的詩僧，與詩人韓淲有交往，有《指堂集》詩卷傳世。[66]他曾與朱熹遊廬山濂溪書堂，同於其光風霽月亭留字。朱熹頗賞識其詩，曾跋其卷云：「[志]南詩清麗有餘，格力閑暇，無蔬筍氣。如云：『沾衣欲濕杏花雨，吹面不寒楊柳風』，每深愛之。」蓋其〈舟次〉一絕句云：「古木陰中繫短篷，杖藜扶我過橋東。沾衣欲濕杏花雨，吹面不寒楊柳風。」[67]此詩收於《中興禪林風月集》，改名為〈江上春日〉。[68]而朱熹〈與南老索寒山子詩書〉有「熹悚息啟上國清南公禪師方丈」等字，對志南頗表禮敬，故元肇有「常為朱晦菴所敬」一語。[69]圓通居訥（一〇一〇—一〇七一）是北宋雲門系禪僧，宋仁宗朝，名聞京師，仁宗欲詔入覲，使主持京師新建淨因禪院。居訥辭之，推薦其門下大覺懷璉（一〇〇九—一〇九〇）入覲，頗為時所重。歐陽修曾有〈贈廬山僧居訥〉一詩，對他格外重視，詩云：「方瞳如水衲披肩，邂逅相逢為洒然。五百僧中得一士，始知林下有遺賢。」[70]據說是歐公上廬山拜訪時，與居訥「夜坐小亭，論道達旦」之後所作。[71]故惠洪在其《禪林僧寶傳》說：「歐陽文忠公貶異立教者，獨尊敬訥。」⑫遯菴是常州華藏遯庵宗演（生卒年不詳），「與吾祖伯仲」，是因為他與佛照德光都是大慧宗杲弟子。⑬其傳朱陳，應是說其所傳與佛照德光所傳如兩姓聯姻的一家一樣，蓋「朱陳」有兩姓世世聯姻之意。參寥與蘇東坡為詩友，交情不比一般。「暗中曹劉」一語，應指指兩人都是「暗中摸索」，自窺門徑有曹植、劉楨二雄之比。⑭蘿月是詩僧曇瑩，嘉禾人（今浙江嘉興），僧號蘿月。他善言易，洪邁在《容齋續筆》曾說他於臨安退居庵見僧曇瑩言《易經・坤卦》之「坤至柔而動也剛」句，認為其解釋比諸王弼、程頤（一〇三三—一一〇七）、張載（一〇二〇—一〇七七）、蘇軾、張弼、陳瓘（一〇五七—一一二四）、郭雍（一〇九一—一一八七）等家「最為分明有理」。⑮鄭清之（一一七六—一二五一）有「蘿月禪機莫強猜，如來無去亦無來」一句，係和其詩而作。⑯曇瑩甚有詩名，故元肇說他是「蘿月亦渡江後名緇，詞翰照叢林。」《中興禪林風月集》收有其詩兩首，《聖宋高僧詩選》亦收有五首，較元肇為多，實非偶然。⑰

這幾位禪師多與文士交往，也以詩文蜚聲叢林，與元肇可以說是異代知己，所以元肇見其法語或墨蹟，自然也就特別親切。他對宏智正覺就有這種感覺，雖然宏智與他曾師祖大慧，屬不同宗派，他並不以為意，稱讚他有「古佛風規」而說：「宏智書偈遺化，尚有古佛風規。天目藥石後言，切中今時病痛。若只以筆墨畦町流玩，吾未如之何也矣。」⑱又說：「宏智以無礙法才，凡一句一偈，皆洞上真宗，為世寶惜。大梁張漢卿言其少時多遊晉絳間，隰連壞也。此巢南斲北，未能忘情耶？自得、石牕皆克其家者，兼收並蓄，宜矣！癡鈍書於百年之後，余又題後四十年。後之視今，信非虛言也。」⑲一方面讚揚宏智的「一句一偈」，另一方面又勸人勿僅以「筆墨畦町流玩」之，是強調若能悟道於語言文字之外，則語言文字又何傷於禪。洞上宗風得以傳之不息，實有賴宏智及其法嗣自得慧暉（一〇九七—一一八三）及石牕法恭（一一〇二—一一八一），故元肇覺得收藏家當然應將兩人之墨蹟都保存。此位收藏家應該就是跋語中的「大梁張漢卿」，也就是孝宗隆興朝任左藏庫的張良臣（一一六三年進士）。張良臣是四明人，他與宏智善，故知他少年時期的經歷，說他少時多遊山西晉絳等州，因為該地與其出生地隰州相接壤之故。他還作宏智之寫真，求宏智賜贊語，表達對宏智之信服。⑳至於「癡鈍」，則是天童癡鈍智穎禪師。他是圓悟克勤的第三代弟子，嗣法門人以荊叟如珏為最有名，與元肇屬同輩，㉑也非宏智門下的曹洞宗徒。但他題宏智之偈頌，當也是仰慕其人，而與洞上之宗無町畦之故。

廣義地說，「翰墨」當然不僅指書畫，也包含不同形式的辭章和韻文。以上所討論者，都是根據元肇的「詩賦」、「題跋」所得。元肇以此類文體來表達其志趣，在在都顯示他不僅以吟詠為樂，鍾情於寫詩，而且樂享繪畫及鑑賞的文化生活。除此之外，元肇也撰寫其他文體，包括幾篇以古文文體所寫之序、記、書和墓誌，及許多以四六駢文文體所寫之各種序、表、疏、銘、狀及祭文。此與文士文集中所含之文體大致相同。所不同者，是元肇喜用四六文寫作，所以通常文士以散文撰寫之「序」，元肇亦以四六為之。而且，除了墓誌之外，元肇其他文體之文，內容多半直接涉及禪僧或寺院。其中有幾篇「記」，與地方公益有關，是他以地方大剎住持之身分所寫，顯示他雖身處「方外」，但對「方內」之事也相當留心。此種熱心於公益事業之態度，本是佛教寺院的一個長期傳統，其實也不足為奇。不過元肇透過文字，敘述個人參與公益事業的經驗，呈現了他涉入「方內」生活的另一種做法。以下就題跋以外的「古文」及「四六文」兩種文體，來討論元肇融攝禪儒的表現方法。

（一）古文

元肇所寫之散文，計有〈庸上人粵臺序〉、〈明巖說〉、〈上澍翁禪師書〉、〈主簿承旨陸公墓誌〉、〈神正崇閣記〉、〈大參樞密鄭相公生祠記〉、〈道場山來月軒記〉、〈通川城西義壇記〉、〈洞庭上方遷院置田記〉、〈重建利濟化壇記〉、〈嘉興府澱山普光王寺免丁田記〉等十一篇。其中，〈上澍翁禪師書〉、〈庸上人粵臺序〉、〈主簿承旨陸公墓誌〉及〈道場山來月軒記〉之討論可見於他章，此處容將其餘分兩種類別來討論。其一是涉及「公益」之文，其二是涉及「寺院」之文。前者含〈通川城西義壇記〉一文，是他在通州時所寫。後者含〈神正崇閣記〉、〈大參樞密鄭相公生祠記〉、〈洞庭上方遷院置田記〉、〈重建利濟化壇記〉及〈嘉興府澱山普光王寺免丁田記〉。前兩文寫於明州，而後三文則分別寫於平江及溫州。

〈通川城西義壇記〉是篇相當長的古文，從儒家禮義之立場，表彰平民家庭婦女建義壇之行為，表現了他身在方外而遊心方內的心思與行為，值得特別注意。通川城是元肇家鄉，所以他非常熟悉。文章破題所說通川之地理與人文特色如「濱江瀕海，地勢卑下，風俗淳樸，生聚呰窳。篤於養生送死之道，而敬終之誼尤加焉」等等，反映了他對通川之了解。雖然居民貧困，但民德歸厚，禮義之家若逢喪事，需要挖墳埋葬死者，實無錢購買山川優美、崇巒秀麗之處，而只能在小山丘或田壟之旁為之。其他居民則「多用浮圖荼毘法」，施行火葬。元肇形容此情此景為「風雨晦明，本無頓庇，途哀野哭，薰穹燎原，仁者惻然。」[82]因此，對他來說，能慷慨解囊，施財設義壇之人，就是值得表揚之大善人，也就是其文所描述的主人翁：新司鑰內帑高容之母孟氏。

元肇所說的「義壇」，名雖早見於唐代，[83]但作用不同。唐人所說之義壇指的是戒壇，而元肇說的義壇則指「掩骼埋胔」之所。按古代「掩骼埋胔」為王政所先，《禮記・月令》已有其說。[84]文王之賢，澤及髊骨，也著於《呂氏春秋》。[85]歷代君臣視之為仁政之體現。君主之例如唐玄宗之下制曰：「凡有刑人，國家常法。掩骼埋胔，王者用心。」[86]臣子之例如王安禮（一〇三四—一〇九五）之諫勿遷移民墓。他在宋神宗朝知開封府時，因太史奏言神宗數失其子，是因民墓多迫京城，不利國嗣，而欲改卜數十萬計之民墓，遂上書諫曰：「文王卜世三十，其政先於掩骼埋胔，未聞遷人之冢以利其嗣者。」神宗見奏，惻然而罷。[87]歷來勤政愛民之地方官亦多視「掩骼埋胔」為仁政之先，然總有念不及此者。孟氏之設義壇，或可視為彌補朝廷或地方施政所不及之義行。據元肇說，孟氏自思她年已八十四歲，所生五男僅高容獨存，其餘皆歿。而諸孫婚嫁之事亦已辦妥，無其他憂慮，所以欲行濟眾之事。又思自己歷經數次郊送親舊之殯，莫不以義壇為急務，如今正是時候，遂「罄奩貲，命相方西南，出城三里，券募市材，為建化壇一區。」[88]在嘉熙二年（一二三八）完成此壇。既為「化壇」，當是存放焚化後之遺骨之處所。依元肇之描述，其規模及作用不小，元肇形容為：「層櫊窣礎，上下堅壯；翼翼撐雲，呑煙納焰。外繚以垣，內甓其壇。對立甎浮圖，井入遺殖，廬其旁，資人居以汎除之，喪車四來，斯焉取備。昔無今有，為利博哉。」[89]此壇建成之後，鄉人感戴孟氏，特別請求元肇為此壇作記，這原是地方官、縉紳或文士之事，而鄉人未請他們，而請元肇，可見他受地方之尊重。當時他已五十歲，文名籍甚，故地方人士請他作記，也可以理解。[90]他在文中褒揚孟夫人說：「以夫人之淑德，人能訓子孫，以大其家績，其為善享五福未艾也。」[91]又贊高容說：「若高君之賢明孝友，約己裕人，冰朝雪夕，發其所積，散惠鄉閭，家至戶及，嘗間歲為之。窶死不斂者施棺，未舉者致賻，蓋不知幾。精舍羽宮，多所樂施。凡利人者，必盡心焉。君之可書，豈特奉親成一化臺？」[92]此類讚譽，只是以儒家德行觀念及言語來強調孟氏母子博施濟眾之行為，並未以佛家因果福報觀來論事，如同一般文士所寫之同類記事文，值得注意。另一方面，鄉民雖感激孟氏之義行，但仍有人提出有關火葬的疑問而謂「古有泚顙過其親者，今有掩骼埋胔之仁，未聞火其喪者。」[93]元肇之答語，雖視問者之見為「囿情方內之論」，但他除了「形骸繇四大假合」及「大涅槃」之說是出於佛書之外，其餘「栖遑大千」、「燎原堅林」之語，本南朝王簡棲〈頭陀寺碑文〉，「一死生、泯去來」、「蟲臂鼠肝之孰我？烏鳶螻蟻之予奪」，而「生寄死歸」之說本《莊子》及《淮南子》對生命之看法。[94]顯示他不是個空守佛家章句，拘拘於佛理表象之禪師，而是位不泥於成見，不拘於小知，廓然遠見，踔然獨立，而知會通內外學的文學僧。

〈重建利濟院化壇〉之宗旨與上文類似，也是與「義壇」相關者，但是元肇在此文逕稱「化壇」，又以佛教「以生死為幻妄，以四大為假合。化身緣訖，示以三昧荼毘者，此云火葬，後皆遵行之」等語破題，增加了以「方外」及佛教立場論事之色彩。不過，他寫此文時在平江萬壽寺任住持；從六十三歲入平江萬壽寺後，約住平江八年，頗熟悉吳人行「火葬」之俗，對平江的印象是「山慳水臢，物阜人繁，喪車轔轔，闖五門而出者無虛日，門各有壇以化。」[95]可以說，平江的「火葬」之俗，在南宋時期，相當程度地代表各地方之喪俗，不再是純粹屬佛教之葬儀了。所以與其說元肇作此文之目的在鼓吹「火葬」，不如說是藉描述重建利濟院化壇之背景與過程，表彰為建化壇而出力之兩位比丘尼，同時說明「利濟」之真諦。

元肇所以重視利濟院之化壇，有兩個理由。其一，利濟院附屬於元肇主持的萬壽寺，又是虎丘系前輩應菴曇華（一一〇三—一一六三）所建。當時「屋廬具體，窣堵峙波，歸湖海禪流之蛻殖，勝熱一壇，熾然常說。不間道俗，無男女相，等身投入，火滅煙銷，唯不亡者存焉。」[96]可以說化壇之使用，是開放給道俗，無男女之別。既能使死有所歸，又能使生者無後顧憂，造福地方不淺。其二，此壇之增修與重建，賴兩比丘尼之力。據元肇說，南宋嘉定、寶慶間（一二〇八—一二二七），妙湛寺比丘尼祖瑛募立「芘屋」（按：「芘」同「庇」）於化壇之旁，應該是用來覆蓋化壇，遮蔽風雨之用，但因地震雷電而毀，二十年間，「途哀野哭，薰穹燎原，過者惻然。」[97]後有比丘尼惠一，發大悲心，整其囊鉢，戮力經營，又造層屋五間，規模更勝於前。元肇形容為：「飛檐翼翼，高出林表，突日摩雲。無上雨旁風；且呑煙納焰。甓其壇墠，繚其垣閣，黑白絢好，及朞有成。」[98]結果，「喪者四來，莫不驚歎，樂其安隱。」

元肇認為，世相之成壞雖繫乎數，但其存廢則繫乎人。兩位比丘尼都是以一人之力獻身於利眾難能之事，但都能咄嗟而辦，誠為難得，故作記嘉獎並表彰之。與下文有關鄭清之生祠之文不同，此文是為表揚女性小人物而作，證明他於尊卑貴賤無差別待遇的做法是前後一貫的。

元肇七十二歲時在四明育王寺，寫了篇〈大參樞密鄭相公生祠記〉，敘述興建端平宰相鄭清之生祠之緣由。從此文之作，可約略看出元肇與鄭清之確為厚交，有意藉它表達對鄭清之護持禪林之感念。文之首段先介紹受鄭清之護持之「四明淨慈寺」。乍看之下，「四明淨慈寺」一語似有問題，因為淨慈寺在杭州，為南宋五山之一，怎麼會在四明？但是元肇對此四明淨慈寺相當熟悉，自然不會弄錯。實際上，此淨慈寺在四明顯應山，南宋時以「小淨慈」名於世，在奉化縣治之西六十里。它建於唐僖宗乾符六年（八七九），原名仁王寺。北宋英宗治平二年（一〇六五）改為淨慈院或淨慈禪院。[99]依寺記作者定川先生沈煥（一一三九—一一九一）之說，此寺雖山無常產，而朝晡稻蔬之供無所匱乏，是因「山王」陰庇而致。但南宋孝宗淳熙十五年戊申（一一八八），里之父老因主寺者「行業不孚，禱祝弗應」，致「里多疵癘，人心累驚。」原來物產富饒、居民有求必應之情況，再也不見，遂請明州知府「岳公」擇有道行者主其寺。岳公即是岳甫（淳熙朝人），是岳飛之孫，淳熙十三年丙午（一一八六）十二月以朝奉郎兼主管沿海制置司公事知慶元府事，至十六年三月交割。[100]他從居民之請，召四明名刹如育王、天童等寺之十六位主寺僧同議，選出禪師名宏者為住持。[101]宏禪師是佛照德光之法嗣，上任之後，見庭宇荒蕪，百廢待舉，遂與僧眾信士畢力「支傾補罅，規恢隘陋。」期月之內，百堵徐興，法堂靖嚴，僧堂奧敞；接待之寮，亦闢而新之，以安來者。至於「度僧有庫，會浴有室，鐘魚震響，草木蔥茂。」[102]可見此寺在宏禪師領寺期間，重新整修，才有「叢林規制，大略具體」之結果。但是宏禪師其後無聞，繼任住持似乎也無大作為，其寺遂逐漸衰落，故元肇見到此寺時，其印象是：「所居不甚延袤，遠乏待稔之畝，近容藝蔬之鉏。辰饘午炊，仰給於神，雲穰谷荅無隙日。」[103]他還說，因為有信陰陽家之言者，欲在其處私植楸檟，引起居民恐慌。四十年後，元肇法兄偃溪廣聞（一一八九—一二六三）於紹定元年（一二二八）領寺之時，其說愈昌，以致居民惶惑愈深。後因大參樞密鄭清之下命而止。居民因而為鄭清之立像建壽堂，創為生祠。或有謂鄭清之之所為，是「推廣格天之業至於比屋衹奉，鑾貊問安」，若能「銘彝鼎，畫麒麟」也足以代表對他感戴之深了，區區一小祠他豈在乎呢？元肇對懷疑者表示：「若知者，公之貌也。余知者，公之心也。心即佛心，所謂大光明藏，凡所作為，悉從是出。塵塵剎剎，建大法幢，作大佛事，施大饒益，隨所見量證之，初無一毫有作為相，曾何大小彼此之殊耶？」⑭此語之意，大致是說：你只知道鄭公之貌，而我卻知道鄭公之心。他的心是「佛心」，是大光明藏，也是一切所作所為之源。其所作所為，都是本於他「十方如來」之見量，可「窮盡微塵清淨國土」，⑮與眾生凡夫之僅見分寸不同，所以他自始就未有意在表相做工夫。元肇從此觀點觀察，覺得又何必去斤斤計較於分「銘彝鼎，畫麒麟」及「立生祠」之大小與彼此之殊異呢？他對鄭清之所給予的高度肯定，應當是言出由衷，無阿諛之意的。鄭清之「深於佛」是不少人同有的印象。⑯所以與他頗相知的偃溪廣聞才會有「黃檗山中話裴相，獨龍岡上憶舒王。相公留得谿邊寺，千古佳名在鄭鄉」一詩。⑰元肇與廣聞為師兄弟，兩人晤談時，或住四明育王時，對鄭清之「尤愛山行，輕車小艇，名山古剎如雪竇、如太白、如翠山，雖在萬山中，亦至焉，率留信宿」，也當有所聞。⑱所以他與鄭清之即或無直接來往之記錄，但見他對廣聞所領小淨慈寺之護持，心中不無所感。他年已七十餘歲，早已無所冀求，寫〈大參樞密鄭相公生祠記〉來推崇鄭清之，表達對他護持禪剎的感戴之意，當也是人之常情吧。

（二）四六文

元肇在其所領禪寺之地以四六文寫了相當多的序、表、疏、銘、狀及祭文。疏方面除了諸山疏、山門疏、請僧疏及齋糧疏、化疏、供疏、經會疏、懺疏等等之外，還有各種重修寺院、法堂、講堂、佛殿、佛塔、鐘樓、閣樓及造橋疏等等，不一而足。後者數目最多，顯示他頗熱心於參與寺院、法堂等之修造。這些疏文多半寫於通州、平江與杭州。在通州時，他寫了〈重修通川隆興橋為鄭宰作〉、〈通川光孝寺大殿修造榜〉、〈通川南寺造法堂疏〉、〈利和市重修橋疏〉及〈通州天寧化案櫝火櫃疏〉。在平江所寫者較多，大概是他兩度在該地任住持，住平江時間較長而與平江寺院互動較多之故。此時所寫疏文，可稽考者有〈無錫南禪修塔榜〉、〈平江萬壽重起僧堂疏〉、〈平江光福教院翻蓋觀音殿榜〉、〈平江彭山上方塔院重新建塔疏〉、〈崑山縣南千坡延福寺普賢殿榜〉、〈報恩賢首教寺建講堂疏〉、〈高峰修造疏〉、〈吳江梅堰新建中濟橋疏〉、〈洞庭金峰資慶院重建佛殿疏〉、〈翻蓋僧堂疏〉、〈寶幢教寺修法堂庫堂方丈浴室兩廊僧堂疏〉、〈妙湛寺置柴場疏〉、〈資壽寺新建眾寮翻蓋兩廊寢堂疏〉及〈萬壽建法堂寶閣上梁文〉等等。在杭州所寫也不少，有年輕時任徑山掌書記時所作，也有老年時任淨慈、靈隱及徑山住持時所寫，計有〈徑山岱五鳳樓榜〉、〈徑山焙經榜〉、〈徑山發湖州化主疏〉、〈下天竺光明懺疏〉、〈餘杭永壽寺造鐘樓經閣翻臺大殿疏〉、〈西湖瑪瑙寺刱高僧閣疏〉、〈下天竺教寺延壽堂疏〉、〈徑山雙鷺實際接待院建毘盧閣疏〉、及〈詔見淨慈三門上梁文〉等等。此外，在他第二度住平江及入四明育王之間，曾入溫州江心，也寫有疏文，但可稽考者僅有〈台州臨海縣新建華嚴菴疏〉一篇。以下分別就上列疏文，擇要析論。

1. 通州疏文

元肇出身於通州利和寺，在徑山出世之後，首次應請擔任住持也是在通州報恩光孝寺。所以他在通州寫了好幾篇有關寺院、橋梁相關之疏文。此種為寺院之興造所寫之疏文，對元肇來說，應是駕輕就熟之事，本不足為奇，但是為修橋或其他公益事業作疏，擴大了他所關注的生活範圍，是他超越寺院走入社區的具體表現之一，所以此類疏文與寺院疏文之筆觸與格調頗不相同。譬如，〈重修通川隆興橋為鄭宰作〉一文，顧名思義是為通川郡重修的隆興橋而作。此橋之重修，是在一位姓鄭的郡守主持之下而成。元肇寫此疏之目的，在透過儒家政治理念對州郡官吏要求之標準來評估郡守之施政。對這位鄭郡守，他的評價是正面而肯定的。其文說：

> 只見略彴，古趙州舉處明機；不用乘輿，今子產惠而知政。惟詩書禮樂之俗，通魚鹽商賈之源。帶行碧玉灣頭，舟在綠楊影裡。宰官既親為勸發，佛子尚善用其心。乘時便可磨塼，會得不須擔板。滔滔皆是也，行看落日之青龍；郁郁乎文哉，必過當年之駟馬。⑽

此疏既為造橋而作，元肇於其首聯，先用「趙州橋」之公案，後用「子產以乘輿濟人」之故事來破題，因為二者都與橋有關。「趙州橋」是唐洪州系禪師趙州從諗（七七八—八九七）晚年在趙州（今河北趙縣）城東觀音院傳法時的有名公案。觀音院附近十里處有石橋。據說趙州示眾時，有僧問曰：「久嚮趙州石橋，到來只見掠彴子。」趙州答曰：「闍梨只見掠彴子，不見趙州石橋。」僧又問：「如何是趙州石橋？」趙州先答云：「過來過來。」後又云：「度驢度馬。」僧又問：「如何是掠彴？」趙州答云：「箇箇度人。」[110]此對話中的「掠彴子」就是獨木橋，也是元肇所說的「略彴」，為唐宋詩人指稱小橋時所常用。譬如，陸游，〈別後寄季長〉詩中有「暮歸度略彴，月出水鱗鱗」之句；〈閉門〉詩中有「獨木架成新略彴，一峰買得小嶙峋」之句；〈晚秋農家〉一詩第六首的起首兩句「疏溝架略彴，拾瓦疊浮屠」，都用「略彴」指小獨木橋。[111]趙州之語，是指其寺僧只見略彴而不見石橋，如同見秋毫而不見輿薪，徒見小而不見大，故舉石橋而使明之。至於「子產以乘輿濟人」之「惠政」，頗見譏於孟子。因為孟子認為子產聽政，雖以其乘輿濟人於溱洧，但並未解決渡河之根本問題，是「惠而不知為政」的表現。若惠而知政，必能在十一月完成「徒杠」（按：可步行通過的木橋），十二月完成輿梁（按：馬車可行的橋梁），而可徹底解決民眾渡水之困難。孟子認為子產欲使每人而悅之，反而日亦不足。[112]蘇軾批評子產之政是「有及人之近利，無經世之遠圖」，其說頗能伸張孟子之意。元肇所以說「不用乘輿，今子產惠而知政」，即是借孟子、蘇軾之評子產，來烘托鄭郡守「惠而知政」的幹才，是改頭換面的「今子產」。

此疏之其餘各句，無非說明鄭郡守為了維護詩書禮樂之俗，打通魚鹽商賈之利，做了些經世濟民之公益事業。為了造橋，他親自帶從官入碧玉水灣頭、停舟於綠樹楊柳之陰裏。身為一郡之宰官，他親自勸發民眾為地方獻力，而身為佛子禪僧們，還真須善用其心為民服務。他們應該乘時而起磨轉而忙，不當還像擔板漢一般呆呆笨笨地守在寺中。此橋之重修完成之後，行人滔滔如水，在落日下望著它如青龍般的出現。它多麼文彩盛美，必定遠超過於當年如「駟馬」的樣子。[113]

他的〈利和市重修橋疏〉也是為修橋而作。此橋之建似非地方官之力，而是元肇糾合信眾之力而為。這大概是因為他出身於市內的利和寺，見橋在利和市的市中心要衝，有斷絕之虞，因而為之。其疏開頭一聯有「地利人和，市井當要衝之處；星移物換，橋梁有斷絕之虞」等句即是此意。也就因此，元肇覺得它「失遠近之觀瞻」，故不能不「興往來之嗟歎」。⑭其餘各句，大致說明他如何把修橋工作順利完成的經過，所謂「清影不隨流水去，綠陰撐出小舟來。欲施驅石神通，須仗布金手段。」即是以勸募信士布施之所得，達成運石構橋之目標。不但「功成不日」，可在短期之內完工，而且「偉勝前時」，較過去更加壯觀。「半埋出海之冰輪，全露橫空之螮蝀。漁樵舍櫂，龍馬行天」等句，都是描寫此橋完成之後的勝概：在半遮於海水的月亮光下，如彩虹般的完全橫亙在空中。漁夫樵牧都為之捨舟而登，如龍馬行走於天空之上。而這時「百鶴歸來，留千載相傳之語；青龍現瑞，狀一方形勝之居。」⑮這些祥瑞之語，用於榜疏之末，與佛家福報之觀，頗不相類，是元肇離教說事的一種表現。

其他在通州疏文，都是為寺院之修造而作，大至大殿、法堂，小至案櫃、火櫃，都不厭其煩，以疏文書寫。通州的通川光孝寺是他出任住持的第一個禪剎，修造大殿是他任住持的義務，所以他要寫〈通川光孝寺大殿修造榜〉，除了激勵寺僧士氣外，還要讓寺僧認識「要得十分圓備，直須共力成褫」的道理，群策群力，方能盡速成就「遶畫棟以飛雲，側黃金而布地」的格局。⑯為此，他須要引佛典掌故入文，以他的駢文之長，寫出動聽之榜疏。其文以「大器大根，有福始能作福；一瞻一禮，知恩方解報恩」一聯導入結論，⑰對他的寺眾定有很大的啟發作用。〈通川南寺造法堂疏〉是為通川郡南太平興國寺法堂之修葺而寫。主要在描寫法堂整修後美輪美奐之情況，及其於慶賀皇帝壽誕之日請名僧舉揚宗旨之作用。疏文之遣詞用句，雖多本於佛教，但他似有意將它們以淺近的口語世俗化，降低佛教談空言幻之嚴肅性。譬如「本有根基，說甚虛空無壁落？但存柱石，直教輪奐便翬飛。任從伊花雨四來，不到得草深一丈。從東過西，而且要看廊廡相接；自上及下，而莫背著草鞋便行」等句便是。[118]雖然「壁落」、「花雨」、「草鞋」都似與佛教有關，但用在其句中，有離空說有之色彩，頗堪玩味。更淺近的是〈通州天寧化案櫝火櫃疏〉一文，其文曰：

火爐頭有則舊話，正好大家商量；
拄杖上挑底生涯，到此一時放下。
闊古鏡之多少，須韞櫝而藏諸。
天寒且請入來，日用總在裏許。
枯木倚寒岩，三冬無暖氣，足報檀門；
朝陽穿破衲，對月了殘經，銷歸自己。[119]

此疏文描寫的是焚化案櫝用的火櫃。雖然是四六，也相當淺近，但用了幾則禪宗公案，兼引儒書，顯得特別有生氣。譬如首句的「火爐頭有則舊話」，就是用趙州所說的「我三十年前在南方火爐頭有一則無賓主話，舉似諸人，直至如今無人舉得。」[120]因為「無人舉得」，所以才說「正好大家商量」。此則公案，後來禪師引用者甚多。元肇自己在平江雙塔寺時，於某日開爐上堂，亦引趙州之語曰：「火爐頭話無賓主，撥不開兮捏不聚。眼眼相看，面面廝覷，發機須是千鈞弩。」[121]又如，「古鏡之闊多少」一語，顯然喻指雪峰義存與其同門玄沙師備的對話。在對話中，雪峰曰：「世界闊一尺，古鏡闊一尺。世界闊一丈古鏡闊一丈。」[122]是則「古鏡」如玉一般可貴，故又說「韞櫝而藏諸」。而「韞櫝而藏諸」，語出《論語》，原是針對「美玉」而說。[123]此處比古鏡為美玉，自然是因其為珍寶之故。再如，「枯木倚寒岩」一句，原出《天聖廣燈錄》所載某禪人問襄州石門山慧徹禪師之語。其語曰：「枯木倚寒巖時如何？」禪師云：「莫作者活計！」[124]後來為南宋禪師悟明與「三冬無暖氣」一句並用，敘述了一則「燒庵婆」的故事。故事大略如下：「昔有婆子，供養一庵主，經二十年，常令一二八女子，送飯給侍。一日，令女子抱定云：『正恁麼時如何？』主云：『枯木倚寒巖，三冬無暖氣。』女子舉似婆。婆云：『我二十年，只供養得箇俗漢。』遂遣出，燒卻庵。」[125]元肇引庵主之語，做成一聯，先說燒庵婆雖經二十年才認出庵主只不過是位俗漢，以世俗的感覺去看二八女子，以女子之「枯木」對己身之「寒巖」，言下似有所憾，而不能超越色相，以空相應。所以婆子將其庵燒卻，是對庵主缺乏以空之念達到「愛見俱忘」之境界所做的懲罰，也庶幾是「足報檀門」了。其對聯「朝陽穿破衲，對月了殘經」二句，反映了南宋禪師以偈頌為贊語之慣例，此慣例似為無準師範開其先河。師範頌「朝陽穿破衲」一語時曰：「橫片豎片胡亂搭，長針短針信意聯。但見日頭東畔出，不知塵世是何年。」其頌「對月了殘經」一語則曰：「入海筭沙徒自疲，風前月下幾攢眉。即今休去便休去，欲覓了時無了時。」[126]元肇以「銷歸自己」作結，倒似對師範之偈頌所作的回應。

2.平江疏文

元肇在平江所寫的疏文更多，但多半為寺院僧堂、講堂、法堂、佛或菩薩殿之興修而寫。只有〈吳江梅堰新建中濟橋疏〉是為建橋而作，代表他關切地方公益事業之一貫做法。文曰：

煙波浩渺，繚禹導之松江；
市井喧闐，基秋塘之梅堰。
人家兩岸，日過千帆。
往來惟欠於津梁，朝夕只聞於喚渡。
天昏日暮，多愁聚立沙頭；
雨暗風橫，幾度踏翻船子。
顧茲病涉，孰不興嗟！
欲驅石於他山，即濟人於此處。
若便要從空架起，先須做實地工夫。
諾重千金，力求萬石。
橫插天之蝃蝀，現落日之青龍。
底定相峙以西回，安德不孤於東望？
名標中濟，門對招提。
定有相如題當年之壯志，豈無元凱紀今日之成功？
幢幢升雲，平平履道。[127]

此疏所描述的是建造於吳江梅堰的中濟橋。吳江西北是古震澤之入口，梅堰在吳江縣西南五十里，自成井市，[128]似乎早已繁榮，故元肇說「人家兩岸，日過千帆」，像個舟楫相望的貿易港。所以「惟欠津梁」，「只聞喚渡」就變成了一大缺點。元肇用「天昏日暮，多愁聚立沙頭；雨暗風橫，幾度踏翻船子」等語來表示這種缺點所帶來的不便及事故，表示不能不讓人興起難以渡江之歎，故云：「顧茲病涉，孰不興嗟！」他身為地方大寺之住持，遂肩起呼籲民眾「驅石於他山，濟人於此處」的義務，鼓勵大家「從空架起」此橋，而確實做些「實地工夫」。為實踐他的千金之諾，他努力去各處求得萬石來築橋。工程既完，只見此橋如「插天之螮蝀」橫在空中，又像「落日之青龍」浮在眼前，再也不會有不能渡河之歎了。「底定相峙以西回，安德不孤於東望」兩句之「西回」與「東望」究竟何指，不敢妄臆，但兩句大概是指橋之工程底定，他也可以西回自己所領之寺院，而在此東望，不禁也有「德不孤」，必有鄰之感。末數句描述橋之名稱為中濟，而橋門對著一座招提。並用當年司馬相如寫〈大人賦〉所表現的凌雲之壯志，來形容民眾建橋之決心，而以杜預用「勢如破竹」之決策而平定東吳孫皓的心情，來記錄今日之成功。[129]以杜預自況，難道是因為仰慕杜預是位自稱有「左傳癖」的儒將及史家，覺得其平定東吳之決策，可以為完成艱鉅任務的榜樣之故？[130]

佛殿與菩薩殿疏方面，元肇有〈平江光福教院翻蓋觀音殿榜〉、〈崑山縣南千坡延福寺普賢殿榜〉、及〈洞庭金峰資慶院重建佛殿疏〉等三篇。分別說明各寺院觀音殿、普賢殿及佛殿有重新翻蓋之必要。光福教院觀音殿之翻修，是因為地方官贈送一頂寶冠給寺院中的觀音像，但觀音古殿已經破落不堪，與戴著寶冠的觀音像全不相稱，故有「晃耀寶冠，近奉賢侯歸敬；摧頹古殿，未稱尊像崇嚴」一聯。[131]為了解決此問題，寺院方丈覺得有必要全部翻新，而施主們也只有合資重新整修了。下聯「住山翁既為盡底掀翻，大檀越只得從頭蓋覆」即是此意。翻修既成，當然是氣象一新。在元肇的「巍巍峻宇，便是補陀落伽山；練練平湖，遶此毘盧華藏海」一聯的形容之下，更顯得氣象莊嚴，不愧為觀音大殿了。[132]延福寺普賢殿翻新的原因，是因為延福寺是梁朝古寺，其普賢寶殿經過長年風雨之震凌，普賢像已經丹青剝落。元肇疏文中之對聯說：「摩空寶殿，老風雨之震凌；不動慈容，任丹青之薄蝕。必欲從頭蓋覆，直須萬德莊嚴」即是此意。[133]金峰資慶院重建佛殿，也是因它創於五代梁清泰年間，歷經兩百餘年，由於「星霜浸遠」，已經「榱棟傾摧」了。所以須「從頭拆卻，展德嶠之神通；特地重興，見南院之手段。」[134]此聯用兩個禪宗人物來形容金峰資慶院的「大長者」之慷慨無私，引出下一聯「大長者傾出自家寶藏，一荊草現起玉殿瓊樓」之語，可謂別出心裁。至於為何用「德嶠」與「南院」來代表「從頭拆卻」的「神通」與「特地重興」之「手段」呢？元肇之用意，實難以猜測。不過，「德嶠」指的是唐代名僧德山宣鑑（七八二—八六五），而「南院」指的是稍晚的南院慧顒（八六〇—九五二）。德山宣鑑以「德山棒」代表其宗風，而雪峰義存在德山一棒之下，「當時如桶底脫相似」，[135]應該是德山「神通」的表徵。而南院慧顒以「啐啄妙用」教學人，至於「拈出啐啄同時，失之便打，終令那僧於棒折處，見燈影裏行」，[136]應該就是南院「手段」的顯現。不管如何，這座佛殿得以從一莖草變成玉殿瓊樓，沒有「大長者」之貢獻「自家藏寶」，是不可能的。「大長者」在佛經中多指財富無量之善士，[137]元肇用此語應該是指大檀越之意。雖然此疏文之大檀越或許是位富商，但如同下文指出，地方官和佛教居士也經常支持類似修造，元肇總是不忘在其疏文中表達他的重視與感激。

其他平江寺院的僧堂、法堂、講堂、甚至寢堂等之修建，元肇也不厭其煩地撰寫疏文記錄，大致也是說明修建之原因及過程。如有檀越之相助，他也適度地讚揚。如〈報恩賢首教寺建講堂疏〉，先說此寺有翬飛寶閣、突兀雲樓，但「惟露燈王之座，蓋缺潮音之堂。」所以要「經之營之，不日成之」，而得以「闡揚賢首宗風」，實是因「多藉大心檀越」之故。因此元肇要說「仰贊昌時，報增福海。」⑬⑧〈平江萬壽重起僧堂疏〉寫萬壽寺的三聖堂。萬壽寺是吳中叢席較老的寺院，三聖堂是其寺最為重要之地，應菴曇華曾在其地傳法。⑬⑨經過風雨磨蝕，也須「掀翻到底，將應菴活計重新。」此疏之尾聯，與他疏不同，用了兩個禪宗典故來形容重起僧堂之必要性，相當特殊。其語曰：「有損益，有利害，張無盡錯下名言；不看經，不坐禪，王常侍自能領話。」⑭⓪這兩句究竟何指？須從典故之出處來理解。首聯張無盡錯下名言是指張商英在〈永安禪院僧堂記〉所用之語。張商英的〈永安禪院僧堂記〉是為臨川的永安禪院新建僧堂而寫。據說元祐六年（一〇九一）冬十一月，張商英行郡過臨川，聞永安主僧物故，由兜率從悅之門徒了常繼之。了常陞座說法，有陳氏子聞其法，覺聞所未聞，深獲教誨，欲集淨侶聽其法，但覺其堂狹陋，難以待眾，願出家貲百萬，為之更造。果然新建僧堂，一年而成。了常既為兜率從悅之法嗣，與張商英誼為法門昆弟，故張商英要了常擊鼓集眾，宣告其意，勸寺僧當善用此堂，以盡其利益。而所謂之「善用」與「利益」有四：其一，要能於此堂「坐臥經行，惟汝之適。」「帶刀而眠，離諸夢想。則百丈即汝，汝即百丈。」其二，要能於此堂「跏趺宴坐，深入禪定。則空生即汝，汝即空生。」其三，要能於此「橫經而誦，研味聖意。因漸入頓，因頓入圓。則三藏即汝，汝即三藏。」其四，要能於此「閱古人話，一見千悟。入紅塵裏，轉大法輪。則諸祖即汝，汝即諸祖。」這些都是善用此堂之「利」，也是作此堂之「益」。而未能善用此堂，則必生害，而成為作此堂者之損，張商英亦都詳言之。故其詞之結語還說：「然則作此堂者，有損有益；居此堂者，有利有害。汝等比丘宜知之。汝能斷毗盧髻、截觀音臂、剜文殊目、折普賢脛、碎維摩座，焚迦葉衣，如是受者，黃金為瓦，白銀為壁，汝尚堪任，何況一堂？戒之！勉之！吾說不虛。」⑭元肇大概認為張商英的所說的損益及利害都與他建僧堂之意不盡相符，故說他是「錯下名言」。次聯所指，當是《臨濟錄》所載王常侍與臨濟義玄的對話。據《臨濟錄》記載，王常侍一日訪義玄，同於僧堂前看。乃問：「這一堂僧還看經麼？」義玄云：「不看經。」王常侍云：「還學禪麼？」義玄云：「不學禪。」王常侍云：「經又不看，禪又不學，畢竟作個什麼？」義玄云：「總教伊成佛作祖去。」王常侍云：「金屑雖貴，落眼成翳，又作麼生？」義玄云：「將為爾是個俗漢。」⑭義玄聽了王常侍「金屑雖貴，落眼成翳」之語後，知道王常侍理解他「不看經、不學禪」的意思，故以略帶嘉獎之口吻說：「我還以為你是個俗漢呢！」元肇說，「王常侍自能領話」，就是反映王常侍的機警。這位王常侍是王紹懿（？—八六六），唐宣宗大中十一年（八五七）以節度副使、都知兵馬使、檢校右散騎常侍、鎮府左司馬、知府事、兼御史中丞之職奉命充成德軍節度觀察留後。他在同年陞成德軍節度使、檢校工部尚書，建節於真定府，也就是義玄在河北傳法之處。⑭元肇舉一位宰相的「錯下名言」，及一位節度使的「自能領話」，似乎在暗示他所領的萬壽寺僧堂是個不涉及損益、利害又超越看經、坐禪之處吧。

這種以人物及其語言為象徵來說明寺院殿堂修造之過程與作用，是元肇疏文技巧之一。他的〈高峰修造疏〉一篇即是一例。此疏寫的是平江府高峰禪院修造之始末。此寺於嘉定七年（一二一四）閏九月，有石田法薰為住持。石田領寺時，高峰只是個蕞爾小剎。經石田之勞苦戢縮，以身率之，未三年而改觀。[144]但距元肇第二次入平江時，又歷經二十餘年，而距他第一度入平江時則有三十餘年，距其初建之時，更有兩百餘年之久，竟落到「三間茅屋無人到，一道神光萬境閑」之境地。[145]此兩語本為疏中對聯之一，原文曰：「三間茅屋無人到，徒勞罵雨呵風；一道神光萬境閑，本自輝天鑒地。」實得自唐・龍山禪師「隱山晦迹」之故事。據燈史載龍山禪師曾參馬祖，發明心要，後隱龍山。洞山良价遊至山下，見溪流菜葉，知有道人居。遂撥草循溪入山，行六七里，忽見龍山在菴前。洞山與之問答數過而辭退，龍山述偈曰：「三間茅屋從來住，一道神光萬境閑。莫把是非來辯我，浮生穿鑿不相干。」自此焚菴，遁入深山，不知所在，因號隱山。[146]元肇將「三間茅屋從來住」改為「三間茅屋無人到」，形容高峰之「雲深火冷」，無人問津。他保留「一道神光萬境閑」一語，說明其寺本自有光輝可鑒天地。然而，即令如此，蘇州「賢師」，還是要「運廣大願力，向叢林推三等住持」，來將興修此寺之事，「急當先務」。[147]結果，在此住持之號召之下，貧者施力，富者施財，而新寺遂不日完成。對元肇來說，這完全是「人能弘道」之功，與堪輿家之言完全無涉，所以他在疏文之結語用此一聯說：「陰陽向背，何待問司馬頭陀？時節因緣，正應識緋衣檀越。」[148]「司馬頭陀」與「緋衣檀越」，都是指特定之人物。前者傳為唐代堪輿家，但唐人無記錄，故其生平事跡不詳。宋僧道原所編的《景德傳燈錄》在「潭州溈山靈祐禪師」錄中對他有如下之記載：

> 時司馬頭陀自湖南來，百丈謂之曰：「老僧欲往溈山可乎（司馬頭陀參禪外。蘊人倫之鑑，兼窮地理。諸方剏院，多取決焉）？」對云：「溈山奇絕，可聚千五百眾，然非和尚所住。」百丈

云：「何也？」對云：「和尚是骨人，彼是肉山，設居之徒不盈千。」百丈云：「吾眾中莫有人住得否？」對云：「待歷觀之。」百丈乃令侍者喚第一坐來（即華林和尚也），問云：「此人如何？」頭陀令謦欬一聲，行數步。對云：「此人不可。」又令喚典坐來（即祐師也）。頭陀云：「此正是溈山主也。」百丈是夜召師入室，囑云：「吾化緣在此，溈山勝境汝當居之，嗣續吾宗，廣度後學。」[149]

這大概是司馬頭陀為堪輿家的最早記錄。後來睦庵善卿（約活躍於一〇八八－一一〇八年間）在其《祖庭事苑》解說「溈山」時，便說溈山靈祐「晚因百丈示火知歸，為百丈典座。應司馬頭陀之相，開溈山，作第一世。」[150]鄭樵（一一〇四－一一六二）在其《通志》內錄有司馬頭陀著作三種，分別為《司馬頭陀地理括》一卷，《司馬頭陀六神回水決》一卷，及《司馬頭陀括地記》一卷，證明其人確以堪輿名家。南宋普濟的《五燈會元》也重述景德錄有關應司馬頭陀之相地而開溈山之記載。[151]南宋地理學者祝穆（？－一二五五）在其《方輿勝覽》也說：「大溈山在寧鄉西百五十里，唐元和中司馬頭陀開山。」[152]元人編《百丈清規》時，更說「有司馬頭陀者，善為宮宅地形之術，覘其山勢（按：百丈山）斗拔，與夫岡巒首尾之起伏，知為吉壤。」[153]清同治朝所修的《南昌府志》及光緒朝所修的《江西通志》，根據康熙的省志及安世鼎（約一六七一年前後）所修的《江西通志》之說，為司馬頭陀立專傳曰：「司馬頭陀，名曦，唐時人。習堪輿家言，歷覽洪都諸山鈐地一百七十餘處，訖今猶驗。一日至奉新參百丈曰：『近於湖南得一山，乃一千五百善知識所居。』百丈曰：『老僧可住否？』曰：『不可。和尚骨相，彼肉山也。』時華林覺為首座，詢之，不許。一見典座靈佑曰：『此為山主人也。』後往住山，連帥李景讓率眾建梵宇，請於朝，賜號同慶寺。天下禪學輻輳，竟如其言。」⑮這篇專傳更增加了司馬頭陀的歷史聲望。雖然如此，高峰禪院之修造完成，並不待問司馬頭陀之意見，而其實是得利於「三等住持」的號召與經營，與「緋衣檀越」所製造的適時機緣。「緋衣檀越」自然指的是蘇州的州守，而「三等住持」則是他推薦的住持。至於為何稱「三等住持」，應該是因為他並非「全才」型的住持，⑮未能入室陞堂，告香普說，又不會單提直截，對接上根，或設化隨機，勸誘中下。而只能竭力運謀，盡心修造，供眾安僧，列職任賢，完成最基本之住持任務之故。元肇的疏文並無貶低三等住持之意，反而實際上表達了他對地方官兼大檀越發願支持寺院修造的重視與謝意。

輸財協助修葺寺院裏各種堂殿設施的檀越甚多，元肇在其疏文中從不吝於褒揚其人。雖然他的疏文體裁未必容許他細說此檀越之身分，但參與修建工程者不難獲知其人。〈平江彭山上方塔院重新建塔疏〉就是一篇褒揚檀越的典型疏文。此疏首聯云：「上方世界，挹四面之湖山；當處浮圖，標一鄉之福地。」⑯大略形容塔院之地勢。彭山在蘇州西北，其上方塔並不見錄於地理志或方志中。但彭山與他山相連，面對太湖，則有記錄。上方塔院之寶塔「創自崇寧之始，災於嘉定之間」，可能是因火災而毀。但有檀越發心修葺，所以不久即告重建，故元肇說「今有徐公長者，莫非元度再來？發壯大施心，欲鼎新集事。高廣度數，雖無五百由旬之多；會計緡錢，不下八萬四千之用。」⑰此數語之「徐公長者」自然是指發心出資興建寶塔的居士徐某人，把他當作東晉時期寓居會稽的高陽（今河北蠡縣南）處士許詢再世。許詢（生卒年不詳），字元度，是東晉玄言的代表人物之一。他澡心佛學，與謝安、孫綽、郗超、王羲之及沙門支遁等人寓居會稽，遊放於山水之間，幾十餘年。⑮據說，沙門曇彥與許詢同造甎、木二塔於會稽，塔未成，而許詢亡。後岳陽王蕭詧將至，曇彥預告門人曰：「許元度來也！」岳陽亦早承誌公密示，至州，即入寺尋訪彥。望而曰：「許元度來何暮？昔日浮屠，今如故王。」曰：「弟子姓蕭名詧，師何故以許元度呼之？」彥曰：「未達宿命，焉得知之？」遂握手命入室席地。岳陽王忽悟前身造塔之事，宛若今日，由是塔益加壯麗。⑯許詢曾捨山陰、永興二宅建寺，一為祗園寺，一為號崇化，建塔四層。⑯故元肇以「莫非元度再來」之句來指稱徐公，實是因為徐公出資造塔，如同許詢造塔之故，其意至深。也由於徐公的「發壯大施心」來鼎新其塔，高廣其度，終於完成，雖不到五百由旬之高，但所費至鉅，有八萬四千緡錢之多。如果許詢之捨宅為寺及建塔四層為真，則徐公之所費比起許詢當有過之而無不及。⑯雖然如此，其護持佛教之誠心，當然是不能以金錢計算的。

值得注意的是，元肇不僅在平江的疏文褒揚供施佛寺的檀越，也稱美為平江的道院出力的施主。〈新創梓潼真君道院疏〉就是其例。「梓潼真君」是文昌帝君張亞子之神格化稱號，又有梓潼神及梓潼帝君等別稱。他源於四川西南的越雋，原為區域性民間信仰，北宋時為道教所吸收而被尊奉為全國性之神祇，專司行善積德者之報。明清之後，文昌帝君之信仰更盛，為科舉士子膜拜之對象，與孔子有比肩之勢。不過，歷史上亦有文昌帝君源於四川梓潼及吳中之說法。不管如何，吳中的梓潼真君道院，新建於舊吳宮之所在，或與相信文昌帝君為本地神之信仰有關。大概也是因此，有心者便貢獻資金來建此道院。元肇疏文之首聯所謂「雲出無心，何天而不可？人能弘道，易地則皆然」就是要指出施主之目的在弘道，不必限於單一地域。元肇之疏文表示此道院建成之後，定能「道力堅固，不怕風卷屋上三重茆；仙籍分明，管取手折月中一枝桂。」⑯顯然接受文昌帝君信仰的靈應，表現了他包容異教信仰，不忌宗教競爭的寬大胸襟。

3.杭州疏文

元肇所寫的疏文，多述及檀越在寺院堂殿樓閣修建時，其角色之特殊。他在杭州所寫的〈西湖瑪瑙寺剏高僧閣疏〉也重申此意。瑪瑙寺原稱瑪瑙院，在西湖之孤山。宋初孤山智圓（九七六—一〇二二）法師居其地，與處士和靖先生林逋（九六七—一〇二八）為鄰，天竺法師慈雲遵式（九六四—一〇三二）結為好友，以高世之節聞於世。智圓辭世之後，門人奉遺訓，斲院之後山，斂以陶器，合其自作祭文挽詞而瘞之。南宋紹興二十一年（一一五一），其原居地經擴建而成創延祥觀，有司將瑪瑙院之額併智圓之塔移往山北瑪瑙坡。[163]元肇疏文的首聯「西湖之上，舊有孤山法師；南渡之初，移居瑪瑙蘭社」，就是簡述這段經過。瑪瑙寺自此之後，並無重建之記錄。元肇之疏顯示他住杭州之時，由於杭州府尹之大力訪求，搜羅遺逸，才有創建高僧閣之因緣，當然是以紀念孤山智圓為主。所以疏文說：「高閣翔空，添入錢唐之圖畫；先賢森列，昭然僧史之凌煙。皆大尹力賜蒐揚，俾聖代不沉遺逸。」[164]也因為如此，而有「感得阿羅漢捨身布施，普請諸檀越出手結緣」，而出現高僧閣崛起於瑪瑙寺之結果。[165]這些檀越都與平江的「大長者」一樣，是杭州寺院的大施主。他們也為興造餘杭永壽寺的鐘樓與經閣，及其大殿之翻蓋，獻出家珍，創造鼎新。元肇之疏說道：「白璧明珠錯落，大長者運出家珍；朱甍碧瓦岧嶢，老瞿曇難窺縫罅。」[166]足以明檀越之貢獻；而所云：「一舉乃三緣畢備，千生為百福莊嚴」，指出鐘樓、經閣與大殿之受其惠，而莊嚴矗立起來。

杭州的檀越不僅對瑪瑙寺之高僧閣及永壽寺的鐘樓與經閣等「出手結緣」，他們在修建徑山「接待院」時也提供相當大的資助。元肇在杭州所寫的〈徑山雙鷺實際接待院建毘盧閣疏〉，就是諸檀越協助「接待院」的崇飾情形。當然這些人未必是瑪瑙寺之善男信女，但其為大小施主、富商鉅室則一。他們既能供養寺院，也能贊助「接待院」。「接待院」之名自唐以來即常見，為僧人所築以安遊僧或接待雲水之所，羈旅之官僚士人也常在其處打尖。「接待院」往往經擴建之後，發展成為較有規模之大小寺院。[167]徑山雙鷺實際接待院建了「毘盧閣」，也使它有了寺院的格局。元肇疏有「座間見千佛化生，雲外若諸天湧下」之聯，形容其廣而高；有「當機拈出，彈指圓成」之句，形容其完成之速；有「與先師大有因緣，故檀越不忘付囑」之對，示檀越之慷慨供施以成其閣；有「崢嶸錦里，增梯級以登雲；咫尺長安，遶闌干而拱目」之結語，再重述其閣之高聳之狀，若有梯級可登雲，足以倚闌而見杭州都城於咫尺之內。[168]這種規制，對接待院來說，是相當壯觀的。而所以能夠建成，顯然是檀越解囊施財之功。

當然，任何修建，雖有州守府之推動，檀越之贊助及主事僧之號召，最後還要聚合緇俗眾人之力，方能完成。元肇之疏文，尤其強調此點。譬如〈徑山岱五鳳樓榜〉即是一例。此是「榜」文，是寺院揭於山門或主殿外的木牌告示，對象以寺眾為主。五鳳樓在徑山萬壽寺三門，依攻媿主人樓鑰（一一三七—一二一三）之說，它有九間房，奉安五百應真。至於有何其他可觀之處，樓鑰並未詳說。[169]元肇之榜文，說它是座「高敞寶樓，翥雲間之五鳳。極一時之勝槩，冠千古之名藍」，[170]其詞或嫌誇張，但亦可想見其大概。這座高樓，歷經歲月，久已失修，已經出現斜傾之情況。元肇不直接說其斜傾而說「山催短景，先來半嶺斜陽；夜漏未央，已仄一輪明月。……雖云主者扶顛，也要大家出手。」[171]對眾志成城的期待甚高，又特別鼓勵良工巧匠的參與，所以有次聯之「賈烏獲萬鈞之勇，漫費工夫；得公輸一技之機，自然回轉。」[172]可以說元肇對五鳳樓之「扶顛濟危」是頗費心思的。

除了重視檀越供施之力外，杭州疏文的另一個特徵就是對教寺的尊重與關心。他的〈寶幢教寺修法堂庫堂方丈浴室兩廊僧堂疏〉描寫的是寶幢教寺內各種日用設施須要修葺補罅之理由，而有所謂「戶外之屨既滿，日用之處須周」的說法。前句是指此寺因為「峨嵋橫陳，地占能仁之上；寶幢獨立，教傳賢首之宗」，而且又是「此道司南，學徒仰北」，[173]有居華嚴教寺龍頭之勢，不能任風雨浸壞，而影響到日常寺務之操作，而導致「夜雨浸廊，半明滅焚膏繼晷；陰風嘯籟，難從容刮垢磨光」之麻煩與困窘。[174]〈下天竺浴鍋疏〉及〈下天竺教寺延壽堂疏〉則針對下天竺教寺寺僧的身心健康，乃至於延壽之所須，都覃思極慮，強加鼓吹。說及浴鍋，疏文曰：「濁惡世界，吹塵勞風；清淨門頭，皆香水海。只怕鍋兒滲漏，休言杓柄短長。」[175]這是標明沐浴對寺僧之重要性，大意是說在經過濁惡世界所吹的無盡「塵勞風」之後，寺僧確實須要沐浴身心，保持清淨門面，所以要在山寺之內設有浴鍋以盛沐浴淨身之「香水海」。但是浴鍋經長期之使用，恐有滲漏之虞，所以須要鍛鍊重鑄。所以說：「要得渾崘，直須撲碎。」然後經過一番「洪爐扇處，頑鈎鈍鐵，皆放光明」的鑄造手續，使其脫胎換骨，煥然一新。一旦如此，定能發揮浴鍋應有的淨身澄慮的作用，故疏文誇張而云：「大器成時，槁木死灰，也叫汗出。」[176]至於其寺「延壽堂」之建，元肇認為更有其必要。「延壽堂」是撫安老病之所也。雖然宋以來即有「叢林老僧送安樂堂，病者送延壽堂」之慣例，[177]但依宋人編寫的《禪苑清規》來觀察，延壽堂主之職司也包括老病僧人之照顧，對健康及延壽是並重的：

堂主須請寬心耐事、道念周旋、安養病僧、善知因果之人。堂中所用柴炭米麵、油鹽、醬菜、茶湯、藥餌、薑棗、烏梅、什物家事，皆係堂主緣化。如其無力，唯米麵油炭，就常住打給。如病僧入堂將息，令行者打疊床位，如法安排。煎煮湯藥，供過粥飯，逐時問訊，務令適意。如病人苦惱，多生嗔怒，粥飯湯藥，動不如意，及呻吟叫喚，屎尿狼籍，竝須憫念看承，不得心生厭賤。[中略]病僧如稍困重，報堂司抄劄。遷重病閣（若非道眼精明，並勸令專念阿彌陀佛，祈生淨土，若勸率同袍打磬念之極妙），八福田中，看病最為第一（佛、法、僧、父母師長、貧窮、橋梁、義井、疾病，乃八福田也）。況出家之人，雲遊萍寄。一有疾病，誰為哀憐？唯藉同袍，慈悲安養，誠為重任，豈可輕心。⑰⑧

元肇疏文的首聯，也是表達此段文字結語之意思。他呼應宗賾之意，表示出家僧侶多長期積累塵勞，一旦老病衰弱，無人照應，便有如「船壓水中天，櫂穿波底月，崎嶇歷盡於風波；塵埋床下履，風動架頭巾，寂寞堪憐於老病。」⑰⑨此時，可以說是已達「既坐斷三生之石」的年齡，必須有「要會通百丈之規」的理解，知道如何去面對老化的問題。所以其寺之住持決定「別創一堂，供需四事」，讓飲食、衣服、臥具、湯藥四事供養，具足無缺。⑱⓪疏文中表示這位住持當「深諳得者[按：同「這」]般病痛」，所以眾人要「曲勞他大展神通」。沒想到他指顧之間，便把事情辦妥，而疏文遂有「酬對未終，咄嗟可辦」。延壽堂蓋成之後，老病者得以安養，而無孤寂無靠之憂，所以疏文說「天邊露重，豈應枯木無春；日暮途窮，不怕孤燈獨照。」這是出力建此堂者之

「最勝事」，而所種之福田是難以比擬的。⑱元肇必然堅信「僧為福田之最，而食為供養之先」之觀點。明僧袾宏（一五三五—一六一五）曾說：「經稱八種福田，看病第一。」⑫為何呢？「豈不以衲子無家，孤單湖海，伶仃疾苦，真可悲憐。作僧坊主，而病不於我調，死不於我殯，豈慈悲之道乎？」⑬這也是元肇疏文強調延壽堂之意啊！

元肇對教寺之重視，及教寺之各種興造表示熱心，正是他於禪、教無分彼此之證明。下天竺寺在宋代頗負盛名，天台大法師慈雲遵式曾在此寺傳天台教觀，遂為天台教之重心。明教契嵩（一〇〇七—一〇七二）曾說：「天台宗北傳，蓋法師、文穆公有力焉。」又說：「天台之風教益盛于吳越者，蓋亦資夫慈雲之德也。」⑭據說寺之西巖有檜樹之枯株，焚敗之餘幸存於世。遵式法師以水灑而祝之，遂枯木逢春，枝葉重榮。他力行四種三昧，建金光明懺堂，勵其徒共行金光明懺法，必誦大悲呪七遍，故又以慈雲懺主名。⑮元肇既寫疏文鼓吹此寺浴鍋及延壽堂之改造，更不會忽視光明懺堂之作用，其寫〈下天竺光明懺疏〉，亦可說是順理成章之事。疏文首聯以「懺主」對「如來」言其貢獻，顯示他對慈雲遵式之敬重。其語曰：「如來說妙法，餘三百會，居方等之為尊；懺主統像運，幾二千年，監禮文之尤具。」⑯上聯文意甚明，而下聯之「幾二千年」，當指佛教在中國的時間，而非遵式主寺之時間。而「禮文」則指遵式的有關懺儀之作，因為數量甚多，堪稱完備，故以「監禮文之尤具」來形容。⑰餘疏則講下天竺寺建立光明懺而設「七日壇場」，修「晝夜六時」之儀式，顯示他對下天竺天台教所行之懺法，有相當之認識。

事實上，元肇之疏文可證明他對禪教寺院之熱心是不分彼此的，在杭州固然如此，在台州、溫州亦然。他的〈台州臨海縣新建華嚴菴疏〉即是一個例證。此疏先表達他對興建華嚴菴之支持，後指出居士行願刊經及長者捨地所營造的建菴條件而曰：「古今之道，興廢由人。眷茲小石渡頭，信有大乘緣會。劉居士初心行願，鋟梓諸經；游長者捨地開基，誅茆立屋。」[188]小石渡在臨海縣西五十里，[189]即華嚴菴建菴之處。既為小小津度，而竟能被選為建菴之所，故元肇視之為「大乘緣會」之所致。劉居士與游長者都是檀越，前者刻經印行，為此菴充實其經藏，後者捨地建菴，讓其法輪常轉而不止。為了鼓吹興建工程加速進行，報答兩位檀越供施的美意，元肇在疏文中特別強調「顧堂廡之未周，慨鐘魚之不作。欲託萬間幪茈，須求兩頃膏腴。」[190]他希望一旦華嚴菴落成，可以「任教南來北來，到此休去歇去。」[191]至於其大殿之高聳，靈祠之靈應，所帶給里人之福報與昌隆，是不在話下的。

以上析論元肇在序、跋、記、榜疏等類日用文體上所表現的特點，大略可見元肇豐富的知識與學養，表現於他在翰墨文藝上所具備的深厚根基，在古文及四六文的寫作上所具有的技巧與匠心，對前輩文士及尊宿書畫的欣賞與敬重，對禪教關係問題上無狹隘的宗派意識與成見，在內外學上能夠兼容並攝的寬大心胸，證明元肇是位恢恢大度、率意不羈而無私腸的文學僧。他對文字不礙禪及禪不必離文字的認知，是塑造他超越儒釋藩籬的禪僧性格之根源。我們可以進一步從許多他為非同宗同門的禪、教僧所寫的詩，看出這種性格的自然表現。《莊子》說：「彼且為無町畦，亦與之為無町畦。」[192]元肇就是這麼一位為人簡易，與人無町畦的禪僧。

【注釋】

①元肇，〈跋鄭侍郎庵僧所藏懷素臨羲之帖，范文正、東坡、米元暉題其後〉，《淮海外集》卷下，P.10a。

② 《洪武蘇州府志》卷三五，P.20a；卷四四，P.11b。

③ 同前註。亦見《姑蘇志》卷二九，P.56a-57b；卷五一，P.32a。

④ 元肇，〈題草書洗兵馬〉，《淮海挐音》卷上，P.7a。

⑤ 按：「次山碑」一語，雖似指顏真卿為其好友元結所寫的〈唐故容州都督兼御史中丞本管經略使元君表墓碑銘并序〉，筆者認為實是指元結所撰而顏真卿所書之〈大唐中興頌〉碑。歐陽修認為此碑「書字尤奇偉，而文辭古雅，世多模以黃絹為圖障。碑在永州，磨崖石而刻之。」見歐陽修，《集古錄》（臺北：河洛圖書出版公司，《歐陽修全集》本，一九七五）。

⑥ 元肇，〈跋東坡帖〉，《淮海外集》卷下，P.14a。

⑦ 蘇軾，〈書唐氏六家書後〉，《蘇軾全集》卷六九，P.2206。

⑧ 蘇軾，〈書吳道子畫後〉，《蘇軾全集》卷七十，P.3210。按：查《蘇軾全集》，東坡並無「顏魯公書雖不工」之語。

⑨ 惠洪，〈題黃龍南和尚手抄後三首〉，《石門文字禪》（臺北：新文豐出版公司，一九七三）卷二五，P.26a。

⑩ 元肇，〈跋于湖墨蹟〉，《淮海外集》卷下，P.14ab。

⑪ 元肇，〈跋石湖、放翁等帖〉，《淮海外集》卷下，P.11ab。

⑫ 陸游為參議官事見《宋史》卷三九五，〈陸游傳〉P.12058。其〈夢范參政〉一詩，可見兩人交情之深。詩云：「夢中不知何歲月？長亭慘淡天飛雪。酒肉如山鼓吹喧，車馬結束有行色。我起持公不得語，但道不料今遽別。平生故人端有幾？長號頓足淚迸血。生存相別尚如此，何況一旦泉壤隔。欲懷雞黍病為重，千里關河阻臨穴。速死從公尚何憾？眼中寧復見此傑。青燈耿耿山雨寒，援筆詩成心欲裂。」見陸游，〈夢范參政〉，《劍南詩稿校注》卷三十，P.2062。

⑬ 按：跋語中的孟藏春是位詩人，曾任「江東部使者」，但生平事跡不詳。「金張友」以下，義不詳，疑與孟藏春一樣，都是摹寫范成大與陸游之翰墨者。

⑭ 參看筆者《文學僧藏叟善珍與南宋末世的禪文化》（臺北：新文豐出版公司，二〇一〇）。

⑮ 元肇，〈跋趙信菴書「斷雲」（代人）〉，《淮海外集》卷下，P.10b-11a。

⑯ 同前註。

⑰ 李之亮，《宋代路分長官通考》引《會稽續志》謂：「陳仁玉開慶元年十一月初四日以秘書郎兼禮部郎官兼崇政殿說書除直秘閣，浙東提刑兼知衢州。景定元年五月二十九日特升直華文閣依舊。八月十一日升直敷文閣依舊。九月初然日回司，二十九日離任。」又引《南宋館閣續錄》謂：「陳仁玉字德公，貫台州，開慶己未賜同進士出身，十一月除秘閣、浙東提刑兼知衢州。」復引《福建通志》謂：「陳仁玉字德公，台州人，景定間提刑福建（一二六三—一二六五）。見《宋代路分長官通考》P.1508、1736。又見劉克莊，〈碧栖山房〉，《後村先生大全集》（上海：商務印書館，《四部叢刊初編》本，一九三六）卷九二，P.4b-6b。

⑱ 同前註。

⑲ 按：《淳祐臨安志》舊題為施諤撰，實際上為趙與篾修，陳仁玉纂，吳革與王亞夫先後參與纂集，見洪煥春編著《浙江方志考》（杭州：浙江人民出版社，一九八四），P.41-45；陳杏珍，〈淳祐臨安志的卷數和纂修人〉，《文獻》，一九八一年第三期，P.185-190。關於《菌譜》見陳仁玉自序《菌譜》（臺北：臺灣商務印書館，影印文淵閣《四庫全書》本，一九八三—一九八六）。後者見《千頃堂書目》（臺北：臺灣商務印書館，影印文淵閣《四庫全書》本，一九八三—一九八六）卷九，P.41b。關於陳仁玉的生平及著作，參看蘆笛，〈南宋學者陳仁玉的生平及著作考〉，《古今農業》，二〇一〇年第二期，P.76-81。

⑳ 元肇，〈跋佛照、淛翁二帖〉，《淮海外集》卷下，P.10ab。

㉑ 元肇，〈跋圓悟、佛照法帖〉，《淮海外集》卷下，P.11b。「擇」，原作「檡」。

㉒ 見《大慧普覺禪師語錄》（臺北：新文豐出版公司，《大正藏》第四十七冊，一九八三）卷十七，P.883ab。又《大慧

普覺禪師年譜》亦有類似記載，可與語錄之文校讀：「五月十三日，因張康國夫人請圓悟禪師陞座，舉僧問雲門如何是諸佛出身處，[雲]門云東山水上行；若是天寧即不然。『如何是諸佛出身處？薰風自南來，殿閣生微涼。』向這裏忽然前後際斷，雖然動相不生，卻坐在淨裸裸處[得]。入室次，圓悟曰：『也不易你得到這箇田地，可惜死了不能得活。不疑語句，是為大病、不見道，懸崖撒手，自肯承當，絕後再穌[甦]，欺君不得，須信有這箇道理。』遂令居擇木堂，作不釐務侍者。每日同士大夫入室，只舉有句無句，如藤倚樹，纔開口便道不是，如是將半年。一日同趙表之方丈藥石次，把箸在手，忘了喫食，圓悟顧師[按：大慧也]而語表之曰：『這漢參得黃楊木禪也。』」（臺北：新文豐出版公司，《嘉興大藏經》，《正藏》部第一冊，二〇〇八）P.796c。

㉓ 按：跋文中的「孤雲」即指孤雲權，住持四明育王，見《增集續傳燈錄》卷一，P.750b。

㉔ 按：仲温曉瑩即是跋文中的「雲臥」，是《羅湖野錄》及《雲臥紀談》等叢林札記的作者。他與佛照同為大慧法嗣，紹興間以倦遊歸憩羅湖之上，杜門卻掃，不與世接，著《羅湖野錄》一書。淳熙戊戌（一一七八）冬，以徒弟隸名感山小寺而徙居，著《雲臥紀談》一書。

㉕ 元肇，〈跋密菴諸老帖〉，《淮海外集》卷下，P.19a。

㉖ 《五燈會元》卷二十，P.1393。

㉗ 《鎮州臨濟慧照禪師語錄》卷一，P.506c。

㉘ 《嘉泰普燈錄》（臺北：新文豐出版公司，《卍續藏經》第一三七冊，一九七五）卷二七，〈臨濟將示寂囑三聖〉，P.381b。

㉙ 《大慧普覺禪師語錄》（臺北：新文豐出版公司，《大正藏》第四十七冊，一九八三）卷二四，P.915c。

㉚ 《大川普濟禪師語錄》（臺北：新文豐出版公司，《卍續藏經》第一二一冊，一九七五）P.341b。

㉛ 此八峰謂：明月、娑羅、香爐、大舍、銅魚、藏像、煙霞、應澤。見《天台方外志》卷四，P.154。

㉜ 元肇，〈跋大川遺誡等帖〉，《淮海外集》卷下，P.13b-14a。

㉝ 關於懶殘，見《宋高僧傳》（北京：中華書局點校本，一九八七）卷十九，〈唐南嶽山明瓚傳〉，P.491-493。

㉞ 按：「末後一著」一語，屢見於禪宗語錄及燈史，依無著道忠之說，原為弈棋語，是最後開示，「究竟說」之意，非謂臨終一語之意。見無著道忠，《葛藤語箋》（京都：中文出版社，一九九〇），P.1065。不過，元肇之用此語，似為形容臨終前語，故雖非「臨終一語」，也與臨終不無關係。

㉟ 大觀，〈靈隱大川禪師行狀〉，《大川普濟禪師語錄》（臺北：新文豐出版公司，《卍續藏經》第一二一冊，一九七五）P.346a；《物初賸語》卷二四，P.8ab。

㊱ 元肇，〈跋大川遺誡等帖〉，《淮海外集》卷下，P.13b-14a。

㊲ 見《五燈全書》（臺北：新文豐出版公司，《卍續藏經》第一二一冊，一九七五）卷五三，P.156a，及下文引程公許序。按：李國玲《宋僧錄》說他曾主越州大禹寺，不知何據？

㊳ 元肇，〈祭枯椿禪師文〉，《淮海外集》卷下，P.26ab。

㊴ 元肇，〈跋枯椿和尚法語〉，《淮海外集》卷下，P.15a。

㊵ 按：今本程公許之《滄洲塵缶編》無與枯椿曇相關詩文。

㊶ 《大川普濟禪師語錄》P.326b。「夜半悟明星」指釋迦見明星而悟道之禪宗傳說，參看附錄〈癡絕道沖禪師與南宋禪文化〉。此文原刊於《九州學林》，二〇一〇冬季號，P.128-154。按：原文之「椿」應作「椿」。

㊷ 《瞎堂慧遠禪師廣錄》（臺北：新文豐出版公司，《卍續藏經》第一二〇冊，一九七五）卷二，P.934a。

㊸ 元肇，〈宜靜〉，《淮海挐音》卷上，P.29b。

㊹ 元肇，〈梅月〉，《淮海挐音》卷上，P.29b-30a。

㊺ 元．夏文彥，《圖繪寶鑑》（臺北：臺灣商務印書館，影印文淵閣《四庫全書》本，一九八三—一九八六）卷四，P.9a。

46. 元肇，〈馬宋英畫松〉，《淮海挐音》卷上，P.31b-32a。

47. 唐‧朱景玄，《唐朝名畫錄》（臺北：臺灣商務印書館，影印文淵閣《四庫全書》本，一九八三—一九八六），P.11ab。

48. 《宣和畫譜》卷十三，P.9a。按：杜甫詩云：「韋侯別我有所適，知我憐渠（一作君）畫無敵。戲（或作試）拈禿筆掃驊騮，欻見騏驎出東壁。一匹齕草一匹嘶，坐看千里當霜蹄。時危安得真致此？與人同生亦同死。」見《杜詩詳注》（臺北：里仁書局，一九八〇）卷九，P.754。

49. 《圖繪寶鑑》卷四，P.4b-5a。

50. 宋‧趙希鵠，《洞天清錄》（臺北：臺灣商務印書館，影印文淵閣《四庫全書》本，一九八三—一九八六），P.49b。

51. 居簡，《北磵集》卷六，P.42b。

52. 惠洪，《冷齋夜話》（鄭州：大象出版社，二〇〇六）卷一，P.34-35。又宋‧莊綽，《雞肋編》亦說：「[東坡]又有詩云：『三杯軟飽後，一枕黑甜餘。』此諺語也。無杯枕，則後世不知其為酒與睡矣。」「……而東坡亦有『三盃軟飽後，一枕黑甜餘。』皆世俗語。」見《雞肋編》（北京：中華書局點校本，一九八三）卷中，P.71；卷下，P.118。宋‧彭乘《墨客揮犀》（北京：中華書局點校本，二〇〇二）卷一，P.282，〈詩人多用方言〉條，似本二人之說。宋‧胡仔，《苕溪漁隱叢話》云：「南人以飲酒為軟飽，北人以晝寢為黑甜。故東坡云：『三盃軟飽後，一枕黑甜餘。』此亦用俗語也。」見《苕溪漁隱叢話》《前集》卷二六，P.181。宋‧魏慶之，《詩人玉屑》（臺北：臺灣商務印書館，影印文淵閣《四庫全書》本，一九八三—一九八六）亦襲其說。見該書卷六，P.15b-16a。按：蘇軾之句，見其〈發廣州〉詩，《蘇軾詩集合注》卷三八，P.1961。詩中有東坡自注此兩句云：「浙人謂飲酒為軟飽」，「俗謂睡為黑甜」。

53. 元肇，〈楊補之梅〉，《淮海挐音》卷下，P.29a。

54. 《石渠寶笈》卷四，P.16b。

55. 《史記》卷一二九，〈貨殖列傳〉曰：「陳、夏千畝漆；齊、魯千畝桑麻；渭川千畝竹」見P.3272。

(56) 按：四川梓州潼川鹽亭縣鵝溪所產絹帛稱「鵝溪絹」或「鵞溪絹」，唐時為貢品，宋人書畫常用之。北宋文同有詩句曰：「待將一段鵝溪絹，掃取寒稍萬尺長。」蘇軾曾次韻答之，略謂：「世間那有千尋竹，月落庭空影許長。」見蘇軾，〈文與可有詩見寄，云待將一段鵝溪絹，掃取寒稍萬尺長，次韻答之〉。《蘇軾詩集合注》卷十六，P.800-801。又蘇軾作〈文與可畫篔簹谷偃竹記〉亦引此詩。但蘇軾的答詩作「世間亦有千尋竹」，將「那有」改為「亦有」。又蘇軾引文同詩句之「寒稍」一語，似為「寒梢」之誤，孔凡禮先生點校之《蘇軾全集》已改正之。見其書卷十一，P.366-367。

(57) 元肇，〈跋陳郎中《禪會圖》〉，《淮海外集》卷下，P.9a。

(58) 同前註。

(59) 見陸游，〈煙波即事〉十首之十，《陸放翁全集》之《劍南詩稿》卷七十，P.976。

(60) 元肇，〈跋湖隱贊應真圖〉，《淮海外集》卷下，P.20a。

(61) 元肇，〈跋如晦、橘洲諸帖〉，《淮海外集》卷下，P.13b。

(62) 參看筆者《一味禪與江湖詩》。又，高似孫曾說：「見仲皎所作《廬山圖》窈窕清潤，有詩書氣。僧惟敬所藏，先公翰林嘗跋。」見高似孫，《剡錄》（臺北：臺灣商務印書館，影印文淵閣《四庫全書》本，一九八三—一九八六）卷七，P.4b。

(63) 元肇，〈跋佛心禪師法語〉，《淮海外集》卷下，P.14b。按：此文「遂不名不結」意不詳，疑有漏誤之處。

(64) 按：「四威儀」即是行住坐臥四者「各有儀則，不損威德」之意。〈過空夢嘗菴〉及〈和楊真州四威儀〉也有可能是只是一首詩之名〈過空夢嘗菴和楊真州四威儀〉。

(65) 據云：「雪巢當金虜之亂，曾與大慧同渡江者。大慧笠中藏一金釵為路費，時時視之。雪巢伺其不意，取而投諸江。大慧愧謝，與之結交。見《枯崖和尚漫錄》（臺北：新文豐出版公司，《卍續藏經》第一四八冊，一九七五）卷下，

P.174b。

66 按：韓淲曾說從志南處得一陸羽像。見《澗泉日記》（上海：上海古籍出版社點校本，一九九三）卷下，P.39。

67 朱熹，〈書濂溪光風霽月亭〉，《晦庵集》（臺北：臺灣商務印書館，影印文淵閣《四庫全書》本，一九八三—一九八六）卷八四，P.49b。又見宋．趙與虤，《娛書堂詩話》（臺北：臺灣商務印書館，影印文淵閣《四庫全書》本，一九八三—一九八六）P.6a。按志南於淳熙十六年曾為台州刺史閭邱允所集的《寒山詩集》作記，自署為「住山禹穴沙門」，可見為天台國清寺僧。見《四庫全書》，《寒山詩集》提要。唯四庫館臣誤志南為道南，淳熙十六年為五十六年。又《宋僧錄》錄有兩志南，疑為同一人。他可能先在廬山，後入天台刻寒山詩集，故朱熹於〈志南上人〉一書要他「寒山詩刻成幸早見寄。」見《晦庵集》卷三，P.17b-18a。

68 按：有關《中興禪林風月集》，見筆者《一味禪與江湖詩》第一章。〈江上春日〉見《中興禪林風月集》（集成本）卷上，P.9ab。據該書，首兩句為「古木陰中船釣篷，短笻抹過小橋東。」注者說，朱熹將首兩句改為「古木陰中維短篷，杖藜助我過橋東。」並將全詩刻石。

69 按：此見於宋版《寒山詩集》（北京：線裝書局，《日本宮內廳書陵部藏宋元版漢籍影印叢書》第一輯第十二冊，二〇〇二）卷首，全文與四庫本〈志南上人〉一文相似，但首尾頗有不同。又《天台山方外志》卷八，P.342；《寒山寺志》（臺北：明文書局，《中國佛寺志彙刊》第一輯，一九八〇）卷三附，P.180，皆錄有該文，皆稱〈與南老帖〉。又日人島田翰作〈刻宋本《寒山詩集》序〉一文，亦謂志南曾刻此書，而「其所刻，竄改易置最多。」見《寒山寺志》卷三附，P.202。

70 歐陽修，〈贈廬山僧居訥〉，《歐陽修全集》（臺北：河洛圖書出版社，《居士外集一》，一九七五）卷二一，P.231。

71 見《廬山志》（臺北：明文書局，《中國佛寺志彙刊》第二輯，一九八〇）卷二，P.301。

72 《禪林僧寶傳》（臺北：新文豐出版公司，《卍續藏經》第一三七冊，一九七五）卷二六，P.542。按：明曹學佺還說

「文忠公獨加尊敬，每問南來士人曾見訥禪師否。」見《蜀中廣記》（臺北：臺灣商務印書館，影印文淵閣《四庫全書》本，一九八三—一九八六）卷八九，P.2b。

(73) 見《五燈會元》（北京：中華書局點校本，一九八四）卷二十，P.1338。

(74) 按：宋．曹彥約有「暗中曹劉不易得，屈宋未死甘押衙」之詩句，見其〈春日奉陪韓簽虞丞解監修禊事即席中所有蝦菜梨棗分韻得蝦字〉一詩，《昌谷集》卷一，P.6b。可能與元肇一樣，都是用蘇軾「徐陵多忘」之典，所謂：「徐陵多忘，每不識人，人以此咎之。陵曰：『公自難識，若曹劉沈謝輩，闇中摸索，亦合認得。誠哉是言。』」見《東坡志林》卷二，P.5b。宋．黃朝英，《靖康緗素雜記》「摸索」條則引劉夢得嘉話云：「許敬宗性輕傲，見人多忘。或謂之不聰。」敬宗曰：「卿自難記，若遇何、劉、沈、謝，暗中摸索著，亦可識之。」而東坡雜記又云：「徐陵多忘，每不識人，人以此咎之。陵曰：「公自難識，若曹、劉、沈、謝輩，暗中摸索，亦合認得。」斯二說大同小異。然徐陵南朝人，不知東坡得之于何書？或云：「非東坡議論。」案《梁書》：「何遜、劉孝綽並見重于世，世謂之何劉。」又沈約、謝朓亦有詩名。朓從月不從目，故字玄暉。故世祖論云：「多而能者沈約，少而能者謝朓。何遜，杜少陵醉歌曰：『何劉沈謝力未工。』皆用何劉沈謝，而雜記乃以敬宗為徐陵，何劉為曹劉，錯雜如此，益知非東坡之說。」見《靖康緗素雜記》卷八，P.2b-3a。

(75) 《宋詩紀事》卷九二，P.20b-21a，說洪邁稱為「易僧」，但考洪邁《容齋隨筆》並無此說。見《容齋隨筆》（上海：上海古籍出版社點校本，一九七八）卷一，P.10。按：張弼即是洪邁所說的張葆光，哲宗時人，曾作《易解》九卷，哲宗賜號葆光居士。《宋史．藝文志》所錄《易解義》、鄭樵《通志略》所錄《張葆光周易》、晁公武《郡齋讀書志》所錄《張弼易》，陳振孫《直齋書錄解題》所錄《葆光易解義》等，應即是此書。

(76) 鄭清之，〈頤上人持瑩蘿月五詩見示因走筆和韻聊禦睡魔〉，《江湖後集》卷六，P.24b。

(77) 參看《中興禪林風月集》（集成本）卷上，P.8-9。

78 元肇，〈跋宏智禪師法語〉，《淮海外集》卷下，P.17b。

79 元肇，〈跋宏智、石牕、自得墨蹟張漢卿跋，在宏智後〉，《淮海外集》卷下，P.18ab。

80 〈張漢卿寫真求贊〉，《宏智禪師語錄》（臺北：新文豐出版公司，《大正藏》第四十八冊，一九八三）卷九，P.103a。有關張良臣與宏智之關係，參看筆者新著《南宋六文學僧紀年錄》（即將出版）。

81 按：天童癡鈍智穎禪師生平事迹不詳，只知他「嗣焦山體，體嗣護國元，元嗣圓悟勤。」見《天童寺志》（臺北：宗青出版社，《中國佛寺志彙刊》第一輯第十三冊，一九九四）卷三，P.206。

82 元肇，〈通川城西義壇記〉，《淮海外集》卷下，P.3b-5a。

83 見唐．李逢吉撰〈石壁禪寺甘露義壇碑〉，《全唐文》（上海：古籍出版社，《續修四庫全書》本，二〇〇二）卷六一六，P.159b-161a；李輔，〈魏州開元寺琉璃戒壇碑〉，《文苑英華》（臺北：臺灣商務印書館，影印文淵閣《四庫全書》本，一九八三—一九八六）卷八六七，P.10a。

84 見宋．張虙撰《月令解》（臺北：臺灣商務印書館，影印文淵閣《四庫全書》本，一九八三—一九八六）卷一，P.13ab。《月令》之語曰：「乃脩祭典，命祀山林川澤。犧牲毋用牝。禁止伐木，毋覆巢，毋殺孩蟲，胎夭飛鳥，毋麛毋卵，毋聚大眾，毋置城郭，掩骼埋胔。」

85 《呂氏春秋》（臺北：臺灣商務印書館，影印文淵閣《四庫全書》本，一九八三—一九八六）卷十，P.13a。

86 《舊唐書》卷八，〈玄宗本紀〉P.171，卷二四，〈儀禮志〉，P.911。

87 《宋史》卷三二七，P.10555。

88 元肇，〈通川城西義壇記〉，《淮海外集》卷下，P.3b-5a。

89 同前註。

90 按：元肇在此之前，曾遊霅川，但之後不詳在何處，以此記看，他應該又回到通州。

(91) 元肇，〈通川城西義壇記〉，《淮海外集》卷下，P.3b-5a。

(92) 同前註。

(93) 同前註。

(94) 以上見王簡棲，〈頭陀寺碑文〉，見《六臣注文選》（臺北：臺灣商務印書館，影印文淵閣《四庫全書》本，一九八三—一九八六）卷五九，P.7b；㈥伯秀，《南華真經義海纂微》（臺北：臺灣商務印書館，影印文淵閣《四庫全書》本，一九八三—一九八六）卷四，P.26a，卷一〇二，P.3b；《淮南鴻列解》（臺北：臺灣商務印書館，影印文淵閣《四庫全書》本，一九八三—一九八六）卷七，11a。

(95) 元肇，〈重建利濟院化壇〉，《淮海外集》卷下，P.6a-7a。按：利濟院在平江東部赤門。吳之古城為伍子胥所築，有八門，八門之說法因時而異。吳王闔閭時，八門為東之婁、匠二門，西之閶、胥二門，南之盤、蛇二門，北之齊、平二門。匠門南三里又有葑門及赤門，但不在八門之列。唐代悉啟吳王時之八門，但此八門後皆廢。北宋政和中修治故城，雖諸故門已廢塞，皆刻石以識之。南宋復屢修吳王故城。史彌遠為相時，更大加興繕，設有「五門」，分別為閶、盤、葑、婁、齊等門，應該即是元肇所說的「五門」。雖然如此，其他城門之名仍存。見《宋平江城坊考》卷五，P.229-237。

(96) 元肇，〈重建利濟院化壇〉，《淮海外集》卷下，P.6a-7a。

(97) 同前註。

(98) 同前註。

(99) 《寶慶四明志》卷十五，P.18a；《延祐四明志》卷十七，P.36b。沈煥，〈淨慈寺記〉《至正四明續志》（上海：上海古籍出版社，《續修四庫全書》本，二〇〇二）卷十一，P.624-626。按：《延祐四明志》說在「州西五十五里」與《寶慶四明志》及沈煥之說有異。

(100) 原文之「岳公」經查為岳甫，見李之亮，《宋兩浙郡守年表》，P.282。

(101) 同前引沈煥〈淨慈寺記〉。按：沈煥原文說：淳熙戊申，「邦君吏部侍郎岳公」從里民之請，悉召州之名剎，育王、天童而下十有六主首，俾通選一人，得令住持。」。

(102) 同前引沈煥〈淨慈寺記〉。

(103) 元肇，〈大參樞密鄭相公生祠記〉，《淮海外集》卷下，P.2ab。

(104) 同前註。

(105) 見宋．戒環，《楞嚴經要解》（臺北：新文豐出版公司，《卍續藏經》第十七冊，一九七五）卷三，P.708a；明．通潤，《楞嚴經合轍》（臺北：新文豐出版公司，《卍續藏經》第二十二冊，一九七五）卷二，P.330a。

(106) 劉克莊，〈為徑山聞老跋宸翰〉，《後村先生大全集》卷一〇九，P.10b。劉克莊說：「故鄭丞相清之、尤端明焴皆深於佛。」

(107) 詩見偃溪廣聞，〈上安晚鄭丞相，為免墳地〉，《偃溪廣聞禪師語錄》（臺北：新文豐出版公司，《卍續藏經》第一二一冊，一九七五）卷下，P.229b。

(108) 引文見劉克莊，〈丞相忠定鄭公行狀〉，《後村先生大全集》卷一七〇，P.6b。

(109) 元肇，〈重修通川隆興橋為鄭宰作〉，《淮海外集》卷上，P.13a。

(110) 按：唐，文遠編，《趙州禪師語錄》不錄「如何是掠彴」之問，見《趙州禪師語錄》（臺北：新文豐出版公司，《嘉興藏》第二十四冊，一九八八）卷中，P.365c。《景德傳燈錄》及《五燈會元》皆加此問。見《景德傳燈錄》卷十，P.277c；《五燈會元》卷四，P.204。《趙州禪師語錄》並誤「久嚮」為「久響」。

(111) 按：元人編的《禪林類聚》就將「掠彴子」改為「略彴」，「度驢度馬」改為「渡驢渡馬」。見元，道泰，《禪林類聚》卷三，P.41ab。陸游詩見《劍南詩稿校注》卷九，〈別後寄季長〉，P.750；卷三三，〈晚秋農家〉，P.1696；卷六一，〈閉門〉，P.3496。

(112)《孟子》（臺北：世界書局，《四書集注》本，一九六〇）卷四，〈離婁〉下，P.111。

(113)按：「駟馬」原指四匹馬拉的車子，是車而非馬。用與「青龍」對，只是因有「馬」字。《論語》，〈顏淵〉篇有「駟不及舌」之語，意指君子言出於舌，駟馬不能追之。亦《鄧析子》，〈轉辭〉所謂：「一聲而非，駟馬勿追；一言而急，駟馬不及」之意。歐陽修曾說：「俗云一言出口，駟馬難追。」可見「駟馬」通常用於此意，而不用於形容橋梁。以上引文，見《論語》（臺北：世界書局，《四書集注》本，一九六〇）卷六，P.81。《鄧析子》（上海：商務印書館，《四部叢刊初編本》，一九三六）P.6a。歐陽修《筆說》（臺北：河洛圖書出版社，《歐陽修全集》本，一九七五）卷五，〈駟不及舌說〉，P.112。

(114)元肇，〈利和市重修橋疏〉，《淮海外集》卷上，P.15b。

(115)同前註。

(116)元肇，〈通川光孝寺大殿修造榜〉，《淮海外集》卷上，P.13b-14a。

(117)同前註。

(118)元肇，〈通川南寺造法堂疏〉，《淮海外集》卷上，P.14b-15a。

(119)元肇，〈通州天寧化案櫝火櫃疏〉，《淮海外集》卷上，P.17b。

(120)《圓悟佛果禪師語錄》（臺北：新文豐出版公司，《大正藏》第四十七冊，一九八三）卷四，P.729c；《五燈會元》卷四，P.130b。按：《五燈會元》所用字略有差異，其文曰：「我向行腳到南方。火爐頭有箇無賓主話，直至如今無人舉著。」

(121)《淮海元肇禪師語錄》（臺北：新文豐出版公司，《卍續藏經》第一二一冊，一九七五）P.352a。

(122)《景德傳燈錄》卷二一，P.345c。

⑫③ 按：《論語．子罕》篇云：「子貢曰：『有美玉如斯，韞櫝而藏諸，求善賈而沽之?』」

⑫④ 《天聖廣燈錄》（臺北：新文豐出版公司，《卍續藏經》第一三五冊，一九七五）卷二四，P.844a。

⑫⑤ 《聯燈會要》（臺北：新文豐出版公司，《卍續藏經》第一三六冊，一九七五）卷二九，P.931a。

⑫⑥ 《無準師範語錄》（臺北：新文豐出版公司，《卍續藏經》第一二一冊，一九七五）卷五，P.945b。

⑫⑦ 元肇，〈吳江梅堰新建中濟橋疏〉，《淮海外集》卷上，P.21ab。「驅石」原作「駈石」，改為俗字。「千帆」原作「千颿」，改為俗字。

⑫⑧ 見徐崧，《百城煙水》卷四，P.345。按「井市」即「市井」都是因井為市之意。

⑫⑨ 按：筆者以為「相如」一句應指司馬相如〈大人賦〉給漢武帝製造出的「飄飄有凌雲之氣」之感，而「元凱」一句，應指杜預以「勢如破竹」之決策，大破東吳孫皓之成就。

⑬⓪ 關於杜預平東吳，見《晉書》卷三四，P.1025-1034。

⑬① 元肇，〈平江光福教院翻蓋觀音殿榜〉，《淮海外集》卷上，P.14a。

⑬② 同前註。

⑬③ 元肇，〈崑山縣南千坡延福寺普賢殿榜〉，《淮海外集》卷上，P.19a。

⑬④ 元肇，〈洞庭金峰資慶院重建佛殿疏〉，《淮海外集》卷上，P.22a。

⑬⑤ 林弘衍，《雪峰義存禪師語錄》（臺北：新文豐出版公司，《卍續藏經》第一一九冊，一九七五）卷一，P.945a。

⑬⑥ 明．法藏，《五宗原》（臺北：新文豐出版公司，《卍續藏經》第一一四冊，一九七五）卷一，P.203b。

⑬⑦ 如《妙法蓮華經》、《大般若波羅蜜多經》、《法句譬喻經》、《賢愚經》等等皆是。

⑬⑧ 元肇，〈報恩賢首教寺建講堂疏〉，《淮海外集》卷上，P.21b。

⑬⑨ 李浩，〈應庵和尚塔銘〉，《應庵和尚語錄》（臺北：新文豐出版公司，《卍續藏經》第一二〇冊，一九七五）卷十，

P.895b。

⑭ 元肇，〈平江萬壽重起僧堂疏〉，《淮海外集》卷上，P.18b-19a。

⑭ 張商英，〈永安禪院僧堂記〉，《緇門警訓》（臺北：新文豐出版公司，《大正藏》第四十八冊，一九八三）卷三，P.1054ab。

⑭ 《鎮州臨濟慧照禪師語錄》（臺北：新文豐出版公司，《大正藏》第四十七冊，一九八三）卷一，P.503c。

⑭ 參看楊曾文，〈臨濟義玄河北傳法考〉，《華學》（北京：清華大學國際漢學研究所，一九九八）第 3 期。

⑭ 《石田法薰禪師語錄》（臺北：新文豐出版公司，《卍續藏經》第一二三冊，一九七五）卷四，P.77b。

⑭ 元肇，〈高峰修造疏〉，《淮海外集》卷上，P.18ab。

⑭ 《景德傳燈錄》卷九，P.264b。

⑭ 元肇，〈高峰修造疏〉，《淮海外集》卷上，P.18ab。

⑭ 同前註。

⑭ 《景德傳燈錄》卷九，P.264b。

⑮ 《祖庭事苑》卷七，P.199a。按：「典座」與「典坐」同。

⑮ 《五燈會元》卷九，P.315b。

⑮ 《新編方輿勝覽》卷二三，P.419。

⑮ 《敕修百丈清規》（臺北：新文豐出版公司，《大正藏》第四十八冊，一九八三）卷八，P.1157b。

⑮ 《同治南昌府志》卷六三，P.15b；《光緒江西通志》卷一七〇，P.3b-4a。按：《江西通志》最早修於明嘉靖，是否有此記錄，因無法見其書，不敢妄議。

⑮ 按：依《禪林備用清規》之界說，「全才」的住持應有如下之能：「入室陞堂，告香普說。世出世間，法如法說。行

說俱到，名實相當。舉古明今，師承有據。或單提直截，對接上根。或設化隨機，誘勸中下。成就勝緣，權衡縱奪。致若行道說法之暇，勾稽錢穀簿書，豐儉隨宜，供眾修造。雖曰世間餘事，古今亦號難齊。苟能兼濟。斯謂全才。又，因為不能確定〈高峰修造〉一疏是寫於元肇第一次或第二次入平江，所以不能確定州守為誰。

(156) 元肇，〈平江彭山上方塔院重新建塔疏〉，《淮海外集》卷上，P.17b-18a。

(157) 同前註。

(158) 見《晉書》卷五六，P.1544、卷六七，P.1802、卷八十，P.2099。《佛祖統紀》卷三六，P.339c；《隆興編年通論》卷三，P.448a。按：《晉書》謂有兩寺，而《佛祖統紀》僅說崇化寺及塔四層。

(159) 《會稽志》卷七，P.19ab。

(160) 《會稽志》卷七，P.18ab、卷十三，P.32ab。

(161) 按：一由旬（yojana）大約為今日之十六公里，則五百由旬約8000公里，相當高。不過，《法華經》中所說的五百由旬，喻指險難惡道，但過其處，即可面至藏珍寶之所。其〈化城喻品〉曰：「譬如五百由旬險難惡道，曠絕無人怖畏之處，若有多眾欲過此道至珍寶處。」

(162) 元肇，〈新創梓潼真君道院疏〉，《淮海外集》卷上，P.16ab。

(163) 《武林西湖高僧事略》（臺北：新文豐出版公司，《卍續藏經》第一三四冊，一九七五），P.474a。《釋氏稽古略》卷四，P.864a。

(164) 元肇，〈西湖瑪瑙寺剏高僧閣疏〉，《淮海外集》卷上，P.14ab。

(165) 同前註。

(166) 元肇，〈餘杭永壽寺造鐘樓、經閣、翻蓋大殿疏〉，《淮海外集》卷上，P.13a。

(167) 關於接待院之設置及功能，黃敏枝教授曾有很詳細地討論，參看氏著〈宋元佛教的接待庵院〉，《清華學報》新二十七卷第二期（一九九七），P.151-199。

⑱ 元肇，〈徑山雙鷺實際接待院建毘盧閣疏〉，《淮海外集》卷上，P.19ab。

⑲ 見樓鑰，〈徑山興聖萬壽禪寺記〉，《攻媿集》卷五七，P.12a。按：屠舜耕，〈淺釋禪宗寺院建築的總體佈局〉一文述及徑山五鳳樓，全依樓鑰寺記，但未說明其出處，只云「碑文」。見《一九九八佛教建築設計與發展國際研討會會議實錄暨論文集》P.49。

⑳ 元肇，〈徑山岔五鳳樓榜〉，《淮海外集》卷上，P.10b-11a。

⑰ 同前註。

⑰ 同前註。

⑰ 元肇，〈寶幢教寺修法堂庫堂方丈浴室兩廊僧堂疏〉，《淮海外集》卷上，P.16b。

⑰ 同前註。

⑰ 元肇，〈下天竺浴鍋疏〉，《淮海外集》卷上，P.16a。

⑰ 同前註。

⑰ 明・大建，《禪林寶訓音義》（臺北：新文豐出版公司，《卍續藏經》第一一三冊，一九七五）卷一，P.275b。

⑰ 宋・宗賾，《禪苑清規》（臺北：新文豐出版公司，《卍續藏經》第一一一冊，一九七五）卷四，P.899a。又見《禪林象器箋》，P.548。

⑰ 元肇，〈下天竺教寺延壽堂疏〉，《淮海外集》卷上，P.15b-16a。

⑱ 關於「四事」，見《祖庭事苑》（臺北：新文豐出版公司，《卍續藏經》第一一三冊，一九七五）卷七，P.223a。

⑱ 按：「者」，別事詞也，同「這」。

⑱ 袾宏，《緇門崇行錄》（臺北：新文豐出版公司，《卍續藏經》第一四八冊，一九七五）P.818a。

⑱ 同前註。

⑱ 《鐔津文集》（臺北：新文豐出版公司，《大正藏》第五十二冊，一九八三）卷十二，P.715a，715c。

⑱ 《釋氏稽古略》卷四，P.863b。

⑱ 元肇，〈下天竺光明懺疏〉，《淮海外集》卷上，P.12b。

⑱ 按：慈雲遵式有關懺儀之作有《修懺要旨》、《金光明懺儀》、《大悲懺儀》、《金光明護國道場儀》《請觀世音菩薩消伏毒害三昧懺儀》、《往生淨土懺願儀》、《金光明三昧儀》及《法華三昧懺儀》、《請觀音懺儀》、《熾盛光懺儀》《小彌陀懺儀》及《金光明懺法補助儀》等等。

⑱ 元肇，〈台州臨海縣新建華嚴菴疏〉，《淮海外集》卷上，P.20b-21a。

⑱ 見《嘉定赤城志》卷三，P.18a。

⑲ 元肇，〈台州臨海縣新建華嚴菴疏〉，《淮海外集》卷上，P.20b-21a。

⑲ 同前註。

⑲ 《莊子·人間世第四》。

六、耆宿兼師友

元肇長於詩文，亦以獻身詩文而有聲於叢林，但他對自己的詩作，總是敝帚自珍，秘不外宣，只與少數法眷分享，恐為叢林之反文字者所誣。據他說，他剛登徑山淩霄峰時，為師兄偃溪廣聞（一一八九—一二六三）發現正在習詩。隨後入浙翁佛心如琰之室，更加「日煅月煉，銷化未盡」，至於「往往為人指誇」，從此遂如退飛之鷁，難有進益，達四十年之久。後於寶祐六年（一二五八）夏天路過永嘉，才知道所著詩已為其鄉寓陸氏兄妹刻印，並已梓行於世。這時他大約七十歲上下，但仍不希望所著詩稿廣為流傳，所以也勸陸氏限量發行。不料偃溪來訪，與他話舊，觸著了往年作詩之癢處，於是遂贈偃溪一冊，以「托心契之深」，希望偃溪在歸舟之中，能以此為消遣，或可免去旅途中之瞌睡，並請他切記要「勿示禪流」。①

以上之故事，是元肇贈徑山偃溪廣聞詩集時在書後所題。偃溪雖不以詩名，但頗精文墨，曾自云享有「五山敕命，臣領其四」之榮，②與元肇相似。元肇與他是同門昆仲，贈詩集予他，自然是因兩人交相莫逆，欲「托心契之深」之故。他雖然勉強掩飾他對詩文之喜好與執著，但已經詩名遠播，所交僧友多為耆舊或同輩法眷，於其詩文自能目接心覽，不會以其執著於文字而視之為異類。上文說的藏叟善珍就是他最親近的詩友之一。除了他之外，與他交好之詩人禪友甚多，不管親疏遠近，他都不吝於贈詩，或問訊言志，或懷想詠歎，多見其尚友四方之真情。此外，也因為他在叢林占有一席地位，所以在「尋耆舊」的同時，他也能藉其文采，發為疏文，勸請同道入主重要禪寺，協助宗門建立一師友網絡，維繫禪學之命脈。也就是說，他以不同體裁的詩文，來發揮一位文學僧最大的宗教及社會功能。以下分別討論他所見所知的耆舊，及與他們之間的互動。

（一）天目文禮（一一六七—一二五〇）

天目文禮即是元肇詩文中的天目。他是臨安人，因家居天目山之麓，遂號天目，或以字滅翁名於世。他年十六依鄉之真相寺僧智月剃落，後往淨慈參混源曇密（一一二〇—一一八八）禪師，③由於語話不契，改謁育王佛照德光禪師，獲德光挽留為書記。後入饒州薦福寺參松源崇岳（一一三二—一二〇二）禪師，蒙其印可，盡得其旨。隨即辭松源巡禮江淮間祖塔，入金陵蔣山見浙翁如琰，又為浙翁挽留充立僧首座。立僧首座通常為有道博達、足以為眾開法之大方尊宿充之，其任極重，是以物初大觀在元肇〈行狀〉中說滅翁與浙翁為「同參」，是元肇的前輩。④故元肇初離浙翁時就曾去拜訪他與北磵居簡。⑤嘉定五年（一二一二），循王張俊之孫約齋居士張鎡（一一五三—？）曾請文禮開法臨安慧雲寺。⑥此寺為張鎡於孝宗淳熙十四年（一一八七）捨宅而建，紹熙元年（一一九〇）賜額。⑦在艮山門內白洋池，有張家寺之俗稱。⑧根據史浩（一一〇六—一一九四）之說，「宣義郎直秘閣前通判臨安府張鎡請於朝曰：『願以城東北新宅一區，效前賢捨於佛寺，仍割田六十頃有奇，贍其徒薰修植福，以伸歸美報上之志。』上曰可，賜額廣壽慧雲禪院，時紹熙元年。」⑨史浩又說，張鎡既獲皇帝賜額，得其所請，「乃一意崇飾以侈上賜」，以至於「金碧煥發，隱然叢林□□□……。」⑩如此輝煌之寺院，自然要請名僧住持。淳祐年間，晉陵（今常州）尤焴（一一九〇—一二七二）數至蔣山，⑪誦文禮提唱之語，而悅服之，成了他的外護。

文禮後來遷溫州能仁寺，未幾辭歸梁渚（今杭州良渚）西丘。節齋趙與篙慕其高行，奏請他住持淨慈寺。不久，遷居福泉，升住天童。八、九年之間，歷經五剎，而得閒之歲月，多逍遙於梁渚之西丘。⑫元肇有〈訪天目梁渚〉，就是描寫他與居梁渚之文禮來往的情況。詩曰：「煙渚落漁篷，行行訪隱蹤。野禽銜斷徑，樵子指前峰。雲閎安禪石，霜清得句鐘。長淮一千里，九日卻重逢。」⑬此詩可能是元肇早年還在通州報恩光孝禪寺所寫，距離杭州之良渚甚遠，所以有「煙渚落漁篷，行行訪隱蹤」之句，寫的是淮甸的景色。又有「長淮一千里，九日卻重逢」之句，寫的是他從通州經九日的水陸之行，而至良渚重逢之費時。兩人關係之深，可見一斑。由於這種關係，元肇有贈文禮詩數首，其中有兩人相唱和者。〈和天目送行〉一詩即是其例。詩云：

握手下層翠，秋聲動泬寥。
葉寒山徑響，雨積水程遙。
古甸分煙樹，孤城帶晚潮。
懷人在空谷，詎不就旌招。⑭

此詩可能是元肇訪文禮於天竺後，文禮寫詩送行，元肇次韻而作。他與文禮在下天竺山時辭別，突覺秋聲拂動了山上的空曠與虛靜。⑮因為寒葉飄落在山路上，響聲四起，而處處積著雨水，使渡船的水程更加遙遠。這古老的城郊把雲氣繚繞的樹林分開了，而孤城杭州依然帶著晚潮。在空谷中懷念友人的文禮，不願答應朝廷住大剎之詔是有其道理的啊！元肇為其至交，深知其懷抱，故以此意思結句。

他又有〈和天目見寄〉，也是與文禮相唱和之作。詩云：

共折梅花竹嶺西，白雲粘袖帶詩歸。
東風著盡青青子，雙徑峰前照落微。⑯

此詩首句的「竹嶺」，證諸下文元肇致文禮之其他詩，應是「竺嶺」。因為文禮在參佛照德光後，曾返浙聽一心三觀之旨於上竺。⑰元肇多次訪文禮於上天竺可能就在此時。詩中說他與文禮在天竺嶺上共折梅，滿袖的白雲讓他充滿詩情，所以下山歸去時有「帶詩歸」的逸興。這時青青的梅子被春風吹拂著，映照在徑山峰前落日的微光中。⑱

他的〈歲晚過上竺禮天目〉一詩，與前詩之背景類似，也是訪文禮後，與他道別所作。不過前詩作於晚秋，此詩作於歲末，時間不同。前詩多表現觸景生情的感受，此詩則多形容文禮隱居自適，悠閒賦詩的生活情調。詩曰：

幽懷日成趣，與世不相聞。
瘦似梅花樹，閑如竺嶺雲。
葉間新句法，石上舊苔紋。
送我溪橋路，松梢又夕曛。⑲

此詩首聯意思甚明，文禮「幽懷」度日已成趣，雅不願與聞世間總總煩惱與是非之事，頗合他不就旌招之個性。頷聯描寫他像梅花樹一樣瘦削，但卻像天竺嶺上的浮雲一樣悠閒自在。頸聯顯示他寄情於詩，在樹林葉間思得新詩句，寫在石上而石上青苔的筆紋還隱約可見。尾聯說他送元肇過西橋路歸去的時候，落日的餘光又已經照在松樹梢上了。

如果前首詩是記歲暮訪文禮作一日之盤桓，那麼〈和天目上竺守歲〉可能就是不久之後兩人一起在上天竺寺過除夕守歲的回憶了。詩云：

林木悲嘶帶斷霞，淡煙樓閣梵王家。
明朝歲律從頭起，繞遍山茶一樹花。⑳

因為又一年悄然流逝，元肇不免有些傷感，覺得在林木片片雲霞中都悲嘶起來，而天竺寺的樓閣也籠罩在淡淡的煙霞中。不過，過了除夕，明朝又是新歲的開始，新的節令又會使山茶花遍地的綻放啊！詩中傳達舊歲將去，新歲快即來，一元復始，由剝而復的期盼。正符合他法名「元肇」的意思。

（二）北磵居簡

北磵居簡就是元肇集中的北磵。有關他的生平、行履及他在南宋禪文化演變中所扮演的重要性，筆者已在拙作《一味禪與江湖詩》有所析論，不再多贅。值得注意的是，他與天目文禮都是浙翁如琰的同參，為元肇的長輩。故元肇在首次離浙翁後即入江浙湖山間遊於居簡與天目之門，對兩人大為佩服。所寫的〈見北磵〉一詩，雖然是有關北磵的僅有之詩，但仰慕北磵之意，表達於「橘洲骨冷不容呼，正始遺音掃地無。一代風流今北磵，十年妙語得西湖。人皆去獻遼東豕，我亦來覲屋上烏。春盡閉門無恙不，楊花飛作雪模糊」等句，誠為出於肺腑之作，看不出半點虛誇。㉑也就是因此，他自己的詩作，當然要呈獻給居簡，請他斧正。而北磵也給他回書，很誠懇地表達他對元肇詩作的感覺：

> 久聞聲稱諸老間，亦復欲一會面。自青龍歸，諸友出新詩，現又得巨軸，讀之不忍置。淺陋又老退，何以得於兄者如此？第日以慰昏花外，只曰應是我輩語，餘不敢下針錐處，且欲牽課數語，于今未暇也。吾輩相合以氣義，數語亦不足云謝耳。何時把手以既弘願云。皋兄諸老時相聚，甚不惡；思兄無恙否？出此可也。不宣。居簡頓首林中。㉒

此文可以約略看出居簡相當看重元肇，而以同輩詩友對待他。他先前已讀過元肇詩，後又得其「巨軸」，或許就是元肇詩的全集，並讀之不忍置，其欣賞之意，相當明顯。雖然他很自謙地說自己「淺陋又老退」，不敢妄下針砭，即使欲勉強作數語評量，也抽不出時間。但其詩作既是「我輩語」，㉓還是說了幾句肺腑之言。最後還表示希望能與元肇再度見面，並希望他身體無恙，可謂充滿關愛之情。

（三）別浦法舟

別浦法舟即是元肇詩文中所說的舟別浦。他是浙翁如琰法兄空叟仲穎之法嗣，與元肇屬同一輩。他先在嘉興報恩光孝禪寺任住持，後領安吉州（即湖州）伏虎巖。在嘉興光孝寺時，曾於紹定二年（一二二九）寫一篇諸山勸請疏，向宰相史彌遠（一一六四－一二三三）推薦虛堂智愚入主嘉興府興聖禪寺，㉔文中還說：「大丞相親曾問我，賢邦君不妄予人。」㉕可見他與史彌遠有某種程度之來往。紹定四年（一二三一），他入安吉州道場山伏虎巖寺，領寺三年。在第三年，也就是紹定六年（一二三三），他邀元肇來伏虎巖，「開東軒延之」，並欲將此軒命名為「來月軒」。㉖元肇追記其事，仿蘇軾〈前赤壁賦〉之風格，寫了一篇韻味十足的〈道場山來月軒記〉，不但雋永可讀，而且是篇珍貴之史料。其文曰：

別浦老子主虎巖之三年，不忘雲林泉石之勝，聘其遊淮海道人與共榻之東軒。主懷既開，客意亦適，相與臨層閣，面方池，揖修竹之清風，耳長松之湍瀨。商羊竟日，不知暮之將至。華鯨警雲，素月出嶺。方其露葉璣明，清影金翠，玉筯穿隙，積雪凌堦，然後斗淵沈鏡，環堵抱壁，樓回牕虛，隨處流汞。主謂客曰：「昔與子下凌霄峰，別明月堂，吳天楚塞，音塵數霜，跨闊千里，誦謝莊之賦，歌孟德之詩，思之至矣。今子之來，若有所待，名此為『來月』可乎？」客曰：「弦望陰晴，月之常；聚散悲歎，人之常。殘經半掩，有所待也。池成月來，無所待也。淮水東邊，夜深還過，絕有絕無之待也。若夫來無所從，去無所至，又焉得以黑白隱顯名言哉？」主曰：「子豈不聞靈山指月，曹溪話月，寒山比月，皆落第二。」「敢問如何是第一？」曰：「明日是。」紹定六年上元節。㉗

自稱「淮海道人」的元肇，除了在文中描寫亭園中的長松修竹，方池樓閣外，還透露了一些訊息，在在都證明他與法舟關係之深厚。其一，他是法舟主道場山虎巖寺的第三年受邀來遊其寺，並與之共榻於東軒的。因為此年是紹定六年（一二三三），所以法舟入道場山應在紹定四年（一二三一）。其二，兩人在虎巖寺之庭園內徜徉竟日，而不知暮之將至，顯示兩人機緣相契，志趣相投。其三，兩人相見之時，是上元時節，土堦上還有積雪，而入夜時分，明月當空，池水如鏡，是個富有詩意的日子。其四，法舟對元肇說他們自下徑山淩霄峰，別於明月堂，已經好多年未見，證明法舟曾在徑山跟隨佛心如琰。㉘其五，兩人相離千里，法舟每誦讀南朝劉宋謝莊（四二一—四六六）之〈月賦〉及曹操（一五五—二二〇）之〈短歌行〉，㉙都油然想起往日，特別思念元肇。顯示法舟也好吟詠，與元肇一樣，於六朝詩頗有涉獵。其六，法舟語元肇謂「今子之來，若有所待」，而欲以「來月」稱其東軒，正符合元肇「定回緣愛月」一詩句所表達的「愛月」之懷。㉚

元肇既與法舟交情深厚，又曾應邀拜訪虎巖，並與他共榻東軒，形同昆季，故他在〈霅城〉一詩，寫下這幾句懷念之語：

> 苕霅頻年夢，今秋始一過。
> 水霾寒氣早，山出晚晴多。
> 巷陌喧菱市，樓臺接櫂歌。
> 一般清絕處，城裏見漁蓑。㉛

雖然說「今秋始一過」，應當是在訪法舟之後，否則不至於有「苕霅頻年夢」的說法。但是他一別法舟之後，再過苕霅，法舟已經圓寂，所以有〈舟別浦禪師塔〉一詩弔之：

諸老凋零盡，江湖轉憶君。
人經十年換，寺革一番焚。
庭冷池來月，山空塔裏雲。
惟應有遊衲，持到炷爐薰。㉜

首聯顯示元肇對叢林諸老宿凋零殆盡的無奈，與江湖對法舟之懷念。北山紹隆曾說法舟不僅是「空叟之門嶄然而絕出者」。又表示江湖老禪認為他在嘉定間，「與癡絕並驅爭先，惟壽不及癡絕」，㉝而為之惋惜不已。元肇又何嘗不如此呢？餘句大致表示距他上次見法舟已經十年，現在寺主換人，而寺也因被火焚而鼎革換新。只見月照冷清的庭中方池，而法舟之塔則如孤雲般立在空曠的山中。雖然如此，元肇仍希望有遊方僧，持香來憑弔法舟，在其塔前燻香祭拜。

因為感慨法舟之去世，元肇在祭其塔時，也寫了一首小詩給法舟之弟子虎巖寺超禪者，詩曰：「雲峰別曲久淒然，惆悵無人續斷絃。浩浩清聲滿苕霅，月明猶有夜歸舡。」㉞其「惆悵無人續斷絃」之句，顯然是傷法舟逝後，斷絃無膠可續之意。

（四）晦巖智昭（照）

晦巖智昭（照）即是元肇集中的照晦巖，他是浙翁如琰的弟子，也是元肇的法兄，與藏叟善珍也頗相熟，善珍曾作〈寄照晦巖（時退上竺）〉，有安慰他退隱上天竺之意。㉟晦巖智昭在南宋叢林固不以講說著名，也無語錄傳世，但他在淳熙十五年戊申（一一八八），裒集五宗機語之要，成《人天眼目》一書，自稱越山晦巖智昭。書成之後，衲子傳抄不已。得其書者，亦珍藏如左券，皆知昭晦巖其人。他自己在《人天眼目》序中說：

予遊方時，所至盡誠咨扣尊宿五宗綱要。其間件目，往往亦有所未知者，因慨念既據師位，而綱宗語句，尚不知其名，況旨訣乎？將何以啟迪後昆，剔抉疑膜邪？於是有意於綱要，幾二十年矣。或見於遺編，或得於斷碣，或聞尊宿稱提，或獲老衲垂頌，凡是五宗綱要者，即筆而藏諸，雖成巨軸，第未暇詳定。晚抵天台萬年山寺，始償其志。編次類列，分為五宗，名之曰《人天眼目》。其辭皆一依前輩所作，弗敢增損。然是集也，乃從上諸大老利物施為，既非予胸臆之論，俾行於世，有何誚焉？若其執拂柄、據師位者外是，則無以辯驗邪正也。有識博聞者，必垂印可。㊱

《人天眼目》因為屢經傳抄，流傳甚廣，當時住持育王的物初大觀認為，持有其書者，「徒珍藏如左券，魚魯之殊，差之不理，而互有增損糅雜，獨未知初出之本果何如也。」㊲遂於寶祐六年戊午（一二五八），蒐集諸本，詳加參校，酌以訂正，俾使後進，「知從上宗門爪牙之為人」，㊳成為探討宋代禪林機語之標準辭書。南宋之後，此書又屢經校刊、重刻，並傳至日本，衍生出《人天眼目臆說》、《人天眼目金鎞》、《人天眼目抄》及兩種不同的《人天眼目鈔》等注釋之作，頗受日僧所重視。㊴

依晦巖智昭之自序，他自開始遊方時，即盡誠咨扣尊宿五宗綱要，但是因為詞彙名目太多，往往有不知其意者。後為人師，覺有必要釐清「綱宗語句」之名目及旨意，以為「啟迪後昆」之助，故窮二十年之蒐羅尋摘，「晚抵天台萬年」時才完成素志。所謂「晚抵」天台萬年寺之說，不可視為其「晚年」，因為《人天眼目》完成之年是淳熙十五年（一一八八），次年元肇才出生，而其師浙翁亦不過三十八歲，若「晚年」是五十歲，則智昭之齡比其師如琰還大，元肇可能來不及見其人。若「晚」作「稍晚」解，則《人天眼目》之完成時間或在智昭三十歲左右，元肇尚有機會在其晚年與之相遇。據元肇之〈送照晦巖赴下竺〉一詩看，他與智昭相遇之時當是智昭真正之晚年，大約在八、九十歲之間。觀其詩內容，應該是在元肇於五十八歲時（一二四六）領天台萬年寺之時所寫，也是《人天眼目》成書五十八年之後，故詩云：

法道日堪嗟，邪師似稻麻。
靈山承付囑，佛隴正傳家。
曲水慈雲石，薌風御苑花。
曇猷橋畔別，煙樹思無涯。㊵

「曇猷橋畔別」，說明元肇與智昭在天台曇猷橋上分別，應該是元肇住天台萬年寺之時，而智昭大約在八、九十歲之間。對這位老師兄之赴下天竺寺，元肇多有感慨，自不能無詩送行。詩中所說之曇猷橋，是就晉僧曇猷所憩的方廣寺石橋菴，已於上文述及。元肇應對智昭著書之經過頗有所知，覺得彼此都是「不離文字」之人，因有感於法道日衰，邪師多如稻麻。又覺得智昭如智者一樣，在天台山傳家，㊶但如今卻要離去了。他從萬年寺到此曇猷橋畔送別智昭，走了有十幾里路，只覺在天台煙樹之間，送這位「老友」之離去，將有無限的懷念。

（五）江西益禪人

江西益禪人在元肇集中，身分不明，但應就是集中的益侍者。元肇有兩首詩分別致益禪人及益侍者，其〈送江西益禪人〉云：

世路今方隘，情親別更難。
孤篷和雨宿，十月渡江寒。
詩到愁時澀，書來約歲闌。
青青狼伍寺，何日共闌干？㊷

另一首為〈寄江西益侍者〉云：

狼伍峰前一御風，十年消息莫相通。
山從入望何曾極，水若知愁不向東。
芳草天迷雲夢澤，垂楊煙暝館娃宮。
聞君已作包桑計，可念餘生尚轉蓬。㊸

此二詩分別提到狼伍寺及狼伍峰，很可能是元肇在通州報恩光孝寺時遇益禪人所寫。「狼伍」是通州狼山，所以稱「狼伍」是因為它是通州五山之最奇又居最中者。㊹在元肇的時代，此五山除狼山有廣教禪寺外，餘山似無其他佛寺，所以狼伍寺應該就指廣教禪寺，而狼伍峰大概就是狼山峰頂。㊺前詩一方面表達他送別益侍者時的「相見時難別亦難」的感覺，一方面描寫益禪人在十月渡江南歸，天氣已經轉寒之情況。在滿腹愁緒時，他覺得詩句過於艱澀，故寫信約益禪人歲暮再來相見。但是益禪人何日能來與他在狼山的佛寺倚著闌干敘舊呢？後詩也以遊狼山為題，表示兩人同登狼山一別已經十年，一直未通音問。益侍者在湖北「雲夢澤」的楚地，而他自己則在「館娃宮」所在的吳地，㊻隔著山水，一東一西，何時可以相見呢？現在聽說他要卜居於楚，而自己的餘生卻仍像蓬蒿一樣在隨風飄零呢。這種心情，與他對法舟表達的「來無所從，去無所至，又焉得以黑白隱顯名言哉」之超脫，真是不可同日而語啊！

（六）沅清谿

沅清谿（？—一二八一），同沅清溪、或稱清溪沅，㊼是閩人，枯禪自鏡法嗣。他在淮海元肇、物初大觀、藏叟善珍等人之後任育王第五十一代住持。㊽又繼淮海元肇、虛堂智愚、東叟仲穎等人之後任淨慈第五十一代住持。南宋末住淨慈附近之法因寺，後人視之為高僧，㊾為《隨隱漫錄》作者陳世崇之父陳郁的方外友。陳郁也是元肇之友人，即是上文所說的詩人陳藏一，是《藏一話腴》的作者。元肇有〈送沅清谿遊江西〉詩一首，是他致沅清谿僅有的一首詩。依題意及首兩句看，應該是沅清谿將離浙江遊江西時而作，故有「桐廬山下水，徹底照人清。流向西江去，吟高舊日聲」等語。㊿不過沅清谿之道號都是水名，所以這幾句頗有象徵意義。意指他到江西之後，舊日高吟詩篇之聲也隨他而去了。沅清谿的遺偈說：「六十七年，無法可收。一片雲收，澄潭皎月。」(51)豈不正回應了元肇詩中「徹底照人清」一句之寓意呢？

沅清谿與愚谷元智、藏叟善珍都是閩人，他又是善珍之友元智的法兄，必也是善珍的法友。筆者懷疑他就是無文道璨所認識的「奇士」青溪翁。52道璨稱他為「翁」，當是尊他較為年長之故。道璨先在南閩遇見他，後來又與他在永嘉、臨川、錢塘等地晤面，並曾應邀至其寺中分座說法。臨川在江西，沅清谿曾與道璨在臨川見面，或即是此次元肇送他遊江西之後。道璨多次見他，對他的文采甚為敬佩，認為他是「嗜學工文」，且只見其進，未見其止之人物。53他似乎並不以詩名稱於時，但就元肇詩句的「吟高舊日聲」來看，應該也是好詩之輩吧。

（七）詮無言

詮無言之號見於元肇的詩集及文集各一次。從〈楓橋請詮無言疏〉一文知他出任楓橋寺是元肇寫的薦請疏。據孫覿的〈楓橋寺記〉所說，楓橋寺舊稱普明禪院，在蘇州「西南六七里，枕漕河，俯官道，南北舟車所從出。……唐人張繼、張祜，嘗即其處作詩記遊，吟誦至今，而楓橋寺亦遂知名於天下。」54元肇薦請他至楓橋寺，當是他兩次住平江的時候，雖然時間不太確定，而且可能是應地方官之命作疏，但若對詮無言無相當認識，自不易為。他疏中的推崇之語，如「機用如珠落落，剛毅似鐵錚錚」，55及「龍淵七千指，上首曾居」等語，56應該都是自己見證所得之印象。此數語證明詮無言曾在徑山當首座，因徑山又號「龍淵」之故。而浙翁如琰法席頗甚，有七千指之數，也就是七百參學之徒，詮無言很可能是浙翁在徑山席下的大弟子。也就是因此，元肇才對他有所知，而有「江西十八灘，清聲益振」之形容。57「江西十八灘」一語，實得自蘇東坡的「西江十八灘」之句。東坡於元符三年（一一〇〇）在韶州度歲，過龍光寺，求大竹作肩輿，得兩竿。逢南華珪首座奉州郡之令入主龍光寺未至，東坡乃留一詩偈於院中，略云：「斫得龍光竹兩竿，持歸嶺北萬人看。竹中一滴曹溪水，漲起西江十八灘。」58元肇熟悉東坡詩文，遂以此句入疏，實仿東坡贊珪首座之意贊詮無言，稱道詮無言為徑山首座，也能以曹溪一滴水，漲起西江十八灘，於前人不遑多讓。他與詮無言時有往來，待之如長輩，所以疏文中有「道旁窮鬼，幾回因送客而揶揄；屋上瞻烏，隨處是丈人之行輩」之聯，59把詮無言當成「丈人行」。當楓橋正須要人才的時候，元肇覺得這是「大鈞播物」，當「伐木求仁」的時機，所以雖然詮無言並無躍治之意，元肇還是竭力薦請他，所謂「初非自躍之金，喜得同聲之友。衣錦湖邊始傳消息，姑蘇城畔早解歡迎」，60都是表示元肇本人及楓橋寺對詮無言來主寺的企盼。他甚至在疏中催促詮無言儘速離開他所住的岩穴，來就楓橋之任，所以說：「允矣其時，乘茲快便。三更月下離岩竇，尤當眷眷難忘；半夜鐘聲到客船，行看滔滔奔湊。」61這幾句話，先用《莊子》躍鑪之金的典故，再用《唐詩》張繼的詩句，反映出元肇對使用「外典」之語言來表達其理想的一貫做法。

元肇在他赴楓橋寺之後，贈〈宿鳳山寄楓橋詮無言〉一詩，略云：「澤國春深綠暗天，來時已不見君船。十年湖海飄零恨，一夜空山聽杜鵑。」62此詩題之「鳳山」，或指湖州之鳳山，「澤國」則指蘇、湖吳中之地，蓋全吳之地，古稱澤國。元肇當是在徑山浙翁如琰處掌記室時，承命寫薦請疏推薦詮無言至楓橋寺。他大概欲利用返鄉探親之便，與詮無言會於湖州，但至湖州時，已不見詮無言之船，顯然已離湖州赴楓橋寺之任。只好投宿鳳山，寫此詩誌感。在鳳山中投宿，他回憶起首次離浙翁入吳中遊訪耆宿的經歷，因距離他回浙翁處約有十年之長，故云「十年湖海飄零恨」。此時的他，又想起未能與詮無言晤面款敘，竟然久久未能成眠，而於闃靜的山中聽了一夜的杜鵑啼聲，似乎有難以言宣之愁緒。

（八）南叔凱、煥書記、珂書記、正西堂等

元肇有許多致僧友的詩，但詩題中多半不見這些僧友之名號，而僅見其僧職，如珂書記、煥書記、康書狀、正西堂等；或稱其住地，如山陰僧之稱。偶見名號者，除上文所述之少數，身分也無從查考出，如南叔凱、寧少耘等人。還有不少禪友，就僅以名號中之一字加「禪人」一詞稱之，如深禪人即是。這些僧人，大概多位卑職小，無甚名氣，但元肇贈詩給他們，或送行、或送遊、或送歸，無分其人職位之高低，與他關係多半不淺，甚至有情同手足者，如正西堂即是。他在贈這些僧友的詩裏，並無表示詩文遭謗之憂，反而表現志同道合，惺惺相惜之意。譬如〈寄南叔凱〉之詩說：

> 苦思南叔凱，相別已多年。
> 生與慈雲近，燈從智者傳。
> 憐渠如我癖，忤俗是詩篇。
> 橋畔青松老，期來看瀑泉。63

南叔凱之生平履歷不詳，但從此詩之「生與慈雲近」一句看，他可能是浙僧。因慈雲指北宋天台僧慈雲遵式，他是台州臨海（浙江寧海）人，故南叔凱應生於台州附近。他顯然也是天台僧，故說「燈從智者傳」。他與元肇一教一禪，各宗其祖，但卻成為好友，大概也由於鍾情於詩之故，

所以元肇有「憐渠如我癖，忤俗是詩篇」之句，表示他很同情南叔凱，因為兩人都有吟詩之癖好，如五代禪月大師貫休（八三二—九一二）一樣「高吟多忤俗」。元肇與南叔凱既有同好，又分別多年，對著橋畔漸老之青松，苦思故人，也希望他來同觀寺外的瀑泉。南叔凱顯然是位詩僧，故他與元肇之摯友藏叟善珍亦頗有交情，故善珍說「我憩閩北，叔凱枉顧。出南澗書，劇談至暮。」又說自己在他死後，「畫詩絕吟，永帖罷揮。」表示再也不吟唐詩僧皎然之詩，也再也不臨摹隋朝僧智永之帖了。64

又如煥書記，身分籍里也不詳。從元肇的贈詩〈謝煥書記畫〉的首句「住寺近郊台，禪林扣遍回」看來，65他應是在蘇州時認識煥書記的，因為「郊台」在蘇州郡城橫山東麓石湖之上，為吳王闔閭僭王號時郊祭之所。66元肇曾住平江報恩及萬壽，故云近郊台。此詩既是為酬謝煥書記贈畫而作，又說「門從齋後閉，客自雨中來」，應當是描寫煥書記來訪的情況。煥書記見元肇齋房有靜勝之妙，興致一來，便在齋中作畫，而元肇則賦詩和之。但自己雖已吟成一首，卻不敢催趕煥書記完成。後來想念他不迭，時時展開他的畫軸來觀賞。這應該就是其餘詩句「靜勝方知妙，吟成不敢催。相思渺何許，時展畫圖開」的意思。這首〈謝煥書記畫〉，遣詞平淡，寄情幽遠，對友人濃郁的「相思」之情，非泥於「忘情」之交的禪僧所能。

又如珂書記，雖身家履歷皆不詳，但從元肇的贈詩〈送珂書記遊金陵〉看，可知他原在溫州江心，有可能在溫州江心龍翔興慶禪寺掌書記，故他入靈隱冷泉，元肇自然知道。江心龍翔寺就在孤嶼附近，故元肇入寺時，即指山門曰：「孤嶼風高，甌江水急。龍翔新長老，舡在步下，普請一時證入。」67其詩所說「兩度扣幽扃，知君無俗情。遠拋孤嶼碧，久住冷泉清。」68當是因元肇入徑山之後，曾兩度訪他於冷泉不遇，知他遊金陵，故作詩贈之。詩之餘數句為：「吟骨瘦欲出，行囊貪得輕。天寒猶未返，貪看石頭城。」[69]說明珂書記跟他有同好，都喜吟詩，且因苦吟，而致瘦骨嶙峋。

元肇與正西堂之間，似乎不是詩畫的關係，而是長期的厚交，有手足之情，所以他的〈送正西堂〉一詩首二句說：「弟兄相見竟何如，一見尤勝寄百書。」[70]雖然有此層關係，他們或並不常相見，待再相見之時，已都是七十餘歲之老翁，所以感覺「況是青春三月暮，相看白首七旬餘。」[71]從睽違多年至再度相見，兩人都是終日為佛事忙碌，待老年時才能在眾多的世事中定居下來。所以說「勞生衮衮誰休息？世事悠悠我定居。」[72]詩的末兩句「索去自言生處樂，乾坤等是一蘧廬」，應該是說正西堂離去時自言他已享有「受生處之樂」，可以安然離世，因為乾坤就等於傳舍一樣，受生固可樂，離去亦無傷。[73]這種視天地為萬物之逆旅，待此身如傳舍的態度，身為禪僧的元肇，自然有相當深的體悟。他的詩表現了知交的聲音，可以說是情真意切的。

（九）康書狀、深禪人、寧少耘等

這幾位禪者，身家籍里也不詳，但都是元肇眼中的隱者。康書狀隱於靈隱冷泉。是位愛詩文的禪者，故元肇〈寄冷泉康書狀〉一詩曰：「康盧有隱君，久愛北山文。磵底弄清泚，嶺頭吟白雲。」[74]詩句中所謂的「康盧」自然是康書狀的草廬，而說他久愛「北山文」，似乎是指他是真隱君，所以愛南齊孔稚圭（四四七—五〇一）嘲諷假隱士的〈北山移文〉。[75]而「磵底弄清泚，嶺頭吟白雲」兩句，似又是回應〈北山移文〉中的「青松落蔭，白雲誰侶。澗戶摧絕無與歸，石徑荒涼徒延佇」一句，表示康書狀就是那種在澗底弄清流，嶺上侶白雲的真正隱士。其餘詩句所謂「月隨行處影，猿向定中聞。寄得書來說，憐余在鷺群」，應該是說：這位隱士在月光下踏著自己的影子行走，在猿聲中坐定，過著踽踽涼涼的生活，還在來書上可憐我元肇處在鷺群之中，不得安寧呢。

深禪人之生平經歷也不詳，元肇有〈送深禪人歸衡岳隱山〉一詩贈之，是送他歸南嶽隱山而作。隱山在湘潭（今長沙），原稱龍王山，一名隱山。在長沙縣西南一百一十里。山頂有湫，下有池。據宋人傳，唐曹洞僧洞山良价與密師伯北遊，經此山，見浮菜隨澗水出，流入幽處。深山雖似無人，但良价疑有道人居此，故有菜葉隨流，乃與密師共議撥草溪行。五七里間，忽見僧羸形異貌，遂問詢之，並與之對話，知為異僧，始具威儀禮拜。良价辭退後，其僧乃述偈曰：「三間茅屋從來住，一道神光萬境閑。莫把是非來辨我，浮生穿鑿不相關。」因而燒庵，入深山不見，人號為隱山和尚。⑯此事後經明・瞿汝稷在《指月錄》記載隱山和尚傳略，又加上另一偈曰：「一池荷葉衣無數，滿地松花食有餘。剛被世人知住處，又移茅屋入深居。」而隨後燒菴，不知所如。⑰元肇的詩即是寫深禪人在江浙行腳後入隱山避世的經歷，故有「江浙參尋遍，仍思故隱山。不知人住處，惟見雁飛還」之句。而其餘「說法龍來聽，長年雲閉關。莫將殘菜葉，流落在溪間」等句，⑱則是借用隱山和尚之掌故述事。大概是希望他不會像隱山和尚一樣，因菜葉隨澗流出，而為人尋至其住處，破壞其清修吧。

這種羨慕隱居禪者之心情，也是元肇詩的「母題」（motif）之一。在〈寧少耘〉一詩中，他表示與寧少耘在吳中邂逅，便懷疑他是位隱於深山的禪者，而有意與他親近；沒想到寧少耘竟與他談起坐亡之事。寧少耘生平不詳，元肇詩說「逢師竹澗旁」，⑲似乎是偶遇其人，且正逢他在「歲慘下歸航」之時。詩之頷聯說：「我獨疑深隱，僧來說坐亡」，正顯示兩人傾蓋如故的情境。⑳由於一番深談，元肇才知道他曾住在一荒草堆上的佛寺，現在卻因塵鎖之累，要到別處去搭建僧房，所以說「草墟曾住寺，塵鏁別營房」，㉑情況與隱山和尚相似。末兩句「渺渺吳中道，無因過上塘」，未嘗也不是對人生如逆旅傳舍所興起的感喟吧。

（十）佚名宋僧多位

元肇詩集中有不少以「送僧」為題之詩，這些詩的寄贈對象，因為全無名號可稽，只能以「佚名宋僧」稱之。歷代詩人贈詩而不道受贈者之名號，為司空見慣之事；詩僧之贈詩，也不例外，或贈萍水相逢之掛搭僧，或贈有一面之緣之舊識，都有可能。因為行腳僧來寺院掛單，亦有能詩文者，元肇以禮待之，於其離去，也樂於贈詩道別。至於與曾有一面之緣的舊識重逢，更易引發感懷之詩興。故雖受贈者之名不見於詩題中，並不表示元肇只是為應酬而作，而是相當用心的。當然這些遊方的雲水僧，並非有意來訪，也非元肇親邀，更未必是叢林耆宿，但因緣而會晤或重聚，元肇也是相當珍惜的。他的贈詩，往往透露出此種胸懷。

譬如，他的〈送僧〉一詩說：「含暉亭上曾辭我，狼伍峰前又送君。只有月明相記憶，月明爭得不逢雲。」㉒詩中的含暉亭在徑山，狼伍峰則在狼山。證明元肇早年在徑山時就曾與他相遇，而他回通州時，又在狼山送別。元肇覺得他與此位僧友契闊已久，只有明月時兩人又互相記憶對方，可惜明月還是會為浮雲所遮蓋的，言下對兩人之聚散無常，不無傷感。

這些「送僧」詩中，有四首是送「歸」之詩，既言送歸，當是送其歸鄉里或歸原住寺院而作。譬如，〈送僧東歸〉是送某僧歸故鄉。此位僧友在中秋之夜夢見故鄉而有返鄉之念，故元肇有「欲作廬山去，幡然興已收。故鄉一夜夢，明月兩中秋」之語。⑧③他必是從湖北荊州東下至元肇所住之平江寺院掛錫，故元肇於詩之後四句謂：「落葉堆寒色，孤帆挂遠愁。不知從此後，誰上仲宣樓？」⑧④平江即是蘇州，在長江沿岸，望著孤帆，不難想像到「孤帆挂遠愁」之情境，就像李白在黃鶴樓送孟浩然去廣陵（按：即揚州）一樣，有「孤帆遠影碧山盡，唯見長江天際流」的感慨。⑧⑤而仲宣樓在湖北荊州當陽縣，是紀念東漢末詩人王粲（一七七—二一七）所寫的〈登樓賦〉而建。王粲字仲宣，是「建安七子」之首，才名為一時之冠，故「仲宣樓」以其字名之。唐宋時代的仲宣樓在荊州當陽，即杜甫詩句「仲宣樓頭春色深，青眼高歌望吾子」之所指。元肇之僧友既已離開荊州東歸，就像孟浩然離武昌黃鶴樓一樣，順江而東下。元肇不禁要問此後還有誰會登仲宣樓，懷念古之詩人啊？⑧⑥

雖然有僧友離湖北而東歸，亦有離兩浙而歸湖北者，〈送僧歸武昌〉一詩說：「赤壁西邊舊武昌，吳波蜀浪幾興亡。歸來黃鶴樓前看，半是寒濤半夕陽。」⑧⑦詩中之「赤壁」是三國時孫權、周瑜聯合蜀漢敗曹操之所在，故說「吳波蜀浪」，而「幾興亡」則指歷經好幾次之朝代興亡了。此赤壁在湖北武昌東南的烏林赤壁，而非蘇軾〈赤壁賦〉所指的黃岡赤壁。亦即在今岳陽之下，嘉魚之上。唐人胡珪在其〈赤壁考〉一文說，此處即「蓋公瑾自武昌列艦風帆，便順溯流而上，遇戰於赤壁之間」之地。他又引杜牧詩句「烏林芳草遠，赤壁健帆開」，及唐李吉甫之《元和郡縣圖志》說：「在蒲圻縣西一百二十里，北岸烏林，與赤壁相對，即周瑜焚曹操船處」，證明是吳蜀敗魏軍之處。⑱《大清一統志》說：「赤壁在武昌府城東南九十里。」應當也就是元肇所說的「赤壁西邊舊武昌」。黃鶴樓就在武昌府城西南隅黃鵠磯上。《元和郡縣圖志》謂：「孫權始築夏口故城，城西臨大江，江南角因磯為樓，名黃鶴樓。」⑲元肇送其僧友，猜想既歸武昌，當會路過黃鶴樓。此時站在大江邊，在樓前瞻望，宛如置身於一半寒濤，一半夕陽之中，別有一番滋味啊。

元肇似乎送了不少位雲遊僧溯江而上，都是往湖北方向歸鄉。他頻頻與這些人聚散離合，其心中自不免充滿無限感觸。〈送僧還里〉一詩說：「送君重疊上高臺，到得親庭卻早來。揚子江頭應看取，無情潮水亦西回。」⑳既言潮水西回，此位僧友必是溯江而上，往湘鄂方向歸鄉探親。而〈送僧歸淮西二首〉說：「高堂無地寄征衣，淮水西邊近解圍。想得夜闌更秉燭，天寒木落一僧歸。」又說：「滿目鄉心怕著秋，東州見了又西州。明年莫看中秋月，曾是當時照別愁。」㉑顯然又是送僧溯江而上至淮西。㉒可能是不久前蒙古軍離去，淮西解圍，故其僧友欲離開通州的東州，返鄉看其父母，因為已經好久沒收到父母寄來的征衣了，不知他們是否無恙。這是逢中秋團圓之際，故思鄉心切，而西上探親。元肇只覺得明年若看中秋月，必會回憶起今日與友人離別之愁緒，所以有「明年莫看中秋月」之說。

以上這幾位僧侶，不管身分高低，都是元肇以詩來表達其念想、關照之對象。這些詩的寫作，實是他在出世與入世、退隱與塵勞間，不斷地在尋舊友、納新交、與懷念相識，經常地反觀自照下的氛圍中產生。詩中所表現的思緒，常反映了羈旅文士、騷客、遊子的心情，往往看不出是禪者之作。雖然如此，元肇畢竟是位禪師，他還是會關切宗門的處境與福祉，所以他也頗慎重地為公舉住持之事寫疏請文，竭力獻其所能。

此類疏請文，元肇寫得並不多。除了在平江所寫的〈楓橋請詮無言疏〉已見於上文之外。他只寫了另外五篇，兩篇寫於通州，兩篇寫於平江，一篇寫於杭州。杭州之〈大明慧炤請藏主山門疏〉，所薦請的「藏主」已不可考，無法析論。以下只討論通州與平江所寫之文。

通州之疏文是〈狼山請賢老疏〉及〈狼山請祥老疏〉，為狼山寺院請某「賢老」與某「祥老」而作。賢老是無用道全之法嗣，為元肇之師叔輩，屬楊岐、大慧系統。原來在天童，故疏文說：「太白峰前，曾分荷楊岐重擔。」[93]其下聯曰：「長汀那畔，正展開布袋家風。」顯示他後來入奉化，也就是布袋和尚之出生地。布袋和尚又稱「長汀子布袋師」，[94]所以說在長汀那畔展開布袋家風，也就是在奉化傳法，有可能是雪竇寺。現在他被公舉至狼山，住「淮邦之望剎」廣教禪寺，元肇深慶得人，勸他「莫辭三江九堰之勞，快副四海五湖之鄽。」[95]何以知道是廣教寺呢？因為元肇既說它是「淮邦之望剎」，又說是「國師之道場」。這位「國師」即是僧伽大師，唐中宗尊之為國師，[96]狼山廣教寺遂成了國師之道場。賢老被託付來負責此寺，可謂任重道遠。元肇知他「拄杖子徧探深淺」，是位碩學老宿，故在疏文中大力推薦。

另一位祥老之法嗣不詳，只知可能來自明州，因為疏文有「大洋海畔，卜觀自在為鄰」之語，而觀自在指明州普陀山，故他可能原在明州，或育王、或天童、或雪竇，都有可能。他被薦請所住的寺院仍應是廣教禪寺，因為該禪寺是唐總章間僧幻公與姚彥洪建，正與疏文「部使者毫端具眼，公議俄中；幻山主暗裏點頭，師來甚當」之下聯相符。[97]

元肇的〈介石住虎丘諸山疏〉應該寫於平江，是為推舉介石智朋而作。有關介石智朋之生平事跡，宋、元的燈史及僧傳都無相關記錄，我於《文學僧藏叟善珍（一一九四—一二七七）與南宋末世的禪文化》大致介紹了一番，並說明他與善珍關係甚深，大概都是閩人之故。[98]善珍有〈寄朋介石〉一詩，中有：「詩卷前年手自攜，秋風客路易東西」，「一生結友皆奇衲，難得如君無町畦」等句，[99]證明朋介石也是一位詩僧，是善珍所交的若干「奇衲」之一，也是交情甚篤，往來「無町畦」的法眷。他有相當程度的詩名，所以南宋的松坡宗憩所編的《江湖風月集》也收了他的詩六首，並稱他為「三山介石朋和尚」，說明他是福州人。[100]另外，他說法的記錄，由門徒正賢編成《介石禪師語錄》，其中錄有閩人竹溪林希逸（一一九三—一二七〇）所作的語錄序，序裏說：「師嘗七見浙翁，末後舉黃龍三關因緣，遂得浙翁一拳打夫[失]鼻孔。」[101]可見他是浙翁如琰（一一五一—一二二五）的嗣法門人，是元肇的師兄或師弟，元肇自然也知他甚深。根據南宋圓悟禪師的叢林隨筆《枯崖漫錄》的敘述，我們知道他是「秦溪人，性高簡」。「秦溪」在建安，南宋時屬福州長溪縣，有秦溪東里及西里，各有寺院在焉。[102]可見他是福州人。他「晚年寓杭之冷泉，扁其室曰：『青山外人』。景定間，丞相秋壑賈公尤崇敬佛法，與奏得旨，住淨慈。後淮海亦繼其席，皆起於澗東。」[103]也就是說他晚年的活動，大致都在靈隱與淨慈之間。[104]元肇是在景定三年（一二六三）繼其後主淨慈的。《枯崖漫錄》說朋介石在景定朝（一二六〇—一二六四）頗為活躍，而受丞相賈似道（一二一三—一二七五）的推崇，可見他住五山之一的淨慈是在景定二年（一二六二）及其前。

根據《介石禪師語錄》，智朋初住溫州鴈山羅漢禪寺（一二二九），其後歷主臨安府臨平山佛日淨慧禪寺、慶元府大梅山保福禪寺、慶元府香山孝慈真應禪寺、婺州雲黃山寶林禪寺、平江府承天能仁禪寺、安吉州拍山崇恩資壽禪寺，及臨安府淨慈報恩光孝禪寺等，多半在江蘇與浙江之間。林希逸的語錄序說「介石在南山」，即是因他入淨慈之後。其序的落款時間是咸淳四年戊辰（一二六八），那時朋介石已經「寂久矣」，可見他可能在咸淳初已逝去。

元肇雖撰有〈介石住虎丘諸山疏〉，但是以智朋的經歷看，他似乎並未去虎丘任職，而至平江承天能仁寺。是何原因而未赴虎丘，已無可考。但元肇之疏可約略見他對智朋之推崇。疏文說他是「相國知音」，指的是他受到賈似道之護持，正可說明後來受賈似道之推薦入淨慈寺之原因。疏文又形容他「石老冰清，機迅雷轟電激，大地六反震動」，點出他為人之如冰清堅石，而說法風格之迅若雷電。又說他「為人三十年來，障回東澗之瀾，屹作中流之柱」，盛讚他三十年來在禪林所扮演之力挽狂瀾，中流砥柱之角色。⑩⑤後來他入臨安淨慈寺時，善珍為他寫的〈淨慈請介石諸山疏〉，首聯就說：「浙翁家生驥子，復生鳳雛，兄弟同時鼎貴；長安路騎蟾蜍，不騎駿馬，兒童疾走難追。致造物亦哀龍鍾，湖山盡歸掌握。」⑩⑥把浙翁如琰的弟子大川普濟（一一七九—一二五三）、偃溪廣聞（一一八九—一二六三）等「驥子」，和入室稍晚的「鳳雛」的他，相提並論。因為都是五山的掌門，故說「兄弟同時鼎貴」、「湖山盡歸掌握」。善珍又說他「敢亂道卻好，不亂道又好，似《史記》、《左傳》文章；才開口便知，未開口已知，有古德宗門眼目。」⑩⑦這是稱讚他有傑出古德宗眼的說法能力，與元肇疏文之贊語前後相互輝映。他的淨慈之任是因皇帝之敕命，又是丞相賈似道之推薦，故善珍說：「皇帝有勅，況來自釋梵天；丞相無私，未嘗嫌福建子。」賈似道是台州人，他既然推薦福州的智朋掌淨慈之任，自然沒有嫌他是呂惠卿（一〇三二—一一一一）同鄉的「福建子」。⑩⑧元肇說他為「相國知音」，顯示賈似道對他豈僅是「無私」而已。元肇對這位法兄弟，尊敬有加，其疏文之末，竟很客氣地說「計長年柏巖住，其志雖高；為九峰一疏來，則吾豈敢！」[109]文中所說的「柏巖」究竟指何處，已經無可考，但應該是他受邀至虎丘前所住過時間甚長之禪寺。元肇自謙所作之疏，非九峰鑒韶薦請大覺懷璉入育王之〈緇素勸請疏〉可比，不敢期望智朋會見其疏而來。果不其然，智朋並未赴虎丘之任。

他的〈史衛王府大慈寺請靈隱笑翁開山疏〉，很明顯的是奉史彌遠之命，邀請笑翁妙堪到明州大慈寺開山而作。笑翁妙堪是無文道璨之師，在寧宗朝名盛叢林，為宰相史彌遠所重，曾請他領台州報恩寺。嘉定十三年（一二二〇），史彌遠在其家鄉鄞縣東南六十里大慈山為其母建功德寺，名大慈禪寺，又名教忠報國禪寺。[110]招先前奉敕住靈隱寺之笑翁妙堪（一一七七—一二四八）來當住持。[111]元肇當時應該是在杭州徑山的浙翁如琰門下掌記室，如琰可能應史彌遠之命舉笑翁為大慈開山，故由身為書記的元肇執筆寫疏。其疏之破題數句便說：「三千年已前，老瞿曇親曾付囑；五百歲之後，大丞相信受奉行。卻將補袞之勛勞，新作布金之田地。命當代傑特宗匠，立奕世宏廣規模。」[112]這是說千年前佛陀傳下來的禪宗，經初祖達摩五百年之傳，至今大丞相史彌遠仍信受奉行。他將任僧補缺之事，改為命當代傑出之禪師為新建佛寺之住持，以建立世世代代宏廣之規模。這位當代傑出之宗匠，自然是笑翁妙堪莫屬；而此後的疏文即是表達此層意思。所謂「端的正傳，掃除末習。」指的是妙翁是臨濟正傳，能夠掃除當代的末習。而「解道寸丁入木，何妨三篾束腰？」則是指他傳道授業，務求深入玄義，切中要害，即使勒緊腰帶，忍受飢餓，也不在意。因此他能脫穎而出，為叢林之宗匠；「奪得赤幡，而張起八面春風；喝散白雲，而放出半江明月」一聯，即是說明此意。元肇還將他比作生公，視一闡提皆有佛性，能聚石為徒，為之說法；

又如黃龍牧庵法忠禪師（一〇八四－一一四九），視於菟亦有人心，使之馴服。終於能清聲上達天聽，而皇帝之丹詔飛來，令他主持大慈。元肇說「請拋天香桂子之秋，聽猿鶴怨驚於北岫；來理風定潮平之櫂，活魚龍性命於東湖。」[113]東湖指的是東錢湖，為史氏家業所在。大慈在東錢湖沿岸，妙堪承命領其地，憑其能力，自能使風定潮平，活魚龍性命。果然，在他的領導之下，大慈寺迅速發展，由小邦蔚為大國，規模不下於五山禪寺。紹定六年（一二三三），史彌遠去世，妙堪遂離大慈寺。元肇所寫之疏，在相當程度上，表達了他對妙堪經營大慈寺的預期。

以上所討論的元肇詩文，足以說明他與江浙叢林耆舊或法友間不同方式的互動。在相當程度上，也加強了叢林師友網絡的緊密結合，避免被高舉離文字說禪為口號的禪林「衛道」之士孤立起來，維持叢林的動力。正如妙堪之入東錢湖經營大慈寺一樣，為延續禪林正宗之慧命而作努力。換句話說，元肇他對叢林的感情，是相當深厚的。

【注釋】

①元肇，〈跋詩後與徑山偃谿和尚〉，《淮海外集》卷下，P.15b。按：如上文所說，陸氏刊印其詩集的時間是在寶祐六年（一二五八），則元肇路過永嘉的時間應是此年詩集刊印之後，其時，他已七十歲，可能是入溫州江心寺任住持之時。

②按：閩人竹溪林希逸為其作行狀曰：「戊申移育王，辛亥移淨慈。時教家有挾坐禪宗上。師奏數百言，條析明備，上（按：理宗也）是之。」見《偃溪和尚語錄》（臺北：新文豐出版公司，《卍續藏經》第一二一冊，一九七五）卷下，P.301a。

③按：曇密禪師，字混源，故稱混源曇密。先後參大慧、雪巢一、此菴元，都無省發。後至泉南參教忠晦庵彌光禪師，豁然契悟。彌光令再參大慧，遂辭至梅陽，服勤四載，於乾道七年（一一七一）出住苕溪上方寺，次遷台城紫籜、鴻福萬年。淳熙十一年（一一八四）奉詔居淨慈，大弘教忠之道，學者來歸，戶外之履常滿。見《嘉泰普燈錄》（臺北：新文豐出版公司，《卍續藏經》第一三七冊，一九七五）卷二一，P.300b-301a；《大明高僧傳》（臺北：新文豐出版公司，《大正藏》第五十冊，一九八三），P.931bc。

④見大觀，〈元肇禪師行狀〉，《物初賸語》卷二四，P.18a-21a。

⑤《續傳燈錄》（臺北：新文豐出版公司，《大正藏》第五十一冊，一九八三）卷三六，P.714a。《增集續傳燈錄》（臺北：新文豐出版公司，《卍續藏經》第一四二冊，一九七五）卷三，P.782b。

⑥同前註。按：張鎡也是另一名將劉光世之外孫。

⑦《武林梵志》卷一，P.10a。

⑧《浙江通志》卷二三六，P.6a。

⑨見史浩，〈廣壽慧雲寺記〉，《北京圖書館中國歷代石刻拓本彙編》（北京：中州古籍出版社，一九九〇）第四十三冊，P.159。又《咸淳臨安志》作紹興元年賜額，當為紹熙元年之誤。紹興元年張鎡還未出生，何能捨宅？見《咸淳臨安志》（臺北：臺灣商務印書館，影印文淵閣《四庫全書》本，一九八三—一九八六）卷七六，P.19a。按：張鎡之卒年未有定說。近有學者疑不在嘉定四年（一二一一），而在其後。揆諸僧史，其說較接近事實。至少嘉定五年，他仍相當活躍。參者王兆鵬，《唐宋史論》（北京：人民文學出版社，二〇〇〇），P.334。曾惟綱，《張鎡年譜》（北京：人民出版社，二〇一〇），P.262。

⑩見前引史浩，〈廣壽慧雲寺記〉。

⑪按：尤焴官至翰林學士權工部尚書。此當是在淳祐二年（一二四二），他「權管沿江淮西留司，知建康府兼江東安撫

使」之時。

⑫《續傳燈錄》卷三六，P.714bc；《增集續傳燈錄》卷三，P.782b。按：《增集續傳燈錄》說「節齋越公慕師高行，微服過西丘。師亦不問其姓名，與語終日而去。明日，[節齋]奏請師住持淨慈」。「越公」實為「趙公」之誤。

⑬元肇，〈訪天目梁渚〉，《淮海挐音》卷上，P.20b。

⑭元肇，〈和天目送行〉，《淮海挐音》卷上，P.20ab。

⑮按：「泬寥」一詞指晴朗空曠而無雲，出《楚辭》，〈九辯〉：「泬寥兮天高而氣清」。王逸注云：「泬寥，曠蕩而虛靜也。或曰，泬寥猶蕭條。蕭條者，無雲貌。」見《楚辭章句》卷八，〈九辯章句〉，P.2a。

⑯元肇，〈和天目見寄〉，《淮海挐音》卷下，P.31b。

⑰《續傳燈錄》卷三六，P.714a；《增集續傳燈錄》卷三，P.782b。

⑱按：此處「青青子」當指梅子。《錦繡萬花谷》錄有〈百葉梅〉詩謂：「細朵斜枝惱意香，月明疏影媚寒塘，懸知不結青青子，故作無情淡淡粧」。見《錦繡萬花谷》卷三八，P.9a。陸游亦有詩云：「探梅方憶雪中歸，轉眼青青子滿枝。築圃漫為娛老計，襞牋又賦送春詩。乞身何日還初服？坐食終年媿聖時。睡起西窗澹無事，一枰閒看客爭棋。」陸游，〈次韻范參政書懷之八〉，《劍南詩稿校注》（上海：上海古籍出版社，一九八五）卷二四，P.1753。

⑲元肇，〈歲晚過上竺禮天目〉，《淮海挐音》卷上，P.20a。

⑳元肇，〈和天目上竺守歲〉，《淮海挐音》卷下，P.31b。

㉑元肇，〈見北磵〉，《淮海挐音》卷下，P.12b-13a；參看筆者《一味禪與江湖詩》，P.206-207。

㉒元肇，《淮海挐音》卷首，居簡序。

㉓按：「我輩語」應是居簡對禪僧所作詩文之自謙之詞。

㉔法雲，〈虛堂和尚行狀〉，《虛堂和尚語錄》（臺北：新文豐出版公司，《大正藏》，一九八三）卷十，P.1064a。

㉕《虛堂和尚語錄》卷一，P.984a。

㉖見〈道場山來月軒記〉，《淮海外集》卷下，P.2b-3a。

㉗同前註。

㉘按：凌霄峰及明月堂都在徑山。法舟雖為空叟仲穎法嗣，但曾事浙翁如琰。見《枯崖和尚漫錄》卷中，P.163b-164a。

㉙按：法舟所言之賦與詩應指謝莊之〈月賦〉與曹操的〈短歌行〉。前者有「美人邁兮音塵闕，隔千里兮共明月」之句，與「明月」有關，是蘇軾的名句「千里共嬋娟」之所本。後者有「我有嘉賓，鼓瑟吹笙。明明如月，何時可輟」及「月明星稀，烏鵲南飛。繞樹三匝，何枝可依」之句，亦都與「明月」有關。

㉚見元肇至虎巖所寫之〈道場山〉一詩，《淮海挐音》卷上，P.2b。

㉛元肇，〈雲城〉，《淮海挐音》卷上，P.4ab。

㉜元肇，〈舟別浦禪師塔〉，《淮海挐音》卷上，P.35a。

㉝見《枯崖和尚漫錄》卷中，P.163b-164a。

㉞《淮海元肇禪師語錄》P.367a。

㉟見筆者《文學僧藏叟善珍與南宋末世的禪文化》一書，P.113。

㊱智昭，《人天眼目》（臺北：新文豐出版公司，《大正藏》第四十八冊，一九八三）卷首，P.330a。

㊲物初大觀，〈重修人天眼目集後序〉，《人天眼目》卷六，P.334b。

㊳同前註。

㊴按：日僧所作的諸種《人天眼目》的相關注釋，見《禪學大辭典》P.998bc。

㊵元肇，〈送照晦巖赴下竺〉，《淮海挐音》卷上，P.24a。

㊶按：天台山西南隅一峰名為佛隴，遊其山者多見佛像，遂以此指智者大師天台智。

㊷ 元肇，〈送江西益禪人〉，《淮海挐音》卷上，P.20b-21a。

㊸ 元肇，〈寄江西益侍者〉，《淮海挐音》卷下，P.13a。

㊹ 此五山為狼山、刀刃山、軍山、塔山和馬鞍山。見《萬曆通州志》卷二，P.10a。

㊺ 按：廣教禪寺建於唐總章間其開山祖師為僧伽，唐中宗尊為國師。宋太平興國年間智幻法師為住持在其處弘法修建，造有大聖殿、支雲塔等。《萬曆通州志》卷五，P.31a。

㊻ 按：「雲夢澤」古稱雲夢大澤，在湖北江漢平原，為古代楚地。「館娃宮」據傳為春秋吳王闔閭為西施造，據《吳越春秋》云：「闔閭城西，有山號硯石，上有館娃宮。」唐劉禹錫有詩云：「宮館貯嬌娃，當時意大誇。豔傾吳國盡，笑入楚王家。」見劉禹錫，〈館娃宮在舊郡西南硯石山前，瞰姑蘇臺，傍有采香徑。梁天監中置佛寺曰靈巖，即故宮也，信為絕境，因賦二章〉，《全唐詩》第十一冊，卷三六四，P.4109。

㊼ 其卒年係根據《隨隱漫錄》所謂：「辛巳八月己丑，先君方外友清溪沅禪師坐亡。」見《隨隱漫錄》卷一，P.9。

㊽ 見《阿育王山續志》（臺北：宗青出版圖書公司，《中國佛寺志彙刊》第一輯第十二冊，一九九四）卷十六，P.894。淮海元肇、物初大觀、藏叟善珍各為四十五、四十六、四十七代住持。

㊾ 見《淨慈寺志》卷九，P.589；卷二四，P.1549。淮海元肇、虛堂智愚、東叟仲穎分別任四十五、四十六、四十八代住持。

㊿ 元肇，〈送沅清溪遊江西〉，《淮海挐音》卷上，P.22b。

(51) 見《隨隱漫錄》卷一，P.9。按：「六十七年」應該是指沅清谿之僧臘，所以不能據以推斷其生年。

(52) 見筆者《無文印的迷思及解讀》，P.262-263。

(53) 同前註。

(54) 《寒山寺志》卷一，P.19，25-26。

(55) 元肇，〈楓橋請詮無言疏〉，《淮海外集》卷上，P.23ab。

56 同前註。

57 同前註。

58 《蘇軾詩集合注》卷四四，P.2261。

59 元肇，〈楓橋請詮無言疏〉，《淮海外集》卷上，P.23ab。

60 同前註。

61 同前註。

62 元肇，〈宿鳳山寄楓橋詮無言〉，《淮海拏音》卷下，P.25b。

63 元肇，〈寄南叔凱〉，《淮海拏音》卷上，P.25ab。

64 善珍，〈祭果南澗、南叔凱〉，《藏叟摘稾》卷下，P.42ab；又參看筆者《文學僧藏叟善珍與南宋末世之禪文化》P.243。按：清晝為唐詩僧皎然字，智永為陳、隋間僧，號永禪師，為王羲之七世孫，善書法，尤工草書。

65 元肇，〈謝煥書記畫〉，《淮海拏音》卷上，P.20b。

66 按：杭州有登雲臺又名拜郊臺，為後梁龍德中，為吳越王錢鏐僭位郊天地所建。但筆者認為元肇所說之郊台，應為蘇州郊台。

67 《元肇禪師語錄》P.359b。

68 元肇，〈送珂書記遊金陵〉，《淮海拏音》卷上，P.21b。按：在溫州江心，「孤嶼」南朝劉宋初，溫州郡守謝靈運曾寫〈登江中孤嶼〉一詩，中有「亂流趨正絕，孤嶼媚中川。雲日相輝映，空水共澄鮮」等句。唐・張又新有〈孤嶼〉一詩云：「碧水逶迤浮翠巘，綠蘿蒙密媚晴江。不知誰與名孤嶼，其實中川是一雙。」元肇用「碧」來形容孤嶼，正好印證張又新所用的「碧水」、「綠蘿」之語。

69 元肇，〈送珂書記游金陵〉，《淮海拏音》卷上，P.21b。

(70) 元肇，〈送正西堂〉，《淮海挐音》卷下，P.19a。

(71) 同前註。

(72) 同前註。

(73) 按：「生處樂」一詞，佛經都言「受生處樂」，應是與「死」相對而言。故上句之「索去」，當指「離開人世」之意。

(74) 元肇，〈寄冷泉康書狀〉，《淮海外集》卷上，P.22b-23a。

(75) 孔稚圭，〈北山移文〉，《六臣注文選》卷四三，P.1a-6a。文中有「雖假容於江皐，乃纓情於好爵」一對，正是描寫假隱君之詞。

(76) 《五燈會元》卷三，P.120a。

(77) 明．瞿汝稷，《指月錄》卷九，P.211b。不過，瞿汝稷又說此偈亦可能為唐貞元朝的大梅和尚所作。

(78) 元肇，〈送深禪人歸衡岳隱山〉，《淮海挐音》卷上，P.21a。

(79) 元肇，〈寧少耘〉，《淮海挐音》卷上，P.35a。

(80) 同前註。

(81) 同前註。

(82) 元肇，〈送僧〉，《淮海挐音》卷下，P.27b-28a。

(83) 元肇，〈送僧東歸〉，《淮海挐音》卷上，P.22ab。

(84) 同前註。

(85) 李白，〈黃鶴樓送孟浩然去廣陵〉，《李太白全集》卷十五，P.356。

(86) 杜甫，〈短歌行贈王郎司直〉，《杜詩詳注》卷二一，P.1886。仇兆鼇注引朱鶴齡注所引《荊州記》曰：「當陽縣城樓，王仲宣登之而作賦。」又引《一統志》曰：「仲宣樓在荊州，即當陽縣城樓。」按仲宣樓今有兩處，另一在湖北襄陽城東南角城牆之上，建於荊州當陽仲宣樓之後。

⑧⑦ 元肇，〈送僧歸武昌〉，《淮海拏音》卷下，P.27a。

⑧⑧ 唐．胡珪，〈赤壁考〉，《古今圖書集成》第一九五冊，〈山川典〉卷一五三，第33頁之2。

⑧⑨ 李吉甫，《元和郡縣圖志》卷二八，P.2a。

⑨⓪ 元肇，〈送僧還里〉，《淮海拏音》卷下，P.24b。

⑨① 元肇，〈送僧歸淮西二首〉，《淮海拏音》卷下，P.24b-25a。

⑨② 按：宋代的淮西指淮南西路，治壽州、廬州、蘄州、和州、舒州、濠州、光州、黃州等地。

⑨③ 元肇，〈狼山請賢老疏〉，《淮海外集》卷上，P.24ab。

⑨④ 同前註。

⑨⑤ 同前註。

⑨⑥ 中宗尊僧伽為國師事，見《佛祖統紀》卷四十，P.372c。《宋高僧傳》等宋代僧史都無中宗賜僧伽為國師之記錄，僅有寺普照王之記錄。

⑨⑦ 元肇，〈狼山請祥老疏〉，《淮海外集》卷上，P.24b-25a。幻公建廣教寺之記載，見《萬曆通州志》卷三，P.1a。

⑨⑧ 見下文所述。

⑨⑨ 善珍，〈寄朋介石〉，《藏叟摘稾》卷上，P.20a。

⑩⓪ 見芳澤勝弘，《江湖風月集譯注》（京都：禪文化研究所，二〇〇三），P.22-35。

⑩① 《介石禪師語錄》（臺北：新文豐出版公司，《卍續藏經》第一二二冊，一九七五）P.369a。按：林希逸，〈介石語錄〉，《竹溪鬳齋十一稿續集》卷十二，P.14ab，於「七見浙翁」一語，略有出入。其語曰：「師嘗七見浙翁，末後因黃龍三關公案，遂得關南一拳打失鼻孔。」「打失鼻孔」是禪林悟道用語，唐漳州羅漢參關南道常，即為道常打了一

拳而有省，所以介石的「遂得關南一拳打失鼻孔」，其實就是被浙翁一拳打失鼻孔之意。《四庫全書》館臣抄作「打夫鼻孔」，錯誤甚明。

⑽ 見《淳熙三山志》卷三五，P.1460、1462、1464、1465，秦溪西里寺院有雙巖院，東里有資福院、仁王院、雲林院、青雲院；又見《福建通志》卷四，P.15b。

⒀ 《枯崖漫錄》卷下，P.181a。

⒁ 按：杭州之「冷泉」，雖是指靈隱寺前的「冷泉亭」，但實是泛指靈隱寺之意。唐代大詩人白居易曾作〈冷泉亭記〉說其處「撮奇得要，地搜勝概」，是「最餘杭而甲靈隱也。」白居易，《白氏長慶集》（上海：商務印書館，《四部叢刊初編》本，一九三六）卷二六，11b-12a。

⒂ 元肇，〈介石住虎丘諸山疏〉，《淮海外集》卷上，P.25ab。

⒃ 善珍，〈淨慈請介石諸山疏〉，《藏叟摘稾》卷下，P.61b。

⒄ 同前註。

⒅ 「福建子」是王安石咒呂惠卿之語，蓋悔恨為呂惠卿所誤也。按：《邵氏聞見錄》：「王荆公晚年於鍾山書院多寫『福建子』三字，蓋悔恨於呂惠卿者，恨為惠卿所陷，悔為惠卿所誤也。」見邵伯温，《邵氏聞見錄》（北京：中華書局點校本，一九八三）卷十二，P.128。

⒆ 元肇，〈介石住虎丘諸山疏〉，《淮海外集》卷上，P.25ab。

⒇ 周希哲修、張時徹撰，《嘉靖寧波府志》卷十八，P.4b-5a。

(111) 按：此處妙堪之經歷係根據道璨所撰的妙堪行狀。唯道璨只記他入虎丘、雪峰，而未說他入靈隱。

(112) 元肇，〈史衛王府大慈寺請靈隱笑翁開山疏〉，《淮海外集》卷上，P.22b-23a。

(113) 同前註。

七、林下有深情

元肇雖然熱衷於詩文翰墨，不以為禪儒之間有何不同，但他對叢林絕對是有深厚感情的，尤其是對他的祖師及法門兄弟，總不忘他們之道德行業，視之為叢林之典型。他對師道之尊重及感念尤其深，表現了文學僧重情重義之特質。譬如大慧宗杲是元肇的曾大父（曾師祖），元肇從來未親炙其教，也未見過他，但因為住徑山時，得拜其真容，遂寫了一篇〈祭大慧禪師文〉，遙祭師祖，以韻文之方式，鋪陳大慧之生平及行業，入木三分，「生氣凜凜」，一如文中形容大慧塔銘之語。其文曰：

猗歟我祖，道大德備，百世一師。
中興臨濟，正續楊岐。自閩入吳，佛日天飛。
傾湫倒岳，萬衲湧隨。名儒鉅公，一以貫之。
衡雲忽曀，梅障重翳。十有七年，青天再暉。
復還北山，艸木生輝。學者爭見，夕陽辦衣。
遺履歲百，只如前時。彌天聲價，今古罕齊。
言滿天下，龍龕護持。五子五孫，為鑒為龜。
夫何重任，及此么微？再拜真容，愧顙泚而。

新屋難提，巨石載碑。生氣凜凜，凌霄巍巍。
成住壞空，長劫不移。①

這篇祭文，意思大致都相當清晰可解。前數句是說大慧賡續楊岐方會以下的臨濟正宗，有中興臨濟之功；其道大德備，無愧為百世之師。因為他於紹興七年（一一三七）四十九歲時，在泉南獲丞相張浚之召，入徑山傳法，從此大振臨濟宗風，故有「自閩入吳」之語。在此之前，他曾於欽宗靖康元年（一一二六）三十八歲時獲賜紫衣師號佛日大師，故元肇用「佛日天飛」來形容其如日中天之聲望。②紹興十一年（一一四一）他五十三歲時因「神臂弓一發，千重關鎖一時開；吹毛劍一揮，萬劫疑情悉皆破」之語遭朝廷反戰者論列，而被追牒責衡州（今湖南）。又於紹興二十年（一一五〇）六十二歲時，因自贊「身著維摩裳，頭裹龐公帽。資質似柔和，心中實躁暴。開口便罵人，不分青白皁。編管在衡陽，莫非口業報。永世不放還，方始合天道」，為趨時者巧加誣訕，再次被流放到梅州（今廣東）。紹興二十六年（一一五六）明州阿育王山專使至，傳達朝命請他住持育王，才結束其流放生涯。至次年（一一五七）六十九歲時正式入住育王寺時，前後共十七年，故元肇說「十有七年，青天再暉」，③顯然對大慧的經歷瞭若指掌。紹興二十八年（一一五八），大慧年七十歲，被旨遷住徑山，先在靈隱寺開堂後入院，所以說「復還北山」。從此他「廣其址（按：即徑山）以新之，重建孚佑王殿（按：即呂洞賓，呂純陽殿）及嚴像設，置東坡祠像於殿之右廡」，凡此種種都可說明「草木生輝」之意。④至於「學者爭見」如夕陽之時仍在浣衣的情景，更不在話下。這時候來求他開示的有佛照居士鄭提幹，內都知張一之，直殿鄧伯壽，永寧郡夫人曹氏善因，醫師王德祖，侍郎榮薿，侍郎方滋（一一〇二—一一七二），提舉蘇師德（一〇九八—一一七七），丞相張浚（一〇九七—一一六四），信安郡王孟忠厚（？—一一五七），樞密巫伋，侍郎陳阜卿，尚書孫覿（一〇八一—一一六九）。其中陳阜卿於所撰邀請疏中還有「十七年現居士身，不動本來面目；幾萬里漂羅剎國，還歸舊處風光」之句，⑤正可闡明元肇所說的「十有七年，青天再暉」一說。元肇的祭文有感而發地說：我大慧祖師雖然過世已經百年，但他還是跟過去一樣，彌天聲價，古往今來少有可與他齊肩的。他言滿天下，所言皆已載錄成文，有「龍龕」在護持著。所有的徒子徒孫們都應該引以為龜鑑。⑥如今我元肇也來住持徑山，以微不足道之身，荷此徑山傳法之重任，再次拜見大慧真容，真是汗顏無地啊！

由於住持徑山，見到了大慧以來的幾位前輩，激起元肇繼志述事的使命感。所以在大慧祭文之末，他表示在新築的大慧塔上，是巨石所載的碑文，讀之真是凜凜有生氣，巍巍衝雲霄。即使歷經「成住壞空」之大劫、長劫，它都是永遠不會改變的。同樣的意思也在祭悼其大父（師祖）佛照德光（一一二一—一二〇三）的〈祭佛照禪師文〉，再次宣示。其文雖短，但意思與祭大慧文相似。文曰：「九重問道，百世宗師。巋然一塔，舍利同輝。迺子迺孫，來紹雄基。兢兢業業，敢墜前規？大圓鑒中，誠塵所緇。劫石可銷，此處不移。」⑦文中所說的「九重問道」指的是孝宗淳熙朝詔德光入宮問法之事。關於此事，任孝宗朝左相的省齋居士周必大（一一二六—一二〇四）有此一說：「皇帝雅聞其名，淳熙三年春，詔開堂靈隱寺，遣中使賜[金]。是冬，召入觀堂留五晝夜，數問佛法大旨。師敷奏直截，上大悅，賜佛照禪師之號，贈以御頌。明年再對，晉《宗門直指》，以都下勞應接，丐閒山林。七年夏，上用仁宗待大覺禪師懷璉故事，亦以育王處之。逮移御重華，趣令入覲，漏下十刻乃退。紹熙四年，改莅徑山，師力辭。孝宗曰：『欲時相見耳。』慶元元年，許還育王，歸老東庵，盡奮錫賚物直數萬緡置田，歲增穀五千斛助常住費。」⑧這種待遇，確實是大覺懷璉（一〇〇七—一〇九〇）以來所少有。周必大之記錄，顯示孝宗分別於淳熙三年（一一七六）冬、四年（一一七七）及七年（一一八一）夏三度詔入問道，與〈佛照禪師奏對錄〉所記經歷相符，⑨可見德光聖眷之隆，南宋著名禪師中，無人可及。元肇以「百世宗師」稱之，不忌諱拿他與大慧宗杲相提並論，只能說是他一片孝心的表現。

若僅僅是寫兩篇祭文，遙記師祖及曾師祖，亦可說是人之常情，但元肇感恩之情特別豐富，充分表現他不僅不會「太上忘情」，反而非常重情。除了這兩篇祭文之外，他又很認真地寫了三篇祭其師父佛心禪師浙翁如琰（一一五一—一二二五）之文，值得特別注意。由於此三篇祭文首尾相應，前後相承，合併讀之，尤見元肇對其師感念之深：

嗚呼我師！

楊岐正脈，照世孤燈；道在天下，聲聞雷霆。

宸章錫號，曾不寵榮？川增雲委，曾不驕矜？

億萬稱述，巨鏞寸莛。

嗟嗟晚生，一鉢一瓶；適越旋吳，四稔服膺。

三呼三喚，文彩已形；陟彼屺兮，拜而歸寧。

楚水吳山，歲律荐更，笑領慈緘，今年之正。

勉令復來，尚祈有成；豈曰不往，邊月照營。
克念承顏，黃葉下庭；胡為蒼天，師不少停。
大道破碎，滯朴浮輕；賴師收拾，彌綸典型。
正法眼滅，學者向冥；幾多同門，相顧失聲。
江湖渺茫，重理孤撐；師今往矣，其誰與行？
聞訃後時，臨冗無程；肴羞菲涼，聊寓哀情。
凌霄峰高，東澗水冷；寥寥千古，此意分明。⑩

這篇祭文，前段指其師浙翁是楊岐正脈，佛照座下最傑出之弟子，因傳道天下，聲聞於朝，寧宗皇帝以宸翰親賜佛心禪師之號等等。接著便回顧他追隨其師之經過，娓娓道來，彷彿如昨。平齋洪咨夔（一一七六—一二三六）曾如此描述佛心說：「平居簡默似不能言，及籌室勘驗學徒，如驚雷忽電，不容湊泊。領眾嚴而奉己約，應物圓而處事定，叢林推敬，謂浙中尊宿獨此翁，因共稱浙翁。」⑪此種性格與作風，似為數位頗受叢林歸敬的禪師形象。譬如，趙若琚所描繪的癡絕道沖（一一六九—一二五〇），也頗類似。據趙若琚之說，癡絕「平居簡淡沈默，若不能言。及坐籌室，勘驗衲子，機鋒一觸，猶雷奔電掣，海立江翻，皆茫然莫知湊泊。誓不輕以詞色假人，重誤來學。晚年無他好，多留意字法，於小楷最得三昧，往往端嚴凝重類其人，僧俗歸敬。」⑫這類禪師是南宋叢林的支柱，如同上章所說的笑翁妙堪，他們的在世，就像元肇形容浙翁一樣，在「大道破碎，滯朴浮輕」之時，需要賴其師浙翁「收拾」，方能「彌綸典型」。⑬但在他們去世之後，「正法眼滅」有無人傳授之虞，而有「學者向冥」之憂。尤其元肇入徑山任住持之時，這種感覺更深，所以與他的同門，相顧失聲，而感覺渺茫之世，要設法重理江湖，孤撐扶陷，在老師已經去世之日，有誰能與之皆行，為其導引呢？末四句之「凌霄」、「東澗」分別指徑山凌霄峰與天童東澗。浙翁如琰於寧宗在位的第三十年（一二二四）受賜佛心禪師之號，奉命住徑山，為徑山第三十二代祖師。徑山上有凌霄峰，故曰「凌霄峰高」。浙翁在徑山八年，而於該山遷化，故徑山是他最後住持之寺院。但他寶慶初年（一二二五）七月寂滅之後，卻塔於天童的東澗之麓，故元肇說「東澗水冷」。⑭而謂「寥寥千古，此意分明」，可以說是無限悵惘！

此文若與另兩篇悼念浙翁之祭文同觀，更可看出元肇對其師懷念之深。這兩篇祭文分別在育王及徑山寫成。育王之祭略云：「去違師席，垂四十年。六命惟侯，一綸自天。今登玉几，祖父田園。罔克肖似，若將浼焉。」⑮這是說他離師席之後，約有四十年之久，其間六次奉領大剎，都來自皇帝之命。如今登育王，又是其祖佛照德光，其師浙翁如琰住過之寺院。但是他已經無法使它恢復當年之盛況，恐將玷污先人了。元肇是景定二年辛酉（一二六一）四月奉旨入育王的，不久逢其師忌日，無法入天童奠祭，於是「令侍者代行告奠」。後來歷淨慈、靈隱，並於景定五年甲子（一二六四）正月，奉詔領徑山，正是如琰四十年前傳法之領地，也是元肇初入浙翁門庭之地，故元肇的徑山祭文說：

> 某景定辛酉四月，被旨育王。嘗令侍者代行告奠。癸亥七月，奉詔淨慈。冬至，荐有靈隱之命。甲子正月，沓膺宸綍，來領徑山，繼師舊席，瞻睇慈範。五峰髻立，萬象擬然，松風蕭蕭，澗聲

瀝瀝。恍如四十年前，親承慈訓。尚祈垂裕，還師全盛之時也。⑯

元肇來領徑山之時，已經七十六歲，正是他入寂前一年。所謂「恍如四十年前，親承慈訓。尚祈垂裕，還師全盛之時也」，無非是說他來徑山繼師舊席，身處四十年前親承慈訓之地，雖年事已高，猶祈望自己如其師一樣能垂裕後昆，恢復徑山在其師的全盛之狀況。

元肇相當認真地著文表達他對其曾大父、大父及師父之懷念，為叢林中所少見，他對師兄弟及同輩法眷之懷念，也毫不保留地形諸文字，且都表現豐富的情義，此是其詩文之特徵，讀之難以無動於衷。他對同門昆季、虎丘系之兄弟，甚至洞宗法友也是如此。上文所說的枯椿及大川普濟禪師都是其同門師兄，元肇對他們表達真切的懷念之情，可見其友情之深摯。這種情感，屢見於其文中。譬如，對另一師兄弁山了阡，他曾有贈詩曰：「四海如今幾弟兄，橫飛直上振家聲。我方閑臥君多病，此意如何寫得成。」⑰此詩實是他應弁山在天童住持時見招所作，詩中讚他是僅存的幾位能入天童振發浙翁所立家聲之兄弟。淳祐四、五年（一二四四—一二四五）間，他赴金陵清涼廣慧禪寺任住持時，途中曾回金山拜訪弁山，以四六文遞上一紙門狀給弁山，中云「茲因假道之緣，復遂對床之喜。荷五襯之先饋，悸一紙之後通。玉鑒光中，諒必蒙於高照；石頭城畔，正有賴於同流。感幸罙深，敷陳罔既」，⑱顯示元肇是以師弟謁兄長之心情，拜見弁山。大約六年之後，元肇入平江萬壽，不久即接弁山訃文，遺書既至，元肇於上堂時語道：「靄月毗嵐風，吹倒太白峰。石女眼中流血，木人換手槌胸。致使萬壽，笑亦不成，哭亦不是。」⑲以「石女」及「木人」悖離常理之舉動（按：即前者之「眼中流血」與後者之「換手槌胸」）來表達其心中之哀痛，實不難見其對弁山之厚誼？⑳這種厚誼亦可見於其祭弁山之文，所謂：「我扁舟而汎吳，兄虛谷以招延。曾偈言之始徹，忽訃音之墮前。風入林兮悲枏，春致荊兮不鮮。慄引鈞於危髮，痌無膠而續絃。鴒寒在原，淚傾澗泉。」㉑在在顯示弁山了阡與他之間親如兄弟、無比誠摯之情，尤其末句「鴒寒在原，淚傾澗泉」之語，非情真意切不能流露。元肇還將《詩經》〈小雅・常棣〉「鶺鴒在原，兄弟急難」㉒一語之「鶺鴒」改為「鴒寒在原」，用杜甫傷其五弟飄零而寫的「草黃驥騏病，沙晚鶺鴒寒」一聯之意，㉓表達他與弁山兄弟情深般之友誼。這種深刻的師兄弟之情，除非借用儒家士人詩文的筆意及用語，是難以描寫於萬一的。

大川與弁山化寂之後，元肇的另一位法兄芝巖慧洪（？—一二五四）也辭世了。元肇為他寫的祭文，表現了「心斷鶺鴒原」的無限感傷，㉔既哭四年之內連失弁山、大川及芝巖三位塤箎，也為叢林有道禪師之凋喪大為傷慟：

> 亘萬古而獨存者，道也。關一時之隆替者，人也。人之存亡，道之休戚。余領萬壽，更裘葛者四，哭塤箎者三。弁山宿草而大川塔，今又哭吾之芝巖。嗚呼！嗚呼！道乎？人乎？嗟滔滔之學者向隅，其孰為師門之有無，非斯人之為慟而誰與？㉕

此文所謂「余領萬壽，更裘葛者四」，是指他住平江府萬壽報恩光孝禪寺至此年計有四年。㉖這四年之間，「弁山宿草而大川塔」，指弁山謝世後一年，大川也化寂。「宿草」雖一般作為悼亡之詞，或可指人死已多年，但其原意為隔年之草。㉗元肇之意，顯然是指弁山、大川、芝巖相繼於四年之間化寂，㉘所以有「滔滔之學者向隅」之憂而倍感傷慟。

不幸的是，元肇的年代，叢林有道者相繼凋謝，除其同門昆季之外，還有叔伯下的弟子，如仰山無鏡，㉙及虎丘系無準師範（一一七九—一二四九）門下的西巖了慧（一一九八—一二六二），圓悟克勤法嗣佛智端裕（一〇八五—一一五〇）系的西江廣謀，及洞上派自得慧暉的法孫東谷妙光（？—一二五三）。㉚還有若干名不甚傳但與他關係甚深的僧人，也都去世。如某佖西堂，與他為同籍里；千壽與珍和尚是平江萬壽寺的寺僧；㉛璧全叟與一怡雲，可能是他在遊方時所結識的禪僧。㉜這些僧人，雖出身各異，地位之大小不同，但元肇都一視同仁，以兄弟或摯友待之。譬如，仰山無鏡雖或非其同門，但也曾與元肇在徑山相見，兩人還有同床共話之誼，雖各有夢想，但都感慨道原不明，儒釋道三家互相愚弄，故元肇在其祭無鏡文中說：「頃在凌霄，共床各夢。深慨道原，三家愚弄。」㉝他又說：「老者休文，知兄伯仲。不揚不墨，如麟如鳳。」以老病之沈約（四四一—五一三）自況，自謂深知無鏡，視之為自家兄弟一般，是位不走邪道，如麟鳳般的不可多得之才。果然「後二十年，出為世用。翽翽和鳴，噤波啁哢。」其法音之盛，如鳳凰和鳴，使鳥蟲噤聲。根據元肇祭文中之「叢灌所栖，風行雷動。涖乎平田，扶甍立棟」數語，可見無鏡經營禪寺，相當積極，曾在天台萬年寺，「扶甍立棟」，增蓋屋宇。㉞但正在有為之時，突然云逝，使元肇大歎「祖天荒寒，正流日涷。」還感到叢林之「柄者雖多，稗哉愈眾。」為失去一位傑出的禪友而哀慟不已。

又如，西巖了慧是虎丘系弟子，但元肇與西巖卻交稱莫逆。他在平江萬壽及台州萬年時，都曾邀西巖至其寺說法。㉟曾自謂「與巖相知最深」，希望西巖能為他的語錄作序，沒想到西巖先他而逝，而委之以序其語錄之任。㊱所以在祭文中說「余與君之心期，非他人之所知。雖出處兮參差，唯金石兮不移。余鄧嶺兮來歸，君几峰兮致詞。相來往兮及期，君示疾兮半之。每與君兮痛時，竟寂然兮永違。」㊲顯示兩人相期平生，情堅金石的關係，及道義相合，沈痛傷時之感受。對他來說，西巖之逝，誠為叢林的一大損失，學者再無所師之人，叢林將為無道者所盤據。所以元肇要「嗟吾道兮向漓，舞鰌鱔兮唱狸」等句來感歎禪學之將迷失，而又為學子將「倚擿埴兮泣岐」，而「慘臨風兮涕洟」。㊳這種沈痛，元肇連續以數個「外學」的典故來表達。譬如，「舞鰌鱔」一句，出蘇軾祭歐陽修文所說「譬如深淵大澤，龍亡而虎逝，則變怪雜出，舞鰌鱓而號狐狸。」㊴「倚擿埴兮泣岐」一句，先用揚雄《法言》之「擿埴索塗，冥行而已」一句，再用《荀子》「楊朱泣岐」之典故，㊵顯示其學問之淵洽。尤其屢次引用蘇軾之文句，更可見他對蘇軾詩文之詳熟。又如，對洞宗的東谷妙光，元肇是在徑山從學於浙翁如琰時認識，故說「凌霄之顛，識君俊眉」。當時，東谷已在明極慧祚門下出世，並已數遷大剎，法幢六移，聲馳四海。在「中吳萬壽，居之最久，眾盈七百，法道為之一振。敕授明之育王。」㊶聲馳四海，又回徑山與元肇相見，故元肇說「我落南台，六霜復西。君振東甬，去臘來歸。相逢一笑，故吾已非。」㊷其後東谷奉特旨入靈隱，但不及一年，便病重而逝，故其友人東澗湯漢（一二〇二—一二七二）在祭文中說：「作冷泉主，曾不多日。示病已早，示滅何疾。」㊸而元肇也歎曰：「冷泉沸騰，曾未及朞。示病日深，學雲淒其。谷空月明，鶴怨猿啼。繼以訃聞，眾皆涕而。」㊹「冷泉」通常用來代指靈隱。此數語大致是說：東谷到靈隱後，靈隱馬上生氣沸騰起來，但是不到一年就病重了，而靈隱學子便感到淒涼之氣氛。在不見東谷的明月之下，只聽到猿鶴淒厲的啼叫聲。而接著就接到他的訃聞，大家都為之涕泣不已。傷感之餘，元肇回顧他與東谷之相識與相交，看著他冷落的無縫塔，巍巍高立，不禁寫道：「爐煙上浮，莫寫我悲。無縫落落，高景巍巍。瞻之仰之，斯焉取斯？」㊺末兩句先用顏淵讚歎夫子之道無窮盡、無方體所表示的「仰之彌高，鑽之彌堅，瞻之在前，忽焉在後」之語，㊻再用孔子稱宓子賤之賢，而推論魯多君子而說的「君子哉若人！魯無君子者，斯焉取斯？」㊼以此二語來讚東谷妙光，元肇那種兼容並包，廣納百川的表現，反映了南宋文學僧超脫宗派主義的精神，也反證了大慧與曹洞兩派長期互相敵對、壁壘分明的誤說。

元肇描述其叢林法友，常用「出處不侔」或「出處或殊」等詞表達兩人或際遇不等，或宗派相異。但這些因素，不但未使他們疏遠，反而更讓他們相結為至友。他在溫州江心時，與永嘉璧全叟相識。從此「二十年間，出處不侔。」㊽但是他入主平江萬壽時，璧全叟卻來「倚杖扣門」，在他面前，已經「雪霜滿頭」。璧全叟在萬壽寺留了一年，與他「情話歲周」，但因不忘東甌，思家歸去。元肇懷念此段情誼，在他去世之日，為他作祭。慨歎而呼曰：「雲乎雲乎，歸乎永休！」㊾同樣地，他在萬壽寺時，也與一怡雲結為至友。但兩人之相交，竟颯然使世人驚奇。這很顯然是因為兩人門派不同，出處相異之故，所以元肇在為他寫的祭文說：「出處或殊，情親匪異。」㊿元肇與他相交，兩人常論道，言及至理，覺得一怡雲都能窮盡妙旨，故有「君窮妙指」之語。但斯人不再，他只能以茶祭之，以「百草皆泣，空庭落花」之語表達其沈重之哀。(51)末一句似受蘇軾「把酒看飛燼，空庭落繽紛」之句的啟發，(52)顯示元肇善讀蘇軾詩文，能嘗一臠肉而知一鑊之味。這一點與他的好友藏叟善珍一樣，絕非偶然。他對叢林的深厚感情及對不同宗派法友的「情親匪異」也與善珍一樣，都是因為能以道義相切劘，而涵泳於詩禪一體的深邃無盡的變化之中。

由於寺院之得人與否關係到叢林之興衰，元肇對叢林能否舉薦人才，相當重視。他所寫之疏文，多半是為舉薦人才而作。但是他自己不會自我宣揚，以此自抬身價，所以他的作為，叢林之友都未必知道，陰獲其助而受益者雖多，也都不甚了了；只有與他深交的大觀頗有所知。大觀在他的〈祭淮海兄〉一文裏，指出了元肇對叢林舉薦人才之重視與關切。雖然是祭文，依慣例都會頌揚死者之為人，但大觀此篇不但描述了元肇的經歷，而且也特別指出元肇對規正叢林浮濫現象所作的努力，也是一篇不可輕忽的歷史文獻。其文說：

> 宗門忝綴，又屬交承，音問間或不接，安否消息未嘗不到耳也。去年春夏之交，已聞兄病，予謂病亦常事耳。繼又傳其死，殊不為然；既而信然矣。追惟疇曩，諦想出處，歷歷然也。方嘉賓間，兄起淮甸，而遊江湖，奮勇往志，振厥英華，名世賞激，叢林期望，如迦陵脫殼，其聲以壓凡羽矣。登凌霄見老淅，執對夙冤，師資分定，忽如磁石之吸針，不知其然而然也。賢牧名卿，挽之瑞世，山止時行，迫而後動；不即人而人即之，馨香名字，君相飫聞，鼎望五山，居歷其四。若夫軒豁襟懷，洞無城府；請省符以革妄庸之貨取，拔滯淹以出宗乘之爪牙，雖四方中等之剎，皆陰受其賜而不知兄之所建立也。是數者，皆足以泚今時假借名位、陰為升擠，背公死黨者之顙矣。諸老掩光之後，叢林荒寒之秋，巋然獨立，恃有兄在焉耳，而何厭世之速耶？東庵垂墜之緒，將何賴耶？訃音之來，心焉如割。陳鄭矢辭，而未能免俗者，痛宗盟之灰冷，傷人材之眇然也。㊿

以下依筆者對元肇與大觀之了解，說明此文之大意如下：我忝為臨濟宗門之一份子，又與淮海法兄交接住持之職，繼他之後掌育王寺，或許彼此間偶失音問，但他的平安或者病恙，未嘗不會傳到我的耳中。去年春夏之間，我已聽聞他生病之消息，當時認為生病不過是平常之事，沒什麼可擔心的。後來又聽傳聞說他死了，實在也不以為然，然後就不得不相信了。回顧過往的日子，再仔細想想我們的出處，好似都在眼前。在嘉定和寶祐之間，淮海兄起於淮河流域，而遊歷江湖各地，發奮實踐他的往志宿心，振發他的英才光華，使當時德業聞望名於世者如葉水心等人，都對他非常激賞，而叢林對他也期望甚高，如脫殼而出的迦陵頻伽鳥，出聲美妙如仙音，非凡鳥所能及。他登上徑山的淩霄峰去參浙翁如琰，其初與老人執語相對，如有夙冤，似無可交涉，浙翁欲使之大激發，也未容他參堂。待入室就弟子之列，忽然如針芥相投，筌蹄頓忘。賢明之州牧跟名公巨卿都邀請他入名剎任住持，而他往往是當止則止，當行則行，思而後應，迫而後動。有如精金美玉，不即人而人即之，而他的馨香之名，已為皇帝及丞相所聞。當時的五山，在叢林有九鼎之望，而淮海歷住其四，地位甚高。至於他的襟懷，那真是寬廣而開闊，坦率而真誠，一如胸無城府之人。所以他奏請朝廷下旨革除庸妄之輩的貨殖取利，拔擢沈抑於下而不得晉升者，使宗門之爪牙才俊得以出頭。雖然四方寺院，以至於中等禪剎，陰受其賜者甚多，但都不知道他暗中護持施助之力。這些作為，都足以讓那些假借名位、暗中排擠他人以利自己爬升、背棄公義為朋黨之私的人感到羞愧汗顏了。自從諸老示寂之後，叢林寂寥，但仍能在荒寒之秋日，巋然獨立，實在是因我淮海兄仍在之故，但他為何那麼快就棄世了呢？我們師祖東庵佛照之餘緒，將靠誰去延續呢？㊹他的訃音傳來之後，真是令我心如刀割。春秋時期，陳、鄭二國，直言其背盟之事，而不能免俗者，實是因為痛心其宗盟之灰冷，而憂傷人才之眇然了！如今我以翰墨矢辭，奠祭淮海法兄，也是痛心「宗盟」之冷落，而傷人才之亡失啊。㊺

大觀所說的「宗盟」，就是元肇與其宗門師友法眷所形成的叢林網絡。這個網絡，因為這些師友都先已凋零殆盡，加上元肇之去世，讓大觀有宗門灰冷，人才眇然之傷痛。但是元肇在世之時的許多作為，是他對形塑叢林「宗盟」所盡的一番心力，是大觀覺得不容忽視的，所以他在〈行狀〉裏也特別強調元肇維護「宗盟」之表現而說：

> 至宗乘損益關係事，任為己責，不憚戮力。深慨法道衰替，正因善類，湮厄沈伏，庸妄奪攘，敗壞駸駸，濫據大方；力以此弊，聞諸廟堂。厥今無問遠邇，但安眾處，皆朝省選掄，公所建請也。56

這就是大觀在祭文裏所述「請省符以革妄庸之貨取，拔滯淹以出宗乘之爪牙」一語之詳情。

總之，元肇對叢林的深厚感情，並不因為他的「出遊歸隱兩不成」而有所動搖，反而始終不變；不僅反映於他對師友之重情重義，也表現於他舉真才碩德、杜庸妄流弊，以維護宗門命脈的實際行動中。在這種歷史脈絡中，他所表現的禪文化是有相當影響力的。

【注釋】

① 元肇，〈祭大慧禪師文〉，《淮海外集》卷下，P.24b。

② 關於張浚入閩召大慧出主徑山及受紫衣師號事，見祖詠，《大慧普覺禪師年譜》（北京：北京圖書館出版社，《北京圖書館珍本年譜叢刊》第二十二冊，一九九五）P.150-151，122。

③ 同前書，P.417。

④同前書，P.435。

⑤同前書，P.436。按：大慧年譜分別稱這些人為佛照居士鄭提幹，內都知張公一之，直殿鄧伯壽，永寧郡夫人善因，王德祖醫師，榮茂實侍郎，方務德侍郎，蘇仁仲提舉，丞相張公德遠，信安郡王孟公仁仲，樞密巫公子先，陳阜卿侍郎，孫尚書仲益。其中榮茂實為榮嶷、巫子先為巫伋分別見於《夷堅支志，景志》卷四，〈榮侍郎墳〉條，P.912；《夷堅志，丁志》卷十，〈建康頭陀〉條，P.621。陳阜卿是陸游詩中所說的「天下英雄惟使君」，也是擢陸游進士第一而得罪秦檜的考官。見陸游，《劍南詩稿》（《續四部叢刊》本），卷四十，P.2ab；錢仲聯，《劍南詩稿校注》（上海：上海古籍出版社，一九八五）卷四十，P.2531。鄭提幹、張一之、鄧伯壽、王德祖，榮茂實及永寧郡夫人之生平皆不詳，但後者為曹氏善因，見《大慧普覺禪師語錄》卷二二，P.1998a。

⑥按：「龍龕」是「嵌佛像之石室或神櫝」。「五子五孫」似乎是韓非所謂：「今人有五子不為多，子又有五子，大父未死而有二十五孫，是以人民眾而貨財寡……。」應指大慧之徒子徒孫眾多之意，而非只有五子五孫而已。見《韓非子》（上海：商務印書館，《四部叢刊初編》本，一九三六）卷十九，〈五蠹〉卷四十九，P.1b。

⑦元肇，〈寄佛照禪師文〉，《淮海外集》卷下，P.25a。按：「難提」或稱「卵塔」，是梵語「塔婆」或「窣堵波」（stupa）之意。在中國，即是佛塔之意。參看《祖庭事苑》（臺北：新文豐出版公司，《卍續藏經》第一一三冊，一九七五）卷一，P.22b。

⑧周必大，〈圜鑑塔銘〉，《文忠集》（臺北：臺灣商務印書館，影印文淵閣《四庫全書》本，一九八三—一九八六）卷八十，P.16a。按：「遣中使賜金」一語，原缺「金」字。

⑨見〈佛照禪師奏對錄〉，《古尊宿語錄》（北京：中華書局點校本，一九九四）卷四十八，P.970。

⑩元肇，〈祭佛心禪師文〉，《淮海外集》卷下，P.25ab。按：「陟彼屺兮」是登高而望之意，出《詩經・國風・魏風》〈陟岵〉篇之「陟彼屺兮，瞻望母兮」一句。見 http://ctext.org/text.pl? node=14886&if=gb（accessed 9/17/2010）

⑪ 洪咨夔，〈佛心禪師塔銘〉，《平齋文集》（上海：商務印書館，《四部叢刊續編》本，一九三四）卷三一，P.14a-16a。

⑫ 見趙若琚，〈徑山癡絕禪師行狀〉，《癡絕和尚語錄》卷下，P.565b。有關癡絕道沖在南宋禪文化所扮演之角色，見附錄二〈癡絕道沖禪師與南宋的禪文化〉一文。

⑬ 按：「彌綸」有綜括、該備、融通之意，唐・劉知幾《史通》（上海：商務印書館，《四部叢刊初編》本，一九三六）〈覈才〉篇云：「向之數子所撰者，蓋不過偏記、雜說、小卷、短書而已，猶且乖濫踳駁，一至於斯，而況責之以刊勒一家，彌綸一代，使其始末圓備，表裏無咎，蓋亦難矣！」

⑭ 見洪咨夔，〈佛心禪師塔銘〉，《平齋文集》（上海：商務印書館，《四部叢刊續編》本，一九三四）卷三一，P.14a-16a；明・宋奎光，《徑山志》（臺北：宗青圖書出版公司，《中國佛寺志彙刊》第一輯第三十一冊，一九九四）卷二，P.178-179。又天童北山有水，「會西澗之流同趨天童溪而歸於清水潭者，曰東澗。」見《徑山志》卷一，P.54。

⑮ 元肇，〈祭佛心禪師文—又（育王）〉，《淮海外集》卷下，P.25b。

⑯ 元肇，〈祭佛心禪師文—又（徑山）〉，《淮海外集》卷下，P.25b-26a。

⑰ 元肇，〈天童弁山和尚見招〉，《淮海肇和尚語錄》，P.31b-32a。

⑱ 元肇，〈赴清涼途中回金山弁山先狀〉，《淮海外集》卷上，P.31b-32a。

⑲ 《淮海肇和尚語錄》，P.358a。按：原文作「蒚月」，但蒚字不見於辭書，疑應為靄。又「木人」，原文作「本人」，疑誤，理由見下。

⑳ 按：自洞山良价《寶鏡三昧歌》中「木人方歌，石女起舞」一句出現以來，禪宗「石女」與「木人」之歌舞或其他活動，表達情識之超越常理。例如圓悟克勤之「木人把板雲中拍，石女含笙井底吹」；宏智正覺之「木人招手，石女點頭」、「石女機停兮夜色向午，木人路轉兮月影移央」、「石女掣開金鎖鑰，木人撥動玉輪機」、「木人嶺上歌，石

女溪邊舞」、「木人密運化機，絲毫不爽。石女全提空印，文彩未彰」、「石女夜半穿靴去，石女天明戴帽歸」、「木人功盡，低頭夜半拾金針；石女機回，出手天明穿玉線」、「木人招手春風暖，石女搖頭夜氣清」、「木人顧影當明去，石女批雲半夜來」等。以上分別見《筠州洞山悟本禪師語錄》（臺北：新文豐出版公司，《大正藏》第四十七冊，一九八三）卷一，P.515b；《圓悟佛果禪師語錄》（臺北：新文豐出版公司，《大正藏》第四十七冊，一九八三）卷二，P.722a；《宏智禪師廣錄》（臺北：新文豐出版公司，《大正藏》第四十八冊，一九八三）卷一，P.7a；卷二，P.24b；卷四，P.38b、39c、43b；卷五，P.69b、72a；卷七，P.83b；卷八，P.85b。

㉑ 元肇，〈祭天童弁山禪師文〉，《淮海外集》卷下，P.27a。

㉒ 見《毛詩注疏》（臺北：臺灣商務印書館，影印文淵閣《四庫全書》本，一九八三—一九八六）卷十六，P.21ab。

㉓ 杜甫，〈第五弟豐獨在江左近三四載，寂無消息，覓使寄此二首〉，《杜詩詳註》卷十七，P.1479。

㉔ 唐．孟浩然，〈入峽寄弟〉，《全唐詩》159卷，P.1618。原詩句為：「浦上思歸戀，舟中失夢魂。淚沾明月峽，心斷鶺鴒原。」

㉕ 元肇，〈祭芝巖禪師文〉，《淮海外集》卷下，P.28a。

㉖ 按：萬壽亦可指徑山興聖萬壽禪寺，但是元肇語錄顯示他接到天童弁山和尚遺書時正在平江萬壽報恩光孝禪寺。見《淮海肇和尚語錄》，P.358a。

㉗ 參看《禮記》，〈檀弓上〉：「朋友之墓，有宿草而不哭焉。」孔穎達疏云：「宿草，陳根也。草經一年則根陳也。朋友相為哭一期，草根陳乃不哭也。」可見「宿草」為隔年之草。

㉘ 按：大川普濟卒於一二五三年，如「宿草」確指隔年之草，則弁山了阡卒於一二五二年。元肇從一二五一年入萬壽，一二五八年離萬壽至永嘉，約在萬壽八年。

㉙ 元肇，〈祭仰山無鏡禪師文〉，《淮海外集》卷下，P.26b-27a。按：此「無鏡禪師」，原作「無境禪師」，依抄本改。

他應該是浙翁法兄無際了派下的弟子無鏡徹。見《禪燈世譜》（臺北：新文豐出版公司，《卍續藏經》第一四七冊，一九七五）卷五，P.588a。

㉚ 元肇，〈祭西江禪師文〉及〈祭東谷禪師文〉，《淮海外集》卷下，P.28b-29a、27b-28a。按：西江廣謀，嗣華藏淳（純）庵善淨，生平事迹不詳。筆者根據〈祭西江禪師文〉中之「兩家兒孫，頡頏徧地。中更有聞，此菴佛智。水息淳菴，如器傳器。流至西江，波瀾振起」等句，考出祭文之受奠者是西江廣謀。東谷妙光或稱東谷明光，嗣明極慧祚。曾住嘉禾本覺寺，蘇州靈巖寺，常州華藏寺，平江萬壽寺，明州育王寺及杭州靈隱寺，故元肇〈祭東谷禪師文〉說他「法幢六移」。又因他是宏智正覺後三世的嗣法弟子，故說他是「洞上一脈」，又說「隰州有師，道齊大白」、「三世百年，東谷傳之」。

㉛ 元肇，〈祭俻西堂文〉，〈祭千壽之文〉及〈祭珍都寺文〉，《淮海外集》卷下，P.29b-30a、31ab、31b。

㉜ 元肇，〈祭璧全叟文〉及〈祭一怡雲文〉，《淮海外集》卷下，P.30b-31a。

㉝ 元肇，〈祭仰山無鏡禪師文〉《淮海外集》卷下，P.26b-27a。本段以下引文皆出此祭文。

㉞ 按：天台萬年報恩寺建於唐太和七年（833），會昌中廢。大中六年（852）號鎮國平田。五代及宋屢改寺名，稱福田、壽昌、天寧萬年、報恩廣孝、報恩光孝，又改回萬年。見清・張聯元（一六九一進士）輯《天台山全志》（浙江：楚郢張氏刻本，一七一七）卷六，P.9ab。元肇說「洊乎平田」就是來到平田寺之後，也就是萬年寺。

㉟ 《淮海元肇禪師語錄》P.352a，P.356b。西巖是從徑山來訪平江萬壽，及從雁山能仁來訪台州萬年的。

㊱ 元肇，〈跋西巖語錄〉，《淮海外集》卷下，P.19ab。

㊲ 元肇，〈祭西巖禪師文〉，《淮海外集》卷下，P.28ab。

㊳ 同前註。

㊴ 蘇軾，〈祭歐陽文忠公文〉，《蘇軾文集》卷六三，P.1937。按：「鰌鱔」或作「鰌鱓」。元肇之「舞鰌鱔兮唱狸」一

句，似本於東坡此句。

㊵揚雄，《揚子法言》（上海：商務印書館，《四部叢刊初編》本，一九三六）卷三，P.2b。「楊朱泣岐」楊朱哭衢塗曰：「此夫過舉，蹞步而覺跌千里者夫。哀哭之。」見《荀子》卷七，P.13b。按：《淮南子》曰：「楊子見岐路而哭之，為其可以南可以北。」見徐子光，《蒙求集注》卷上，P.18a。

㊶《增集續傳燈錄》卷六，P.910a。

㊷元肇，〈祭東谷禪師文〉，《淮海外集》卷下，P.27b-28a。

㊸《枯崖和尚漫錄》卷下，P.181b。湯漢是鄱陽三先生湯千（一一七二—一二二六）、湯巾（一二二四進士）和湯中（一二二六進士）之幼弟，是無文道璨之好友。參看筆者《無文印的迷思與解讀》（臺北：臺灣商務印書館，二〇一〇）第一章。

㊹元肇，〈祭東谷禪師文〉，《淮海外集》卷下，P.27b-28a。

㊺同前註。

㊻《論語》（臺北：世界書局，《四書集注》本，一九六〇）卷五，〈子罕篇〉，P.57。

㊼同前書，卷三，P.25。

㊽元肇，〈祭璧全叟文〉，《淮海外集》卷下，P.30b。

㊾同前註。

㊿元肇，〈祭一怡雲文〉，《淮海外集》卷下，P.30b-31a。

(51)同前註。

(52)《東坡全集》（臺北：臺灣商務印書館，影印文淵閣《四庫全書》本，一九八三—一九八六）卷十，P.23a。

(53)大觀，〈祭淮海兄〉，《物初賸語》卷二三，P.6ab。

54 按：「東庵」應是指佛照德光，蓋德光請老育王後，創數椽以自處，自號東庵，掩關自娛，接人不倦，時許衲子入室，故叢林又稱之為東庵佛照。見《佛祖歷代通載》卷二十，P.694c-695a；《枯崖漫錄》卷中，P.160b。北磵居簡在淨慈時，曾祝香頌云：「此一瓣香，奉為三奉詔旨，五宿觀堂，走殺天下衲僧，前住徑山，投老鄮峰東庵先師和尚，無恩可報，無讎可雪，將此身心奉塵剎。」見《北磵居簡禪師語錄》P.145b。

55 按：大觀用「陳鄭矢辭」等語，不詳其意何在？筆者所作解釋，恐有疑義。茲考《左傳》有載楚莊王威服陳、鄭二國而使之成為盟國之故事。「痛宗盟之灰冷」一語，疑是指陳、鄭二國處於晉、楚之間，與兩國屢次合盟，又屢次背盟，皆因為盟約不可靠，必須權衡現實利害，倚強國自保。大觀之「不能免俗」是否指此？若大觀果用此故事來與其寫文奠祭元肇作類比，雖有點牽強，但他的重點實在末兩句「痛宗盟之灰冷，傷人材之眇然。」

56 大觀，〈淮海禪師行狀〉，《物初賸語》卷二四，P.20b。

八、結語：道義遍人間

本書就元肇之詩文來觀察他眼中世間的事事物物，包括他對自然及人文種種現象所表現的充沛感情，證明他在南宋禪文化之變遷上扮演了相當突出的角色。他與禪友們熱絡的情感自不在話下，但與文士的情義深重及生死之交則往往令人歎為觀止。這些文士，不乏官卑職小，廁身下僚而名不見於史書者。但元肇與他們意氣相投，不拘儒釋，偲切之誠，情義之重，往往十數年而不易。他與方萬里、上官渙酉及印應雷、印應飛兄弟，及陸師雲等人真是友朋合治、麗澤相滋。其金蘭之摯，忘形之契，即使在儒門之中，亦難得一見。茲再舉他與友人高容（生卒年不詳）的相交為例，進一步說明。

高容即是元肇詩集裏〈高輂院〉一詩的主人翁。高輂院生平事跡不詳，但根據〈淮海禪師行狀〉，他名叫高容，住在吳門。元肇於天台萬年居住六年，退院之後進入吳門，高容以庵延之。〈高輂院〉一詩即是描述高容及其晚年情景，並表達元肇在其棄世後的心情。其詩首數句曰：「人生七十古難過，賢德如公未足多。晚歲傷心非故土，東洲有淚是恩波。青松護壠雲成蓋，白玉遺箴世不磨。湖海舊遊終踐約，夕陽來此掛煙蓑。」①從「青松護壠」之句可以看出此詩是在高輂院死後所作。元肇後來在〈祭高輂院文〉說：「我與公之鄉契，義不形於儒釋」，大意是：我跟高公為同鄉里之好友，交誼情義之重，消弭了我們儒釋信仰之不同。②可見高容應該是元肇的同鄉，兩人雖一儒一釋，但彼此間無町畦。祭文又說高輂院之為人「性純粹而中和，氣剛大而正直。能潤屋而克家，尤好禮而好德。惟存誠而濟物，急飢渴如焚溺。積厚愛於鄉閭，凡家感而戶激。」是位典型的儒門賢士、厚德君子。③故詩之第二句說：「賢德如公未足多」，表示像高公那麼賢德的人，怎麼讚美都是不夠的。祭文還說高容「受天爵之既高，漫乘田而委職。年方逾於縱心，疾一至於此革。在哲人之云亡，孰不為之痛惜！」④可見他是剛過七十歲致仕，但不久即生病而亡。此是詩首句「人生七十古難過」之本意。「晚歲」及「東洲」兩句，大概是說高肇院晚年對通州之被蒙古兵所陷而興起的感慨。⑤元肇自己有〈哀通城〉一詩也表示同樣的感慨，詩曰：「聞道通城破，傷心不可論。隔江三日火，故里幾人存？哭透青天裂，冤銜白晝昏。時逢過來者，恐是夢中魂。」⑥他對故鄉的淪陷深致悲慟之意，自然很能理解高肇院那種傷故土之失，而懷念前人恩澤之心情。「白玉遺箴」一句應該是指高肇院墓碑上的箴訓，因鐫刻在白玉石上，故永世不磨，與「護壟」上如蓋之雲的青松恰成對照。詩之最後兩句，表達他是高肇院的「湖海舊遊」，如今終於實踐諾言來赴約相見，就在夕陽西下時，在此墳壟旁的青松上，懸掛他的蓑衣斗笠啊！其詩情真意悃，表現了延陵季子掛劍之義，讀之令人感動。

對元肇來說，「人無尊卑，一律平等」本不是什麼大道理，而是身為禪佛之徒應有的認識。但階層分明的寺院往往因為禪僧職務級職之高低，強調尊卑之不同，漠視平等之需要。大寺院之住持因為能結識公卿、聲動叢林，不免高視闊行，目中無人。要存平等之心，以真感情來對待其僚屬者，恐怕難得一見。元肇固然懷念他的同門師兄弟，甚至他宗法友，但並不是因為他們擁有五山十剎禪僧的身分與地位，而是因為元肇與他們之間以道義相合，或以詩文相屬，不以身分、地位或宗門為町畦之故。對同門或異宗的法門兄弟如此，對禪院的僧眾又何嘗有別？何以知之？

我們可以從他寫給若干名不見傳及「佚名僧」的詩看出。容再舉一例補充說明。他的〈送僧遊岳〉一首，是送一位年輕的禪客溯江西上至「岳」而作。儘管客雖年輕，元肇仍以「上人」稱之，表示敬其智德兼備也。其詩云：「上人年少易拋鄉，湖海茫茫道路長。憑內州軍莫遊盡，雁飛不肯過衡陽。」⑦大意是說：你小兄弟雖然因為年輕無甚牽掛，拋鄉離井視為易事。但學道甚難，須知「湖海茫茫道路長」的不易。到了岳陽州軍之後，切莫遊盡山川；應像北雁飛至衡陽而止一樣。此詩題之「岳」當指岳州，屬荊湖北路，領岳陽郡，宋置岳陽軍節度。其地「左洞庭，右彭蠡。背衡嶽，面重湖。北通巫峽，湘水環其左，兼有江湖之勝。」而岳陽樓座落於范仲淹所說的「浩浩蕩蕩，橫無際涯；朝輝夕陰，氣象萬千」之氛圍中，更加引人入勝。⑧元肇並未遊過湖南，卻知岳陽山川湖海之壯闊，故於詩中示警，指出他雖離家易，但學道難，湖海茫茫，何時可成其志？當學迴雁峰上之雁，止於其可止，而勿忘歸鄉。⑨

同樣地，我們也可以從他為他的賓客、寺僧所寫的祭文看出一二。如同他為法友所寫之祭文一樣，這些為賓客、下僚所寫的文字，也表現了相當真切而誠懇的情感，顯示對待賓客及下屬的一貫平等態度。譬如，他與佖西堂，本即有「生同閭里」之關係；兩人雖然出處相異，分離也久，但元肇對他深感「情同相與」。⑩故他至吳之後，佖西堂來依，七年之間，元肇雖有意助這位鄉友，但因為「叢薄難陰，力輶鮮舉」，也就是個人勢單力薄，幫不了大忙，只能安置他於寺之西堂。⑪雖然佖西堂不以為意，但元肇卻覺得汗顏。可喜的是，佖西堂雖長期生病，但卻不藥而癒，兩人也能經常晤面，而佖西堂總是笑言晤面時間太遲。詎料一日午前，遽然云逝，了卻諸相，真如遊戲。元肇回首鄉關，知通州已變成蓁莽荒穢之地，在蒙古兵圍城之下，只聞楚音了。像他這樣遠離家鄉，流落外地，竟有「見似人者而喜」之感覺，實祭文中「似人而喜」之意。⑫伮西堂之死對元肇來說，那種「垂老喪朋，餘君者幾」的沈痛更深，怎能不教他「相對爐熏，有淚如洒」，對著爐香而痛哭呢！又如，某千壽和尚，由他寺來歸萬壽，元肇心存感激而云：「萬壽來歸，一枝相待。爐火再開，雨床夜對。」⑬由於他之來歸，帶來自己之積蓄，而能空諸所有，救濟其寺，使之免除眾丁之債。不料他一疾不起，無聲而終，雖然已經是「踰七望八，年孰非邁」之齡，但元肇認為在歲晚天寒、叢林疾苦之日，「失此老成，懵懞何賴？」⑭當然這不僅僅是就寺院財政無可依賴之觀點言其去世，而且也是就其人道義之足為式範，而表達失去其友的遺憾。所以元肇要說：「噫我與君，出相行輩。枌義情深，非同交態。顧影殘陽，曷勝感慨。矢祭以文，對君猶在」之語了。其言下之意不外是：我與千壽，行輩相當，有同里之義，有深厚之情，豈與一般人情世態相同？我回顧自己老邁如殘陽之身，真是不勝感慨啊！寫此文祭之，就像面對著我的老友一樣。這種慨歎之語，真情盡現，豈不是反映了太史公以「一死一生，乃知交情；一貧一富，乃知交態；一貴一賤，交情乃見」所形容的世道呢！⑮

元肇懷念千壽，特別強調他不計個人利益，而「空諸所有」，獻身佛道的氣概與人格。這些人或許身分稍卑，但人格卻崇高而值得敬重。他的另一友人萬壽寺僧珍都寺也是此類人物。珍都寺身為「都寺」，有總寺院庶務及總諸監寺之任，有時還兼首座書記之職，地位重要，但畢竟還是方丈之下屬。⑯但對元肇而言，珍都寺任萬壽寺都寺四十年，「婁荷重務。小大由之，戮力不為不多矣。」⑰但他死前也「猶能空諸所有，立局垂後，為眾事無窮之利也。」⑱元肇原其用心，認為他「一毫不妄取與，履踐明白，平生可知矣。」⑲所以他酹茗致祭，「豈特為一死生為痛，而典型之不存可痛也！」⑳

這種對友情、道義、人格等「俗諦」之重視，頗別於一般僧徒高唱幻空寂滅的「聖諦」之忘情姿態。對元肇來說，友情、道義、人格是為人最基本的條件，是他最珍視而不變之原則。他重視這種「俗諦」之態度，也可以從他與師兄大川普濟的對話看出一二。當大川由慶元府寶陀觀音禪寺入慶元府岳林大中禪寺後，整修該寺被雷電轟毀之崇寧閣，覺得閣毀之時僧眾所睹的瑞相，須有元肇之大手筆為之記，但元肇卻質之曰：「謹災略異，春秋所嚴。申告戒示，儆厲至矣，正大吾教也。今誕幻之傳，宗已職也。今忉利之糅，真華俗可夸後乎？」㉑這是說《春秋》對「災」的記載甚為謹慎，而對「異」的現象則略而不詳，其態度是相當嚴謹的。雷電毀寺之類的告戒警惕作用甚深，正可藉此光大佛教。現在有這些誕幻之故事，就應以荒誕視之，才是任事者之職，而如今卻雜以忉利天的庇佑來傳之，這難道是世俗可以誇示後人之事嗎？沒想到大川答覆他說：「蓋聞國土豈不遐也，或移諸座次；世界豈不廣也，或摶諸掌中。實淵夷竣於定瞬，倏殿忽倉於無窮。內典照不可誣，子何法之世耶？嗟夫有時，奢則盡大地無安立處，儉則一莖艸成釋梵宮。顧吾用之耳，子何惑之偏耶？」㉒這句話之大意應該是說：國土難道不遠嗎，但它座落之處是會移動的。世界難道不廣大嗎？但卻可聚於手掌之中。深淵可在一瞬間被填完，而堂殿也會在倏忽中回歸於無盡之蒼穹。內典裏此類記載甚多，是不能厚誣的。你怎麼會取法世俗之見呢？如果奢華的話，大地就無可安身立命之處。若是節儉的話，那麼一莖草都可用來蓋個寺院。我不過是用這一莖草的方式修成崇寧閣，你又為何有那麼偏倚的疑惑呢？元肇聽了只好說：「然，可記也。若定應出現，歷代與修，傳在僧史，碑在山中。」㉓意思是說：好吧，我就記錄這些瑞相吧。至於它所出現的一些兆應之事及歷代相關的興修，僧史中有傳，岳林山中也有碑文可以稽考。這幾句話似有勉強同意記錄大川所說的「闍瑞」，但仍維持其基本的儒家理性思維。他首先引《春秋》「謹災略異」之義例來質疑大川，毋怪大川說他「何法之世」，又說他「何惑之偏」。值得注意的是，元肇似為第一位用「謹災略異」一詞來形容《春秋》記災異之原則。雖然自北宋以來，論《春秋》者甚多，言《春秋》所記災異並質疑、討論災異記載因何有詳略不同者亦不乏其人，但並未有直言「謹災略異」者。雖然他這種觀點是否正確，或可質辯，但也反映若干北宋學者之看法。譬如，北宋《春秋》學者孫復（九九二—一〇五七）曾說：「春秋之世多災異者，聖王不作故也。然自隱迄哀，聖王不作者久矣，天下之災異多矣，悉書之則不可勝其所書矣。是故孔子惟日食與內災則詳而書之，外災則或舉其一，或舉于齊鄭宋衛，則天下之異，從可見矣。」㉔他又以「內災」及「外災」或「大災」及「小災」之說，來分「災」與「異」，而在「秋，宋大水」一語下注云：「水不潤，下也。春秋之世，災異多矣，不可悉書。故外災或舉其一或舉其二以見天下之異也。」又在「仲孫蔑如宋。夏，叔孫僑如會晉荀首于穀。梁山崩」一句下注云：「梁山崩，其辭略者比沙鹿之異小也。春秋災異小者略，大者詳。僖十四年秋八月辛卯沙鹿崩是也。」㉕北宋另一《春秋》學者蕭楚（一〇六四—一一三〇）也說：「聖人于春秋紀災異，紀災重其及害于民，示後世之憂民也。紀異著人道失政而兆禍亂，所以警訓于世。非是二者，不登于冊。」㉖這些見解與元肇之見相合，也可以見元肇對《春秋》有相當深之認識，理解他以世法來質疑大川之緣由了。

再看元肇與庸粵臺（？—一二四八）之論交，也可以略窺元肇重視「俗諦」之心境。庸粵臺又稱庸越臺、庸法界，是元肇〈庸上人粵臺序〉一文的書寫對象。有關他的生平事迹，筆者曾根據無文道璨所留下的幾篇文字略有描述，大致說他是妙峰之善（一一五一—一二三五）法嗣，佛照德光法孫，與元肇之友東叟仲穎、藏叟善珍為同門師兄弟，為無文道璨之至交。道璨稱他「詩富如錦，不療其窮」，㉗約略可知他是位窮詩僧。道璨在描述他身世時又說「越臺隸南海，趙佗僭帝時築也。庸法界因家於其下，故號焉。」㉘可見他出身南海，為嶺南人。他的「庸法界」之號，應是在淳祐七年（一二四七）奉詔入紹興法界寺任住持後而得。㉙他入法界寺的江湖勸請疏是道璨所撰，疏中說：「五千里來自南海，瘴雨蠻煙，老其氣骨；二十年薄遊浙右，菱歌漁唱，換卻鄉音。」㉚這是說他是從「五千里」以外的南海粵臺來浙右，而在浙右期間漫遊二十年才入法界寺的。觀道璨對庸粵臺之描述，可以了解元肇為何在〈庸上人粵臺序〉一文要略述番禺粵臺的歷史背景。他所說的「番禺粵臺，秦末趙佗自真定走南海，初行任囂尉事，曰：尉佗，漢因立之。居亡何，稱制侔漢，因文帝書，去僭稱臣」等語，㉛顯示他至少曾涉獵《史記》或《漢書》，因為只有此二史書對南越趙佗之自立稱王及對漢稱臣略有記載。㉜

元肇之序對庸上人之出身及道號，有一番解釋，頗有鼓舞惕厲之意。他說趙佗「有國日久，遺跡頗多，[粵]臺特一也。」而「庸上人秀其土，挺挺不塵。發軔之初，梯空一覽，而海雲茫若，已慊然小魯。今超方邁遠，登泰山不知其幾。區區以越臺自稱，何耶?」㉝他表示，早年的庸粵臺就像善財童子於經歷煙水百城，參五十三位善知識後，「入樓閣中，頓亡所證」，這實是因為他「未發蒙」之故。元肇呼籲其友人「為我粵臺吟」，那麼庸粵臺定有發蒙之日。他所說的「當有鏗爾舍瑟而作者」，是《論語》記曾點「鼓瑟希，鏗爾，舍瑟而作」，答孔子「各言其志」之問所表現的胸次攸然、見道之徹。㉞以此來企盼庸粵臺之能造曾點之域，豈不是對庸粵臺極大的鼓勵？而他先用禪宗之典故，後用儒書之喻指來表達他對庸粵臺發蒙漸進之期待，更可見他會通儒釋宗旨的心得了。

前數章特別指出元肇兼長詩文，故常能以其詩之長與文士及各方禪侶結為至友。他的詩受重視，除了葉適的「剪裁煙雲字字工」之贊語外，還有許多與他唱和的文士作證，還可以從後人為他〈大夫去作棟梁材〉及〈惜松〉兩詩的「歷史脈絡化」（historical contextualization）之做法看出大概。㉟同樣地，他的四六文及古文的造詣也相當高，而能以其四六之長來撰寫榜疏、序跋、和祭文，以古文之長來寫寺記之類的文字，以表達他對叢林多方面的關注，同時表彰為寺院各種設施出錢出力的檀越、居士、地方官及領寺之住持等人之善舉。這些人中間，當也不乏元肇的好友。上文所說的〈神正崇寧閣記〉，是有關其法兄大川普濟修建奉化岳林寺崇寧閣的記錄，讚揚他在維繫先人績業所做之努力。〈嘉興府澱山普光王禪寺免丁田記〉是有關平江萬壽寺僧永壽入嘉興澱山普光王禪寺置田之記錄，表揚永壽先後在萬壽寺及普光王禪寺擴建寺院之經理才幹。此處再舉一例說明他用記文表彰好友之做法。〈洞庭上方遷院置田記〉一篇，表彰的是蘇州洞庭上方寺的無證修禪師。無證修禪師是或庵師體（一一〇八—一一七九）禪師之法嗣，屬圓悟克勤之下育王端裕（一〇八五—一一五〇）法系，較元肇長一輩。㊱不過他生平事跡不詳，僅知曾先在蘇州傳法，領萬壽寺一段時間。平江萬壽寺是南宋十剎之一，他能入主該寺，在叢林應該有相當分量。㊲乾道、淳熙間，他曾出主洞庭上方寺，將唐僧道徹於會昌六年所建之寺，重加修葺。嘉泰、開禧之間（一二〇五—一二〇六），他再主萬壽寺，一時「衲子歸心，信風傾向」，可見相當成功。㊳元肇之疏文略謂曇秀上人繼他之後，在上方寺大建樓閣於門庭，並奉血書《華嚴經》，使寺名由此而著稱。雖然如此，無證修覺得無恆產不能久安，遂捐出他囊中所存之錢千緡，屬其徒名元素者，為之置田二百畝，並以之收兩倍之租斛，使得香積既充，雲行水正。他覺得元素之置田，使上方寺得以「永香火於深雲，傳鼓鐘於下界」，深為不易，遂請元肇作記敘其經過，並謂：「上方營二頃之田，存千指之眾。安居而暇食，五觀之餘，罔或逸豫。盍思所以淑民者，而去所以病民者，則素之心可鑒也。」㊴元肇與他曾作洞庭西山之遊，尋吳縣香山之題墨，訪用里先生之遺蹤，至於「穿幽透深，窮高極遠」，㊵可謂交情不比尋常。他為上方院之置田作記，當也是感於無證修之語及其徒元素置田之用心。元肇用古文所寫之記，較詩及疏文較少，但其重視朋友間之情義，及待人處事不計身分貴賤的態度是始終一貫的。

回顧元肇與文士及叢林之友所建立的情誼，就像他的詩文與禪一樣，都是身心俱遊方外與方內的結果。他雖有志學寒山、拾得深隱於天台，但傳宗濟世、紹繼祖師的懷抱是相當堅持的，也是因為這種堅持，他對叢林之漸成「名利之場」也憂心忡忡。在〈跋公舉省劄〉一文，他感慨地說道：「百丈以前，無住持事，學者從師於空閑寂寞之濱。自掛名官府之後，非公驗不可。禪剎徧海內，除五山被旨董寺，其餘皆郡帖漕文而置之。時世澆下，公私交錯，臧否糅淆，醫卜伎藝，靡所不有。夤緣請託，甚至貨居，遂使叢林為名利之場，衲子無放包之地。法王寶印，銷蝕殆盡，良可慨歎。」㊶由於叢林有「夤緣請託」之習，出現了許多假禪師，霸占州郡寺院，使不少德高行正而負真才實學之衲子無放包下笠，掛褡據室之地，元肇的好幾位禪友，就是這種「邪師」充斥之禪林的犧牲品，怎不叫他扼腕不止呢！

元肇的「靜倚晴窗笑此生，出遊歸隱兩無成」或許是自嘲之語，但表達了他人生歷程的抉擇，也道盡了這歷程中的詩禪世界。但是他的世界是一個充滿人間情義而真誠有所不為的清淨世界，而不是一個夤緣取巧、欺世盜名的世界。

【注釋】

①元肇，〈高輦院〉，《淮海挐音》卷下，P.21b-22a。按：「輦院」是「御輦院」的簡稱，掌供奉皇帝所用步輦及後宮乘車，品位甚卑。見《宋代官制辭典》，P.316。

②元肇，〈祭高輦院文〉，《淮海外集》卷下，P.23ab。

③同前註。

④同前註。按：「縱心」一語實出《論語》，〈為政〉第四，「七十而從心所欲不踰矩」。依錢賓四先生之《論語新解》，「從心」或讀「縱心」，放任之意也。見錢穆，《論語新解》（楊紀光依東大版校補，二〇〇四）P.32-38。http://fliiby.com/file/152638/ik2o17kblm.html, accessed 8/4/2010。又柳宗元有「孔子七十而縱心，彼其縱之也，度不踰矩而後縱之」之辯，可見柳宗元讀此句為「七十而縱心所欲不踰矩」。見柳宗元，〈與楊誨之第二書〉，《柳河東集》（臺北：河洛圖書公司，一九七四）卷三三，P.528。

⑤「東洲」應是通州的俗稱。元肇有詩〈海門古城〉一詩說：「昔聞天祚際，城此鎮東洲」，即是以東洲代通州。詩見元肇，〈海門古城〉，《淮海挐音》卷上，P.3b。按：理宗淳祐二年冬十月乙丑，元兵陷通州。見《宋史》卷四二，〈理宗本紀〉，P.824；《萬曆通州志》卷一，P.30ab；又，一說「淳祐元年秋七月蒙古軍渡淮入揚、滁、和州，冬十月甲寅陷通州。」疑誤。見《江南通志》卷一九九，P.43。

⑥元肇，〈哀通城〉，《淮海挐音》卷上，P.11b-12a。

⑦元肇，〈送僧遊岳〉，《淮海挐音》卷下，P.25ab。

⑧歐陽忞，《輿地廣記》卷二八，P.806。《方輿勝覽》卷二九，P.510-514，引范仲淹之〈岳陽樓記〉。

⑨按：元肇之「雁飛不肯過衡陽」一句，本於「雁止衡陽」之傳說，亦即「迴雁峰」之傳說。「迴雁峰」在衡陽城南里許，相傳雁不度衡陽。然衡陽之南亦有雁，但過此則漸稀耳。或曰，其峰勢如雁翼之回。

⑩元肇，〈祭佖西堂文〉，《淮海外集》卷下，P.29b-30a。

⑪按：「西堂」一般為安置他山退院而來之僧侶所住之堂，又稱西菴。佖西堂之稱，可能是因此而來。參看無著道忠，《禪林象器箋》卷五，P.207。

⑫「似人而喜」一句，語出《莊子》，〈徐無鬼篇〉：「子不聞夫越之流人乎。去國數日，見其所知而喜。去國旬月，見所嘗見於國中者喜。及期年也，見似人者而喜矣。不亦去人滋久，思人滋深乎?」見郭象，《莊子注》卷八，〈雜篇庚桑楚第二十三〉，P.15a。

⑬元肇，〈祭千壽之文〉，《淮海外集》卷下，P.31ab。

⑭同前註。

⑮按：「一死一生，乃知交情；一貧一富，乃知交態；一貴一賤，交情乃見」一語，見《史記》卷一二〇，〈汲鄭列傳〉，P.3114。

⑯參看無著道忠，《禪林象器箋》卷七，P.276-277。

⑰元肇，〈祭珍都寺文〉，《淮海外集》卷下，P.31b。

⑱同前註。

⑲同前註。

⑳同前註。

㉑ 元肇，〈神正崇寧閣記〉，《淮海外集》卷下，P.1a-2a。

㉒ 同前註。

㉓ 同前註。

㉔ 孫復，《春秋尊王發微》（臺北：臺灣商務印書館，影印文淵閣《四庫全書》本，一九八三－一九八六）卷二，P.2a。

㉕ 同前書，卷三，P.11b。卷八，P.5a。

㉖ 見宋．蕭楚，《春秋辨疑》（臺北：臺灣商務印書館，影印文淵閣《四庫全書》本，一九八三－一九八六）卷二，P.30a。

㉗ 見筆者《無文印的迷思與解讀》（臺北：臺灣商務印書館，二〇一〇），P.198-199。其卒年是根據道璨的〈祭庸粵臺、康南翁〉一文所謂「前法界堂上越臺和尚，淳祐戊申冬歿於四明」而得。

㉘ 道璨，〈越臺銘并序〉，《無文印》卷六，P.6b-7a。

㉙ 〈越臺銘并序〉說：「丁未春，法界東征」，此即是指他入紹興法界寺之年，而以「法界」稱之。

㉚ 道璨，〈江湖勸請庸越臺住紹興府法界寺〉，《無文印》卷十一，P.2b。

㉛ 元肇，〈庸上人粵臺序〉，《淮海外集》卷上，P.32ab。

㉜ 見《史記》卷一一三，〈南越列傳〉P.2967-2969。又，《漢書》卷九五，〈西南夷兩粵朝鮮傳〉P.3847-3851。按：元肇雖熟悉南越趙佗僭號稱帝事，但「去僭」之說，似為有名無實。《史記》及《漢書》只錄趙佗對漢使臣陸賈宣稱「改號不敢為帝」，且稱臣遣使入朝請，但實際上在其國內，仍竊號如故。

㉝ 元肇，〈庸上人粵臺序〉，《淮海外集》卷上，P.32ab。

㉞ 見《論語》卷十一，〈先進第11〉，P.76。

㉟ 見本書附錄一〈「大夫去作棟梁材」之作者與史彌遠伐松辨〉。

㊱有關或庵師體，見《嘉泰普燈錄》卷二十，P.285a-286a。

㊲陳貴謙，〈月林觀禪師塔銘〉，《月林師觀禪師語錄》卷一，P.483a；元肇，〈洞庭上方遷院置田記〉，《淮海外集》卷下，P.5a-6a。按：元肇之記說：「嘉泰、開禧，無證再主萬壽」，說明他兩度入主萬壽。而首次入萬壽，可由陳貴謙塔銘所謂：「[月林]繼又為遯庵演、無證修分座說法，於蘇常間，緇素歸重」之語得到旁證。至於元肇之說為何可靠，當是因為他自己後來在萬壽任住持，對該寺之歷史必有相當認識之故。

㊳元肇，〈洞庭上方遷院置田記〉，《淮海外集》卷下，P.5a-6a。明正德朝王鏊所編的《姑蘇志》曾說，洞庭上方教寺為唐會昌六年僧道徹開山，本名孤園寺，「宋嘉泰間萬壽寺僧重建，始著今額，復置田疇」，而其史原為「僧淮海記」。此記當是〈洞庭上方遷院置田記〉。見王鏊，《姑蘇志》卷二九，P.53b-54a。民國時期吳秀之、曹允源等纂，《江蘇吳縣志》（臺北：成文出版社，一九三三），卷三六，〈寺觀〉，P.567b 就指出其出處是「僧淮海記」。並引記文曰〈宋僧淮海上方寺置田記略〉。故筆者在本書第一章就指出，《淮海外集》在明代必仍有流傳。

㊴同前註。

㊵同前註。按：「甪里」是古地名，在今江蘇吳縣。元肇既云訪「甪里」之遺蹤，當是指「甪里先生」而言。但甪里先生隱於商山，並不隱於吳縣之甪里。另外，根據宋太宗朝崔偓佺之說，甪里之「甪」，音「鹿」，為「用」字上左右各加一點，常被誤為「角里」。見邵博，《邵氏聞見後錄》（北京：中華書局點校本，一九八三）卷二七，P.312。

㊶元肇，〈跋公舉省劄〉，《淮海外集》卷下，P.20a-21a。

九、附錄一：〈大夫去作棟梁材〉之作者與史彌遠伐松辨

一、引言

歷史與傳說混而為一之現象在各個文化中都存在，有如希臘語中的事實（logos）和神話（mythos）一樣，雖是兩種不同思維過程的產物，但經常有結合為一難以分解的可能。①中國文化淵遠流長，歷史與傳說糾纏不清之現象尤其可觀。有歷史事實屢經渲染而羼雜著傳說之色彩者，發生了歷史的「傳說化」，而成了傳說化（legendized）的歷史；也有傳說屢經重述、附會而被接受為歷史者，發生了傳說的「歷史化」，而成了歷史化（historized）的傳說。後者多半是原本流傳於民間的傳聞，經文人或筆記小說作者重複筆述，屢經追認而被視為歷史的。歷代糾纏不清之歷史與傳說不勝枚舉，只有將其分辨與釐清，才能還其本來面目。本文之目的即在於此，所關切的是〈大夫去作棟梁材〉一詩之作者與其所涉及的南宋政治人物史彌遠（一一六四—一二三三）。

本文關切〈大夫去作棟梁材〉一詩的作者，主要是因為作者之說法不一，有北宋、南宋、元代各朝人物之不同說法，莫衷一是，必須釐清。而關切史彌遠是因為此詩所牽涉的「伐松」故事人物史彌遠，有無辜受冤之嫌。儘管史彌遠之歷史形象甚差，但他所受的「惡名之累」是應該給予澄清的。

〈大夫去作棟梁材〉一詩最先出現於元人蔣正子（約南宋末及元初）的筆記《山房隨筆》，

是有關南宋靈隱寺松樹被伐故事裏之一個插曲。故事的主角是一僧一俗。「一僧」是南宋一位文學僧淮海元肇（一一八九—一二六五）；「一俗」是南宋寧宗及理宗兩朝的宰相史彌遠。故事之大略是：淮海元肇曾針對靈隱寺松之被伐寫過一首詩，詩的首句即是「大夫去作棟梁材」。②意思是說「松大夫」被砍伐去當作蓋屋宇的棟梁之材了。據蔣正子說，這位「伐松」之人是史彌遠。史彌遠從寧宗嘉定元年（一二〇八）至理宗紹定六年（一二三三）間，任相二十六年，是宋代宰相任期最長的一位，論者皆將他形容為一位擅權用事、目無君臣、專任憸壬、肆毒善類、竊弄威福的奸利小人。③所以，他的「伐松」之舉，雖然沒有確鑿的證據，也就被視為理所當然之事。

由於這個傳說是發生在南宋理宗朝，而傳說中理宗及其愛妃閻貴妃與宰相史彌遠關係甚深，所以理宗與閻貴妃也捲入了所謂的史彌遠伐松故事裏。南宋以後，此故事幾經傳述，早已被認為是歷史事實，至今信者仍多，其中亦包括專業的歷史學者。何以如此？部分是因為〈大夫去作棟梁材〉一詩及其後續詩作，似隱隱約約有意代靈隱寺僧發抒見陵之怨，被解讀為諷喻「侵犯」或「欺凌」寺院之勢力，而不畏權貴的代表作。部分是因為史彌遠專橫跋扈的歷史形象累積成的刻板印象所造成。

在帝制時代，權貴擅伐寺院之松，本不是件什麼大事。史彌遠以宰相之尊，若欲伐靈隱寺松，也不是寺僧能阻止之事。他權傾朝野，可以為所欲為而毫無忌憚，又何在乎伐靈隱寺松而畏寺僧之諷？然而，史彌遠其實並未伐松，至少未伐靈隱寺松。而〈大夫去作棟梁材〉一詩，若真為淮海元肇所寫，也不是針對史彌遠而作。換句話說，「史彌遠伐松」是個傳說，是假歷史，而元肇的〈大夫去作棟梁材〉一詩，是使傳說變成假歷史的重要關鍵。

這首〈大夫去作棟梁材〉及其所涉及的故事，在蔣正子之後，不斷流傳，竟出現若干演變。不但在作者之認定上有異說，詩句也屢經改易，而且伐松的人物也由宰相變成縣尉，而松樹也不再是靈隱寺松了。這究竟是孰令至之？答案恐怕也難以找出，吾人也只能據理推測而已。不過，否定元肇為詩之作者，穿鑿附會成另一傳說，一方面可塑造類似的文化英雄，一方面也可以抹去史彌遠涉及伐松之記錄，未嘗不是故事敘述者將原故事改頭換面的部分理由。

由於蔣正子所引之詩原無詩題，本文為了討論方便，就以詩之首句〈大夫去作棟梁材〉為詩題。經多方面之內證與外證，筆者認為元肇確為〈大夫去作棟梁材〉之作者。他的詩或為靈隱寺松被伐而作，卻不是針對史彌遠而發，因史彌遠並非伐松者。此種推論，只是在還原事實，剪除傳說之歷史化，而不是有意為史彌遠開脫。

二、〈大夫去作棟梁材〉的作者

蔣正子雖然說〈大夫去作棟梁材〉是元肇所作，但該詩並不見於現存的幾部元肇詩集《淮海挐音》內。它大概最先見錄於南宋佚名作者所輯的《靈隱遺事》中。④《靈隱遺事》已經失傳，依蔣正子在其《山房隨筆》引述之「伐松」故事看，《靈隱遺事》之原文應是這樣的：「靈隱寺主僧元肇，號淮海。寺有松大數十圍，史相當軸，遣人伐松。松與月波亭相對，僧作詩云：『大夫去作棟梁材，無復清陰覆綠苔。惆悵月波亭上望，夜深惟見鶴歸來。』」⑤

蔣正子是不是完全照《靈隱遺事》原文抄錄，不得而知，但其所錄詩大致應是其原貌。元肇所作七言四句古詩不少，也經常用「灰」韻。此詩的用字、用韻及對松樹被伐所表現的惆悵與無奈，也與元肇其他詠歎詩的口吻近似。

蔣正子的引文介紹了元肇的名號、身分及靈隱寺大松，並說元肇任靈隱寺住持時擔任宰相的「史相」有「遣人伐松」之舉。這等於是說，《靈隱遺事》之作者相當肯定元肇住持靈隱寺時，「史相」曾命令手下至其寺伐松。既然松樹已被砍伐，所以伐松之前松樹所形成的「清陰」已不復存在，無復遮蓋其下之「綠苔」。元肇站在月波亭上惆悵地望至夜深，只見寂寥歸來之夜鶴，無處可依止了。顯然當軸的「史相」砍伐了松木，也激起元肇對原來景物的無限思念。蔣正子既引述《靈隱遺事》之文，當是相信其所敘之故事及「史相」伐松的說法。

這位「史相」是誰？《靈隱遺事》似有意隱諱其名，而蔣正子也未多事，未說他是史彌遠。由於南宋的「史相」有三位，分別為史浩（一一〇六—一一九四）、史彌遠（一一六四—一二三三）及史嵩之（一一八九—一二五七）。⑥三位史相中，史浩是高宗、孝宗朝人，不會與元肇同時，而史彌遠及史嵩之與元肇為同時代人，都有可能是「史相」。由於史嵩之任相時間不長，故凡稱「史相」，通常會被解釋成史彌遠。譬如，清人趙信（一七〇一—？）也引《靈隱遺事》所述伐松事而曰：「靈隱寺僧元肇，號淮海。寺有古松，大數十圍，與月波亭相對。史彌遠遣人伐松，淮海作詩云：『大夫去作棟梁材，無復清陰覆綠苔，惆悵月波亭上望，夜深惟有鶴歸來。』」⑦趙信之引文除了將蔣正子引文之「史相」改為史彌遠外，其餘皆與蔣正子之引文雷同。難道他所用的《靈隱遺事》與蔣正子《山房隨筆》所抄錄者有異，直接指明史彌遠為伐松之人？抑蔣正子懷疑史彌遠非伐松者，而以「史相」一詞模糊帶過？不管如何，蔣正子似乎無必要避書史彌遠之名諱，因為比他年代稍早的《靈隱遺事》之作者能直呼史彌遠之名而無所忌，蔣正子又何在乎諱言「史相」之名？所以趙信明指伐松者為史彌遠，應是他「想當然耳」的結果。趙信為了鋪張其事，還賦詩一首云：「兩回斤斧赦蒼官，淮海新詩動玉鑾。從此月波亭上望，綠陰仍作畫屏看。」⑧詩中將元肇「新詩」所發生的作用大肆渲染了一番。

為何說是「兩回斤斧赦蒼官」，又說「綠陰仍作畫屏看」呢？原來蔣正子的《山房隨筆》又述及另一次伐松事如下：「穆陵在御，閻貴妃父良臣起香火功德院，欲勝靈竺，乃伐鄰松供屋材。僧作詩曰：『不為栽松種茯苓，秖緣山色四時青。老僧不惜攜將去，留與西湖作畫屏。』詩徹於上，遂命勿伐。又山中有寺基久圮，勢家規其地營葬，僧亦有詩刺之：『一定空山已有年，不須惆悵起頹磚。道旁多少麒麟塚，轉眼無人送紙錢。』遂不復取。」⑨這段敘述所引的前一首詩或題為〈伐松詩〉或〈惜松詩〉。但蔣正子並未明說詩之作者是誰。但趙信在其詩中卻斬釘截鐵地說是「淮海新詩」，並說由於元肇此詩之作，「鄰松」遂獲存而未被砍伐。「鄰松」是蔣正子所用之詞，但趙信顯然將它當作靈隱寺松，乃有「兩回斤斧赦蒼官」及「綠陰仍作畫屏看」之句。也就是說，他認為靈隱寺松有兩次被伐之可能，但兩次都未伐成，而其原因正是因為元肇的新詩上達天聽，觸動了龍心，皇帝因而下詔阻止伐寺松，而寺松之命得以挽救，未被送去當棟梁之材。

趙信詩的「兩回斤斧赦蒼官」一說，是有問題的。因為他既相信元肇確曾寫過〈大夫去作棟梁材〉一詩，就該知道該詩明說松樹已被砍伐，所以綠陰不復存在。既然綠陰不復存在，元肇怎麼仍能在月波亭上望著綠陰，把它當畫屏來看呢？元肇的原詩雖有惆悵傷感之意，但是遺憾多於怨恨。與〈伐松詩〉或〈惜松詩〉相比，不如後者語氣直截與堅持，有不論如何他都要將被砍伐之松樹取來當作西湖之畫屏的決心。這有可能寫於伐松之前，故後人加以渲染，讓此詩發生了上達天聽，天子亦為之動容而禁止伐松之效果。趙信相信此說，故有「兩回斤斧赦蒼官」之作。

趙信所引述的〈大夫去作棟梁材〉一詩及淮海元肇之故事是否直接根據《靈隱遺事》而來，令人懷疑。《靈隱遺事》不見於宋及以後各朝所編書目，似乎宋亡之後，即不甚流傳。元明之間，蔣正子可能是少數見過此書之人，故在其《山房隨筆》引用此書敘伐松及元肇詩事。奇怪的是到明末清初之間，《靈隱遺事》又忽然出現於筆記小說及地方志中，屢被引述。明萬曆朝不明作者所編的《西湖志》，也引述《靈隱遺事》敘述元肇住持靈隱，史彌遠遣人伐松之事。⑩而清人除趙信之外，王維翰所撰的《湖山便覽》，在敘述月波亭時，也間接引述《靈隱遺事》。⑪所以說「間接」引述，是因為他所引用的《錢塘縣志》，是康熙朝所編。《康熙錢塘縣志》在敘「九里松」時就說：「《靈隱遺事》曰：大松樹圍數丈，正明月波亭相對。史彌遠伐取之。僧元肇，號淮海，有詩云：『大夫去作棟梁材，無復清陰覆綠苔。惆悵月波亭上望，夜深惟有鶴飛來。』」⑫而在敘「靈隱寺」時，又說：「靈隱寺主僧元肇，號淮海。宋時有松，大數十圍。史相當軸，遣人伐松。松與月波亭相對，僧作詩云：『大夫去作棟梁材，無復青陰覆綠苔。惆悵月波亭上望，夜深惟見鶴飛來。』」⑬《康熙錢塘縣志》所錄文字，與蔣正子之引文大同小異。不過「鶴歸來」改為「鶴飛來」；而伐松者則先說「史相」，後又明指「史彌遠」。主寺僧也仍是元肇。可見不管有無直稱史彌遠之名，蔣正子以下，凡認為元肇為〈大夫去作棟梁材〉原作者之學者，也大致都認定伐松之「史相」即是史彌遠。

三、〈大夫去作棟梁材〉作者之異說

雖然如此，有關〈大夫去作棟梁材〉之作者，歷來也有異說。除了淮海元肇之說外，還有北宋僧維琳（一〇三六—一一一九）的說法。此一說法大概最先出現於明嘉靖朝進士陳全之（一五一二—一五八〇）的《蓬窗日錄》。陳全之是明嘉靖二十三年（一五四四）進士，晚號夢宜居士，著有《蓬窗日錄》、《遊雜集》、《巴黔集》等書。他在《蓬窗日錄》卷七「詩談」一節說：「僧琳，號無畏，好學能詩。常創無畏菴，有松合抱。郡將治鈴齋索材，欲往伐之，琳知之，預命削松皮，題詩其上云：『大夫去作棟梁材，無復清陰護綠苔。只恐夜深明月下，誤他千里鶴飛來。』縣尉讀其詩而止。」[14]陳全之所述，顯示故事中的松樹不在杭州靈隱寺，而在維琳所住的湖州無畏庵內。而欲伐松建齋的是縣尉，而不是「史相」。此外，詩之第二句「覆綠苔」改成「護綠苔」，而末兩句也由「惆悵月波亭上望，夜深惟見鶴歸來」變成了「只恐夜深明月下，誤他千里鶴飛來」。其後崇禎朝的董斯張（一五八七—一六二八）也在他的《吳興藝文補》引述同一詩，並說作者為維琳，還加上〈有司欲取寺松供朝用感賦〉之標題。詩的前兩句維持原樣，但末兩句又改成「今夜月明風露冷，悮他千里鶴飛來。」[15]董斯張雖並未說明寫詩的地點，但他的書專記吳興藝文，吳興即是湖州，所以他等於是說維琳在湖州作此詩，而應當就在無畏庵內。不過董斯張並未指出是縣尉有意伐松。

維琳為此詩作者之說，普遍為明人所接受。明代禪僧明河（一五八八—一六四〇）在其所編的《補續高僧傳》也說此詩之作者為維琳，其語謂：「始[維琳]師之居銅山也，院有松合抱。縣大夫將取以治廨，師知之，命削皮，題詩其上曰：『大夫去作棟梁材，無復清陰護綠苔。只恐夜深明月下，悮他千里鶴飛來。』尉至，讀其詩，乃止。」[16]其敘述與陳全之所錄大致相同，全詩之用句亦同。但所述地點則指明為維琳所居的銅山。顯然，他所說的松樹也非靈隱寺松，而在維琳的家鄉武康（今浙江湖州）的銅山。不過，明河與陳全之都未註明詩題，但與明河約在同時的明僧正勉（？—一六二一）在其《古今禪藻集》引述此詩時，便加上詩題曰〈有司欲取寺松供朝用感賦〉。詩題及詩句都與董斯張所引述者相同。但正勉還補充說：「詩聞于朝，詔留不伐。」⑰表示原來屬縣級的伐松小事，竟上達天聽，使皇帝亦下詔命令勿伐了。這個皇帝自然不是宋理宗，而伐松者也絕不可能是史彌遠了。

正勉與董斯張所處的時代應在同時，而兩人都對同一首詩冠上同樣的詩題，可見此詩題是專用來表示詩是維琳所作的。這種維琳為作者的說法，也普遍為明人所編的地方志所接受。譬如明人勞鉞續修、張淵所纂的《成化湖州府志》⑱、王珣、汪翁儀纂修的《弘治湖州府志》⑲、胡宗憲（一五一二—一五六六）所修的《（嘉靖）浙江通志》⑳、程嗣功（一五二五—一五八八）所修，駱文盛（一四九六—一五五四）撰的《（嘉靖）武康縣志》㉑、劉伯縉所修的《（萬曆）杭州府志》㉒、戴日強的《萬曆餘杭縣志》㉓都採此說，但都未註明詩題。

維琳到底是不是〈大夫去作棟梁材〉的作者呢？他的「好學能詩」或許確如陳全之所說，但能作詩之宋僧比比皆是，若他果真是〈大夫去作棟梁材〉的作者，為何明代以前的宋、元僧傳、燈錄、語錄、禪僧筆記及地方志都無相關記錄？以最早載有維琳生平的《建中靖國續燈錄》來說，其編者北宋僧佛國惟白（生卒年不詳）除了說杭州臨安徑山維琳無畏禪師為東京十方淨因懷璉大覺禪師法嗣，「初住大明」之外，只錄有他與問學僧之機緣問答。其中「神鸞頂上軒眉坐，黃鵠岫中昂首行」一語係回答「如何是大明家風」之問。有自比「神鸞」及「黃鵠」之意。而問答之末，所說之偈有「榾拙火殘飛白灰，老僧身上白如雪。地爐冥坐人不知，蒼狖山西叫明月」等句，㉔似又以自己的遺世而獨立自足。但這都看不出他在詩上的造詣。

又如宋僧曇秀的《人天寶鑑》雖然記錄兜率擇梧律師（生卒年不詳）問道徑山維琳，及他與維琳之間的一段對話。又強調維琳之「厲聲一喝」，促使擇梧「於言下心意豁然」，從此「屏去舊習，獨一禪床；講倡之外，默坐而已。」㉕但曇秀並未提及維琳曾作有〈大夫去作棟梁材〉一詩。其他宋元禪師筆記也無相關記錄。譬如，元僧熙仲在其《歷朝釋氏資鑑》裏也記載維琳之事跡，但只說：「東坡居士，功名蓋世。晚景深究禪觀，壽六十六。忽病，徑山惟琳長老問疾，扣耳云：『端明勿忘西方。』世雄在傍云：『固先生平行履踐至此，更須著力。』坡應聲曰：『著力即差。』語絕而逝。」㉖這段記錄裏之「惟琳」即是維琳，它其實是刪節宋人傅藻《東坡紀年錄》裏的記錄而成的。《東坡紀年錄》裏說東坡於建中靖國元年（一一〇一）六十六歲時自海南釋歸之後，於五月行至常州，六月以疾告老於朝，以本官致仕。七月疾頗革。當時，「徑山老惟琳來說偈，答曰：『與君皆丙子，各已三萬日。一日一千偈，電往那能詰？大患緣有身，無身則無疾。平生笑摩什，神呪真浪出。』琳問神呪事，索筆書：『昔鳩摩羅什病亟，出西域神呪，三番令弟子誦以免難，不及事而終。』併出一帖云：『某嶺海萬里不死，而歸宿田里，有不起之憂，非命也耶？』蓋絕筆於此，後二日殆將屬纊，而聞觀先離，琳叩耳大聲云：『端明宜勿忘西方！』公云：『西方不無，但箇裏著力不得。』世雄云：『固先生平時履踐，至此更須著力。』曰：『著力即差。』語絕而逝。」㉗此記錄之「徑山老惟琳」就是維琳，見下文之說明。熙仲除了引述傅藻所說之故事外，並無記載維琳的其他事跡，因為傅藻所記的維琳，也僅止於此。

其實維琳在北宋已有相當名氣，與好幾位士大夫有深交。他與蘇軾（一〇三六—一一〇一）、蘇轍（一〇三九—一一一二）兄弟關係匪淺。蘇軾五十歲守杭時，曾推薦維琳為徑山住持。他推薦維琳之理由如下：「徑山長老維琳，行峻而通，文麗而清。始，徑山祖師有約，後世止以甲乙住持。予謂以適事之宜，而廢祖師之約，當於山門選用有德，乃以琳嗣事。眾初有不悅其人，然終不能勝閱者之多且公也。今則大定矣。」[28]可見蘇軾頗知維琳，而有推薦之舉。也是由於維琳與蘇軾有這層關係，所以蘇軾從嶺外歸來，路經常州，維琳特別從湖州武康來探望他，卻逢蘇軾病重在床而未能見，因留名刺而去。後蘇軾知他來訪，特修書一封曰：「某臥病五十日，日以增劇，已頹然待盡矣。兩日始微有生意，亦未可必也。適睡覺，忽見刺字，驚歎久之。暑毒如此，豈耆年者出山旅次時耶？不審此來眠食何似？某扶行不過數步，亦不能久坐，老師能相對臥談少頃否？晚涼，更一訪，憊甚，不謹。」[29]趙彥衛在其《雲麓漫鈔》中說，東坡既歸宜興，折簡錢世雄云：「徑山老惟琳來問疾，有偈云：『扁舟駕蘭陵，目換舊風日。君家有天人，雌雄維摩詰。我口答文殊，千里來問疾。若以偈相答，霜柱皆笑出。』」[30]此應是維琳初探蘇軾未見而作，也即是不久蘇軾死時，維琳適在其側之背景。當時維琳已是「耆年者」，在溽暑時節由湖州武康渡江到常州南邊的宜興來探病，亦頗不易，故蘇軾感覺不忍，兩人之交情，可見一斑。後來董斯張在《吳興藝文補》錄有維琳〈問蘇子瞻學士疾〉一詩，應該就是根據《雲麓漫鈔》之記載而來。[31]

蘇軾說維琳「文麗而清」，但未稱道他的詩。蘇軾詩集也無與維琳唱和之記錄，似乎維琳並無詩名。不過蘇軾之弟蘇轍，亦與維琳有交往，曾作〈送琳長老還大明山〉一詩贈之，詩題正好說明維琳曾住大明山。蘇轍之詩甚長，其中有若干描述，可以證明他對維琳甚為尊重：

華陽本荒邑，緇素明星懸。偶然得老尉，舊依育王山。
璉公善知識，不見十九年。我昔未聞道，問以所入門。
告我從信入，授我普眼篇。冉冉百尺松，起自一寸根。
南歸髮盡白，尺書今始傳。不知鄰邑中，乃有門人賢。
百里走相訪，觸熱汗雨翻。懷中出詩卷，清絕如斷蟬。
我適病寒熱，氣力才縣縣。空齋默相向，欲語不能宣。
未暇答佳意，歸錫鏘金環。空有維摩病，愧無維摩言。㉜

此段詩中的華陽是古華陽鎮，是北宋的安徽績溪縣，在宋朝也是個望縣。㉝蘇轍曾於元豐七年（一〇八四）四十六歲時在其地任縣令，在該地認識維琳。詩中說他與育王的大覺懷璉（一〇〇七—一〇九〇）自認識之後，有十九年沒見面。但是如今頭髮盡白，接到懷璉之書，才知道他有門人維琳在鄰邑中。維琳走了百里之路來拜訪他，身上汗流如注。見面時，取出懷中詩卷呈閱，蘇轍閱後，覺得「清絕如斷蟬」。但因適患寒熱之病，氣息懨懨，無力與他交談，深覺遺憾，只能寫詩送他。大明山在杭州昌化縣西九十里，南接嚴州。為昔悟空禪師所隱之地，宋時山下立有慧照院。㉞後來維琳贈他幽蘭、白朮、黃精三本，蘇轍回敬了一首〈答琳長老寄幽蘭、白朮、黃精三本二絕〉詩，其第二首還說：「老僧似識眾生病，久在山中養藥苗。白朮、黃精遠相寄，知非象馬費柔調。」㉟可見蘇轍與維琳來往之一斑。但是他與其兄一樣，都未曾細說維琳之行業，更未提及維琳寫過〈大夫去作棟梁材〉一詩之事。不過，明成化朝所編的《杭州府志》突然說：「元祐中，無畏禪師與二蘇遊，有詩一首留題於山下的慧照院壁。詩云：『手裏笻枝七八節，石傍松樹兩三株。閒來不敢多時立，恐被人偷作畫圖。』」㊱這首詩若真為維琳所寫，應是現存維琳所遺留的三首詩之一。與〈大夫去作棟梁材〉之意境無法相比。

與維琳相交最深的應該是北宋詩人東堂毛滂（元祐時人）。毛滂曾受知於蘇軾，蘇軾守杭時（一〇八九—一〇九一）辟為法曹，後又薦之於朝，於徽宗政和朝擢知秀州（一一一三—一一一五）。㊲他曾為武康令，與維琳甚熟，除常贈詩予維琳外，還與維琳頗有唱和。他贈維琳的詩有十餘首，有的詩題甚長，等於是短篇序文。從這些詩及詩序，可以看出他與維琳在杭州時即相識成交，後入武康為縣令，雙方更是迭相過從。據他說，維琳離徑山之後，在江南遨遊五年才歸武康。此時毛滂新任武康令，還寫了〈無畏道人居觀音院奉寄一首〉，有「松石真佳伴，雲山得破顏。高人本無住，倦翮自知還」等句，㊳歡迎他歸來武康，住觀音院。而維琳也來他官舍拜訪，言欲謁吳興某蔣使君，故毛滂有詩送行，詩題為〈奉送徑山無畏老人謁吳興蔣使君。無畏能作詩寫字，去徑山五年，遨遊江南以歸，遂過僕於此，聊館之旁寺，老屋三數間而已。當坐名山勝剎大佛事，而此非所宜安也〉。㊴詩中還指出維琳「一生凜凜伴龍湫，末後飄飄逐置郵」㊵，似乎對他四處奔馳，走訪王公士人門牆之做法不甚苟同。他在另一首詩題更明顯地表達此看法，其詩題為〈徑山無畏老人從旁郡來，解包武康觀音院。昨日訪別云：「當走錢塘、吳興二郡，謁林、豐二主人。」僕怪其枯槁淡薄士，當無求於世，反從事於王公門墻下。老人知僕意，因云：「二公有道士，我佛所謂大長者輩。今佛長城在彼，我當歸之。」僕是其說，作詩以餉其行。老人常掛瘞鶴銘於座右，自言得其行筆法。又苦吟名於士大夫間，屢過僕東堂飯，每稱吾家飯美，以故併載詩中〉。㊶

此詩顯示維琳是毛滂的常客，屢至其住宅用膳。其實，在毛滂東歸武康，路過杭州之時，維琳就曾去看他，並在其處用膳終日。之後，毛滂令武康，卜居東堂，維琳至東堂與他共飯，遂習以為常。故毛滂有詩題云〈僕罷官東歸，過杭州，寓六游堂。而樓閣倚空，江山在目，僕甚樂之。無畏老師自武康送客至此，過僕於此堂之上，留飯終日。頃僕作武康令，居縣之東堂，每與師飯於堂上。數稱東堂飯美，每食輒兼人。別十數年，飯猶健也。然師於世故泊然，了無芥蔕。獨於東堂故人，若不能忘情者，亦復可怪。戲作詩一首，其末併道所懷〉。㊷其詩用「且欣能善將軍飯，未怪頻飜吏部羹」一聯，凸顯維琳頗愛食飯，而且飯量甚大，十餘年不改其習，故說「數稱東堂飯美，每食輒兼人。別十數年，飯猶健也」，可見兩人不拘形跡之交情。

這種交情，自然也表現於毛滂屢訪維琳住處之事實。譬如，〈十二月二十六日出郊訪無畏詩禪暮歸奉寄〉一詩，是訪維琳在武康的新居而作，故自註詩題云：「無畏近自杭來，出吳興太守詩軸。所居臨溪，開小窗，坐見群山。僕歸途二、三里，比至縣齋，此山猶在望中。」㊸此註中的「此山」，應該就是維琳所住的銅山。又〈書禪靜寺集翠堂示堂中老人琳徑山詩〉，是維琳所住禪靜寺集翠堂的素描，中有「弄筆雲窗暖，煎茶玉醴輕」一聯，寫他在集翠堂作字、畫，而維琳為他煎茶的情景。㊹又如，〈曉出響應山過靜林道中奉寄琳老〉一詩，有「寒意梅花北，禪心栢子西」之句，自註云：「靜林殿下有梅數株」，表達他過靜林道訪友賞梅之意。㊺又如，〈十月十日訪琳道人於禪靜寺，與之徘徊泉石間甚久。道人云：『有大龍團，藏亦數年，食且幾盡。』因出刀圭，許而龍軀僅餘一爪，色理極蒼古。又云：『趙清獻公嘗得須菩提畫像。』乃張畫壁間。煎所謂龍爪以餉。僕迫夜來歸，坐縣之東堂，見月，奉寄一首〉，也是寫他訪維琳於禪靜寺之大概。

詩題顯示兩人「徘徊泉石間甚久」，隨後，維琳出示趙抃（一〇〇八—一〇八四）所贈之須菩提畫像與他共賞，又煎所藏茶葉「大龍團」餉之。㊻毛滂歸其東堂後，心有所感，成詩一首寄維琳。詩中說他「家風真草草，詩句自珊珊。」詩題下註云：「集翠堂後山，勢坡陀可喜，四隅修竹森然。今夜月色澄皎，定有清趣。」㊼又〈訪琳老聞出赴供〉一詩，寫他訪維琳住處之後，才知道維琳外出應供。遂自取其便，在維琳住處烹茶而飲。故其詩曰：「賓頭應供未還家，聊借僧窗自點茶。此意不須相見說，已知秋色付蘋花。」㊽「不須相見說」，頗有王徽之雪夜訪戴逵，乘興而來，興盡而返之況味。但他心中常懷想著維琳，應是可以想見的。他的〈東堂獨坐懷琳老二首〉，發抒對維琳的思念，顯示他訪維琳不得而歸的無奈。詩云：「聞道年來多掩關，高情定滿渺瀰間。秋風不怕清難忍，曉日應分暖伴閒。欲喚扁舟弄雲水，已疑小閣厭溪山。東堂枉把歸來賦，慚愧寒空倦翮還。」而其孤舟流水，溪山蹀躞，踽踽涼涼，人生如寄，寞然懷友之情，又在第二首的「栢爐煙冷尚餘薰，老去孤城愈不群。沙上晚晴知獨往，堂中秋思與誰分。隔溪有伴蕭蕭竹，對戶無情冉冉雲。南北東西均是寄，定回歸鴈不應聞」等句充分表現無遺。㊾

毛滂屢說維琳好苦吟，且詩句可喜，故其集中亦有數首與維琳唱和之作。如〈過靜林寺用琳老韻作四絕句〉，〈汲水禪靜琳老寄詩因次韻奉寄〉、〈次韻琳老〉、〈次韻答琳老〉、〈次韻琳老中秋月〉等數首，都是與維琳唱和之作。㊿每首唱和詩，都透露他與維琳的深厚交情，其中「欲與道人遊物外，故山情在首重回」兩句，略可概括他與維琳唱和所表現的誠摯情誼，也呼應了他獨坐懷想維琳之筆意。(51)既然他與維琳如此深交，我們不禁要問，為何他從未提及維琳作過〈大夫去作棟梁材〉一詩？即令在他為維琳寫的〈湖州銅山無畏庵記〉一文，也僅僅強調維琳為僧的「無畏」特質，而無片言隻語述及他以詩來表達對權貴的「無畏」。對維琳之「喜作詩」，雖也頗加誇讚，至於說「甚自力；日夜哦其間，痛自雕琢肝脾，欲以氣蓋古作者，想見其盤礴自得時，蓋亦無所畏矣。」[52]但所說的「無所畏」，也無關於對有司之議論。事實上，維琳也不至於遇到縣尉欲伐松而令其表現無所畏之機會。因為毛滂是武康令，維琳來武康銅山創無畏庵是在他當縣令之後。身為縣令所重之至交及詩友，又屢屢登縣令之門為其座上客，豈有縣尉敢伐其寺松之理？

以上維琳與蘇軾、蘇轍及毛滂間之關係，南宋進士劉瞳在慶元朝所編的《餘英志》就已經提到。[53]《餘英志》現已失傳，但南宋談鑰（一一八一年進士）編著的《嘉泰吳興志》引用其書，大略謂：「維琳號無畏大士，受知蘇公軾，與毛滂酬唱甚多。院內有無畏庵，內苑橋。外有清奏亭、古月泉、擎天松。後有牛頭峰、緩步隄、毛公堂，皆師所剏。」[54]由上文之討論，《餘英志》所謂維琳與毛滂「酬唱甚多」，確為事實，但它對維琳生平之記載甚為簡單，並無他作〈有司欲取寺松供朝用感賦〉一詩的記載。談鑰在其《嘉泰吳興志》既於其生平事跡未有所增益，也未提及此詩。甚至維琳著有《無畏大士集》二卷或三卷之說，與〈有司欲取寺松供朝用感賦〉一樣，都是後來才在明、清地方志出現的。[55]目前號稱蒐集宋詩最全的《全宋詩》，收維琳詩三首，除〈常州問東坡疾〉是出自宋狀元王十朋集注分類東坡詩之外，另兩首都是出自明人之著作，其中〈有司欲取寺松供朝用感賦〉是自上文所說的明僧正勉之《古今禪藻集》輯出。[56]而上文指出其所未收的〈題慧照院壁〉一詩，也是在明成化朝編的《杭州府志》才見到。

宋人既無維琳為〈大夫去作棟梁材〉作者之說法，則宋以後之說應是附會而成的。不過「維琳說」不過是宋以後異說之一。明代還出現第三位作者之說，見於明人曹學佺（一五七四—一六四六）所編的《石倉歷代詩選》。其書將元詩人胡尊生（生卒年不詳）列為此詩作者，而詩題改為〈因官伐松〉。全詩如下：「大夫去作棟梁材，無復清陰護綠苔。只恐江頭明月夜，誤他千里鶴歸來。」㊼這個版本基本上是陳全之版的翻版，但末句「鶴飛來」又改回蔣正子版的「鶴歸來」。其他明人所編的詩選亦如是，如宋公傳的《元詩體要》即是一例，㊽似乎都是根據元人傅習（至正朝）所編的《元風雅前集》而來，因三書的詩題與所引述的詩句，一模一樣，都是〈因官伐松〉。這大概是因為元代已有「胡尊生說」之故，所以元末蔣易（生卒年不詳）所編的元詩選集《元風雅》亦列胡尊生為作者，詩題仍是〈因官伐松〉，但詩句略異，末兩句改成「今夜月明風露冷，誤他千里鶴飛來。」㊾與上文明董斯張及明僧正勉所錄之「維琳版」句相同，疑為董斯張及正勉引述詩之來源，但董斯張與正勉卻將詩題改為〈有司欲取寺松供朝用感賦〉，而將詩之作者說成維琳，真是張冠李戴，糾纏不清。

胡尊生可能是〈大夫去作棟梁材〉的作者嗎？答案自然是否定的。觀《元風雅》所選錄的七首胡尊生詩，㊿〈因官伐松〉以外的六首，不論筆調、風格、旨趣及詩之長短都與〈因官伐松〉大相逕庭。將它們與〈因官伐松〉擺在一處，完全不搭調。既然如此，我們可以很肯定地說，〈大夫去作棟梁材〉很不可能是胡尊生所作。當然，〈因官伐松〉的用字不同，又出現在詩句全同的「維琳版」之前，我們或可說是點化前人之句以為己作，但以胡尊生寫的類似樂府詩的風格與詩旨趣來看，他是毫無必要寫四句長的〈因官伐松〉去諷勸有司的。

〈大夫去作棟梁材〉一詩在元、明二朝出現作者有異說的情形，到了清代更加枝蔓不清了。譬如，清人張豫章（一六八八進士）的《御選宋金元明四朝詩》說維琳曾作〈有司欲取寺松供朝用感賦〉云：「大夫去作棟梁材，無復清陰覆綠苔。今夜月明風露冷，悮他千里鶴飛來。」[61]這是在其書中的「七言絕句十一」之卷所說，但在「七言絕句十二」之卷，又錄同一詩，而說是元僧祖柏（一二八四—？）所寫，而詩題為〈朝命移栽寺中栝子松於內苑〉，[62]詩中用字與前者完全一樣，出現了同一首詩有兩個不同作者及詩題之現象。此「御選」詩集，是康熙朝所編，出現此種混淆，康熙皇帝及其臣下難道未曾發覺？由於這種混淆，在元肇、維琳及胡尊生之外，又多出了一位作者祖柏。清人顧嗣立（一六六五—一七二二）在其所編的《元詩選》，就採祖柏為詩作者之說，並謂該詩可見於祖柏詩集《不繫舟集》中，詩題也是〈朝命移栽栝子松於內苑〉，與張豫章所用詩題之一大同小異，但另一詩題則與明僧正勉及元人蔣易所用詩題相同。

祖柏的〈朝命移栽栝子松於內苑〉雖然詩題與〈大夫去作棟梁材〉有異，但內容與「維琳版」相同。他到底是誰，有可能是〈大夫去作棟梁材〉的「維琳版」或「元肇版」的作者嗎？答案自然都是否定的。何以見得呢？容檢視其生平及詩作之傾向與風格來作分析。

根據元人顧瑛（一三一〇—一三六九）的《草堂雅集》，[63]祖柏號子庭，四明人，寓居嘉定，是宋「史魏王」之後。「史魏王」或指是南宋孝宗朝宰相史浩，或指理宗朝宰相史彌遠。上文已述及兩人為父子，先後任相，亦皆曾封魏國公、會稽郡王，世以魏王稱之。[64]故若為史彌遠之後，則亦為史浩之後。顧瑛還說祖柏「幼從禪學，有詩聲。江湖間來往，經余草堂，多所留詠。」[65]可見他與祖柏甚熟，知祖柏為「史魏王後」而「幼從禪學」又有詩聲。但顧瑛言及祖柏之處僅此而已，其《草堂雅集》收錄祖柏之《不繫舟集》詩九首，有六首為題畫詩，其他三首並不含〈朝命移栽栝子松於內苑〉。清人顧嗣立在其《元詩選》的祖柏《不繫舟集》詩選前，以顧瑛所寫之短傳為基礎，加上以下數語：「[祖柏]嘗住慧聚寺，以畫蘭與普明齊名。所居曰『不繫舟』。子庭能口辨，有詩名，浪迹雲遊，乞食村落，對人不作長語，間雜諧調。」[66]這些敘述，不知根據何書，是否可靠，無從判斷。他所錄之祖柏詩，有十六首半，其多出的七首半，含〈題自寫菖蒲二首〉，約略可見他在詩、畫上之興趣。也含詼諧嘲弄之詩三首半，其一為：「一封丹詔未為真，三杯淡酒便成親。夜來明月樓頭望，惟有姮娥不嫁人。」[67]據說是因「丁丑夏，民間訛言朝廷采取童男女，一時嫁娶殆盡」而作。[68]此詩與其所錄〈朝命移栽栝子松於內苑〉一詩，性質類似，都是針對所謂的「朝命」而作，而後兩句「夜來明月樓頭望，惟有姮娥不嫁人」似是受到〈大夫去作棟梁材〉後兩句「惆悵月波亭上望，夜深惟見鶴歸來」的啟示。所不同者是前者描繪在「明月樓頭」望著月裏之嫦娥，而以「嫦娥」之於世外，狀寫世間女兒之嫁娶殆盡，其意徑直而帶嘲弄；而後者是在「月波亭上」望著遠處被伐松樹之遺址，以鶴之歸來形容其淒清，其意含蓄而帶感傷。而〈朝命移栽栝子松於內苑〉之後兩句「今夜月明風露冷，悞他千里鶴飛來」則平鋪直敘，與此二詩之情調、韻味相異，也與祖柏的其他詩作迥異其趣。所以顧嗣立將〈朝命移栽栝子松於內苑〉併入《不繫舟集》而視之為祖柏的作品是有疑義的。

康熙朝的「御選」出現了同一首詩有兩作者的混淆，疑為「錄選官」及「校刊官」的責任。張豫章是六位掛名「纂選官」之第一人，應該不負責實際的選錄工作。「錄選官」才是採錄宋元金明各朝詩的實際負責人。[69]二十二位錄選官中，顧嗣立為其一，他很可能負責選錄元詩，而以自己所編的《元詩選》為藍本，選錄他認為是祖柏的〈朝命移栽栝子松於內苑〉。而負責選錄宋詩的其他「錄選官」則選錄他們認為是維琳的〈有司欲取寺松供朝用感賦〉。問題是他們怎沒選錄元肇的〈大夫去作棟梁材〉及胡尊生的〈因官伐松〉？難道是他們未見此兩首類似之詩？抑負責校刊工作的九位「校刊官」認為此二詩複出而予刪除？因為「御選」沒有「校刊記」，我們無從得知。總之，將同一詩冠以不同詩題而歸屬於兩位不同作者，「錄選官」及「校刊官」都有責任。當然選錄四朝佳作非容易之事，犯些小錯也在所難免，故乾隆時期的四庫館臣在「御選」的提要裏便說：「……而七百餘年之中，著作浩繁，雖博識通儒，亦無從徧觀遺集。至于澄汰沙礫，披檢精英，合四朝而為一巨帙，勢更有所不能矣。」⑳四庫館臣並未特別指出同詩重錄而異名之問題，但其說法也差可做「御選」工作紕謬失察的藉口了。

「御選」始於康熙四十六年（一七〇七），成於康熙四十八年（一七〇九）四月，大概花兩年左右的時間完成，因為成於眾手，費時不算太長。四庫館臣雖說編纂者「雖博識通儒，亦無從徧觀遺集」，但他們難道也不參考最近刊行的書籍？譬如，康熙朝的宋長白，於康熙四十三年（一七〇四）著有《柳亭詩話》一書，最遲在康熙四十六年（一七〇七）付梓。㉑書中曾說：「靈隱寺月波亭前有松樹一株，高入雲表。宋理宗時丞相史彌遠取為屋材，寺僧弔以詩曰：『大夫去作棟梁材，無復清陰覆綠苔，惆悵月波亭上望，夜深惟有錫[鶴]飛來。』明嘉靖時海寇亂，浙省造大舟，四方巨木皆盡，督府胡宗憲獨禁九里松，不許擅伐。有僧系以詩曰：『不為栽松待茯苓，只圖山色四時青。老僧終不將歸去，留與錢塘作畫屏。』靈隱之松何不幸而遇彌遠，九里之松何幸而遇梅林耶！」㉒宋長白之引述，詩之末句「鶴飛來」可能被誤刻為「錫飛來」，但很顯然是得自蔣正子之《山房隨筆》。他沒有指明詩之作者是元肇，而僅說是「寺僧」，或許是不敢確定作者是元肇之故。不過，他卻斬釘截鐵地說伐松者是理宗朝的史彌遠，並認定史彌遠已經伐松，故寺僧才寫詩弔之。可見他也是深受史彌遠伐松之說的影響。雖然如此，也排除了維琳、胡尊生及祖柏為作者之說。至於另一首元肇的詩，他卻指為明嘉靖朝的某僧所作，而且改動原詩中的若干字，賦予原詩一個不同的歷史脈絡。

元肇的〈大夫去作棟梁材〉雖在明、清二代分別變成了胡尊生的〈因官伐松〉及祖柏的〈朝命移栽栝子松於內苑〉，但多數明、清二朝的學者還是將其作者歸屬於維琳或元肇。譬如，清人厲鶚（一六九二—一七五二）就在《宋詩紀事》裏視維琳為其作者。⑬但他在詩後引明河《補續高僧傳》之記載說明，證明他是根據《補續高僧傳》之說法而認定維琳為作者的。而如上文所說，除較他稍晚的趙信之外，還有更晚的陶元藻（一七一六—一八〇一）都視元肇為作者。⑭

這種於維琳與元肇二僧之間做取捨的情況，也在清代地方志之修撰者間發生。譬如，邵晉涵（一七四三—一七九六）撰的《乾隆杭州府志》、劉守成的《乾隆武康縣志》、朱文藻（一七五九—一八二九）的《（嘉慶）餘杭縣志》、陳殿階的《（道光）武康縣志》、周學濬的《同治湖州府志》、宗源瀚的《同治湖州府志》及高錫齡手錄《湖州府志節要》等都以維琳為作者。⑮而另一方面，清人魏嶧及裘璉所撰的《康熙錢塘縣志》是清人所修少數視元肇為作者之方志，他們自謂引述自《靈隱遺事》，自然也保留蔣正子所錄的原詩。⑯

四、〈大夫去作棟梁材〉、〈伐松詩〉或〈惜松詩〉

上文說及趙信曾同時引述他認為元肇所作的兩首詩，頗強化元肇為〈大夫去作棟梁材〉作者之看法。也就是說，他將〈大夫去作棟梁材〉與另一首〈伐松詩〉當做元肇回應兩件前後似乎相關之事件而作，顯示他始終只認定元肇是兩首詩之作者，於其他異說並不在意。事實上，除了清人陶元藻之外，元、明、清以來，並無其他詩評家、選詩家、筆記作者或方志撰述者，曾留意過不同作者，並做過任何考辨作者之討論。康熙朝的《御選宋金元明四朝詩》之錄選官及校刊官，對同詩之重出及異名無所知覺，表現了有些詩選家習於因襲而未能明察秋毫之貫性。

陶元藻在討論〈大夫去作棟梁材〉與〈伐松詩〉時，認為兩詩之作者為同一人，都是元肇。他所錄的〈大夫去作棟梁材〉是根據《靈隱遺事》而來。但所作按語則表示《靈隱遺事》、《山房隨筆》及《補續高僧傳》他都曾寓目，且知道後者與前二者之記載不同。其語曰：

按：〈伐松詩〉見於《靈隱遺事》、《山房隨筆》、《補續高僧傳》。三書所記，互有異同。《遺事》與《隨筆》俱指此詩為元肇，《高僧傳》稱銅山院僧維琳所作，則松亦銅山院松，非靈隱寺矣。又《遺事》與《隨筆》俱言史相伐松，而《高僧傳》則言孫大夫將取以治廨，維琳削皮題詩其上云云，則與史相益不相涉。《隨筆》又別記一條，言閻貴妃父良臣起香火功德院，欲於靈竺下伐松供屋材，淮海作詩云：「不為栽松種伏苓，祇緣山色四時青。老僧只恐移松去，留與青山作畫屏。」詩徹於上，遂命勿伐。細玩詩詞，則兩詩皆元肇一人所作，史相與閻妃亦同是一事。第伐松有兩地，其作詩亦有後先。一詩曰：「去作棟梁材」，又曰：「惟有鶴飛來」，則既伐而誌戚之詩也。一詩曰：「只恐移松」，又曰：「留與青山」，則將伐而隱諷之詩。故《隨筆》云：「詩徹於上，遂命勿伐也。」考聶心湯《錢塘縣志》，月波亭在集慶寺。翟灝《湖山便覽》言集慶寺在九里松，坐月桂峰，意月波亭即取月桂為名。又言：「初為靈隱下菜園，宋理宗以古蕩田千畝易之，為貴妃閻氏建功德院，賜名顯慈集慶禪寺，巧麗冠於諸剎，時名為賽靈隱。有人書其法堂鼓曰：『淨慈、靈隱、三天竺，不及閻妃好面皮。』閻妃冢即在寺後」云云。以此觀之，則閻妃以靈隱菜園為香火院，即其地伐松，元肇為靈隱主僧，故即事志感。而未建集慶之前，疑先有月波亭，建寺之後則月波轉為集慶寺中屬地，詩故云：「惆悵月波亭上望也」。其又作一詩者，或以月波之松先己見伐，又欲盡斫靈竺間古松，故復為詩寄諷耳。時史彌遠以迎立崇勳為當軸首輔，閻氏所為，彌遠實主持之。《山房隨筆》是以兩存而互見之，《高僧傳》之承訛襲舛，固顯然不足據也。考維琳，武康人，俗姓沈，住徑山。元肇，字聖徒，號淮海，通州人，住靈隱，後亦圓寂於徑山。《補傳高僧》者殆以兩僧[僧]同住徑山而誤也。⑰

陶元藻所說的〈伐松詩〉，就是上文的〈大夫去作棟梁材〉。他說《山房隨筆》的「別記一條」中的淮海詩，就是上文所說的〈伐松詩〉或〈惜松詩〉。陶元藻讀了《靈隱遺事》、《山房隨筆》及《補續高僧傳》之後，細味〈大夫去作棟梁材〉及〈伐松詩〉兩詩，認為都是元肇所作，而反對明河的「維琳說」。他也認為史相伐松與閻妃伐松同是一事，但先後發生於兩地，故〈大夫去作棟梁材〉，與〈伐松詩〉雖都是元肇之作，但有先後之分。前詩是針對月波亭之松被伐而作，故有「去作棟梁材」，及「惟有鶴歸來」之句，實為「既伐而志戚之詩也」。⑱而後詩是在伐月波亭松之後，又欲盡砍靈竺間古松，故又「為詩寄諷」，似乎言之成理。不過，上文已說元肇任靈隱住持時，史彌遠及閻妃均已作古。兩詩或都為元肇所作，但不管他先後因「既伐而誌戚」和「將伐而隱諷」，都與史彌遠無直接關係。

以上分析，可綜合成下列幾點說明：⑴元人蔣正子所謂南宋僧元肇所作的〈大夫去作棟梁材〉，竟有北宋僧維琳、元僧祖柏、元詩人胡尊生為其作者之異說。⑵明代的陳全之可能是「維琳說」的首創者，而明人董斯張繼承其說，且可能是第一位賦予〈有司欲取寺松供朝用感賦〉一詩題的學者。⑶明僧正勉亦主「維琳說」，採用同一詩題，但將此詩之讀者由地方縣尉升級到當朝皇帝。⑷凡將詩題定為〈有司欲取寺松供朝用感賦〉，皆傾向「維琳說」。⑸明代學者似都主「維琳說」者，而無主「元肇說」者。⑹元人蔣正子、清人趙信與陶元藻雖都認為是元肇所作，但蔣正子與趙信所錄之詩句一模一樣，而陶元藻所錄詩之末句「惟見鶴歸來」作「惟有鶴飛來」。⑺元人傅習、蔣易及明人曹學佺與宋公傳都主「胡尊生說」，其所錄的詩題〈因官伐松〉和詩句完全相同。⑻主「維琳說」有不錄詩題者，如釋明河。有錄詩題為〈有司欲取寺松供朝用感賦〉者，如明之釋正勉、清之張豫章為首之康熙「御選」四朝詩編者。有錄詩題為〈題松〉者，如清之厲鶚。⑼主「祖柏說」者，均錄詩題為〈朝命移栽[寺中]栝子松於內苑〉，如清人顧嗣立及自相矛盾的「御選」四朝詩編者。⑽明、清二朝地方志之修撰者多半主「維琳說」，主「元肇說」者亦有，但人數較少。⑾此詩作者因有四種不同說法，因而出現四種詩題，及五種版本，其中「維琳版」可分A與B兩種版本。⑿此五種版本中，除「元肇版」較有可能與史彌遠有關係外，餘說皆因時間與史彌遠相隔太遠而毫不相干。而「元肇版」亦因元肇住靈隱寺之時間距史彌遠死後至少三十餘年而變成不可能。⒀五種版本之首句皆同，第二句有一字之異，第三、四句則差別不小。可以簡表示意如下：

版本	第二句	第三句	第四句
維琳版A	無復清陰護綠苔	只恐夜深明月下	悞他千里鶴飛來
維琳版B	無復清陰覆綠苔	今夜月明風露冷	悞他千里鶴飛來
元肇版	無復清陰覆綠苔	惆悵月波亭上望	夜深惟見鶴歸來
胡尊生版	無復清陰護綠苔	只恐江頭明月夜	誤他千里鶴歸來
祖柏版	無復清陰覆綠苔	今夜月明風露冷	誤他千里鶴飛來

很明顯地，第二句有「覆綠苔」與「護綠苔」之異。「覆」字偏向描寫實情，「護」字則似乎羼入詩人感情。第三、四句則有「只恐夜深明月下，悞他千里鶴飛來」、「今夜月明風露冷，悞他千里鶴飛來」及「惆悵月波亭上望，夜深惟見鶴歸來」之不同。

其中，元肇版最突出，用字較雅，意境也較高。維琳版A及B與祖柏版用字較俗，意思也太露。祖柏版與維琳版B，基本上相同。第四句雖有「誤」與「悞」之分，但字不同而義實同。胡尊生版與維琳版A，第三句之「只恐」一語後有「江頭明月夜」與「夜深明月下」之異。前者之「江頭」，顯然另有所指，與靈隱寺沾不上邊。後者未指明地點，留給人想像之空間。前者「千里鶴歸來」比後者「千里鶴飛來」寓意稍高，但都不如元肇版之「惟見鶴歸來」，蓋缺乏一種嗒然若失之感覺也。

五種版本中，「胡尊生版」與「祖柏版」既在元代出現，自不會涉及史彌遠。尤其元僧祖柏是南宋史魏王之後。不太可能寫詩諷刺先人史彌遠，何況詩題為〈朝命移栽栝子松於內苑〉，顯非追憶南宋事，不會涉及史彌遠。

其餘的維琳版或元肇版，在宋代也並無所聞，都是在宋以後才出現。二者之中必有先流傳者。由於蔣正子是南宋入元之遺民，與元肇的時間相距較近，當較熟悉南宋掌故及《靈隱遺事》之類的宋人遺著，理論上來說，其所述前人事蹟應較為可靠，而其「元肇說」也應較接近事實。何況「元肇版」除境界較高之外，與元肇所寫的不少體察自然、愛物護生的詠唱草木花卉及蟲魚禽鳥之詩相契合，與下文要討論的〈伐松詩〉或〈惜松詩〉也是情境相因的。

當然，接受蔣正子的「元肇說」，並不表示視蔣正子所引述的故事為真實。也就是說，元肇固可能是詩的真正作者，但他寫詩之時，實非靈隱寺住持，而其詩也無諷喻史彌遠之意思。更進一步地說，就元肇之詩的歷史脈絡來看，「史相」或「史彌遠」為「伐松」權貴之說，並非事實。

如上文所說，蔣正子還將〈大夫去作棟梁材〉與〈伐松詩〉或〈惜松詩〉一併引述，而在〈大夫去作棟梁材〉後記載如下：「穆陵在御，閻貴妃父良臣起香火功德院，欲勝靈竺，乃伐鄰松供屋材，僧作詩曰：『不為栽松種茯苓，秖緣山色四時青。老僧不惜攜將去，留與西湖作畫屏。』詩徹於上，遂命勿伐。又山中有寺基久圮，勢家規其地營葬，僧亦有詩刺之：『一定空山已有年，不須惆悵起頹磚。道旁多少麒麟塚，轉眼無人送紙錢。』遂不復取。⑲此段記載所引的前一首詩即是上文所說的〈伐松詩〉或〈惜松詩〉，也是陶元藻所說的「將伐而隱諷」之作。而後一首則是下文所說的〈吊無著塔〉。前一首未收入於現存的元肇詩集《淮海挐音》裏，後一首則可見之。蔣正子雖未明說這兩首詩的作者，但因為與〈大夫去作棟梁材〉前後並錄，似暗示它們是〈大夫去作棟梁材〉的續作。所以後人亦有如是理解，而明指「僧」為淮海者。換句話說，蔣正子或雖有意無意地隱匿作者之名，但因故事本身頗資談助，不僅為上文所述詩家所重視，亦為小說家所樂談。譬如，以寫《隋唐演義》一傳奇小說著名的清人褚人穫（一六二五—一六八二）就在其《堅瓠二集》中，甚至以〈伐松〉為題，引述蔣正子所傳之故事。

褚人穫所引述的〈伐松〉故事如下：「靈隱寺僧元肇，號淮海。寺有古松，大數十圍，與月波亭相對。史彌遠遣人伐松。淮海作詩云：『大夫去作棟梁材，無復清陰覆綠苔。惆悵月波亭上望，夜深惟見鶴歸來。』又穆陵在御，閻貴妃父良臣起香火功德院，欲於靈竺下伐松供屋材，淮海亦作詩曰：『不為栽松種茯苓，秖緣山色四時青。老僧不會移將去，留與西湖作畫屏。』詩徹於上，遂命勿伐。又山中有寺基久圮，勢家窺其地營葬，淮海亦有詩刺之云：『一帶空山已有年，不須惆悵起頹磚。道旁多少麒麟塚，轉眼無人送紙錢。』豪家見之，遂不復取。」[80]這顯然是接受〈伐松詩〉與〈吊無著塔〉俱為元肇所作之看法。奇怪的是，褚人穫在述〈伐松〉故事之前，先引述〈題松〉故事曰：「《東谷贅言》，處士某，隱居山中。庭有松一株，三百年[前]物也。縣尹立公署，命工[師]伐之，處士斫白書絕句其上曰：『大夫去作棟梁材，無復清陰覆綠苔。今夜月明風露冷，誤他雲外鶴歸來。』[乃再拜而送之，松至縣庭]，縣尹讀詩，悵然，遂止其伐。」[81]這首處士所寫之詩，與上文所說的「維琳版B」和「祖柏版」較接近，但末句「悞他千里鶴飛來」，被改成「悞他雲外鶴歸來」，則不知何故。《東谷贅言》是明・敖英（正德朝進士）所編著，他的原文雖大致與褚人穫所引相同，但結語略異。雖說「縣尹讀詩，悵然」，但是卻在「松至縣庭」之後，也就是松已被伐後送至縣庭，縣尹於讀詩之後，遂「填直而還其松。」[82]這與前述各種不同版本之伐松故事大異其趣，不但寫松被伐後送至縣庭而又被送回，也把詩之作者改為「處士某」。

敖英錄此故事，不知根據何書，而褚人穫因襲其說，先以〈題松〉之名錄之，又以〈伐松〉為題再錄，不查前後之矛盾，與「御選」四朝詩的編者一樣，將同一詩分兩詩題而歸屬於兩個不同朝代之作者，犯類似的錯誤。難道他真的把後詩視為係點竄前詩而成之作？

不管如何，比較褚人穫的〈伐松〉一文與上引蔣正子之文，大致相同，疑褚人穫極有可能抄蔣正子之文。不過他稍加潤飾，並略改兩詩中所用字罷了。這種懷疑應是合理的，因為褚人穫於《堅瓠集》各卷屢屢引述蔣正子《山房隨筆》之文，時而明言，時而未說。他雖然將蔣正子〈伐松詩〉或〈惜松詩〉之後兩句原文「老僧不惜攜將去，留與西湖作畫屏」改成「老僧不會移將去，留與西湖作畫屏」，仍掩飾不了抄襲蔣正子引文之痕跡。當然，蔣正子也是抄自《靈隱遺事》，所以其《山房隨筆》之所錄，也不能算是原始文獻。

清人厲鶚在其《宋詩紀事》也根據蔣正子《山房隨筆》之文引述同一故事，但他又將末兩句改為「老僧只恐移松去，留與青山作畫屏。」⑧³所以後來陶元藻說此詩既說「只恐移松」，又說「留與青山」，是「將伐而隱諷之詩」，故有「詩徹於上，遂命勿伐」之結果，⑧⁴似乎是根據厲鶚的版本而說。換言之，同一首〈伐松詩〉或〈惜松詩〉，經過蔣正子、褚人穫與厲鶚之轉述，末兩句遂有至少三個不同的版本。可以簡表排列比較其不同如下：

版本	第三句	第四句
蔣正子	老僧**不惜擕將**去	留與**西湖**作畫屏
褚人穫	老僧**不會移將**去	留與**西湖**作畫屏
厲鶚	老僧**只恐移松**去	留與**青山**作畫屏

這三種版本雖僅兩、三字之差，但前二者意思都有點含混。勉強作解，「不惜擕將去」似說為了不讓松樹被伐，他會堅持帶走它，以便將來留它做西湖之畫屏。而「不會移將去」，似說松樹有被砍之虞，但他不會將松樹移走，因為他要留下此松，讓它作西湖之畫屏。兩說之做法正好相反，但目標一致。問題是除非松樹尚小，「不惜擕將去」實不可能。而既要「擕將去」，又如何能留下來當西湖之畫屏？除非它只是寓言或諷喻性（allegorical）的說法？而「不會移將去」，則意思直截，似有與有司抗爭之意。至於「只恐移松去」一語，意思明顯，當是表示作者擔心松樹被移他處去當作青山的畫屏了。三者都有陶元藻所說的「將伐而隱諷」之意，雖後者層次與前二者不太相同，「隱諷」的程度也有別，但「詩徹於上，遂命勿伐」的結果是一致的。但三個版本究竟以何者較可能反映元肇的本意？若是為凸顯元肇的堅定、率直而不畏權勢，有意表達抗議官府隨意伐松之性格，褚人穫的版本似較能達到其效果，而這也是小說家有意鋪張的結果。若以元肇的為人及作詩的技巧來看，他的遺詞用字應該會偏向蔣正子版的較為間接的隱諷。

蔣正子所傳述的故事還含有元肇的〈吊無著塔詩〉，但他並不是首先引述此詩者。南宋周密（一二三二—一二九八）在其《武林舊事》就已曾引述。周密對〈吊無著塔詩〉的寫作背景，描述得比蔣正子更詳細。他說：「無著禪師塔，舊有無垢院。韓平原以為壽地，遷院於靈石山側。後楊郡王復取為壽地，遂啟其塔，乃陶龕，容色如生，髮垂至肩，指爪皆遶身，舍利無數，留三日不壞，竟荼毗之。僧肇淮海有詩云：『一定空山五百年，不須惆悵啟頹磚。路旁多少麒麟冢，過眼無人贈紙錢。』今地為永福所有。」[85]周密所述，很明白地指出蔣正子所說的「勢家」即是韓侂冑（一一五二—一二〇七）與楊郡王。韓侂冑是寧宗開禧朝初期的宰相，而楊郡王應當是名將楊業的玄孫楊存中（原名楊沂中，一一〇二—一一六六）。兩人在元肇活躍的時代都早已去世，所以若視元肇之詩是直接而正面針對當權者破壞無著塔的抗議而寫，在時間上說不通，只能說是元肇路過無著塔，見其荒廢，有感而賦詩憑弔，以隨緣自遣而已，並無藉此「反勢家」之意。周密之引述，也只是敘其塔磚被啟之事實，並未暗示元肇詩中蘊含「反勢家」之精神。蔣正子在引述此詩後，說勢家「遂不復取」；而褚人穫也說「豪家見之，遂不復取」。雖然蔣正子與褚人穫所錄之詩與周密的引詩在文字上略有出入，但兩人都將元肇詩的影響力誇大。為了彰顯元肇藉詩表達「反勢家」用意之特質，而忽略了將「反勢家」精神置於歷史脈絡之錯誤（contextually misplaced）。明代的陶宗儀（一三二九—約一四一二）、田汝成（一五〇三—一五五七）雖分別轉載此故事於其《說郛》及《西湖遊覽志》裏，但是對韓侂冑之占用無著道場並改遷其塔視為歷史事實。清代的王維翰也轉載於其《湖山便覽》中，[86]也都明言韓侂冑或楊郡王占用塔地為墳地之事，都無「勢家」或「豪家」見詩而妥協之說，應該是較客觀之記載。

五、史彌遠非「伐松」之人

或許是基於蔣正子及諸人穫標榜元肇「反勢家」之特質，南宋以後〈大夫去作棟梁材〉的讀者就將伐松的人認定是「史相」或將「史相」當作權傾朝野的史彌遠了。這種認定，其實也犯了歷史脈絡上的混淆及時間錯置的毛病。

以時間推算，蔣正子在〈大夫去作棟梁材〉案語裏所說的「史相」不應是史彌遠。若真如趙信所說是史彌遠，則其事應發生在史彌遠的丞相任內。但史彌遠在理宗紹定六年（一二三三）已經去世，而當時元肇才入安吉州（原稱湖州，寶慶元年改）任住持，非蔣正子所說的靈隱「主事僧」，怎麼會因「史相當軸，遣人伐松」，而作詩志戚或抗議呢？詩中的「月波亭」，依陶元藻根據明・聶心湯的《錢塘縣志》說，是明代的集慶寺之所在，也是靈隱寺九里松之所在地，故清人王維翰在《湖山便覽》說：「集慶寺在九里松，坐月桂峰」。[87]元肇可能後來入靈隱之時，感於寺松被伐，而賦詩志感，自不能無少許怨懟之意。詩中之「大夫」，指的是數十圍大的古松樹，[88]既被伐作棟梁之用，自然再也不能以其清蔭遮蓋地上的青苔了。元肇竚足於月波亭上，遙望遭斤斧砍伐的古松，心中惆悵地看著夜中歸來的無家野鶴，心頭一陣感傷而賦詩，正是他緣情體物，好生惡殺的自然表現。但元肇在伐松時既不在靈隱寺，則其詩若真有怨懟之意，對象就不會是史彌遠。也就是說，若史彌遠確實曾經「伐松」，那也不是元肇任靈隱住持之時，而元肇之憾，亦只是有感於松樹被伐而已，並非針對史彌遠而發。何況元肇對史彌遠並無惡感，他曾在史彌遠生日時作「壽疏」為之祝賀，表達他對史彌遠護持叢林之感激。疏中如此說：

和氣發亨，始布王春之月；
頌聲洋溢，誕生相國之辰。
非煙霧之鬱蔥，慶風雲之際會。
共惟某官，起菩薩定，現宰輔身。
家世韋平，克紹詩書之業；
道德周孔，榮封禮樂之邦。
改絃當更化之辰，歸璧致中興之聖。
功高今古，澤及山林。
敬拈一瓣之薌，用祝大鈞之算。
伏願
鼎安宗社，恢故疆之四百州；
城護法門，闡真風於二千載。(89)

這篇疏文，雖是應酬文字，但除認可史彌遠為佛教護法，說他「起菩薩定，現宰輔身」外，還期待他不但能夠安定宗社，恢復北邊失土，且能繼續護法，幫助闡明二千載之佛教教法。揆諸史彌遠與叢林之關係，他伐靈隱寺松的可能性甚小。雖然金石資料有他請杭州大慈定慧禪寺額做為自己在家鄉四明所建功德寺額之說法，(90)但此說法並沒有什麼可靠的文獻為根據。大慈禪寺為史彌遠於嘉定十三年（一二二〇）所建，寧宗賜額教忠報國禪寺，有宋人之記載可稽。(91)而請杭州大慈寺額之說，則明代以前無任何實錄。疑是後人有意誇大史彌遠慣於「掠奪」的深文周納之語。

至於蔣正子所說閻妃為建功德寺而「伐松」，或真有其事。但就時間上來言，此次伐松，並非如陶元藻所言與史彌遠有關。因為元肇當時非靈隱寺住持，不會直接對閻妃有寫詩「寄諷」之動作。故蔣正子所說元肇賦詩「即事志感」，頗有問題。其說如下：

〔集慶寺〕初為菜園，宋理宗以古蕩田千畝易之，為貴妃閻氏建功德院，賜名顯慈集慶禪寺，巧麗冠於諸剎，時名為賽靈隱。有人書其法堂鼓曰：「淨慈、靈隱、三天竺，不及閻妃好面皮。」閻妃冢即在寺後云云。」以此觀之，閻妃以靈隱菜園為香火院，即其地伐松。元肇為靈隱主僧，故即事志感。92

蔣正子之說，也與南宋陳世崇（一二三五—一三〇八）之記載不甚相符。陳世崇即是下文所說的南宋詩人陳郁（藏一）之子。陳世崇在所著的《隨隱漫錄》說：「閻妃以特旨奪靈隱寺菜園建功德寺，住持沖凝絕退院示眾云：『欲去不去被去礙，欲住不住被住礙。渾不礙時洲三島鶴，乾坤四海五湖龍世界。』」93陳世崇所說的「沖凝絕」其實是「沖癡絕」之誤。「沖癡絕」即癡絕道沖（一一六九—一二五〇）。94根據其說，閻妃以靈隱菜園建功德寺時，住持是癡絕道沖，而非元肇。但是癡絕道沖當時也不是靈隱寺的住持。何以知之？因為時間不對之故。依周密的《癸辛雜識》，理宗於淳祐庚戌（一二五〇）之春，創新寺於西湖之積慶山，改九里松舊路，「輪奐極其靡麗」。至壬子（一二五二）夏，始畢工，名顯慈集慶教寺。自開工至落成，約兩年半。完成之後，理宗賜給貴妃閻氏為功德院，且賜山園田畝，為數頗多。」[95]可見閻妃之功德寺是理宗於淳祐十年所建，至淳祐十二年夏才完成。元人劉一清（南宋末生）也在其《錢塘遺事》說是淳祐十年建。雖然他未說何時畢工，但對寺成之後所引起的騷動，與周密之所言類似，都錄有不平者在法堂鼓上所留的譏諷之詞：「淨慈靈隱三天竺，不及閻妃兩片皮。」[96]不過，周密特別指出閻妃在其後「恩數加隆，雖御前五山亦所不逮。」很難想像五山的任何禪師敢於再寫詩「寄諷」。不管如何，閻妃在靈隱菜園建功德寺之時間，是「淳祐庚戌」，也就是淳祐十年（一二五〇）。[97]依趙若琚所寫的癡絕道沖行狀，癡絕是當年三月十四日去世，建功德寺的時間雖在春天，但靈隱住持癡絕此時已是八十二歲之齡，又帶病在身，若欲「退院示眾」，以表示抗議，只會招來迫害。何況，他根本不在靈隱，而在徑山，不可能有類似情事發生。筆者在〈癡絕道沖與南宋的禪文化〉一文，根據道璨的〈徑山癡絕禪師行狀〉，對癡絕在徑山的時間有詳細補充說明，證明他此時確在徑山無誤。[98]茲考《徑山志》之癡絕傳，所述大致與道璨之行狀相同，大略謂：淳祐甲辰（一二四四），朝旨移癡絕於靈隱，癡絕認為靈隱為其大父密庵，伯父松源弘道之地，「方欲奮勵，力振祖風，而世故有不滿其意者，伐鼓辭眾，歸隱金陵。京兆尹遣屬官追挽，不可，朝命以虎丘養老，不就。留守虛齋趙公以蔣山起之，不應。戊申（一二四八）春，育王笑翁散席，朝論以大覺故家，不輕畀付，特詔師隱所，三返卒不奉詔。明年（一二四九），京尹趙公以法華請開山，將領事，而勅牒住徑山之命繼至，師欲以法華並辭，自謂『不赴法華則不信，重違君命則不恭。』乃幡然而作，留法華逾月，即登徑山。」[99]可見他在靈隱「退院示眾」之說頗有疑義。而《靈隱寺志》竟說：「後，理宗取下菜園地建閻妃功德寺，[癡絕]即日退院，躬荷包笠，往遊廬山。遣使留之，不回。乃賜古蕩千畝，圩田千畝與易。後住徑山。」⑩更不可信。

閻妃為建功德寺而「伐松」之舉，周密與劉一清都未曾詳言，兩人都只說是理宗為閻妃所建。集慶寺法堂鼓皮上的「不及閻妃兩片皮」一聯也是針對理宗而發。但其他人如陳世崇及蔣正子都言之鑿鑿，視閻妃為始作俑者。但只有蔣正子及附和其說者認為元肇〈伐松詩〉造成閻妃伐松不成，因為其詩傳到理宗之耳，理宗乃下命勿伐之故。如果理宗之建寺是應閻妃之所求，以閻妃的絕色之姿，明艷之容，「後宮為之奪寵」之聖眷，勳臣舊輔之墓之不保，御前五山之遜色，如此集寵愛於一身的妃子，理宗能不任其所欲，而聽其伐松？靈隱寺松怎麼會因元肇之詩句而倖免於閻妃砍伐之欲呢？問題是，周密與劉一清雖說此寺之建，吏卒旁緣為奸，望青採斫，鞭笞追逮，雞犬為之不寧，而「土木之工，過於諸寺」，但並未明說有伐松之事，也未提及元肇或癡絕寫詩之事。他們的記錄應該較符合事實的。再說，閻妃是在淳祐九年（一二四九）九月乙未由婉容受冊命為貴妃的，⑩如果她伐松或欲伐松的時間確實在淳祐十年（一二五〇），元肇寫詩諷諭也不可能，因為他當時在平江，並不在靈隱。事實上，他到靈隱任住持之時，已是景定四年癸亥（一二六三），如真逢閻妃伐松建功德寺之事而作〈伐松詩〉，應在此時，而非淳祐十年。但閻妃於景定元年（一二六〇）秋七月壬申卒，⑩不會在死後三年發生她欲伐松建功德寺之事，更不會因元肇作詩而導致理宗詔罷建寺之結果。

準此而論，閻妃伐松與史彌遠及元肇間之關聯，疑點重重。三人不可能湊在一起。但由於元肇之詩名已深受後世所重，所以深信元肇為反對閻妃而寫「伐松詩」者大有人在。清人梁紹壬（一七九二—？）在其《兩般秋雨庵隨筆》一書中說「僧元肇號淮海作詩曰」，但他不說靈隱僧元肇，或許是不確定元肇當時是否在靈隱。不過他還是說伐松進行不久，即告作罷，是因為元肇賦詩之故。其語曰：

〔集慶〕寺在靈隱寺之東，宋理宗閻貴妃香火院也。初建時，貴妃父良辰欲發材靈隱以供屋材。僧元肇號淮海作詩曰：「不為栽松種茯苓，祇緣山色四時青。老僧不許移松去，留與西湖作畫屏。」詩徹於上，遂命勿伐。⑩③

梁紹壬之記載是指明香火院開工之後因元肇詩上達天聽而奉詔停建，靈隱寺之松也因而倖免於伐。他還將蔣正子所引的元肇詩句「老僧不會移將去」，讀作「老僧不許移松去」，辭氣更堅，誇張元肇不屈於權貴、不許閻妃伐松之志節，更加明顯。

這些有關元肇之故事及其所寫之詩，在清光緒時期續修的《雲林寺志》又重複敘述了一次。其有關史彌遠遣人伐松事，大抵根據《靈隱遺事》，而閻貴妃父欲伐松事，則引《山房隨筆》。所以也因襲了它們之誤。《雲林寺志》又將蔣正子所錄元肇詩之「老僧不會移將去」一句改為「老僧不為移松去」，⑩④更增混淆。

總而言之，閻妃之功德寺應該是理宗所建，理宗建寺時，靈隱的住持既非元肇，亦非道沖。若是元肇之〈伐松詩〉確實涉及靈隱寺松，那也是因為他對禪院及其園林之重視，認為靈隱寺與其松是整體而不可分的。他若為抗議而寫詩，也應當在領靈隱寺之時，而當時史彌遠及閻妃都已去世，元肇與一相一妃是毫無瓜葛的。後人見其詩之不俗，欲為其詩尋找一合適的歷史脈絡，結果是治絲益棼，疑問叢生。這固然令人遺憾，但亦可讓人感到元肇詩之受重視，及史彌遠之無端受誣。

六、結語

「大夫去作棟梁材」是一首詩的首句，全詩最先出現在已經失傳的《靈隱遺事》裏，經元人蔣正子迻錄於其《山房隨筆》後，歷經元明清三代，不僅出現不同版本，連作者也產生異說。在《山房隨筆》裏的原詩是南宋禪僧淮海元肇所作，是針對南宋寧宗及理宗朝宰相史彌遠之伐靈隱寺松而發。但三種異說則分別將作者歸屬於北宋僧維琳，元僧祖柏及元詩人胡尊生，而與史彌遠全然無關。筆者將此三種異說簡稱為「維琳說」、「祖柏說」、與「胡尊生說」，以相對於原來之「元肇說」而言，並認為三異說都有問題，不如「元肇說」可靠。何以有三異說之產生，原因不一，有意或無意的穿鑿、竄改、誤記或誤傳都有可能，而且經常發生。除了上述三異說之外，還有將原詩作者歸屬於四川或台州人之作法。譬如，清人張晉生在其《四川通志》說某棉竹縣人詹香山告訴他：「某寺有古柏一株，縣令將伐之造署，蜀人莫敢逆者。寺有老僧題一絕於樹云：『定知此去棟梁材，無復清陰覆綠苔。只恐深山明月夜，悞他千里鶴歸來。』縣令見之，惻然而止。」[105]雖然地點改成四川某地，作者改成某寺老僧，首句也改為「定知此去棟梁材」，但顯然是改自「維琳版」或「祖柏版」。又如，隨園老人袁枚（一七一六—一七九七）在其《隨園詩話》裏敘述一類似之故事說：「江西某太守將伐古樹，有客題詩於樹云：『遙知此去棟梁才，無復清陰覆綠苔。只恐月明秋夜冷，誤他千歲鶴歸來。』太守讀之，愴然有感，乃停斧不伐。」[106]雖然地點改成江西某地，作者只稱「有客」，詩的首尾兩句也頗有改易，但仍保留原詩的主要成分。其末句的「千里」改成「千歲」，疑為傳刻之誤。再如，台州進士喻長霖（一八五七—一九四〇）在其《民國續修台州府志》也說：「元許鄞尹廣大金波[亭]，松為人所伐，感賦云：『大夫去作棟梁材，無復清陰覆綠苔。惆悵金波亭上月，夜深休誤鶴歸來。』」[107]顯然是綜合「元肇版」與「維琳版」而成，把「月波亭」改為「金波亭」，又把「夜深休見鶴歸來」及「悮他千里鶴飛來」改併成一句而為「夜深休誤鶴歸來」，其奪胎換骨之跡昭然可見。張晉生與喻長霖似乎都為了塑造地區性的英雄，將原詩的用字加以竄改，而說成蜀人或台州人所作，這與湖州或武康地方志編者之擅改原詩用字，並說成是湖州武康僧維琳所作一樣，都可能是一種地域情結的因素導致而成。當然，後人點竄前人之詩而為己作亦不無可能。但其前提應當是他們特別相信與重視〈大夫去作棟梁材〉一詩所涉及的傳聞，及傳聞中作者元肇的「示範性」的詩作。

不管如何，這些不同的異說，使人想起後現代主義歷史思想家 Keith Jenkins 在 *On 'What is History?'*（《論什麼是歷史?》）一書中所說的「混淆不清的過去」（promiscuous past）一說。其說認為：「過去」之事有待於後人賦予其意義及目的，可使其關涉任何人。[108]也使人想起文化批評家 Michel de Certeau 對歷史真相之不信任，認為「過去是今日的小說」。[109]以上諸種異說，是給予 Jenkins 及 Certeau 一類的新歷史主義學者否定歷史事實或真相的口實。

本文之討論旨在確定各種異說之非歷史真相，也都與史彌遠無關。「元肇說」雖是最可能涉及史彌遠「伐松」之事，但就伐松時間、史彌遠之卒年及他與叢林和元肇間之關係等因素考量，史彌遠不可能是伐松之人。元肇另一首涉及靈隱寺松的〈伐松詩〉或〈惜松詩〉和其〈吊無著塔詩〉也都與史彌遠與理宗之閻妃無關。他寫此三首詩或因惜靈隱寺松已遇斧斤，或憂其將被斬伐，在不同時間賦詩志感，表示他的思念、遺憾甚至感傷，或有諷喻之意，但都不是針對史彌遠及閻妃的對抗性（confrontational）的「反勢家」之作。史彌遠伐靈隱寺松之事若確曾發生，宋人的記錄應該可以看出一些蛛絲馬跡，但存有這種記錄的《靈隱遺事》已經失傳，而蔣正子之引述亦頗多疑點。他所說的靈隱住持元肇所面對之「史相」既非史彌遠，也非史彌遠的姪兒史嵩之，因為前者已死三十年，而後者早去相位，閒廢於東吳家中。《靈隱遺事》、《山房隨筆》乃至後來的筆記、詩話及地方志所載，如同歷史上的許多傳說，都可以說是以訛傳訛之結果。這種結果，毋寧是史書描繪史彌遠惡劣形象所產生的後遺症。歷史的真相還是有的，筆者之辨析或有未盡之處，或可能並非絕對的真相，但應該是較接近事實的。

【注釋】

①按：自柏拉圖與亞里斯多德以來，logos 與 mythos 之共存與對立就是西方學者屢屢爭論的問題。尤其是科學家與宗教學者之間，更是壁壘分明，互不妥協。前者認為兩者應該嚴格劃分，以科學實事求是之態度發掘事實（logos），而後者認為一切現象都起源於神話或迷思（mythos），科學無法完全解釋過去之現象。自從 Karen Amstrong 先後出版其名著 *A History of God*（New York and London: Ballatine Books, 1993）及 *The Battle for God: Fundamentalism in Judaism, Christianity and Islam*（New York: Knopf & Harper Collins,2000）強調 logos 與 mythos 為兩種尋找真理的不同思維方式，遂把此一爭論帶到二十世紀來。一般來說，兩者各有多層不同之意義，但就歷史家言，可概括為事實或真理（truth）與神話或迷思（myth）。

②按：「梁」同「樑」。蔣正子所引詩句「大夫去作棟梁材」使用「梁」字，但其他書有作「梁」或「樑」者，本文一

律改為「梁」字，以求統一。

③參看《宋史》卷四一四，〈史彌遠傳〉，P.12418。《宋史紀事本末》卷八八，〈史彌遠廢立〉，P.992。歷代批判史彌遠最嚴厲者，應數清乾嘉時期的史學家趙翼了。他在《廿二史箚記》一書有〈秦檜史彌遠之攬權〉一文，略謂：「……則彌遠未死以前，理宗不能有權可知也。統觀古今來權臣當國，未有如二人之專者。然秦檜十八、九年，威福已久，名入奸臣傳，至今唾罵未已。彌遠相寧宗十七年，相理宗又九年。其握權既久於檜；檜僅殺岳飛、竄趙鼎等，彌遠則擅廢寧宗所建之皇子，而別立嗣君，其無君之罪，更甚於檜，乃及身既少詬詈，死後又不列奸邪。則以檜讎視正人，翦除異己，為重怨所叢，而彌遠則肆毒於善類者較輕，遂無訾之者。然則，史彌遠之黠，豈不更勝於檜哉?」見《廿二史箚記》（臺北：世界書局，一九六八）卷二六，P.354-355。

④關於元肇之詩集《淮海挐音》，詳見上文。

⑤元・蔣正子，《山房隨筆》（臺北：臺灣商務印書館，影印文淵閣《四庫全書》本，一九八三—一九八六），P.15a。

⑥按：清・史義貴，《四明林梁橋史氏宗譜》（出版詳細時間及年代不詳）將史嵩之卒年誤為淳祐五年（一二四五）。

⑦清・沈嘉轍等，《南宋雜事詩》（臺北：臺灣商務印書館，影印文淵閣《四庫全書》本，一九八三—一九八六）卷七，P.3a。

⑧同前註。

⑨《山房隨筆》原文謂：「穆陵在御，閻貴妃父良臣起香火功德院，欲勝靈竺，乃伐鄰松供屋材。僧作詩曰：『不為栽松種茯苓，秪緣山色四時青。老僧不惜擕將去，留與西湖作畫屏。』詩徹於上，遂命勿伐。又山中有寺基久圮，勢家規其地營葬，僧亦有詩刺之：『一定空山已有年，不須惆悵起頹磚。道旁多少麒麟塚，轉眼無人送紙錢。』遂不復取。」見《山房隨筆》，P.15ab。

⑩明・佚名，《西湖志》（萬曆唐裝本）卷四四，P.3b。

⑪清・王維翰，《湖山便覽》（清光緒元[一八七五]槐蔭堂本）卷五，P.24b。

⑫清・魏嵋，《康熙錢塘縣志》（康熙五十七年刊本，一七一八）卷三三，P.12ab。按「惟」，原書誤作「推」。

⑬同前書，卷三六，P.41b。

⑭明・陳全之，《蓬窗日錄》（明嘉靖四十四年刻本）卷七，P.68a。

⑮明，董斯張，《吳興藝文補》（明崇禎六年刻本）卷四八，P.29b。按：「悮」同「誤」，此處保留原文用字。

⑯明・明河，《補續高僧傳》（臺北：新文豐出版公司，《卍續藏經》第一三四冊，一九七五）卷十八，P.292ab。

⑰明・正勉，《古今禪藻集》（臺北：臺灣商務印書館，影印文淵閣《四庫全書》本，一九八三—一九八六）卷十二，P.9a。

⑱明・張淵，《成化湖州府志》（明成化十一年）卷二十，P.9b-10a。

⑲明・王珣等，《弘治湖州府志》（清歸安姚氏咫進齋鈔本）卷二十，P.9b-10a。

⑳明・胡宗憲，《（嘉靖）浙江通志》（嘉靖四十年刊本，一五六一）卷六八，P.2933。

㉑明・程嗣功，《（嘉靖）武康縣志》卷八，P.12b-13a。

㉒明・劉伯縉，《（萬曆）杭州府志》卷九十，P.30ab。

㉓明・戴日強，《萬曆餘杭縣志》（臺南縣：莊嚴文化，《四庫全書存目叢書》一二〇冊，一九九六）卷九，P.19又19。

按：原書P.19重複，故重複之頁為「又19」。

㉔惟白，《建中靖國續燈錄》（臺北：新文豐出版公司，《卍續藏經》第一三六冊，一九七五）卷十一，P.175b。

㉕曇秀，《人天寶鑑》（臺北：新文豐出版公司，《卍續藏經》第一四八冊，一九七五）卷上，P.100a。

㉖熙仲，《歷朝釋氏資鑑》（臺北：新文豐出版公司，《卍續藏經》第一三二冊，一九七五）卷十，P.203b。

㉗宋・傅藻，《東坡紀年錄》（北京圖書館藏珍本年譜叢刊），P.455。按：《四部叢刊初編》本《東坡紀年錄》，附於

《王狀元集註分類東坡先生詩》一書後，唯其記載東坡死前之語，似有缺筆。又《蘇軾文集》錄有「某嶺海萬里不死」一帖之全文曰：「某嶺海萬里不死，而歸宿田里，遂有不起之憂，豈非命也夫？然死生亦細故爾，無足道者，惟為佛、為法、為眾生自重。」見《蘇軾文集》（北京：中華書局，一九八六）卷六一，P.1885。

㉘《蘇軾文集》卷七二，P.2300。

㉙《蘇軾文集》卷六一，P.1884。

㉚《雲麓漫鈔》（北京：中華書局點校本，一九九六）卷九，P.155。趙彥衛還說：「今刊行先生年譜不載此，以補闕文云。」

㉛《吳興藝文補》卷四八，P.29b。按：《吳興藝文補》將此詩之「目換」作「自煥」；「雌雄」作「雄雄」，「答文殊」作「春文殊」；「偈相答」作「默相酬」；「霜柱」作「露柱」。

㉜《欒城集》（上海：上海古籍出版社點校本，一九八七）卷十四，P.327。

㉝見羅願，《新安志》（成都：四川大學出版社，《宋元珍稀地方志叢刊》甲編第八冊，二〇〇七）卷五，P.144。蘇轍令績溪，見同書同卷P.155。唯其時間，該書繫於元豐八年（一〇八五），此處從孫汝聽，《蘇潁濱年表》，《欒城集》附錄，P.1785。不過《年表》未繫〈送琳長老還大明山〉於此年，亦未繫於其他時間。

㉞《咸淳臨安志》卷二七，P.20a。南宋的徑山廣聞禪師之塔就在大明山下，見林希逸，《竹溪鬳齋十一稿續集》（臺北：臺灣商務印書館，影印文淵閣《四庫全書》本，一九八三—一九八六）卷二一，P.16b。

㉟《欒城集》卷十四，P.328-329。

㊱《明成化杭州府志》（台南：莊嚴出版社，《四庫全書存目叢書》本，第一七五冊）卷五六，P.779。按：《全宋詩》收維琳詩作三首，〈有司欲取寺松供朝用感賦〉為其中之一，而此詩未收。

㊲李之亮根據《嘉禾志》將其入秀州時間定為政和三年（一一一三），離任時間定為政和五年（一一一五）。見李之亮，

《宋兩浙路郡守年表》，P.545。

㊳ 毛滂，《東堂集》卷三，〈無畏道人居觀音院奉寄一首〉，P.8a。

㊴ 《東堂集》卷四，〈奉送徑山無畏老人謁吳興蔣使君，無畏能作詩寫字，去徑山五年，遨遊江南以歸，遂過僕於此，聊館之旁寺，老屋三數間而已。當坐名山勝剎大佛事，而此非所宜安也〉，P.7ab。

㊵ 同前註。

㊶ 《東堂集》卷四，〈徑山無畏老人從旁郡來，解包武康觀音院。昨日訪別云：「當走錢塘、吳興二郡，謁林、豐二主人。」僕怪其枯槁淡薄士，當無求於世，反從事於王公門墻下。老人知僕意，因云：「二公有道士，我佛所謂大長者輩。今佛長城在彼，我當歸之。」僕是其說，作詩以餉其行。老人常掛瘞鶴銘於座右，自言得其行筆法。又苦吟名於士大夫間，屢過僕東堂飯，每稱吾家飯美，以故併載詩中〉，P.8b-9a。

㊷ 《東堂集》卷四，〈僕罷官東歸，過杭州，寓六游堂。而樓閣倚空，江山在目，僕甚樂之。無畏老師自武康送客至此，過僕於此堂之上，留飯終日。頃僕作武康令，居縣之東堂，每與師飯於堂上。數稱東堂飯美，每食輙兼人。別十數年，飯猶健也。然師於世故泊然，了無芥蒂。獨於東堂故人，若不能忘情者，亦復可怪。戲作詩一首，其末併道所懷〉，P.9b。

㊸ 《東堂集》卷三，〈十二月二十六日出郊訪無畏詩禪暮歸奉寄〉，P.18ab。

㊹ 《東堂集》卷三，〈書禪靜寺集翠堂示堂中老人琳徑山詩〉，P.3b。

㊺ 《東堂集》卷三，〈曉出響應山過靜林道中奉寄琳老〉，P.8ab。

㊻ 《東堂集》卷三，〈十月十日訪琳道人於禪靜寺，與之徘徊泉石間甚久。道人云：『有大龍團，藏亦數年，食且幾盡。』因出刀圭，許而龍軀僅餘一爪，色理極蒼古。又云：『趙清獻公嘗得須菩提畫像。』乃張畫壁間，煎所謂龍爪以餉。僕迫夜來歸，坐縣之東堂，見月，奉寄一首〉，P.3b。按：須菩提（Subhūti）為佛陀十大弟子之一，又稱善現、

善吉、空生，號稱「解空第一」。

㊼同前註。

㊽《東堂集》卷四，〈訪琳老聞出赴供〉，P.22b。

㊾《東堂集》卷三，〈東堂獨坐懷琳老二首〉，P.15b。

㊿分別見《東堂集》卷四，〈過靜林寺用琳老韻作四絕句〉，P.11ab；卷四，〈汲水禪靜琳老寄詩因次韻奉寄〉，P.21a；卷四，〈次韻琳老〉，P.8a；卷四，〈次韻答琳老〉，P.7a；卷三，〈次韻琳老中秋月〉，P.14b。

(51)《東堂集》卷四，〈次韻琳老〉，P.8a。

(52)《東堂集》卷九，〈湖州銅山無畏庵記〉，P.24a-26a。

(53)宋．王象之，《輿地碑記目》錄有《餘英志》，為慶元進士劉瞳撰。見卷一，P.7a。又《同治湖州志》引《直齋書錄解題》謂劉瞳撰有《餘英志》二卷，已佚。見該書卷五七，但查現存《直齋書錄解題》並未錄有此書。

(54)《嘉泰吳興志》（臺北：成文出版社，一九八三）卷十八，P.19a。見錄於陳振孫《直齋書錄解題》（上海：上海古籍出版社點校本，一九八七）卷八，P.245。陳振孫之解題云：「吳興志二十卷，樞密院編修，郡人談鑰元時撰。嘉泰元年也。其為書草率，未得為盡善。」

(55)譬如，清．周學濬的《同治湖州府志》卷五七，引述明．勞鉞的《成化湖州府志》說維琳有《無畏大士集》二卷。現存《成化湖州府志》（日本藏中國罕見地方志叢刊）有缺頁，無此記錄；清．疏筤的《道光武康縣志》卷十五說維琳有《無畏大士集》三卷。

(56)《全宋詩》卷二六九四，P.12912。《全宋詩》當然有遺漏，譬如，維琳還有〈慧照寺題壁詩〉並未收錄，其詩曰：「手裏筇枝七八節，石傍松樹兩三株。閒來不敢多時立，恐被人偷作畫圖。」詩見於戴日強纂修的《萬曆杭州府志》卷九十。邵晉涵撰《乾隆杭州府志》時曾引述之。見《乾隆杭州府志》卷三一。

57. 明・曹學佺，《石倉歷代詩選》卷二八〇，P.12b。

58. 明・宋公傳，《元詩體要》（臺北：臺灣商務印書館，影印文淵閣《四庫全書》本，一九八三—一九八六）卷十四，P.9b-10a。

59. 元・蔣易，《元風雅》（臺北：臺灣商務印書館，影印文淵閣《四庫全書》本，一九八三—一九八六）卷八，P.10a。

60. 除了〈因官伐松〉之外，《元風雅》還錄有〈送君進周公〉、〈瓊花上天〉、〈壽梅辭世〉、〈野鷹來〉、〈陌上花〉和〈金莖承露〉等詩。

61. 清・張豫章，《御選宋金元明四朝詩》（臺北：臺灣商務印書館，影印文淵閣《四庫全書》本，一九八三—一九八六）卷七四，〈有司欲取寺松供朝用感賦〉，P.37a；卷七九，〈朝命移栽寺中括子松於內苑〉P.16b。

62. 同前註。

63. 顧瑛，《草堂雅集》（臺北：臺灣商務印書館，影印文淵閣《四庫全書》本，一九八三—一九八六）卷十四，P.3b。

64. 按：史浩死後，又追封越王，改謚忠定，故又有忠定史越王之稱。史彌遠死後追封衛王，謚忠獻，故僧史多稱忠獻史衛王。

65. 同前註。

66. 顧嗣立，《元詩選》卷九，P.8b-9a。

67. 同前註。

68. 同前註。按：顧嗣立之記載，當是根據元・陶宗儀的《南村輟耕錄》而來。該書有云：「後至元丁廿[丑]夏六月，民間謠言朝廷將采童男女以授韃靼為奴婢，且俾父母護送，抵直北交割。故自中原至于江之南，府縣村落，凡品官庶人家，但有男女年十二、三以上，便為婚嫁。六禮既無，片言即合。至於巨室有不待車輿親迎，輒徒步以往者，蓋惴惴焉，惟恐使命戾止，不可逃也。雖守土官吏與夫韃靼、色目之人亦如之，竟莫能曉。」見陶宗儀，《南村輟耕錄》（上海：

上海商務印書館，《四部叢刊三編》本，一九三六）卷九，P.8b-9a。按：文中「丁廿」顯為「丁丑」之誤。後至元丁丑，是元順帝至元三年（一三三七）。

69 按：《御選宋金元明四朝詩》之編纂者分「纂選官」六人、「錄選官」二十二人及「校刊官」九人。

70 《御選宋金元明四朝詩》提要。

71 清・宋長白，《柳亭詩話》（臺南：莊嚴文化事業公司，《四庫全書存目叢書》，一九九七）羅坤序文。

72 《柳亭詩話》卷一，P.12ab。

73 厲鶚，《宋詩紀事》卷九一，〈題松〉，P.44b。

74 清・陶元藻，《全浙詩話》（上海：上海古籍出版社，《續修四庫全書》第一七〇三冊，二〇〇二）卷二十，P.293ab。

75 見清・邵晉涵，《乾隆杭州府志》卷一〇七，P.14a。清・劉守成等，《乾隆武康縣志》（清乾隆十二年重修刊本鈔）卷七，P.29a。清・張吉安、朱文藻，《（嘉慶）餘杭縣志》（臺北：成文出版社，一九七〇）卷二九，P.16b-17a。清・疏筤、陳殿階，《（道光）武康縣志》（臺北：成文出版社，一九八三）卷十九，P.48b。清・周學濬，《同治湖州府志》（同治十三年刊本）卷九一，P.11b-12a。清・宗源瀚，《同治湖州府志》（臺北：成文出版社，一九七〇）卷九一，P.2b-3a。

76 清・魏𡾰，《康熙錢塘縣志》（清康熙五十七年刻本）卷三三，P.12a；卷三六，P.41b。

77 《全浙詩話》卷二十，P.293b。

78 同前註。

79 蔣正子，《山房隨筆》，P.15ab。

80 褚人穫，〈伐松〉，《堅瓠二集》（北京：全國圖書館文獻縮微複製中心，二〇〇二）卷四，P.8a-9a。前詩中的「攜將去」，《堅瓠二集》作「移將去」。後詩中的「一定空山」，《堅瓠二集》作「一帶空山」。

(81) 同前書，卷一，P.39b-40a。按：褚人穫的引文略掉原文若干字，補於〔 〕中。「斫白」，誤刻為「研白」，依《東谷贅言》原文改正。

(82) 明．敖英，《東谷贅言》（上海：商務印書館，《叢書集成初編》本，一九三七）卷下，P.34。其原文為：「處士某，隱居山中，庭有松一株，三百年前物也。縣尹立公署，命工師伐之，處士斫白書絕句其上曰：『大夫去作棟梁材，無復清陰覆綠苔。今夜月明風露冷，誤他雲外鶴歸來。』乃再拜而送之。松至縣庭，縣尹讀詩悵然，遂填直而還其松。」

(83) 見清．厲鶚，《宋詩紀事》卷九三，P.27ab。

(84) 蔣正子，《山房隨筆》，P.15ab。

(85) 周密，《武林舊事》（臺北：大立出版社，《東京夢華錄外四種》，一九八○）卷五，P.437；元肇，〈吊無著塔〉，《淮海挐音》卷下，P.29b。按：此無著塔應該是指唐末杭州龍泉院禪師文喜（八一一—九○○），其師號為無著，塔建於靈隱山西塢。唐昭宗天復二年（九○二），宣城帥田頵應杭將計思叛渙，縱兵大掠。發文喜之塔，見肉身不壞如入禪定，髮爪俱長。武肅王奇之。遣裨將邵志祭之，後重封瘞焉。見《宋高僧傳》卷十二，P.292-293。又按：蔣正子所錄「一定空山已有年」句，周密錄為「一定空山五百年」，其「轉眼無人送紙錢」句，周密錄為「過眼無人贈紙錢」。

(86) 明．陶宗儀，《說郛》（臺北：臺灣商務印書館，影印文淵閣《四庫全書》本，一九八三—一九八六）卷六三下，P.35b-36a。明．田汝成，《西湖遊覽志》（臺北：臺灣商務印書館，影印文淵閣《四庫全書》本，一九八三—一九八六）卷十，P.20ab。清．王維翰，《湖山便覽》卷五，P.43a。

(87) 《全浙詩話》卷二十，P.293b。明．聶心湯《萬曆錢塘縣志》「紀文」卷，P.40b；「紀制」卷，P.49a。《湖山便覽》卷五，P.23b。

(88) 按：據傳「始皇二十八年登封泰山，至半，忽大風雨雷電，路傍有五松樹，蔭翳數畝，乃封為五大夫。忽聞松上有人言曰：『無道德，無仁禮，而天下妄命。帝何以封？』左右咸聞，始皇不樂，乃歸，崩於沙丘。」此應為松稱「大夫」之首見。參看唐・李冗之《獨異志》（北京：北京圖書館藏，明萬曆商氏半埜堂刻本）卷中，P.7ab。又按：李冗之記載本《史記》之文，但《史記》並未說泰山之樹為松樹。其文曰：「二十八年，始皇東行郡縣，上鄒嶧山，立石，與魯諸儒生議，刻石頌秦德，議封禪望祭山川之事。乃遂上泰山，立石，封，祠祀。下，風雨暴至，休於樹下，因封其樹為五大夫。」見《史記》卷六，〈秦始皇本紀〉，P.242。

(89) 元肇，〈史衛王壽疏〉，《淮海外集》卷上，P.19b-20a。

(90) 清・丁敬，《武林金石記》卷九，〈大慈定慧禪寺記〉，P.4b-5a。

(91) 宋・羅濬，《寶慶四明志》卷十三，P.25b。

(92) 蔣正子，《山房隨筆》，P.15ab。《全浙詩話》卷二十，P.293。「好面皮」，周密《癸辛雜識》作「兩片皮」，見下文。

(93) 陳世崇，《隨隱漫錄》（北京：中華書局點校本，二〇一〇）卷五，P.53。按：孔凡禮採商務印書館涵芬樓本為底本，誤「沖癡絕」為「沖凝絕」。其實他所參校的稗海本及四庫文淵閣本，皆作「沖癡絕」，應採用之。四庫文津閣本作「沖癡」，亦誤。

(94) 關於癡絕道沖，參看筆者《泗州大聖與松雪道人》一書及〈癡絕道沖與南宋的禪文化〉一文，《九州學林》，二〇一〇年冬季號，P.128-154。後者是針對高明道先生（Friedrich F. Grohmann）的〈讀史雜記—談癡絕道沖禪師〉一文而寫。高君之文分上、下兩篇，分別刊登於《法光》二百四十八期（5/1/2010）及二百五十期（7/1/2010）。又見下章。

(95) 周密，《癸辛雜識別集》卷下，〈閻寺〉，P.295。

(96) 元・劉一清，《錢塘遺事》（上海：上海古籍出版社，一九八五）卷一，〈顯慶寺〉，P.24-25。劉一清說：「臨安靈隱、淨慈、上中下三天竺寺，皆宋朝祖宗功德寺也。淳祐庚戌，為貴妃閻氏建功德寺於九里松近靈隱寺前，名顯慶寺。」

土木之工，過於諸寺，時人名之曰賽靈隱。寺成，建大鼓於法堂，忽有人掩入不備，大書鼓上云：『淨慈靈隱三天竺，不及閻妃兩片皮。』由此界限甚嚴，無故者不得復入矣。」周密則說，其寺建造之初，「內司分遣吏卒市木於郡縣，旁緣為奸，望青採斫。鞭笞追逮，雞犬為之不寧，雖勳臣舊輔之墓皆不得而自保。或作詩諷之曰：『合抱長材臥壑深，于今惟恨不空林。誰知廣廈千斤斧，斲盡人間孝子心。』其後恩數加隆，雖御前五山亦所不逮。一日忽於法堂鼓上有大字一聯云：『淨慈靈隱三天竺，不及閻妃兩片皮。』於是行下天府緝捕歲餘，終不得其人。」

97 明・田汝成的《西湖遊覽志》說是「淳祐十一年」建，可能是誤抄前人之書。

98 同註94引文。有關道璨，詳見筆者的《無文印的迷思與解讀》（臺北：臺灣商務印書館，二〇一〇）。

99 明・宋奎光，《徑山志》（臺北：明文出版社，《中國佛寺志彙刊》第一輯第三十一冊）卷二，P.190-191。

100 清・孫治，《武林靈隱寺志》（臺北：明文出版社，《中國佛寺志彙刊》第一輯第二十三冊）卷三，P.179-180。

101 《宋史》卷四三，〈理宗本紀〉P.841。

102 《宋史》卷四五，〈理宗本紀〉P.874。

103 清・梁紹壬，《兩般秋雨庵隨筆》（台北：文海出版社，近代史中國史料叢刊續編，第十六輯，第一五七冊，一九七五）卷六，P.263。按：「發材靈隱」疑為「伐松靈隱」。

104 見清・沈鑅彪，《雲林寺續志》（臺北：明文書局，《中國佛寺志彙刊》第一輯第二十五冊，一九八〇）卷八，P.478-479。

105 清・張晉生，《雍正四川通志》（臺北：臺灣商務印書館，影印文淵閣《四庫全書》本，一九八三—一九八六）卷四六，P.22a。

106 清・袁枚，《隨園詩話》（清乾隆十四年刻本）卷一，P.15b。

107 民國・喻長霖，《民國續修台州府志》（民國二十五年排印本）卷九五，P.15b。

⑩⑧ Keith Jenkins, *On 'What is History?'*（London: Routledge, 一九九五）, pp.57-8。按：Jenkins 是後現代主義歷史思想家，此書用文化學者之理論否定過去之歷史完全是現代作者及史家發明的，批判 E.H. Carr 在其書 *What is History?*（《什麼是歷史？》）所說的「歷史事實」是不存在的。

⑩⑨ Michel de Certeau, *The Writing of History*, trans. Tom Conley（New York: Columbia University Press, 一九八八）, p.10。按：Certeau 認為所有的寫作都無法客觀，所以其地位與小說一樣。因為歷史是一種寫作形式，所以所有歷史也都是小說；「過去是今日的小說」。參看 Keith Windschuttle, *The Killing of History*（New York: The Free Press, 一九九六）, p.34。

十、附錄二：癡絕道沖禪師與南宋的禪文化

一、引言

最近偶然在網路上看到高明道先生（Friedrich F. Grohmann）的〈讀史雜記——談癡絕道沖禪師〉一文。①在該文中，他對所讀到的若干論禪宗史論著有些意見，主要是因它們沒有給南宋禪師癡絕道沖應得的篇幅，而且對癡絕道沖的生卒年，未予應有的注意，出現了其生卒年說法分歧，莫衷一是的情形。他也引用了筆者的兩篇論文，證明癡絕道沖的重要性。但他雖說筆者對癡絕的介紹較詳，也指出筆者論文疏忽之處，及「未處理」與「未注意」到的問題。

高君對其他論著之摘議，筆者不便置喙，但對筆者論文之指教，筆者甚為感激。不過，由於高君關切的只是癡絕道沖禪師及其墨蹟，而引述筆者論文時也有些扭曲，同時也未考慮到筆者論文發表的時間及所討論的主題，所以筆者覺得有必要作些澄清，同時藉此機會對癡絕道沖在南宋禪文化中所扮演的角色作一番較具體的說明。本文所說的「禪文化」，是泛指禪僧以語言、文字為媒介，透過詩文、書畫及說法來表現其文學、歷史等相關的文化認識及修養。由於對歷史的認知不同，禪僧所理解的歷史，包括佛教史或禪史，也含各類傳說，都在本文所討論的「禪文化」之範圍內。

二、癡絕道沖與亞愚紹嵩的師生關係

高君首先引用筆者的〈南宋詩僧與文士之互動——從《中興禪林風月集》談起〉一文，目的在說明「道沖不但寫詩」，而且其「這方面的長才可能也影響了依止他的出家人。」②他認為筆者論文述及的「癡絕派僧」亞愚紹嵩，是癡絕道沖之法嗣等說法，可證明其觀點。但又說筆者「該文結論並沒有談到這樣的師生關係」，「反而推理南宋有一群詩僧出現」等問題。他這種引述法，其實是倒果為因的。因為筆者之文是先提出南宋有群詩僧出現之觀點，再舉出亞愚紹嵩等人為例來說明。至於說亞愚紹嵩是「癡絕派僧」，是因《中興禪林風月集》一詩集之注者對亞愚紹嵩師承有作注提示，但僅此一語，甚為簡略，對禪史不熟者，恐不知「癡絕」是何許人，故解釋為癡絕道沖。但有關高君心中所關切的紹嵩與癡絕間的「這樣的師生關係」，據筆者所知，各僧傳及禪史都無相關記載，事實上也無法進一步討論。高君既認為那是筆者論文的不足之處，何妨提出補充，予以賜教？

雖然高君對筆者此文之引述，有所扭曲，但他確實也指出筆者文中疏忽之處。也即是他認為筆者所說「雖然除了紹嵩之外，都是臨濟系大慧宗杲、佛照德光、癡絕道沖等重要禪師的嗣法傳人」一語，「有點奇怪」。的確，既言紹嵩是癡絕傳人，又說除了他之外都是大慧、佛照、癡絕之傳人，豈不是自我矛盾？筆者在該文刊登之後也察覺此點，知道「紹嵩」其實是「斯植」之筆誤，所以後來在校對筆者的《一味禪與江湖詩》一書稿時，已將紹嵩改為斯植。③雖然如此，畢竟是一失誤，而高君能發現此失誤，足見他閱讀相當認真。只是他為何會有上述倒果為因的扭曲，也令筆者覺得「有點奇怪」。

三、癡絕道沖的生卒年

高君的〈讀史雜記〉一文，除了欲證明癡絕道沖之重要性可由其詩文之長凸顯出來之外，其最終之目的是「解決」癡絕的生卒年的問題。因為他認為他所閱讀過的禪史的論著，包括專書、論文及網路上的文字，都沒將癡絕生卒年的問題搞清楚。他也引述筆者的〈參訪名師：南宋求法日僧與江浙佛教叢林〉一文，特別指出「未處理道沖生卒年」是筆者論文的問題之一。言下之意，當然是還有其他問題。

不錯，筆者或許應該處理道沖生卒年的問題，至少應指出《宋人傳記資料索引》所說一一六八—一二四九之誤。不過《宋人傳記資料索引》中有關僧侶部分的生卒年，經常有誤，多不可靠，所以有關僧人之生卒年，筆者總是參考陳垣先生的《釋氏疑年錄》，因為陳氏的考證較精確，缺誤甚少，所以筆者也採用他的一一六九—一二五〇之說。另外，筆者之文雖於二〇〇五年刊登，但寫於二〇〇四年。高君摘議的其他論著，包括楊曾文先生的《宋元禪宗史》都出版於拙文之後，它們在癡絕生卒年的歧見，在筆者論文寫成之前並未產生。既然無歧見，筆者自然也不會刻意去翻閱黃敏枝教授的書，查看她是否也把癡絕道沖的生卒年搞錯。所以沒有去「處理」癡絕生卒年的問題，實是因為當時無此必要之故。高君讀到拙文時，因拙文對癡絕道沖介紹較詳，而感到其人之重要性，又見刊登於拙文後之論著對癡絕生卒年有歧見，而覺得有必要將其生卒年弄清楚，這是一個很值得肯定的態度。但是他對筆者未能「處理」癡絕生卒年，認為是一問題，讓筆者覺得這是犯了一種「時間錯置」（anachronistic）的錯誤。

此外，高君「解決」癡絕道沖「生卒年的問題」，是根據趙若琚所撰癡絕道沖行狀。此行狀見於《癡絕道沖禪師語錄》，是拙文討論癡絕生平所根據之資料，也是陳垣先生所提供癡絕生卒年之所本。高君似乎未參考陳垣的《釋氏疑年錄》，而於引述拙文之後，說癡絕生卒年的問題「不是不能解決的」。又說「在《續藏》裡收了一部《癡絕道沖禪師語錄》，其下卷有趙若琚〈徑山癡絕禪師行狀〉」。這種論述方式，似有意表示他是自己發現趙若琚的〈徑山癡絕禪師行狀〉的，而閱讀該行狀之後，見獵心喜，以為是項新證據，足以解決道沖生卒年的問題。其實這純粹是「後見之明」的小題大作，也是會讓人感到「有點奇怪」的。

有關癡絕生卒年的「新證據」，筆者倒可舉出一項，即是無文道璨的（一二一三—一二七一）〈徑山癡絕禪師行狀〉，收於無文道璨的文集《無文印》中。④不過這篇行狀，筆者已於近著《一味禪與江湖詩》及《無文印的迷思與解讀》使用過，也不能算是新證據。然而因為此行狀可以與趙若琚所撰的癡絕行狀相互印證，可以提出來對高君的〈雜記〉略作補充。

道璨這篇行狀，對癡絕道沖介紹非常詳細，筆者在前述兩書已有論述，不再多贅。此處只想針對高君所關切的生卒年，提出討論。此行狀記載癡絕疾革事非常詳細，描述他示寂的經過如下：

淳祐甲辰，亦即淳祐四年（一二四四），癡絕領靈隱寺。元祐戊申春，亦即元祐八年（一二四八），道璨之師笑翁妙堪從育王散席（按：妙堪死於此年）後，朝論召癡絕繼其席，癡絕卒不奉詔。次年，即是淳祐九年（一二四九），癡絕曾訪「丞相弘毅游公[似]，侍郎滄州程公公許于霅川私第。京尹聞之，走使迎至，留郡齋兼旬，以法華請開山，牢不可辭。」但其年秋八月，徑山之詔又至，癡絕擬併法華一起辭，但因有「不赴法華則不信，重違君命則不恭」之顧慮，遂幡然決定赴任，先留法華，逾月即登徑山。未幾，「膶間疾作，已不善飯。涉春不瘳。然陞堂說法，不廢方丈職事。二月末始不出，然說偈、書贊、嬉笑、言論如平時。三月六日，手書龕記並遺書十數。且曰：『無準忌在十八，吾以十五即行，不能以瓣香修供。』口占法語，緘寄塔所。侍僧以遺偈請，麾斥不顧。已而笑謂問疾者曰：『末後一句，無可商量，只要個人，直下承當。』或請書之，笑而不答。……自是屏卻醫藥，謝絕外事。至十四夜分起坐，移頃而逝。」⑤可見癡絕是在淳祐十年（一二五〇）陰曆三月十四日晚圓寂的。道璨說他壽八十二，逆推其生年，可知為孝宗乾道五年（一一六九）。由於癡絕化寂的時候，道璨正在徑山，在癡絕座下約有半載的時間，朝夕問道，奉癡絕為師，故他描寫癡絕遷化的過程，最為實錄。所以在〈祭癡絕和尚〉一文有云：「六坐道場不足為師重，三奉明詔不足為師榮，甫登徑山即入滅，不足為師惜也。」⑥「甫登徑山即入滅」，實是對僅僅半載的受教表示懷念及遺憾之意。

癡絕道沖在三月六日「手書」之「龕記」，應是此文：

> 予紹熙壬子出峽，夏於公安二聖。時松源倡密庵之道於饒之薦福，早嘆艱於著眾。適西湖妙果虛席，松源舉雲居首座曹源應選，亦密庵之嗣也。聽其入門提倡有省，遂投誠而住。未幾，歸侍司。甲寅夏，曹源有信上龜峰之命，復從其行。留三年，出浙。松源由虎丘而遷靈隱，遯庵住華藏，肯堂住淨慈，皆往從之。松源在靈隱，門庭孤峻，八閱月而後得歸堂，凡求掛褡，必呵斥不得親。一日，忽曰：『我八字打開掛褡，他自是蹉過了。』當下始知昔在龜峰三年，曹源怒罵嬉

笑，皆為人之方便也。自此不疑天下老宿，到與不到，瞞我不得。已而，隨緣放曠。曹源順寂後二十年，為人推出，瓣香不敢忘。凡六處所聚，兄弟不可謂無，只是用醫睛法者少。苦哉！吾宗喪矣，今年八十二，時節將至，扶病執筆，直敘得法之由，刻諸龕陰，以昭至信。淳祐十年庚戌歲也。⑦

此文自述其參學得法之由，有「今年八十二，時節將至，扶病執筆，直敘得法之由，刻諸龕陰，以昭至信」之語，與道璨行狀所述，若合符節，證明他確已扶病多時，命若懸絲了。

總之，癡絕是道璨衷心感佩的「三老受業師」之一，⑧故述之以行狀，又繼之以祭文。兩文寫作的時間，應該都在癡絕化寂之後不久，比趙若琚所寫的行狀早兩年寫成。⑨其實，癡絕葬後一月，癡絕門人法鑑即曾致送癡絕遺書，請趙若琚述其行實，作為行狀。但趙若琚因「屏跡田里，多病侵陵，有所未暇」，遂拖了兩年。後經癡絕門人了源一再請求，遂「摭門人所編行實，間參以所聞，緒次始末」，而成行狀，可見趙若琚很有可能參考道璨所撰的癡絕行狀。所以有關癡絕的生平事迹及生卒年，道璨的行狀才是原始資料。陳垣先生在世之時，未能獲睹《無文印》中的〈徑山癡絕禪師行狀〉，才以趙若琚所撰行狀來判定癡絕之生卒年。他若能獲睹道璨之文，當會以其文為根據，兼取趙若琚之文的。雖然如此，由於趙若琚與癡絕的私交甚篤，對其認識亦深，或有道璨所未必知者，所以若要詳述癡絕之生平及為人，兩文應該並觀，才能得其全貌。

四、癡絕道沖的墨蹟

高君之文，先是由拙文〈參訪名師：南宋求法日僧與江浙佛教叢林〉之啟發，認識了癡絕道沖是位不能忽視的南宋禪師，為日本學者及楊曾文教授所忽略，卻又回過來就指出筆者一文中另一「未處理」之問題，說筆者之文「並沒有注意到癡絕道沖有墨寶在日本流傳至今」之事實，並做了一些補充。由於筆者之文目的不在談癡絕道沖個人的詩文翰墨，確實也沒去討論他流傳下來的墨寶。高君能注意到此點，顯示他對癡絕道沖流傳下來的墨寶，下了一番查考的工夫。不過，高君並未真正就這些墨寶的內容討論癡絕在詩文上的成就，只不過提出癡絕作品的持有者，收藏機構及引用它們的論文。筆者讀之，總有隔靴搔癢的感覺，覺得有必要借花獻佛，就癡絕在日本流傳之墨寶，來進一步討論癡絕道沖之翰墨在南宋禪文化中所代表的意義，並就教於高君。

高君所以注意到癡絕在日本流傳至今的墨寶，是因為他認為「多數提及癡絕道沖的資料跟他寺院行政的角色無關，而是牽涉到詩畫之類的文化層面」。⑩這種說法只是根據他個人的印象，沒有統計數字支持，難以說服讀者。何況，各人訓練不同，觀察角度亦異，不必只注意到他所謂的「文化層面」才能凸顯癡絕之地位。本於此一偏之見，高君接著便舉胡傳懷、廖養正、陳清香等君的論文為例，指出道沖能詩的一面。這三篇論文，前兩篇分別引用癡絕的訪友詩及遊山詩，後一篇則提及《羅漢像》上的題贊，其實並不是詩，而是簡單數語的短文。此外，高君又說，癡絕道沖的部分詩是題在畫上的。所謂「部分」詩，根據高君所引述的資料看，只不過是他所說的《出山釋迦圖》上的一首題畫詩，實談不上「部分」。高君之文若能舉出更多癡絕所作的題畫詩為例，方能證明其「部分詩是題在畫上」的說法。但高君既未做到，而筆者也未發現同類詩篇，對其說法也頗感失望。

高君所引述的這三首詩中，胡傳懷的引詩未交代出處，廖養正的引詩出自《鼓山志》，陳清香引述的《羅漢像》及其上的癡絕題贊，存於日本兵庫縣的穎川美術館裏，但都未為《全宋詩》所收錄。但可以確定的是，《羅漢像》的癡絕題贊是癡絕流傳下來的墨寶之一。此墨寶與高君所說日本文化廳視為重要文化財的〈與悟兄都寺偈頌〉等五種墨蹟合計，再加上他所說的《出山釋迦圖》上的一首題畫詩，則癡絕流傳於日本的墨寶至少有七種。它們在書法藝術上的價值，留待藝術史家評論。筆者只想就其中所謂《出山釋迦圖》，來討論它與癡絕書寫其贊語的歷史意義。因為其所云《出山釋迦圖》上之癡絕贊語，是高君之文著墨較多之處。

高君雖然以其所云《出山釋迦圖》為例，來舉證癡絕「部分詩是題在畫上」的說法，但他討論此「題畫詩」時，僅作如下幾點很簡略的介紹：

(1)此《出山釋迦圖》併癡絕道沖之題詩，見於美國俄亥俄州克利夫蘭美術館（Cleveland Museum of Art）。

(2)該美術館的網站有兩頁介紹此幅畫，內容不同。其中一網頁說"poem and inscripfion"把英文字"inscription"拼錯。又用 Wade-Giles 方式拼音把癡絕道沖拼成 Ch'ih-chüeh Tao-ch'ung，且將癡絕的生卒年誤為一一七〇—一二五一。另一網頁的介紹文字則用漢語拼音拼出癡絕道沖之名，但也誤成 Cijue Daochong。而生卒年則作一二〇〇—一二五〇，與前一網頁不同。

(3)該館兩網頁的癡絕題畫詩各有翻譯。前一網頁為何惠鑑先生的譯文，後一網頁譯者不明。高

君摘錄兩種譯文後，說因為「文獻上未考出此詩原文，而原圖片皆為縮小，無從識別全文，

> 因此無法討論兩種譯文的優劣。」⑪

關於上述第⑴點，查鈴木俊的《中國繪畫總合圖錄》即可找到。⑫但該圖錄的圖版與克利夫蘭美術館網頁上的圖及題詩確實如高君所說是原圖的縮版，畫上的題詩確實也難以辨認。第⑵點主要是拼字及拼音的錯誤，及生卒年的混淆。前者或許因校對不精，就像高君之文把「優劣」誤成「優略」一樣；或者是因發音不正確或對漢語拼音不熟的結果，都不是大問題。第⑶點所說的「文獻上未考出此詩原文」一語，則有點令人不解，而「無從識別全文」一語，也令人難以苟同。

高君所云的此幅《出山釋迦圖》的較大圖版其實可以在高君所引的 *Dreaming the Southern Song Landscape* 找到，也可以在高君所引的 *Eight Dynasties of Chinese Painting: The Collections of the Nelson Gallery-Atkins Museum, Kansas City, and the Cleveland Museum of Art* 找到（見附圖一）。兩個圖版上的題畫詩，比上面所說的縮版清楚得多，可以看出其詩其實是癡絕的四句贊語。除贊語外還有癡絕的署款「淳祐甲辰八月二日太白名山道沖贊」等語，證明此贊語寫於淳祐四年（一二四四），癡絕住慶元府天童景德禪寺時。其時，他在天童已經有五年的時間，⑬而所以署「太白名山」，是因為前任住山慈航了朴（孝宗時人）於孝宗淳熙五年（一一七八），獲皇帝賜書「太白名山」，而從此天童遂以「太白名山」聞於世之故。⑭

癡絕之題贊二十字，除其第三行第三字外，其餘都可辨識。茲將此贊語迻錄如下：

> 入山太枯瘦，雪上帶霜寒。

冷眼□一星，何再出人間？⑮

因現存此畫在「冷眼」後之字不清晰，此處暫稱「不明字」。由於如何解讀這個字關係到譯文的忠實性，也就是「信達雅」中的「信」字，則高君所引述的兩種英譯，究竟何者較優，就有個基本的問題要先解決：譯者如何解讀此不明字。以下列出兩種譯文來看它們的讀法：

何惠鑑先生的譯文如下：

Since entering the mountain, too dried out and emaciated,
Frosty cold over the snow,
After having a twinkling of revelation with impassioned eyes,
Why then do you want to come back to the world?⑯

何惠鑑先生之第二句譯得太簡，且未將其與首句之關聯性譯出，使人覺得有點上下不能連貫。他又把第三句的「冷眼」譯成"impassioned eyes"或「激情的眼」令人有點不解。因為"impassioned"其實是"filled with passion; fervent"，有激情、熱情之意思，怎可用來譯「冷眼」呢？而以後三字解成"After having a twinkling of revelation"，是較抽象的意譯，也不見得忠於原文。他還在譯文之後加註評語，可大致譯成中文如下：

根據正統大乘佛教大藏，瞿曇釋迦摩尼在菩提迦耶（Bōdhgayā）的菩提樹下，成等正覺而得成佛。此是經過六年之山中齋戒而成。他的苦修導致他羸弱不堪而讓他深知此苦行並不是達成其最終目標的辦法。釋迦摩尼出山之主題並不見於正統佛經或佛教藝術裏，但在禪宗僧傳所載的歷史上的釋迦及禪宗圖像裏是相當特出的。

此主題的禪畫描寫釋迦摩尼垂眼而視，仍戴著俗人的耳飾與手鐲。部分是因為佛教信仰之不同，對此種畫遂有矛盾不一的解釋。其中一說與非禪宗（non-Ch'an）之說相符，把此畫說成是呈現了成道之前的釋迦摩尼，說他無法做到有些禪僧自我要求的嚴峻苦行。不過，禪宗自始就排斥此種解釋所根據的典籍，而創出體現其教義的一種新宗旨。其中最首要者即是個人的責任——因此遂強調釋迦摩尼個人而不強調佛與菩薩層級之不同；也強調個人之努力而不鼓吹積極宣教而勸人改宗（proselytization）的行為。所以與非禪宗之說相反的禪宗觀點，認為釋迦摩尼在經歷嚴厲的自我鍛鍊及努力苦修之後，克制了身心之情欲，而在山中修成佛果。在完成個人的使命之後，釋迦摩尼在此畫的描述中就處於一很關鍵的時刻：他慢慢地、勉強地走下塵世，顯得有點退縮及楞神。

癡絕道沖（一一七〇—一二五一）在畫上的題詩，很有力地說明釋迦摩尼的苦行生活，和此苦行所造成的冷靜心情。那種心情是成正覺所必要的，而星星就是其象徵。他的題詩也對釋迦出山的目的提出疑問。

釋迦的身體是用很細及脆弱的線條畫的，恰似他衰弱的身體狀況。而以粗放的線條勾勒僧袍上似乎迫使身體向前傾。其身體各部的幾何化及減縮式的僧袍強調臉部的特徵及內省與苦行之力量。這位佚名藝術家的風格與梁楷的弟子，亦即十三世紀杭州畫家李確相關。他的風格也為元人畫釋迦出山圖樹立了一種原型（prototype）。⑰

何惠鑑先生的評語，可以說是他譯文中遣詞用字的理論根據，說明他個人對禪史及禪宗宗旨的若干理解，筆者覺得大致上是符合經義的，容下文細說。他用的"disimpassioned state necessary to the enlightenment"一語中的"disimpassioned"一字，應該用來取代譯文中的"impassioned"一字。

高君所錄的另一種譯文如下：

When entering the mountains, he was brittle and dry—
Like the snow covered by a layer of chilling frost.
With his eyes of detachment, he reached far to the star.
Why then did he return to the human world?⑱

此譯文第二句譯成釋迦像是「一層冷霜覆蓋的雪」，筆者以為非常不妥。譯者又把「一星」譯成"star"或「星星」，而把「冷眼」譯成"eyes of detachment"或「不執著之眼」、「客觀之眼」，而把「不明字」譯成"reach far"或「遠達」，與何惠鑑先生之譯文完全不同。譯者並未對他的譯文之思想根據做任何說明，只是直接就字面迻譯，看不出他對佛經經義及禪宗宗旨有何認識。

要判斷兩種譯文究竟何者為佳，首先要決定何者較為忠實於作者的原意。筆者以為，兩種譯文各有優劣，但何惠鑑先生的譯文教符合原作的用意。不過，若「冷眼」一行的「不明字」無法辨出，不管如何翻譯，總會有曲解原意的可能。所以，既然難以辨認「不明字」，不如來討論所謂《出山釋迦圖》的經典依據及癡絕題贊的文化意義。

五、《出山釋迦圖》與道沖墨蹟的歷史關聯

何惠鑑先生在介紹所謂《出山釋迦圖》之畫軸時，是用 Wade-Giles 式拼音稱此圖為 *Shih-chia ch'u-shan* 的，也即是「釋迦出山」。但他的英譯卻是 *Shākyamuni Coming Down from the Mountain*，亦即「下山的釋迦」。Valérie Malenfer Ortiz 在其書中引用此圖時也以漢語拼音稱之為 *Shijia chushan*，也即是「釋迦出山」，但她的英譯則是 *Shākyamuni Emerging from the Mountain*，亦即「出山的釋迦」。而如下文所述，南宋以前的同類畫卷都名為《釋迦出山圖》。故此圖之正確名稱似應為《釋迦出山圖》，《出山釋迦圖》之稱似乎僅見於鈴木俊的圖錄。英譯與中文原名之不同雖造成語意之略異，但都是針對「釋迦出山」同一主題，筆者覺得也無傷大雅。

由於唐以來《釋迦出山圖》不僅一、兩種，以「釋迦出山」為構圖素材之畫可視為中國佛畫中之一重要主題。問題是「出山」一詞，究竟何所指？若真如何惠鑑先生所謂的「下山」，則究竟是下何山？何時下山？是否真有何惠鑑先生所說「把此畫說成是呈現了成道之前的釋迦摩尼，說他無法做到有些禪僧自我要求的嚴峻苦行」的「非禪宗」說法？凡此諸問，關係於此圖之意義，不能不弄清楚。

有關佛陀釋迦之一生之經歷，雖然初期佛經有零星之記載，但其所載，羼雜歷史與傳說，既不完全，也顯紛雜。由於傳說之色彩甚濃，佛陀釋迦許多經歷之真假，恐已無法釐清。但這些記載，經過不斷的整理、充實及潤飾，終於出現一較完整之記錄，此即是公元二世紀初印度詩人馬鳴（Aśvaghoṣa）菩薩所寫的詩歌《佛所行贊》（*Buddhacarita*）。⑲此詩歌形式的佛陀生平故事又

稱《佛本行經》、《佛所行贊經傳》、《佛所行贊經》、《佛本行贊經》及《佛所行贊傳》等，係由北涼曇無讖從梵文譯成中文五卷後傳於世。雖然被認為不是非常可靠，但卻彌補藏經裏對佛陀出生至成道一段記載的空缺。⑳

根據《佛所行贊》之文，佛陀為「更求勝妙道」，而「進登伽闍山」，在名叫「苦行林」之城的「尼連禪河」邊擇一「寂靜甚可樂」之處，開始進行「靜思惟」之修行。㉑這段期間的苦修，共有六年，根據《佛所行贊》的本文，其結果是形容枯槁，神虛體弱：

專心修苦行，節身而忘餐。
淨心守齋戒，行人所不堪。
寂默而禪思，遂經歷六年。
日食一麻米，形體極消羸。
欲求度未度，重惑逾更沈。
……
苦形如枯木，垂滿於六年。
怖畏生死苦，專求正覺因。
自惟非由此，離欲寂觀生。㉒

由於極端之持戒苦行，既不能悟，又使身體大受傷害，形銷骨立，釋迦乃有所覺悟，認為不如按他過去在「閻浮樹下」之方法來修行。因為「道非羸身得，要須身力求。飲食充諸根，根悅令心安。心安順寂靜，靜為禪定筌。」既有如此覺悟，他便「澡浴尼連濱」，並在那兒受到一牧牛長之女兒難陀（Nanda Balanda）之供養。難陀「敬奉香乳糜，惟垂哀愍受。」釋迦受而食之，乃得現法果。遂有「食已諸根悅，堪受於菩提。身體蒙光澤，德問轉崇高。如百川增海，初月日增明」之經驗。於是釋迦捨此地而去擇善居，獨自遊行至一吉祥樹，而於彼樹下，預備「成等正覺道」。經過了「破魔」、「降魔」、及初夜、中夜、三夜之深入正受，終成正覺。於是步出山林入於波羅奈（Benares），然後至迦尸城（Kâsi City）。㉓

以此記錄看，佛陀所登的山是伽闍山（Gaya 或 Gayâsîrsa），亦即後人所說的「正覺山」，而遊行所至之吉祥樹應該也在同一山上。而在他得道而「成等正覺」之後，先步出山林至波羅奈，然後至迦尸城，㉔這應當就是傳說中釋迦出山的經過，而《釋迦出山圖》應就是本於出伽闍山而往波羅奈及迦尸城的傳說。值得注意的是，《佛所行贊》除提到釋迦在悟到極端持戒苦行之非後，有「初月日增明」的感受外，對其成道過程，並無任何有關「睹明星而悟道」之描述。但根據「本生」觀念所形成的大乘佛經，如《修行本起經》、《佛說太子瑞應本起經》、《佛說普曜經》及《佛本行集經》等，皆有釋迦於降魔之後，「明星出時，廓然大悟，得無上正真道，為最正覺」或「得成阿耨多羅三藐三菩提」之說法。㉕南朝時的梁・僧祐（四四五—五一八）在其綜合諸佛經及其他佛經而編成的《釋迦譜》也提到伽闍山苦行林，但只有所引的《因果經》有「明星出時，霍然大悟，得無上正真之道，為最正覺」等語。㉖同樣地，唐・道宣（五八六—六六七）所編的《釋迦氏譜》裏的〈同邪苦行相〉一節，也說釋迦「進伽闍山苦行林」，而〈斷惑成覺相〉一節，也引「明星出時，霍然大悟，得無上正真之道，為最正覺」，雖然只說「經云」，但很顯然是出

自《因果經》。㉗

根據何惠鑑先生及克利夫蘭美術館之說，其所藏《釋迦出山圖》的畫者不詳是誰，姑稱之為「佚名畫者」。筆者查閱南宋以後至清之畫史及繪畫目錄，也未見著錄此畫。不過以「釋迦出山」或「如來出山」為主題之畫，並不僅僅此圖而已。南宋以前，唐代的名畫家吳道子（約六八〇—七五九）可能就曾作此圖。北宋的李公麟（一〇四九—一一〇六）也可能是此主題畫之佼佼者，容下文說明。除了他們之外，還有其他「釋迦出山」之畫者。譬如，鈴木俊的《中國繪畫總合圖錄》就錄有南宋梁楷（生卒年不詳）的《出山釋迦圖》，也未著錄於清以前之畫史及繪畫目錄裏。此圖不知何時遺失中土而流入日本，所以只見於東京博物館及日本畫集。㉘梁楷之畫對釋迦形象的描繪風格及表現手法與佚名畫者之畫大異其趣（見附圖二）。它是「絹本著色」，與佚名畫者之水墨畫所表現的「魍魎畫」畫風迥然相異。㉙

除了吳道子、李公麟及梁楷外，當然還有其他畫家所畫的「釋迦出山」圖，也都未見著錄，但從其同時人及後人之贊語，可約略看出這些畫的大概，也可藉這些贊語之助，來理解癡絕道沖之贊語。

最先寫贊語詠「釋迦出山」圖的是北宋大文豪蘇軾（一〇三七—一一〇一）。東坡在其題王靄（五代、宋初時人）《如來出山相》時說：「頭髩髻、耳卓朔，適從何處來？碧色眼有角。明星未出萬象間，外道天魔猶奏樂。錯不錯，安得無上菩提，成等正覺。」㉚這篇贊文之「明星未出萬象間」一句被誤作「明星未出萬家閒」，可能是抄寫之誤。㉛值得注意的是，蘇軾用「頭髩髻、耳卓朔，適從何處來？碧色眼有角」等句，來形容王靄所畫的出山釋迦像，與梁楷之畫像略有不同。因為梁楷之畫，並無「頭鬍鬙」的情況。又他描寫釋迦「成等正覺」之前的「萬象間」，是群魔亂舞的「明星未出」之時。表示釋迦是擊敗魔王後，見明星而悟道，正符合上述《修行本起經》等經之所說，及宋代禪師於「釋迦老子，初在正覺山前，舉頭見明星出現，忽然悟道」之認知，㉜也當是反映王靄構圖的內容而言。至於他的「適從何處來」一問，顯然是個反詰式的修辭性問題（rhetorical question），因為他知道釋迦是在降魔之後從伽闍山或正覺山步出來的。若不是因為降魔後見明星，他安能得無上菩提，成等正覺？蘇軾之贊語，顯示他認同佛經所說的佛陀成道之經過。而他所題贊的畫家王靄，是五代京師人，據說「幼有志節，頗靜默。留心圖畫，尤長於寫真。追學吳生之筆，於佛像人物能盡其妙。」㉝似乎他的佛像人物，遠師吳道子。他是否見過吳道子的《釋迦出山圖》，吾人難以獲知，但他的畫應該是本於大眾所接受的釋迦出山之傳說的。

吳道子究竟有無畫「釋迦出山」圖，因為文獻不足徵，如今已很難考究。不過，北宋文學僧惠洪（一〇七一——一一二八）認為他所見過的一幅「釋迦出山」圖是吳道子的作品。根據他說：「予閱錢樂道家所蓄釋迦文佛出山像，雖不著名，然非道子不能作，以其筆意之著也。」㉞惠洪接著讚美錢樂道的人品，並寫贊語，其中有句云：「唯我鼻祖，釋迦和尚，初出雪山，即示此像。以千百億微塵數身，九十七大人之相，頓入筆端三昧，而幻此幅紙之上。垂手跣足，頂螺頷絲；超然靜深，出三界癡。如浩蕩春寄於纖枝，如清涼月印於盆池。」㉟

惠洪的贊語說釋迦「初出雪山，即示此像」，又說他「垂手跣足，頂螺頷絲」，應該是根據他認為吳道子的「釋迦文佛出山像」而言。雖然「跣足」、「頂螺頷絲」也都可以用來形容梁楷及佚名畫者之畫，但「垂手」就與其畫不甚相符。所以吳道子之畫也是獨出一格的。

至於李公麟所畫的「釋迦出山」圖，他的同時人都未有任何贊詞，後來的畫史及目錄也未登錄，所以他是否真作此圖，也令人懷疑。不過，李公麟的畫，多數在南宋已遺失，即使他畫過此圖，也可能早已失傳。元代「儒林四傑」之一的柳貫（一二七〇—一三四二）雖曾表示見過李公麟之畫，但該畫後來是否仍存，也無史料可稽。不過，柳貫的〈題龍眠釋迦出山像〉是首長詩，其詩前段說：「明星在天斜漢落，佛道靈明魔道弱。修行已證等覺位，不顧身形瘦如削。華縵垂袒雲半肩，步出山來赤雙腳。」㊱正是對釋迦「睹明星悟道」而「成等正覺」經歷的描述。而身形瘦削，華縵垂袒，野雲半肩，赤腳出山之形貌，不似佚名畫者之圖，也與梁楷所畫之圖有異。

柳貫題詩的後半有「……龍眠昔是會中人，以心應手親描摹。纖煤利穎發其神，堊鼻鉤輪無此斲。流傳什伯甲子餘，玉采珠光破冥寞。鄮江古寺秋日暉，洗滌翳睛煩發籥。……」等句，大致是描寫李公麟繪畫技藝之純熟，經驗之豐富，只有斲輪老手之工匠方能與之比擬。他的畫可流傳幾百年，而其玉采珠光可以照射冥界。「鄮江古寺」應是此畫所藏之處，鄮江在元代是慈溪的屬縣，㊲柳貫欲誇稱此畫之佳，故說此畫在秋日陽光照射的鄮江古寺中，實有洗滌人病眼之用。

柳貫除了題李公麟之畫外，還有另一首〈題釋迦出山圖〉詩，但未說明所題「釋迦出山」圖之畫者是誰。其詩曰：「耳輪卓朔髮垂肩，碧眼初開濯淨蓮，優塞波王先頂禮，明星一點正當天。」㊳觀其詩所描述，與蘇軾形容王靄之畫類似，或許是王靄之畫，或仿王靄所畫之圖。

另一幅《釋迦出山圖》據傳是南宋胡直夫所作。胡直夫生平事迹不詳，他的畫也未見錄於宋以後的畫史及繪畫目錄中。現存胡直夫之畫，也是傳說為他所作，但都在日本，大概有德川美術館的《布袋圖》及《夏景山水圖》畫軸，前者顯然是布袋和尚圖，上有偃溪廣聞禪師（一一八九—

一二六三）的題贊，是該館的重要文化財；後者是山水畫，則是該館的「國寶」，應為他三幅四季山水圖之一。㊴他的《出山釋迦圖》畫軸，曾於二〇〇六年十月於東京畠山紀念館的秋季「中國宋元畫菁華展」展出，據說上有中峰明本的題贊。㊵不過筆者看到的胡直夫《釋迦出山圖》畫軸上的題詞有「太白西巖」之落款，是天童西巖了慧（一一九八—一二六二）的題詞，其語曰：「夜半見明星，山中添冷話。腳未出山來，此話行天下。我觀一切眾生，成佛多時，只有你這老子。猶欠悟在。」㊶西巖之題詞，並未描述釋迦出山時之模樣，但有「見明星」、「猶欠悟在」等語，似乎有揶揄釋迦「睹明星而悟道」卻要出山之做法，比癡絕題詩的最後一句「何再出人間」之語更加直截而尖銳。

另外，還有其他不知名畫者所畫的《釋迦出山圖》，或許是禪人所畫，或許是畫師所畫，已無可考。譬如無文道璨（一二一三—一二七一）之師笑翁妙堪（一一七七—一二四八）曾見一「釋迦出山像」，還應示畫僧人題贊詞曰：「半夜逾城，全無肯重。端坐六年，久靜思動。衲卷寒雲下雪山，與人相見又何顏？」㊷語意與西巖了慧之贊頗有異曲同工之妙。而「衲卷寒雲下雪山」一語也與上文柳貫題贊之「華縵垂祖雲半肩」類似，描寫畫中之衲衣與閒雲。又如大川普濟（一一七九—一二五三）也見過一幅「釋迦出山相」之畫，還為此畫作偈一首曰：「龍章鳳質出王宮，肘露衣穿下雪峰。智願必空諸有界，不知諸有幾時空？」㊸他所說的雪峰即是雪山，而下雪山時的「肘露衣穿」一詞，正與出王宮時的「龍章鳳質」成對比，顯示佛陀出山時的衣衫破落襤褸的樣貌。

從以上各畫的題詞來看，自吳道子、李公麟、王靄、梁楷到胡直夫及不知名畫者所作之圖，雖有類似之處，但或有長髮、短髮之異，或有華縵、袒肩之差。不僅筆工不同，畫風亦異，都與佚名畫家之圖不同，可謂各自成家。胡直夫的畫，雖然題詞所能見的訊息有限，但因該畫仍傳於世，所以也不待觀中峰或西巖的題贊便可知其筆工和畫風。其身形瘦削、短髮袒肩及耳卓朔、赤雙足之模樣，與梁楷之畫較為相似，而與其他畫不同。至於衲衣飄拂之狀態，則在梁楷工筆畫及佚名畫者之「魍魎畫」之間，也是自成一格。最重要的是，每位題贊的作者，包括癡絕道沖在內，都或隱或顯地視「睹明星而悟道」之傳說為事實，不僅反映了佛經的觀點，也承襲了隋代費長房《歷代三寶記》、五代《祖堂集》以來佛教史籍，包括宋代的《傳法正宗記》、《佛祖統紀》等的觀點。㊹

根據以上之析論，雖然現存佚名畫者《釋迦出山圖》的癡絕道沖題贊上有「不明字」，但基本上是根據佛經及佛教史籍之說法來寫的。而「冷眼」一行，則是本於佛經「見明星而悟道」之說，應該是「冷靜、靜觀之眼」。故何惠鑑先生的譯文，雖然譯出「冷眼」一行的抽象意義，但卻把「冷眼」兩字譯成「激情之眼」。而另一譯者之英譯，未考慮到佛經及禪史之背景，雖或譯出「冷眼」之含意，但卻把「口一星」三字譯成「他遠達星辰」，不免流於皮相。為了使癡絕題詩的「冷眼」一行及「何再」一行有更綿密的關聯，此兩行或可譯成"Enlightened while glancing at the star with calm eyes, why did he bother reentering the human world?"

至於「釋迦出山」之主題，佛經確實沒有特別著墨，故何惠鑑所謂「釋迦摩尼出山之主題並不見於正統佛經裏」，似無疑義。但說它不見於「佛教藝術裏」，揆諸上述吳道子、李公麟等人之畫，則略嫌牽強。就癡絕道沖個人言，他雖是禪師，但「閑居於書無所不觀」，㊺又有「佛法世法，了無二致」之見；㊻內外之學、字畫之藝，兼容並攝，可以想見。他晚年還「多留意字法，於小楷最得三昧。」㊼其流傳至今的〈跋大慧法語〉墨蹟，可以證明其鐵畫銀鈎，剛柔互用，一絲不苟的筆法，有字如其人之特色。㊽故佚名畫者的《釋迦出山圖》出現了他的題贊，並不令人驚奇。我們甚至可說他為該畫的作者亦不無可能，這是因為他對「釋迦出山」一主題似特別關注之故。除了《釋迦出山圖》之題贊外，他還曾作〈出山相〉一頌，略云：「天上星，眼中睛。星無悟人之意，睛無矚物之情。以理而會，自誠而明。究竟何曾有道成？」㊾這很明顯地是以「冷眼」睹一星之觀點，解說釋迦出山前的「見明星而悟道」一事。而他的〈佛成道〉一贊也說：「正覺山前失眼睛，是凡是聖盡盲生。至今夜夜明星現，誰肯向伊行處行？」㊿此數語未嘗也不是呼應題贊的主旨，似乎是表示釋迦若不見明星即不能悟道，但他雖出山傳法，必逢夜夜明星都現之時，但卻無人願意走他行過的路。言下不無遺憾之意，可為其題贊末行的「何再出人間」做一註腳。

六、餘論

以上之析論，希望可以澄清並回應高明道先生對兩篇拙文的幾點賜教之處。首先答覆他對癡絕道沖與亞愚紹嵩的師生關係之問，其次澄清並補充他對癡絕道沖生卒年的考據，然後再考論高君輕描淡寫的「釋迦出山」一主題畫及癡絕《釋迦出山圖》題贊的歷史文化關聯。

由於《釋迦出山圖》的創作及內容，不僅涉及佛教藝術史，而且關涉初期佛教歷史與傳說，吾人有必要問明其「出山」的究竟。何況現代歷史及傳記學者的主要工作之一便是辨明歷史與傳說，以寫出較接近史實的歷史和傳記，這是許多歷史學家，包括以宗教傳記知名於西方的學者 Karen

Armstrong 一直在作的努力。[51]而西方人目前理解的釋迦之生平與成道過程，也是十九世紀以來歷史學家經過多方面的質疑、辨偽及考證所得的結論。[52]這種努力，在相當程度上是基於佛陀所宣揚之教義與他的生平經歷息息相關之故。所以雖然筆者「出何山」之問，或可能因釋迦生平之充滿傳說而得不到可靠的答案，但經過比對查考諸經，似乎可以確定是伽闍山。而「降魔顯德相」的過程，固然事涉神怪，實有其象徵意義，頗類似他在三夜間「入定觀法，即得三明六通具足，遍觀三界三世諸事，皆知名色是諸惡因」的心神體驗。[53]這種體驗後所獲得萬事清澈明靜，及通體舒泰的喜悅感覺，是在入夜之後發生的。此時不經意地仰首，霍然見一輪明月及閃亮之星，可能讓他欣喜若狂地確定已經成道。[54]所以佛經說「睹明星悟道」，或真是就佛陀成等正覺所處的環境、氣氛及佛陀的心理狀態所作的描述，也不能說是全然無中生有的。

令人不無疑問的是，曾幾何時，伽闍山忽然在佛典中被正覺山或雪山所取代了。正覺山之說，似乎是根據玄奘的《大唐西域記》而來。其書說佛陀是先到伽耶山東北的鉢羅笈菩提山去的，但因山神說其地非正覺之地，故又至西南半山崖中，但據說該地也非正覺之地，故又更向西南行十四五里，至距離其苦行處不遠之卑鉢羅樹下的金剛座，而即在該地成等正覺。[55]卑鉢羅樹（bo tree）即菩提樹，在此菩提樹之周圍，有「奇樹名花，連陰接影；細沙異草，彌漫綠被。正門東闢，對尼連禪河」，正是佛陀成道之處。根據唐言，鉢羅笈菩提山被稱為「前正覺山」，所以菩提樹處既然離它不遠，大概就順理成章地被稱為「正覺山」了。由於它仍是伽耶山之一部分，而伽耶山其實也就是伽闍山，[56]故就漸漸為正覺山所取代了。

雖然如此，正覺山之名到南宋時才普遍為禪師們所使用。譬如上文言及大慧在徑山能仁禪院為某傅經幹普說時曾說：「如釋迦老子，初在正覺山前，舉頭見明星出現，忽然悟道。」㊼為某孫通判普說時也引李通玄的《華嚴論》說：「李長者著《華嚴論》，乃云：『此經決定是佛成道十日後說，初於正覺山前從定而起，因見明星，忽然悟道，便見自己本來面目。』」㊽他還寫了〈釋迦出山相〉一偈曰：「正覺山前折卻本，三七日內心頭悶。卻來鹿苑討便宜，好與拽黐椎一頓。」㊾似乎是針對他所見的「釋迦出山」圖而寫，可見他也接受正覺山之說。無準師範禪師在阿育王山廣利寺臘八上堂時也說：「黃面老漢，二千年前，於正覺山前，夜覩明星，忽然悟道。」㊿淮海元肇（一一八九—一二六五）住台州萬年寺時，於成道上堂云：「老胡一檐不惺惺，六載商量颺不成。正覺山前開得眼，依然錯認定盤星。」㊶他也有贊釋迦出山相偈云：「正覺山前折本來，分明有口亦難開。誰知未入摩耶腹，已向閻浮起禍胎。」㊷介石智朋禪師（生卒年不詳）初住溫州鴈山羅漢禪寺時，於臘八上堂說：「全身坐在正覺山中，要行便行，要用便用。明星現處路頭通，十倍慈悲成脫空。」㊸稍早的橘洲寶曇（一一二九—一一九七）在其禪史《大光明藏》也說：「釋迦老子曰：『我實成佛以來，已經無量無數那由它劫，是大法本來如是也。』正覺山前明星現時，豁然悟道，與大地眾生同時成佛，是證斯言之實也。」㊹西巖了慧在跋大慧與杼山居士書時曾說：「釋迦老子，在正覺山前，覩明星現，忽然悟道。便云：『我觀一切眾生，具有如來智慧德相，與我無殊。』此真狂言也。老妙喜反引此語，為息狂之方，得不轉誤杼山耶？」㊺凡此皆可見正覺山之說已經流行，而上文所說癡絕〈佛成道〉贊中所用的「正覺山前失眼睛」一語，就不足為怪了。

與正覺山相同，「雪山修道」之說法也在南宋叢林中普遍為禪師們使用，而且其普及有甚於正覺山。不過，在唐初以〈滕王閣序〉著名的作者王勃（六四九—六七六？）就已經在其〈釋迦如來成道記〉一文有「棲雪嶺於六年」之說。㊅此「雪嶺」即是雪山，故唐錢塘月輪山居慧悟大師道誠注王勃之文時，乃云：「言六年者，是太子在雪山示修苦行究竟之數。」也就是他說的「釋迦如來示生此土，始終有其八相」中的「雪山修道相」。㊆王勃頗通佛書，所以他的「雪山」之說，當是讀佛經所得之印象。而道誠之注，多引《本行經》之說，所云「太子至雪山苦行林」及「太子至伽耶山尼連河側思惟觀察」等語，都是根據《本行經》而來。㊇唐玄宗天寶朝的文人李華，在敘述天台八祖左溪玄朗（六七三—七五四）答人「山水自利，如聚落何」之問時，也引其答語曰：「名香挺根於海岸，如來成道於雪山。」㊈可見雪山之說，在唐代已經傳開，至北宋時，流傳更盛。上文所引惠洪題吳道子《釋迦出山圖》贊的「初出雪山，即示此像」一語，即是其例。惠洪之前，以輔教、護教名盛一時的明教契嵩（一〇〇七—一〇七二）也曾說「舊譜云：『世尊十九出家，六年雪山修行，三十成道。』」⑩他們都熟讀佛經及禪史，所以他們稱雪山修道，既可能是閱讀佛經所得之印象，也可能是閱讀禪籍之所得。因為在他們之前，道原的《景德傳燈錄》就有「昔如來在雪山修道」的說法。⑪此外，契嵩除熟讀《景德傳燈錄》之外，也熟讀唐代禪史作者智炬所作的《寶林傳》。他所說的「舊譜」既不是僧祐的《釋迦譜》也不是道宣的《釋迦譜》，很有可能是指《寶林傳》。⑫可惜今存《寶林傳》有缺頁，佛陀修行及成道的地點正好因缺頁而已無法考詰。

契嵩與惠洪一輩禪師的雪山成道之說，對後來的禪師自當有所啟發，成了他們上堂說法的開示之語。如北宋禪師五祖法演（？—一一〇四）初住舒州四面山時，曾上堂云：「於三七日中，思惟如是事。釋迦老子，半夜逾城，直往雪山，早是漏逗不少，更思惟箇什麼？」[73]又如，北宋末長蘆祖照道和（一〇五七—一一二四）曾有詩云：「半夜逾城喚不回，雪山深處絕纖埃。蘆芽穿膝尋常事，一見明星眼豁開。」[74]即是用「雪山見明星悟道」一傳說為典故而成。以迄南宋，其嗣法弟子臨安府靈隱圓智法淳禪師（生卒年不詳），於臘八上堂時，舉其師之語告其徒曰：「先師恁麼說話，盡善盡美，要且未有出身一路。山僧見處，也要諸人共知：『半夜逾城景象虛，雪山深處觜盧都。直饒一見明星悟，已是當時不丈夫。』」[75]在臘八上堂時舉此事開示，自然是根據釋迦於臘八夜睹明星而悟道之傳說了。

南宋時，禪師已經屢言雪山成道而習以為常了。南宋瞎堂慧遠（一一〇三—一一七六）住台州護國廣恩禪寺時，於浴佛上堂曰：「大哉釋迦文，生下便作怪。南北東西行，點胷也忒殺。棄捨輪王位，反受父母拜。六載向雪山，精進修淨戒。明星纔出現，證道果能快。……」[76]南宋徑山的無準師範禪師（一一七八—一二四九）就說：「黃面瞿曇，昔往雪山，六年苦行，夜睹明星，忽然悟道。於是三七日中，思惟如是事，直得無啟口處。」又說：「黃面老漢，二千年前，於正覺山前，夜睹明星，忽然悟道。於三七日中，思惟是事，直是無啟口處。灼然此事，呈似人不得，說與人不得，其惟證者，乃可知焉。」[77]可見無準師範是將雪山及正覺山做為一處。甚至連南宋俗世所了解的釋迦修行處即是雪山。譬如宋孝宗就曾問佛照德光曰：「世尊雪山修道六年，所成者何事？」[78]後來的南宋禪師，更屢用雪山之說，而且樂此不疲。譬如，與癡絕同時的荊叟如玉（生卒年不詳）作〈佛成道頌〉曰：「六年雪嶺方成道，打失從前鬼眼睛。滿面慚惶無著處，至今生怕見明星。」[79]他所說的雪嶺，就是王勃所說的雪嶺，自然也就是雪山。而末句「見明星」一語，就是指見明星而悟道之事，有挖苦佛陀之意。又如，另一癡絕的同輩禪師虛堂智愚（一一八五—一二六九），於嘉興府興聖禪寺上堂說法時也曾說：「黃面老漢末上遭他，向雪山深處，六年擡腳不起。自後三百六十餘會，說盡葛藤，終是解洗不出。」[80]他住婺州雲黃山寶林禪寺時，其弟子竟也於他臘八上堂時拿此事之真實性來問。而有以下對白：「僧問：『釋迦老子棄金輪寶位，雪山苦行六年，於臘月八夜，忽覩明星悟去，還端的也無？』師云：『令人長憶李將軍。』」[81]虛堂弟子對「睹明星悟道」一事的真實性，總是在臘八之日提問，故在次年或第三年臘八上堂時，又有類似的問答如下：「僧云：『老胡今日成道，有何祥瑞？』師云：『山深雪未消。』僧云：『諾！』師以拂一指，乃云：『釋迦老子，雪山六年，功成行滿，到臘月八夜，討得一條路子，與後人行。若謂他見明星悟去，已是謗焰未息。』」[82]雖然虛堂智愚答弟子之問，似有懷疑「見明星悟去」的真實性，但「雪山六年，功成行滿」之語，則應是承襲北宋以來流行於禪師間的說法。[83]虛堂智愚與其弟子的對話，亦可見「雪山成道」之說至南宋末、元初之時已為叢林中廣為流傳的說法了。它與睹明星而悟道之說，已成為臘八（即佛成道日）上堂的垂示之語。譬如，偃溪廣聞（一一八九—一二六三）住慶元府應夢名山雪竇資聖禪寺時，於佛成道上堂云：「雪竇雪寒，雪山雪寒。悟與未悟時，大地鐵一團。不妨北斗面南看。」[84]住景德靈隱禪寺時，也於佛成道上堂說類似語：「雪山六年覷不破，七處九會說不到。合水和泥，招因帶果。殊不知，衲僧門下，北斗東轉，南斗西移。」[85]他的〈釋迦佛〉一贊曰：「不即此座，成等正覺；不離此座，成等正覺。入雪山，悟明星，知之者必謂以慈示人；開空花，結空果，不知者將謂實有此作。皇天無親，惟德是輔，此亦名言不及處。借水獻花，不可當面諱卻。」[86]似乎是肯定在雪山六年終見明星而悟道為歷史事實。但他的〈出山相〉一贊，卻說：「逾重城為何事？悟明星自欺謾。試問出山，何似入山？含元殿裏，猶覓長安。」[87]似又質疑見明星而悟道之說，是典型的弔詭式禪話。他的法友物初大觀（一二〇一——一二六八）住慶元府阿育王山廣利禪寺時，於佛成道上堂，也用同樣禪語垂示其徒，而拈拄杖云：「大眾，黃面老漢，雪山六年，受盡凍餓，將謂成得箇什麼，元來是眼裏著沙不得。便乃指空話空，拏空塞空。卓拄杖云：『千古萬古成狼藉，帶雨梅開濕曉風。』」[88]廣聞的師兄弟介石智朋禪師（生卒年不詳）住臨安府臨平山佛日淨慧禪寺時，也於佛成道日上堂示眾說：「六載將身草裏埋，當時合眼幾曾開？果然見得明星現，未到門庭冷似灰。」[89]後來他住慶元府香山孝慈真應禪寺時，也於臘八上堂說：「雪山六載自欺瞞，耿耿明星碧漢間。開眼更無回避處，普天匝地黑漫漫。古今日月，古今星辰。」[90]與偃溪廣聞之上堂語如出一轍。他在臨安府淨慈報恩光孝禪寺時，竟然於佛成道上堂說：「夜半明星，打失眼睛。胡人多詐，未可全憑。遭他冤害，始報不平。且道如何報此不平？提起坐具云：『少間大佛殿，不可放過！』」[91]這似乎是臨濟禪師慣用的罵佛祖伎倆，是正言若反語式的運用。

入元之後，住湖州福原寺的石屋清珙禪師（一二七二——一三五二）也在臘八上堂說：「只在山中多少好，無端走入鬧籃來。眾生福薄難調制，一點明星是禍胎。」[92]數年後，又於臘八上堂云：「雪山高且深，忍凍吞麻麥。如此過六年，酌然是快活。無端睹明星，剛言成正覺。拂袖下山來，早是低一著。更云度眾生，重重露拴索。看他世上榮，何似山中樂？」[93]住湘西道林禪寺的雪巖祖欽禪師（？——一二八七）也於臘八上堂云：「黃面老子，六載辛勤，尋得鼻孔，打失眼睛。且道落在什麼處？雪山午夜一天星。」[94]都是類似語言。但住杭州天目山的高峰原妙禪師（一二三八一一二九五）在其示禪人語中表示：「吾佛世尊，捨金輪王位，雪山六年苦行，夜半見明星悟道，亦是悟遮一大事之本源。」⑮則是完全正面的。斷橋妙倫（一二〇一—一二六一）住天台國清教忠禪寺時，於臘八上堂云：「二千年前野狐精，無端夜半踰城。走向雪山去，不知廢幾途程。及乎一見天上星，瞎卻雙眼睛，累及後代兒孫摸壁行。」⑯又於另一臘八上堂云：「門外一犬吠，檐前一鳥鳴。天際半鉤新月，移影上疏櫺。憶得雪山六載，凍不死，餓不殺。夜半見明星，拍禪床下座。」⑰再於另一臘八上堂云：「釋迦老子，不依本分，半夜走入雪山，凍得觜喎，餓得眼白，渾無理會。突然道箇奇哉，自此顛言怪語，炒鬧天上人間。」⑱凡此禪語，雖目的在刺激其徒之思維，已是南宋末及入元後禪師於臘八上堂的主要示眾語了，在在都足以證明宋元禪師已視雪山苦行與睹明星成道為歷史事實。

雖然如此，但惠洪以來的禪師們並不是首先以雪山取代伽闍山的，上文所說道誠所引的《佛本行經》就有此種說法，而中期大乘佛經中的《大般涅槃經》（*Mahayana Mahaparinirvana Sutra*）也有雪山之說。經中有釋迦所說之語如下：「我於爾時住於雪山，其山清淨，流泉、浴池、樹林、藥木充滿其地；處處石間有清流水，多諸香花，周遍嚴飾。眾鳥禽獸，不可稱計，甘果滋繁，種別難計。復有無量藕根、甘根、青木香根。我於爾時獨處其中，唯食諸果。食已，繫心思惟坐禪。經無量歲，亦不聞有如來出世大乘經名。」⑲《大般涅槃經》之說，顯然都是「本生經」一類的經文所啟發，可以確定雪山之說早已見於初期大乘佛經，甚至藏傳的初期大乘經典，譬如，宋初西域僧法賢譯的《佛說眾許摩訶帝經》（*Mahāsammata-rāja*）中就有佛偈云：「我住雪山修梵行，菩提未證而未歸。」⑳以此來觀察癡絕之注意釋迦出山之主題，他的鑑賞《釋迦出山圖》及在圖上的題詩，和詩中所用的「雪上」、「冷眼」等文字，不僅反映了他對佛陀雪山苦行，見明星悟道一流行說法的熟悉，而且也反映了南宋寺院住持禪師在臘八日上堂時，刻意以此說法示眾的慣例。這些都證明癡絕道沖是南宋禪文化中舉足輕重的人物，而他所流傳下來的墨蹟，如今不存於中土而僅見於域外，則是令知之者多麼感到扼腕和無奈啊！

附圖（一）：佚名畫者《釋迦出山圖》，現藏克利夫蘭美術館

附圖（二）：梁楷作《釋迦出山圖》，現藏東京國立博物館

【注釋】

① 此文分上、下兩篇，分別刊登於《法光》二百四十八期（5/1/2010）及二百五十期（7/1/2010）。

② 見〈讀史雜記——談癡絕道沖禪師（上）〉，《法光》二百四十八期。

③ 見筆者《一味禪與江湖詩》（臺北：臺灣商務印書館，二〇一〇）第一章。

④ 道璨，〈徑山癡絕禪師行狀〉，《無文印》卷四，P.592a-594a。有關道璨的《無文印》，見筆者《無文印的迷思與解讀》（臺北：臺灣商務印書館，二〇一〇）。

⑤ 同前註。

⑥ 道璨，〈祭癡絕和尚〉，《無文印》卷十二，P.11a-15a。

⑦ 《枯崖漫錄》（臺北：新文豐出版公司，《卍續藏經》第一四八冊，一九七五）卷下，P.176a。

⑧ 道璨，〈慈觀寺記〉，《無文印》卷三，P.11a。

⑨ 按：趙若琚的癡絕行狀寫於淳祐十二年（一二五二）六月朔，比道璨之文後兩年，很可能曾參考道璨之文。

⑩ 見〈讀史雜記——談癡絕道沖禪師（上）〉，《法光》248 期。

⑪ 高君原文將「優劣」誤植為「優略」。

⑫ 見鈴木俊，《中國繪畫總合圖錄》第一卷，P.I-263，圖版 A22-055。

⑬ 按：癡絕於嘉熙三年己亥（一二三九）入天童，其時正是十月初。在此之前，他在雪峰，約半載。見道璨，〈癡絕禪師行狀〉，《無文印》卷四，P.12b；《癡絕禪師語錄》（臺北：新文豐出版公司，《卍續藏經》第一二一冊，一九七五）卷上，P.506a。趙若琚的〈癡絕禪師行狀〉說他於嘉熙二年戊戌（一二三八）入福建雪峰，甫半載，就奉旨移住天童，疑誤。揆諸道璨及語錄之說，他應於嘉熙三年己亥（一二三九）初入雪峰。趙若琚的〈癡絕禪師行狀〉，見《癡絕禪師語錄》卷下，P.564b。

⑭ 見《叢林盛事》（臺北：新文豐出版公司，《卍續藏經》第一四八冊，一九七五）卷上，P.64b；《古今圖書集成釋教部彙考》（臺北：新文豐出版公司，《卍續藏經》第一三三冊，一九七五）卷四，P.368。

⑮ 見 Valérie Malenfer Ortiz, *Dreaming the Southern Song Landscape*（Leiden, Boston, Lodon: Brill, 1999）所附圖版 56。

⑯見 Ho Wai-kam and Sherman Lee., *Eight Dynasties of Chinese Painting: The Collections of the Nelson Gallery-Atkins Museum, Kansas City, and the Cleveland Museum of Art*（Cleveland: Cleveland Museum of Art, 1980）, p.83. 又見 http://www.cleveland art.org/collections/collection%20online.aspx? type=refresh&sl iderpos=2&searchoption=1（accessed 9/30/2010）。

⑰同前書，pp.83-84。

⑱見前引高君之文上篇。按：此譯文已不見於克利夫蘭美術館之網頁。

⑲Donald Lopez Jr. ed., *Buddhist Scriptures*（London: Penguin Groups, 2004）pp.105, 116-117。又 Donald Lopez Jr., "Buddha" in *Critical Terms for the Study of Buddhism*（Chicago: University of Chicago Press, 2005）, p.18。

⑳Kenneth Saunders, *Gotama Buddha: A Biography Based on the Canonical Books of Theravâdin*（New York: Assiciation Press, 1920）, p.3。

㉑《佛所行贊》（臺北：新文豐出版公司，《大正藏》第四冊，一九八三）卷三，P.24b。原文讀成「尼連禪河側，寂靜甚可樂。菩薩即於彼，一處靜思惟。」

㉒同前書，卷三，〈阿羅藍鬱頭藍品第十二〉，P.24b。

㉓同前書，卷三，〈破魔品第十三〉，P.25a-26c。

㉔同前書，卷三，〈阿惟三菩提品第十四〉，P.28c；英譯見 Samuel Beal, *Fo-sho-hign-tsan-king: A Life of Buddha*（Oxford: The Clarendon Press, 1883），P.142, 168。

㉕見後漢・竺大力共康孟詳譯《修行本起經》（臺北：新文豐出版公司，《大正藏》第三冊，一九八三）卷下，P.487c；吳・支謙譯《佛說太子瑞應本起經》（臺北：新文豐出版公司，《大正藏》第三冊，一九八三）卷下，P.478b；西晉・竺法護譯《佛說普曜經》（臺北：新文豐出版公司，《大正藏》第三冊，一九八三）卷六，P.522b；隋・闍那崛多譯《佛本行集經》（臺北：新文豐出版公司，《大正藏》第三冊，一九八三）卷三一，P.796c。

㉖ 僧祐，〈釋迦降生釋種成佛緣譜第四〉，《釋迦譜》卷四，P.35a。

㉗ 道宣，〈同邪苦行相〉，《釋迦氏譜》卷一，P.91b；〈斷惑成覺相〉，《釋迦氏譜》卷一，P.92a。按：「霍然」與「廓然」意不同。前者有「突然」之意，後者有遠大空寂之意。

㉘ 見東京博物館網頁http://www.tnm.go.jp/jp/servlet/Con? processId=00&ref=2&Q1=&Q2=&Q3=&Q4=14424-4-&Q5=&F1=&F2=&pageId=E15&colid=TA617（accessed 10/4/2010），及川上涇等編《梁楷・因陀羅》（東京：講談社，《水墨美術大系》第四卷，一九七八），P.15，圖版三。

㉙ 按：「魍魎畫」一名稱常為日本畫史家形容「禪畫」所用，中國畫史家似未用此名稱。

㉚ 見孔凡禮先生點校《蘇軾文集》（北京：中華書局點校本，一九八七）卷二十二，P.623。

㉛ 此原文「萬家閒」，疑誤，孔凡禮先生未予改正，《四庫全書》本《東坡全集》亦誤。茲據《能改齋漫錄》改成「萬象間」。《能改齋漫錄》曾引此贊文如下：「頭鬅鬙，耳卓削，適從何處來？碧色眼有角，明星未出萬象間，外道妖魔猶奏樂。錯不錯，安得無上菩提，成等正覺。」見《能改齋漫錄》（臺北：臺灣商務印書館，影印文淵閣《四庫全書》，一九八三－一九八六）卷八，P.51a。又見《苕溪漁隱叢話前集》（臺北：長安出版社點校本，一九七八）卷四十，P.276。按：孔凡禮之點校本當係沿四庫本《東坡全集》之誤抄而誤，而點校本《苕溪漁隱叢話前集》則誤「萬象間」為「萬象閑」。

㉜ 見《大慧普覺禪師語錄》（臺北：新文豐出版公司，《大正藏》，一九八三）卷十六，P.878b。又參看橘洲寶曇說：「釋迦老子曰：『我實成佛以來，已經無量無數那由它劫，是大法本來如是也。正覺山前明星現時，豁然悟道。』」《大光明藏》（臺北：新文豐出版公司，《卍續藏經》，一九七五）卷上，P.778a。

㉝《宋朝名畫評》（臺北：臺灣商務印書館，影印文淵閣《四庫全書》，一九八三－一九八六）卷一，P.2ab。

㉞ 惠洪，《林間後錄》（臺北：新文豐出版公司，《卍續藏經》，一九七五）P.648a；又惠洪，《石門文字禪》（臺北：

新文豐出版公司，一九七三）卷十八，P.1ab。

㉟ 同前註。

㊱ 元．柳貫，〈題龍眠釋迦出山像〉，《待制集》（臺北：臺灣商務印書館，影印文淵閣《四庫全書》，一九八三－一九八六）卷三，P.31b-32a。餘詩為「文殊低眉普賢笑，滿谷天風韻天樂。青蓮貼貼印虛空，白象耽耽係羈絡。自茲應物如洪鈞，五陰五濁皆清廓。龍眠昔是會中人，以心應手親描摹。纖煤利穎發其神，堊鼻鉤輪無此斵。流傳什伯甲子餘，玉采珠光破冥寞。鄮江古寺秋日暉，洗滌翳睛煩發籥。稽首調御天人師，優鉢曇華開一蕚。」

㊲ 見《延祐四明志》卷十五，P.5a

㊳ 柳貫，〈題釋迦出山圖〉，《待制集》卷 6，P.26b。

㊴ 見日本德川美術館網頁 http://www.tokugawa-art-museum.jp/artifact/room3/01.html 及 http://www.tokugawa-art-museum.jp/planning/h20/05/obj01.html（accessed 10/16/2010）。按：根據戶田禎佑之說，此三幅四季山水畫都藏於日本。參看 Richard Bernhart., "Streams and Hills under Fresh Snow Attributed to Kao K'o-ming," in Wen Fong and Alfreda Murek., *Words and Image: Chinese Poetry, Calligraphy, and Painting*（Princeton and NY: Princeton University Press, The Metropolitan Museum of Art, 1991），p.238。

㊵ 有關此次畫展見 http://blog.livedoor.jp/hokuto77/archives/2006-10.html（accessed 10/16/2010）又見 http://blog.goo.ne.jp/ak96/e/193d949fbfdb7b28017ffa4f046872f1（accessed 10/16/2010）。奇怪的是在畠山紀念館的網頁反而看不到此圖，見 http://www.ebara.co.jp/csr/hatakeyama/display/2006/autumn.html（accessed 10/16/2010）。

㊶ 見 Smithsonian Free Gallery of Art 的網頁 http://www.asia.si.edu/SongYuan/F1965.9/F1965.9.asp.（accessed 10/16/2010）。西巖了慧題詞又見《西巖了慧語錄》（臺北：新文豐出版公司，《卍續藏經》第一二二冊）P.362a。但語錄將「這」讀成「者」。

㊷ 見圓悟，《枯崖漫錄》卷中，P.162a。按：笑翁妙堪在雪峰時，奉詔住杭之靈隱。其時忽然有僧持釋迦出山像請贊，遂有此題。「釋迦出山像」或稱「釋迦出山相」，當是都指畫卷。

㊸ 《武林梵志》（臺北：臺灣商務印書館，影印文淵閣《四庫全書》，一九八三—一九八六）卷九，P.63b。按：《普陀洛迦山志》說這是他入元之後住靈隱寺時所題。見王亨彥，《普陀洛迦山志》（臺北：丹青出版社，一九八〇—一九八五）卷六，P.343。

㊹ 費長房，《歷代三寶記》：「癸亥十九，佛初成道。《普曜經》第六云：『菩薩明星出時，豁然大悟。』」見《歷代三寶記》（臺北：新文豐出版公司，《大正藏》第四十九冊，一九八三）卷一，P.24c；靜、筠二禪師，《祖堂集》：「故普曜經云：『菩薩於二月八日明星出時大悟』。」見《祖堂集》（臺北：廣文出版社，一九七九）卷一，P.11；契嵩，《傳法正宗記》：「……魔皆顛仆，於是降之。尋以二月七日之夕，入正三昧。八日，明星出時，示廓然大悟，乃成等正覺。」見《傳法正宗記》（臺北：新文豐出版公司，《大正藏》第四十九冊，一九八三）卷一，P.717b；《佛祖統紀》：「菩薩既降魔已，放大光明，即便入定思惟真諦。悉知過去所造善惡、壽命、短長，一切眾生輪回五道，無有真實，橫生苦樂。明星出時，霍然大悟（即八日天曉也），得無上道，為最正覺。」見《佛祖統紀》（臺北：新文豐出版公司，《大正藏》第四十九冊，一九八三）卷二，P.146a。

㊺ 道璨，〈徑山癡絕禪師行狀〉，《無文印》卷四，P.14a。

㊻ 道沖，〈示懶庵居士〉，《癡絕禪師語錄》卷上，P.527a。按：此語他不僅對懶庵居士說，也曾對無文道璨說，可見是他一貫的看法。見前引筆者《無文印的迷思與解讀：文學僧無文道璨的文學禪》。

㊼ 見道璨，〈徑山癡絕禪師行狀〉，《無文印》卷四，P.14a。

㊽ 此墨蹟今藏於京都國立博物館，見其網站 http://www.k-gallery.jp/public/list_jp.php（accessed 9/17/2010）。

㊾ 道沖，〈出山相〉，《癡絕禪師語錄》卷上，P.527a。

⑸ 道沖，〈佛成道〉，《癡絕禪師語錄》卷下，P.568a。

⑸ 參看 Karen Armstrong, *Buddha*（New York: Penguin Book Group, 2004）, pp. xi-xxix。

⑸ 見前引 Donald Lopez Jr., "Buddha" 一文。

⑸ 道宣，〈降魔顯德相〉及〈斷惑成覺相〉，《釋迦氏譜》P.91c-92a。

⑸ 參看前引 Kenneth Saunders, *Gotama Buddha: A Biography Based on the Canonical Books of Theravâdin*, pp.21-23。

⑸ 玄奘，《大唐西域記》（臺北：新文豐出版公司，《大正藏》第五十一冊，一九八三）卷八，P.915ab。

⑸ 《佛光大辭典》P.2766。

⑸ 《大慧普覺禪師語錄》卷十六，P.878b。

⑸ 同前書，卷十八，P.887c。

⑸ 同前書，卷十二，P.887c。

⑹ 《無準師範禪師語錄》（臺北：新文豐出版公司，《卍續藏經》第一二一冊，一九七五）卷一，P.877b。

⑹ 《淮海元肇禪師語錄》（臺北：新文豐出版公司，《卍續藏經》第一二一冊，一九七五），P.355a。

⑹ 同前書，P.365b。

⑹ 《介石智朋禪師語錄》（臺北：新文豐出版公司，《卍續藏經》第一二一冊，一九七五）P.372b。

⑹ 《大光明藏》（臺北：新文豐出版公司，《卍續藏經》第一三七冊，一九七五）卷一，P.778a。按：「豁然」諸語錄多作「霍然」，兩詞意義不同，見下文。

⑹ 《西巖和尚語錄》（臺北：新文豐出版公司，《卍續藏經》第一二二冊，一九七五）卷二，P.357b。

⑹ 《全唐文》卷一八二，P.5313。

⑹ 道誠，《釋迦如來成道記註》（臺北：新文豐出版公司，《卍續藏經》第一三〇冊，一九七五）P.213b。

68 同前註，P.213b-214b。

69 李華，〈故左溪大師碑〉，《李遐叔文集》（臺北：臺灣商務印書館，影印文淵閣《四庫全書》，一九八三—一九八六）卷二，P.35b。

70 譬如前引惠洪題吳道子《釋迦出山圖》贊的「初出雪山，即示此像」一語。契嵩之語見《傳法正宗記》（臺北：新文豐出版公司，《大正藏》第五十一冊，一九八三）卷一，P.718a。不過契嵩顯然對「舊譜」之說不甚滿意。故他還說：「今以歲數推較，若秖六年修行，其成道則二十五歲。若云三十，則須并六年在二仙處學法，方可合其元數。」

71 《景德傳燈錄》（臺北：新文豐出版公司，《大正藏》第五十一冊，一九八三）卷二，P.213b。

72 契嵩顯然參考《寶林傳》認為它「雖其文字鄙俗，序致煩亂，不類學者著書。然其事有本末，世數名氏亦有所以」，故於《傳法正宗記》、《傳法正宗論》及《傳法正宗定祖圖》屢評論其書。見《傳法正宗記》卷一，P.718c；卷二，P.726c；卷五，P.744a-b；卷九，P.767c。

73 《法演禪師語錄》（臺北：新文豐出版公司，《大正藏》第四十七冊，一九八三）卷上，P.650c。

74 《嘉泰普燈錄》（臺北：新文豐出版公司，《卍續藏經》第一三七冊，一九七五）卷十二，P.195b。

75 同前書，卷十二，P.196a。按：「觜盧都」是撅著嘴，鼓著嘴之意。

76 《瞎堂慧遠禪師語錄》（臺北：新文豐出版公司，《卍續藏經》第一二〇冊，一九七五）卷一，P.919a。

77 《無準師範禪師語錄》卷一，P.875a、877b。《傳法正宗論》卷上，P.773c、774bc、775a-c、776bc、777ab，卷下，P.779c、780b；《傳法正宗定祖圖》，P.772b。

78 道融，《叢林盛事》（臺北：新文豐出版公司，《卍續藏經》第一四八冊，一九七五）卷下，P.80b-81a。

79 如琇，《增集續傳燈錄》（臺北：新文豐出版公司，《卍續藏經》第一四二冊，一九七五）卷二，P.782a。

80 《虛堂和尚語錄》（臺北：新文豐出版公司，《大正藏》第四十七冊，一九八三）卷一，P.984c。

⑧¹ 同前書，卷二，P.998c。

⑧² 同前書，卷二，P.1000c。

⑧³ 按：這種說法，並未受真宗朝出現的〈佛教西來玄化應運略錄〉一文所說的象頭山、鬱頭藍的影響。該文說：釋迦「十九踰城至雪山中，六年苦行，日食麻麥。又至象頭山學不用處定，三年知非遂捨。又至鬱頭藍學非想定，三年知非亦捨。即以無心意而受行，悉摧伏諸外道。世尊時年三十，於二月八日，明星出時，成等正覺。」雖然文中提到雪山，但又提及象頭山、鬱頭藍，將雪山與象頭山分為二山，但禪師們還是單舉「雪山」之名。〈佛教西來玄化應運略錄〉是宋真宗朝宋正議大夫安國軍節度使開國侯程輝（生卒年不詳）所寫的，隨宋真宗《註四十二章經》頒行，應該受寺院所重視。見宋真宗，《註四十二章經》（臺北：新文豐出版公司，《大正藏》第三十九冊，一九八三）卷首，P.516b。

⑧⁴ 《偃溪廣聞禪師語錄》（臺北：新文豐出版公司，《卍續藏經》第一二一冊，一九七五）卷上，P.267b。

⑧⁵ 同前書，卷上，P.281b。

⑧⁶ 同前書，卷下，P.302a。

⑧⁷ 同前書，卷下，P.302a。

⑧⁸ 《物初大觀禪師語錄》（臺北：新文豐出版公司，《卍續藏經》第一二一冊，一九七五）P.185a。

⑧⁹ 同前書，P.374a。

⑨⁰ 同前書，P.378b。

⑨¹ 同前書，P.398b

⑨² 《石屋清珙禪師語錄》（臺北：新文豐出版公司，《卍續藏經》第一二三冊，一九七五）卷上，P.616a

⑨³ 同前書，卷上，P.623b。

⑭《雪巖祖欽禪師語錄》（臺北：新文豐出版公司，《卍續藏經》第一二二冊，一九七五）卷上，P.490b。

⑮《高峰原妙禪師語錄》（臺北：新文豐出版公司，《卍續藏經》第一二二冊，一九七五）卷上，P.671a。

⑯《斷橋妙倫禪師語錄》（臺北：新文豐出版公司，《卍續藏經》第一二二冊，一九七五）卷上，P.407a。

⑰同前書，卷上，P.419a。

⑱同前書，卷上，P.422b。

⑲曇無讖譯，《大般涅槃經》（臺北：新文豐出版公司，《大正藏》第四十九冊，一九八三）卷十四，P.449b。按：呂澂先生認為《大般涅槃經》是屬中期大乘佛經，出現於龍樹、提婆之後，約公元三世紀之後，最早年限約在笈多王朝（320-500）初期，已經出現，也就是四世紀初。見《呂澂佛學論著選集》（濟南：齊魯書社，一九九一）第四冊，P.2163-2176。

⑳宋・法賢譯，《佛說眾許摩訶帝經》（臺北：新文豐出版公司，《大正藏》第三冊，一九八三）卷五，P.947a。按：印順法師似認為此經為初期大乘佛經。見印順，《初期大乘佛教之起源與開展》（台北：正聞出版社，一九九四）P.582。

十一、參考文獻

（按朝代先後作者或編者姓名筆畫順序排列）

（一）辭典、書目、類書

宋・徐子光，《蒙求集注》（臺北：臺灣商務印書館，影印文淵閣《四庫全書》本，一九八三—一九八六）

宋・祝穆編，《古今事文類聚》（臺北：臺灣商務印書館，影印文淵閣《四庫全書》本，一九八三—一九八六）

宋・晁公武，《郡齋讀書志》（上海：商務印書館，《四部叢刊三編》本，一九三四）

宋・陳振孫，《直齋書錄解題》（上海：上海古籍出版社點校本，一九八七）

宋・睦庵善卿，《祖庭事苑》（臺北：新文豐出版公司，《卍續藏經》第一一三冊，一九七五）

元・馬端臨，《文獻通考》（臺北：新興書局，一九六三）

元・道泰，《禪林類聚》（臺北：新文豐出版公司，《卍續藏經》第一一七冊，一九七五）

明・凌迪知，《萬姓統譜》（臺北：臺灣商務印書館，影印文淵閣《四庫全書》本，一九八三—一九八六）

明・解縉，《永樂大典》（北京：中華書局，一九八六）

明・彭大翼，《山堂肆考》（臺北：臺灣商務印書館，影印文淵閣《四庫全書》本，一九八三—一九八六）
清・紀昀等，《四庫全書總目提要》（臺北：藝文印書館，一九八〇）
清・陳夢雷，《古今圖書集成》第一九三冊，〈山川典〉（網路版）
清・黃虞稷，《千頃堂書目》（臺北：臺灣商務印書館，影印文淵閣《四庫全書》本，一九八三—一九八六）
現代・王寶平，《中國館藏和刻本漢籍書目》（杭州：杭州大學出版社，一九九五）
現代・龔延明，《宋代官制辭典》（北京：中華書局，一九九七）
現代・北京圖書館金石組，《北京圖書館中國歷代石刻拓本彙編》第四十三冊（北京：中州古籍出版社，一九九〇）
現代・《古今圖書集成釋教部彙考》（臺北：新文豐出版公司，《卍續藏經》第一百三十三冊，一九七五）
現代・釋慈怡，《佛光大辭典》（高雄：佛光事業股份有限公司，一九八九）

（二）經、子、正史、編年、金石、考證、政書、史論、族譜

先秦・呂不韋，《呂氏春秋》（臺北：臺灣商務印書館，影印文淵閣《四庫全書》本，一九八三—一九八六）
先秦・孟軻，《孟子》（臺北：世界書局，《四書集注》本，一九六〇）

先秦・荀卿，《荀子》（上海：商務印書館，《四部叢刊初編》本，一九三六）
先秦・鄧析，《鄧析子》（上海：商務印書館，《四部叢刊初編》本，一九三六）
先秦・韓非，《韓非子》（上海：商務印書館，《四部叢刊初編》本，一九三六）
漢・司馬遷，《史記》（北京：中華書局點校本，一九六二）
漢・吳平等，《越絕書》（臺北：臺灣商務印書館，影印文淵閣《四庫全書》本，一九八三—一九八六）
漢・班固，《漢書》（北京：中華書局點校本，一九六二）
漢・揚雄，《揚子法言》（上海：商務印書館，《四部叢刊初編》本，一九三六）
漢・劉安，《淮南鴻列解》（臺北：臺灣商務印書館，影印文淵閣《四庫全書》本，一九八三—一九八六）
漢・鄭玄，《毛詩注疏》（臺北：臺灣商務印書館，影印文淵閣《四庫全書》本，一九八三—一九八六）
晉・郭象，《莊子注》（臺北：臺灣商務印書館，影印文淵閣《四庫全書》本，一九八三—一九八六）
晉・郭象，《南華真經》（上海：商務印書館，《四部叢刊初編》本，一九三六）
南朝宋・沈約，《宋書》（北京：中華書局點校本，一九八七）
唐・孔穎達，《左傳注疏》（臺北：臺灣商務印書館，影印文淵閣《四庫全書》本，一九八三—一九八六）

唐·李延壽，《南史》（北京：中華書局點校本，一九八七）
唐·房玄齡等，《晉書》（北京：中華書局點校本，一九七五）
唐·劉知幾，《史通》（臺北：臺灣商務印書館，影印文淵閣《四庫全書》本，一九八三—一九八六）
五代·劉昫，《舊唐書》（北京：中華書局點校本，一九七五）
宋·王象之，《輿地碑記目》（臺北：臺灣商務印書館，影印文淵閣《四庫全書》本，一九八三—一九八六）
宋·洪興祖，《楚辭補注》（臺北：臺灣商務印書館，影印文淵閣《四庫全書》本，一九八三—一九八六）
宋·李心傳，《建炎以來朝野雜記甲集》（北京：中華書局點校本，二〇〇〇）
宋·林岊，《毛詩講義》（臺北：臺灣商務印書館，影印文淵閣《四庫全書》本，一九八三—一九八六）
宋·林希逸，《莊子口義》（臺北：臺灣商務印書館，影印文淵閣《四庫全書》本，一九八三—一九八六）
宋·范祖禹，《唐鑑》（臺北：臺灣商務印書館，《人人文庫》本，一九七七）
宋·孫復，《春秋尊王發微》（臺北：臺灣商務印書館，影印文淵閣《四庫全書》本，一九八三—一九八六）
宋·陶岳，《五代史補》（臺北：臺灣商務印書館，影印文淵閣《四庫全書》本，一九八三—一

九八六）

宋·傅藻，《東坡紀年錄》（北京：北京圖書館藏珍本年譜叢刊，一九九九）

宋·黃震，《黃氏日抄》（臺北：臺灣商務印書館，影印文淵閣《四庫全書》本，一九八三—一九八六）

宋·張虙，《月令解》（臺北：臺灣商務印書館，影印文淵閣《四庫全書》本，一九八三—一九八六）

宋·歐陽修，《新唐書》（北京：中華書局點校本，一九七五）

宋·褚伯秀，《南華真經義海纂微》（臺北：臺灣商務印書館，影印文淵閣《四庫全書》本，一九八三—一九八六）

宋·蕭楚，《春秋辨疑》（臺北：臺灣商務印書館，影印文淵閣《四庫全書》本，一九八三—一九八六）

宋·蘇轍，《詩集傳》（臺北：臺灣商務印書館，影印文淵閣《四庫全書》本，一九八三—一九八六）

宋·不著撰人，《宋季三朝政要》（北京：中華書局，一九八五）

元·脫脫等，《宋史》（北京：中華書局點校本，一九八七）

明·王圻，《續文獻通考》（上海市：上海古籍出版社，二〇〇二）

明·陳暐，《吳中金石新編》（臺北：臺灣商務印書館，影印文淵閣《四庫全書》本，一九八三—一九八六）

明・黃宗羲、全祖望，《宋元學案》（北京：中華書局點校本，一九八六）
清・丁敬，《武林金石記》（南京：江蘇古籍出版社，一九九八）
清・史義貴，《四明林染橋史氏宗譜》（清同治十一年刊，一八七二）
清・李清馥，《閩中理學淵源考》（臺北：臺灣商務印書館，影印文淵閣《四庫全書》本，一九八三—一九八六）
清・畢沅，《續資治通鑑》（臺北：中華書局，《四部備要》本，一九六五）
清・嵇璜、曹仁虎，《欽定續文獻通考》（臺北：臺灣商務印書館，影印文淵閣《四庫全書》本，一九八三—一九八六）
清・趙翼，《廿二史劄記》（臺北：世界書局，一九六八）

（三）歷代方志、佛寺志、地理書

唐・徐靈府，《天台山記》，（臺北：新文豐出版公司，《大正藏》第五十一冊，一九八三）
宋・朱長文，《吳郡圖經續記》（臺北：臺灣商務印書館，影印文淵閣《四庫全書》本，一九八三—一九八六）
宋・周應合，《景定建康志》（臺北：臺灣商務印書館，影印文淵閣《四庫全書》本，一九八三—一九八六）
宋・施宿，《會稽志》（臺北：臺灣商務印書館，影印文淵閣《四庫全書》本，一九八三—一九八六）

宋・范成大，《吳郡志》（臺北：臺灣商務印書館，影印文淵閣《四庫全書》本，一九八三—一九八六）
宋・祝穆，《新編方輿勝覽》（北京：中華書局點校本，二〇〇三）
宋・梁克家，《淳熙三山志》（成都：四川大學出版社，《宋元珍希地方志叢刊》本，二〇〇七）
宋・陳耆卿，《嘉定赤城志》（臺北：臺灣商務印書館，影印文淵閣《四庫全書》本，一九八三—一九八六）
宋・單鍔，《吳中水利書》（臺北：臺灣商務印書館，影印文淵閣《四庫全書》本，一九八三—一九八六）
宋・張淏，《寶慶會稽續志》（臺北：臺灣商務印書館，影印文淵閣《四庫全書》本，一九八三—一九八六）
宋・樂史，《太平寰宇記》（臺北：臺灣商務印書館，影印文淵閣《四庫全書》本，一九八三—一九八六）
宋・歐陽忞，《輿地廣記》（成都：四川大學出版社，二〇〇三）
宋・談鑰，《嘉泰吳興志》（臺北：成文出版社，一九八三）
宋・鄧牧，《洞霄圖志》（臺北：臺灣商務印書館，影印文淵閣《四庫全書》本，一九八三—一九八六）
宋・潛說友，《咸淳臨安志》（臺北：臺灣商務印書館，影印文淵閣《四庫全書》本，一九八

三—一九八六）

宋・羅濬，《寶慶四明志》（臺北：臺灣商務印書館，影印文淵閣《四庫全書》本，一九八三—一九八六）

宋・羅願，《新安志》（成都：四川大學出版社，《宋元珍稀地方志叢刊》甲編第八冊，二〇〇七）

宋・趙與篔修、陳仁玉纂，《淳祐臨安志》（臺北：臺灣商務印書館，《宛委別藏》本，一九八一）

宋・鄭樵，《通志》（臺北：臺灣商務印書館，影印文淵閣《四庫全書》本，一九八三—一九八六）

宋・陳公亮修、劉文富纂，《淳熙嚴州圖經》（上海：上海古籍出版社，《續修四庫全書》本，一九九四—二〇〇二）

宋・鄧牧，《洞霄圖志》（臺北：臺灣商務印書館，影印文淵閣《四庫全書》，一九八三—一九八六）

元・王元恭纂修，《至正四明續志》（上海：古籍出版社，《續修四庫全書》第七百〇五冊，二〇〇二）

明・王珣等，《弘治湖州府志》（清歸安姚氏咫進齋鈔本）

明・王鏊，《姑蘇志》（臺北：臺灣商務印書館，影印文淵閣《四庫全書》，一九八三—一九八六）

明・王賓，《虎丘山志》（北京：全國圖書館縮微文獻複製中心，一九九二）
明・王揚德，《明刻通州狼五山志》（北京：線裝書局，《中國山水志叢刊》〈山志卷〉第十六冊，二〇〇四）
明・朱鑑，《鴈山志》（臺北：明文書局，《中國佛寺志彙刊》第三輯第十三冊，一九八〇）
明・宋奎光，《徑山志》（臺北：宗青圖書出版公司，《中國佛寺志彙刊》第一輯第三十一冊，一九九四）
明・吳之鯨，《武林梵志》（臺北：明文書局，《中國佛寺志彙刊》第一輯第二十五冊，一九八〇）
明・邢址、陳讓修，《嘉靖邵武府志》（山東：齊魯書社，《四庫全書存目叢書》，一九九七）
明・周希哲修、張時徹撰，《嘉靖寧波府志》（臺北：成文出版社，一九八三）
明・林雲程、沈明臣，《萬曆通州志》（上海：上海書店，《天一閣明代方志選刊》第十冊，一五七八）
明・林穎，《嘉靖通州志》（上海：上海書店，《天一閣明代方志選刊》第十冊，一五三〇）
明・胡宗憲、薛應旂，《（嘉靖）浙江通志》（明嘉靖四十年刊本，一五六一）
明・徐崧，《百城煙水》（南京：江蘇古籍出版社，一九九九）
明・陳暐，《吳中金石新編》（臺北：臺灣商務印書館，影印文淵閣《四庫全書》本，一九八三—一九八六）
明・陳道、黃仲昭纂修，《弘治八閩通志》（山東：齊魯書社，《四庫全書存目叢書》，一九九九

七）
明・陳讓，《明成化杭州府志》（臺南：莊嚴出版社，《四庫全書存目叢書》本，第一百七十五冊）
明・程嘉燧，《常熟縣破山興福寺志》（臺北：明文書局《中國佛寺史志彙刊》第一輯，一九八〇）
明・程嗣功、駱文盛，《（嘉靖）武康縣志》（臺北：新文豐出版公司，一九八五）
明・郭子章，《阿育王山志》（臺北：明文書局，《中國佛寺志彙刊》第一輯第十一冊，一九八〇）
明・曹學佺，《蜀中廣記》（臺北：臺灣商務印書館，影印文淵閣《四庫全書》本，一九八三—一九八六）
明・勞鉞、張淵，《成化湖州府志》（成化十一年刊本）
明・董斯張，《吳興備志》（臺北：臺灣商務印書館，影印文淵閣《四庫全書》本，一九八三—一九八六）
明・楊守仁、徐楚纂修，《萬曆續修嚴州府志》（北京：書目文獻出版社，一九九一）
明・劉伯縉、陳善，《（萬曆）杭州府志》（臺北：成文出版社，一九八三）
明・戴日強，《萬曆餘杭縣志》（臺南：莊嚴出版社，《四庫存目叢書》本，一九九六）
明・盧熊，《洪武蘇州府志》（洪武十二年（一三七九）刻本）
明・釋履平，《雪竇寺志》（臺北：丹青出版社，《中國佛寺志彙刊》第二輯第十冊，一九

八〇）
明・釋履平，《雪竇寺志略》（揚州：江蘇廣陵古籍刻印社，《中國佛寺誌叢刊》第八十八冊，一九九六）
明・釋傳燈，《天台方外志》（臺北：明文書局，《中國佛寺志彙刊》第三輯第八冊，一九八〇）
明・不著撰人，《西湖志》（萬曆唐裝本）
清・丁丙，《雲林寺續志》（臺北：明文書局，《中國佛寺志彙刊》第一輯第二十五冊，一九八〇）
清・王謇，《宋平江城坊考》（蘇州：江蘇古籍出版社，一九九九）
清・王維翰，《湖山便覽》（臺北：學海出版社，一九六九）
清・尹繼善，《（乾隆）江南通志》（臺北：臺灣商務印書館，影印文淵閣《四庫全書》本，一九八三—一九八六）
清・杜防，《同治南昌府志》（江蘇古籍出版社，一九九六）
清・沈鑅彪，《雲林寺續志》（臺北：明文書局，《中國佛寺志彙刊》第一輯第二十五冊，一九八〇）
清・郝玉麟等，《福建通志》（臺北：臺灣商務印書館，影印文淵閣《四庫全書》本，一九八三—一九八六）
清・李銘皖、譚鈞培修，《同治蘇州府志》（南京：江蘇古籍出版社，一九九一）

清・宗源瀚、周學濬，《同治湖州府志》（臺北：成文出版社，一九七〇）
清・邵晉涵撰，《乾隆杭州府志》（上海：上海古籍出版社，《續修四庫全書》本，二〇〇二）
清・孫治，《武林靈隱寺志》（臺北：明文書局，《中國佛寺志彙刊》第一輯第一百一十八冊，一九八〇）
清・張聯元，《天台山全志》（浙江：楚郢張氏刻本，一七一七）
清・張晉生，《雍正四川通志》（臺北：臺灣商務印書館，影印文淵閣《四庫全書》本，一九八三—一九八六）
清・張吉安，《（嘉慶）餘杭縣志》（臺北：成文出版社，一九七〇）
清・葉昌熾，《寒山寺志》（臺北：明文書局，《中國佛寺志彙刊》第一輯第二十五冊，一九八〇）
清・聞性道，《天童寺志》（臺北：宗青出版社，《中國佛寺志彙刊》第一輯第十三冊，一九九四）
清・謝旻等，《江西通志》（臺北：臺灣商務印書館，影印文淵閣《四庫全書》本，一九八三—一九八六）
清・曾國藩、劉坤一等修，《光緒江西通志》（上海：上海古籍出版社，一九九五）
清・魏嶸，《康熙錢塘縣志》（上海：上海書店，一九九三）
清・劉守成，《乾隆武康縣志》（清乾隆十二年重修刊本）
清・釋元奇，《江心志》（揚州：廣陵書社，《中國佛寺志叢刊》第九十二冊）

清・釋際詳，《淨慈寺志》（臺北：明文書局，《中國佛寺志彙刊》第一輯，第十七—十九冊，一九九四）
清・釋畹荃，《阿育王山寺續志》（揚州：廣陵書社，《中國佛寺志叢刊》第八十九—九十冊，二〇〇六）
清・釋畹荃，《阿育王山續志》（台北：宗青圖書出版公司，《中國佛寺志彙刊》第一輯第十二冊，一九九四）
民國・王亨彥，《普陀洛迦山志》（臺北：丹青出版社，一九八〇—一九八五）
民國・吳秀之、曹允源等，《江蘇吳縣志》（臺北：成文出版社，一九七〇）
民國・吳宗慈編修，《廬山志》（臺北：明文書局，《中國佛寺志彙刊》第二輯，一九八〇）
民國・喻長霖，《民國續修台州府志》（民國二十五年排印本）

（四）佛經、語錄、僧傳、燈史、清規、年譜

後漢・竺大力、康孟詳譯，《修行本起經》（臺北：新文豐出版公司，《大正藏》第三冊，一九八三）
吳・支謙譯，《佛說太子瑞應本起經》（臺北：新文豐出版公司，《大正藏》第三冊，一九八三）
西晉・竺法護譯，《佛說普曜經》（臺北：新文豐出版公司，《大正藏》第三冊，一九八三）
北涼・曇無讖譯，《佛所行讚經》（臺北：新文豐出版公司，《大正藏》第四冊，一九八三）

梁・僧祐，《釋迦譜》（臺北：新文豐出版公司，《大正藏》第五十冊，一九八三）

隋・闍那崛多譯，《佛本行集經》（臺北：新文豐出版公司，《大正藏》第三冊，一九八三）

隋・費長房，《歷代三寶記》（臺北：新文豐出版公司，《大正藏》第四十九冊，一九八三）

唐・裴休，《黃檗山斷際禪師傳法心要》（臺北：新文豐出版公司，《大正藏》第五十一冊，一九八六）

唐・釋文遠編，《趙州禪師語錄》（臺北：新文豐出版公司，《嘉興藏》第二十四冊，一九八八）

唐・釋玄奘，《大唐西域記》（臺北：新文豐出版公司，《大正藏》第五十一冊，一九八三）

唐・釋道宣，《釋迦氏譜》（臺北：新文豐出版公司，《大正藏》第五十冊，一九八三）

唐・釋道誠，《釋迦如來成道記註》（臺北：新文豐出版公司，《卍續藏經》第一百三十冊，一九七五）

五代・釋慧然等，《鎮州臨濟慧照禪師語錄》（臺北：新文豐出版公司，《大正藏》第四十七冊，一九八三）

南唐・釋靜、筠，《祖堂集》（臺北：廣文出版社，一九七九）

宋・李遵勖，《天聖廣燈錄》（臺北：新文豐出版公司，《卍續藏經》第一百三十五冊，一九七五）

宋・釋才良等，《法演禪師語錄》（臺北：新文豐出版公司，《大正藏》第四十七冊，一九八三）

宋・釋元愷等，《大川普濟禪師語錄》（臺北：新文豐出版公司，《卍續藏經》第一百二十一冊，一九七五）

宋・釋元敬、元復，《武林西湖高僧事略》（臺北：新文豐出版公司，《卍續藏經》第一百三十四冊，一九七五）

宋・釋正受，《嘉泰普燈錄》（臺北：新文豐出版公司，《卍續藏經》第一百三十七冊，一九七五）

宋・釋正賢等，《介石智朋禪師語錄》（臺北：新文豐出版公司，《卍續藏經》第一百二十一冊，一九七五）

宋・釋守詮等，《應庵和尚語錄》（臺北：新文豐出版公司，《卍續藏經》第一百二十冊，一九七五）

宋・釋如珠，《偃溪和尚語錄》（臺北：新文豐出版公司，《卍續藏經》第一百二十一冊，一九七五）

宋・釋志磐，《佛祖統紀》（臺北：新文豐出版公司，《大正藏》第四十九冊，一九八三）

宋・釋戒環，《楞嚴經要解》（臺北：新文豐出版公司，《卍續藏經》第十七冊，一九七五）

宋・釋法雲，《虛堂和尚語錄》（臺北：新文豐出版公司，《大正藏》第四十七冊，一九八三）

宋・釋法寶編，《月林師觀禪師語錄》（臺北：新文豐出版公司，《卍續藏經》第一百二十冊，一九七五）

宋・釋宗會等，《無準師範語錄》（臺北：新文豐出版公司，《卍續藏經》第一百二十一冊，一

九七五）
宋・釋宗賾，《禪苑清規》（臺北：新文豐出版公司，《卍續藏經》第一百一十一冊，一九七五）
宋・釋修會等，《西巖和尚語錄》（臺北：新文豐出版公司，《卍續藏經》第一百二十二冊，一九七五）
宋・契嵩，《傳法正宗記》（臺北：新文豐出版公司，《大正藏》第四十九冊，一九八三）
宋・釋祖詠，《大慧普覺禪師年譜》（北京：北京圖書館出版社，《北京圖書館珍本年譜叢刊》第二十二冊，一九九五）
宋・祖詠，《大慧普覺禪師年譜》（臺北：新文豐出版公司，《嘉興大藏經》，《正藏》部第一冊，二〇〇八）
宋・釋集成等編，《宏智禪師廣錄》（臺北：新文豐出版公司，《大正藏》第四十八冊，一九八三）
宋・釋悟明，《聯燈會要》（臺北：新文豐出版公司，《卍續藏經》第一百三十六冊，一九七五）
宋・釋昭如等，《雪巖祖欽禪師語錄》（臺北：新文豐出版公司，《卍續藏經》第一百二十二冊，一九七五）
宋・釋師坦等，《石田法薰禪師語錄》（臺北：新文豐出版公司，《卍續藏經》第一百二十二冊，一九七五）

宋·釋紹隆編，《圓悟佛果禪師語錄》（臺北：新文豐出版公司，《大正藏》第四十七冊，一九八三）

宋·釋惟蓋竺等編，《明覺禪師語錄》（臺北：新文豐出版公司，《大正藏》第四十七冊，一九八三）

宋·釋智沂等，《癡絕和尚語錄》（臺北：新文豐出版公司，《卍續藏經》第一百二十一冊，一九七五）

宋·釋惠洪，《禪林僧寶傳》（臺北：新文豐出版公司，《卍續藏經》第一百三十七冊，一九七五）

宋·釋普濟，《五燈會元》（北京：中華書局點校本，一九九八）

宋·釋慧印，《筠州洞山悟本禪師語錄》（臺北：新文豐出版公司，《大正藏》第四十七冊，一九八三）

宋·釋齊己等，《瞎堂慧遠禪師廣錄》（臺北：新文豐出版公司，《卍續藏經》第一百二十冊，一九七五）

宋·釋道原，《景德傳燈錄》（臺北：新文豐出版公司，《大正藏》第五十一冊，一九八六）

宋，釋賾藏主，《古尊宿語錄》（北京：中華書局點校本，一九九四）

宋·釋贊寧，《宋高僧傳》（北京：中華書局點校本，一九八七）

宋·釋德溥，《物初大觀禪師語錄》（臺北：新文豐出版公司，《卍續藏經》第一百二十一冊，一九七五）

宋・釋實仁等，《淮海元肇禪師語錄》（臺北：新文豐出版公司，《卍續藏經》第一百二十一冊，一九七五）

宋・釋蘊聞等，《大慧普覺禪師語錄》（臺北：新文豐出版公司，《大正藏》第四十七冊，一九八三）

宋・釋寶曇，《大光明藏》（臺北：新文豐出版公司，《卍續藏經》第一百三十七冊，一九七五）

元・釋一咸，《禪林備用清規》（臺北：新文豐出版公司，《卍續藏經》第一百一十二冊，一九七五）

元・釋文寶等，《斷橋妙倫禪師語錄》（臺北：新文豐出版公司，《卍續藏經》第一百二十二冊，一九七五）

元・釋熙仲，《歷朝釋氏資鑑》（臺北：新文豐出版公司，《卍續藏經》第一百三十二冊，一九七五）

元・德煇，《敕修百丈清規》（臺北：新文豐出版公司，《大正藏》第四十八冊，一九八三）

元・佚名，《高峰原妙禪師語錄》（臺北：新文豐出版公司，《卍續藏經》第一百二十二冊，一九七五）

明・周永年，《吳都法乘》（臺北：丹青圖書公司，《中國佛寺志叢刊》第三輯，一九八五）

明・林弘衍，《雪峰義存禪師語錄》（臺北：新文豐出版公司，《卍續藏經》第一百一十九冊，一九七五）

明・瞿汝稷，《指月錄》（臺北：新文豐出版公司，《卍續藏經》第一百四十三冊，一九七五）

明・釋大建，《禪林寶訓音義》（臺北：新文豐出版公司，《卍續藏經》第一百一十三冊，一九七五）

明・釋文琇，《增集續傳燈錄》（臺北：新文豐出版公司，《卍續藏經》第一百四十二冊，一九七五）

明・釋元賢，《繼燈錄》（臺北：新文豐出版公司，《卍續藏經》第一百四十七冊，一九七五）

明・釋如惺，《大明高僧傳》（臺北：新文豐出版公司，《大正藏》第五十冊，一九八三）

明・釋如巹，《緇門警訓》（臺北：新文豐出版公司，《大正藏》第四十八冊，一九八三）

明・釋法藏，《五宗原》（臺北：新文豐出版公司，《卍續藏經》第一百一十四冊，一九七五）

明・釋居頂，《續傳燈錄》（臺北：新文豐出版公司，《大正藏》第五十一冊，一九八三）

明・釋明河，《補續高僧傳》（臺北：新文豐出版公司，《卍續藏經》第一百三十四冊，一九七五）

明・釋施沛，《續燈存稿》（臺北：新文豐出版公司，《卍續藏經》第一百四十五冊，一九七五）

明・釋袾宏，《緇門崇行錄》（臺北：新文豐出版公司，《卍續藏經》第一百四十八冊，一九七五）

明・釋淨柱，《五燈會元續略》（臺北：新文豐出版公司，《卍續藏經》第一百三十八冊，一九七五）

明・釋通潤，《楞嚴經合轍》（臺北：新文豐出版公司，《卍續藏經》第二十二冊，一九七五）
明・釋道忞，《禪燈世譜》（臺北：新文豐出版公司，《卍續藏經》第一百四十七冊，一九七五）
清・釋超永，《五燈全書》（臺北：新文豐出版公司，《卍續藏經》第一百二十一冊，一九七五）

（五）禪僧詩、文集、頌古、隨筆

唐・閭丘胤編，《寒山子詩集》見《寒山子詩集》（上海：商務印書館，《四部叢刊初編》本，一九三六）
唐・釋寒山，《寒山詩集》（北京：線裝書局，《日本宮內廳書陵部藏宋元版漢籍影印叢書》第一輯第十二冊，二〇〇二）
唐・釋齊己，《白蓮集》（上海：商務印書館《四部叢刊初編》本，一九三六）
唐・釋貫休，《禪月集》（上海：商務印書館《四部叢刊初編》本，一九三六）
宋・孔汝霖，《中興禪林風月集》（京都：日本京都府立總合資料館，「新抄物資料集成」抄本，二〇〇〇）
宋・陳起，《聖宋高僧詩選》（台北：漢聲出版社，《禪門逸書初輯》本，一九八七）
宋・釋大觀，《物初賸語》（京都：寶永五年刊本，一七〇八）
宋・釋文珦，《潛山集》（臺北：臺灣商務印書館，影印文淵閣《四庫全書》本，一九八三—一

九八六）
宋・釋元肇，《淮海挐音》（京都：「東洋文庫」藏柳枝軒茨城方道刊本，一六九五）
宋・釋元肇，《淮海外集》（台北：漢聲出版社，《禪門逸書續編》本，一九八七）
宋・釋居簡，《北磵詩集》（北京：線裝書局，《宋集珍本叢刊》第七十一冊，二〇〇四）
宋・釋居簡，《北磵文集》（北京：線裝書局，《宋集珍本叢刊》第七十一冊，二〇〇四）
宋・釋居簡，《北磵集》（臺北：臺灣商務印書館，影印文淵閣《四庫全書》本，一九八三—一九八六）
宋・釋契嵩，《鐔津文集》（臺北：新文豐出版公司，《大正藏》第五十二冊，一九八三）
宋・釋契嵩，《鐔津集》（臺北：臺灣商務印書館，影印文淵閣《四庫全書》本，一九八三—一九八六）
宋・釋善珍，《藏叟摘稾》（東京：元祿十一年戊寅仲春古川三郎兵衛鋟梓本，一六九八）
宋・釋惠洪，《石門文字禪》（臺北：新文豐出版公司，一九七三）
宋・釋道融，《叢林盛事》（臺北：新文豐出版公司，《卍續藏經》第一百四十八冊，一九七五）
宋・釋道潛，《參寥子集》（上海：商務印書館，《四部叢刊三編》本，一九三六）
宋・釋道潛，《參寥子詩集》（臺北：臺灣商務印書館，影印文淵閣《四庫全書》本，一九八三—一九八六）
宋・道璨，《無文印》（北京：線裝書局，《宋集珍本叢刊》第八十五冊，二〇〇四）

宋．釋圓悟，《枯崖漫錄》（臺北：新文豐出版公司，《卍續藏經》第一百四十八冊，一九七五）
宋．釋智昭，《人天眼目》（臺北：新文豐出版公司，《大正藏》第四十八冊，一九八三）
宋．釋曉瑩，《羅湖野錄》（臺北：新文豐出版公司，《卍續藏經》第一百四十二冊，一九七五）

（六）歷代文人詩文集

晉．謝靈運，《謝康樂集》（上海：上海古籍出版社，《續修四庫全書》本，二〇〇二）
唐．王勃，《王子安集》（臺北：臺灣商務印書館，影印文淵閣《四庫全書》本，一九八三—一九八六）
唐．白居易，《白氏長慶集》（上海：商務印書館，《四部叢刊初編》本，一九三六）
唐．白居易，《香山集》（臺北：臺灣商務印書館，影印文淵閣《四庫全書》本，一九八三—一九八六）
唐．李白，《李太白全集》（臺北：河洛圖書出版公司，一九七五）
唐．李賀，《昌谷集》（臺北：臺灣商務印書館，影印文淵閣《四庫全書》本，一九八三—一九八六）
唐．李善等，《六臣注文選》（上海：商務印書館，《四部叢刊初編》本，一九三六）
唐．李華，《李遐叔文集》（臺北：臺灣商務印書館，影印文淵閣《四庫全書》，一九八三—一

九八六）
唐・吳融，《唐英歌詩》（臺北：臺灣商務印書館，影印文淵閣《四庫全書》本，一九八三—一九八六）
唐・皇甫湜，《皇甫持正集》（臺北：臺灣商務印書館，影印文淵閣《四庫全書》本，一九八三—一九八六）
唐・柳宗元，《柳河東集》（臺北：河洛圖書公司，一九七四）
唐・常建，《常建詩》（臺北：臺灣商務印書館，影印文淵閣《四庫全書》本，一九八三—一九八六）
唐・劉禹錫，《劉賓客文集》（臺北：臺灣商務印書館，影印文淵閣《四庫全書》本，一九八三—一九八六）
唐・羅隱，《甲乙集》（上海：商務印書館《四部叢刊初編》本，一九三六）
唐・鄭谷，《雲臺編》（臺北：臺灣商務印書館，影印文淵閣《四庫全書》本，一九八三—一九八六）
唐・顏真卿，《顏魯公集》（臺北：臺灣商務印書館，影印文淵閣《四庫全書》本，一九八三—一九八六）
唐・釋皎然，《杼山集》（臺北：臺灣商務印書館，影印文淵閣《四庫全書》本，一九八三—一九八六）
宋・王安石，《臨川集》（臺北：臺灣商務印書館，影印文淵閣《四庫全書》本，一九八三—一

九八六）
宋・王安石，《臨川先生文集》（上海：商務印書館，《四部叢刊初編》本，一九三六）
宋・王奕，《玉斗山人集》（臺北：臺灣商務印書館，影印文淵閣《四庫全書》本，一九八三—一九八六）
宋・王禹偁，《小畜集》（臺北：臺灣商務印書館，《國學基本叢書》本，一九六八）
宋・尹洙，《河南集》（臺北：臺灣商務印書館，影印文淵閣《四庫全書》本，一九八三—一九八六）
宋・毛滂，《東堂集》（臺北：臺灣商務印書館，影印文淵閣《四庫全書》本，一九八三—一九八六）
宋・孔文仲等，《清江三孔集》（臺北：臺灣商務印書館，影印文淵閣《四庫全書》本，一九八三—一九八六）
宋・司馬光，《傳家集》（臺北：臺灣商務印書館，影印文淵閣《四庫全書》本，一九八三—一九八六）
宋・任淵等，《山谷詩集注》（北京：中華書局點校本，二〇〇三）
宋・朱松，《韋齋集》（臺北：臺灣商務印書館，影印文淵閣《四庫全書》本，一九八三—一九八六）
宋・朱熹，《晦庵朱文公先生文集》（上海：商務印書館，《四部叢刊初編》本，一九三六）
宋・朱熹，《晦菴集》（臺北：臺灣商務印書館，影印文淵閣《四庫全書》本，一九八三—一九

八六）
宋・李公煥，《箋注陶淵明集》（上海：商務印書館，《四部叢刊初編》本，一九三六）
宋・李昉等，《文苑英華》（臺北：臺灣商務印書館，影印文淵閣《四庫全書》本，一九八三—一九八六）
宋・李龔，《唐僧弘秀集》（臺北：臺灣商務印書館，影印文淵閣《四庫全書》本，一九八三—一九八六）
宋・吳泳，《鶴林集》（臺北：臺灣商務印書館，影印文淵閣《四庫全書》，一九八三—一九八六）
宋・周必大，《文忠集》（臺北：臺灣商務印書館，影印文淵閣《四庫全書》本，一九八三—一九八六）
宋・周弼，《三體唐詩》（臺北：臺灣商務印書館，影印文淵閣《四庫全書》本，一九八三—一九八六）
宋・周弼，《端平詩雋》（臺北：臺灣商務印書館，影印文淵閣《四庫全書》本，一九八三—一九八六）
宋・林希逸，《竹溪鬳齋十一藁續集》（上海：商務印書館，《四部叢刊初編》本，一九三四）
宋・范仲淹，《范文正集》（臺北：臺灣商務印書館，影印文淵閣《四庫全書》本，一九八三—一九八六）
宋・洪咨夔，《平齋文集》（上海：商務印書館，《四部叢刊續編》本，一九三四）

宋・胡穉，《箋注簡齋詩集》（上海：商務印書館，《四部叢刊初編》本，一九三六）

宋・施元之，《施注蘇詩》（合肥市：黃山書社，二〇〇九）

宋・梅堯臣，《宛陵先生集》（臺北：臺灣商務印書館，影印文淵閣《四庫全書》本，一九八三—一九八六）

宋・秦觀，《淮海集》（臺北：臺灣商務印書館，影印文淵閣《四庫全書》本，一九八三—一九八六）

宋・孫覿，《鴻慶居士集》（臺北：臺灣商務印書館，影印文淵閣《四庫全書》本，一九八三—一九八六）

宋・郭祥正，《青山集》（臺北：臺灣商務印書館，影印文淵閣《四庫全書》本，一九八三—一九八六）

宋・郭祥正，《青山續集》（臺北：臺灣商務印書館，影印文淵閣《四庫全書》本，一九八三—一九八六）

宋・程公許，《滄洲塵缶編》（臺北：臺灣商務印書館，影印文淵閣《四庫全書》本，一九八三—一九八六）

宋・陳起，《江湖後集》（臺北：臺灣商務印書館，影印文淵閣《四庫全書》本，一九八三—一九八六）

宋・陸游，《渭南文集》（北京：中國出版社，《陸放翁全集》本，一九八六）

宋・陸游，《劍南詩稿》（北京：中國出版社，《陸放翁全集》本，一九八六）

宋・曹勛，《松隱集》（臺北：臺灣商務印書館，影印文淵閣《四庫全書》本，一九八三—一九八六）

宋・黃庭堅，《豫章黃先生文集》（上海：商務印書館，《四部叢刊初編》本，一九三六）

宋・黃庶，《伐檀集》（臺北：臺灣商務印書館，影印文淵閣《四庫全書》本，一九八三—一九八六）

宋・張耒，《張耒集》（北京：中華書局點校本，一九九九）

宋・葉適，《水心集》（臺北：臺灣商務印書館，影印文淵閣《四庫全書》本，一九八三—一九八六）

宋・葉適，《水心先生文集》（上海：商務印書館，《四部叢刊初編》本，一九三六）

宋・歐陽修，《集古錄》（臺北：河洛圖書出版公司，《歐陽修全集》本，一九七五）

宋・鄭虎臣，《吳都文粹》（臺北：臺灣商務印書館，影印文淵閣《四庫全書》本，一九八三—一九八六）

宋・劉克莊，《後村先生大全集》（上海：商務印書館，《四部叢刊初編》本，一九三六）

宋・蘇舜欽，《蘇學士集》（臺北：臺灣商務印書館，影印文淵閣《四庫全書》本，一九八三—一九八六）

宋・蘇軾，《蘇軾文集》（北京：中華書局孔凡禮點校本，二〇〇二）

宋・蘇軾，《東坡詞》（臺北：臺灣商務印書館，影印文淵閣《四庫全書》本，一九八三—一九八六）

宋・韓淲，《澗泉集》（臺北：臺灣商務印書館，影印文淵閣《四庫全書》本，一九八三）
宋・鄭清之，《安晚堂集》（臺北：臺灣商務印書館，影印文淵閣《四庫全書》本，一九八三—一九八六）
宋・戴復古，《石屏詩集》（臺北：臺灣商務印書館，影印文淵閣《四庫全書》本，一九八三—一九八六）
宋・樓鑰，《攻媿集》（上海：商務印書館，《四部叢刊初編》本，一九三六）
宋・魏了翁，《鶴山集》（臺北：臺灣商務印書館，影印文淵閣《四庫全書》本，一九八三—一九八六）
金，元好問，《遺山集》（臺北：臺灣商務印書館，影印文淵閣《四庫全書》本，一九八三—一九八六）
元・方回，《桐江集》（臺北：臺灣商務印書館，《宛委別藏》本，一九八一）
元・王若虛，《滹南遺老集》（上海：商務印書館，《四部叢刊初編》本，一九三六）
元・柳貫，《待制集》（臺北：臺灣商務印書館，影印文淵閣《四庫全書》，一九八三—一九八六）
元・袁桷，《清容居士集》（上海：商務印書館，《四部叢刊初編》本，一九三六）
元・蔣易，《元風雅》（臺北：臺灣商務印書館，影印文淵閣《四庫全書》，一九八三—一九八六）
元・戴表元，《剡源文集》（臺北：臺灣商務印書館，影印文淵閣《四庫全書》本，一九八三—

一九八六）

明・宋公傳，《元詩體要》（臺北：臺灣商務印書館，影印文淵閣《四庫全書》本，一九八三—一九八六）

明・陶宗儀，《南村輟耕錄》（上海：上海商印書館，《四部叢刊三編》本，一九三六）

明・曹學佺，《石倉歷代詩選》（臺北：臺灣商務印書館，影印文淵閣《四庫全書》），一九八三—一九八六）

明・黃縉，《黃文獻集》（上海：商務印書館，《叢書集成初編》本，一九三六）

明・錢穀，《吳都文粹續集》（臺北：臺灣商務印書館，影印文淵閣《四庫全書》本，一九八三—一九八六）

明，董斯張，《吳興藝文補》（上海：上海古籍出版社，《續修四庫全書》本，二〇〇二）

清・吳之振，《宋詩鈔》（臺北：臺灣商務印書館，影印文淵閣《四庫全書》本，一九八三—一九八六）

清・沈嘉轍等，《南宋雜事詩》（臺北：臺灣商務印書館，影印文淵閣《四庫全書》本，一九八三—一九八六）

清・查慎行，《蘇詩補註》（臺北：臺灣商務印書館，影印文淵閣《四庫全書》本，一九八三—一九八六）

清・彭定求等，《全唐詩》（北京：中華書局增訂本，一九九九）

清・張豫章，《御選宋元明四朝詩》（臺北：臺灣商務印書館，影印文淵閣《四庫全書》本，一

九八三—一九八六）
清・厲鶚，《杜詩詳注》（臺北：里仁書局，一九八〇）
清・馮應榴輯注，《蘇軾詩集合注》（上海：上海古籍出版社，二〇〇一）
清・董浩等，《全唐文》（上海：古籍出版社，《續修四庫全書》本，二〇〇二）
清・曹庭棟，《宋百家詩存》（臺北：臺灣商務印書館，影印文淵閣《四庫全書》本，一九八三—一九八六）
清・顧嗣立，《元詩選》（臺北：臺灣商務印書館，影印文淵閣《四庫全書》本，一九八三—一九八六
民國・唐圭璋，《全宋詞》（北京：中華書局，一九六五）

（七）歷代筆記、詩話、書畫史

南朝・鍾嶸，《詩品》（臺北：臺灣商務印書館，影印文淵閣《四庫全書》本，一九八三—一九八六）
唐・李冗之，《獨異志》（上海：上海古籍出版社，二〇〇二）
唐・朱景玄，《唐朝名畫錄》（臺北：臺灣商務印書館，影印文淵閣《四庫全書》本，一九八三—一九八六）
唐・辛文房，《唐才子傳》（臺北：臺灣商務印書館，影印文淵閣《四庫全書》本，一九八三—一九八六）

唐・高仲武《中興間氣集》（臺北：臺灣商務印書館，影印文淵閣《四庫全書》本，一九八三—一九八六）

宋・王十朋，《東坡詩集注》（臺北：臺灣商務印書館，影印文淵閣《四庫全書》本，一九八三—一九八六）

宋・王楙，《野客叢書》（上海：上海古籍出版社點校本，一九九一）

宋・尤袤，《全唐詩話》（臺北：臺灣商務印書館，影印文淵閣《四庫全書》本，一九八三—一九八六）

宋・吳曾，《能改齋漫錄》（臺北：臺灣商務印書館，影印文淵閣《四庫全書》本，一九八三—一九八六）

宋・吳子良，《荊溪林下偶談》（臺北：臺灣商務印書館，影印文淵閣《四庫全書》本，一九八三—一九八六）

宋・周密，《絕妙好詞箋》（臺北：臺灣商務印書館，影印文淵閣《四庫全書》本，一九八三—一九八六）

宋・周密，《浩然齋雅談》（北京：中華書局點校本，二〇一〇）

宋・胡仔，《苕溪漁隱叢話》（臺北：長安出版社，一九七八）

宋・邵伯溫，《邵氏聞見錄》（北京：中華書局點校本，一九八三）

宋・邵博，《邵氏聞見後錄》（北京：中華書局點校本，一九八三）

宋・徐鉉，《稽神錄》（北京：中華書局點校本，一九九六）

宋・范晞文，《對床夜語》（臺北：臺灣商務印書館，影印文淵閣《四庫全書》本，一九八三—一九八六）
宋・郭茂倩，《樂府詩集》（上海：商務印書館，《四部叢刊初編》本，一九三六）
宋・高似孫，《緯略》（臺北：臺灣商務印書館，影印文淵閣《四庫全書》本，一九八三—一九八六）
宋・高似孫，《剡錄》（臺北：臺灣商務印書館，影印文淵閣《四庫全書》本，一九八三—一九八六）
宋・陳郁，《藏一話腴》（臺北：臺灣商務印書館，影印文淵閣《四庫全書》本，一九八三—一九八六）
宋・陳仁玉，《菌譜》（臺北：臺灣商務印書館，影印文淵閣《四庫全書》本，一九八三—一九八六）
宋・歐陽修，《歸田錄》（北京：中華書局點校本，一九七五）
宋・葉夢得，《石林詩話》（臺北：木鐸出版社影印何文煥輯《歷代詩話》本，一九八二）
宋・葉廷珪，《海錄碎事》（北京：中華書局點校本，二〇〇二）
宋・計有功，《唐詩紀事》（上海：商務印書館，《四部叢刊初編》本，一九三六）
宋・周密，《武林舊事》（臺北：大立出版社，《東京夢華錄外四種》，一九八〇）
宋・周密，《增補武林舊事》（臺北：臺灣商務印書館，影印文淵閣《四庫全書》本，一九八三—一九八六）

宋・洪邁，《夷堅志》（臺北：臺灣商務印書館，影印文淵閣《四庫全書》本，一九八三—一九八六）

宋・洪邁，《容齋隨筆》（上海：上海古籍出版社點校本，一九七八）

宋・祝穆，《新編古今事文類聚》（北京：書目文獻出版社，一九九一）

宋・莊綽，《雞肋編》（北京：中華書局點校本，一九八三）

宋・陳世崇，《隨隱漫錄》（北京：中華書局點校本，二〇一〇）

宋・彭乘，《墨客揮犀》（北京：中華書局點校本，二〇〇二）

宋・徐鉉，《稽神錄》（北京：中華書局點校本，一九九六）

宋・曾慥，《類說》（臺北：臺灣商務印書館，影印文淵閣《四庫全書》本，一九八三—一九八六）

宋・樂史，《楊太真外傳》（上海：上海古籍出版社，《續修四庫全書》本，二〇〇二）

宋・黃朝英，《靖康緗素雜記》（臺北：臺灣商務印書館，影印文淵閣《四庫全書》本，一九八三—一九八六）

宋・蔡正孫，《詩林廣記》（臺北：臺灣商務印書館，影印文淵閣《四庫全書》本，一九八三—一九八六）

宋・蔡絛，《西清詩話》（臺北：廣文書局，一九七三）

宋・趙希鵠，《洞天清錄》（臺北：臺灣商務印書館，影印文淵閣《四庫全書》本，一九八三—一九八六）

宋·趙彥衛，《雲麓漫鈔》（北京：中華書局點校本，一九九六）
宋·趙與虤，《娛書堂詩話》（臺北：臺灣商務印書館，影印文淵閣《四庫全書》本，一九八三——一九八六）
宋·葉適，《習學記言》（臺北：臺灣商務印書館，影印文淵閣《四庫全書》本，一九八三——一九八六）
宋·劉道醇，《宋朝名畫評》（臺北：臺灣商務印書館，影印文淵閣《四庫全書》本，一九八三——一九八六）
宋·魏慶之，《詩人玉屑》（臺北：臺灣商務印書館，影印文淵閣《四庫全書》本，一九八三——一九八六）
宋·韓淲，《澗泉日記》（上海：上海古籍出版社點校本，一九九三）
宋·嚴羽，《滄浪詩話》（臺北：木鐸出版社，《歷代詩話》本，一九八二）
宋·釋惠洪，《冷齋夜話》（鄭州：大象出版社，《全宋筆記》本，第二編第九冊，二〇〇六）
宋·釋惠洪，《林間後錄》（臺北：新文豐出版公司，《卍續藏經》第一百四十八冊，一九七五）
宋·龔明之，《中吳紀聞》（臺北：臺灣商務印書館，影印文淵閣《四庫全書》本，一九八三——一九八六）
宋，不著撰人，《宣和畫譜》（臺北：臺灣商務印書館，影印文淵閣《四庫全書》本，一九八三——一九八六）

元・方回，《瀛奎律隨》（臺北：臺灣商務印書館，影印文淵閣《四庫全書》本，一九八三—一九八六）

元・祝誠，《蓮堂詩話》（上海：上海古籍出版社，《續修四庫全書》本，二〇〇二）

元・夏文彥，《圖繪寶鑑》（臺北：臺灣商務印書館，影印文淵閣《四庫全書》本，一九八三—一九八六）

元・劉一清，《錢塘遺事》（上海：上海古籍出版社，一九八五）

元・蔣正子，《山房隨筆》（臺北：臺灣商務印書館，影印文淵閣《四庫全書》本，一九八三—一九八六）

元・顧瑛，《草堂雅集》（臺北：臺灣商務印書館，影印文淵閣《四庫全書》本，一九八三—一九八六）

明・田汝成，《西湖遊覽志》（臺北：臺灣商務印書館，影印文淵閣《四庫全書》本，一九八三—一九八六）

明・朱承爵，《存餘堂詩話》（臺北：木鐸出版社，影印何文煥輯《歷代詩話》本，一九八二）

明・胡震亨，《唐音統籤》（濟南：齊魯書社，《四庫全書存目叢書補編》，二〇〇一）

明・敖英，《東谷贅言》（上海：商務印書館，《叢書集成初編》本，一九三七）

明・陶宗儀，《說郛》（臺北：臺灣商務印書館，影印文淵閣《四庫全書》本，一九八三—一九八六）

明・陳仁錫，《類選箋釋草堂詩餘》（萬曆二十四年刻本）

明・陳全之，《蓬窗日錄》（明嘉靖四十四年刻本）

明・陸楫編，《古今說海》（臺北：臺灣商務印書館，影印文淵閣《四庫全書》本，一九八三—一九八六）

清・王世禎，《香祖筆記》（臺北：臺灣商務印書館，影印文淵閣《四庫全書》本，一九八三—一九八六）

清・何文煥，《歷代詩話》（臺北：木鐸出版社，一九八二）

清・宋長白，《柳亭詩話》（臺南：莊嚴文化事業公司，《四庫全書存目叢書》，一九九七）

清・陶元藻，《全浙詩話》（上海：上海古籍出版社，《續修四庫全書》本，第一七〇三冊，二〇〇二）

清・梁紹壬，《兩般秋雨庵隨筆》（臺北：文海出版社，一九七五）

清・陸心源，《宋詩紀事補遺》（臺北：鼎文書局，一九七一）

清・厲鶚，《宋詩紀事》（臺北：臺灣商務印書館，影印文淵閣《四庫全書》本，一九八三—一九八六）

清・褚人穫，《堅瓠二集》（北京：全國圖書館文獻縮微複製中心，二〇〇二）

（八）當代作者

王賽，《宋平江城坊考》（南京：江蘇古籍出版社，一九九九）

王秀林，《晚唐五代詩僧群體研究》（北京：中華書局，二〇〇八）

孔凡禮點校，《蘇軾文集》（北京：中華書局點校本，一九八七）
李之亮，《宋兩淮大郡守臣易替考》（成都：四川大學出版社，二〇〇一）
李之亮，《宋兩江郡守臣易替考》（成都：四川大學出版社，二〇〇一）
李之亮，《宋兩浙路郡守年表》（成都：四川大學出版社，二〇〇一）
李之亮，《宋兩湖大郡守臣易替考》（成都：四川大學出版社，二〇〇一）
李之亮，《宋代路分長官通考》（成都：巴蜀書店，二〇〇三）
李裕民，《宋人生卒年考》（北京：中華書局，二〇一〇）
李國慶、季秋華，〈跋佚存書《淮海挐音》〉，《文史》第三十六輯
李國慶，《弢翁藏書年譜》（合肥：黃山書舍，二〇〇〇）
吳熊和等，《張先編年校注》（杭州：浙江古籍出版社，一九九六）
辛德勇，〈《淮海挐音》〉，《中國典籍與文化》，一九九八年第一期
洪煥春編著，《浙江方志考》（杭州：浙江人民出版社，一九八四）
高明道，〈讀史雜記—談癡絕道沖禪師〉，《法光》二百四十八期（二〇一〇・五・一）、二百五十期（二〇一〇・七・一）
馬其昶，《韓昌黎文集校注》（臺北：河洛圖書公司，一九七五）
陳杏珍，〈淳祐臨安志的卷數和纂修人〉，《文獻》，一九八一年第三期
陳尚君，〈鄭虔墓誌銘考釋〉，原刊於《傳統中國研究集刊》第三輯
許紅霞，〈南宋詩僧考〉（北京：北京大學博士論文，二〇〇三）

曾棗庄等，《全宋文》（上海：上海辭書出版社，二〇〇六）
黃敏枝，〈宋元佛教的接待庵院〉，《清華學報》新二十七卷第二期（一九九七）
黃啟方，《王禹偁研究》（臺北：學海出版社，一九七九）
黃啟江，〈參訪名師——南宋求法日僧與江浙佛教叢林〉，《佛學研究中心學報》第十期（二〇〇五）
黃啟江，《泗州大聖與松雪道人：宋元社會菁英的佛教信仰與佛教文化》（臺北：學生書局，二〇〇九）
黃啟江，〈南宋詩僧與文士之互動——從《中興禪林風月集》談起〉，《九州學林》第六卷，第三期
黃啟江，《文學僧藏叟善珍與南宋末世的禪文化——《藏叟摘稾》之析論與點校》（臺北：新文豐出版公司，二〇一〇）
黃啟江，《一味禪與江湖詩》（臺北：臺灣商務印書館，二〇一〇）
黃啟江，《無文印的迷思與解讀》（臺北：臺灣商務印書館，二〇一〇）
黃啟江，〈癡絕道沖與南宋的禪文化〉，《九州學林》二〇一〇冬季號
黃啟江，《泗州大聖與松雪道人》（臺北：學生書局，二〇〇九）
屠舜耕，〈淺釋禪宗寺院建築的總體佈局〉《一九九八佛教建築設計與發展國際研討會會議實錄暨論文集》
楊曾文，〈臨濟義玄河北傳法考〉，《華學》（北京：清華大學國際漢學研究所，一九九八）

劉琳等，《黃庭堅全集》（成都：四川大學出版社，二〇〇一）

錢穆，《論語新解》（楊紀光依東大版校補，二〇〇四）

錢仲聯，《劍南詩稿校注》（上海：上海古籍出版社，一九八五）

錢仲聯，《韓昌黎詩繫年集釋》（臺北：河洛圖書出版公司，一九七五）

錢基博，《韓愈志》（臺北：河洛圖書公司，一九七五）

蘆笛，〈南宋學者陳仁玉的生平及著作考〉，《古今農業》，二〇一〇年第二期

釋明復，〈《淮海外集》解題〉，《禪門逸書續編》第一冊（臺北：漢聲，一九八七）

（九）外文著作

《大東急紀念文庫書目》（東京：勉誠社，一九七六）

川上涇等編，《梁楷・因陀羅》（東京：講談社，《水墨美術大系》第四卷，一九七八）

芳澤勝弘，《江湖風月集譯注》（京都：禪文化研究所，二〇〇三）

鈴木俊，《中國繪畫總合圖錄》（東京：東京大學出版會，一九八二——一九八三）

無著道忠，《禪林象器箋》（京都：中文出版社，一九九〇）

服部宇之吉，《佚存書目》（東京：田中慶太郎發賣所文求堂書店，昭和八年[一九三三]）

國立國會圖書館，《國立國會圖書館漢籍目錄》（東京：國立國會圖書館，一九八七）

駒澤大學圖書館編，《禪籍目錄》（東京：駒澤大學，一九二八）

駒澤大學圖書館，《新纂禪籍目錄》（日本佛書刊行會，一九六二——六四）

駒澤大學，《禪學大辭典》（東京：大修館書店，一九七八）

龜井孝，《岩崎文庫貴重書書誌解題》（東京：東洋文庫，一九九〇）

Amstrong, Karen., *A History of God*（New York and London: Ballatine Books, 1993）

----,*The Battle for God: Fundamentalism in Judaism, Christianity and Islam*（New York: Knopf & Harper Collins,2000）

----, *Buddha*（New York: Penguin Book Group, 2004）

Beal, Samuel, *Fo-sho-hign-tsan-king: A Life of Buddha*（Oxford: The Clarendon Press, 1883）

Bernhart，Richard, "Streams and Hills under Fresh Snow Attributed to Kao K'o-ming," in Wen Fong and Alfreda Murek., *Words and Image: Chinese Poetry, Calligraphy, and Painting*（Princeton and NY: Princeton University Press, The Metropolitan Museum of Art, 1991）

de Certeau, Michel., *The Writing of History*, trans. Tom Conley（New York: Columbia University Press, 1988）

Ho Wai-kam and Sherman Lee., *Eight Dynasties of Chinese Painting: The Collections of the Nelson Gallery-Atkins Museum, Kansas City, and the Cleveland Museum of Art*（Cleveland: Cleveland Museum of Art, 1980）

Jenkins, Keith., *On 'What is History?'*（London: Routledge, 1995）

Lopez Jr., Donald. ed., *Buddhist Scriptures*（London: Penguin Groups, 2004）

----., "Buddha" in *Critical Terms for the Study of Buddhism*（Chicago: University of Chicago Press, 2005）

Ortiz,Valérie Malenfer., *Dreaming the Southern Song Landscape*（Leiden, Boston, Lodon: Brill, 1999）
Saunders, Kenneth., *Gotama Buddha: A Biography Based on the Canonical Books of Theravâdin*,
Windschuttle, Keith., *The Killing of History*（New York: The Free Press, 1996）

（十）網站

中國國家圖書館網站：http://www.nlc.gov.cn/
臺灣國家圖書館中文古籍書目資料：http://rarebook.ncl.edu.tw/rbook.cgi/frameset4.htm
中國哲學書電子化計劃：http://ctext.org/text.pl? node=14886&if=gb
鄭虔墓誌考釋：http://www.douban.com/group/topic/15995687/
日本東京博物館：http://www.tnm.go.jp/jp/servlet/Con? processId=00&ref=2&Q1=&Q2=&Q3=&Q4=14424-4-&Q5=&F1=&F2=&pageId=E15&colid=TA617
日本德川美術館：http://www.tokugawa-art-museum.jp/artifact/room3/01.html：http://www.tokugawa-art-museum.jp/planning/h20/05/obj01.html
東京畠山紀念館秋季「中國宋元畫菁華展」：http://blog.livedoor.jp/hokuto77/archives/2006-10.html：http://blog.goo.ne.jp/ak96/e/193d949fbfdb7b28017ffa4f046872f1
日本京都國立博物館：http://www.k-gallery.jp/public/list_jp.php
The Cleveland Museum of Art：http://www.clevelandart.org/collections/collection%20online.aspx? type=refresh&sliderp os=2&searchoption=1

Smithsonian Free Gallery of Art · http://www.asia.si.edu/SongYuan/F1965.9/F1965.9.asp

第二部分

《淮海挈音》與《淮海外集》點校合刊

一、凡例

1. 本書之《淮海挐音》是根據東京「東洋文庫」所藏，江戶時代東山天皇元祿八年（一六九五）京都柳枝軒茨城方道所鋟梓之仿宋刊本編成。《淮海外集》亦根據日本「國會圖書館」及「東洋文庫」所藏之寶永七年（一七一〇）活字版印本，並參照《禪門逸書續編》所收之元祿時期「椿洲抄本」完成。此「抄本」據說成於元祿時期，較寶永本為早，雖錯誤頗多，但亦有足以正「寶永本」之訛誤者，故同時使用，校讀成編。凡「寶永本」之誤，務求校正。「元祿抄本」之誤，僅酌情說明。

2. 《淮海挐音》原書分上、下兩卷，含各體詩，均依次編號，重新編頁，並與《全宋詩》根據同版本所收之元肇詩校刊，於原標題後以括弧注明原書頁碼。《淮海外集》寶永本亦分上下卷，含各體文，亦依次編號，重新編頁。除與「元祿抄本」參校外，並與卍室祖价之《禪儀外文傳疑抄》所收錄之部分元肇疏文校刊。

3. 原書屢用之古字、稀字，酌以今日常用字改之，如「艸」之改為「草」，「帋」之改為「紙」，「僊」之改為「仙」，「櫩」之改為「簷」，「颿」之改為「帆」，「眡」之改為「視」，「敓」之改為「奪」，「涂」之改為「途」，「唫」之改為「吟」，「栢」之改為「柏」，「皷」之改為「鼓」，「窻」之改為「窗」，「鴈」之改為「雁」，「槩」之改為「概」等等，不另說明。其較特殊者，於「校語」中說明。

4. 原書用「暮」之古字「莫」者，如「日莫」、「莫年」、「莫秋」、「莫樓」、「莫江」、「欲莫」等語，一律改為「莫」為「暮」，如「日暮」、「暮年」、「暮秋」、「暮樓」、「暮江」等等。

5. 原書前後不一者，如「嗚呼」一詞，或用「烏乎」，或用「嗚呼」，一律改為「嗚呼」，不另說明。

6. 原書疑似誤刻之字，經參酌各版本及上下文文義後釐訂，並於「校語」說明。

7. 原書文句有晦澀不明處，致標點後仍嫌費解者，並於「校語」說明。

8. 《淮海外集》所含各類榜疏、祭文及上梁文等，多為四六韻文文體，概仿各體詩之例分行。①

9. 各標題、文本、校語中所涉及之書、畫名稱皆以《》號表示之，如題〈楊梅山人《渭川圖》〉及〈跋陳郎中《禪會圖》〉之類；詩文則以〈〉表示之，如〈徑山冬日〉及〈神宗崇寧閣記〉之類。

10. 《全宋詩》元肇卷含補遺詩數篇，係從他書輯出，筆者尋得此數詩并《全宋詩》漏錄者，加以校讀，附於《淮海挐音》之後。

11. 物初大觀撰有〈淮海禪師行狀〉及〈祭淮海兄文〉，皆不見於燈史，亦不附於淮海禪師語錄後。此兩文敘述元肇生平經歷頗詳，為稀見史料，亦從《物初賸語》迻錄並點校之。

12. 物初大觀亦撰有〈淮海外集序〉，見於《物初賸語》，亦收入國會圖書館藏之《淮海外集》卷首，一併迻錄點校。

13. 《全宋文》收有元肇文兩篇，②見其書第三百四十三冊，第七九三四卷。此兩文之一為〈西巖和尚語錄序〉，係輯自《續藏經》之《西巖和尚語錄》。另一篇為〈上方寺置田疇記〉，輯自《吳都文粹》及《震澤集》。《震澤集》為明．正德朝《姑蘇志》作者王鏊的詩文集，是明代少數含〈上方寺置田疇記〉一文的作品之一。另崇禎朝所編之《吳縣志》亦錄此文，皆尋出其文與《淮海外集》兩種版本校刊。

14. 《淮海挐音》卷首有序文六篇，其中有字不明或無法辨識者，以符號□表示。

【注釋】

① 按：四六文或駢文有押韻者，亦有不押韻者。雖不押韻於句末，而平仄奇偶叶音於句中，亦可視為韻文。見張仁青，《駢文學》（臺北：文史哲出版社，一九八四）P.48-49。

② 見《全宋文》第三百四十三冊，第 7934 卷，P.357-358。

二、《淮海挐音》點校

1. 居簡序

居簡頓首上狀

肇兄書記

久聞聲稱諸老間，亦復欲一會面。自青龍歸，諸友出新詩，現又得巨軸，讀之不忍置。淺陋又老退，何以得於兄者如此？第日以慰昏花外，①只曰應是我輩語，餘不敢下針錐處，且欲牽課數語，于今未暇也。吾輩相合以氣義，數語亦不足云謝耳。何時把手以既弘願云。臯兄諸老時相聚，甚不惡；思兄無恙否？出此可也。不宣。居簡頓首林中。

校語：

①「慰」，原作「尉」。按：「尉」為「慰」之古字，「安」也。《漢書・韓安國傳》：「以尉士大夫之心。」顏師古注曰：「故尉安之字正如此，其後漢俗乃加心耳。」此處改為今用字。

2. 陸應龍、應鳳序

吾鄉淮海師之詩，自水心先生賞鑒，江湖傳誦久矣。程滄洲諸名勝爭為序引，先君教授屢欲刊行，而師方以道任重而遲之。師今索居，先君永感，遂得以鋟梓。非惟質傳寫之訛，是不沒先君之志也。寶祐戊午仲夏旦日，東洲陸應龍、應鳳敬書。

3. 趙汝回序

唐無本師，詩最工，宜傳。使不遇昌黎，傳不傳要未可知也。予之同庚友曰淮海師，其未遊永嘉時，人固知有淮肇。及見水心，詩聲遂大震。夫山林枯槁之士，吟風弄月，本非求名。一遇名公稱賞，雖逃名，名亦隨之矣。或曰：島詩苦，肇詩俊，詩異名同，何故？予曰：作詩者非俊，何以知苦之工？惟知道不知道，故人品不能不異。而詞章之夷險，趣味之精麤，有出於文字筆墨之外者。島不解空，逃墨而簪履矣。今淮海師據方廣道場，座下聽法者日數十百人。八窗玲瓏，見道透徹。橫說豎說，無非至道；長吟短吟，無非是警語。不食煙火人尚須琢肝雕腎耶？予知此，則無本、淮海之詩，其高下淺深，昭昭然矣！淳祐八年冬孟，東閣趙汝回序。

4. 程公許序

歲戊戌，余自中秘丞考功郎得祠去國。維夏，箯輿遊諸山，過雙徑，留五宿。鄉僧安侍者為瀹茗焚薌于不動軒，示余一軸詩，淮海肇禪人所作也。風簷展讀，律呂相合，組繡競巧，幾與晴嵐奪翠，谷泉遞響，獨恨未識其人。想其頂笠腰包，杖笻雙屨，穿雲度水，逐月追風，超然氛垢之外，不待見而意度，了了在目前矣。後六年，余復以賦閒得自放於湖海，偶過吳門，小憩開元精舍。大長老枯椿曇公攜一雪顱破衲比丘訪我，袖出詩槀，索為之序。亟閱十數首，皆昔日得見于雙徑山中者，不待交語，已一笑莫逆。前輩評僧詩諱有蔬筍味，斯論非不精確，知道者勘破，尚有說在。甘露滅賦詩成集，又工樂府長短句，精拔流麗，人但目以騷士墨客，不知其遍參知識，及周旋賢士大夫間，融會玄同，遊戲文字語言三昧，與佛祖第一義諦本無差別。有得肇集，以余言參之，當具頂門上一隻眼。不然，是為對癡人前說夢耳！淳祐四年甲辰歲冬至後四日，滄洲道人程公許希潁書于雲溪寓舍。

5.某詩友序

曉起閱吟卷，殊強人意，不敢辜來教，輒附己見於其傍。近時朋友好自滿，所以不能造向上一步，肯相與商確者，蓋寡矣。吾輩物外人，不以此為輕重，所以老夫得盡所見，如「塔杪入它州」、「鳥驚樵斧重」、「水國山為重」之句，雖四靈復生不能語，實老夫所不及也。其餘或全篇、全聯，亦互有意度。七言中「夢中相見不分明」之句，又勝許渾「夢裏還家不當歸」也。可愛！可愛！餘非面言不可。三兩日間將東歸，亦須拜別。□頓首，肇上人老禪詩友。

6.周弼序

九僧當唐律未變之時，與逍遙、仲先輩並駕而馳。及選而成集者，又楊次公也，故能為皇宋三百年詩僧之冠。葉龍泉首欲挽回唐詩之脈，淮海適遊江心，遂承獎借，既與四靈接迹繼踵，而詩成巨編，為居簡、東閣愛賞者，①居其太半。較之九僧，彼此一時，曾何多遜？攷其為詩，發興高遠，皆自天資流出，不拘束於對偶聲病。當其得意，掀衣頓足，指畫誦說，自成一家風韻；況自崇以詩名首于九僧，淮僧之中今有肇焉，尤非他人之所能及也。十年與弼三會于吳門，屢云：「待子數語」。然及板行，弼自揆衰蕪，故少遲焉。今滄洲、東閣既序於前，因述所見于後。淳祐壬子良月旦日，汶陽周弼書。

校語：

①東閣前兩字有缺筆，難以辨識，茲以其形似，暫作居簡。

【卷上】

（一）五言詩

1. 徑山冬日（1a）

東西兩徑幽，歲晚得周遊。
壑雪陰猶在①，溪雲凍不浮。
鳥驚樵斧重，猿挂樹枝柔。
怕有梅花發，因行到水頭。

2. 洞霄宮（1ab）

夾道列蒼官，回回水屈盤。
一峰天柱杪，九鏁洞雲寒。
澗草受春綠，山茶落曉丹。
霜髯雪眉叟，倚杖聽驚湍。

3. 虎丘（1b）

滄海何年湧，秦傳虎踞丘。
池空劍光冷，墳缺鬼吟愁。

校語：

①「壑雪」，《石倉歷代詩選》及《宋元詩會》作「壑霽」。《宋藝圃集》作「壑雪」，《徑山志》亦然。「壑雪」與下句「溪雲」相對，當較正確。

石礙樓臺側，煙深草木浮。
吳人貪勝概，春盡亦來遊。

4. 楓橋（1b）

出郭初逢寺，長洲茂苑西。
塔風喧梵語，石雨暗唐題。
日暮山如染，春深草欲迷。
門前有流水，舊號越來溪。

5. 齊雲樓（1b-2a）

高壓子城闉，簷牙半入雲。
人煙極目盡，天語舉頭聞。
齊魯猶堪望，江淮渺莫分。
平生湖海氣，獨倚到斜曛。

6. 姑蘇臺（2a）

古今興廢事，天地不能齊。
水闊連湖外，山多在郭西。
登臨煙雨後，悵望夕陽低。

校語：

①「概」，原作「槩」，改為常用字。

若問烏棲曲，城頭夜夜啼。

7. 洞庭翠峰（2ab）

峰點浮螺翠，遙波界玉田。
雲中聽雞犬，路人趁漁船。
濃淡霜天曉，青黃橘戶煙。
寺因明覺住，清響有人傳。

8. 道場山（2b）

水國山為重，僧居占上頭。
鐘聲冠別寺，塔杪入他州。
巖響寒泉雨，風欺老樹秋。
定回緣愛月，增起殿前樓。

9. 徑山天開圖畫（2b）

幽澗瀉泠泠，千峰疊障屏。
曉雲開混沌，遠水接滄溟。
松影搖禪榻，苔衣上淨瓶。
塵中夢不到，爭欲買丹青。

10. 石頭城（2b-3a）

西風動古情，更上石頭城。
一片斜陽外，幾番曾力爭。
天青雲破碎，草碧鷺分明。
寂寞潮回處，如今亦耦耕。

11. 雨華臺（3a）

高立講經臺，浮雲四面開。
地中遺石子，天上雨華來。
塔老香燈冷，夜深神鬼哀。
回看六朝事，只有冢成堆。

12. 烏衣園（3ab）

烏衣園裏過，不覺立多時。
舊事人能說，春風燕得知。
倒垂池上柳，斜插酒邊旗。
來往城南路，年年長別離。

13. 金山（3b）

長江界楚吳，屹立兩浮屠。
潮覺山高下，雲知樹有無。
狂瀾中砥柱，靜夜渾儀圖。
僧應何方供，飄飄踏一蘆。

14. 海門古城（3b）

昔聞天祚際，城此鎮東洲。
壞塹尋餘鏃，荒祠立故侯。
荊榛無茂日，禾黍幾番秋。
江上寒潮水，依然到石頭。

15. 狼山（3b-4a）

寺因先幻有，仙跡本虞君。
渡口幾點屋，山腰一抹雲。
長江浮地軸，孤塔煥天文。
欲問秦皇事，高崖迴不聞。

16. 破山興福寺（4a）

此山名最重，常建昔題來。

大士講經處，老龍拏石開。
庭前瓔珞樹，池內白蓮臺。
幾載惟聞說，何當到一回。

17. 雪城（4ab）

苕雪頻年夢，今秋始一過。
水靄寒氣早，山出晚晴多。
巷陌喧菱市，樓臺接櫂歌。
一般清絕處，城裏見漁蓑。

18. 瓊花（4b）

勝地足繁華，靈根最可嘉。
人間無別種，后土獨開花。
玉帳三千客，珠簾十萬家。
年年到初夏，來此醉流霞。

19. 芍藥（4b）

舊說揚州有，移來此地栽。①
年年送春後，處處見花開。

校語：

①「揚州」原誤作「楊州」。

紅藥還相似，朱顏換不回。
晴窗添水浸，吟媿謝公才。

20. 水仙（4b-5a）

仙家遺玉種，歲晚發幽芳。
露重金杯側，天寒翠袖長。①
神猶步洛汜，夢不到高唐。
待得春風覺，遊蜂空斷腸。

21. 鳳仙花（5a）

鳳者世難逢，花開瑞亦同。
九苞元有種，五色自成叢。
竹實無心食，池光照影中。
玉簫吹不徹，飛起向秋風。

22. 膽屏蕉（5ab）

解報窗前雨，清聲細可聽。
一身都是膽，數葉共生缾。
不作抽書樣，休尋本草經。

校語：

①「袖」，原作「褎」，改為常用字。

夏蟲猶怕苦，莫敢近青青。

23. 石菖蒲（5b）

煙雨暝朝昏，龍湫雁蕩濱。
移根來別處，終日伴閒身。
勁氣衝如髮，寒芒凜辟塵。
年年看花者，應笑不曾春。

24. 金魚（5b）

造物真成戲，鱗中亦有殊。
黃金凡幾尾，碧沼自相濡。
眾口安能鑠，懸腰但可模。
多因名色誤，不得泳江湖。

25. 移竹（5b-6a）

南庭多綠竹，移種近西墻。
遠待三年後，陰成一片涼。
月鋪金鎖碎，風度玉鏗鏘。①
定愛常來坐，中間頓石床。

校語：

①「金鎖」，原作「金鏁」。改為常用字。按：《集韻》，「鏁」損果切，同鎖，鋃鐺也。

26. 聞雁有感（6a）

秋思堪悲處，江城雁到初。
先聲落羈旅，寒陣過空虛。
淅淅黃蘆際，茫茫碧水餘。
愁人在沙漠，可有寄來書？

27. 竹鄰（6ab）

虛懷似此君，所至愛為鄰。
寒影過墻綠，清風無俗塵。
恐孤棲鳳侶，不作釣魚身。
昔有吟人癖，移家更苦辛。

28. 蝶（6b）

一捻翅如霜，閒飛宮樣黃。
年年因物化，日日為花忙。
風雨驚相失，兒童趁欲狂。①
尋常見圖畫，安得遇滕王？

29. 蜘蛛（6b）

校語：

①「趁」，原作「赿」。改為常用字。

羅網挂虛簷，將身僻罅潛。
露含罾眼細，月鏤藕絲纖。①
作繭輸他巧，飛蟲苦被黏。②
靜中觀節物，能有幾時炎。

30. 茶花（6b-7a）

茗有花難識，山中採得來。
試從枝上看，全勝琖中開。
綠葉微如桂，黃心大似梅。
晴窗澹相對，能遣睡魔回。

31. 題草書洗兵馬（7a）

諸將收功日，山東平定時。
妙須懷素筆，草出少陵詩。
風雨驅馳疾，龍蛇變化宜。
何當崖石上，見寫次山碑？

32. 陳圃疏方池（7ab）

細斸蒼苔地，東西曲帶坡。

校語：

①「纖」，《全宋詩》（元肇卷一，P.36876）誤作「織」。

②「繭」，原作「蠒」。改為常用字。按：《唐韻》：「蠒，俗繭字。」

取泥高壅竹，積水旋栽荷。
明月自先到，清風應更多。
丁寧安略彴，時復小經過。

33. 大水傷田家（7b）

沙頭秋日黃，煙水白茫茫。
無處分畦畛，傷時貴粃糠。
家鵝隨野鶩，農父作漁郎。
禹力成千古，孤吟欲斷腸。

34. 宿福勝寺（7b）

投宿三十里，過山千萬層。
天寒猶有菊，寺靜更無僧。
掘芋充朝供，尋薪點夜燈。
望雲歸未得，惆悵一枝藤。

35. 中秋下含輝亭（7b-8a）

秋意足淒冷，歸心只自憐。
亂峰分落照，隻雁度遙天。

拙學千金帚，浮生上水船。
含暉亭畔月，最好別時圓。

36. 雪（8a）

風回急有聲，欲住更娉婷。
頃刻增奇觀，依稀得細聽。
空庭禽啄樹，吟屋凍生瓶。
多是鄰僧愛，柴扉晚不扃。

37. 亭池（8ab）

窗外空無有，清池瞰屋除。
去萍嫌礙月，留藻怕驚魚。
夜雨知深淺，晨光透碧虛。
時時來顧影，照見白髭疎。

38. 疊石（8b）

澄徹池光上，巃嵸相對閑。
誰將太湖石，疊作小廬山？
種樹蟠春長，栽花帶土慳。

當時真隱者，只在篆煙間。

39. 竹院（8b）

愛竹真成癖，相傳子又孫。
蒼寒雲翳翳，碧淨玉溫溫。
月散驚龍化，風喧醒鶴魂。
幾回清不寐，因雪夜開門。

40. 南塔（8b-9a）

韶光將斂艷，麥野綠成堆。
庵內人如在，庭前柏自栽。
爐煙沿石碧，經梵雜風哀。
諸子知仁孝，逢春好一來。

41. 海陵道中（9a）

來往吳陵路，漁樵是切鄰。
雨容輕濕曉，水氣暗浮春。
野雁情如客，汀鷗點近人。
梅花篷底見，倍覺有精神。

42. 山居（9ab）

山寺偏宜夏，遊塵不染苔。
煙光收迴野，江影上層臺。
竹筍侵崖出，藤花借樹開。
幽禽如解意，飛去又飛來。①

校語：

①「飛去」，原作「蜚去」。按：「蜚」同「飛」，改為常用字。

43. 秋晚庵中（9b）

江邊成獨宿，徹夜聽吟蛩。
窗月低殘影，客衣寒未重。①
林疎出幽磬，風迴遞村舂。
細采東籬菊，曉雲橫瘦筇。

校語：

①「低」，原作「氐」。「氐」為古「低」字。《鶡冠子．泰鴻》「一來一往，視衡氐仰，五官六府，分至有道……」茲改為常用字。

44. 閒居（9b）

孤雲自舒卷，萬類各生成。
邁世有貧士，長年無俗情。
林塘初雨過，山鳥不時鳴。
為問滄浪客，何須歌濯纓？

45. 和許提幹宿平遠（9b-10a）

傾蓋話平遠，陰陰清晝長。
滄波沒鷗鷺，煙草暗牛羊。
樓影欹東嶺，鐘聲出上方。
新詩吟不足，就月屢移床。

46. 病起（10a）

江皐生遠趣，盡日獨沈吟。
雨洗四郊淨，雲分片地陰。
黃梅成樹落，青稻入村深。
農事今如許，猶能一散襟。

47. 山村初夏（10ab）

麥熟鳥聲樂，桑空蠶箔溫。
陰陰傍山路，曲曲抱溪村。
喚雨鳩夫婦，添林竹子孫。
牛羊雜樵牧，隨月到柴門。

48. 中秋（10b）

今夜中秋月，相看異楚江。

侵堦如有雪，透屋欲無窗。
鵲為無枝遶，鐘因得句撞。
不知風露冷，吟到影成雙。

49. 林酒仙（10b）

持犯苦相分，陶沈麯糵真。
世間皆醉夢，師是獨醒人。
難合虛開口，長留坐化身。
春風過東寺，苔砌落花新。

50. 臘雪（10b-11a）

從前知雪意，衹向夜中來。
光逼雞窗曉，寒催蝶夢回。
開門思煮茗，搖樹怕傷梅。
高處偏多積，因高卻易隤。

51. 大閱（11a）

吳宮舊有名，閱武事非輕。
金鼓從天落，戈鏊照雪明。

令嚴雲鳥絕，機發鬼神驚。
士氣賈餘勇，歸笳奏太平。

52. 春雪（11ab）

乾坤公道在，又見雪來蘇。
貴賤皆白屋，高低盡坦途。①
莫嫌春日淺，猶勝去年無。
卻憶尋芳者，還成訪戴圖。

53. 送春（11b）

又送春歸去，幽居轉寂寥。
林花皆落盡，鬢雪不曾消。
明日無三月，愁吟過一宵。
更添簷外雨，點點在芭蕉。

54. 清明（11b）

寒食清明節，家家拜掃辰。
酒杯難醉土，淚眼不知春。
舊塚連新塚，今人嘆昔人。

校語：

①「途」，原作「涂」。改為常用字。

路傍無主認，幾箇石麒麟？

55. 哀通城（11b-12a）

聞道通城破，傷心不可論。
隔江三日火，故里幾人存？
哭透青天裂，冤銜白晝昏。
時逢過來者，恐是夢中魂。

56. 搠泉（12a）

一坳寒貯玉，非沼又非渠。
捉月弄清淺，把山搖碧虛。
久晴應不竭，積雨亦無餘。
陸羽來題品，他泉定弗如。

57. 時敬菴（12ab）

主人時孝敬，結屋慰幽靈。①
山近嵐生砌，池清月在庭。
鳥行窺施食，鶴立聽看經。
有客來相過，林扉且莫扃。

校語：

①「慰」，原作「尉」。改為常用字。

58. 夜坐（12b）

露坐黃昏後，城居若在村。
天陰螢火亮，秋近草蟲喧。
老去渾無睡，貧來不閉門。
也知疏拙甚，此意與誰論？

59. 七夕（12b）

年年逢七夕，鵲遶故枝驚。
天上誰曾會？人間自動情。
巧雲還易散，曲月豈長明。
大拙無如我，孤吟曉未成。

60. 雪中訪趙守宗簿（12b-13a）

終歲拚柴荊，雪中乘興行。
水光相莽蒼，雲意自縱橫。
風壓孤舟重，煙消野店明。
休尋戴安道，且訪謝宣城。

61. 送趙守寺丞除郎（13a）

專城不兩年，千騎促朝天。
星宿明前席，江神護奏篇。
梅開堠亭雪，柳綻御樓煙。
悵望寒汀晚，蘆花一釣船。

62. 送仲新恩（13ab）

倍喜逢鄉老，離家歲月長。
衣霑新雨露，面帶舊風霜。
雲氣侵晴檻，泉聲入夜堂。
明朝出山去，後會說重陽。

63. 送淩僉判（13b）

江臯秋意足，倚策送君行。
戍鼓聲方斷，登樓賦已成。
野潮漫曉白，鄉岫出煙迎。
只有津亭柳，搖搖繫別情。

64. 送孫教授翔父（13b）

泮宮留不得，廊廟嘆才難。

遠送嫌江礙，深思上閣看。
菊開秋意足，雁到水天寒。
德釋關氏社，何須問改官？

65. 寄趙東閣（13b-14a）

與君生己酉，年月日時中；
除卻吟相似，其它事不同。
夢寒春草綠，天闊暮江空。
見面知何處，東華踏軟紅。

66. 訪方蕙巖不值（14a）

吳城多第宅，毋過蕙巖家。
不是門如海，都緣刺似麻。
風聲虛動竹，日影漸移花。
清興渾無奈，歸來自煮茶。

67. 和宋松竹（14ab）

保障風寒地，勤勞不問家。
年來對松竹，客至話桑麻。

靈運池塘草，玄都觀裏花。
打門驚夢起，上苑賜新茶。

68. 和方新恩（14b）

詩禮擅英華，源流奕世家。
已攀天上桂，不棄道傍麻。
烏鵲朝來噪，青燈昨夜花。
慚無報瓊句，相對只杯茶。

69. 送致正許朝請（14b）

相遇在東州，相分十五秋。
挂冠當健日，見子早封侯。
城外鐘寒寺，山陰雪夜舟。
還經釣臺過，不媿客星遊。

70. 方蕙巖宅（14b-15a）

移宅住園中，高懷便不同。
生涯雖最少，樂地卻無窮。
人記為州日，家傳處士風。

閒來對巖石，坐到夕陽紅。

71. 題陳藏一山房（15a）

浩浩人如海，吟居獨可嘉。
遠山長入戶，萬卷是生涯。
挂石添名畫，分鉼插買花。
多應市朝客，無暇到君家。

72. 寄龜翁史君（15ab）

添藁近方開，傳從越上來。
不曾經道句，真箇是仙才。
禹廟題新在，蘭亭到幾回？
莫教兒輩覺，瓜戍恐相催。

73. 寄項秘監（15b）

吳中住歲餘，所樂在詩書。
有句題幽石，無人識借居。
蓬萊最高處，雅頌正關渠。
此道能如古，今誰伴直廬？

74. 寄御史王少卿（15b）

朝陽有鳴鳳，天下喜初聞。
去棹輕如葉，閒心淡似雲。
杯羹留奉母，一飯不忘君。
千古濠梁水，流清滌世氛。

75. 和黃東浦早秋韻（15b-16a）

門徑半交莎，幽居事若何？
地偏人到少，雲淡自怡多。
林杪危涼葉，池容減翠荷。
翻思種陽艷，終竟不如禾。

76. 寄鄭司業直院右史（16a）

由來行所學，最是得時難。
春草書帶綠，東風御柳寒。
金爐煙噴曉，玉署漏聲殘。
獻納絲綸樣，流傳盛代看。

77. 次韻趙竹所書詩卷後（16ab）

江湖三十載，每聽說君詩。
古寺過逢處，寒城欲暮時。
自看霜落後，唯倚竹相知。
吟壘嶃無律，虛勞為出奇。

78. 周伯弜詩送僧至吳（16b）

周友別多時，湖山翠染衣。
宦情如紙薄，詩句逐雲飛。
一片孤鴻影，三高釣雪磯。
只消傳此意，知我似君稀。

79. 書薛野鶴《水竹稾》（16b）

野性昂如鶴，期君壽合堅。
雖然傳去世，必定得為仙。
華表千年後，崖銘幾字全？
詩名長不泯，集是石龜編。

80. 送周肖白（16b-17a）

新年纔兩日，又見送行人。

畫好難投俗，詩工不療貧。
煙深楊柳岸，雨瘦鷺鷥身。
且莫東歸去，京華易得春。

81. 題石瑤林山錄（17a）

天姥紫芝岑，仙靈宅下臨。
幽光千古月，孝德一生心。
拱木秋聲早，寒泉淚滴深。
彼蒼知不遠，同聘入書林。

82. 足菴寄朱新父（17ab）

知機何太早，菴以足為題。①
動靜關天理，纖洪類物齊。
魚游池水滿，鳥宿樹枝低。
來往門前客，黃塵沒馬蹄。

83. 湯西樓新居（17b）

聞君移住處，相近太平坊。
舊日同吟侶，新來認草堂。

校語：

①「早」，原作「蚤」。按：「蚤」，古通「早」。改為常用字。

避喧猶未可，在陋亦何妨？
只有西樓月，清光不改常。

84. 和王郎中韻（17b）

淮水入吳深，乘流住到今。
石幢寒日影，鐵塔夜風吟。
舉世無知己，惟公識此心。
朝來惠新作，三嘆有餘音。

85. 梅山（王郎中自號）（17b-18a）

歷陽風土秀，清氣在梅山。
自古英靈出，垂名天地間。
相傳司業句，又逐省郎還。
歲歲春消息，寧忘問故關。

86. 小閣（王郎中宅）（18a）

老子小婆娑，裝成安樂窩。
不堪人狹隘，足稱自吟哦。
愛日烘窗暖，承簷聽雨多。①

校語：

①「窗暖」，原作「窻煖」。改為常用字。

來春在鈴下，思治作民和。

87. 吊毛惜惜（毛乃高沙妓。端平間，榮全叛城，呼毛佐酒，不從，遭戮；罵賊至死不絕口。）（18ab）①

妓者有毛嫱，高沙罵賊狂。
一身雖就死，千古不曾亡。
嗟爾男兒活，羞它冢樹傍。
史應收烈傳，祀合御睢陽。

88. 曉谷（18b）

長夜何時旦，藏脩只任真。
惜陰常起早，吹律自生春。
處處聞啼鳥，聲聲若應人。
日高雲散後，方始正衣巾。

89. 送張明府知黃崗（18b）

去作黃崗縣，風寒護上流。
近時登要路，皆用試邊頭。

校語：

①「榮全」，原誤作「營全」。按：《宋史》卷四六〇：「毛惜惜者，高郵妓女也。端平二年，別將榮全率眾據城以畔，制置使遣人以武翼郎招之，全偽降，欲殺使者。方與同黨王安等宴飲，惜惜恥於供給，安斥責之，惜惜曰：『初謂太尉降，為太尉更生賀，今乃閉門不納使者，縱酒不法，乃畔逆耳。妾雖賤妓，不能事畔臣。』全怒，遂殺之。」

赤壁應無恙，雪堂還在不。
多將民疾苦，歸日奏宸旒。

90. 送潘提幹（18b-19a）

聖代重倫魁，難教佐外臺。
天文動星象，雲氣上蓬萊。
道士攜琴送，吟船載鶴回。
中興紫岩老，今日又重來。

91. 送王右曹知南劍（19a）

列宿守延平，旌旗過浙迎。
地傳龍化劍，州傍水為城。
勁氣民情直，澄波政樣清。
公庭應事簡，所得是詩名。

92. 送山陰僧還西山（19ab）

香城高處住，瀑布挂簷間。
暮雨滕王閣，白雲秦望山。
到家如客寄，直語對人慳。

卻憶來時路，松門夜不關。

93. 贈逢人（19b）

傳來家法遠，妙在自通方。
到處逢僧說，前年離帝鄉。
腰圍憐我瘦，舞袖為誰長。
不用懸牌額，蘭深路有香。

94. 雲谷日者（19b）

賣卜不論錢，開囊乞贈篇。
先生雖有術，野客不知年。
披雪穿吳市，占星落楚天。
茫茫寰海內，為覓隱神仙。

95. 送陳省元歸通川（19b-20a）

買宅船橋住，情深得共論。
兒能學吳語，老念出齊門。
綠樹陰行色，清江漲別痕。
鄰人相過處，歡樂勝羌村。

96. 歲晚過上竺禮天目（20a）

幽懷日成趣，與世不相聞。
瘦似梅花樹，閑如竺嶺雲。
葉間新句法，石上舊苔紋。
送我溪橋路，松梢又夕曛。

97. 和天目送行（20ab）

握手下層翠，秋聲動沉寥。
葉寒山徑響，雨積水程遙。
古句分煙樹，孤城帶晚潮。
懷人在空谷，誼不就旌招。

98. 訪天目梁渚（20b）

煙渚落漁篷，行行訪隱蹤。
野禽銜斷徑，樵子指前峰。
雲闕安禪石，霜清得句鐘。
長淮一千里，九日卻重逢。

99. 謝煥書記畫（20b）

住寺近郊台，禪林扣遍回。
門從齋後閉，客自雨中來。
靜勝方知妙，吟成不敢催。
相思渺何許，時展畫圖開。

100. 送江西益禪人（20b-21a）

世路今方隘，情親別更難。
孤篷和雨宿，十月渡江寒。
詩到愁時澀，書來約歲闌。
青青狼伍寺，何日共闌干？

101. 送深禪人歸衡岳隱山（21a）

江浙參尋遍，仍思故隱山。
不知人住處，惟見雁飛還。
說法龍來聽，長年雲閉關。
莫將殘菜葉，流落在溪間。

102. 送同遊歸里（21ab）

俱有萱庭念，相依歲月深。
平時行樂地，此夜別離心。
曉渡吳雲濕，秋生楚岫陰。
獨憐烏鵲喜，不到我家林。

103. 寄遠（21b）

拄策窮西望，閑雲去復生。
亂鴉棲落日，孤雁叫寒更。
坐久燈生暈，衣單夢不成。
遙知今夜月，還向故人明。

104. 送珂書記遊金陵（21b）

兩度扣幽扃，知君無俗情。
遠拋孤嶼碧，久住冷泉清。
吟骨瘦欲出，行囊貧得輕。
天寒猶未返，貪看石頭城。

105. 更深亭（21b-22a）

幽趣上林梢，添高一把茅。

乾坤常在定，日月自相交。
雲怕人知處，門開僧不敲。
叢臺歌舞散，空有燕來巢。

106. 懷人（22a）

自覺懷人遠，閒房獨揜扃。
去時梅著子，歸晚竹添丁。
海岸無山碧，天涯有草青。
春潮知信候，日日過夷亭。

107. 送僧東歸（22ab）

欲作廬山去，幡然興已收。
故鄉一夜夢，明月兩中秋。
落葉堆寒色，孤帆挂遠愁。
不知從此後，誰上仲宣樓？

108. 送沅清溪遊江西（22b）

桐廬山下水，徹底照人清。
流向西江去，吟高舊日聲。

洪崖千丈雪，黃鶴一樓晴。
知是何時到，隨緣不算程。

109. 寫照王肖巖（22b）

王君善寫真，當世獨超倫。
纔見皆能識，方知妙入神。
鴛行傳國士，麟閣貌功臣。
安有工夫到，寒巖枯木身。

110. 寄冷泉康書狀（22b-23a）

康廬有隱君，久愛北山文。
磵底弄清泚，嶺頭吟白雲。
月隨行處影，猿向定中聞。
寄得書來說，憐余在鷺群。

111. 渡越（23a）

半月金陵路，今朝渡淛河。
回頭吳岫在，到耳越音多。
賀監湖邊柳，右軍池上鵝。

宛然風物在，人事幾消磨。

112. 剡中（23ab）

雨宿剡中寺，曉行猶未晴。
諸峰雲不定，疊磵水爭鳴。
埜店穿心過，村樵當面橫。
尋思戴安道，千古一谿清。

113. 新昌石像（23b）

願力堅如石，三生鑿得開。
始知真實相，元不假胚胎。
寶閣層層見，香雲冉冉回。
盡誠皈敬者，莫待下生來。

114. 天姥（23b）

自登天姥嶺，飛雪滿千峰。
采藥難尋徑，啼猿不見蹤。
赤城應改色，白道定相逢。
漸覺吾廬近，微聞日暮鐘。

115. 石橋（23b-24a）

絕景隔凡塵，探幽雪未分。
飛來雙磵瀑，攤作一橋雲。
聖跡常時現，人間到處聞。
煎茶亭上立，花乳自紛紛。

116. 送照晦巖赴下竺（24a）

法道日堪嗟，邪師似稻麻。
靈山承付囑，佛隴正傳家。
曲水慈雲石，薌風御苑花。
曇猷橋畔別，煙樹思無涯。

117. 桐柏觀（24a）

仙者曾居地，峰巒特異常。
泉飄簫樂響，松暗洞門藏。
玉井通三島，瓊臺接上蒼。
有時聞鶴下，醮罷月侵廊。

118. 酬趙菊莊（24ab）

讀來詩百首，清絕少如君。
碧水有明月，青天無片雲。
台山才一見，衡岳又相分。
此處多回雁，新題到里枌。

119. 華頂峰（24b）

台嶺碧重重，中高華頂峰。
盡頭滄海出，半被白雲封。
屋冷僧抛去，仙來井有蹤。
絕無猿鳥路，爭得世人逢。

120. 羅漢樹（24b-25a）

嶺上羅漢樹，魁梧迥不群。
死心雖滅火，直氣尚凌雲。
空得渾無物，中能著數君。
非同木居士，題號涉功勛。

121. 宿廣閏寺庾嶺方丈（25a）

兩程行始到，寺與海波鄰。

插草燉煌士，傳衣庾嶺人。①
話長緣久別，月澹欲侵晨。
憶在凌霄日，相同是夙因。

122. 寄南叔凱（25ab）

苦思南叔凱，相別已多年。
生與慈雲近，燈從智者傳。
憐渠如我癖，忤俗是詩篇。
橋畔青松老，期來看瀑泉。

123. 雪中（25b）

籃輿走白沙，風雪正交加。
片石皆成玉，茎茅盡著花。
禽危巢欲墮，樵失路應差。
歸晚堪尋處，清溪一線斜。

124. 寒巖（25b）

信宿到寒巖，靈蹤出曉嵐。
懸崖嵌似鑿，著屋巧如龕。

校語：

①「插草」句後有自注云：「乃白道猷」。按：白道猷，敦煌人，西天竺羅漢，故或稱竺道猷。初止剡之石城山，太和二年，又移台州始豐赤城山。

石月觀心處，霜鐘是對譚。
徧尋雙隱句，風葉已⿱髟監鬖。①

125. 明巖（25b-26a）

不與眾峰同，纔容寸步通。
跨門巖響屧，縣度水行空。①
僧住知無厭，人來看莫窮。
相傳幽洞透，寒拾往還中。

126. 天封（26a）

神指靈墟地，峰從華頂分。
東封時未至，西域教先聞。
丈室高皇字，重修笠澤文。①
幽尋三十里，穿破石橋雲。

127. 赤城（26ab）

秀氣融台岳，虛玄第玉京。
飛霞染丹石，危堞露層城。
華雨無時歇，松風夾道鳴。

校語：

①「⿱髟監」字，一般字典無，可見於《康熙字典》，讀作「藍」。

校語：

①「縣」字後有「自注：音玄」；「度」字後有自注：「漢傳索名」。

校語：

①此句後有自注云：「陸放翁也。」

曇猷洗腸處，泉井至今頳。

128. 蓮花峰（26b）

絕頂高峰上，如何下手栽？
崔嵬出雲際，菡萏向天開。
大寂身千劫，浮圖雪一桅。①
橫擔楖栗去，曾有幾人來？

校語：
①「大寂」後有自注云：「韶師號也」。

129. 台城道中（26b）

枝暗花成子，風飄絮作萍。
雨侵溪漲白，山脫晚雲青。
又過仙人渡，還登酌水亭。
往來人自老，雙鷺立煙汀。①

校語：
①「雙鷺」之「雙」，原作「雙」。《字彙補》云：「與雙同」，又見《復古編》。

130. 寄吳荊溪大監（26b-27a）

水心銘未立，屬望在荊溪。
一字如山重，何人落筆題？
昌黎懸斗柄，皇甫接天梯。
草木無情者，垂垂露泣低。

131. 碧沼（為妙不傳題）（27a）

瀲艷一池蓮，禪房住半邊。
北通關市路，西透馬塍泉。
碧色冷搖日，香風近撲天。
遠公雖不作，清社有人傳。

132. 酬上官右史（27ab）①

住山今幾年？歸興只飄然。
埜水無邊際，浮雲自變遷。
螭坳曾侍立，漁火對愁眠。
二老成來往，三生定有緣。

133. 泊然（27b）

真箇無營者，方能向此居。
花間誰是蝶？池上不知魚。
竹戶清陰碎，苔堦翠點踈。
東西幾片壁，只貼坐忘書。

校語：

①「酬」，原作「醻」。按：《玉篇》，「醻」，同「酬」。改為常用字。

134. 天台道中（27b）

麥壠桑麻接，行行百里賒。
一番飛穀雨，滿地落桐花。
水曲成三渡，山坳忽數家。
歸來襟袖上，猶帶赤城霞。

135. 怡雲（27b-28a）

雲是無心物，悠悠天地間。
長年抱幽石，何處覓深山？
白日看舒卷，清風任往還。
有時隨雨去，不似老僧閑。

136. 施東洲蒼雲（28a）

東洲一片雲，凝住石湖濱。
群岫堆蒼玉，萬松生翠鱗。
相看碑上字，不死墓中人。
曾筆中興事，傷時在泣麟。

137. 漁父（28ab）

身外即江山，流行坎止間。
煙波垂釣直，天地一舟閑。
到岸賣魚去，無錢得酒還。
不知塵世換，幾度月彎彎。

138. 水竹園（28b）

開園多傍水，種竹近臨臯。
試問諸君子，何須快剪刀？
清風招六逸，碧浪識三高。
卻笑任公子，持竿欲釣鼇。

139. 寄張書監（28b）

張公深隱處，花墅竹間籬。
不作明時用，能令薄俗移。
高風喧地籟，清節照天池。
月下常來往，幽禽埜鹿知。

140. 琴川題（為崔梅山題）（28b-29a）

勝處著幽亭，煙林四望平。

高山千古意，流水七絃情。
偃室猶堪仰，虞風舊有名。
丹青難下手，松竹自傳聲。

141. 上官右史慶幸堂（29a）

先生何慶幸，年老樂安閑。
得地無多畝，營堂不數間。
種花皆結子，移石便成山。
只有雙雙鶴，相隨日往返。

142. 竹石（29ab）

倐篁擁翠幢，魁石坐端方。
勁節經寒在，新梢入夏長。
雲從根上起，玉向實中藏。
為雨從龍後，清風滿菊堂。

143. 潤雲（29b）

高結據空虛，吳中大隱居。
碧雲生暮景，清氣浥樓書。

座上通玄客，門前長者車。
東隅貫休閣，相望復何如？

144. 宜靜（為高竹鶴題）（29b）

日月忙推轂，乾坤著草亭。
一波才底定，萬化自消停。
幽極風敲竹，微聞鶴振翎。
白雲雖自在，爭似遠山青。

145. 梅月（為陳碧磵題）（29b-30a）

堂上傳風雅，高標一段奇。
韻清梅蘸水，生白月來時。
有影皆成畫，無聲總是詩。①
屋頭春信早，催花向南枝。

146. 過鄭文昌庵（30a）

臘天三四日，曾到錦峰來。
世上無知己，松根坐古苔。
茶煙凝戶曉，風雪打舡回。

校語：

①「總」，原作「揔」。改為常用字。

卻憶星辰履，如今安在哉？

147. 和洪提舉送《平齋集》（30ab）

平齋大全集，千古播幽芳。
騷雅杜陵老，雄深馬子長。
天能留稷契，世可致虞唐。
樂府尤清麗，難回鐵石腸。

148. 得坐（30b）

一室坐春空，寥寥萬境容。
月移旁砌竹，風借別樓鐘。
暗處元非滯，明邊亦是逢。
五更侵早起，清露滴長松。

149. 落花（30b）

萬紫及千紅，枝頭一餉空。
多因傷夜雨，曾不怨春風。
片片隨流去，紛紛夕照中。
自開還自落，只與去年同。

150. 秋日菴居（30b-31a）

開門一逕通，花木四時同。
陰密松成蓋，香多桂作叢。
鑿池要皓月，移竹種清風。
未息塵機者，應難到此中。

151. 九日（31a）

今逢重九名，居埜見幽清。
地靜黃花早，天空落葉聲。
畊人齊上壟，荒日半沈城。
除卻陶彭澤，同誰話此情？

152. 火閤（31ab）

裝折圍爐地，方方七尺強。
易容元亮膝，難著淨名床。
省炭功雖小，燒香味較長。
晏然宜袖手，免去暴朝陽。

153. 乖目相者（31b）

一雙乖角眼，閱世妙無倫。
白日常穿市，青雲少見人。
未嘗眠鎖店，午後聽鐘鄰。
盍向邊頭看，誰為閣上麟？

154. 披雲庵（31b）

絕頂住居安，千峰翠作攢。
風吹雲影破，天漏月光寒。
埜水無行路，孤松半倚看。
有時吟到曉，清韻激飛湍。

155. 馬宋英畫松（31b-32a）

元氣淋漓濕，畫師今幾人？
宋英傳古色，韋偃是前身。
森竦髯如蝟，鱗皴鐵作鱗。
蟠根巖壑底，多幸不遭秦。

156. 寄題趙山臺蓮花方丈（32a）

十尺方圍地，一枰雲錦衣。
禪心不著水，天女暗投機。
莫道榮枯異，誰云語默非？
荷間休結屋，趣入道山歸。

157. 嘯巖（32ab）

丘石虎西蹲，月明煙水村。
扣舷穿蠡口，長嘯徹蘇門。
要得卻胡騎，應須夢至尊。
苦吟天地窄，萬物本同根。

158. 送印寶章知溫州（32b）

東嘉山水郡，靈運後知名。
孤嶼雲簪筆，清江玉帶城。
伏波思雁遠，春草夢詩成。
五馬人生貴，二難時共榮。

159. 蒙齋（32b）

蒙居養正齋，清景湛靈臺。

疊石移山至，開池待月來。
是誰遊象外，求我放心回？
庭際風敲竹，分陰滿綠苔。

160. 水心先生挽章二首（32b-33a）

歸自金陵後，情踈狎隱淪。
身緣憂國瘦，家為著書貧。
江海星沈夜，池塘草不春。
門生天下是，椽筆付何人？
孤嶼秋風寺，三過夫子家。
古心堅鐵石，軟語帶煙霞。
別嶺栖雙徑，逢人問永嘉。
重看送行句，殞淚墨欹斜。

161. 方蕙巖常簿二首（33a）

名教非無樂，何緣事上眉？
不閑因接物，先老為憂時。
兩郡垂棠蔭，東園長桂枝。

用公渾未盡，一世有餘悲。
夙昔住山緣，來吳已八年。
獨憐寒塔影，時到碧巖前。
埋玉亡何日，愁雲過別天。
東風減回首，家學子能傳。

162. 張廉州奏院（33b）

合浦歸來久，遲敲月下門。
今朝隔生死，無處問乾坤。
斜日寒天短，愁雲遠水呑。
湖趺溪畔石，空憶繫舟痕。

163. 吳荊溪大監（33b-34a）

遙辭下石橋，南岳阻招邀。
五載未相見，三除不入朝。
玉樓催作記，瓊闕伴吹簫。
嘆世無知己，文章竟寂寥。

164.
趙東閣奏院（34a）

東閣王孫貴，才名似謫仙。
可憐須郡下，不及蓋棺前。
家乏千金計，詩應萬古傳。
生來同四柱，豈料哭君先。

165.
周伯弜明府（34a）

昨過揚州日，知君病已侵；
殊非折腰具，竟作斷絃吟。
遠信逢秋笛，驚哀徹樹禽；
有才無命者，從古至于今。

166.
印僉判（34ab）

才業魁多士，英聲早歲馳。
宦途將晚達，賢路有深知。①
月借山城白，風飄鼓角悲。
用公渾不盡，珠樹照清時。

校語：

①「途」，原作「涂」。改為常用字。

167. 陸稅院（34b）

甫里雲間譜，知幾類計然。
本期拋舊宅，豈料見新阡。
宦遠無年及，門高有子傳。①
鄉音何處認，哀泣似淮堧。

168. 陳孺人（34b-35a）

靜正成家道，賢明訓子孫。
園林冬出筍，霜露早摧萱。
有淚瞻遺像，無言似倚門。
傷心夜臺月，不照再承恩。

169. 寧少耘（35a）

逢師竹澗旁，歲慘下歸航。
我獨疑深隱，僧來說坐亡。
草墟曾住寺，塵鑠別營房。

170. 舟別浦禪師塔（35a）

渺渺吳中道，無因過上塘。

校語：

①「宦」，原作「官」。按：「宦遠」，對下句「門高」，似較「官遠」為佳。疑「官」為「宦」之誤刻。《全宋詩》（元肇卷一 P.36900）亦改為「宦遠」。

諸老凋零盡，江湖轉憶君。
人經十年換，寺革一番焚。
庭冷池來月，山空塔裏雲。
惟應有遊衲，持到炷爐薰。

（二）古體

171. 天台山中十首（36a-37b）

道喪幾千載，不復還其淳。
強者用詐力，弱者傷夷淪。
芒芒大塊中，何人得其真？
已矣難重陳，吾將誰與鄰？
千山萬山中，翠薜相交羅。
春風來何遲，積雪常峩峩。
折木有清響，采薇聞遠歌。
不因尋石橋，長年無人過。
面對香爐峰，朝昏起雲霧。

飄飄無定形，忽被風吹去。
去去還復留，半挂長松樹。
悠然會我心，政自有佳趣。

四時多幽禽，日日鳴前林。
呼喚煙樹重，應答山水深。
靜中無別響，獨聽有餘音。
載歌仍載吟，半晴還半陰。

澗底有清泉，日夜鳴涓涓。
風聲過樹頭，月色當窗前。
起坐不成寐，白髮悲流年。
向來稱達人，兩耳何緣濺？

山中產靈藥，四望清藹藹。
神仙久不逢，世上何人采？
桃源路豈遙，蓬萊非隔海。
惟有天地根，古今常獨在。

蘭生在深林，眾草相陸沈。

微承雨露滋，積受霜雪侵。
幽薌時一吹，樵牧空見尋。
采采當我前，遠此違世心。

紅紅白白花，萬萬千千樹。
開亦不知名，落亦不知數。
幽禽來上啼，埜鹿銜將去。
可望不可攀，四向高無路。

埜草紛其類，托根孤高地。
誰榮誰瘁之，動搖春風至。
淒迷煙雨中，碧滿閑庭際。
王孫歸不歸，山深易寒氣。

為愛簷前竹，特立萬竿玉。
蕭蕭送雨聲，沈沈照窗綠。
風雪凌壓之，可摧不可曲。
澹然如幽人，長年在空谷。

172. 許來亭（37b）

猗歟觀石橋，境物皆天趣。
山高礙鳥飛，瀑響驚龍睡。
真流半千尊，只在雲中住。
驗盡世間人，到此煎茶去。
曇猷昔何為？苦苦欲相遇。
餅峰忽面墻，石上穿雙淚。
他年許重來，老卻青松樹。

173. 擬寒山吳下菴居（37b-38a）

一昨離天台，事事皆不會。
西風信杖藜，吹落齊關外。
主人新卜築，林塘倏蒼薈。
埤垷隱周遭，市聲隔繁碎。
出門與入門，朝昏隨向背。
浮圖一兩尖，雲際忽相對。
雁陣拽如繩，鴉喚斜陽隊。
有僧來扣門，路跨田翁耒。
人應笑我踈，我笑人多昧。

古今佳遯情，可在此菴內。

174. 題楊梅山人《渭川圖》（38ab）

不識山人面，今見山人竹。
鵝溪半幅間，渭川千畝足。
細細穿石泉，猗猗動寒綠。
望之意已涼，況當親擘觸。①
賢哉懷隱居，疇能繼高躅。

校語：

①「擘」，原作「擥」。

175. 羅漢樹（38b-39b）

藏春堂有木數章，蓊鬱喬立，不隨時榮枯，與松柏相上下。其葉厚而澤，其子青而紅，若胡僧然，世以羅漢名之。余佳其堅高，擕一枝為寂寥伴。置之幽窗，漬以缾水。閱三載，華蔚然如在故，視其末，則已根矣。人多異之。於戲！使其色難易於彼此，不足斷世間住相。羅漢之名，豈徒然哉！

人生天地間，飄然無根蔕。
貴賤壽夭形，總被造物戲。
達者常晏如，不作包桑計。
如何閒草木，剛受人嫵媚。①

寒松作大夫，枯木號居士。
便有徼福人，未免斧斤至。
孤高本無心，反以名疣贅。
此樹亦歲寒，婆娑立蒼翠。
著子秋纍纍，何啻五百位。
顱圓從誰度？身紫何人賜？
問之無人說，法門入不二。
喬特不世情，與我卻相類。
許我折一枝，幽窗浸缶器。
辭柯漏已空，森然遂生意。
荏苒三暑寒，傲睨萬物領。
翻思陰陽家，水木推生利。
但存節操堅，莫訝垛根異。
雁蕩與天台，泉石平生志。
木上座脫洒，竹尊者風味。
何當笑相逢，同歸第一義。

校語：

①「閒」，原作「間」，疑應作「閒」。按：蘇軾〈臨安三絕〉之一，〈將軍樹〉云：「阿堅澤畔菰蒲節，玄德牆頭羽葆桑。不會世間閒草木，與人何事管興亡？」（《蘇軾詩集合註》卷十，P.461）

176. 縣胥歸耕（39b）

籠中無樂鳥，檻外無樂獸。
何嘗費飲啄，不忘念翔驟。
子今既知此，欲拂事公袖。
不將無事眉，閑為鞭笞皺。
社瓮雖濁醪，勝醉歌樓酎。
婦饁雖糗糲，勝冷書案豆。
門前有追胥，皂衣皆我舊。
布穀鳴春深，斯言誠可復。

177. 高鼓院桃村（39b-40b）

強齋先生築別墅曰：「桃村」。錄其經始，情高趣遠；縱其天遊，樂以忘返。一水一石，蒐獮不遺。意到文成，自然古健。雖然王摩詰之圖輞川，柳河東之記山水，不是過也。當世文章鉅公，播金石、變風雅，歸美多矣。枌下晚生，屢辱引教，率易古吟呈上。

舉頭見青山，高與天齊平。
俯首鑑靈泉，派分天地清。
是中十畝園，爛若紅霞蒸。

夫差昔不國，舞榭歌臺傾。
風驚柳腰折，雨集蛙部鳴。
靄靄墟里煙，紛紛雞犬聲。
寂寥千載後，公來暢幽情。
手種桃千株，草架屋數楹。
厥壤宜芬芳，昭儉易落成。
子孫相追隨，日夕生遐征。
公今雲臺仙，輕強垂百齡。
支筇歌紫芝，倚松誦黃庭。
綠陰長蟠實，白蓮闖池生。
客從何方來，略不通姓名。
自云多昔人，食之能飛升。
更老上所尊，只恐蒲輪徵。
公乎笑而已，客言曾不聽。
歸來向人說，洞口雲縱橫。

178. 二蟲詩（40b-41b）

簷前蝸觸蛛綱，倒縣三日，而有昂首乞憐意，賦詩脫之。

蛛螯包禍心，滿腹皆素絲。
補綴曾無功，貪傷不知疲。
誰云禁網密，施設近茅茨。
旦暮待游蚋，所得亦已卑。
蝎虎誇捷巧，緣壁行跂跂。
咿蛾青蠅輩，苦遭暗中窺。
失身在蛛網，竟日秋簷垂。
蛛猶懼蝎紿，睥睨不敢為。
蛛網既已裂，蝎命不亦危？
嗟哉復嗟哉，誠大黠小癡。
紛份事爭奪，復何異於斯？
我閔為解粘，蝎去何所知？
但令嬉飽日，莫忘倒縣時。
感彼兩物情，成此一篇詩。

179. 和上官右史韻（41b）

夫子作春秋，大義明素王。
至於游夏輩，一字不敢當。

文風下秦漢，詩體更晉唐。
世道有隆替，人才隨翕張。
致君與澤民，夷險公備嘗。
山川尋謝屐，風月歸奚囊。
滿城風雨朝，采采籬下黄。
臨風懷美人，在彼天一方。

【卷下】

（三）七言詩

180. 水心先生三首并序（1ab）

文暢南遊，必請縉紳先生永歌其志，故韓、柳喜序其行。某來淮，才非暢比。侍郎，今韓、柳也。援為近體贄門墻，予之潔幸也。

文字滔滔江漢東，早從伊洛定宗風。
中興之後數人物，北斗以南唯此公。
聞道治平猶草奏，向來持論不和戎。
匪伊再入脩門去，只有孤忠與昔同。

華髮蕭騷減帶圍，可勝憂國更傷時。
樂天名位微堪酒，靈運池塘不廢詩。
架上牙籤燒燭短，窗間花影轉春遲。
天教惜取如椽筆，要勒磨崖大字碑。

十年缾缽走天涯，四海聲名一永嘉。
不趁新霜嘗橘柚，了無歸夢到蒹葭。

江頭來往春強半，門外推敲日又斜。
換骨奪胎如得妙，願從勾漏問丹砂。

181. 寄上制使賈端明二首（2a）

洛陽聲賈自傳臚，三十專城總要途。
黃鶴樓中納雲夢，碧油幢下重江都。
爭誇國士無雙傑，堪對瓊花獨一株。
王事只消談笑了，好吟佳句繼歐蘇。

天台山壓眾峰高，極勝窮幽是石橋。
在昔一詩留翠壁，至今萬壑響青霄。
淮南草木皆霑潤，塞北煙塵即便銷。
將相功名古來有，可曾江上問漁樵？

182. 江心春日（2ab）

江邊春日正遲遲，岸草汀蒲綠漲肥。
有戶不扃僧懶出，種花無地客來稀。
破煙白鳥成雙下，度塹昏鴉接翅歸。
流轉自憐鄉國異，風光隨處不相違。

183. 次呂教授遊江心韻（2b）

魚龍吹浪雷霏霏，更著青山倚落暉。
一幅風帆到煙寺，十年塵土愧征衣。
漁家蓑笠應堪換，老宿缾盂未可依。
回首謝公樓上去，池塘春草昔人非。

184. 湖上（2b-3a）

五年踏破幾芒鞋，山色湖光識再來。
魚鳥散時浮鼓吹，煙雲缺處見樓臺。
白綿飛盡蘇公柳，青豆初嘗處士梅。
小立東風爭渡急，句中無地著塵埃。

185. 庵中牡丹（3a）

誰將根底種靈丹，開處凡花比亦難。
勝賞莫嫌僧院僻，久長留到子孫看。
有時垂淚傷多雨，未肯扶頭怯曉寒。
自笑色空俱照了，也來隨例並闌干。

186. 春郊有感（3ab）

用舍行藏只自傷，五年留滯在江鄉。
青松遠引來南塔，白髮猶欣見北堂。
麥浪有時迎燕舞，菜花無賴學鶯黃。
騎驢又打津頭過，楊柳飛綿出短墻。

187. 舟中（3b）

三月長安似夢中，回頭春事已成空。
桑麻暗鎖村村雨，蒲稗新翻浦浦風。
燕子不知家遠近，杜鵑長怨客西東。
籬根竹外無人見，猶有殘花墮曉紅。

188. 春日書懷（3b-4a）

靜倚晴窗笑此生，出遊歸隱兩無成。
故園小作三春夢，倦翼長垂萬里情。
庭樹欲紅聞烏鬧，郊原新綠見人耕。
湖山舊友如相問，只向梅花說姓名。

189. 雪竇（4a）①

上盡崎嶇腳力微，毿袍零碎染煙霏。②
妙高峰頂見日出，千丈巖前看雪飛。
寒木著霜山衣錦，清池得月鏡交輝。
翩然又作東南去，肯落台溫第二機？

190. 雁山夏夜（4ab）

浮嵐空翠濕衣襟，合磵流泉奏玉琴。
古殿薌寒起僧定，暮樓煙重咽鐘音。
隨風螢火光明滅，得雨芭蕉語淺深。
猛省南來二千里，不應翻作兔投林。

191. 張宰湖山堂（4b）

別來萍梗浙東西，得向湖山手重攜。
風定波間鷗出沒，雲深天闊雁高低。
擬將脩竹題歸隱，長恐扁舟路欲迷。
明白棹歌回首處，葦花蘋葉冷淒淒。

校語：

①按：此詩為清．徐時棟收入其《四明舊志詩文鈔》（臺北：國家圖書館館藏抄本），但標題改為〈千丈巖〉，為頷聯第二句之首三字。

②「毿袍」，《四明舊志詩文鈔》作「翠袍」。「毿」，讀作「翠」，是「細羊毛」。「毿袍」同「毿褐」，意指「毛織的僧衣」，意思較「翠袍」精確而合適。

192. 狼山池上有感（4b-5a）

池上涼多生萬松，登臨懷感與何窮。
催詩不雨雲空黑，結社無人蓮自紅。
翡翠得魚忙蘸水，蜻蜓避燕巧低風。
靈龜未解蒙莊意，筴筴時來亂葉中。

193. 蔡守監丞得祠次韻送之（5a）

墨行儒名固可麾，愧無織錦別梭機。
隔林喜聽黃鸝語，離岸愁看晝鷁飛。
松菊未荒三徑在，山川都是幾人非。
只應父老千行淚，立盡斜陽未肯歸。

194. 和楊節使登徑山（5ab）

閶闔門西湖水臨，深深院落見春心。
梨花風弄影來去，燕子日長談古今。
起早每緣朝玉闕，歸遲多是宴瓊林。
肯將吹竹彈絲耳，來聽重雲鐘鼓音。

195. 過無懷故廬（5b）

壯歲無心預祖圈，暮年卜築伴林逋。
聞名已在羲皇上，詩句曾將島可奴。
尚想風流悲斷柳，更無人共致生芻。
自憐淮海飄零客，也向春風聽鷓鴣。

196. 和白玉蟾韻（5b-6a）

蓬萊仙客與無酬，汗漫來遊海上州。
明月滿山歌踏踏，紅塵入市笑休休。
釣竿不用空遮日，詩句時能一掉頭。
醉後抱琴歸去也，人間知是幾春秋。

197. 舟中雪（6a）

扁舟泊晚櫓咿啞，飄灑隨風整復斜。
照夜初疑篷背月，隔溪遙認樹頭花。
村深浦遠人迷路，葦折荷傾雁著沙。
漁父披蓑歸去後，帶煙茅屋兩三家。

198. 九日（6ab）

曉煙和露濕秋光，幽鳥聲聲在翠篁。
世事又隨明日別，菊花只作去年香。
風前落帽人千古，雲外驚寒雁一行。
脫木蕭踈砧杵急，倚筇無語到斜陽。

199. 聞邊報（在徑山）（6b）

高皇宏遠立規模，建武猶能復壯圖。
聞道煙塵暗淮海，夢成風雨落江湖。
可無歸雁傳家信，定有非熊出釣徒。
目斷關河正愁絕，東風吹綠入平蕪。

200. 贈畫僧之金陵（6b-7a）

澹薄輕雲橫素秋，緩行籬落菊香浮。
我今已是溝中斷，君去還同水上鷗。
鐘磬僧敲煙際寺，管絃人在夕陽樓。①
一江風月渾依舊，六代英雄畫得不？

201. 別心首座（7a）

四面湖山展畫屏，故人相見眼偏青。

校語：

①「管絃」，原作「筦絃」。《廣韻》：「筦」與「管」同。

迎風春鳥語猶滑，過雨山花睡欲醒。
出處既分南北海，別離空恨短長亭。
明朝又作松江去，幾棹煙波月滿汀。

202. 仲子平下第二首（7ab）

直道干時徒爾勞，歸來門徑長蓬蒿。
朱研玉露點周易，燈撥金花讀楚騷。
時把漁竿釣煙雨，閒同僧飯薦溪芼。
兒曹不會箇中意，只管區區問綠袍。

不是雲林勝市朝，都將名利等鴻毛。
床頭紙被今年破，林外霜風昨夜高。
虛白室無儋石計，清新詩有十分豪。
黃花時節明朝是，冷眼相看栗里陶。

203. 次陳平甫提幹晚春韻（7b-8a）

暮雲豈特看江東，朋舊如今四海中。
花落不禁三日雨，顏衰消得幾春風。
簷前雛竹娟娟粉，堦下櫻桃滴滴紅。

辛苦廣騷將底用，弋人何處篡冥鴻？①

204. 次柳倅見寄（8a）

是中空洞任天遊，去住飄然百不憂。
黃獨有苗師懶瓚，碧雲無語繼湯休。
才名如此分千里，道術相忘混九流。
寄得詩來乘月看，滿身風露一庭秋。

205. 見海門韓宰（8ab）

心遠遙知地自偏，杖藜隨處有雲泉。
朝來原上一犂雨，春到淮南二月天。
短短菰蒲初弄水，依依楊柳欲搖煙。
淵明自是無為者，能使懦夫懷凜然。

206. 徐丞見一堂（8b）

菊長新叢春事成，先生歸賦見深情。
麻衣草座自行樂，明月清風人不爭。
郡榻莫留青眼舊，客星閑傍紫微明。
箇中萬象渾無礙，門外何妨車馬聲。

校語：

①「弋人何處篡」，原作「弋人何處慕」，《全宋詩》從之，實為誤刻。今依揚雄「弋人何篡」文義改之。

207. 喜雨（8b-9a）

去年民病屢思安，天意為霖不作難。
地脈無窮窺井淺，波光不斷倚樓寬。
梅林時落黃金彈，荷沼新擎碧玉盤。
蛙吹莫供閑客耳，一時去和老農歡。

208. 雪（9a）

鬬舞爭飛住復飄，寒林開盡玉枝條。①
青綠煮茗開蓬戶，冷為尋梅過埜橋。
髣髴村前出圖畫，依稀江上見漁樵。
墻根屋角且寧耐，留與詩人款寂寥。

209. 送杜守（9ab）

一麾長嘯靜邊陲，丹詔飛催上玉墀。
送別莫辭行路遠，感恩深是到州時。
名垂峴首山能重，誓指江流水自知。
他日登臨見遺愛，太平樓外柳絲絲。

校語：

①「玉枝」，原作「王枝」，疑為誤刻。

210. 送尹教授（9b）

雁塔題名二十年，青衫手板坐無氈。
時清朝野諸公薦，句好江湖萬口傳。
杜宇不啼淮樹冷，宮鶯未老上林煙。
麟臺鳳閣思靈徹，只在山邊與水邊。

211. 送林陶懽（號蓮莊）（9b-10a）

不見陶懽今四載，欣然復會在通川。
行囊覺重添新藁，顏貌如前轉少年。
到處諸侯爭下榻，醉來騎馬似乘船。
掉頭又向何方去？笑指長洲萬頃蓮。

212. 宿舊巢（10a）

故廬重到暮春時，物色風光總欠詩。
柳絮有情飛滿袖，牡丹無語恨空枝。
燕歸不用深垂幕，筍出應須密護籬。
明日籃輿又東去，迢迢煙草綠相隨。

213. 中秋（10ab）

滿目依然明鏡流，無家空折大刀頭。
人間動是經年別，客裏尤深此夜愁。
牢落關河還出塞，蕭條江國更登樓。
不知何處風砧發，添得詩人兩鬢秋。

214. 宿西禪（10ab）

竹杖芒鞋去問津，波生鴨綠草鋪茵。
雨迷阡陌留連客，風入園林著摸人。
寂寞數家收市井，蕭條一榻臥埃塵。
避人幽鳥渾無語，桃李明朝依舊春。

215. 寄趙檢法（10b-11a）

津頭梅白柳青青，卻憶春時送別惰。
紙上有懷難盡寫，夢中相見不分明。
清臺婉畫從輕典，紫禁儺班識重名。
幾欲寄君無好句，夕陽秋色滿江城。

216.和趙寺丞中秋韻（11a）

太守能詩趙倚樓，良宵開宴領清秋。
挂簷玉鑑明如洗，劃漢銀河近欲流。
雅興自來輕庾亮，頌聲翕爾變營丘。
關河萬里須長嘯，莫問膏腴在橘洲。

217.春雪（11ab）

竹邊聲細夜方闌，開盡南窗獨自看。
桃杏學梅唯欠瘦，池塘堆絮怪能寒。
纖纖尚舞東風力，片片還隨曉氣乾。
芳草已滋三徑綠，誰知陋巷有袁安？

218.喝石巖（徑山三題）（11b）

皓首來迎宴坐師，山靈易地致俱胝。①
要知弘法回天力，但看精誠裂石時。
一徑鮮苔春寂寞，斷崖文字雨淋漓。
徘徊想像登雲處，風撼松杉萬壑悲。②

校語：

①「致俱胝」，《徑山志》作「應俱胝」。
②《徑山志》「想像」作「想象」。

219. 菖蒲田（侍郎郎簡隱處）（11b-12a）

一從神武挂冠纓，便入千峰適性情。
已向耆英逃姓字，肯因楊柳作歌行？
石田水冷菖蒲節，茅屋雲深薜荔榮。
白髮山僧知此意，時時來聽野泉聲。

220. [徑山]樹王（12a）①

翠絲縝密赤心存，膚腠凌風溜雨皴。
直節向時曾遇上，微荄率土莫非臣。
輪囷古柏空生蜀，偃蹇寒松枉仕秦。
瀑布青山堪帶礪，森森同見萬年春。

221. 與印學正（12ab）

郢手由來善運斤，楚天空闊鶚書頻。
蛟龍豈是池中物，蟣蝨聊為地上臣。
細雨斜風潛入夜，岸花汀草已知春。
君如不負虛前席，治體當言寢積薪。

校語：

①此詩亦見於《徑山志》，詩題為〈徑山樹王〉。

222. 上浙翁（12b）

凌霄峰頂極高寒，中有高人把釣竿。
萬里江湖未歸客，滿天風雪獨憑闌。①
醫和世遇肱三折，慈氏門開指一彈。
管領梅花春有意，免教回首望長安。

223. 見北磵（12b-13a）

橘洲骨冷不容呼，正始遺音掃地無。
一代風流今北磵，十年妙語得西湖。
人皆去獻遼東豕，我亦來觀屋上烏。
春盡閉門無恙不，楊花飛作雪模糊。

224. 寄江西益侍者（13a）

狼伍峰前一御風，十年消息莫相通。
山從入望何曾極，水若知愁不向東。
芳草天迷雲夢澤，垂楊煙暝館娃宮。
聞君已作包桑計，可念餘生尚轉蓬。

校語：

①「風雪」，《徑山志》作「風雨」。

225. 吳江（13ab）

不到松江又一年，且於佳處小留連。
千尋彩影虹垂地，萬頃清寒玉浸天。
塘路罕逢騎馬客，人家少似釣魚船。
三高冷眼應相笑，送往迎來亦可憐。

226. 次趙篔湖飽看風雨樓韻（13b）

江山高處據胡床，豪氣如虹貫野塘。
且去已知元亮醉，興來非是次公狂。
滿天風雨供吟眺，一幅瀟湘不卷藏。
聽得雞鳴還待旦，篔羹雖美在他鄉。

227. 次方蕙巖行春韻（13b-14a）

及時槃樂足幽閑，近自丘園遠到關。
見綵桃符知歲換，帶黃楊柳覺春還。
飄飄衣袂風雩轉，草草杯行笑語間。
高興磊然降不下，更須相約過西山。

228. 寄江陰使君尹梅津①（14a）

清簡何曾五馬榮，時艱念慮在生靈。
江如謝朓詩中靜，山似岳陽樓上青。
戢戢魚頭曝冬日，翩翩鴉字出宸庭。
三吳父老遙相祝，幾向天邊望福星。

校語：
①「使君」，原作「史君」，疑誤。

229. 寄池陽許使君（兼簡乃尊致政朝請）①（14ab）

紫塞將軍有重名，雄藩正管翠微亭。②
西來江水依前碧，北面淮山似舊青。
因報平安逢驛使，懸知臨照老人星。
寄言文選樓中主，莫道湯休語不靈。

校語：
①「使君」，原誤作「史君」。
②「管翠微亭」，原作「筦翠微亭」，今改為常用字。

230. 狼山（14b）

仙子飛昇歲月閒，遊人猶向此躋攀。
五峰寺踞蔥龍處，孤塔雲撐杳靄間。
波渺渺邊來漢水，望青青際是吳山。
風帆沙鳥無今古，潮落潮生自往還。

231. 寄釣魚臺（14b-15a）

漢代高人曾釣此，至今山水有清輝。
多年祠像真還不？舊日臺磯是也非。
尚想扁舟成獨往，問他明月幾時歸。
雙雙鷗鷺應相識，飛落前灘更不飛。①

232. 送周伯弜帳管（君嘗為江夏令、江西漕幕）（15a）

不見山楹喜見君，才名端不愧芳塵。
青雲自古遲佳士，白髮如今尚選人。
鸚鵡洲邊文寂寞，滕王閣上句清新。
相逢無語又相別，紅葉殘陽野水濱。

233. 送方常簿赴召（15ab）

門徑森陰帶草堂，脩篁搖翠間垂楊。
不知夢到三竿日，又拜除音一炷香。
池上游魚見清影，天邊儀鳳集朝陽。
袖中大有安時策，長樂鐘聲夜未央。

校語：

①「飛」，原作「蜚」。改為常用字。

234. 姑蘇臺放生（15b）

高臺一上一銷魂，觸目猶多古跡存。
谿水流來聞越號，舟人指點是胥門。
煙雲弄曉青山澹，城郭初晴碧瓦昏。
魚躍鶯飛歸至化，當時歌舞不須論。

235. 牡丹（15b-16a）

嬌紅膩紫炫晴芳，好本傳來自洛陽。
譜上有方曾換骨，花中無比合稱王。
道妝宜貯黃金屋，素艷堪居白玉堂。
羅幕重重護風日，幾家歌管惜春光。

236. 送朔齋右司赴宣城（16a）

鴛鷺胡為久未歸？江東民瘦要公肥。
詔飜雲露宮鴉濕，帆起秋風畫鷁飛。
把酒敬亭呼李白，高吟靜練壓玄暉。
不須舉手遮西日，花待劉郎對紫微。

237. 和魏侍郎登虎丘（16ab）

朱輪千騎出行秋，覽勝須登海湧丘。
水與天光遠相接，雲遮山色半如羞。
先賢祠下修時敬，古劍池邊記昔遊。
醉墨淋浪足酬唱，歸來鼓角動城頭。①

238. 天台道中（16b）

台嶺岧嶢道路長，周遭無數接青蒼。
溪頭枯樹如人立，峰頂孤松似傘張。
片片開田種堦級，家家壘石作門墻。
籃輿搖兀東風裏，卻憶西州上野航。

239. 萬年開新塘（16b-17a）

八峰聚首最幽奇，驅石攔雲貯碧池。
倒擁旌幢千影樹，平沈星象一枰棊。
爭鳴已被蛙先覺，歸宿多應鷺未知。
肝膽到來都照了，何須更待入門時？

校語：

①「酬」，原作「詶」。按：《元包經》：「詰之詶，後言以答也。」註云：「詶，與酬同。」

240. 巾山（17a）

一登峰頂思悠然，始覺城臨滄海邊。
水趁半江流缺月，塔將雙筆寫青天。
茫茫帆影隨潮遠，杳杳鐘聲帶郭圓。
可是任蕃來宿後，獨留詩句到今傳。

241. 西渡（17ab）

復渡錢塘又六年，山川風物只依然。
海潮有信看人老，江月無情卻自圓。
滿櫂白蘋催去國，五更朱旂喝朝天。
獨憐皓首江湖上，不立沙鷗一點煙。

242. 霜夜有感（17b）

寒漏時聞一兩聲，夜窗危坐對孤檠。
半千里外無家客，十五年前舊月明。
世事蕭蕭黃葉下，交情汩汩白鷗鷩。①
市人應笑踈狂甚，莫怪龐公不入城。

校語：

①「白鷗」原作「白漚」。按：「漚」，古同「鷗」。改為常用字。

243. 揚州（17b-18a）①

高陵為谷曲池平，亭館多存舊日名。
風月豈關興廢事，江山不盡古今情。
浪花飛雪雄新塹，楊柳垂雲護細營。
欲識揚州奇絕處，廟前瓊樹尚敷榮。②

244. 秀埜圖（18a）

洛陽園圃久荒煙，秀埜佳名向此傳。
雲外移山高出屋，門前遠水靜兼天。
四時爭發花無數，五畝中分竹半邊。
不用笙歌與銀燭，夜深漁唱月娟娟。

245. 和上官右史韻（18ab）

雖然身世兩相違，不以無為礙有為。
偶被閑名難免俗，因將黃葉強題詩。
一年好是中秋節，萬事能如采菊時。
自古聖賢觀出處，只今誰解帝王師？

246. 歸舊隱（18b）

校語：

①②「揚州」，原誤作「楊州」。

六載城塵鬧壓頭，一朝脫屣返林丘。
青山不遠迎人笑，綠水依前遶郭流。
隨意埜花開欲遍，盡情幽鳥語相留。
門前若有敲門客，多謝山陰王子猷。

247. 暮春（18b-19a）

顧我踈慵事事休，三間茅屋碧溪頭。
喜添新竹當門礙，踏破蒼苔怕客遊。
菜葉不教隨水去，松花應待及時收。
有時乘興登臯望，上水舟銜下水舟。

248. 送正西堂（19a）

弟兄相見竟何如，一見尤勝寄百書。
況是青春三月暮，相看白首七旬餘。
勞生袞袞誰休息？世事悠悠我定居。
索去自言生處樂，乾坤等是一蘧廬。

249. 寄鄂渚印知府（19ab）

黃鶴樓前鸚鵡洲，高持麾節去悠悠。

功名自古無雙地，人物當今第一流。
句裏可逢崔顥者，樽前還得禰生不？
思君日夜塵西望，欲買潯陽江上舟。

250. 洞庭用白樂天韻（韻入《林屋紀遺集》）（19b-20a）

兩丸跳擲幾昇沈，誰識仙源洞府深？
月在波間明片玉，舟從水口出橫金。
夫差醉後無吳舞，范蠡來時有越吟。
千古煙波興廢事，白鷗漁叟是知心。
西緲東峨日未沈，洞庭山水更幽深。
微茫雪浪疑浮玉，①杳靄煙霞似紫金。②
壇上綠毛遺竈冷，橘中皓首采芝吟。
桃花洞口年年發，自是尋人不盡心。

校語：

①此句後有自注「焦山名」等字。
②此句後有自注「金山名」等字。

251. 丁巳生朝（20a）

露白風清八月時，晨光初度透熹微。
更添來歲一分健，便是浮生七十稀。
識得榮枯皆是妄，了知出處未全非。

旁人不用相薰祝，自有天香桂子飛。

252. 寄馮深居（20ab）

人世還如客路同，可堪垂老尚飄蓬。
舊年兩向吳中見，今日相思白下東。
烏鵲橋邊望明月，鳳凰台上詠秋風。
滿題紅葉隨流去，惆悵高才命不通。

253. 董丞相去國（20b）

寶祐丙辰七月前，相公力請得歸田。
聖朝已致無為治，天下今逢大有年。
諸葛終身出師表，留侯底事學神仙。
何人得似鴟夷子，萬頃煙波一釣舡。

254. 挽高鼓院（20b-21a）

葉墮遙空萬景沈，致身誰不重傷心。
仕當釣石歸來早，閑比香山樂更深。①
一片新碑難載德，百年故土絕遺音。
定從兜率天中去，莫向桃源路上尋。

校語：

①「早」，原作「蚤」。改為常用字。

255. 上官右史（21a）

螭坳立後別明光，歲晚婆娑慶幸堂。
鶴怨只能隨髮白，菊愁竟不上腰黃。
西歸有地從先壟，北望長江是故鄉。
枌下解空情已盡，西風吹淚濕斜陽。

256. 陳府判（21ab）

考亭真派落姑蘇，克己工夫到物初。
文好祇教供草檄，命慳聊得坐題輿。
循良殄瘁悲民社，儒道凋零泣里閭。
素業可傳雙桂子，家留經訓是菑畬。

257. 陸主簿（21b）

洽人恩惠在鄉閭，石有璵璠水有珠。
愛日欲烘陰枳棘，壽星悵望落姑蘇。
池臺舊宅流滄海，秋壠新封近太湖。
卻憶渡江同到處，寒城渺渺夜啼烏。

258. 高輦院（21b-22a）

人生七十古難過，賢德如公未足多。
晚歲傷心非故土，東洲有淚是恩波。
青松護壟雲成蓋，白玉遺箴世不磨。
湖海舊遊終踐約，夕陽來此挂煙蓑。

259. 陸教授致政（22a）

去秋哭子過燕山，豈料今年逝不還。
自是廣文甘獨冷，早從神武樂高閑。
枌閭難忘無回日，蓮土西歸覺夢間。
同隊相看成白首，先將老淚為君潸。

260. 陳子翔殿元（22ab）

少年飛鶚上秋空，二十四青楊柳風。
庭草未霑恩綬綠，種花空作狀元紅。
三更共渡追前事，半世生涯似夢中。
燕子歸來談寂寞，舊巢零落布洲東。

261. 清月溪（22b）

萬劫高超一念輕，來非住相去何曾。
定逢蔥嶺當年使，誰訪洪川舊日僧。
舍利未安無縫塔，伽梨空對短檠燈。
凌霄多少薰風淚，吹入淮南紫翠層。

（四）絕句

262. 江上雪（23a）

人道甌閩不識寒，北風吹雪夜漫漫。
斷蓬折葦滄江上，只作淮南舊日看。

263. 湖上秋日（23a）

湖上新晴人競遊，幽懷無處領清秋。
夕陽送盡歌船了，始放鐘聲出寺樓。

264. 秋蓮（23ab）

波面盈盈照影紅，月寒露重怨房空。
鷺鷥自趁魚行急，驚得殘粧散曉風。

265. 荷葉浦（23b）

苕花蓼穗細明川，荷蓋經風半欲眠。
隔浦有人歌宛轉，日斜不見採蓮船。

266. 禁渡（23b）

渺渺煙江春思長，杏花風急燕歸忙。
銜泥不解如精衛，又只來巢舊屋梁。

267. 絡緯（23b）

沙塞風高纊帛輕，春蠶到死只吞聲。
寒機未織回文字，夜夜籬邊訴月明。

268. 起夫（23b-24a）

木葉初飛夫去時，家家連夜辦征衣。
關河只在淮南北，未著寒衣可得歸？

269. 賣菊（24a）

故國風煙幾換秋，今年看菊御街頭。
長安市上人無數，只買秋光不買愁。

270. 寄歸（24a）

燕子辭巢始別家，杜鵑啼處在天涯。
十分春事都看了，盡是他人園裏花。

271. 贈日者（24ab）

君推造化最幽玄，白屋曾經定狀元。
休向深雲問消息，春風只在杏花園。

272. 送人（24b）

春盡江南二月時，盈盈陌上燕差池。
遊絲日暖垂千尺，不為行人繫別離。

273. 送僧還里（24b）

送君重疊上高臺，到得親庭卻早來。
揚子江頭應看取，無情潮水亦西回。①

校語：

①「揚」，原誤作「楊」。

274. 送僧歸淮西二首（24b-25a）

高堂無地寄征衣，淮水西邊近解圍。
想得夜闌更秉燭，天寒木落一僧歸。

滿目鄉心怕著秋，東州見了又西州。
明年莫看中秋月，曾是當時照別愁。

275. 北堂寄布（25a）

消息雖真見若何，愁中日月手中梭。
莫言不寫平安信，布眼爭如望眼多。

276. 同遊歸故隱（25a）

庭前杏樹手親栽，曾見空花雨度開。
聞道濛濛煙雨裏，亂禽爭子落莓苔。

277. 送僧遊岳（25ab）

上人年少易拋鄉，湖海茫茫道路長。
憑內州軍莫遊盡，雁飛不肯過衡陽。

278. 宿鳳山寄楓橋詮無言（25b）

澤國春深綠暗天，來時已不見君船。
十年湖海飄零恨，一夜空山聽杜鵑。

279. 石湖晚泊（25b）

磨子峰頭日已傾，楞伽塔頂月初生。
鴟夷去後煙波冷，悵望吳臺與越城。

280. 西園晚春（25b）

水影煙光上客衣，樓前燕子自由飛。
鞦韆春去無人管，相伴垂楊舞落暉。

281. 謝史春坊遠招（26a）

支林煙雨舊池臺，麾節將春今幾回？
湖上梅花方做夢，樓頭畫角又相催。

282. 徐神公墓（26a）①

出郭門東宿靄披，仙公靈跡尚堪追。
空林日日傳清響，敝帚年年付與誰？

校語：

①徐神公，通常作徐神翁，海陵人，宋元祐中甚活躍，傳能知未來事。據《海陵三仙傳》云：「徐神翁常放言嘯歌，默誦道書，絕飲食至數日。」

283. 送客（26a）

遲遲送客過前溪，脫木風高日易低。
寂寞歸來理殘菊，埜禽啼在竹籬西。

284. 寒食（26ab）

荒塚無人捧土修，夕陽芳草替生愁。
路傍知是誰家子，猶把花枝插滿頭。

285. 江路午行（26b）

誰家吠犬出低籬，橋在村西人未知。
白鳥自來還自去，柳陰濃處立多時。

286. 歸途雪（26b）

蹇驢騎破埜村前，愛惜飛花懶著鞭。
到得歸來山舍晚，竹籬遙認煮茶煙。

287. 秋霽（26b-27a）

一室蟲悲萬感生，林梢擷雨濕秋聲。
詩成後夜無人問，月到雲間不肯明。

288. 送僧歸武昌（27a）

赤壁西邊舊武昌，吳波蜀浪幾興亡。
歸來黃鶴樓前看，半是寒濤半夕陽。

289. 曉過吳江（27a）

雨洗雲梳曉色遲，空江楓冷一虹垂。
漁人偷釣煙波破，鷗鷺沙頭睡不知。

290. 渡江（27a）

天地無情日夜流，樹煙濃澹岸沈浮。
浪花倏忽千堆雪，白似江南去客頭。

291. 別菊（27b）

世情遷變總由他，冷眼相看只此花。
露葉霜枝愁不語，主人明日又天涯。

292. 題隱仙圖（27b）

蹇驢破帽少陵寒，吐出歌辭字字酸。
渭水驪山腸斷日，諸公肯待醒時看？

293. 牧野圖（27b）

焦頭烈尾痛成功，麟閣何曾見畫工？
爭似淡煙楊柳岸，四無闌圈自西東。

294. 送僧（27b-28a）

含暉亭上曾辭我，狼伍峰前又送君。
只有月明相記憶，月明爭得不逢雲？

295. 所寓（28a）

舊恨新愁海樣深，關河魚雁各飛沈。
芭蕉也似知人意，日日窗前吐寸心。

296. 蘭（28a）

絕無人處有香飄，樹底巖根雪未消。
千古醒魂招不返，晚風斜日恨蕭蕭。

297. 子規（28ab）

今古相傳望帝魂，見之再拜感孤臣。
天津橋上人初聽，腸斷江南三月春。

298. 王喬（脫屨杖瓢）（28b）

棄世還如棄屣輕，玉簫吹徹月分明。
許由不受堯天下，卻道風瓢樹有聲。

299. 見梅花（28b）

閑愛梅花住武林，換人歲月已侵尋。
水邊竹外相逢瘦，一寸枝頭一寸心。

300. 探梅（28b）

冰雪催詩瘦入肩，幾回山後又山前。
枝頭不見春消息，空倚闌干憶去年。

301. 孤山（29a）

老柏槎牙自古今，兩翁陳迹石泉深。
孤山風物皆遷變，只有梅花獨姓林。

302. 柳絮（29a）

飛時如雪聚成毬，長是隨風不自由。
便使化為萍去後，煙波無限更飄流。

303. 楊補之梅（29a）

一幅霜綃染墨煙，茹瓊吐雪似年年。
上林多少春風面，白首楊郎正草玄。

304. 海棠（29ab）

昭陽殿裏醉含情，三十六宮顏色輕。
幾向春風憐薄命，少陵詩史不書名。

305. 客陳園二首（29b）

原上蕭條寒食雨，江邊牢落苦吟身。①
朝來也伴園林主，分白移紅學種春。
客來日日待花開，待得花開客又回。
未肯盡情皆吐露，似應留客少徘徊。

306. 吊無著塔（29b）

一定空山五百年，不須惆悵啟頹磚。
路傍多少麒麟塚，轉眼無人贈紙錢。

校語：

①「蕭條」，原作「簫條」。

307. 送趙憲使除郎歸班二首（30a）

使星照福八州城，新歲還依玉座明。
直上垂虹高處望，空江一片接天清。
淮雲吹過浙西山，只在皇華指顧間。
天際悠悠無定向，願隨霖雨不知還。

308. 贈日者鑑堂（30a）

鏡裏難逃陌上塵，廣陵消息聽來真。
吳王故苑秋風起，欲採蘋花寄遠人。

309. 大梅山（30ab）

梅子青黃幾煙雨，荷衣零落又秋風。
松花滿地無人食，粥鼓齋魚兩寺中。

310. 海門道中（30b）

雲駛前林雨腳回，炎風赫日馬蹄埃。
道傍官柳應相笑，十二年中四往來。

311. 春日二首（30b）

柳塘春水漲如醅，掠眼風光燕子回。
最苦杏花留不得，夜來雷雨盡驚開。

乍雨新晴媚物華，孤煙落日晚人家。
柳搖淺淺深深水，籬露紅紅白白花。

312. 贈殷道人（30b-31a）

經句門巷掩蒼苔，不覺春從何處來。
想見道人般七七，萬紅千紫為渠開。

313. 山居四首（31ab）

四壁蕭然一室風，只多詩債與詩窮。
枯梅盡日臨窗舞，時有寒禽動竹叢。

欲向西山學採薇，可憐身瘦得名肥。
天邊多少能鳴雁，不到衡陽不肯歸。

因笑紅塵箇箇忙，故人淪落在殊方。
地爐無火灰成字，卻傍前軒曝夕陽。

覆榻一床單紙被，挂身三事舊麻衣。
吾廬只在深雲裏，笑折梅花月下歸。

314.永寧寺（31b）

寺出平郊開雨雲，村藏桃李幾家春。
塵埃不渡滄洲夢，楊柳溪橋影照人。

315.和天目見寄（31b）

共折梅花竹嶺西，白雲粘袖帶詩歸。①
東風著盡青青子，雙徑峰前照落微。

316.和天目上竺守歲（31b）

林木悲嘶帶斷霞，淡煙樓閣梵王家。
明朝歲律從頭起，繞遍山茶一樹花。

317.禮嵩明教塔二首（32a）

饑寒萬卷寄蕭踈，越路三千去上書。
明主既知堯舜事，故山依舊愛吾廬。
落磵流泉勢欲懸，斷碑古塔蝕蒼苔。

校語：

①按：「竹嶺」，即「竺領」，指上天竺寺。

雨聲一夜卷春去，風撼千山我獨來。

318. 登劉寺後山（32a）

落日山光半有無，白鷗漁艇散晴湖。
貴妃泉石無人管，寂寞孤僧信杖扶。

319. 牽牛花（32ab）

星河明滅映籬根，風露開成碧玉溫。
曉色未開忙斂恨，柔條無力絆天孫。

320. 春寒（32b）

草色青青沒燒瘢，遊人未敢踏春寒。
梅花吐盡溪頭雪，只有沙鷗獨自看。

321. 與鄭明府四首（32b-33a）

踈煙漠漠走風沙，古木寒蕪欲暮鴉。
拾穗村童涉溪水，數聲漁笛隔蘆花。
柴門窄窄對江開，脈脈寒潮入浦回。
笑語鄰翁倚籬落，夕陽微處竹輿來。

結束才容四五人，綆長尤恐井生渾。
濁醪不受殷勤勸，笑把黃花過一村。
天外橫河泣露寒，中秋月好傍樓看。
高標不及康廬遠，難博淵明一笑懽。

322. 送人（33a）

踈雨梧桐滴滴秋，涼吹別袂上歸舟。
金山青立蒼茫外，潮落潮生一點愁。

323. 送月上人之東州（33a）

洞庭波上木蘭舟，只解年年載客愁。
月到甬東天似水，釣絲全力重金鈎。

324. 送祖書記之武昌（33ab）

黃鶴樓前舊月明，吳王臺上暮秋聲。
離情只在斜陽裏，斷柳荒煙寫不成。

325. 華夷圖（33b）

禹迹茫茫宇宙寬，等閒移向壁間安。

從頭指點須開展，莫只東南角上看。

326. 池梅（33b）

水淨方塘曉鏡清，依依冷照玉娉婷。
昭君莫怨毛延壽，此意如何畫得成？

327. 春意（33b-34a）

山客偶來城裏住，頻年孤負惜芳心。
一株楊柳南池上，白日看春到淺深。

328. 哀通人俘虜二首（34a）

沙漠無春雪滿天，不知舊歲與新年。
如何化得身雙翼，飛向南方學杜鵑？
見雁南飛欲寄音，裂衣刲血寫鄉心。
書成剡地添惆悵，又恐無人射上林。

329. 酬杜北山（34a）

杜君世胄本蟬聯，流落南天不記年。
買箇草堂湖上住，醉吟如在曲江邊。

330. 初至建鄴（34ab）

六朝陳迹認應難，只有春風燕子還。
陌上花開又花落，看人來往是鍾山。①

331. 懷吳中（34b）

消息傳來竟不真，楊花落後更無春。
誰知十載遊吳夢，卻作桑乾渡水人。

332. 行宮詞（34b）

一片紅雲擁不開，天津橋上久徘徊。
當時未了中興業，應待君王法駕來。

333. 晉元帝廟（34b-35a）

元帝遺宮在石頭，年年長吏祀春秋。
幾多整頓乾坤手，閒遶回廊看不休。

334. 王荊公半山祠（35a）

來往鍾山住半腰，騎驢松下莫蕭蕭。①
只因墩號分人我，到了經綸恨不消。

校語：

①「鍾山」，原誤作「鐘山」。

校語：

①「鍾山」，原誤作「鐘山」。

335. 桃紅菊（35a）

桃葉桃根逐水流，冷煙涼月幾番秋。
籬邊強作春風面，滿地黃金不替愁。

336. 酬張槎溪（35a）

一笑相逢白下城，秋光滿路雨初晴。
滄江上與天河接，應是乘槎到玉清。

337. 用趙倅韻二首（35b）

江山陳迹六朝遺，寂歷寒花埜水湄。
猶有石頭城畔月，夜深還照昔人詩。

憑高一望興何窮，晴雨朝昏景不同。
莫向吟邊苦懷古，敗荷踈柳怯西風。

338. 寄題孤嶼琚師半雲（35b）

江上悠悠寄此身，一間茅屋半邊雲。①
長年相伴閑怡悦，去住無心不用分。

339. 送黃宰之江陵（35b-36a）

校語：

①「茅屋」，原作「茆屋」。按：《集韻》，「茆」與「茅」通，今改為俗字。

滑石橋寒玉萬尋，到君遊日正春深。
詩人今擁油幢坐，曾聽孤猿月下吟。

340. 寄歸（36a）

雁過天南菊又開，故鄉抛了十年來。
可憐亂後皆無定，夢過寒江卻自回。

341. 立虛舟遊洞庭（36a）

君向洞庭看秋色，軟琉璃地黃金國。
興來題破曉霜天，七十二峰幾點墨。

342. 贈四明趙秀才（36a）

梅雪初消柳欲金，弄春天氣晝沈沈。
當時東越西吳事，試上高臺為一吟。

343. 梅溪（為劉伯玉題）（36b）

三花兩蘂開枝上，淡月微雲動水邊。
坐到夜深誰是伴？陽春雪曲和潺湲。

344. 趙計議半雲（36b）

蒼蒼茫茫煙樹昏，靜是青山動是雲。
待得從龍為雨後，一間茅屋與平分。

345. 憶馮宗諭（36b）

去歲無辜出帝鄉，石頭城下水雲長。
鳳凰台上多今古，李白題詩恐斷腸。

346. 題遠景山水四首（36b-37a）

老樹風煙醉，危橋野水寒。
玉流飛作線，牽補斷雲殘。

剎景重遮壑，鐘聲出暮樓。
欲尋歸寺路，灘畔問漁舟。

繚白認飛流，千峰暗不收。
何人拄寒瘦，擔雨到溪頭？

山遠天高下，雲深樹有無。
出關曾萬里，慣識曉行圖。

347. 杜少陵像（37ab）

許國丹心苦，唐天春日低。
蹇驢應借得，吟過瀼溪西。

348. 賈浪仙像（37b）

撚鬚聳瘦肩，蹇步兀如顛。
大尹不衝撞，清狂直上天。

（五）古體

349. 題江心寺（38ab）

晏歲著腳來東甌，始覺坤軸東南浮。
百川同歸無異味，有如天子朝諸侯。
何年飛落雨巨石，孤撑骯髒分江流？
初疑鍊失女媧手，又恐鰲脫任公鈎。
馮夷海若不敢有，湧出精舍中連洲。
樓高百尺蜃吐氣，塔聳雙角龍昂頭。
蒲牢撞撞鼉坎坎，潮聲衮衮風飀飀。
妙高峰頂德雲住，海門山上焦公留。

長淮在望鐵甕近，大浪不洗英雄愁。
孰知隸古百粤地，今為禮樂衣冠州。
池塘春草年年綠，謝公勝事遺江樓。
藍田無類蟾駕夜，黃金作顆人家秋。
客帆渺茫拂辰極，漁舠散漫同鳧鷗。
麗天紅日記初浴，五雲扶上煙氛收。
孤臣涕泗如此水，恨不從帝崆峒遊。

350. 次水心先生雁山韻（38b-39a）

方壺圓嶠神仙經，遠不可到虛其名。
東嘉自古山水郡，往往俗駕回山靈。
了知天地不終惜，雁蕩殿出集大成。
輞川無人王宰死，五日十日徒勞形。
有生莫厭行犖确，四十九折重盤縈。①
珠璣亂撒龍鬬富，樓殿巧著僧爭清。
巔崖咫尺分陰晴，幽靈噫欠生雷霆。
新詩彈壓得二妙，尨眉雪頂交懽迎。
煮茶夜坐發深省，古澗旋汲銅花青。

校語：

①「四十九」，原作「西十九」，當為誤刻。

老子於此興不淺，落紅千點春無情。

351. 登狼山（39ab）

江南見山猶可惜，千里萬里行不極。
江北見山絕可憐，三峰兩峰謾堆積。
平生未識蜀道難，賴此為余雙眼碧。
真人仙去狼不來，突兀與江相怒射。
尋詩更上最高峰，莫嘆能消幾緉屐。
水光山色只依然，顧我重來鬢非昔。
笑歸丘壑橫胸臆，別倩東風吹腳力。

352. 和寧川王大卿寄遊天台韻（39b-40a）

我觀人生天地間，古今吁嗟行路難。
躋攀尺寸不可上，太行蜀道凋朱顏。
天台勝絕神仙籙，遐方企仰傾心讀。
跬步之間未暇登，多緣重耳而輕目。
胸量汪汪滄海窄，筆端舊有回天力。
暮年閑伴赤松遊，興來不負東山屐。

華頂萬八千丈高，衡南泰北齊堪招。
凌風矯首欲飛舉，收拾萬象窮秋毫。
方廣雲中忽披覿，半千聖者皆相識。
妙法轟轟雨潤宣，危蹬蜒蜒一潭碧。
安得妙手李伯時，貌取牛背劉凝之。
猗歟樗散巖壑底，與世聿兀略不羈。
愛山只愁山可移，獨許明月清風知。
與公按圖曾作賦，拂庵未到先題詩。

（六）補遺

353. 大夫去作棟梁材

大夫去作棟梁材，無復清陰覆綠苔。
惆悵月波亭上望，夜深惟見鶴歸來。

354. 惜松

不為栽松種茯苓，祇緣山色四時青。
老僧只恐移松去，留與青山作畫屏。

355. 讚達磨偈

踏翻地軸與天關，合國人追不再還。
去去一身輕似葉，長江千古浪如山。

《淮海挐音》上下二冊，世罕傳之。予嘗聞藏宋刻舊本於名山書庫，而欲廣行於世，數請而得之矣。刻字楷正，足為清玩。直貼壽梓，好雅君子幸賞鑑焉。

元祿乙亥二月初吉神京書林茨城方道謹識

三、《淮海外集》點校

序文（物初大觀撰）

空諸已而後空人，雖一字著不得。有法門在，①必有所潤色焉。淮海生通川，所稟英利，行諸外者，亦稱是。登凌霄見浙翁，盡空諸有。時緣既稔，柄厥弘持。②其所以潤色者，又善用夫空也。諸子會稡十會提唱，③並以外集鋟諸梓。噫！淮海已繪空矣，予為之序，重重繪空。空果受繪也哉？

時咸淳丙寅結制後十日
住玉几末屬物初大觀序

校語：

①「在」，寶永本作「名」，依元祿抄本改。
②「柄」，寶永本作「抦」。按：兩字互通，都有「秉」之義，前從元祿抄本。
③「會稡」，寶永本作「會粹」。按：「會稡」同「會粹」，前從元祿抄本。

【卷上】

1. 代佛心禪師謝表（8ab）

統御金輪，道本同於先佛；
褒揚錫號，恩推及於微臣。
實不稱名，媿浮于感。
中謝伏念，臣
早嘗篤志，務在明心。
所得無聞，已蹉跎而云暮；
其來有自，復叨濫以聯芳。
六居祖席，而教外別傳；
兩被宸恩，而浙中為冠。
思少效未知其所，何盛賜又至於斯？
此蓋伏遇皇帝陛下
深育至仁，密契此道。
實際理地，而常居日用；
無邊剎境，而總在毫端。

發乃神乃聖之天機，超今邁古；
了即心即佛之公案，及物利生。
恐關像季之污隆，遂假龍鐘而寵異。①
臣敢不高磨蒼壁，潛運丹衷。
續正派於西乾，與天同久；
望祥光於北闕，報德奚窮。

2. 聖旨供羅漢度僧謝表（台之萬年）（8b-9a）

金闕岧嶤，飛下九重之雨露；
石梁晃耀，衝開一道之煙霞。
顧草木之微臣，受乾坤之大賜。
中謝伏念，臣
究心佛學，濫派禪宗。
歷四處住山，已踰一紀；
主萬年法席，甫閱三秋。
實天台第一勝地之道場，乃方廣五百真流之住處。
累蒙聖朝賜賚，專為徽廟追崇。
較異數於前時，莫隆恩於今日。

校語：

①「寵」，原本誤刻為「寵」。

茲蓋伏遇皇帝陛下
堯天廣大，佛日高明。
凡居有截之區，咸被無為之化。
念阿羅漢薄乎應供，慶贊因齋；
愍優婆塞久矣服廛，承恩得度。
窮子獲衣中之寶，樵人脫碓下之春。
遭遇非常，敷陳罔既。
臣敢不益加虔禱，嚴與琢磨。
廣運神通，福洪圖而有慶；
精修戒行，祝睿算以無疆。

3. 淨慈謝表（9ab）

三年東鄮，潔嚴仁廟之宸奎；
再命南屏，當奉佑陵之香火。
煥乎綸綍，耀厥叢林。
詎宜草木之微臣，洊受乾坤之大賜。
顧恩深重，揣己知慚。
中謝伏念，臣

淮甸蓬生，江湖萍泛。

雖正勤於克念，曾造道以無聞。①

七處住山，垂將三紀；

衰頹暮景，已過七旬。

松柏凜後凋之時，葵藿傾向陽之日。

茲蓋恭遇皇帝陛下

如堯天大，得佛心微。

遂令絕學之徒，契證不傳之妙；

推在京之禪刹，莫稱首於淨慈。

眇爾孱庸，誤叨御擢。

實近時所未有，在前古而尤稀。

遭遇非常，敷陳罔既。

臣敢不

益堅素節，振起清規。

亘古亘今，徹頭徹尾。

恩波萬頃，漲西湖之渺瀰；

環拱群峰，祝南山之蒼翠。

校語：

①「以無聞」，原作「無以聞」。依元祿抄本改。

4. 靈隱謝表（9b-10a）

從東過西，濫名藍於二浙；
自南之北，叨上京之兩山。
金闕疏恩，玉成樗散。
媿揗墻而俯命，惟跼地而蹐天。
中謝伏念，臣
學海淵枯，禪河浪竭。
把住山鉏斧，逾三十年；
受上天泥封，非一二數。
思少效未知其所，何盛賜又至於斯？
茲蓋恭遇皇帝陛下
道合先天，心傳古佛。
俾無學無為之侶，從有權有實之歸。
靈鷲山是佛所居，王舍城去天不遠。
洊移猊座，密近龍床。
荷大造之茫茫，凜微躬之業業。
臣敢不力行此道，振起頹綱。

聯祖氏之芬芳，一花五葉；
祝皇圖之永久，萬歲千年。

5. 徑山謝表（10ab）

龍飛鳳舞，壯錢塘形勝之方；
玉磴金鞍，勒徑塢回旋之勢。
自高皇之臨幸，眷國一之道場。
凡曰住山，必由宸命。
中謝伏念，臣
曾祖大慧杲，被紹興之特恩；
大父佛照光，受紹熙之眷渥。
父佛心琰，承明綸於嘉定之歲；
兄佛智聞，蒙睿旨於寶祐之年。
華四世之寵光，俾一身而荷負。
是以措躬無地，瀝膽辭天。
遂叨三錫之褒，何啻萬金之重；
雖頹喪之暮景，當黽勉以登山。
茲蓋恭遇皇帝陛下

以四海為一家，奉五天之遺教；
視能仁之猶在，流達磨之正傳。
顧龍淵乃第一禪林，策駑蹇有再三恩命。
臣敢不力其蒲伏，涉彼崔嵬。
含暉亭上望東溟，仰升天之紅日；
凌霄峰頂挹南嶽，鬱萬歲之青松。

6. 徑山傘五鳳樓榜（10b-11a）

大出銀管，護天上之群龍；
高敞寶樓，翥雲間之五鳳。①
極一時之勝槩，冠千古之名藍；
曾歲月之幾何，撓棟梁其如許。
山催短景，先來半嶺斜陽；
夜漏未央，已仄一輪明月。②
尊者定中有動，善財望處生疑。
雖云主者扶顛，也要大家出手。
賈烏獲萬鈞之勇，漫費工夫；③
得公輸一技之機，自然回轉。

校語：

①「敞」，原誤作「敝」。
②「仄」，原誤作「灰」。
③「賈」，元祿抄本作「買」，意同。

心地正時，門門入道；
泰堦平時，物物皆春。

7. 水鄉出隊疏（11ab）

三吳跨大湖三萬六千頃，乃是國一生緣；
雙徑萃禪衲一千七百員，舊為妙喜世界。
雲自嶺頭閑不徹，月在波心說向誰。
惟再三撈攎方知，故出沒卷舒無碍。
老浙翁祖風猶在，順水張帆；
諸檀越鄉情尚存，從苗辨地。
紅蓼岸白蘋汀到了，綠蓑衣青箬笠都拋。①
指廩相逢時，須還有力量底；
打鼓普請看，總是無慚媿人。
見義勇為，無德不報。

8. 山鄉出隊疏（11b）

天聳五峰，枕神龍之窟宅；
雲屯萬指，提祖印之權衡。

校語：

①「都」，元祿抄本作「卻」，疑誤。

政使得其飽餐，教不容於坐食。
細切清風，薄批明月，休言家醜外揚；①
繰成白雪，割盡黃雲，要見生涯自足。
振凌空金錫，開無底鉢盂。
明頭來、暗頭來，是處打著；
出乎爾、反乎爾，此話大行。

9. 徑山焙經榜（11b-12a）

白馬西來，記摩騰之入漢；
青松東指，知老奘之旋唐。
始從四十二章，轉至千百億卷。
使真偽之壇不立當日，①
則光明之藏安到如今？
向深山大澤之中，會刮垢磨光之侶。②
兜羅拂處，手眼俱親；
烈焰聚時，口耳皆喪。
讚妙音於啼鳥，曾踊躍於群龍。
善哉！善哉！

校語：

①「薄批明月」後原有「繰成白雪」，顯為誤植次行之首句。

校語：

①「壇」，原文作「檀」。依元祿抄本改。

②按：「刮垢磨光」，語出韓愈〈進學解〉之「爬羅剔抉，刮垢磨光」句。原本誤「磨」為「摩」。

如是！如是！

10. 無錫南禪修塔榜（12a）

僧伽與梁溪有大因緣，故向此山留錫；
檀越由朱氏夙秉願力，為立當處浮圖。
彈指圓成八萬門，突兀便高三百尺。
自泗水分身而入，使扁舟一夕而登。
影浸平湖，息魚龍之波浪；
燈明後夜，奪星斗之光芒。
壞相屬諸世間，責任在乎主者。
層落落，不須求樣；圓陀陀，正好合尖。
識得古佛心只如今，休問許元度來何莫。
題名他日，不必到慈恩寺中；
剎崇人望，福及四時。
果報來生，定超彼聚沙童子。

11. 徑山發湖州化主疏（12b）

凌霄鐘鼓，僧居簷蔔林中；

近水樓臺，人住藕花世界。
此處頭頭垂示，彼方物物全彰。
卻將貧徹家風，重向鬧中漏洩。
回頭轉腦，覓錢何啻一文？
展鉢開單，身鄰猶過七日。

12. 下天竺光明懺疏（12b）

如來說妙法，餘三百會，居方等之為尊；
懺主統像運，幾二千年，監禮文之尤具。
游泳甚深法性海，建立廣大光明幢。
不忘歲歲講明，廣使人人知有。
範壇場者七日，修晝夜之六時。①

13. 餘杭永壽寺造鐘樓經閣翻蓋大殿疏（13a）

流水松風，盡金鼓所宣之偈；
香雲花雨，化靈山同會之人。
半字滿字真詮，正好東之高閣；
大鳴小鳴待扣，直須更上層樓。

校語：

①「壇場」原作「檀場」，依元祿抄本改。

聳龍宮之具瞻，發人間之深省。

白壁明珠錯落，大長者運出家珍；

朱甍碧瓦岧嶤，老瞿曇難窺縫罅。

一舉乃三緣畢備，千生為百福莊嚴。

14. 重修通川隆興橋為鄭宰作（13a）

只見略彴，古趙州舉處明機；

不用乘輿，今子產惠而知政。

惟詩書禮樂之俗，通魚鹽商賈之源。

帶行碧玉灣頭，舟在綠楊影裏。

宰官既親為勸發，佛子尚善用其心。

乘時便可磨塼，會得不須擔板。

滔滔皆是也，行看落日之青龍；

郁郁乎文哉，必過當年之駟馬。①

15. 徑山開河疏（13b）

格外生機，豈限深山窮谷；

目前大道，可憐絕港斷溝。

校語：

①「當年」，原誤作「當羊」。依元祿抄本改。

落萬仞之淵源，隘尋常之污瀆。

疏通長樂，脈正曹溪。

潮滿夕除，老農不憂七八月；

流行坎止，野航何翅兩三人。

16. 通川光孝寺大殿修造榜（13b-14a）

世尊微笑，見遮頭屋好，身上光鮮；

迦葉皺眉，愁四面風來，眼前缺典。

要得十分圓備，直須共力成褫。

遶畫棟以飛雲，側黃金而布地。

降龍伏虎，參隨各逞其神通；

舞鳳翊鸞，上下交羅於帝網。

碧琉璃層層照映，紅菡萏日日開敷。

菴摩羅擬仙界獻來，①應量器若天王捧出。

靈山一會，儼然今日；

給孤長者，即是諸人。

大器大根，有福始能作福；

一瞻一禮，知恩方解報恩。

校語：

①按：「菴摩羅」即是「菴摩羅果」（āmalaka），是一種印度果實的名字。又譯為「阿摩洛迦」或「庵摩洛迦」。《大唐西域記》八曰：「阿摩落迦，印度藥果之名也。」《維摩詰經・弟子品》僧肇注曰：「庵摩勒果，形似檳榔，食之除風冷。」

②「辦」，原誤作「辨」。

覿面相逢，咄嗟可辦。②

17. 平江光福教院翻蓋觀音殿榜（14a）

身從地湧，始號圓通道場；
寺撒星居，頓現華嚴法界。
瓶內貯晴天之甘雨，楊枝拂蔽日之陰雲。
傾合郡之精誠，為斯民之請命。
驗之頻歲，應弗違時。
晃耀寶冠，近奉賢侯歸敬；
摧頹古殿，未稱尊像崇嚴。
住山翁既為盡底掀翻，大檀越只得從頭蓋覆。
巍巍峻宇，便是補陀落伽山；
練練平湖，遶此毘盧華藏海。

18. 西湖瑪瑙寺糾高僧閣疏（拈十六羅漢）（14ab）

西湖之上，舊有孤山法師；
南渡之初，移居瑪瑙蘭社。
矧地靈而人傑，愾往古而來今。

高閣翔空，添入錢唐之圖畫；

先賢森列，昭然僧史之凌煙。

皆大尹力賜蒐揚，俾聖代不沈遺逸。①

感得阿羅漢捨身布施，普請諸檀越出手結緣。

信手拈來，莫問是凡是聖；②

隨方挂起，了知非有非無。

19. 通川南寺造法堂疏（太平興國額）（14b-15a）

城南蘭若，建太平興國之年；

天上誕彌，為祝延聖壽之所。

雪淨尸羅之具，香籠羯磨之壇。

更管內之諸禪，俾歸會於一處。

普請舉揚宗旨，說甚虛空無壁落？

本有根基，卻須借座燈王。

但存柱石，直教輪奐便翬飛。

任從伊花雨四來，不到得草深一丈。

從東過西，而且要看廊廡相接；

自上及下，而莫背著草鞋便行。

校語：

①「蒐揚」，原作「蒐敭」，茲改「敭」為俗字。

②「信手」，原作「信采」，疑為誤刻。

法鼓填填，肅合郡百僚而至；
海山鬱鬱，稱三呼萬歲之聲。
此非小緣，當求大施。

20. 化糟疏（15a）

醞藉春風，甕面撥開浮蟻；
淋浪夜雨，槽頭滴盡真珠。
雖然高積成丘，尤可深藏旨蓄。
醉鄉逃出，謝麯蘗著勳之餘；
林下歸來，參蔬筍獨醒之味。

21. 化茭筍疏（15b）

綠衣楚楚，散澤國之無邊；
百玉亭亭，當金風而露體。
彼玉板師，出尖太早；
笑蘿蔔頭，跺根尤深。
入泥入水處，正好提撕；
喫粥喫飯時，切忌蹉過。

今日聊循舊例，滿載將歸；
來年更有新條，福田不淺。

22. 利和市重修橋疏（15b）

地利人和，市井當要衝之處；
星移物換，橋梁有斷絕之虞。
失遠近之觀瞻，興往來之嗟嘆。
清影不隨流水去，綠陰撐出小舟來。
欲施驅石神通，須仗布金手段。
功成不日，偉勝前時。
半埋出海之冰輪，全露橫空之螮蝀。
漁樵舍櫂，龍馬行天。
百鶴歸來，留千載相傳之語；
青龍現瑞，狀一方形勝之居。

23. 下天竺教寺延壽堂疏（15b-16a）

船壓水中天，櫂穿波底月，崎嶇歷盡於風波；
塵埋床下履，風動架頭巾，寂寞堪憐於老病。

既坐斷三生之石，要會通百丈之規。
別創一堂，供需四事。
深諳得者般病痛，曲勞他大展神通。
酬對未終，咄嗟可辦。①
天邊露重，豈應枯木無春；
日暮途窮，不怕孤燈獨照。
是最勝事，超八福田。②

24. 下天竺浴鍋疏（16a）

濁惡世界，吹塵勞風；
清淨門頭，皆香水海。
只怕鍋兒滲漏，休言杓柄短長。
要得渾崙，直須撲碎。
洪爐扇處，頑鈎鈍鐵，皆放光明；
大器成時，槁木死灰，也教汗出。
遇有力者，必能舉之。

校語：

①「辦」，原誤作「辨」。

②「八福田」，元祿抄本誤作「入福田」。按：佛教《梵網經》有「八福田」之說，雖諸師解釋不同，但《天台戒疏》之說普遍為諸家用之。其說云：「八福田者：一佛、二聖人、三和尚（受戒本師）、四闍梨（受戒時教授威儀之阿闍梨）、五僧、六父、七母、八病人。」此中佛與聖人及僧為『敬田』；和尚、闍梨、父母為『恩田』；病人為『悲田』。若人向此八種能恭敬供養，慈愍惠施，則皆能生無量之福果，故曰福田。」

25. 新創梓潼真君道院疏（16ab）

雲出無心，何天而不可？
人能弘道，易地則皆然。
嗟蜀道之艱難，即吳宮而卜築。
大施金聲玉振，運斤雷動風行。
翾燕雀以賀成，驂鳳凰而來下。
道力堅固，不怕風卷屋上三重茆；
仙籍分明，管取手折月中一枝桂。①

校語：

①「仙籍」，原誤作「仙藉」。

26. 寶幢教寺修法堂庫堂方丈浴室兩廊僧堂疏（16b）

峨嵋橫陳，地占能仁之上；
寶幢獨立，教傳賢首之宗。
此道司南，學徒仰北。
戶外之屨既滿，日用之處須周。①
夜雨浸廊，半明滅焚膏繼晷；
陰風嘯籟，難從容刮垢磨光。
庫司分掌權綱，覆護豈宜罅漏？

校語：

①「屨」，元祿抄本作「履」。

淨名室內，重聞薝蔔之香；

善法堂前，更看雨華新好。

莫問幾重法界，俱成六度莊嚴。

春在檀門，福歸性海。

27. 妙湛寺置柴場疏（17a）

枯木堂中，一向蒙頭衲帔；

大槐國裏，幾番海變桑田。

守卻冷火寒灰，爭似搬才運水。①

收得浩浩紅塵之寶，散為茫茫煙草之墟。

秩著蘆花兩岸霜，好個現成活計；

砍倒門前老松樹，笑他枉費工夫。

滿載歸來，福基常住。②

校語：

①「搬」，原作「般」。

②「常住」，原作「常信」。依元祿抄本改。

28. 資壽寺新建眾寮翻蓋兩廊寢堂疏（17ab）

插草建梵剎，觀妙之典型尚存；①

扁舟泛渺茫，無著之宗風不墜。

摩尼寶，寂而常照；

校語：

①「典型」，原作「典刑」，改「刑」為俗字。

旃檀林，密不通風。

東行西行，廊下日穿金瑣碎；
休去歇去，堂前時布雪真珠。
明牕下正好𢪛新安排，露頂處更為從頭蓋覆。
要得三種圓備，不離四威儀中。
白壁黃金，自歡喜藏中流出；
朱甍碧瓦，聳莊嚴境界現前。
永張福基，同資壽域。

29. 通州天寧化案櫝火櫃疏（17b）

火爐頭有則舊話，正好大家商量；
拄杖上挑底生涯，到此一時放下。
闊古鏡之多少，須韞櫝而藏諸。
天寒且請入來，日用總在裏許。

30. 平江彭山上方塔院重新建塔疏（17b-18a）

枯木倚寒巖，三冬無暖氣，足報檀門；
朝陽穿破衲，對月了殘經，銷歸自己。

上方世界，挹四面之湖山；
當處浮圖，標一鄉之福地。
創自崇寧之始，災於嘉定之間。
既因塼瓦土木而成，豈免地水火風所壞？
今有徐公長者，莫非元度再來？
發壯大施心，欲鼎新集事。
高廣度數，雖無五百由旬之多；
會計緡錢，不下八萬四千之用。
須裒眾力，方解合尖。
獲福同多寶如來，增壽比昔日彭祖。

31. 高峰修造疏（寺乃張光祿所請）（18ab）

子胥忠國，邦人猶指舊名山；
光祿榮鄉，插草不忘初建寺。
分洞庭七十二峰之翠色，
承建中二百餘載之清規。
物換星移，雲深火冷。
三間茅屋無人到，徒勞罵雨呵風；

一道神光萬境閑，本自輝天鑑地。①
今賢師運廣大願力，向叢林推三等住持。
最是興修，急當先務。
大為杗、小為桷，舉無遺者；
貧施力、富施財，不日成之。
要使後人眕今，須信人能弘道。②
陰陽向背，何待問司馬頭陀？
時節因緣，正應識緋衣檀越。

32. 化夏供疏（18b）

萬水千山，向這裏放下拄杖子；
九旬長夏，已為伊結卻布袋頭。
未問佛法如何，且要食輪先轉。
住王舍城，初非遠近；
取香積國，只在須臾。
打鼓撞鐘，管取一日鉢盂兩度濕；
登門上戶，莫怪去年和尚又來齋。

33. 平江萬壽重起僧堂疏（18b-19a）

校語：

①「閑」，原作「閒」，意同。依元祿抄本改。按：《景德傳燈錄》卷八，潭州龍山禪師有頌云：「三間芽屋從來住，一道神光萬境閑。莫把是非來辯我，浮生穿鑿不相干。」

②「眕今」，原作「眎」，疑為「眕」，重也。

吳中叢席，萬壽寺素在先稱；
衲子放包，三聖堂最為要處。
狹礙雲屯海湧，時嗟雨老風磨。
突兀凌空，與雪峰相見了也；
掀翻到底，將應菴活計重新。
既來鬧市相逢，莫問孤峰獨宿。
有損益、有利害，張無盡錯下名言；
不看經、不坐禪，王常侍自能領話。

34. 崑山縣南千坡延福寺普賢殿榜（19a）

梁朝寺古，佳名地占千坡；
秦柱峰高，時見潮生別浦。
一片蘆花明月，十分銀色峨嵋。
奉普賢大願王，作群生懺悔主。
摩空寶殿，老風雨之震凌；
不動慈容，任丹青之薄蝕。①
必欲從頭蓋覆，直須萬德莊嚴。②
多寶塔為作證明，善財童決須參禮。

校語：

①「薄蝕」，原作「簿蝕」，疑誤。依元祿抄本改。

②「蓋覆」，原作「盇覆」。

夜深突兀，金瑺和鐘磬之音；
相好光明，梵唄雜香花之雨。
延乎聖代，福此邦人。

35. 徑山雙鷺實際接待院建毘盧閣疏（19ab）

白水滿時雙鷺下，物我久矣相忘；
青山無數逐人來，凡聖齊教歇去。
是佛心廣大願力，有公案至今具存。
實際工夫，做處須還二三子；
毘盧境界，乘時更上一層樓。
座間見千佛化生，雲外若諸天湧下。
當機拈出，彈指圓成。
與先師大有因緣，故檀越不忘付囑。
崢嶸錦里，增梯級以登雲；
咫尺長安，遶欄干而拱目。

36. 史衛王壽疏（19b-20a）

和氣發亨，始布王春之月；

頌聲洋溢，誕生相國之辰。
非煙霧之鬱蔥，慶風雲之際會。
共惟某官
起菩薩定，現宰輔身。
家世韋平，克紹詩書之業；
道德周孔，榮封禮樂之邦。
改紘當更化之辰，歸璧致中興之聖。
功高今古，澤及山林。
敬拈一瓣之薌，用祝大鈞之算。
伏願
鼎安宗社，恢故疆之四百州；
城護法門，闡真風於二千載。

37. 獻祠山綵亭榜疏（20a）

精藝入神，出自最靈之府；
群英聚巧，奪他造化之工。
開不假東風，根非生下土。
枝條花葉，爛熳時占斷春夏秋冬；

結角羅紋，頃刻間簇起亭臺樓閣。
崚嶒畫錦，縹渺朝霞。
全誇上苑風光，謾說洛陽路上。
仙逢韓令，驚得放卻提藍；
技比班輸，到此如何下手？
看處人皆喝采，獻時聖亦開顏。
絕妙難形，褒謠莫罄。

38. 趙寺丞壽疏（20ab）

住近簫臺，難老仙家日月；
香凝燕寢，蹔為王室屏藩。
凡千里再使風俗之淳，
無一物不躋仁壽之域。
適臨誕日，聊致頌聲。
闡秘典於西乾，陪福星於南極。
伏願
緇衣改造，雖鄭伯之賢好留；
袞服光華，待周公之歸已久。

39. 台州臨海縣新建華嚴菴疏（20b-21a）

一真法界，重重現華嚴道場；
五濁世中，處處是清淨覺地。
古今之道，興廢由人。
眷茲小石渡頭，信有大乘緣會。
劉居士初心行願，鋟梓諸經；
游長者捨地開基，誅茅立屋。
集每月從頭翻譯，乃諸人常轉法輪。
顧堂廡之未周，慨鐘魚之不作。
欲託萬間幪芘，須求二頃膏腴。
任教南來北來，到此休去歇去。
大雄寶殿，瞻雲中鸞鳳森翱翔；
正順靈祠，看天上麒麟親抱送。
福臻仁里，慶贊昌時。①

40. 吳江梅堰新建中濟橋疏（21ab）

煙波浩渺，繚禹導之松江；

校語：

①「仁里」，原作「仁生」。依元祿抄本改。

市井喧闐，基秋塘之梅堰。
人家兩岸，日過千帆。
往來惟欠於津梁，朝夕只聞於喚渡。
天昏日暮，多愁聚立沙頭；
雨暗風橫，幾度踏翻船子。
顧茲病涉，孰不興嗟！
欲驅石於他山，即濟人於此處。①
若便要從空架起，先須做實地工夫。
諾重千金，力求萬石。
橫插天之蝃蝀，現落日之青龍。
底定相峙以西回，安德不孤於東望？
名標中濟，門對招提。
定有相如題當年之壯志，
豈無元凱紀今日之成功？
幢幢升雲，平平履道。

41. 報恩賢首教寺建講堂疏（21b）

涅槃後有堂堂妙相臥如來；

校語：

①「驅石」，原作「駈石」。改為俗字。

湧現其前級級光明多寶塔。
高標吳會，鎮定朔維。
掃峰房蟻垤之居，動燕麥兔葵之嘆。
翬飛寶閣，橫截峨眉。
突兀雲樓，中懸箕簴。
惟露燈王之座，蓋缺潮音之堂。
經之營之，不日成之；
至矣盡矣，無以加矣。
春風狼籍，看四花之吹來；①
法雨霑濡，極五教之殊致。
多藉大心檀越，闡揚賢首宗風。②
仰贊昌時，報增福海。

42. 翻蓋僧堂疏（21b-22a）

上棟下宇，取大壯創建僧堂七間；
震風陵雨，為栟櫋方經歲月一紀。①
三百衲兀如枯木，二六時粲發心花。
忽然席上漫漫，大似簷頭滴滴；②

校語：

①「狼籍」，原作「狼藉」。
②「揚」，原作「敭」。按：《集韻》，「揚」，古作「敭」。

校語：

①「陵」，原作「凌」。按：此聯本揚雄《法言・吾子》：「震風陵雨，然後知夏屋之為栟櫋也。」但亦有作「凌」者，似二者皆可。上聯之「大壯」一語，出《易經・大壯卦》。《易繫辭》云：「古穴居而野處，後世聖人易之以宮室，上棟下宇，以待風雨，蓋取諸〈大壯〉。」

檢點朽人作拙，皆因毀瓦畫墁。③
透頂揭翻，全仗東風齊著力；
從頭蓋覆，大庇寒士俱歡顏。④
樂我安禪，是君多福。

43. 洞庭金峰資慶院重建佛殿疏（22a）

三萬六千頃太湖，天開玉鏡；
千百億化身寶殿，草創金峰。
郡載世於前朝，梁標年於清泰。
星霜浸遠，椽棟傾摧。①
春風喧燕雀之穿，夜雨動天龍之哭。
從頭拆卻，展德嶠之神通；
特地重興，見南院之手段。
大長者傾出自家寶藏，
一荊草現起玉殿瓊樓。
是故此處最吉祥，將此身心奉塵剎。
高瞻北極，涼自南來。

44. 化齋糧疏（22ab）

②「簷頭」，原作「櫩頭」，當為「櫩頭」之誤。按：古字「櫩」同「簷」、「檐」。

③「朽人」，原作「朽人」。「朽人」是「泥水匠」之意。

④「蓋覆」，原誤作「盍覆」。

校語：

①「浸遠」，原作「漫遠」。依元祿抄本改。

不肯折腰，陶淵明歸來有賦；
便為指麾，周公瑾特達無餘。
雖出處之不同，在節義之無異。
矧乎釋教繁矣，緇徒從來口喫十方；
適值廚無聚糝，鐘沈鼓寂火冷灰寒。①
賴住毗耶離城，素曰香積世界。
居士展一臂神力，取足斯須；
衲子飽七日身香，莫非禪悅。
多下種子，益此福田。

45. 史衛王府大慈寺請靈隱笑翁開山疏（22b-23a）

三千年已前，老瞿曇親曾付囑；
五百歲之後，大丞相信受奉行。
卻將補袞之勛勞，新作布金之田地。
命當代傑特宗匠，立奕世宏廣規模。
共惟某人
端的正傳，掃除末習。
解道寸丁入木，何妨三篾束腰？

校語：

①「鐘」，原誤作「鍾」。

奪得赤幡，而張起八面春風；

喝散白雲，而放出半江明月。

闡提豈無佛性，勘生法師聚石為徒；①

於菟亦有人心，見忠道者即時馴服。②

清聲上遠，丹詔飛來。③

大為宗，小為桷，舉得其良；

深則厲，淺則揭，淵然難測。

十二峰不外留於黃檗，千萬間今拱成於梓人。

請抛天香桂子之秋，聽猿鶴怨驚於北岫；

來理風定潮平之櫂，活魚龍性命於東湖。

祝聖壽以無疆，福僊公之難老。

46. 楓橋請詮無言疏（23ab）

閉門春盡，從教飛絮漫天；

茂苑風高，吹得閑雲出岫。

蘭蕙無人自馥，桃李不言成蹊。

皆時節因緣使然，信用舍行藏有待。

某人

校語：

①按：「生法師」指道生。

②「於菟」，原誤作「菸菟」。古代楚人稱老虎為「於菟」（音烏塗）。「忠道者」指黃龍牧庵法忠禪師（一〇八四—一一四九），佛眼清遠（一〇六七—一一二〇）法嗣。據說他居南嶽後洞，木食澗飲，侶虎豹猿狖二十年，每跨虎出遊，儒釋望塵而拜。（《嘉泰普燈錄》卷十六）

③「清聲上遠」，元祿抄本作「情聲上達」，疑誤。

機用如珠落落，剛毅似鐵錚錚。
龍淵七千指，上首曾居；
江西十八灘，清聲益振。
道傍窮鬼，幾回因送客而揶揄；
屋上瞻烏，隨處是丈人之行輩。
適此大鈞播物，正茲伐木求仁；
初非自躍之金，喜得同聲之友。
衣錦湖邊，始傳消息；
姑蘇城畔，早解歡迎。
允矣其時，乘茲快便。
三更月下離巖竇，尤當眷眷難忘；
半夜鐘聲到客船，行看滔滔奔湊。
疏東山之正脈，壽北闕之丕基。

47. 大明慧炤請傳藏主山門疏（23b-24a）

蟠桃三千年始熟，此話大不通方；
黃梅七百眾儼存，其間豈無作者？
囊中穎脫，戶外風聞。

屬上國之平章，自大明而興起。

某人

真滅胡種草，生別峰故枌。

早出峨眉，笑大像不曾行脚；

再參徑塢，將毒龍攪徹深淵。①

既勘破入海算砂之流，便肯諾束篾住山之語。

莫問雲深火冷，須知水到渠成。

擔板漢喚得回頭，過橋底定應撈倒。

祖庭未夜，賴慧炬以增輝；

舜日長明，對高峰而仰祝。

48. 狼山請賢老疏（嗣無用）（24ab）

妙喜黑漆竹篦，舉起則波騰嶽立；

無用冷灰火種，觸著則電卷星飛。

蓋其門戶潑天，所以兒孫滿地。

來尸狼阜，宜選鳳毛。

某人

做處孤危，得時諦當。

校語：

①「深淵」，原作「深囦」。按：《玉篇》，「囦」古文「淵」字，此處指徑山。《淮海元肇禪師語錄》有云：「西巖和尚自徑山赴定慧。至，上堂：龍囦上客，蘊大寶珠，未嘗容易顯露。」見《淮海元肇禪師語錄》P. 352a（《卍續藏經》第一百二十一冊）

拄杖子徧探深淺，蒲團上肯求知聞。太白峰前，曾分荷楊岐重擔；長汀那畔，正展開布袋家風。箇箇學無為，人人家有分。屬淮邦之望剎，乃國師之道場。乃翁初時，賣狗懸羊，解把虛空揣出骨；雲谷三載，撈蝦摝蜆，別移煙櫂入蘆花。有肯獲而肯堂①，須難兄而難弟。大鈞播物，使令交馳。莫辭三江九堰之勞，快副四海五湖之鄽。宗門有賴，舉薰風自南來；聖壽無疆，祝大江向東去。

49. 狼山請祥老疏（24b-25a）

虞真君飛升之地，青青江上五峰；聖國師展化之方，岌岌雲間一塔。是東淮馳名法席，任歷代有道宗師。唯畫錦以榮歸，實邦人之未見。

校語：

①「肯獲」，原作「肯穫」。按：「肯獲」及「肯堂」二語出《尚書》：「王曰：『若昔朕其逝，朕言艱日思。若考作室，既底法，厥子乃弗肯堂，矧肯構？厥父菑，厥子乃弗肯播，矧肯獲？』」見《尚書》卷三十三，〈周書．大誥〉。

某人

乃行脚榜様，識前輩典型。①
自從迥脱根塵，未免喚鐘作甕。
所謂重經爐鞴，方能點鐵成金。
鈯斧子微露鋒鋩，葛藤窠盡底勦絕。
大洋海畔，卜觀自在為鄰；
北固城中，與普照王作主。
既然逆化順化，何妨這邊那邊？
念狼伍虛席彌時，肆鼠輩頹綱委地。
部使者毫端具眼，公議佽申；②
幻山主暗裏點頭，師來甚當。
洗脚上船，而不勞擬議；
送佛入塔，而便請承當。
鐘鼓斬新，龍象一時蹴踏；
風煙痛掃，狐狸無處潛藏。
疏祖脈如江漢朝宗，
祝聖壽等乾坤立極。

校語：

①「型」，原作「刑」，改為俗字。
②「公議」，原作「公儀」。依元祿抄本改。

50. 介石住虎丘諸山疏（25ab）

大王來也，庭前柏樹抽枝；
相國知音，壁上高僧開口。
在彼在此，無古無今。
某人
貌癯石老冰清，機迅雷轟電激，大地六反震動。
為人三十年來，障回東澗之瀾，屹作中流之柱。
玉盤掇轉，雙鎖峨眉恨未舒；
寶劍光寒，千尺轆轤翻不徹。
共此一輪明月，休言千里同風。
要御奔輪①，毋勞堅壁。
計長年柏巖住，其志雖高；
為九峰一疏來，則吾豈敢！②

51. 茶榜（祥雲叟）（25b-26a）

春信初回，般般覺千山雷動；
月團纔破，颼颼起萬壑松聲。

校語：

①「御」，原作「禦」，疑誤。按：《文選》，王融〈三月三日曲水詩序〉有句云：「念負重於春冰，懷御奔於秋駕。」李善注引《鄧析子》：「明君之御民，若乘奔而無轡，履冰而負重也。」又奉化九峰鑒韶公作〈緇素勸請疏〉薦大覺懷璉入育王，疏中有句云：「當念東南以來，吾宗頹圮。縱有扶救之者，如操朽索，御彼奔輪。」見《雲臥紀談》卷下，P.37b（《卍續藏經》第一百四十八冊）。

②按：此「九峰一疏」即指九峰韶公及其〈緇素勸請疏〉。

惟濁涇清渭不可同流，

而美玉精金自有定價。①

必得非常種草，方知從上根源。

某人

覺苑奇英，叢林秀幹。

尋枝摘葉，向荊棘林裏枉做多少工夫；

覓火和煙，到玲瓏巖下等是一番性燥。②

不事膏油首面，素懷冰雪心腸。

偶時節因緣到來，致聲名腥香發露。

兩經小試，萬口沸騰。

出海門，住海東，沒底船兒慣諳水脈；

由江南，過江北，無縫塔中大有鄉情。

正好披雲上翠微，何須特地堆青嶂？

撞鐘伐鼓，十分盛禮已陳；

過盞提湯，一點瞞他不得。

特伸勤懇，眾賜光臨。

校語：

①「自有」，元祿抄本誤作「自可」。

②「是一番」，原作「一是番」，疑誤。依元祿抄本改。

52. 湯榜（祥雲叟）（26ab）

無用些子藥頭，能殺能活；①
學者幾多病痛，愈久愈深。
妙處雖云不傳，得底自然有驗。
況此地乃翁曾下首先一服，
宜今日雲叟來施肘後單方。
某人
具性溫良，備嘗辛辣。
三十年尋香聽氣，一兩處送往迎還。
信手拈來，攪長河為酥酪之味；
全提向上，反甘露作蒺藜之園。
醞釀既深，蓋覆莫及。②
已是百味具足，從教眾口難調。
邁古超今，一杯醫卻洞上老人不歸之癖；③
洗腸換骨，涓滴蕩除谿邊婆子猶喚之名。④
趣象馭之亟行，慰狼峰之竚望。

校語：

①「殺」，原作「煞」，因有歧義，改成同義之「殺」。

②「蓋覆」，原作「盍覆」，依元祿抄本改。

③按：「洞上老人」指洞山良价（807-869）。良价〈洞山辭親書〉，書中云：「良价捨今生之身命，誓不還家。」此即是「不歸」之義。見《禪門諸祖師偈頌》（《續藏經》第一百一十六冊）卷下，**P.976a**。

④按：「谿邊婆子猶喚之名」一語，指的是馬祖道一（709-788）。馬祖得法於南嶽，後歸蜀，鄉人喧迎之。溪邊婆子云：「將謂有何奇特，元是馬簸箕家小子。」馬祖聞之，遂云：「勸君莫還鄉，還鄉道不成。溪邊老婆子，喚我舊時名。」見宋．紹曇《五家正宗贊》（《續藏經》第一百三十五冊）卷一，**P.907b**。

53. 萬壽建法堂寶閣上梁文（26b-27b）

大伯遺墟，為三吳一都會；

徽皇福地，即萬壽古叢林。

中興善法堂，增崇妙樓閣。

共惟

荊山玉潤，滄海珠圓。

初非善賈而沽諸，不知文采之發露。

提本色住山鉏斧，拔昂霄聳壑良材。

六鼇上釣鉤，輸金如雨；

五鳳造樓手，運斤成風。①

甫臨十月之交，成此二緣之勝。

簷牙高啄，輪奐翬飛。

升普門示現之階，納須彌高廣之座。

看四畔雨花動地，無說無聞；

聽一時彈指作聲，有開有閉。

鴻梁斯舉，燕語聊陳。

東，曉日曈曨出海紅，大地山河臨照裏，發生無不是春風。

校語：

①「運斤」，元祿抄本作「運斧」。按：「運斤成風」語出《莊子・徐無鬼》：「郢人堊漫其鼻端，若蠅翼，使匠石斫之。匠石運斤成風，聽而斫之，盡堊而鼻不傷，郢人立而不失容。」

②「永殄於札瘥」，原作「永殄札於瘥」。依元祿抄本改。

南，童子詢遊到此參，識得圓通真妙相，方知不在補陀巖。
西，本末諸峰與漢齊，要續休公碧雲句，好來登此上天梯。
北，幾曲闌干瞻斗極，江聲不斷雁聲來，盡報平安好消息。
上，尺五天低觸星象，陰晴朝暮不愆期，有感必通隨答想。
下，城郭鱗鱗接郊埜，冠蓋相摩慶落成，莫非植福諸仁者。
伏願
上梁之後，三緣殊勝，四序協和。
官府常安於平治，比居永殄於札瘥。②
雨暘以時，恭一瞻而一禮；
明良慶會，乃載賡而載歌。
潮音浩浩，山壽峨峨。

54. 詔建淨慈三門上梁文（27b-28b）

佛法僧，清淨寶，作度世之津梁；
戒定慧，解脫門，開精藍之方便。
永奉先皇之香火，尤當今日之莊嚴。
重為鼎新，極其壯觀。
恭惟皇帝陛下

孝治天下，道合法王。

俾像教之流通，追龍髯之攀墮。

取法中印蘭那門戶，益廣南山宗鏡道場。

大為杗，小為桷，材得其良，從天降下；

圓中規，方中矩，工無逾巧，不日成之。

聳翬飛以干霄，仰璇題而納月。①

不勞彈指，始到牢關。爰舉修梁，聊陳善頌。

東，曉日曈曨出海紅，極目紫煙籠帝闕，人家百萬樂其中。

南，瑞氣層層鎖翠嵐，彈指聲中見彌勒，善財到此不須參。

西，萬頃湖光接柳堤，樵唱漁歌同擊壤，松蘿不與月輪齊。

北，朝拱眾星明歷歷，澄清霜露仰高寒，直上紫微瞻斗極。

上，天低尺五捫乾象，風調雨順太平時，萬歲千秋承景貺。②

下，豐年大地收多稼，一時吹入此門來，不用推敲重展化。

伏願

上梁之後，祖庭高峻，帝道昌鴻。

未到家者，曾無留礙；

具透關者，觸處皆通。

凡聖同居，咸自三門而入；

校語：

①「飛」，原作「蜚」，改為俗字。

②「景貺」，原作「量貺」，依元祿抄本改。

乾坤泰定，益增九闕之崇。

55. 徽宗皇帝忌辰疏（28b）

龍髯莫挽，劍弓遺萬國之哀號；

聖教難忘，香火廣列城之崇奉。

每逢諱日，虔仗真乘。

伏願

善住天中，證無生之法忍；

閻浮界內，裕不拔之丕基。

56. 高宗皇帝忌辰疏（江心）（28b-29a）

芒碭山高，鬱神龍之雲氣；

滹沱冰合，渡天馬於河源。

克彰受命之符，爰作中興之主。

駐蹕遠逾於百祀，寢園崇御於中川。

蔽攀樹之依依，儼呼山之黯黯。

適值號弓之日，追嚴在天之靈。

伏願

覩史陀宮，已證無生之法忍，
閻浮世界，不忘重裕於昌國。

57. 徑山聖節疏（其年獻玉璽）（29a）

紅日陞時，四海賴照臨之慶；
白雲深處，每年申祝頌之誠。
以不可思議之功勛，陪靡有算數之壽量。
恭惟
淵獻珠、山獻玉，已忻夷夏之歸仁；
車同軌、書同文，盡復祖宗之舊境。

又（29a）

中興炎德，亶生神聖之君；
普率黎元，盡蹈泰和之域。
適虹渚呈祥之旦，啟龍淵祝頌之誠。
恭惟
四方順成，永賴一人有慶。
五原款塞①，咸稱萬壽無疆。

校語：

①「款」，原誤作「欵」。

58. 佛生日疏（29b）

兜率天中，不起于座而常說是法；毗藍園內，乘大願輪而示現受生。顧上下與四維，稱獨尊於三界。芳流像教，屬此之日誕彌；瑞涌龍淵，效當年之灌沐。

伏願

運甚深之智海，回既倒於狂瀾。盛世光明，上延聖主無疆壽；微塵含識，同證如來淨法身。

59. 佛成道疏（29b-30a）

雪覆千山，大地春回寒谷；星明午夜，覺天雲散長空。示六年苦行之因，證歷劫進修之日。

伏念

出乘末運，忝嗣宗猷。

深惟麻麥之飡，茲焉有愧；
虔奉蘋蘩之供，中亦難忘。
伏願
餘光照臨，警發蒙昧。
大千國土，永延聖主福壽康寧；
一切衆生，咸證如來智慧德相。

60. 佛涅槃疏（30a）

千百億身，遍塵區而不滅；
七十九載，順世相以無常。
想滿月之慈容，對中春而殞涕。
愴此拈花之微旨，漸成蔓草以難圖。
供效純陀，義伸追遠。
伏願
覺天空闊，蕩蕩乎無能名焉；
慧日流輝，皜皜乎不可尚已。
盡衆生法界，契涅槃妙心。

61. 大聖生日疏（30ab）

行願無方，出現寧居於何國；化風有地，應緣尤著之淮邦。丁此暮春之初，共慶降靈之始。爰修妙供，以答慈休。

伏願

楊柳枝頭，廣洒息塵之甘露；旃檀級上，常輝不夜之摩尼。

62. 薦親疏（30b）

父母非親，緣起夙因之會；死生如幻，重逢諱日之臨。恩聽許於出家，義難忘於追遠。仗無邊之了義，發本有之靈明。

伏願

穎悟上乘，頓空諸相。塵塵剎剎，現堅密之法身；

世世生生，作菩提之眷屬。

63. 啟楞嚴會疏（30b-31a）

十方聚會，同主伴以交參；
三月安居，俾外魔之無嬈。
誦佛頂光明之咒，增神靈森衛之權。
殿樓香掃於薰風，鐘磬聲和而花雨。①
剋期修證，普為莊嚴。
伏願
堅護蠟人，頓忘月指。
九旬制內，各各發真歸源；
十二類生，處處成等正覺。

64. 散楞嚴會疏（31a）

顥氣凌空，菩提場九旬制滿；
香雲散曉，首楞嚴萬行功圓。
與十方如來，持此咒心；
故一眾比丘，得全道力。

校語：

①「鐘」，原作「鍾」。

敬將殊利，仰答恩休，

伏願

普扇真風，盡掃清於魔壘；

霶施法雨，滋暢茂於焦芽。

樂至化之無為，傳正宗而有永。

65. 上淛翁禪師書（31ab）

某謹百拜，上書徑山堂上淛翁大和尚座下。

某竊惟深山大澤，學佛者之淵藪也。苟非道大德備，聲動晃漭者，不尸是席，故朝亦重其選。南渡以來，東山之道，得先大慧而光明盛大。禪師其再世子也，道既籍甚於時，①帝命開法此山。歲猶未朞，而戶外有不容之履矣。②某誰人也，受道之資愚陋，生當大法之秋。而區區撥草瞻風，航江梯嶺，不憚巇嶮。欲決了生死大事，必欲得真善知識，為之依歸；當今之世，舍師其誰？惟師之道，嶽之方高，海之方深。四方學者，雲之方升，川之方投。萬七千指圍繞，將見追還先大慧之風。嗚呼！宗教昌矣，一己去留，於斯決矣。謹聲此于大圓鏡中，以為可乎？不可乎？

校語：

①「籍甚」，原誤作「藉甚」。

②「履」，原作「屨」。依元祿抄本改。

66. 赴清涼途中回金山弁山先狀（31b-32a）

右啟

夜雨飄零，夢久寒於吳下；

春風浩蕩，雲忽過於江東。

茲因假道之緣，復遂對床之喜。

荷五襁之先饋，悸一紙之後通。

玉鑑光中，諒必蒙於高照；

石頭城畔，正有賴於同流。

感幸愈深，敷陳罔既。

謹狀。

67. 庸上人粵臺序（32ab）

道本無言，因言而顯；名非有實，實以名彰。先哲所稱，氏而不名，號而不字者，尊之也。番禺粵臺，秦末趙佗自真定走南海，初行任囂尉事，曰：「尉佗」，漢因立之。居亡何，稱制侔漢，因文帝書，去僭稱臣。有國日久，遺跡頗多，臺特一也。庸上人秀其土，挺挺不塵。發軔之初，梯空一覽，而海雲茫若，已愾然小魯。今超方邁遠，登泰山不知其幾，而區區以越臺自稱，何耶？是猶善財童子，煙水百城之後，入樓閣中，頓亡所證。信夫，覺城東際，未嘗舉步，與粵臺同一關鑰，豈不然哉？下視蠻征觸戰、嘶北巢南之封，未發蒙耳。諸君善為我粵臺吟，當有鏗爾舍瑟而作者。

68. 高峰銘（并序）（32b-33a）

妙峰在性海中，不知其高深。善財見德雲，亦非其時處，法法圓成故也。如毘目仙人之執手，曼殊室利之摩頂，等無差別。勾吳之野有峰，屹立天表，下瞰具區，西挹紫金，東跨乳竇。九派之分流洶湧，千丈之飛雪噴騰。芥納須彌，鍼投鉢水，縱橫妙用，吾峰固自若也。

銘曰：

峰之高，窮秋毫。頂之妙，不可到。吳之越，徐之方。天蒼蒼，水茫茫。瞻在前，忽在後。玄中玄，惟正受。

69. 泉南明禪人月翁銘（33a）

靈山指月，曹溪話月。拂袖而去，無物比說。正令全提，各得一橛。更有盤山，弄巧成拙。

老兔生角，嬰兒垂雪。明禪明禪，別無妙訣。

70. 鏡銘（33a）

圓同大虛，摩鍊工夫。一塵不受，萬象皆如。

鑑照弗存，妍醜自殊。胡漢不來，影象元無。

71. 硯銘（33ab）

端涵垂棘，移封即墨。清生五雲，尚友三益。

72. 明巖說（33b）

雜華云：譬如日出，先照高山；自明暗色空，流而為見聞覺知，遂至幽谷覆盆之偏怨，豈日咎耶？砉地崖崩石裂，①則太陽溢目，無所不照。照者猶存，如有物突兀然也。昶上人號明巖，吾諗以此系之曰：「玲瓏無孔竅，洞照太虛空，空生在何許，天花雨濛濛。」②

校語：

①「砉」，原作「（⿰山砉）」，但《康熙字典》無此字，疑即「砉然」之「砉」。

②「系之曰」，原作「系曰之」。依元祿抄本改。

73. 主簿承直陸公墓誌（代人）（33b-35b）

公姓陸氏，諱璿，字仲玉，通川海門人也。曾祖世榮，祖愿，父孜。二子，曰、珍，公其季也。父兄起家，始有條緒。進公于學，未竟，父兄亡。年尚幼，獨任父事，能如素習。迪前生後，益廣至深。二十年間，裕於一縣。初無速贏之術，一以勤儉之力，取予必當公局。寬正樂易，篤於孝敬。不立梯級親疏，上下與語，透見底裏。雖與儓幹力，不妄加喜怒，故人亦為公盡周族之緩急，通朋舊之有無。市書充屋，迎儒遠方，訓子姪極諄諄。四方人士過，盡賓禮，不形幾微驕吝；或宿旬留月，庖館如初至。所居濱江海，寒村寠落，斗乏升虛，瘵歲多仰公廩。困有不自活者，尤惠卹之。施所求、濟所要，一境之內，津無舊梁，寺有新宇，旁廬之墟，翕焉成市。鹽本鐵錢輕，竈戶不聊生，主司奏易幣如浙為利，至今人鄰火，其官不知首自公助發也。郡邑鄰邊有急期猝需，未嘗不應辦。①世所謂好事，無不為己，率歷歷可紀。凡稱鉅人長者，必推焉。或勸公仕曰：「家政里澤，移於民可乎？」公謝不能，曰：「吾年運已邁，孝乎惟孝之格言，敢不身誦之？」嘉定二年，會邦侯牘其奉公忠勤事聞上，補迪公郎。九年，又以聞，轉一官，中吏部選，授寧國府旌德縣主簿，親嫌改泰州海陵。海陵北郡熟公德聲，樂迎之。居官三年，具舉百廢，吏治舍費；已俸平受，納代貧輸，剷征畝役，②利病周知，吏不能欺，民胥感悅。西谿一帶，捍海堤壞，受給興築，著有勞績。攝令久之，政愈出，太守春坊史公彌寧薦其材，倉臺楊公恕、戴公桷，並舉充縣令。將解篆歸淮南，鑲使岳公䂬天賜鹽場，③林公之為檄，募亭丁措畫，有成而還。更欲辟任之，公俱以年至力辭。方未官時，涖鄉州，先後數名公卿，若今宥府東陽喬公、前祭酒莆陽蔡公而下，及事海陵前守郡大召伯牛公，舉蒙知遇，去登顯要，雖年通月問，禮酢有加，而未始萌布幸意。公蚤得足疾，苦頻作，先買宅吳下。紹定三年冬，因徙居。四年十月二十八日卒，年七十。積秩承直郎。娶陳氏，封孺人。一子師雲，免解進士。二女，婿國學待補生劉文博，忠訓郎；前監婺州金華縣孝順鎮蕭頔。女皆先卒。④孫男三人，曰應龍、應麒、曰山壽。女四人，長許嫁鄉貢進士陳元龍。公顧言其後曰：「吾仕晚且狹，媿無報上。若等當勤問學，發名財非所恃也。善為我謝江北鄉黨親識。」語甚真，皆不及細。嗚呼！蓋公平生仁義忠孝，根於誠而浹洽於人，卓然不與生死共泯者，斯可見矣。自公之喪，遠近聞者，無不感慟。哀帆泣櫂，鱗次而南，吊誄無空日。吳人觀之，又歎公之賢也。師雲將以五年十月二十日丙申葬公於吳縣長洲鄉蒸山，過余，泣而請曰：「通里閈交輩行，知先君之深，無踰公之者，願有銘。」余既與公遊不薄，豈得而辭也？銘曰：

立行修行，曰孝曰仁。以之齊家，推而澤民。

日暮途遠，尺卷寸信。睇公不還，霣淚江濱。

蒸山之原，淑氣氤氳。萬松入天，蔭其後人。

校語：

①「辦」，原作「弁」，元祿抄本作「辨」，皆誤。

②「畝」，原本作「晦」，係畝之本字，改為常用字。

③「岳公」，原作「嶽公」，以「岳」為妥。

④「婺州」，原誤刻為「務州」。

【卷下】

74. 神正崇寧閣記（1a-2a）

奉川岳林彌勒閣，昔主僧真戒曇振禪師所創也。成於崇寧，因勅為號。災於紹興間，沙門行中勇，擅力再建，①勤歲五益，瓌傑偉麗。未稽時，當陽梁棟，敧側欲壓，人惴不敢仰視，過者危嘆。每更任事，甚苦疾在面目，無日不圖安，數售梓人機正之，皆駕以不低就，縮手而去。久之，忽一夕風雨撼傾，雷電爆耀，幾不能旦。開曉，恬霽閣截然平整，茅綴浮鱗萍藻題拱間。於是，睹眾聳動駭異，主者失其慮，匠者失其巧，力者失其勞，財者失其施。遠近來觀，空城邑、嗑巖谷，莫不合爪引脰，嘆未曾有。凝睇五雲縹緲，鐘磬天落，如聞彈指，出大法音。各各自謂身會龍華，不遲來下，嘉泰初元三月也。後餘十閏，大川普濟自寶陀來補其處，慨前聞，尤不敢墮。環顧殿樓堂廊，敝者革，缺者立，從聯衡屬，左壯右宏，悉稱之。走書抵余曰：「閣瑞先未有筆之者，今并以子屬。」②余質之曰：「謹災略異，春秋所嚴；申告戒示，儆厲至矣，正大吾教也。今誕幻之傳，宗已職也；今忉利之糅，真華俗可夸後乎？」復之曰：「蓋聞國土豈不遐也，或移諸座次；世界豈不廣也，或摶諸掌中③。實淵夷竣於定瞬，倏殿忽倉於無窮。內典照不可誣，子何法之世耶？嗟夫有時！奢則盡大地無安立處，儉則一莖草成釋梵宮。顧吾用之耳，子何惑之偏耶？」余曰：「然！可記也。若定應出現，歷代興修，傳在僧史，碑在山中。」

校語：

①「擅力」，原作「檀力」。依元祿抄本改。

②「先未有」，原作「先有未」，疑誤。依元祿抄本改。

③「摶」，抄本原作「搏」，疑誤。「摶」有「聚合」之義，較符原意。

75. 大參樞密鄭相公生祠記（2ab）

山川區，佛氏廬。其初也，王公與神龍禦其古也。四明淨慈寺，①唐乾符間建，今治平中名。所居不甚延袤，遠乏待稔之畝，近容藝蔬之鉏。辰饘午炊，②仰給於神，雲穰谷答無隙日。山曰顯應者是也，前後信陰陽家言，多欲指其處，私殖楸檟。廣聞領院以來，其說愈昌，眾惶惑，③燎芬諷梵，即靈宇，諗塹扞。惟我大參樞密相公為協，遂箚本末，西上投公者再。公究利害，賜轉寒回燠之芒，永免規占。命下之日，鐘鼓響亮，道俗喧填，咸咨嗟曰：「非公願力，將見隳丹漶碧，茂藋蕻榛矣。雖琬文移，貽厥久未也。」④乃像公于堂壽簷敬。或曰⑤：「公以文章儀多士，道德肖夢求，推廣格天之業，至於比屋祇奉，蠻貊問安。銘彝鼎，畫麒麟，亦至矣。區區一祠，於公何有？」乃余曉之曰：「若知者，公之貌也。余知者，公之心也。心即佛心，所謂大光明藏，凡所作為，悉從是出。塵塵剎剎，建大法幢、作大佛事、施大饒益，隨所見量證之，初無一毫有作為相，曾何大小彼此之殊耶？」咸曰：「善哉斯舉，歲月不能老也！」公姓鄭，名清之，字德源，鄞川其里也。

校語：

①按：「四明淨慈寺」，似為杭州淨慈寺之誤，其實僅是同名而已。依《寶慶四明志》，此寺於唐乾符六年置，原名仁王，宋治平二年改淨慈院。《延祐四明志》則僅說唐乾符中創，舊名仁王，宋治平初改為淨慈禪院。《延祐四明志》又說：「沈端憲公煥有記」。經查沈煥之〈淨慈寺記〉，確為此寺而寫，收於《至正四明續志》卷十一。記中亦說：「奉化縣治之西六十里有佛宮焉，按圖志，唐乾符六年所建。院有故籍，又謂始於石晉天福五年，它無考證。然自天福庚子逆數而上，適周一甲子，圖經流傳，不應無據。院初號仁王，其錫名淨慈者，本朝治平二年也。」《歷代釋氏資鑑》及《偃溪廣聞禪師語錄》所說的「小淨慈」即是指此寺。偃溪廣聞於紹定戊子（一二二八）應四明制閫胡榘之請來主其寺，因而有名。元肇此文說「廣聞領院以來」即是指紹定戊子廣聞領院之後。

②「辰饘午炊」，原作「辰饘午蔬炊」。依元祿抄本改。

③「惶惑」，原作「惶感」，顯誤。

④「貽厥」，原作「貽厭」。依元祿抄本改。

⑤「或曰」，原作「或人曰」。依元祿抄本改。

76. 道場山來月軒記（2b-3a）

別浦老子主虎巖之三年，不忘雲林泉石之勝，聘其遊淮海道人與共榻之東軒。主懷既開，客意亦適，相與臨層閣，面方池，揖修竹之清風，耳長松之湍瀨。商羊竟日，不知暮之將至。華鯨警雲，素月出嶺。方其露葉璣明，清影金翠，玉筯穿隙，積雪凌堦，然後斗淵沈鏡，環堵抱壁，樓迴牕虛，隨處流汞。主謂客曰：「昔與子下凌霄峰，別明月堂。吳天楚塞，音塵數霜，跨闊千里，誦謝莊之賦，歌孟德之詩，思之至矣。今子之來，若有所待，名此為來月可乎？」客曰：「弦望陰晴，月之常；聚散悲嘆，人之常。殘經半掩，有所待也。池成月來，無所待也。淮水東邊，夜深還過，絕有絕無之待也。若夫來無所從，去無所至，又焉得以黑白、隱顯名言哉？」主曰：「子豈不聞靈山指月、曹溪話月、寒山比月，皆落第二。」「敢問如何是第一？」曰：「明日是。」紹定六年上元節。

77. 通川城西義壇記（3b-5a）

通之為州，滑江瀕海，地勢卑下，風俗淳樸，生聚呰窳，①篤於養生送死之道，而敬終之誼尤加焉。善乎！夫子曰：「民德歸厚矣！」禮義之家，不幸有事窀穸，欲龜食山川之勝，既無崇崗秀麓，率皆依丘傍壟。其他多用浮圖荼毘法。風雨晦明，本無頓庇，途哀野哭，熏穹燎原，仁者惻然。新司鑰內帑高君母夫人孟氏謂君曰：「吾年八十有四，生男五，汝獨存。諸孫畢婚嫁，家無不辦，盍思所以濟眾事？」②又曰：「吾郊送親舊之殯屢矣，莫不以義壇為急務。」遂罄奩貲，命相方西南出城三里，券募市材，為建化壇一區。③層櫊累礎，上下堅壯；④翼翼撐雲，吞煙納焰。外繚以垣，內甓其壇。對立甎浮圖，井入遺殖，廬其旁，資人居以汛除之。喪車四來，斯焉取備。昔無今有，為利博哉。實嘉熙二年六月也。會縻緡錢五萬，郡倅莆陽蘇公炎中書，反真為扁，翼鄉人德之，感屬余記，因諗余曰：「古有泚顙過其親者，今有掩骼埋胔之仁，未聞火其喪者。」余曰：「吁！是囿情方內之論也。自覺日西照，迷雲頓開，演教則棲遑大千而外，根極則真智歷劫而長存。一死生，泯去來，謂形骸緜四大假合，一旦各離，則地之藏，水之漂，風之銷，火之燼，皆歸也。何獨滯區區之木，蕞爾之土乎？蟲臂鼠肝之孰我？烏鳶螻蟻之予奪，蒙莊尚云，況知所謂大涅槃者邪？故靈蹤化畢，焚燎堅林；塔分舍利，璨福人天；遺範炳然，聲教東被；迭世遵彷，又何惑與？」以夫人之淑德，人能訓子孫，以大其家績，其為善享五福未艾也。⑥若高君之賢明孝友，⑦約己裕人，冰朝雪夕，發其所積，散惠鄉閭，家至戶及。嘗間歲為之，窶死不斂者施棺，未舉者致賻，蓋不知幾。精舍羽宮，多所樂施。凡利人者，必盡心焉。君之可書，豈特奉親成一化臺？君名容，字伯玉。子姪皆昂秀有聞，駸駸步天衢、躋膴仕⑧，推廣素行於人。豐功偉德，將大書特書，奚慮此臺不葺而墮其志也。

校語：

①「州」，原作「川」；「卑」，原字似「早」；「窳」，原作「窪」。依元祿抄本改。
②「辦」原誤作「辨」。
③「募」，原誤作「基」。
④「層櫚」，原誤作「曾櫚」。「櫚」是屋簷之意，故作「層櫚」較妥。
⑤「郡倅」，原誤作「群倅」。依元祿抄本改。
⑥「享五福」，原誤作「亨五福」。
⑦「賢明」，原誤作「賢朋」。
⑧「躋」，元祿抄本誤作「濟」。按：宋．王安石〈節度使加宣徽制〉有云：「比以明揚，屢更煩使，遂躋膴仕，良副訏謨。」

78. 洞庭上方遷院置田記（5a-6a）

具區為東南之勝，湖以頃者三萬六千，山以名者七十有二。天鏡上下，翠鬟東西，①煙雲有無，風帆出沒，渺乎蓬島之可到者也。②昔夫差流連於銷夏，③毛公棲遲於林屋，蓋洞庭佳絕處也。④草木蔥蒨，居民淳古，業以漁釣藝植。五峰尤為峷秀，⑤支岡蔓麓，佛仙多依而廬。孤園寺其下，梁將軍吳猛所施，盛時眾至無所容。僧有厭憒鬧者，陟上方別業數椽，愛其高明澄遠宜禪誦；唐會昌六年也。厥後，歲增月建成院。國朝乾、淳間，有無證修善禪師出。師閩人，茲焉係帳，徧參諸方，為或菴禪師真子。初俱愿誠禪人請偈改葺，誠慤志遷基考室，矻矻垂三十年，所當有者必具。嘉泰、開禧，無證再主萬壽，衲子歸心，信風傾向，曇秀上人復佩師道力，於彈指間，聳大樓閣於門，庋奉血書《華嚴經》，⑥乃師舊所業也，上方之名始著。師曰：「美哉！吾菟裘也！微恒産曷能久安？」抖囊尚得千緡，屬其徒可任者曰元素，堅忍彈壓，糾壇立局，置畝僅二佰，⑦入租斛倍之。香積既充，雲行水止，平等無礙。永香火於深雲，傳鼓鐘於下界。巋然窣堵，無證不亡。⑧頂雪垂垂，素亦老矣；念厥艱難，肅詔來者請記。余曰：「道非人不行，人非食不支。行乞吾法也，當時尚有過午而餒，況像末乎？樹間桑下，木食草衣，亦詎可常也。近之言田，世不知其教養遷善，造詣淺深，徒見綿阡累陌，執捋兼并，嫉吾病民者夥矣。於戲！井賦既開，病民非一端也。今上方營二頃之田，存千指之眾，安居而暇食。五觀之餘，罔或逸豫，盍思所以淑民者，而去所以病民者，則素之心可鑒也。⑨若田之鄉都比界，備載于劵。」余書其所敘如此。西山之遊，栩栩飛動。尋香山之題墨，訪甪里之遺蹤。⑩穿幽透深，窮高極遠，他日尚能賦之。

校語：

①按：明・錢穀（一五〇八—一五七二）之《吳都文粹續集》卷二三亦錄此文，但文字略異。譬如，「天鏡上下」作「天光上下」而無「翠鬟東西」一語。崇禎朝《吳縣志》從之。

②按：「蓬島」，《吳都文粹續集》作「蓬嶠」，疑誤。

③按：原文無「昔」字，依《吳縣志》補之。

④「佳絕」，或作「絕佳」，見《吳縣志》文。

⑤「峷秀」，《吳縣志》作「萃秀」，《吳都文粹續集》與元祿抄本作「峷秀」。按：「峷」古通「萃」。

⑥「庋」，原作「庭」，疑誤。

⑦「尚得」，原作「長得」；「糾壇」，原作「糾檀」。皆依《吳都文粹續集》改。「二佰」原作「二伯」。

⑧「亡」，原作「忘」，從《吳縣志》之文改。

⑨「鑒」，原文作「塞」，《吳都文粹續集》同，疑誤。

⑩「甪里」，原文作「甬里」，元祿抄本從之，皆誤。

79. 重建利濟院化壇記（6a-7a）

大矣哉，西方聖人之教也，以生死為幻妄，以四大為假合。化身緣訖，示以三昧荼毘者，此云火葬，後皆遵行之。入中國，雖家者亦法焉，吳奉之尤謹。吳，會府也。山慳水賸，物阜人繁。喪車轔轔，闖五門而出者無虛日。門各有壇以化，距葑關南二里所，①赤門利濟院，萬壽寺附庸，應菴禪師始建也。屋廬具體，窣堵峙波，歸湖海禪流之蜕殖，勝熱一壇，熾然常說。不間道俗，無男女相。等身投入，火滅煙銷，唯不亡者存焉。舊有茈屋，嘉定、寶慶間，妙湛寺比丘尼祖瑛募立。未幾，罹震凌之變，雷(○)電卷，瓢走瓦飛，不崇朝而靡有孑遺。缺蓋覆餘二十年矣，途哀野哭，②熏穹燎原，過者惻然。粵有資壽寺比丘尼惠一，廣發大心，整其囊鉢，一力經營，鼎造層屋五間。飛檐翼翼，③高出林表，突日摩雲。無上雨旁風，且呑煙納焰。甓其壇墠，繚其垣閭，黑白絢好，及朞有成。喪者四來，莫不驚嘆，樂其安隱。④於戲！世相成壞，所繫乎數，所存者人。今利眾難能之事，一人發真，咄嗟而辦，⑤誠可嘉也。余主萬壽，適丁其事，因為之記。

校語：

①「葑關」，原誤作「對關」。按：吳地唐有八門，至宋有十二門。南宋雖設五門，但無關防。葑門、赤門皆見於唐・陸廣微《吳地記》。故葑關係就葑門而言。茲依元祿抄本改「對」為「葑」。

②「途」，原作「涂」。皆為「道路」之義。依元祿抄本改為常用字。

③「飛檐」，原作「蜚擔」。依元祿抄本改。

④按：「安隱」即「安穩」之意。《詩經・大雅》：「迺慰迺心」，漢・鄭玄箋曰：「民心定，及安隱其居。」

⑤「辦」，原誤作「辨」。

80. 嘉興府澱山普光王禪寺免丁田記（7a-8a）

嬴秦時有邢氏三姑者，①神而龍化，曰：降聖、月華、雲鶴，變現不測，各開湖泖，瀦橫流、弭水患，澱湖其一也。湖中之山，波浪出沒，煙雲有無，彷彿紫金浮玉，孤嶼落星。

風帆四來，一塵不到，真人間絕境也。不爽夙記，建我禪林，會四方志道之士，指盈二千，恒產素薄，二時供給，全仰靈應揚化，②歸真施利。唯免丁之資，歲不下三千劵。貧衲杖笠，蕭然無所出調，不能安禪。有當寺僧永壽，來自丹丘，薙髮茲地，③惕然興感，奮發大心。草衆寒暑，受檀不糜。銖積寸累踰一紀，置田為畝者，百三十有畸。坐落花亭縣修竹鄉四十二保西陳朱村，歲收租米為碩者百二十，以八十碩了免丁淨髮，十碩輸稅賦，二十碩備開爐齋襯，十碩為近齋輿儓長夏櫛沐費，可謂平等資益矣。或豐則儲其羡，④歉則補其虧，庶悠久也。又石甃山後之路，甎砌西廊之地，此山功業大矣哉！壽既久居吳萬壽，職司賓供持淨，罄所有覺佛閣僧堂之基，心鏡地平，人皆嘉歎。切惟吾教「佛事」門中，不捨一法，營修利眾，亦佔一科⑤。歎壽之庸心，真季運勝比丘也，顧不偉歟！余居萬壽，前後七年，皆目擊之。適余將赴玉几，壽請記其事，欲碑之瀫山，初非伐勞也；俾後之來者，念經營之勤苦，知稼穡之艱難，一毫不可移易，千古不能磨滅。余堅其志，於是乎書。

校語：

①按：《至元嘉禾志》錄有瀫山，確有邢氏三姑祠在焉。「姑」，原作「始」，顯為誤刻，依元祿抄本改。

②「靈」，原作「虛」，顯為誤刻，依元祿抄本改。

③「地」，元祿抄本作「埊」。按：《玉篇》，「埊」古地字。《漢書》卷六九，〈趙充國傳〉有「令不得歸肥饒之埊」一句，顏師古注云：「埊，古地字」。《類篇》謂唐武后造「埊」字，非也。

④「近齋」，元祿抄本作「近水」，疑誤。「羡」，原作「美」，顯為誤刻。依元祿抄本改。

⑤「佔」，原作「占」。

81. 新剏柴局記（8a-9a）

栽田博飯，大義常存；運水搬材，①日用無別。住山家風，古猶今也。鄞甬育王寺，前案玉几，後踞鄮峰，號吉祥殊勝地，釋尊真身舍利所在；崇奉森嚴，禮敬闐噎。山林不甚延袤，禪徒棲止實繁。宮居頗廣，粒食粗充。惟樵爨不足，為急務，若符洞山懸記。然年斧月薙，近嶺已童，遠嶼亦骨。②至有過午未飯，眾口嗷嗷，③旬常六七。詢諸勤耋，言無他策，惟置局收售可濟耳。屢代欲舉，以費貲鉅而莫行。余慨然曰：「事有可利，安有不可為者？」自抖包長作倡。於是信檀叢施，得瓶券貫者四萬，穀田畝者七十。乃建局令僧主之，立本取贏，散處招買。④采甿樵子，不憚祖跣，負星肩曉，旁午四來。雖雨重雪迷，不愆時刻；故得壟堆山積，後來者居上，多矣。自此炊煙不絕，齋粥以時；既轉食輪，於法亦等。或曰：「美則美矣，當堅告來者，一毫不可侵易，千古為之，不磨可也。一以明德山、巖頭激揚末後句；二不孤臨濟標榜後人；三掃除雪峰狼籍葛藤。一舉而三得，厥功顧不韙與？」

校語：

①「搬柴」，原作「般柴」。

②「遠嶼」，元祿抄本作「遠嶴」。按：「嶼」、「嶴」義同，皆有「島嶼」之意。

③「嗷」，原作「嗸」。《集韻》：「嗸，同嗷。」依元祿抄本改為常用字。

④「招買」，元祿抄本作「招置」，疑誤。

82. 跋陳郎中《禪會圖》（9a）

郎中居士留神此道久矣。一日，以《禪會圖》見寄，且囑著語其上。此大法門，最為難信，非宿具上根者，往往磋過。觀其君臣際會，父子團欒，啐啄之機，間不容髮。居士此圖之設，非惟洞見古人落處，抑且裂破後學疑網。雖然，覽者切忌案圖索馬。

83. 跋水心水心先生《宿覺菴記》（9ab）

世咸宗水心先生之文，非魏晉已降。暮年窮心內典，高真覺師之為人，別廬師茶山曰：「宿覺」而識志焉。頃為南海遊，受公知熟，往來其間，口詠心刻其文久矣，不敢以近時翰墨傳。癸未夏，于徑塢會毒安榮柴君善中郎，①石經書始克成；本先生好古之遺意也。嗚呼！公未仙去，見此不知謂何？

校語：

①「毒安榮柴君善中郎」，元祿抄本作「毒安柴君善中郎」。因此人身分無可考，不知何者為是。

84. 跋趙守寺丞所施度僧公據（9b-10a）

夫僧者，佛之所自出。度牒者，僧之所自出。教移像末，苟不由是，茫無所繫。有能以道自勝，身樵舂，心佛祖，而至覺位；如士修天爵，不由科舉，出釣濱版築之間，為賢師傅望一於千萬，其可常耶？寢試典而鬻牒者，廣得僧之路也。權資本以蒙度者，蓋繫其心而不放，勤其體而無勞，成可歲月待也。禪苑行之舊矣，此山始克就緒，剷堅證遠，承旨無窮。當念王臣增高法城，檀度延引慧命。①守之惟謹，嗟後之來，皆本佛祖。有貳乃心，是棄佛祖者也。

校語：

①「慧命」，原作「惠命」。

85. 跋鄭侍郎庵僧所藏懷素臨羲之帖，范文正、東坡、米元暉題其後（10a）

晉唐臨筆，至今若有呵護。國朝名賢題，正可為世珍。後夜貫虹之氣，與錦峰照回之光相燭，豈偶然也？

86. 跋佛照、涮翁二帖（10ab）

尊宿垂世，未嘗以一法繫綴於人，謂紙墨為何物，而後人愛敬之，愈遠而愈重也。觀此二帖，辭溫意真，蓋當時父兄詔子弟者尚如此，視今取位尊大，拒人於千里之外者，寧無泚乎？元上人寶之，尤宜。

87. 題劉清軒吟卷（10b）

詩本乎情性，正乎禮義，不蘄世知而知之者也。年來江湖吟社，皆沽衒相高，有如壟斷，①風雅之道熄矣。清軒轍半天下，卒老于吟，多悲歌感古之真氣。②未嘗以事干謁，可謂知本者也。

校語：

①「沽衒」，原作「活衒」，依元祿抄本改。「壟斷」原作「龍斷」。按：古書「壟」與「龍」通，故「壟斷」多作「龍斷」。如《孟子・公孫丑下》有云：「人亦孰不欲富貴？而獨於富貴之中有私龍斷焉……有賤丈夫焉，必求龍斷而登之，以左右望，而罔市利。」趙岐注曰：「龍斷，謂堁斷而高者也；左右占視，望見市中有利，罔羅而取之。」實即今日所說之「壟斷」。

②「真氣」，元祿抄本作「直氣」。

88. 跋趙信菴書「斷雲」（代人）（10b-11a）

樞使大參相公，文武全才，克濟勳業，天下仰望如北斗泰山。發於吟詠，播之雅頌，揮洒翰墨，照映金石，人得而寶之。至於巖根林葉，時有遇者焉。某釋天膚寸，隨處孤飛。頃在溧陽，誤際塵點，寵賜「斷雲」二大字，以為野號。銀鉤鐵畫，鎖細鍾王，自是光燭行包，不容獨秘。敬用壽梓，與眾分珍。非惟侈公賚，且令快睹浯谿碑樣如此。①

校語：

①「浯谿碑」，原作「語谿碑」，疑誤。

89. 跋亮西山癡絕法語（11a）

亮西山示奇首座一偈，已是徹底老婆被玉山菴主盡情花擘了也。若有一毫增損，轉見病深，更向艾盤著燋。要知痛養，只如嘉州大像倒騎陝府鐵牛，入天台山中，踏斷石橋，驚動五百聲聞，各運神通，逐其出界，卻牽曇猷作證，汝還知麼？咄！葛藤不少！

90. 跋石湖、放翁等帖（11ab）

石湖牧益州，放翁相與翺翔其間，文采風流，①一時照映西土。蜀人寶其翰墨，多規畫之。孟藏春能刮磨，金張友媲龐季，許大魁。以名節去位，②國論偉之。燈滅翁侔此重，包笠趣尚，非凡衲子也。

校語：

①「采」，原作「彩」，元祿抄本同。

②按：金張友等人，皆無可考。孟藏春為南宋詩人。居簡有〈跋清真亮老所得勾獻可、孟藏春詩〉云：「蓄奇玩，衲子所深戒，懼喪志也。然寓意不留意，何傷乎？亮清真得小米雲樹半幅，桃源太守勾獻可久假而不歸，留詩以謝。江東部使者孟藏春次韻，補其虛橐，舍畫而得詩，與嗜畫何異哉？雖然，殆不足與暢法師白玉塵尾同日語。」（《北礀集》卷七，P.13ab）

91. 跋圓悟、佛照法帖（11b）

圓悟入汴，禪宗始重。妙喜在擇木寮，參得黃楊木禪，而後臨濟之道中興於世。當時筆伽陀以挾分衛，如刹之一塵，海之一滴，太倉之一稊，曷足憶其點畫之後先耶？①佛照、孤雲世其家者；雲臥不爭桃李之春，幽然居藪，而叢林自聞其馨，皆可珍也。臨江賢禪人兼蓄之，志亦可尚。詩不云乎，高山仰止，必恭敬止。

校語：

①「憶」，原作「億」，疑誤。依元祿抄本改。

92. 跋淛翁贈受篆翁偈（12a）

先佛心偈，乃贈山陰受書記者；余時侍筆墨於傍。①受，雅尚精緻，以篆自號，不苟也。造道之間，工率吏書，今靈隱旃檀林雜華，其所書也，皆寶護之。雲門瑩禪人，出軸相似，恍醒三十年前一會人物之盛，視今叢林，為之慨然。

校語：

①「筆墨」，原文似「子墨」，疑為「筆墨」之誤刻。

93. 跋化城接待諸尊宿偈（12ab）

戒山主卸龐公帽，剡丹霞草。身心鐵石，行願山海。於闠閭國建立化城，延待十方巾鉢四眾，遍參當世諸大老。或示以伽陀，或遺以尺牘，皆勸發成就之意。三十年來，繼繼承承，不隳先志。具體叢林，信施駢集，往來幢幢，抗衡列剎，深可嘉尚。住山某人，欲鑱書偈于石，詔永古，知來處不可磨也。雖然，忽接得箇不咬著粒米、不沾滴水底漢，始知功不浪施也。

94. 跋東沙張居士彥刊施《法華經》（12b-13a）

欲報佛恩，莫若流通大教。言大者，小者存焉。妙法華經教，所謂集其大成者也。竺天震土，受持之盛，無出其右。奇祥異應，不可殫紀。①蓋集大成，則無經不具。佛恩周，則無德不酬，況所親乎？爰有信士張彥，②宿根善種，深信上乘，與治生產業，不相違背。

頃失所恃，風樹纏悲。陳槨珥槃，怳而泣毀，知無所益也；亦不它費，悉悅出以售梓工，刊此經版一部，永遠流通，式嚴冥福。為世相不順，久之，方遂志。印施四方，求語證厥後。余因禪舊省老宿，挃江笠雪，即吾廬而來請。耳省之言，手張之書，嘉其勤行願，篤純孝，為之書。噫！旁行字義，炳若日星。讀誦見聞，悉得明了。情與無情，俱承恩力，其於福身追遠之利，當如何耶？③奇祥異應，亦將見之。雖然，只有一句，切忌蹉過，且道是那一句？具眼者看。

校語：

①「殫紀」，原誤作「彈紀」。

②「爰」，原作「受」，依元祿抄本改。

③「福身」，原作「福力」，元祿抄本作「福身」，於義較佳。

95. 跋喬樞相挽陸主簿詩（代人）（13ab）

仰惟端明樞密相公，頃自出藩通州，①屢移麾節，入持鈞樞。生民膏澤，濫觴東州；雱浹寓內，如水行地中，莫得高下親疏之。而東州之民，謂專在是者，愛戴之深也。雖然，公亦有以致之。先君者，生蒙異知，歿受榮畀，②下賜挽章，聲金振玉，駭耀枌廬。嗚呼！昔聖人脫左驂而賻舊館，今公篇金薤以卹棠陰。聖人之心，公之心；公之心也，某敢不敬鑱翠琰，亭奉隧旁；照子孫於無窮，燭幽扃而不夜！

校語：

①「州」，原作「川」。通川只是通州之一郡，應以「出藩通州」為合適。

②「榮畀」，原文不明，似為「榮早」。元祿抄本似作「榮卑」，皆不妥。

96. 跋如晦、橘洲諸帖（13b）

南渡以來，吾宗之盛，諸老以道鳴世，未易枚舉。雖不以語言文字傳，不妨汗牛充棟。此六、七作之詞翰，尤瑰奇精妙，光照于時，人宜寶之。若作異觀，便落第二。

97. 跋大川遺誡等帖（13b-14a）

吾道向衰，學者日趨于薄，負荷佛祖大事，率皆交戰於進退得失之途，罕得其正。其於生死之際，能如傳舍賈胡之去留，亦難矣！大川兄平生履踐真實，節操凜然，鄰乎猥芋之風，王公之帖可徵。末後一著，不墮時倫，尤為脫洒。遺誡可見，可謂死生無憾矣！孜長老過庭已遠，佩服終身，步趨景行，要當跨竈。雖然，更須知有一句超出古今生死之外，方為克家之子。

98. 跋東坡帖（14a）

東坡先生嘗謂顏魯公書雖不工，亦當傳世①，況妙絕天下乎？余觀此帖，於先生亦云。

校語：

①「世」，原作「寶」。依元祿抄本改。

99. 跋于湖墨蹟（14ab）

東坡百世師，于湖天下士。雖地生淮蜀，時有後先，文章翰墨照映千古，若合一契。今加愛梅先生之題，遂成三傑矣。

100. 跋漸翁小師源上人法語（14b）

父子不傳之妙，豈可形於紙墨？蓋是時老婆心切，不覺露醜，至被後人執為短案，今又證其攘羊，可乎？

101. 跋佛心禪師法語（14b）

佛心先師頃在眾時，未嘗以一言半字示人。〈過空夢嘗菴〉、〈和楊真州四威儀〉已為叢林盛傳久矣。嘉定癸未秋，小子辭席下歸寧，筆此相餞，即謂師曰：「古人火其禪版，用是奚為？」遂不名不結，一笑而別。今二十有六年矣。宗啟知客執侍日，為抖舊包見之，苦求受用，如獲親承，敬書其後以付之。雖然，若向四威儀中見先師，則遠之遠矣。

102. 跋枯椿和尚法語（15a）

枯椿平生履踐真實，驗之火不能壞，水不能沈，①若語言求之，則末矣。程滄洲與之投契，如張無盡之於兜率悅，吐露見之〈開元冰雪堂記〉與〈虎丘舍利塔銘〉。〈語錄序〉雖未動毫端，吾必謂之序矣。

校語：

①「水不能沈」，原作「水能不沈」。依元祿抄本改。

103. 跋平江資壽寺提舉司免役公據（15ab）

佛法付囑國王大臣，令久住世。既能常住，必有常產，養其常心，已極修證。有常產則有常賦，徭役係焉，此國法也。若同齊民，則僧徒脆懦，而不可執，尼其可乎？恩有免條，國王外護也。臺郡遵行，大臣外護也。本寺今刻提舉使臺免役公據，以詔永古。爾徒安居而暇食，當力盡此道，上酧國王水土之恩，大臣金湯之衛，豈小補哉？

104. 跋詩後與徑山偃谿和尚（15b）

頃上靈霄，首被吾偃溪發露所習。後入師爐，日煅月煉，銷化未盡，往往為人指謗。坐此鷁飛，四十年矣。去夏過永嘉，①不知為鄉寓陸氏所刻畫，亦禁其勿廣印。今兩壓到菴，對榾柮話舊，觸著昔痒，輒以一本托心契之深，書後奉納，亦可舟中省瞌睡，切勿示禪流也。

校語：

①此文應作於景定元年（一二六〇）。蓋「去夏」一語，應是開慶元年（一二五九）年夏，印應雷知溫州之年。此年印應雷入溫州後即招元肇入江心龍翔寺。關於印應雷知溫州時間，見李之亮，《宋兩浙路郡守年表》P. 395。

105. 跋敬上人無擇說（15b-16a）

二十年前，余住壽寧，有琴川敬上人，持清淨行，立精進幢，筆墨二典，①施眾受持，是有擇也，余嘗頌之。后廿年，余再住萬壽，上人坐雪隱廬，執持糞器，作利益事，是無擇也。余問之曰：「前後之義，於意云何？」答曰：「有無二字，無安著處，人何擇焉？」余曰：「子得之矣！」遂卷去眾作。

校語：

①「二典」，或指儒、釋二典。原作「二曲」，義不詳。依元祿抄本改。

106. 跋惠禪人法語二軸（16a）

祖師道：「出家乃大丈夫事，非王侯將相之所能。」①誠哉是言也。朔齋將無作有，②教壞人家男女；孤雲說黃道白，帶累後代兒孫。諸人錯下注腳，可謂失上加尖，總未見惠禪人大丈夫事在。且如何是大丈夫事？咄！手執夜明符，幾個知天曉？

校語：

①此處祖師指唐徑山國一禪師道欽。其語之原句為：「出家乃大丈夫事，非將相之所能為。」

②「朔齋」原作「翔齋」，元祿抄本作「朔齊」，皆誤。「朔齋」指朔齋居士劉震孫。

107. 跋推篷圖（16b）

水根篷底，橫出一枝，春意渥人，舒卷無斁。若是大庾嶺頭種草，自然絕色絕香。具正眼者，必無他觀。

108. 跋徐令人印施《金剛經》後（16b）

金輪聖王，①以無所得心，寫出《金剛秘密經》。②慧明令人以無功用行，印施般若波羅蜜。若人受持讀誦，是感應靈驗，如春行花，枝枝皆如；如月行水，波波皆現。可得以數量名模耶？直饒向世尊未跌、善現未跪時薦得，已落第二。如何是第一？如是我聞。

校語：

①按：「金輪聖王」，元祿抄本作「金輪聖主」。然佛經皆作「金輪聖王」。如《佛說眾許摩訶帝經》云：「今此童子，相好具足，福慧圓滿，必為金輪聖王。」（《大正藏》第三冊，P.962b）

②「秘密」，原作「秘蜜」。

109. 跋宏智諸老法語（16b-17a）

雪巢、宏智乃紹興間大名尊宿，其法語、偈言皆是送化人，古風可以想見。南指堂常為朱晦菴所敬，如歐陽修之重圓通訥，其人可知也。遯菴之道，與吾祖伯仲，其傳朱陳。參寥為東坡詩友，暗中曹劉也。蘿月亦渡江後名緇，詞翰照叢林。志侍者兼收並蓄。潛山人。

110. 跋翁居士寫《金剛經》（17a）

《金剛》秘典，①如來心印；盡法界有情無情，一印印定，無一絲毫解礙，信受奉行，其來必矣。譬諸鑄印，庸或銷之。今翁居士重鑄之，是佛心等無差別。若曰讚歎，人是重添注腳。

校語：

①「金剛秘典」，即指《金剛經》，故元祿抄本改為「《金剛經》秘典」。

111. 日本一侍者遠持《法華經》捨入育王舍利塔，乃得笑翁法衣歸，江湖作成頌軸以餞，請題其後（17ab）①

一師浮囊再護，向洪波浩渺，白浪滔天，覓得先師靈骨。群賢點畫未施，於「是真精進，是名真法供養」處，②見靈山一會，儼然未散。二法皆不可思議，非思量分別之所能解。江湖宿衲，頌聲之作，良有以哉。持以東歸，當有具眼者。

校語：

①「笑翁」，原作「笈翁」，顯為誤刻。笑翁妙堪（一一七七—一二四八），為無用淨全（一一三七—一二〇七）法嗣，無文道璨之師。日本一侍者，參學於笑翁門下，與道璨為法門昆仲。見筆者《無文印的迷思與解讀》P.86-89。

②按：《妙法蓮華經》卷六有云：「其中諸佛同時讚言：『善哉，善哉！善男子！是真精進，是名真法供養如來。……』」

112. 跋宏智禪師法語（17b）

宏智書偈遣化，尚有古佛風規。天目藥石後言，切中今時病痛。若只以筆墨畦町流玩，吾末如之何也矣。

113. 跋石牕法語（17b-18a）

石牕將百二十斤鐵枷，摋在惇上人肩上，教渠一氣荷去，為眾求化。及至歸來，一時脫下，忽然落齒重生。始信從前敗闕，方知飯是米做。下下咬著，不用問人。只知老盧會與不會，①是甚閑公案。咄！劍去久矣！

校語：

①「會與不會」，原作「會與」。依元祿抄本改。

114. 跋天目詩軸（18a）

天目二作，正所謂「八十翁翁入場屋，一似小兒嬉。」①後人玩其詞翰之美耶。若以事事無碍觀之，劍去久矣！

校語：

①按：《圓悟克勤禪師語錄》卷十有云：「若是具頂門上眼底衲僧，三千里外別端倪。有作家鑪鞴底宗師，未跨船舷已分付。所以道：『箇裏是八十翁翁入場屋，不是小兒戲。』」當為此句所本。

115. 跋陸坦菴刊經（18a）

《父母恩重經》，世尊為阿難啟請而說，其孝大矣。此土譯，歸大藏，世人罕見受持。今坦菴居士陸君，發心刊施，以廣流通；其崇敬孝行，與阿難同一知見。是誠不可思議，得不信諸？

116. 跋宏智、石牕、自得墨蹟張漢卿跋，在宏智後（18ab）

宏智以無礙法才，凡一句一偈，皆洞上真宗，為世寶惜。大梁張漢卿言其少時多遊晉絳間，隰連壤也。此巢南嘶北，未能忘情耶？自得、石牕皆克其家者，兼收並蓄，宜矣！癡鈍書於百年之後，①余又題後四十年。後之視今，信非虛言也。

校語：

①按：「癡鈍」指的是天童癡鈍智穎禪師。其弟子之有名者如荊叟如珏，與元肇同輩。

117. 跋瑞山居士注解《金剛經》（18b）

此經如來心印，一切諸法，皆莫能壞。故曰：「金剛般若」。結集之後，聖師人士，①竺音華韻，論傳疏解，增減同異，是正訛舛，家數千百，字彌億萬，至不可勝筆矣。中有一句，無下手處。今瑞山黃居士，集定此本，未免雪上加霜，卻許它具一隻眼。鄮山作如是說，也少一分不得。

校語：

①「聖師人士」，原作「聖人士」。依元祿抄本改。

118. 跋密庵諸老帖（19a）

密菴、佛照、佛心三大老之帖，皆以治生產、業檀施為佛事。大川示末句，以滅卻正法眼為佛事。二者不出生死二字，學者參究，莫不以生死為極則。諦觀盡之矣，非長語也。

119. 跋空叟與張居士法語後（19a）

主人翁無異差，得人憎、打人怕，識與不識，鬼門貼卦。居士打失眼睛，空叟遂成話欛，流傳甲子一周，幾人舒卷不暇。貴者不直分文，賤則遼天索價。愿禪持以示余，正是開眼作夜。

120. 跋西巖語錄①（19ab）

圓照滅卻破沙盆，西巖傑出真跨竈。其五會提唱，皆手自刪定，無可校者。②所謂超宗越格，截鐵斬釘，瞎衲僧正眼底句，更在此錄之外。覽者切忌磋過。余與巖相知最深，正欲以語累巖，③而巖先以語累余，悲夫！

校語：

①此序亦見於《西巖了慧禪師語錄》（《續藏經》第一百二十一冊）。序後有「景定癸亥中春住育王淮海（元肇）敬書」等字樣。按：景定癸亥係景定四年（一二六三），是西巖了慧化寂後一年。

②「校」，《西巖了慧禪師語錄》作「投」，顯為誤刻。

③「正」，原作「政」。《說文》，「政」，正也。《釋名》，政，正也。

121. 跋天童德大師粧羅漢頌軸（19b）

沈空滯寂，遍界難藏。離名求相，應化無方。

東塗西抹，增金以黃。承言著句，雪上加霜。

如斯見得，末山工不浪施。若也未然，便請上閣。①

校語：

①「請」，原作「謂」。依元祿抄本改。

122. 跋二十五祖圖（19b）

傳燈錄是語，祖師圖是相。東西相傳，必竟是箇甚麼？①

梅枝既知過犯，自首者，淨慈隨例搽糊，也當按過。

校語：

①「必竟」，同「畢竟」。俗以為漢語中無「必竟」一詞，非也。唐・賈島〈投孟郊〉詩有句云：「必竟獲所實，爾焉遂深衷。」宋・周弼〈會稽山〉詩有句云：「必竟興亡誰可料，但聞陵谷變飛塵。」

123. 跋陳碧棲提刑書《四十二章經》（19b-20a）

此吾佛東留之始典也。碧棲陳提刑以正心誠意筆之，道勁婉麗，規法晉唐，非敬信之篤，疇克爾？汝等比丘，受持讀誦，當如是耶。中巖愿老得之以示余，將入梓散行，因書之。

124. 跋湖隱贊應真圖（20a）

遊江海、涉山川，應真牛遊戲三昧，至夫煙雲樹石，杖笠龍虎，莫知所詣。何子模其影子，帶水拖泥；巖主寫其腳蹟，雪上加霜。更言問訊方廣諸公，敗闕不少。

125. 跋公舉省劄（20a-21a）

百丈以前，①無住持事，學者從師於空閑寂寞之濱。自掛名官府之後，非公驗不可。禪剎徧海內，除五山被旨董寺，其餘皆郡帖漕文而置之。時世澆下，公私交錯，臧否糅淆，醫卜伎藝，靡所不有。夤緣請託，甚至貨居。遂使叢林為名利之場，衲子無放包之地。法王寶印，銷蝕殆盡，良可慨嘆。一旦魔雲開障，佛日生輝，得際太傅、宮師、大丞相、樞使、國公，乘大願力，②秉國鈞衡，治平天下，無一物不得其所；不忘付囑，深念禪林，力行蒐獮，法嘉定年史衛王當國日成規，取上、外郡安廣眾大剎，十有七所，給省劄住持，以革近時各請之弊。③所謂如玉人治玉，珷玞者廢，碧落碑無膺本矣。謹將付直指堂，照劄勒之堅珉，常切遵守，千古不磨。惟主者，必公乃舉，毋貳爾心；貴在得人，以興祖席，庶不孤聖君賢相護法之恩。若肆一毫之欺，④是欺天乎。

校語：

①「以前」，原作「已前」，改為常用字。

②「宮師」，原作「官師」，當為誤刻。「大丞相」，原作「大承相」，亦誤。

③「弊」，原誤作「敝」。

④「毫」，原誤作「豪」。

126. 祭水心先生文（21a）

於戲！

在昔韓歐，攘斥二氏。①名立三端，道同一揆。
洪惟先生，生雖間世，道統文宗，若合符契。
幢幢學徒，不遠千里，不透龍門，萬言杯水。
佛家者流，形殊服異，頃自南遊，投宿覺地。
進之誨之，曾無麾弃。
文暢虛名，大顛實際。士藪禪叢，如出一咮。
後四十年，來蒞江寺。瞻慨先生，墓木拱矣。
悲風蕭蕭，露葉泥泥。②山茗一甌，言猶在耳。

校語：

①「斥」，原誤作「片」。

②「泥泥」，元祿抄本作「沈沈」。按：唐・杜甫〈寄狄明府博濟〉一詩有句云：「況乃山高水有波，秋風蕭蕭露泥泥。」《詩經・小雅・蓼蕭》：「蓼彼蕭斯，零露泥泥。」（《杜詩詳註》卷十九，P.1690-91）

127.代祭俞樞密文（21ab）

於戲！公以一世名德，入參廟算，士類為之相賀，華夷為之震懾，謂登揆拜，光贊中興。一夕御風騎氣，遊於列仙之表。而九重軫不憖之憂，四海有殄瘁之嘆。若夫平昔，力護法門，則世外之人，亦知所痛。然於交道至密，則某曷以為情？輀車戾止，茗奠告誠，而不敢哀其辭者，知公昭昭然於去來無間也。

128. 代祭裴十六觀察文（21b-22a）

聖朝中興垂百年，夫大其家、忠於國，而聞於天下者，必以裴氏為先。故仁孚惠博，奪享衢而光華於時者，弗特致雙節之嶄然。公之修己，人皆曰賢。素富貴而行乎富貴，①殊不為事物之所遷，猶吾宗有大因緣②。山中自昔漸河潤、戴芘休，則未易殫之以言也。訃音俄馳，而舉眾為之惻怛，匪累以幻化變滅，蓋鷲峰之力付，若失其賴焉。嗚呼，籬菊破煙，雁過長天，公之所以實不亡者，孝子順孫，克世其傳。

校語：

①「素」，原作「傃」。按：《中庸》第十四章云：「君子素其位而行，不顧乎其外。素富貴，行乎富貴；素貧賤，行乎貧賤；素夷狄，行乎夷狄；素患難，行乎患難。君子無入而不自得焉。」

②「猶」，原作「尤」，元祿抄本亦然，疑皆誤。「所遷」，元祿抄本作「不遷」，亦誤。

129. 祭郎縣尉文（22ab）

於戲！

兄晬而孤，受天間氣。英偉之姿，離倫絕累。

終賈之年，婁升偕計。月旦評高，籍甚稱譽。

青紫功名，拾芥于地。命與仇謀，動輒顛躓。

頹竭泓枯，形勞志頓。蘧瑗知非，買臣當貴。

恩就南廊，棲遲一尉。曾未迎侍，曾未及戍。

哀哉一朝，溘然長逝。生死去來，兄為遊戲。
東野遺孤，子真隱市。是邪非邪，恍驚夢寐。
識與不識，潸焉出涕。謂天生才，而止於是。
唯我與兄，生同閭里。義則友朋，情均昆季。
歸墨歸儒，形服有異。論道論文，歸源無二。
癸巳之冬，來訊鄉寺。雲錦施張，朽桁華麗。①
朝從夕遊，歲行三四。自兄云亡，如失股臂。
兄厝有期，我命南至。掩窾不躬，中心有遺。
回首銘旌，尚疑別袂。菊露采采，爐煙翳翳。
兄靈昭昭，必鑒此意。

校語：
①「訊」，原作「汛」，依元祿抄本改。

130. 祭上官右史文（22b-23a）

惟公之先，出自昭武。祖父官遊，樂淮風土。
歷陽生賢，聲今振古。嘉定戊辰，公登龍虎。
調尉蘄春，郡推防禦。婉畫奇謀，諸公爭取。
草檄垣門，掌故樞府。訓諭麟庠，題輿仲舉。①
攬轡江淮，愛兼召杜。畫省流清，匠氏循矩。②
廷尉平夏，簪筆螭柱。有論有執，不激不詭。③

校語：
①「訓諭」，原作「訓論」。依元祿抄本改。
②「攬轡」，原作「擥轡」。按：「攬」與「擥」，義同，改為前者，以較常用也。
③「平夏」，原作「平仄」。依元祿抄本改。
④「致休」，即「致仕」。

不待持荷，浩然歸去。采菊南堂，藝花東圃。
邃殿瑤宮，樂天容與。引年致休，俞音未許。④
蒲輪屆途，喪靈在戶。
於戲哀哉！
國喪蓍龜，民亡恃怙。識與不識，銜辛茹楚。
嗟我與公，方外之侶。義重桑陰，情垂煦嫗。
二十年間，或出或處。全衛百周，不間一縷。
今公云亡，歸痛無所。鶴唳空庭，菊繞環堵。
升公之堂，不聞公語。山核溪芼，誠同簠簋。
矢詞告哀，公無我吐。

131. 祭高輦院文（23ab）

天之生賢，有物有則。
性純粹而中和，氣剛大而正直。
能潤屋而克家，尤好禮而好德。
惟存誠而濟物，急飢渴如焚溺。
積厚愛於鄉閭，凡家感而戶激。
受天爵之既高，漫乘田而委職。①

校語：

①「乘田」，原作「桑田」，實誤。茲按元肇之語係本《孟子》所謂：「孔子嘗為委吏矣，曰：『會計當而已矣。』嘗為乘田矣，曰：『牛羊茁壯，長而已矣。』位卑而言高，罪也；立乎人之本朝，而道不行，恥也。」見《孟子》（臺北：世界書局，《四書集注》本，一九六〇）卷五，〈萬章下〉。朱注「乘田」云：「主苑囿、芻牧之吏也。」

②「哲人」，原作「吉人」，當係「喆」之誤。《玉篇》，「喆」同「哲」。

年方逾於縱心，疾一至於此革。在哲人之云亡，孰不為之痛惜。②我與公之鄉契，義不形於儒釋。四十年之出處，情每同於休戚。竟舍我而先之，拊哀傷而何極。嗟有生之同盡，亦猶今之視昔。原金鵜之獅徑，松萬森兮自植。涓日吉兮月良，將安居於兆域。倚南窗而息陰，皦斯言而敢食。矢心以詞，公毋我辟。

132. 祭印經略侍郎文（23b-24b）

不有君子，其能國乎？奪我君子，豈非天乎？堂堂我公，挺特魁梧。無適無莫，不詭不沽。臨危大節，古有今無。端委立朝，汲黯見疏。保障承流，黃霸來蘇。塵警雲南，屈我壯圖。鄂城蛇豕，睢陽釜魚。張亡許死，我獨全郛。①銘功書烈，海竭山枯。裒金加撰，尺卷寸舒。

校語：

① 「釜魚」，原作「金魚」。依元祿抄本改。

② 「翩棹」，原誤作「翩掉」。

③ 「地不可扣」，原誤作「圯不可扣」。依元祿抄本改。

④ 「疆圯」，原作「疆地」。依元祿抄本改。

江漢澄清，翩棹還吳。惟帝念功，漕領洪都。②
循墻至再，天聽未俞。荷橐郡餉，疊組重敷。
胡為不疾，夜壑舟趨。地不可扣，天不可呼。③
造者孰是，化者誰歟？杞頃誰補，疆圮誰扶？④
嗚呼嗚呼，已夫已夫。賴有玉季，同聽傳臚。
妻更麾節，承旨鈞樞。家聲益振，可恤諸孤。
惟我與公，生同枌榆。如塤如箎，非墨非儒。
出處憂樂，寒煖不渝。丙辰訪別，四載之餘。
江山夐阻，歲月交書。歸見羌村，青眼雪顱。
身雖向老，義重如初。豈謂死生，只隔朝晡。
生住異滅，消息盈虛。無用解空，有淚漣洳。
焄蒿芼饌，奠此生芻。一慟永訣，絕後再甦。

133. 祭大慧禪師文（24b）

猗歟我祖，道大德備，百世一師。
中興臨濟，正續楊岐。自閩入吳，佛日天飛。
傾湫倒嶽，萬衲湧隨。名儒鉅公，一以貫之。
衡雲忽噎，梅障重翳。十有七年，青天再暉。

復還北山，草木生輝。學者爭見，夕陽滸衣。①
遺履歲百，只如前時。彌天聲價，今古罕齊。
言滿天下，龍龕護持。五子五孫，為鑒為龜。
夫何重任，及此么微？再拜真容，愧顙泚而。
新屋難提，巨石載碑。生氣凜凜，凌霄巍巍。
成住壞空，長劫不移。

134. 祭佛照禪師文（25a）

九重問道，百世宗師。巋然一塔，舍利同輝。
乃子乃孫，來紹雄基。兢兢業業，敢墜前規？
大圓鑒中，誠塵所緇。劫石可銷，此處不移。

135. 祭佛心禪師文（25ab）

嗚呼我師！
楊岐正脈，照世孤燈。道在天下，聲聞雷霆。
宸章錫號，曾不寵榮。川增雲委，曾不驕矜。
億萬稱述，巨鏞寸莛。
嗟嗟晚生，一鉢一瓶。適越旋吳，四稔服膺。

校語：

①「生輝」，原作「輝生」，不合韻。依元祿抄本改。

三呼三喚，文彩已形。陟彼屺兮，拜而歸寧。
楚水吳山，歲律荐更。笑領慈緘，今年之正。
勉令復來，尚祈有成。豈曰不往，邊月照營。
克念承顏，黃葉下庭。胡為蒼天，師不少停。
大道破碎，殲朴浮輕。賴師收拾，彌綸典型。①
正法眼滅，學者向冥。幾多同門，相顧失聲。
江湖渺茫，重理孤撐。師今往矣，其誰與行？
聞訃後時，臨冗無程。肴羞菲涼，聊寓哀情。
凌霄峰高，東硐水冷。寥寥千古，此意分明。

又育王（25b）

去違師席，垂四十年。六命惟侯，一綸自天。
今登玉几，祖父田園。罔克肖似，若將浼焉。
趣程有嚴，躬奠真前。薦百草頭，瀹東澗泉。
塔光相圓，靈鑒昭然。

又徑山（25b-26a）

某景定辛酉四月，被旨育王，嘗令侍者代行告奠。
癸亥七月，奉詔淨慈。冬至，荐有靈隱之命。

校語：

①「典型」，原作「典刑」。改為常用字。

甲子正月，沓膺宸綍，來領徑山，繼師舊席，瞻睇慈範。五峰髻立，萬象攙然，松風蕭蕭，澗聲瀝瀝。恍如四十年前，親承慈訓。尚祈垂裕，還師全盛之時也。

136. 祭枯椿禪師文（26ab）

道之難行，其來已久。
繇世異與時移，故跋前而疐後。
覿在昔之聖賢，不徇身之去就。
惟枯椿之靈，鍾錦屏之秀。
支萬里之孤笻，歷諸方而參扣。
紛枝葉之彫落，拔叢林之穎茂。
淒三處而作雲，卷十年而歸岫。
當柳暗而花明，抱松枯而柏瘦。
與石像之同龕，遇金湯之賢守。
拁一堂之冰雪，刻翰林之錦繡。
既履真而踐實，宜望尊而彌壽。
陟致爽之穹崇，寂群哇而雅奏。
謂典型之尚存，使正流而奔湊。①

校語：

①「典型」，原作「典刑」。
②按：「解后」，義同「邂逅」。
③按：「三嗅」，出《論語．鄉黨十》：「山梁雌雉，時哉！時哉！子路共之，三嗅而作。」

亦千載之難逢，又一朝之永謬。

嗚呼哀哉！

視生死如屈伸，在老師而何咎？

悲擿埴之索途，錯冥冥之昏晝。

我與兄之相知，自凌霄而解后。②

雖棲集於同條，望孤鴻於雛鷇。

迨分席之東西，每聽言於左右。

念留衣而為別，重祖翁之授受。

嗟唇亡而齒寒，極痛心而疾首。

允也一蔬，兄母三嗅。③

137. 祭仰山無鏡禪師文（26b-27a）①

頃在凌霄，共床各夢。深慨道原，三家愚弄。

老者休文，知兄伯仲。不楊不墨，如麟如鳳。

後十二年，出為世用。翽翽和鳴，噤波啁哳。②

叢灌所棲，風行雷動。沿于平田，扶甍立棟。

致我後先，得無輕重。蚤水再緘，集雲遠送。

未訊堪忍，忽傳哀痛。祖天荒寒，正流日凍。

校語：

①「無鏡」，原作「無境」。依元祿抄本改。無鏡或為浙翁法兄無際了派門下弟子無鏡徹。

②「後十二年」，元祿抄本作「後二十年」，不知孰是？

③「稗」，原作「裨」，疑誤。「裨」有補助、助益之意，非元肇原意。「稗」為草之似穀者。《六書故》：「稗，葉純似稻，節間無毛，實似蕢，害稼。」元肇蓋取「稗草」、「稗秕」之意來形容叢林中有權柄之住持雖多，但其中如稗草之類的庸邪之師也愈眾。

柄者雖多，稗哉愈眾。又失斯人，夫誰為慟。③

138. 祭天童弁山禪師文（27a）

嗟嗟弁山，胡為而致然耶？歲方周乎一甲，道將行而止傳。①閼雲黃之初步，障金鰲之百川。千丈兮飛雪，長庚兮插天。學幢幢而摩屬，履蹇蹇而蹁躚。我扁舟而汎吳，兄虛谷以招延。曾偈言之始徹，忽訃音之墮前。風入林兮悲枅，春致荊兮不鮮。慄引鈞於危髮，痌無膠而續絃。②鴒寒在原，淚傾澗泉。

139. 祭大川禪師文（27ab）

兄之道德，若揭日月。兄之履踐，凜然冰雪。蔽者自冥，畏者自熱。蚍蜉撼株，螗螂斧轍。聞亦無聞，說亦無說。法梁既傾，法源已竭。

校語：

①「止傳」之「止」，原缺。元祿抄本作「正傳」，疑為「止」之誤。

②「慄」，原作「傈」。依元祿抄本改。

山岳崩摧，虛空迸裂。澗語悲鳴，鴻音斷絕。

嗚呼痛哉，不知殞越。

140. 祭東谷禪師文（27b-28a）

洞上一脈，不絕如絲。浮山受記，程杵孤危。

大陽弊履，投子補錐。寥寥南來，隰州有師。

道齊大白，法浪天稔。三世百年，東谷傳之。①

得眾以寬，待物以慈。法幢六移，厥聞四馳。

凌霄之顛，識君俊眉。吳坐大方，附庸倚毗。

得鹿同夢，亡羊者誰？我落南台，六霜復西。②

君振東甬，去臘來歸。相逢一笑，故吾已非。

世相到頭，雪霜不私。指閣而言，啟謀一枝。③

大匠不臨，曷見翬飛？末由也枝，奚足稱為？

冷泉沸騰，曾未及朞。示病日深，學雲淒其。

谷空月明，鶴怨猿啼。繼以訃聞，眾皆涕而。

爐煙上浮，莫寫我悲。無縫落落，高景巍巍。

瞻之仰之，斯焉取斯？

校語：

①「天稔」，元祿抄本作「天稽」，疑誤。

②按：此處「南台」指天台萬年寺。

③「雪霜不私」，元祿抄本作「霜雪不私」。

按：《禮記・月令》曰：「季秋之月，霜始降，百工休。孟冬行秋令，則雪霜不時。」

141. 祭芝巖禪師文（28a）

亘萬古而獨存者，道也。關一時之隆替者，人也。人之存亡，道之休戚。余領萬壽，更裘葛者四，哭塤篪者三。弁山宿草而大川塔，今又哭吾之芝巖。嗚呼！嗚呼！道乎？人乎？嗟滔滔之學者向隅，其孰為師門之有無，非斯人之為慟而誰與？

142. 祭西巖禪師文（28ab）

有夫君兮絕奇，聳巖巖兮自西。
雲漠漠兮雁陂，風颯颯兮虎谿。
登太白兮巍巍，翚五鳳兮天低。
何世相兮難齊，來異方兮灰飛？
屑剪月兮不卑，終亦禁兮設施。
宜卷懷兮在頤。
余與君之心期，非他人之所知。
雖出處兮參差，唯金石兮不移。
余鄮嶺兮來歸，君几峰兮致詞。①
相來往兮及期，君示疾兮半之。
每與君兮痛時，竟寂然兮永違。

校語：

①「鄮嶺」，原誤作「貿嶺」。按：鄮嶺、玉几都指育王，元肇之意是他入育王之時，西巖曾寄書向其致意。

嗟吾道兮向漓，舞鰌鱔兮唱狸。
猗摘埴兮泣岐，慘臨風兮涕洟。
非君痛兮為誰？

143. 祭西江禪師文（28b-29a）

臨濟圓悟，十有一世。馬駒踏人，圓悟同記。
大慧應菴，出類拔萃。兩家兒孫，頡頏徧地。
中更有聞，此菴佛智。水息淳菴，如器傳器。①
流至西江，波瀾振起。東甬三山，滔天鼎沸。②
蝦蟹魚龍，飲者皆死。忽焉卷收，竭枯見底。
大地陸沈，只遺隻履。萬松風哀，巖花雨淚。
天喪老成，叢林短氣。惟我與師，江淮風誼。
近切鄰輝，遠同祖裔。玉樹既埋，蒹葭何倚？
一奠告誠，涕泗如洗。

校語：

①「淳庵」或作「純庵」。此數句所述及之禪師，是大慧、應菴（虎丘）二系以外的圓悟克勤法嗣傳人。「此菴」是此菴景元（一〇九四—一一四六），叢林號「元布袋」。「佛智」是佛智端裕（一〇八五—一一五〇），紹興朝獲賜號佛智禪師、大悟禪師。其法子為水庵師一，法孫為息庵達觀（一一三八—一二一二），

曾孫為華藏淳（純）庵善淨，故稱「水息淳菴，如器傳器」。而此祭文之受祭者「西江」，是淳庵之法子西江廣謀。

②「西江」，原作「江西」，因係指西江廣謀，依元祿抄本改。「東甬三山」，原作「之山」，實誤。元祿抄本同。「三山」蓋指雪竇、育王及天童，都在四明東邊，故云。按宋元僧史皆無西江廣謀之記載，明・通問之《續燈存稿》卷三云，明州天童西江謀禪師，「被勅住天童歷四十年。貌枯瘁，洎眾孤峻，機語峭拔，音如洪鐘。理宗朝三被寵錫。」

144. 祭澤首座文（代人）（29ab）

先師席散，諸子各宗。時緣奇偶，法道污隆。出處或異，心眼則同。今年之春，兄來自東。話舊一笑，皤然兩翁。招要此山，已許于中。扁舟載月，籃輿逗風。相羊澗阿，盤礴高峰。①虛第一座，舉之則從。標準多眾，肅其有容。提唱風生，宗說俱通。人皆愛曰，歲暮有終。天欲故為，奪去匆匆。生住異滅，了知本空。祭何有哉，聊寫我胸。回首師門，雲天斷鴻。

校語：

①「逗風」，元祿抄本作「區風」，疑誤。

145. 同事祭勝維那文（29b）

綱維之司，叢林禮法所自出者，非江湖老成，無足以饜眾之觀聽。①君任斯責，歲序將周，可謂能事畢矣。嗚呼！生死交謝；昔聞君誦之於人，今見人誦之於君，可不哀哉？奠以斯文，誠見同列。

校語：

①「饜」，原作「餍」，疑誤。元祿抄本之字不明。

146. 祭佖西堂文（29b-30a）

惟我與君，生同閭里。煙水茫茫，同途徑止。①
二十年間，或出或處。跡雖若厓，情同相與。
猗我來吳，七見冰暑。叢薄難陰，力輶鮮舉。
在君無他，於我有泚。君病彌時，勿藥而起。
一再相過，笑言遲晷。不越崇朝，遽聞遺屣。
未了諸相，生死大矣。君既了之，真遊戲耳。②
嗚呼哀哉！
回首鄉關，鞠為荊杞。楚音可哀，似人而喜。
垂老喪朋，餘君者幾？相對爐熏，有淚如洒。

校語：

①「途」，原作「涂」，改為常用字。「止」為原文，元祿抄本作「正」，疑誤。

②「生死」，元祿抄本作「死生」。

147. 祭映西堂文（為客作）（30a）

人生於天地之間，猶逆旅也。未達其源，則茫茫馳騖，日暮途遠，①不知歸宿之地，良可悲也。君去鄉二十年，向桃源路上，炊無米飯以接人，亦叢林之一助也。南枝北風，未忘在念。重山複水，迢遙來歸。枌榆在望，一葦可航。曾未迎門，幡然長往。首丘之情，可謂不忘本矣。里人哀此，些以祭之，聊慰君之還鄉曲子也。

校語：

①「茫茫」，原作「芒芒」，改為常用字。「途」，原作「涂」，亦改為常用字。

148. 祭璧全叟文（永嘉人）（30b）

我昔東遊，登思遠樓。廣窺海若，近揖浮丘。①

君來相親，渺然一鷗。楊柳堤曲，方草長洲。②

豈無他人，清簡莫投。我落世罝，君種不收。

二十年間，出處不侔。我復來吳，濫司室籌。

倚杖扣門，雪霜滿頭。半檐蕭騷，情話歲周。③

歸根之懷，不忘東甌。揮洒告別，信宿少留。

扁舟未發，逝水先流。一問空鑰，炷煙上浮。

雲乎雲乎，歸乎永休。

校語：

①按：由於璧全叟是永嘉人，根據元肇住大剎之經歷，應是在他住溫州江心寺時所認識。所謂東遊，應是遊溫州。「思遠樓」是溫州著名樓觀，為北宋仁宗朝溫州知府劉述（一〇三四年進士）所建。它「對西山群峰，瞰會昌湖，里人於此觀競渡。」（祝穆，《新編方輿勝覽》卷九，P.152）

②「堤曲」，原作「場曲」。依元祿抄本改。

③「半檐」原作「半擔」，依元祿抄本改。

149. 祭一怡雲文（30b-31a）

嗟嗟怡雲，蒭中之薰。蕭然環堵，德風遠聞。①

不蓋把茆，雍容閑雅。起死有方，出其小者。

時髦搢紳，吾黨偉倫。氣義金石，汁墨音塵。

我之交臂，颯驚曰世。出處或殊，情親匪異。

萬壽依鄰，越四見春。豈無他人，百頭如新。

君之得疾，亦同許日。竟以不瘳，痛傷何訖。②

林酣至理，君窮妙指。千載東藍，二人而已。

百草皆泣，空庭落花。哀哉怡雲，尚飲此茶！

校語：

①「蒭」，元祿抄本誤作「芻」。

②「瘳」，元祿抄本誤作「療」

150. 祭千壽之文（31ab）

嗚呼！

唯君之初，受氣剛大。拔類超輪，有能有解。

見義勇為，稽疑著蔡。塔寺之餘，遊方之外。

一庵高臥，包含法界。脫履掉頭，曾無留碍。

萬壽來歸，一枝相待。爐火再開，雨床夜對。

空諸所有，免眾丁債。金石可銷，此願不壞。

夫何一疾，無聲三昧。踰七望八，年孰非邁？

歲晚天寒，叢林彫瘵。失此老成，㤻懞何賴？

噫我與君，出相行輩。枌義情深，非同交態。

顧影殘陽，曷勝感慨。矢祭以文，對君猶在。

151. 祭珍都寺文（萬壽）（31b）

山門之有耆舊，如叢林之有喬木，凡支顛拄危，補苴罅漏，咸賴焉。

靈於此山，尤表表者也。四十年間，婁荷重務，小大由之，戮力不為不多矣。霜露既降，而凋喪之，猶能空諸所有，立局垂後，為眾事無窮之利也。蹟其用心，一毫不妄取與；①履踐明白，平生可知矣。②斯何人斯，而至於斯耶？酹茗致情，③豈特為一死生為痛，而典型之不存可痛也。④

校語：

①「蹟其用心」，原作「績其用心」，疑誤。「一毫」，原作「一豪」。依元祿抄本改。

②「履踐」，原作「屨踐」。依元祿抄本改。

③「酹」，原作「酬」。依元祿抄本改。

④「型」，原作「刑」，改為常用字。

152. 祭寧首座文（32a）

西蜀人物之英奇，南方叢林之冠冕。

抱一疾以彌年，躨高步而偃蹇。

忽殄瘁以興悲，嗟老成而日遠。

展也爐甌，少歆不腆。

四、附錄

1.《淮海外集》跋一

前輩謂晉無文章，惟歸去來一辭；唐無文章，惟盤谷一序。甚矣！文之名世不以多為貴也。①《淮海外集》二卷，②余軍書膠葛中，不暇盡讀。觸手而覩，得〈來月軒記〉，為之擊節。蓋其命意遠、狀物工，嘗鼎一臠，已知師之所以為文者矣。若夫末後轉語，乃師法門中機關，活潑潑地，未必為蜜說甜。咸淳庚午重陽日應雷題。③

校語：

①「文之名世」，原缺「之」字。依元祿抄本補之。

②「二卷」，原誤作「一卷」。

③「題」，元祿抄本作「跋」。

2.《淮海外集》跋二

淮海海中大寶珠，光明閃爍耀昏衢。無端落在野人手，幾度擲開豁友矑。①《淮海挐音》刊行於世既久且多，更有外集上下卷，藏在慧日山中。頃卒獲借覽，即命椿洲徒謄寫一本，因泚毫題蕪詞於其後云。

歲元祿辛巳歲仲冬日，月潭叟書于峨山心養室。

校語：

①按：原詩末句三字難辨，此處依其形似暫讀成「豁友矑」，似有讓友人開眼界之意。

3.〈淮海禪師行狀〉（物初大觀撰）

公名元肇，淮海其自號也。通川靜海潘氏子。母朱氏，一夕夢僧梵相龐厚者至其家，因有娠。生而異俗，至能食時，自卻葷截。垂髫，見佛像必拜，見僧必合掌。入塾授書，過目成誦。邑之利和寺妙觀，其諸父也，①語其二親曰：「是子也，生而有異，殆亦夙種，盍俾出家，毋徒汩汩塵俗間為也。」二親以為然。時年十三，即禮觀為師。十九薙染受具，觀使入教觀家，非其志。智隨年長，習與日新。竺墳魯典，脈絡融攝。取次出語，律呂自諧，公不以為足②。一日，忽發嘆曰：「出世間法，莫若禪宗，吾何自滯此乎？」一錫遊方，所至不久留。時浙翁琰禪師主徑山，道望法席為時冠，公決志往依之。翁問云：「汝何處人？」公云：「淮人。」翁曰：「泗州大聖為什麼在揚州出現？」公云：「今日又在杭州撞著。」翁曰：「且得沒交涉。」公徐云：「自遠趨風。」③翁以公警敏，欲大激發，未容其參堂。纔見便云：「下轉語來著！」擬開口，即喝出。公以書上，又以偈呈。落句云：「免教回首望長安。」翁曰：「這裡是什麼所在？」公云：「謝和尚掛搭。」始容就入室之列。居無何，往遊台雁，過能仁，此山璉留之，公拂袖回京，徜徉湖山間，④從北磵、天目二老遊者久之。二老乃佛照會中老龍象，浙翁同參也。徽詰抑揚間，悠然識浙翁前相見時，所以柔其剛、挫其穎處乃真相為，即別二老，登雙徑，再參翁，得諸眉睫間。公退，翁語旁僧曰：

「肇今番相見，與前時大段不同。」⑤命入記室，終職，旋里省矣。翁書速其回，若有所付者。公行未至，而翁已寂矣。訪別浦舟於苕之伏虎巖，開東軒延之。適通之光孝席虛，郡侯杜公霆徇鄉緇白請，命師瑞世，瓣香為浙翁拈。⑥整振叢規，補完缺廢。居之四年，浙西倉使趙少卿崇暉，以雙塔遷。居之九年，虎丘枯椿曇以先浙翁所授五祖之衣歸之。榘堂董丞相，時以法從⑦，留守金陵，以半山招，偈辭不往。繼以清涼屬上官右史勉其行，居之一年，翁澧荊溪吳大監子良以天台萬年招，居之六年，退歸吳門。輦院高公容，以庵延之。適萬壽席虛，發運余侍郎晦，以公名申省補處。居之六年，恕齋印侍郎應雷出牧東嘉，以江心龍翔招。中川勝處，華轂轞轞，遊錫幢幢。居之一年，頗倦酬應退，復歸吳門。時郡侯程公沐、寓貴節齋陳公昉，面呈趙帥參希逸書疏⑧，列銜洊邀，終辭不就。萬壽丁歉不振，僉謂非公不可。府帥雲巖洪侍郎燾，⑨命公再住，而四明育王席虛，今廟堂特奏公補處。居之三年，遷淨慈。未一年，遷靈隱，兼淨慈。不閱月，遷徑山。公自謂不半年三授勑命，亟草奏故辭，旨不允宜，諭曰：「大千沙界一禪床，已頒命矣。」三錫正此之謂。時雙徑歉餘，舖券山積，租未入莊，債家已拘定矣。僧殘寺冷，公言其故於大丞相。於是考質劑、計本息。當償者，立限以償；取息過本者，消其券。未幾，樓閣矗霄⑩，雲衲景從，不減乃翁時氣象。俄示寂，呼諸徒，語之曰：「吾本無應世之念，業緣破逐，叨巨細十餘剎，愧篾以為人。然亦不敢孤吾先師所付者。為吾祔一穴於東澗，庸見生死不忘奉師之意。」從容索湯浴；浴罷，書四句偈，跏趺而逝。咸淳元六月十日也。壽七十七，臘五十八。諸徒遵遺命奉龕瘞東澗之旁。遺語十會提倡外，有雜華一編，併鋟諸梓。公洞朗軒豁，事過不疑。慈恕平允，物來斯應。視身如旅泊，閱世如行川。四方應緣，迫而後動，亦多有招而不往者。行之終始，確乎不拔。時緣所在，雖窮鄉叢剎必往。往，則缺者完，楞者盈。至要津壯剎，可以安坐行道。小不當其意，悠然卷祴而去之，雖挽不留。於此見知於名公卿。方遊東嘉日，水心葉侍郎，當世儒先，罕有畦衣登其門者。公袖韻語謁，深見賞識。後名勝縉紳，見公率曰：「此水心先生所賓接者也。」公簡淡真率，服食器用之類，不逾於隨眾之衲。至宗乘損益關係事，任為己責，不憚戮力。深慨法道衰替，正因善類，湮厄沈伏，庸妄奪攘，敗壞駸駸，濫據大方；力以此弊，聞諸廟堂。厥今無問遠邇，但安眾處，皆朝省選掄，公所建請也。公寂後一年，其子法思走玉几，請曰：「吾翁出處大概，師詳知之，願有所述焉。」始為條理其事，俾求當世碩德偉人，本此銘其葬，以信後來。

校語：

①「諸父」，原作「溪父」，當為誤刻。
②「足」，原本刻作「是」，疑誤。
③「徐」字前有缺字，疑為「公」。
④「掛褡」，原誤作「掛塔」。「徜徉」原作「徜律」，當係誤刻。
⑤「旁」，原本作「傍」。兩字互通。
⑥「瓣香」，原本誤刻作「辨香」。
⑦按：「集堂」原本作「矩堂」。《集韻》、《韻會》皆以「集」同「矩」。「董丞相」為董槐（？—一二六二）。《宋史》，〈董槐傳〉謂槐字庭植，號集堂。寶祐三年（一二五五），拜右丞相兼樞密使。今從《宋史》。

⑧「面呈」，原作「西呈」，疑誤。按：趙希逸，潮州人，宋太祖九世孫，淳祐四年（一二四四）進士留夢炎榜第二甲。見《廣東歷代方志集成》省部[二]P.270-276；《[嘉靖]廣東通志（一）》卷十一（選舉表上）。

⑨「雲巖洪侍郎燾」，原文作「雲巖供侍郎壽」，顯為誤刻。按：洪侍郎燾，即洪燾（生卒年不詳），字子公，號雲㟨。累官朝奉大夫，歷秘閣修撰、兩浙轉運使，兼知臨安府，除戶部侍郎。開慶元年（一二五九）十月以朝散郎、直寶謨閣、知平江府、權浙西提刑。

⑩按：原本無「霄」字，似為漏刻。此處根據《續燈存稿》卷二〈淮海元肇傳〉補之。

4.〈祭淮海兄文〉（物初大觀撰）

宗門忝綴，又屬交承，音問間或不接，安否消息未嘗不到耳也。去年春夏之交，已聞兄病，予謂病亦常事耳。繼又傳其死，殊不謂然；既而信然矣。追惟疇曩，諦想出處，歷歷然也。方嘉寶間，兄起淮甸，而遊江湖，奮勇往志，振厥英華，名世賞激，叢林期望，如迦陵脫殼，其聲以壓凡羽矣。登凌霄見老淛，執對夙冤，師資分定，忽如磁石之吸針，不知其然而然也。賢牧名卿，挽之瑞世，山止時行，迫而後動；不即人而人即之，馨香名字，君相飫聞，鼎望五山，居歷其四。若夫軒豁襟懷，洞無城府；請省符以革妄庸之貨取，拔滯淹以出宗乘之爪牙，雖四方中等之剎，皆陰受其賜而不知兄之所建立也。是數者，皆足以泚今時假借名位，陰為升擠，背公死黨者之顙矣。諸老掩光之後，叢林荒寒之秋，巋然獨立，恃有兄在焉耳，而何厭世之速耶？東庵垂墜之緒，將何賴耶？訃音之來，心焉如割。陳鄭矢辭，而未能免俗者，痛宗盟之灰冷，傷人材之眇然也。

靜倚晴窗笑此生

——南宋僧淮南元肇的詩禪世界

撰者◆黃啟江
發行人◆施嘉明
總編輯◆方鵬程
主編◆葉幗英
責任編輯◆徐平
校對◆趙蓓芬
美術設計◆吳郁婷

出版發行：臺灣商務印書館股份有限公司
台北市重慶南路一段三十七號
電話：(02)2371-3712
讀者服務專線：0800056196
郵撥：0000165-1
網路書店：www.cptw.com.tw
E-mail：ecptw@cptw.com.tw
網址：www.cptw.com.tw

局版北市業字第 993 號
初版一刷：2013 年 5 月
定價：新台幣 600 元

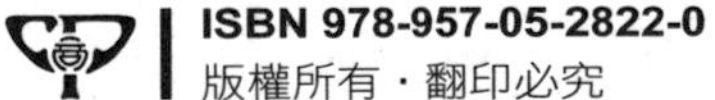

ISBN 978-957-05-2822-0

靜倚晴窗笑此生：南宋僧淮南元肇的詩禪世界 /
黃啟江撰著．--初版．-- 臺北市：臺灣商務,
2013. 05
面 ； 公分

ISBN 978-957-05-2822-0(平裝)

1.（宋）釋原肇 2. 僧侶文學 3.文學評論 4.禪宋

224.512 102003669

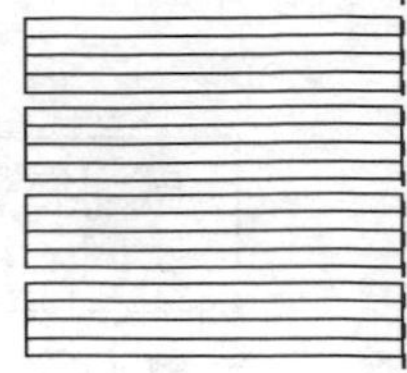

廣 告 回 信
臺灣北區郵政管理局登記證
台北廣字第6450號
免 貼 郵 票

100台北市重慶南路一段37號

臺灣商務印書館 收

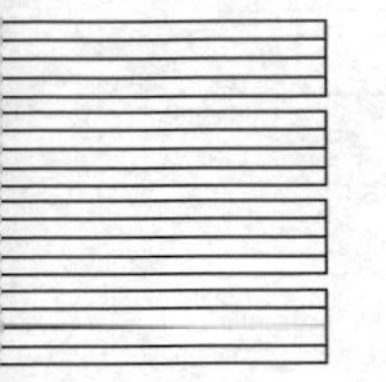

對摺寄回，謝謝！

傳統現代　並翼而翔

Flying with the wings of tradtion and modernity.

讀者回函卡

感謝您對本館的支持，為加強對您的服務，請填妥此卡，免付郵資寄回，可隨時收到本館最新出版訊息，及享受各種優惠。

姓名：＿＿＿＿＿＿＿＿＿＿ 性別：□男 □女

出生日期：＿＿＿＿年＿＿＿＿月＿＿＿＿日

職業：□學生 □公務(含軍警) □家管 □服務 □金融 □製造 □資訊 □大眾傳播 □自由業 □農漁牧 □退休 □其他

學歷：□高中以下（含高中）□大專 □研究所（含以上）

地址：＿＿＿＿＿＿＿＿＿＿＿＿＿＿＿＿＿＿＿＿

電話：(H)＿＿＿＿＿＿＿＿＿ (O)＿＿＿＿＿＿＿＿

E-mail：＿＿＿＿＿＿＿＿＿＿＿＿＿＿＿＿＿＿

購買書名：＿＿＿＿＿＿＿＿＿＿＿＿＿＿＿＿＿＿

您從何處得知本書？

□網路 □DM廣告 □報紙廣告 □報紙專欄 □傳單 □書店 □親友介紹 □電視廣播 □雜誌廣告 □其他

您喜歡閱讀哪一類別的書籍？

□哲學・宗教 □藝術・心靈 □人文・科普 □商業・投資 □社會・文化 □親子・學習 □生活・休閒 □醫學・養生 □文學・小說 □歷史・傳記

您對本書的意見？（A/滿意 B/尚可 C/須改進）

內容＿＿＿＿編輯＿＿＿＿校對＿＿＿＿翻譯＿＿＿＿

封面設計＿＿＿＿價格＿＿＿＿其他＿＿＿＿＿＿

您的建議：＿＿＿＿＿＿＿＿＿＿＿＿＿＿＿＿＿＿

※ 歡迎您隨時至本館網路書店發表書評及留下任何意見

臺灣商務印書館 The Commercial Press, Ltd.

台北市100重慶南路一段三十七號 電話：(02)23115538

讀者服務專線：0800056196 傳真：(02)23710274

郵撥：0000165-1號 E-mail：ecptw@cptw.com.tw

網路書店網址：http://www.cptw.com.tw 部落格：http://blog.yam.com/ecptw

臉書：http://facebook.com/ecptw